그림 1 빙켈만(Winckelmann)

고대 그리스의 조각 예술을 인류역사상 최고의 예술로 꼽은 빙켈만. 그는 헤겔의 그리스 조각미술 선호 사상에 큰 영향을 미쳤다. 본문 61쪽 이하 참고.

그림 2 〈오레스테스와 복수(분노)의 여신들〉

프랑스 상징주의 화가 구스타프 모로(Gustav Moreau) 작(1891년). 어머니를 살해한 오레스테스를 계속 쫓아다니며 그를 공포에 떨게 하는 복수(분노)의 여신들인 에리니스(Erinnys). 본문 488쪽 이하 참고.

그림 3 〈밤의 파수꾼(De Nachtwacht)〉

네덜란드 화가 렘브란트(Rembrandt) 작(1642년). 본문 296쪽 이하 참고.

그림 4 〈벨베데레의 아폴로(Apollo-belvedere)〉 신상

헤겔이 그리스 조각작품들 가운데 최고의 걸작으로 꼽은 작품으로 바티칸 박물관에 소장되어 있다. 본문 352쪽 이하 참고.

헤겔의 미학강의
Vorlesungen über die Ästhetik

1

게오르그 빌헬름 프리드리히 헤겔(Georg Wilhelm Friedrich Hegel) 독일의 철학자이자 독일 '이상주의(理想主義, Idealismus)' 철학의 이론을 완성한 거장. 1770년 독일 남부 슈투트가르트에서 궁정관리의 장남으로 태어났으며, 튀빙겐대학교에서 철학과 신학을 공부했다. 졸업 후 1793년에 스위스로 가서 당시 베른의 영향력 있는 정치가인 폰 슈타이거(von Steiger) 집안의 가정교사로 일하며 이 가문이 소장한 방대한 양의 서적을 읽는 기회를 가졌다. 여기서 얻은 폭넓고 심오한 지식을 체계적으로 활용하여 훗날 그는 자신의 철학체계를 세울 수 있었다. 1801년 독일 동부 예나(Jena)대학교의 강사직에 임명된 후 불후의 명저 《정신현상학(Phänomenologie des Geiste)》(1807년)을 썼고, 이어서 두 번째 저서인 《논리학(Wissenschaft der Logik)》(1812년)을 출간하였다. 1816년에 하이델베르크대학교 교수로, 1818년에는 당대의 유명한 철학자 피히테의 뒤를 이어 베를린대학교 교수로 임명되었고, 세 번째 명저인 《법철학 강요(Grundlinien der Philosophie des Rechts)》(1821년)를 출간하였다. 대학 강사 시절인 1802년에 당시 독일문화의 중심지였던 드레스덴을 비롯해, 1822년 브뤼셀, 1824년 빈에, 1827년 파리와 프라하, 칼스바트로 여행하면서 수많은 전시, 공연, 오페라 등을 관람하였고, 특유의 독창적이고 진지한 예술 감각을 익혔다.

《미학강의(Vorlesungen über die Ästhetik)》는 헤겔이 하이델베르크대학교와 베를린대학교에서 강의한 '미학 또는 예술철학(Ästhetik oder Philosophie der Kunst)'의 내용을 제자인 하인리히 구스타프 호토(Heinrich Gustav Hotho)가 정리하여 그의 사후 출간한 책이다. 헤겔은 이 책에서 고대로부터 19세기에 이르기까지 서양과 근동, 페르시아, 인도의 예술을 총망라하여 고찰하면서 이를 크게 상징적 예술, 고전적 예술, 낭만적 예술로 나누어 설명하고 있다. 또한 자연 속의 아름다움이 아니라 예술 속의 아름다움에 대해서, 즉 인간정신에 의해 창조된 미(美)에 대해 논하며, 진정한 미(美)란 감성이 아닌 이념의 영역에서 이해되는 것으로 '절대정신', '절대이념'으로부터 나온다고 보았다. 그것이 바로 헤겔이 말하는 절대진리, 즉 '이상(Ideal)'이다.

일찍이 스피노자와 칸트, 루소 그리고 괴테의 영향을 받았으며, 열아홉 살에 직접 겪은 프랑스 혁명은 그가 이성과 자유에 바탕을 둔 철학을 과제로 삼는 데 하나의 단초가 되었다. 또한 루소의 사상, 고대 그리스의 철학과 예술 나아가 칸트, 피히테 등 당대의 주요 철학들을 깊이 탐구하면서 근대의 온갖 분열된 상황에 맞서 삶의 근원적 총체성을 되살리려는 이상을 세웠다.

근대철학과 문화, 사회 안에서 주체와 지식의 대상인 객체, 정신과 자연, 자아와 타자, 권위와 자유, 지식과 신념, 계몽주의와 낭만주의 사이의 긴장과 모순으로 가득 차 있는 현상을 헤겔은 '절대정신'을 중심으로 하는 자신의 철학체계 안에서 합리적으로 규명하고 극복하기 위해 노력하였다. 당대 최고의 철학자로 인정받던 헤겔은 1831년 병으로 사망했지만, 1820년부터 형성되기 시작한 '헤겔학파'를 통해 독일은 물론 세계적으로 그의 철학이 널리 전파되면서 후세에 큰 영향을 끼쳤다.

옮긴이 두행숙 전북 군산 출신으로, 서강대학교 독어독문학과를 졸업한 후 독일 뒤셀도르프대학교로 유학하여 독일문학으로 박사 학위를 취득했다. 그 후 서강대와 명지전문대, 한국교원대, 충북대, 중앙대 등에서 독일문학과 철학을 강의했다. 현재는 서강대에서 독일문학과 독일문화사, 독일어를 강의하면서 번역과 학술 분야에서 활발한 활동을 하고 있다.

창작소설로 《길들여진 고독》이 있으며, 주요 번역서로는 《헤세, 내 영혼의 작은 새》《시간이란 무엇인가》《젊은 베르테르의 슬픔》《멸종사라진 것들. 종과 민족 그리고 언어》《하얀 마사이》《타이타닉의 침몰》《의사결정의 함정》《은하수를 여행했던 천재들의 역사》《신의 반지》, 니체의 《차라투스트라는 이렇게 말했다》, 《오레스테이아》《스마트한 생각》, 헤르만 헤세의 《데미안》과 《정원에서 보내는 시간》 등 다수가 있다. 이메일 dhsintern@naver.com

헤겔의 미학강의
Vorlesungen über die Ästhetik

1

예술미의 이념 또는 이상

—

게오르그 빌헬름 프리드리히 헤겔 지음
두행숙 옮김

은행나무

역자의 말

21세기에 들어와 우리나라에는 문화의 향상에 따라 여러 예술분야의 발전과 더불어 미학(美學)에 관한 관심도 한층 고조되었다. 그동안 우리는 주로 서양의 이론들을 중심으로 미학이론들을 수용하는 과정을 거쳤다면, 최근에 와서는 한류(韓流)의 흐름을 따라서 본격적으로 우리 자신의 미학이론을 구축하고 이를 우리나라는 물론 해외에도 알려서 실험 및 평가를 받아야 할 단계에까지 이르렀다. 그러한 흐름을 반영하듯이 미(美)에 대해서 관심을 갖는 사람들은 화가, 음악가, 문학가, 디자이너, 예술이론가, 철학자, 대학생 등 여러 계층에 걸쳐 그 수가 셀 수 없이 많아졌으며, 이제는 그 계층이 일반인들에게까지도 확대되고 있는 것은 어찌 보면 매우 바람직한 일이다. 하지만 그럴수록 우리는 단기적인 추세에 따라서 즉흥적으로 대처하거나 열광하다가 다시 식어버리는 데 그칠 것이 아니라, 우리 스스로가 추구하는 미의 이념에 대해서 신중하게 고찰하고 이를 체계적으로 잘 이론화할 필요가 있다. 그러기 위해서 우리는 먼저 타산지석(他山之石)이라는 말을 되새겨서 이미 서양의 미(美) 이론을 구축한 사상가들 가운데서 주목할 만한 인물들을 찾아서 그들의 저작(著作)을 읽고, 그들이 미에 대해서 어떤 생각을 갖고 있으며 그 생각을 어떤 식으로 전개하고 있는지를 잘 고찰하는 것이 중요할 것이다. 그런 점에서 꼽을 수 있는 중요한 사상가들 가운데 한 명이 헤겔이며, 그의 《미학강의》는 특히 서양의 미 이론을 매우 방대하면서도 "체계적"으로 구축하여 전개하고 있다.

또한 헤겔은 미의 이념이 개별 예술들인 건축, 조각, 음악, 회화, 시문학 등에서 어떻게 표현되고 발전되어 왔는지에 대해서 서양의 다른 어떤 예술이론가보다도 더 광범위하게 총괄적으로 다루고 있다. 따라서 이것은 특히 그러한 예술 분야에 관련된 분들이라면 실무적이든 이론적이든 누구나 한권은 꼭 읽어볼 필요가 있는 저서이다.

사실 미학 이론은, 서양에서는 거슬러 올라가 이미 플라톤에서부터 본격적으로 시작되었으며, 특히 근대 이후르는 예술에 관해서 매우 체계적인 이론으로 발전되었다. 우리나라에서도 1970년대 이후에 각종 예술분야가 활발해짐에 따라 체계화된 서양의 미학을 받아들여 연구하려는 움직임이 일어났고 미학이론서들이 속속 들어와 소개되었다. 그러나 그러한 이론서들은 체계적인 번역을 통한 정확한 연구분석과 비판이 결여된 채 단편적인 소개에 그쳤거나, 미학 역사의 정확한 흐름을 놓친 채 수많은 이론들을 혼란스럽게 나열하는 데 그친 감이 없지 않았다. 그것은 우리의 문화와 예술 자체가 과도기 속에 있었던 것도 한 원인이었겠지만 그보다는 서양의 미학사상을 비판 없이 무분별하게 수용하고 모방하려는 사고가 지배적이었기 때문이었다. 그러나 이제는 우리의 문화도 성숙기에 들어섰으므로, 서양 미학이론의 흐름을 서둘러 무차별적으로 받아들이기보다는, 기존에 받아들인 미학을 다시 정확히 알고 비판하여 거르는 작업이 필요하다고 나는 생각했다. 그러던 중에 헤겔의 저서 《미학강의》를 접하고 이를 연구하면서, 이 책 전체를 완역 출간하는 계획을 세우게 되었다. 헤겔의 미학이론은 이미 우리나라에 부분적으로 소개되기는 했으나 역자가 처음으로 완역본을 출간하게 되었다.

대학에서 미학을 강의하던 1820년 무렵의 헤겔

　독일의 철학자로서 오늘날까지도 그 광대하고 심오한 철학체계로 인해 독일철학뿐만이 아니라 서양철학의 정상을 지키고 있는 게오르그 빌헬름 프리드리히 헤겔(Georg Wilhelm Friedrich Hegel, 1770~1831)은 독일철학에서 관념주의 또는 이상주의(理想主義, Idealismus)라는 철학의 "체계(體系)"를 완성시켰고, 법철학, 종교철학, 정신현상학, 역사철학, 예술철학 등 다방면에서 다른 어떤 서양철학자보다도 방대하게 자신의 저술을 남긴 사람이다. 다시 말해서 헤겔 이전까지의 서양철학은 헤겔에 이르러 일단 완성의 경지에 이르렀고, 헤겔 이후의 서양철학은 그의 이론을 수많은 사상가들이 조금씩 달리 수용하거나 변화시켜간 과정이었다고 봐도 과언이 아니다. 훗날 그의 이론에 영향을 받은 철학자들은 니체, 마르크스, 루카치, 사르트르 등 셀 수 없이 많았다. 헤겔의 미학이론에 대한 저서는 그의 이상주의 철학의 완성 단계에서도 비교적 늦게 저술된 것으로서 그 분량 또한 그의 다른 어떤 철학이론보다도 방대하다. 헤겔은 독일의 여러 대학에서 철학을 강의하던 시기에 다른 한편으로 미학에 관심을 갖고 연구하면서 〈미학 또는 예술철학(Ästhetik oder Philosophie der Kunst)〉이라는 주제로 하이델베르크 대학에서 두 차례(각각 1817년과 1818년), 베를린 대학에서 네 차례(각각 1820~1821년, 1823년, 1826년, 1828~1829년) 강의했는데, 이 강의록은 헤겔의 사후 그의 제자인 하인리히 구스타프 호토(Heinrich Gustav Hotho)가 1835년에서 1838년 사이에 정리해서《미학강의(Vorlesungen über die Ästhetik)》라는 제목으로 출판한 것이다.

헤겔이 살았던 18세기 후반에서 19세기 초반은 유럽 역사에서 산업혁명, 프랑스혁명, 미국의 독립, 나폴레옹 전쟁, 나폴레옹의 집권과 독일제국의 몰락, 그리고 다시 나폴레옹의 몰락과 독일의 해방 등, 엄청난 역사적 사건들이 이어진 격동의 시대였다. 헤겔은 1770년 8월 27일, 독일 남부 뷔르템베르크 공국의 수도인 슈투트가르트(Stuttgart)에서 태어났다. 소년 시절에 특히 고대 그리스의 비극에 흥미를 가졌던 그는 그로 인해서 일생 동안 지속적으로 그리스정신에 대한 관심을 가졌고, 이는 훗날 그의 철학사상, 그 중에서도 특히 미학 사상의 형성에 큰 영향을 주었다. 고대 그리스 정신에 대한 헤겔의 예찬은 본《미학강의》내에서 절정(絶頂)을 이룬다.

헤겔은 1788년에 튀빙겐 신학 대학에 입학하여 1793년까지 약 5년 동안 학업을 쌓았다. 여기서 그는 주로 기독교의 역사연구에 전념하였다. 그리고 당시 유럽에 널리 퍼져 있던 기독교를 비판하고 대신 고대 그리스의 종교가 이상적이라고 보았을 정도로 그리스 정신에 심취해 있었다. 학업을 마친 후에 그는 종교계로 진출하지 않고 가정교사 일을 하면서 당시에 큰 반향을 일으킨 칸트(Kant) 철학에 몰두하였다. 그리고 이곳에서 그는 같은 대학에서 공부하던 횔더린(Hölderlin, 1770~1843), 셸링(Schelling, 1775~1854)과 깊은 교제를 가졌다. 이 두 사람은 나중에 각각 독일 고전주의의 불멸의 시인과 독일 낭만주의 철학자가 되며, 헤겔은 이 두 사람으로부터 그의 사상을 발전시키는

데 큰 영향을 받았다. 헤겔이 대학 2학년이었던 1789년에 프랑스혁명이 일어났다.

대학을 졸업한 후 1801년에 그는 독일 동부에 있는 문화도시인 예나(Jena) 대학교에서 강의를 맡으면서, 철학자인 셸링과 다시 친밀한 관계를 맺게 되었고, 1802년에는 그와 공동으로 《철학 비평(Kritische Journal der Philosophie)》을 간행하기도 했다.

1806년 가을에 나폴레옹 군대가 독일을 침공, 예나를 점령하여 이 도시에 개선행진을 하며 지나갔을 때 이 광경을 본 헤겔의 마음속에는 나폴레옹이라는 침략자에 대한 적개심과 그의 영웅적 행적에 대한 경탄의 감정이 미묘하게 교차했겠지만, 그는 나폴레옹에게서 "세계정신"이 구현된 것으로 볼 정도로 그의 사상은 이미 '정신(精神)'과 '이성(理性)'이라는 주제에 심취해 있었다. 그리고 그는 이를 사상적으로 심화시켜 이듬해인 1807년에 대작 《정신 현상학(Phänomenologie des Geistes)》을 출판했다.

이후에 그는 뉘른베르크 김나지움의 교장으로 재직하면서 두 번째 주요 저서인 《논리학(Wissenschaft der Logik)》을 발표하였다. 1816년에 하이델베르크 대학 철학과 정교수가 되자, 이때부터 그는 논리학과 형이상학, 법(法)에 관한 강의와 더불어서 미학(美學)에 대해서도 강의하기 시작하였다. 그리고 1817년에 그는 그의 세 번째 주저인 《철학 집성(Enzyklopädie der Philosophischen Wissenschaft im Grundriss)》을 출판하였다. 논리학과 자연철학, 정신철학의 세 부분으로 나뉘어진 이 저서는 이미 그의 철학사상의 규모가 점차 방대해짐을 보여주는 것이었다. 그 후 1818년에 작고한 철학자 피히테(Fichte)의 후임으로 베를린 대학 교수로 옮겨간 헤겔은 여기에서 그의 강의 과목 범위를 더욱 넓혀갔다. 그는 주요 강의인 자연철학, 종교철학,

법철학 외에도 미학에 대한 강의도 본격적으로 하게 되었다.

특히 1823년에서 1826년 사이는 헤겔의 사상적 활동이 절정에 달했던 시기인 만큼 이《미학강의》의 내용도 그 깊이와 광범위함의 측면에서 후세의 독자인 우리들을 놀라게 하기에 충분하다. 헤겔의 다른 철학체계도 역시 그러하지만 미학에 대한 그의 사상이 정립되기까지는 당시 독일의 철학과 문학을 위시한 예술계의 동향이 지대한 영향을 끼쳤다. 그 당시 독일의 문학과 예술의 풍토를 보면, 한때 문호 괴테(Goethe)와 실러(Schiller)가 주도한 고대 그리스의 신화와 예술을 이상(理想)으로 삼은 고전주의가 지배적이었다가, 괴테의 사후 시인 노발리스(Novalis) 등을 위시로 하는 낭만주의의 세력이 팽배해져 있었다. 낭만주의는 사실 고대 그리스 문화를 인류문화의 최고로 보는 고전주의에 반박하고 나서면서, 유럽의 중세 이래 전해 내려온 기독교적 전통을 바탕으로 분리된 예술과 세계의 합일점을 다시 되찾자는 기치에서 나온 것으로서 특히 셸링의 철학이론의 뒷받침이 되어 있었다. 헤겔과 셸링의 관계는 개인적 교류를 넘어서서 참으로 미묘하게 뒤얽혀 있다. 셸링도 역시 튀빙겐 대학에서 신학과 철학을 공부하였고 프랑스혁명에 대하여 헤겔과 비슷하게 열광적으로 공감하였으며 처음에는 헤겔과 비슷한 사상을 가졌으나, 그의 사상은 후에 점차 유미주의적(唯美主義的)이고 낭만주의적인 색채를 띠었고, 나중에는 종교적이고 신비주의적인 방향으로 바뀌어 갔다.

셸링은 그의《예술철학(Philosophie der Kunst)》에서 한 시대의 문화는 천재적인 개인이 고안한 것에 의해서 모든 것에 공통되는 신화로 융해되며, 그때 그 천재가 만들어낸 것은 의도적으로 그 시대의 원형(原形)으로 추구된다고 보았다. 그는 "고대 그리스의 서사시인 호메로스의 문학은 시, 역사, 철학 등의 공통의 뿌리로서 존재한다. 시

(Poesie)에 있어 신화(神話)는 근원적인 소재이다"라고 말했다. 즉 그는 헤겔처럼 주관과 객관을 이원론적으로 분리시키기보다는, 이의 무차별적인 동일성을 절대적인 것으로 간주했고 그 절대성은 천재성에 의해서 드러난다고 보았다. 그래서 철학도 예술에 와서야 비로소 그 정점에 이른다는 것이었다.

그러나 이러한 이론의 배경으로 일어난 독일의 낭만주의적 문화풍토는 당시에 동시대인이던 철학자 헤겔로 하여금 우려를 낳게 하여 드디어 그로 하여금 자기 본연의 영역인 철학을 넘어서서 미학으로까지 손을 뻗치게 하는 동기가 되었다. 즉 헤겔은 셸링 등이 주축으로 하여 일으킨 낭만주의 이론이 독일 내에서 철학이론으로 기반을 굳혀가는 것에 대해 우려와 반감을 느끼고, 이에 대한 반박 이론을 정립하기 위하여 당대에 이르기까지의 많은 문학작품을 직접 읽고 예술작품들을 연구함으로써 자기 자신의 독자적인 미학체계를 세우고 이를 변호하기에 이르렀다. 그러나 아이러니컬하게도 두 사람의 관계는 더욱 미묘하게 얽혔으니, 셸링은 1798년 이래 예나 대학 등의 교수직을 역임하고 헤겔의 사후(1831년)에 그의 후임으로 베를린 대학 교수가 되었다. 그리고 그는 오히려 헤겔이 평생에 걸쳐 구축한 '이성(理性)'과 '체계'를 깨뜨리는 역할을 하였고, 당시 독일의 고전주의를 넘어서서 확산되었던 낭만주의 이론을 구축하는 사상가들 가운데 한 명이 되었다.

헤겔의 《미학강의》는 모두 3부로 구성되어 있다. 제1부의 제목은 "예술미의 이념 또는 이상(理想)", 제2부는 "여러 특수한 예술미의 형식으로 발전하는 이상", 제3부는 "개별 예술들의 체계"이다. 그는 특히 제1부의 서문에서 미학을 예술철학으로 보는 자신의 입장을 상세하게 전개하고 있는데, 자신의 미학 이론은 전반적으로 자연의 미(美)가 아닌 예술의 미(das Schöne in der Kunst)를 다루고 있음을 처음부터 규명하고 있다. 즉 예술미는 자연미보다 우월한데 그 이유는 예술미가 '정신의 소산(所産)'이기 때문이라는 것이다. 따라서 정신의 소산인 예술 역시 사유적인 철학의 고찰 대상이 된다는 것이다. 바로 이것이 그가 예술을 철학적으로 고찰하고자 내세운 이유이다. 그렇다면 현상(現象)된 예술은 무엇인가? 그것은 한낱 가상(假象)에 불과한 것일까? 헤겔은 그렇지 않다고 말한다. 일반적인 현실과는 다르게 예술적으로 현상된 것은 참된 현존성을 지녀야 한다는 것이다. 따라서 헤겔의 생각으로 예술의 목표는 고대 그리스의 플라톤을 위시로 한 철학자들이 말했던 것처럼 단순한 모방이 아니라, 인간의 심정을 더욱 완성으로 향하게 하는 것이다. 하지만 그는 그렇다고 해서 예술이 추상적인 도덕원칙의 장식물이 되어서는 안 된다고 본다. 예술은 그 개념상 진리를 조형적이고 구체적인 실재의 모습으로 드러내는 것이므로 그것은 '감각적인 것과 순수한 사유의 중간에' 서 있다는 것이다. 헤겔은 이와 같은 논제를 내세움으로써 당시 독일의 사상계와 문학계의 주류를 이루고 있던 칸트의 도덕률이라든가, 실러의 미적 교육이론이 지닌 도덕성, 괴테가 옹호한 고전주의적 문학의 한계, 그리고 그 뒤를 이어 나타난 셸링 등 낭만주의자들의 영향과 한계에서 벗어나 자신의 독자적인 예술철학(미학)을 그의 다른 법철학, 정신현상학, 역사철학, 사회철학 등과 마찬가지로 광대한 체계 속에서 정립하고자 심혈을 기울였다.

헤겔에 의하면 예술은 절대이념(die absolute Idee)으로부터 나오는 것이다. 그러므로 예술의 사명은 절대적인 것, 즉 '이상(理想)'을 감각적으로 표현하는 것이다. 그는 이 입장에서 출발하여 서양의 미학을 그 역사적인 발전과정을 통해서 고찰하고 있으며, 또한 거기에서 나타나는 여러 예술 형식과 양식 등도 같이 설명하고 있다. 그는 제1부에서 미학을 철학적으로 고찰하고 그 이론을 정립한 후, 제2부에서는 예술은 이념과 형상이 서로 일치할 때 이상적으로 드러난다고 보고, 또 예술도 역시 인간 역사와 마찬가지로 역사적인 변증법적 발전단계를 거치고 있다면서 그 단계를 다음과 같이 세 가지로 나누고 있다.

그 첫 번째는 상징적 예술(symbolische Kunst)의 단계이다. 상징적 예술이 생성되고 이행되었던 곳은 고대의 동방(東邦)이었다. 그러나 헤겔에 의하면 이 단계의 예술은 불안정하고 절제성이 결여되어 있어서 아직 참된 예술이 되지는 못했다고 한다. 이 상징적 예술은 숭고한 성격을 지니고 있기는 하나 그 내용은 주로 동방의 다신교에서 볼 수 있는 거인이나 거상(巨像), 수백 개의 팔과 눈을 지닌 형상들에서처럼 추상적이고 모호하며 그 자체로 진실한 특성을 지니고 있지는 않다는 것이다.

그 다음에 나타난 두 번째 단계가 고전적 예술(klassische Kunst)이다. 고전적 예술은 이념과 형상이 자유롭게 조화를 이루면서 거기에서 참된 내용이 참된 형태로 드러난다. 즉, 그 가장 완벽한 형상은 우리 인간의 외모에서 찾아볼 수 있으므로, 여기에서는 상징예술에서 보였던 동물이나 자연의 위력에 대한 숭배가 지양되고 인간의 모습을 띤 새로운 신들(제우스를 중심으로 하는 올림포스 신들)이 예술대상이 된다. 인간의 형상이 가장 진리에 맞게 드러난 것은 고대 그리스인들이 만들어낸 신들의 조각상에서였다. 이때 예술은 그 가장 고유하고 독창적이면서도 진실한 모습을 유지할 수 있었다. 고대 동양의 예술이 그저 감각적인 것이었다면 이는 서양에서, 특히 고대 그리스의 예술과 신화가 상징적 예술을 통합한 단계에서 완성을 보였다.

세 번째는 낭만적 예술(romantische Kunst)의 단계이다. 헤겔은 여기에서 낭만적 예술 속에 고대 그리스 예술형식에서 떠난 중세, 르네상스, 바로크, 고전주의, 낭만주의 시대를 모두 포함시키고 있다. 낭만적 예술의 형식에서는 이념이 형상을 압도하기 때문에 주관과 외면적 형상이 균형을 이루지 못하고 다시 분리되면서 정신은 자신의 내면 속으로 되돌아가 더 심오한 것을 찾으려고 하므로, 이 단계에서 정신과 예술의 외면적 형상은 서로 일치하지 못한다. 그리하여 낭만적 예술에서는 고전적 예술에서 보여주었던 이념과 형상의 일치, 그리고 예술의 독자성이 점차 사라지고, 다른 한편으로 기독교의 영향으로 내면화되면서 진리는 감각적 현상에서 다시 분리되고 예술은 다시 종교의 단계로 넘어간다. 따라서 헤겔은 이 낭만적 예술을 예술의 최후 단계로 보고 있다.

마지막으로 제3부에서 헤겔은 위의 각 단계의 예술형식에 해당하는 주요 장르와 그에 따르는 특성들을 다시금 자세히 규명하고 있다. 상징적 예술형식에 해당되는 예술로는 건축을 들 수 있고, 고전적 예술형식에 해당되는 예술로는 조각을, 그리고 낭만적 예술형식에 해당되는 것으로는 회화, 음악, 시문학 등을 들 수 있다는 것이다. 그 가운데서도 결국 예술이 도달할 수 있는 최고의 단계를 그는 시문학으로 본다. 왜냐하면 시문학이야말로 정신이 그 진리성(眞理性)을 가장 '심오하게' 드러낼 수 있기 때문이라는 것이다. 이 각각의 예술형식들의 개념과 그에 속하는 장르들, 특성들, 차이들, 발전단계들을 서술하는 데 있어 그의 철학과 문학·예술 전반에 관한 지식은 해박하고 구체적이고 상세하여 가히 놀랄만하다.

헤겔 자신은 예술사를 그가 구축한 역사철학적 체계의 시각에서 고찰하고자 했다. 즉 예술사는 정신이 상징적, 고전적, 낭만적 예술의 단계를 거치는 가운데 미(美)가 실현되고 다시 해체되는 변증법적인 과정 그 자체라는 것이다. 그리고 이 변증법적 단계를 거치면서 예술의 여러 장르에도 우열이 가려지는데, 그 중 가장 낮은 단계의 예술이 건축이고, 그 다음이 조각, 그리고 음악, 회화, 시문학의 순서로서 시문학이 예술의 최고 장르라고 규명하고 있다. 그 이유는 시문학이야말로 스스로 자유로우며 감각적인 외적 질료에 매이지 않고 오직 정신과 표상과 감정의 내적인 공간성과 시간성 속에서 실현되는 정신적이고 보편적인 예술이어서 정신이 그 진리를 가장 '심오하게' 드러낼 수 있는 예술이기 때문이라는 것이다. 헤겔은 그 중에서도 예를 들어 고대 그리스 호메로스의 서사시 《일리아스》와 《오디세이아》를 최고의 정점에 달한 예술로 보고 있다. 이와 같은 헤겔의 미학 구상 자체는 사실 그 시대의 문학사적인 흐름의 반영이라고 볼 수 있다. 그는 하이델베르크에 체류하던 시절에 당시 독일 고전주의의 영향을 받아 한때 고대 그리스 로마의 신화와 예술에 관한 저서를 많이 읽었고 괴테의 작품들에도 심취했었다. 때문에 《미학강의》에는 그리스 신화에 나오는 수많은 신들이나 영웅들의 이름과 괴테나 실러를 비롯한 수많은 시인, 예술가들과 그들의 작품들이 언급되고 있다. 물론 헤겔도 고대 그리스 신화를 최고의 예술형태로 보았다. 그러나 그가 마찬가지로 고대 신화를 옹호한 셸링을 반박하고 나선 것은, 셸링이 한 시대의 문화는 천재적인 개인이 고안한 것으로서 모든 것에 공통되는 신화로 용해되며, 그때 그 천재가 만들어낸 것은 의도적으로 그 시대의 원형(原形)이 된다고 본 점을 받아들일 수 없었기 때문이었다. 헤겔은 오늘날의 신화는 고대나 중세 기독교시대에 했던 것과는 역할과 기능이 다르다고 주장한다. 헤겔이 볼 때 셸링의 이론은 비역사적인 것으로 비판되어야 하는 것이었다. 물론 헤겔도 역시 예술작품은 천재의 소산이기는 해도 모든 사람들에게 속하는 것이며, 한 민족과 국가의 정신은 작품으로 드러나야 한다고 보았다. 그러나 셸링이 현대에도 예술을 통해서 하나의 국가를 굳건히 할 수 있으며, 고대 그리스의 도시국가에서처럼 예술을 부흥시킴으로써 조국을 새로이 부흥시켜야 한다고 열렬히 요청한 반면에, 헤겔은 이를 비판적인 시각으로 보았다. 그는 국가와는 달리 예술은 그러한 가능성이 제한적으로밖에는 실현되지 않는다고 생각했다. 헤겔에게 물론 예술의 자율성은 중요한 것이기는 하지만, 그보다도 예술은 그 시대의 문화를 뚜렷하고 생생하게 우리의 눈앞에 드러내주는 것으로서 역사와 문화의 구성적인 계기로 파악된다는 것이었다. 헤겔은 고대 그리스에서는 역사와 세계가 일치하였으나 점차 현대로 오면서 그 차이가 벌어졌다고 보고 있다. 그리하여 현대에 와서는 예술조차도 만일 철학적 반성이 없다면 역사적 진실을 매개하는 권리를 제대로 지탱할 수 없다는 것이다. 따라서 현대세계는 철학 또는 예술철학의 시대일 뿐 그 안에서 예술은 부분적 의미밖에는 지니지 못한다고 한다. 그럼에도 불구하고 예술은 본질적인 방향을 제시한다. 결국 셸링이 요청하는 예술과 세계의 일치상태는 헤겔이 볼 때에 고대 그리스의 세계에서는 가능했지만 현대에는 그와 유사한 상태를 유지하는 것도 불가능하다. 그런 의미에서 볼 때 예술은 과거지사(過去之事)라는 것이다. 이는 당시 현실을 잊고 예술에 침잠하려던 비현실적인 독일 낭만주의 사조의 팽배해 가는 영향력을 타파하려던 헤겔의 기본구상이었다. 그러므로 헤겔은 이 과거의 예술을 마치 자기 나라의 미래를 예시하는 예술로서 제시하거나 현대의 예술매체, 즉 연극이나 시문학을 통해서 다시 활성화하는 것은 시대에 맞지 않는다고 보았다. 그리하여 과거와는 달리 "예술은 우리에게 그 참된 진리와 생동성을 보여주는 역할을 상실했다"는 그의 말은 후세에 와서 비평가들의 관심을 가장 많이 끌었고 또 가장 많이 논란의 대상이 된 부분이며, 예술의 종말이라는 논제의 기초가 되기도 했다. 이처럼 헤겔은 예술의 한계성을 언급하면서도 예술을 철학적으로 규명해 보려는 자신의 원대한 구상에는 전혀 방해를 받지 않았다. 헤겔의 공적은 일단 과거 서구의 예술에서부터 자신의 시대에까지 이르는 모든 미학이론을 자신의 변증법적 철학체계로 방대하게 고찰하고 이를 이념적으로 규명하려고 시도한 데 있었다.

그러나 헤겔의 이 미학사상은 몇 가지 문제점을 안고 있다.

첫째, 헤겔은 절대정신의 영역을 예술, 종교, 철학의 세 단계로 나누고 거기에서 예술을 최하위의 단계로 놓으면서, 사실은—적어도 현대에 와서의—예술의 독자성을 인정하지 않고 있는 점이다. 또한 예술형식과 장르들을 역사적 발전이라는 도식 속에서 너무 의도적으로 구분하면서 그들 사이에도 우열을 가리고 있다. 이것은 예술을 철학이나 종교와 똑같이 독자적으로 무한적인 것을 향해 나아가고자 하는 인간의 다양한 욕구를 규명하는 데 과연 충분할까? 즉 건축이나 조각, 회화, 음악, 서사시 등은 어느 시대를 막론하고 그것이 표현하는 형식과 내용, 그 방식이 각각 독자적이고 다른 것이지 꼭 시대성 속에서 그 우열을 가려야 하는가 라는 점이다. 그리고 예술 자체의 종말을 고한 헤겔로부터 이미 200년 가까이 된 지금 시문학의 측면에서 볼 때에도 서사시가 아닌 산문, 그것도 소설이 사실은 서사시를 능가하는 장르로 꼽히고 있는 점을 볼 때, 우리가 꼭 헤겔의 관점에서만 머물러 시문학의 장르를 고찰해야 할까라는 의문이 든다.

둘째, 헤겔은 그가 살았던 당시 독일 고전주의가 추구했던 서양의 고대 그리스 문화를 중심으로 한 이상주의의 정점에 서서 세계 예술 전체를 고찰하고 있다. 그가 이상적인 올림포스의 정상에 발을 딛고 서 고전적 예술의 시각에서 세계의 예술을 바라볼 때, 예술은 동양에서는 그저 상징적인 것, 추상적인 것에 머무르는 것 이상으로 발전하지 못한 것이었고, 반면에 서양의 예술은 이성과 진리가 가장 이상적인 미로서 현실로 드러난 것이었다. 즉 우리가 헤겔의 미학사상 전체를 통해 볼 수 있는 것은 그가 동양이나 인도, 페르시아의 종교 및 예술과 대조적으로 서양, 그것도 고대 그리스의 예술을 최고이자 절대정신의 직접적인 표현으로 인식하려고 매우 심혈을 기울이고 있다는 점이다. 예를 들어 그는 중국인, 인도인, 이집트인들의 신화적 표상 내지 예술작품들의 형식이 불완전한 것은 내용이 불완전하기 때문에 나왔다고 말한다. 즉 그것들이 드러내는 것이 절대적인 내용이 아니어서 그 형태는 조악한 형체나 신의 형상 또는 우상들에 머물렀고, 진정한 미를 소유하지 못했다는 것이다.

그러나 이《미학강의》를 읽는 동안 독자, 특히 우리 한국의 독자는 헤겔의 미학적인 사유대상이 과연 정말 광범위하고 보편적인 것이었는지에 대해 객관적으로 냉철히 고찰해 보아야 할 것이다. 즉 자세히 살펴보면 우리는 헤겔의 미적 고찰 대상들은 역시 경험적인 현실, 다시 말해서 헤겔 자신이 속해 있던 당대의 문화적 전통 및 주위세계에 의해 영향을 받고 있었음을 간과해서는 안 된다. 헤겔이 알고 있었던 세계는 고대 이집트와 그리스, 로마를 중심으로 하는 세계였으며, 그러한 시각에서 볼 때 인도, 아랍, 중국 등은 주변의 세계로 밀려나 부차적으로 고찰되는 위치를 벗어나지 못하고 서구문화와 예술의 관점에서 철저히 경시되고 있음을 간과해서도 안 된다. 그러므로 우리는 헤겔의 동양문화와 동양종교, 철학에 대한 지식과 비판이 과연 전적으로 타당한 것인지에 대해서도 우리의 관점에서 좀 더 냉정히 분석하고 비판해야 할 것이다. 만약에 예술이 헤겔이 고찰한 방식대로의 역사적 변천을 겪어왔다면 과연 현재 동양의 예술이 보이는 모습은 당시 헤겔이 생각한 것과 같은 모습일까? 그의 예술 철학적 사유의 정초는 과연 타당한 것일까? 나는 이 미학 전편을 읽는 동안 한편으로 그의 논리성에 매혹 당하면서도 다른 한편으로 철학자가 아닌 문학가로서 솟아오르는 여러 가지 의혹들을 지울 수는 없었다. 그것은 어쩌면 내가 헤겔의 사상을 큰 거부감 없이 수용할 수 있는 서양인이 아닌 동양인이기 때문에 가질 수 있는 의혹일지도 모르며, 그것은 정당하기까지 한 것이다. 따라서 역자가 이 《미학강의》를 번역한 이유는 독자로 하여금 이를 단지 수동적으로 감탄하고 수용하도록 하려는 목적에서가 아니다. 역자는 이 책이 다음과 같은 두 가지 관점에서 독자 여러분에게 흥미를 줄 것으로 기대하고 있다. 첫째, 헤겔이 서양미학의 체계를 일단 최고의 위치로 완성시켜 놓는 과정에서 그가 다른 논리학이나 역사철학에서 세워놓은 변증법의 체계가 미학에서는 어떤 식으로 전개되는가 하는 점이며, 둘째, 이 미학을 읽음으로써 앞으로 서양미학을 극복하여 동양미학을 구축하려고 노력하는 사람들에게 도움이 되리라는 점이다. 말하자면 서양 이상주의(관념주의) 미학의 최고봉을 이룩한 헤겔의 사상을 정확하게 읽고, 그 체계 속에서 우리가 지금까지 모르고 있던 관점들을 다시 찾아내서 분석하고, 만약에 허점이 있다면 이를 비판할 수 있게 하기 위해서이며, 또 필요한 경우에는 그의 사상을 극복하여 앞으로 동양, 그것도 우리에게 맞는 미학이론의 체계를 헤겔의 미학체계만큼 심오하고 방대하게 펼칠 수 있는 힘을 얻게 하려는 것이 역자의 바람이다. 일단 이 저서를 읽고 나면 헤겔에게서 서양의 이상주의적 관념론이 어떤 의미와 어떤 형식에서 그 극치에 달했었고, 그 이후의 후계자들이 그를 어떻게 수용하고 또 그에게서 떨어져나가 반기를 들었었는지, 그리고 오늘날에 와서 언뜻 보기에 헤겔의 이념에서 완전히 멀어진 듯이 보이는 서양의 다른 사상가들이나 예술가들이 어떤 관점에서 그렇게 보이는지 우리는 좀 더 구체적으로 파악할 수 있을 것이다. 특히 헤겔의 사상에 지대한 영향을 받은 마르크스나 루카치—이들의 미학사상에 대해 특히 우리나라에서 근래에 관심이 큰 만큼—등의 미학사상 실체를 더 확실하게 재검토할 수 있을 것이다.

역자는 우리의 이러한 다각적 관심사와 사명을 의식하면서 이 《미학강의》 제1부, 제2부, 제3부를 완역 출간하게 되었다.

역자는 독자 여러분이 이 책을 읽어가면서 더 쉽게 이해할 수 있도록 돕고자 나름대로 가능하면 곳곳에 주석을 다는 데 많은 힘을 기울였으며, 원서에는 없는 그림이나 삽화들을 역자의 판단에 따라 수집 정리하여 함께 실었다. 지난 1996년에 역자는 이 책을 《헤겔 미학》이라는 제목 하에 처음 출판한 이후로 10여년 만에 다시 개정판을 내게 되었으며, 초판에서 보다 번역 문장들을 더욱 다듬고 개념들도 재정리한 한편, 역주(譯註)들도 더 꼼꼼히 살펴 보충 첨가했으며 참고 그림들도 더 실었다.

또한 책의 제목도 원서 제목인 《미학강의(Vorlesungen über die Ästhetik)》로 바꾸었고, 본문 안에서 저자가 강조한 단어들은 원문대로 살려서 이탤릭체로 바꾸어 표기하였다.

역자는 철학자 헤겔이 자신의 미학체계를 세운 지도 어느덧 200년 가까이 된 오늘날 우리말로 번역된 이 책을 바탕으로 독자여러분께서 헤겔의 미학사상을 편견 없이 바르게 이해하고 우리의 시각에서 새로이 비판하며 이렇게 미에 대해 축적된 지식들을 바탕으로 우리 자신의 예술철학을 정립할 수 있는 날이 속히 오기를 진심으로 바란다.

2010년 봄
두행숙

차례

역자의 말 · 4

서장(序章) · 25

 Ⅰ. 미학의 범위설정과 예술철학에 반대하는
  몇몇 반론에 대한 반박 · 27
 Ⅱ. 미와 예술을 학문적으로 다루는 방식들 · 51
 Ⅲ. 예술미의 개념 · 69

 예술에 대한 통념들 · 73
  1. 인간 활동의 소산으로서의 예술작품 · 74
  2. 인간의 감각을 위해 감각적인 것에서 도출된 예술작품 · 87
  3. 예술의 목적 · 101

 예술의 참된 개념에 대한 역사적인 연역 · 123
  1. 칸트 철학 · 124
  2. 실러, 빙켈만, 셸링 · 132
  3. 아이러니 · 138

 주제의 구분 · 149

제1부 예술미의 이념 또는 이상(理想)

 유한한 현실과 종교 그리고 철학과 관련해서 본 예술의 입지 · 181

제1장 미의 일반적인 개념 · 201

1. 이념 · 201
2. 이념의 현존성 · 208
3. 미의 이념 · 209

제2장 자연미 · 216

A. 자연미 자체 · 216

1. 생명으로서의 이념 · 216
2. 자연적인 생동성의 미 · 227
3. 자연적인 생동성을 고찰하는 방식들 · 236

B. 감각적 질료 속에 깃든 추상적인 형태와 추상적인 통일성의 외적인 미 · 241

1. 추상적인 형태의 미 · 242
   a. 규칙성 · 242
   b. 법칙성 · 248
   c. 조화 · 250
2. 감각적인 질료가 추상적으로 통일되어 드러난 미 · 252

C. 자연미의 결함 · 254

1. 직접성 속에 오직 내면으로서만 존재하는 내면 · 257

  2. 직접적이고 개별적인 현실존재가 지니는 의존성 • 261
  3. 직접적이고 개별적인 현실존재가 지니는 한계성 • 265

제3장 예술미의 이념 또는 이상(理想) • 269

 A. 이상 자체 • 269
  1. 미적인 개성 • 269
  2. 이상과 자연의 관계 • 282

 B. 이상의 피규정성 • 306
 Ⅰ. **이상의 피규정성 그 자체** • 307
  1. 통일성이면서 보편성인 신성(神性) • 307
  2. 신들의 신성한 영역 • 308
  3. 평정(平靜)한 이상 • 309

 Ⅱ. **행위** • 311
  1. 일반적인 세계 상태 • 313
   a. 개인의 독자성이 나타난 영웅시대 • 314
   b. 오늘날의 범속한 상태 • 337
   c. 개인적인 독자성의 재건(再建) • 339
  2. 상황(狀況) • 345
   a. 상황부재성 • 349
   b. 특정한 상황 속에 들어 있는 무해성 • 350
   c. 충돌 • 357

3. 행위 · 378
    a. 행위에 깃들어 있는 보편적인 위력들 · 382
    b. 행동하는 개인들 · 393
    c. 성격 · 413

Ⅲ. **이상의 외적인 피규정성** · 432

1. 추상적인 외면성 자체 · 435
2. 주체적인 이상(理想)과 그것이 외적인
   실재성으로 드러날 때의 조화 · 444
3. 이상적인 예술작품의 외면성과 관객과의 관계 · 460

C. **예술가** · 493

1. 상상력, 천재, 영감 · 493
    a. 창조적 상상력 · 493
    b. 재능과 천재성 · 496
    c. 영감 · 501
2. 표현의 객관성 · 504
3. 매너리즘, 양식(樣式) 그리고 독창성 · 508
    a. 주관적인 매너리즘 · 509
    b. 양식(樣式) · 512
    c. 독창성 · 514

찾아보기 · 523

일러두기

1. 본문의 원어 표기는 독일어판을 그대로 따랐으나, 독일 외 국가의 인명과 지명을 독일식으로 쓴 경우에는 해당 국가의 원어를 표기하고 국립국어원의 외래어표기에 따랐다.

2. 그리스식과 로마식으로 읽을 수 있는 이름의 경우, 같은 인물이라도 헤겔이 문장에서 사용한 그대로 번역했고, 혼동되는 경우에는 역자주를 따로 달았다.

3. 《변형》(오비디우스의 책제목)은 《변신이야기》로 번역되어 출판되어 있으나 역자의 뜻에 따라 《변형》으로 표기했다.

4. 단행본과 잡지·정기간행물, 소설·희곡의 제목은 《 》를, 논문이나 시·미술·음악의 제목은 〈 〉를 사용했다.

서장(序章)

    이 책은 *미학(美學, Ästhetik)*에 대해서 다루고 있다. 미학의 대상이 되는 것은 광범한 *미의 영역*이며, 좀 더 자세히 말하면 예술, 그 중에서도 특히 *미적 예술(schöne Kunst)*[1]이 그 영역이 된다.

    미학에 대해서 다루고 설명하는 데 있어서 미학(Ästhetik)[2]이라는

---

1) 여기서 독일어의 'Kunst'와 'schöne Kunst'의 차이를 한번 살펴볼 필요가 있다. Kunst는 영어나 프랑스어의 'art'와 같은 뜻으로서, 일반적으로 '예술'이라는 의미 외에도 일정한 수련을 요구하는 기술적 능력이나 소질을 의미하기도 한다. 그러므로 독일어에서는 예술을 광의(廣義)의 Kunst와 특별히 구별하고자 할 때는 schöne Kunst라고 명시한다. 그러나 역자는 이하 본문에서 차후로 'Kunst'라는 용어를 '예술'이라 부르기로 한다.

2) 'Ästhetik'이라는 말은 독일문학가 바움가르텐(Alexander Gottlieb Baumgarten)이 처음 쓴 용어이다. 그는 1750년에 출판한 《미학(Aesthetica)》과 다른 원고에서 인식 및 지각(知覺)에 해당하는 그리스어인 aisthanesthai에서 Aesthetica라는 용어를 유추해 내 이를 감성학(Wahrnehmungslehre)이라는 뜻으로 사용하였고 이것이 후에 Ästhetik으로 변했다. 그러나 이 용어에는 문제점이 있는데, 그 말 속에는 아리스토텔레스 이후 새롭게 되어야 할 예술고찰의 방식이 다시 아리스토텔레스에게로 후퇴하는 듯한 인상이 담겨져 있기 때문이다. 사실 고대의 아리스토텔레스로부터 근세 독일의 희곡작가 레싱(Lessing)에 이르기까지 예술, 그 중에서도 특히 비극문학은 효과(Wirkung)라는 관점에서 고찰되었다. 그 효과란 말하자면 예술이 단지 인간 속에서 감정을 일깨우거나 인간들에게 카타르시스(Katharsis)라는 정신적 영향을 끼치는 과정에 지나지 않는다는 것이다.

용어가 꼭 적절한 것은 아니다. 그 이유는 Ästhetik이란 단어는 좀 더 정확히 말하자면 감각, 즉 *감성(Empfinden)*의 학문이라는 뜻이기 때문이다. 그 기원은 예술작품(藝術作品, das Kunstwerk)에서 우러나오는 쾌적함, 경탄, 공포, 연민 따위의 감정을 근거로 예술작품을 고찰하려던 시기에 유행하던 독일의 볼프[3]학파에서 찾을 수 있다. 그러나 미학은 새로운 학문이 되어야 하며 그러기 위해서는 우선적으로 철학의 한 특수한 분과가 되어야 한다.

이 미학이라는 명칭은 사실 부적당하고 피상적이어서 다른 명칭, 예를 들어 *미론(美論, Kallistik)*[4]이라는 명칭으로 바꾸려는 시도도 있었다. 그러나 이 명칭도 역시 불충분한 것으로 드러났다. 왜냐하면 미

이런 방식은 칸트의 《판단력비판(Kritik der Urteilskraft)》에 이르러 일단 끝을 보는 듯했다. 즉 칸트는 그의 저서 《순수이성비판》에서 어떻게 해서 인식 일반이 가능한지에 대해 물었듯이 《판단력비판》에서는 어떻게 해서 미학적 판단이 가능한지에 대해 물었다. 다시 말해서 칸트 이전의 시대에는 마치 자명한 것처럼 인정되었던 사실들, 즉 예술의 본질을 규정하는 데 감각과 지각(知覺)이 출발점이 된다는 점을 칸트에 이르러서는 의심할 뿐만 아니라 문제시하게 되었다. 결국 종래에 당연시되었던 실리적이고 감각주의적인 예술방식들은 그 근본을 캐는 철학적 의문에 부딪히자 그 가치를 잃고 말았다. 그리하여 칸트에 의해 비로소 예술작품이 대중에게 어떤 영향을 미치는가 하는 점만을 고찰하거나 인간의 감정을 예술의 출발점으로 삼기보다는, 예술 자체에서 예술을 파악하려는, 다시 말하면 '예술이라는 것이 도대체 무엇인가' 하는 것을 객관적으로 고찰하고자 하는 최초의 일보가 내딛어졌다. 이 시도는 이후 독일에서 철학자 셸링과 졸거(Solger)를 지나 헤겔에 이르러 일단 그 정점에 도달한다.

3) 볼프(Christian von Wolff, 1679~1754)남작. 그는 독일 계몽주의시대의 대표적 철학자였다. 원래 수학자였던 그는 수학적 방식을 모든 학문적 사고(思考)에 도입하여 수학에서 타당하고 확실하다고 인정되는 진리를 일반영역에서도 기준으로 삼으려고 시도했지만 독일철학에서 그의 영향력은 단명한 것으로 끝나고 말았다.

(美)에 대한 학문이 고찰해야 할 것은 미(美) 전반이 아니라 오직 *예술의 미*(藝術美, das Schöne der *Kunst*)여야 하기 때문이다. 그러므로 우리는 이 책에서 미학(Ästhetik)이라는 명칭을 그대로 사용하고자 하는데, 그 이유는 이 명칭이 단순히 명칭일 뿐 우리에게 별로 상관이 없으며 게다가 그동안에도 이 명칭이 우리의 일상언어 속에서 사용되어 온 관계로 그 이름을 그대로 유지하는 것도 좋을 것 같기 때문이다. 그러나 우리가 여기에서 다루는 미에 대한 학문은 원래는 '*예술철학*' (*Philosophie der Kunst*), 더 정확히 말하자면 '*미적인 예술의 철학*' (*Philosophie der schönen Kunst*)이라고 표현되어야 한다.

I. 미학의 범위설정과 예술철학에 반대하는 몇몇 반론에 대한 반박

우리는 미학을 정의하는 데 있어 위와 같은 표현을 사용함으로써 동시

---

4) 헤겔은 이 서장에서 오직 예술미(美)만이 미학의 대상이 되고 숙련된 기술이나 자연미는 미학의 대상이 되지 못한다고 명백히 못을 박고 있다. 이러한 이유 때문에 그는 Kallistik(美論)이라는 용어조차도 '미학'의 용어로는 부적합하다고 보고 있다. Kallistik은 본래 그리스어로 '아름답다'는 뜻이므로, 원래 미의 학문을 나타내는 데 적합하다고 생각되어 감성론을 의미하는 Ästhetik이라는 말 대신에 이 말을 채용해 보려는 시도가 있었다. 그러나 Kallistik이라는 명칭은 별로 널리 통용되지 않은데다가, 또 이 말은 보통 의미의 미(美)만을 취급하는 말처럼 해석되기가 쉬워서 헤겔도 역시 일반적인 미가 아닌 '예술미'를 논(論)한다는 의도에서 이 용어를 거부한다. 이런 점에서도 볼 수 있듯이 종래의 학문이 예술을 고찰하던 방식과, 헤겔이 예술을 고찰하려는 방식 사이에는 처음부터 상당한 차이가 있음이 여기에서 시사된다.

에 *자연미*는 제외시키고자 한다. 우리가 고찰할 대상을 이처럼 한정짓는 것은 대체로 모든 학문들이 자기 영역을 임의로 한정짓는 권리를 가지려는 것처럼 어찌 보면 교만한 것으로 보일 수도 있다. 그러나 우리는 우리가 고찰하려는 미학의 범위를 그런 의미에서 예술미로만 국한시키려는 것은 아니다. 우리는 일상생활에서 *아름다운* 색들, *아름다운* 하늘, *아름다운* 강, *아름다운* 꽃들, *아름다운* 동물들, 더 나아가서 *아름다운* 사람들에 대해서 말하는 데 익숙해 있다. 그러나 우리는 그런 여러 대상들이 얼마나 아름다운지, 그 각각의 대상들에게 정말로 미라는 성질을 부여할 수 있는지, 좀 더 자세히 말하면 도대체 자연적 미와 예술적 미를 똑같은 가치를 두고 바라보아야 하는지에 대해서 논쟁할 필요가 없이, 우선적으로 예술미가 자연미보다 우월하다고 주장할 수 있다. 그 까닭은, 예술미라는 것은 다름 아닌 *정신(精神, Geist)으로부터 탄생한 미, 정신으로부터 다시 태어난 미*5)이기 때문이다. 정신과 정신의 산물이 자연과 자연의 현상들(Erscheinungen)보다 우월하듯이 예술미도 자연미보다 우월한 것이다.

 사실 *형식적*으로 보면 인간의 뇌리에 스치는 아무리 보잘것없는 착상조차도 자연의 어떤 산물(産物)보다도 더 우월하다. 왜냐하면 그러한 착상 속에는 여전히 정신성(精神性, Geistigkeit)과 자유(自由, Freiheit)가 나타나 있기 때문이다. 물론 *내용*면에서 보면 좀 다를 수

---

5) 여기에서 '정신으로부터 탄생한 미, 즉 정신에서 다시 태어난 미(die aus dem Geiste geborene und wiedergeborene Schönheit)' 라는 말은 원문에 이탤릭체로 씌어 있는 만큼 헤겔 자신이 이를 중요시함을 알 수 있다. 위의 표현은 우선 여기서 여러 가지로 해석될 여지가 있는데, 그 중 하나는 미(美)가 종전의 자연미가 지닌 즉자성(卽自性, An sich sein)에서 즉자대자성(卽者對自性, An und für sich sein, 이는 종종 '절대성' 이라고 번역되기도 함)으로 넘어가는 상태라고 볼 수 있다. '즉자성' 과 '즉자대자성' 에 대한 상세한 설명은 뒤에 가서 역자의 주석을 다시 참조하기 바란다.

도 있다. 예를 들어 태양은 *절대적으로 필연적인* 요소로서 자연 속에서 현상한다. 반면에 잘못된 착상은 우연히 생겨나 일시적으로 머물다가 사라져 버릴 수 있다. 그러나 자체적으로 보면 태양과 같이 자연적으로 존재하는 것은 무관심(indifferent)하며 스스로 자유롭지도 못하고 자의식(自意識, selbstbewußt)도 갖고 있지 못하다. 또 태양이 존재하는 필연성과 다른 사물과의 관계를 고찰해 보더라도, 우리는 그 태양이 자각적(自覺的)(für sich, 즉 대자적對自的)으로 존재한다거나 그 자체가 미적인 것이라고는 보지 않는다.

그러나 이제 우리가 일반적으로 정신과 예술미는 자연미보다 우월하다고 말하더라도 이것은 아직 아무것도 분명하게 말해주지 못한다. 왜냐하면 우월하다는 표현은 자연미와 예술미를 아직은 표상(表象, Vorstellung)의 공간 속에 나란히 놓고서 이 양쪽을 단지 양적(量的)으로, 즉 외적으로만 구분하는 매우 불확실한 표현이기 때문이다. 그러나 자연에 대해 정신과 예술미가 *더 우월하다*는 것은 단지 상대적인 고찰이 아니다. 정신이야말로 *참다운 것*(*das Wahrhaftige*), 즉 모든 것을 자신 속에 포괄하는 것이므로 모든 미는 그 자체가 보다 숭고한 것에 참여(teilhaftig)하고 숭고함을 통해서 생겨날 때 진정으로 아름다운 것이다. 이런 의미에서 볼 때 자연미는 정신에 속해 있는 미(美)의 반사(Reflex)에 불과한 것으로서 불충분하고 불완전한 양태 ─ 그러나 그 *실질적으로는 이미 정신 속에 함유되어 있는 양태* ─ 로 드러난다.[6]

---

[6] 여기에는 헤겔이 앞서 그의 철학체계인《정신현상학(Phänomenologie des Geistes)》(1807년)에서 충분히 주장한 정신의 절대성이 이미 전제되어 있다. 그런데 자세히 보면 자연 자체는 정신과는 독립적으로 스스로 절대 필연적인 존재로 있는 것일지는 모르지만, 자연미(Naturschöne)는 사실 정신에서 완전히 떨어져 나간 것이 아니라 정신의 영역 속에 있다고 헤겔은 보고 있다.

게다가 자연미에 대해서 그토록 많이 이야기했고 고대인들은 더 많이 이야기했음에도 불구하고, 자연 사물들이 지닌 미(美)의 관점을 부각시켜 그에 대한 학문을 체계적으로 서술하고자 생각했던 사람이 아무도 없었다는 점을 감안할 때, 우리가 우리의 고찰대상을 예술에 국한시키려 하는 것은 매우 자연스러운 일이다.

사람들은 *효용성(效用性)*의 관점은 끄집어내서 예를 들면 병의 치료에 효과적으로 쓰이는 자연산물들에 관한 학문, 즉 치료에 효과적인 광물이나 화학물질, 식물, 동물 등에 관해 *약물학(藥物學, materia medica)*에 관해서 쓰기는 했지만, 아마 미의 관점에서 자연의 모든 영역을 총괄하고 판단을 내린 적은 아직 없었던 것 같다. 우리는 자연미에 있어서는 *판단의 기준이* 없이 *무규정(無規定)적인 것(im Unbestimmten)*[7] 안에 있다는 느낌이 든다. 그렇기 때문에 자연미를 그처럼 총괄하는 일은 사실 우리에게 별로 흥미를 주지 못한다.

비록 우리가 자연 속에 들어 있는 미(美)와 예술 속에 들어 있는 미에 대해서, 그리고 양쪽의 관계에 대해서 이처럼 먼저 언급하고 또 우리가 실제로 다루려는 미(美)의 대상에서 자연미를 제외시키더라도, 미에 관한 우리의 학문이 자의적이거나 임의적인 것에 빠지리라는 상상은 배제해야 할 것이다. 여기서는 이 관계를 당장 증명할 수 없지만, 우리가 차후 다루는 미의 학문 자체 속에서 고찰할 것이므로 이는 뒤에 가서 자연히 설명되고 증명될 것이다.

그러나 우선 예술미에 국한하다 보면 이미 시작부터 새로운 어려움

---

7) 자연을 규정되지 않은(무규정의) 형태라고 생각하는 바로 이러한 헤겔의 관점에 대해서 우리는 동양인으로서 한번 깊이 생각하며 짚고 넘어가야 할 것이다. 즉 지극히 관념적인 헤겔의 이 생각은 바로 자연 자체 속에 질서와 균형과 영혼성이 깃들어 있다고 보는 우리 동양인의 사고방식과 상반되기 때문이다.

에 부딪히게 된다. 그 어려움이란 *첫째*, 과연 예술미도 역시 학문적(學問的)으로 다룰 간한 *가치가 있느냐* 하는 의구심이다. 그 까닭은 미와 예술은 사실 다정한 수호신처럼 삶의 모든 면에 걸쳐 있으면서 모든 일들 사이에 일어나는 심각함이나 현실의 분규를 완화시키면서 유쾌하고도 재미있는 방식으르 지루함도 없애 주며, 또 비록 완전하게 선(善)한 모습으로 현실에 나타나지는 않더라도 적어도 악(惡)보다는 나은 자리를 취함으로써 모든 외적·내적 환경을 밝게 치장해 주기는 하지만, 그럼에도 불구하고 야만인들이 사용하는 거친 장식물들에서부터 온갖 것으로 치장된 신전(神殿)들에 이르기까지 그 좋은 형식들을 모두 다 합치더라도 그런 형식들 자체는 삶의 진정하고 궁극적인 목적으로부터 벗어나 있는 것처럼 보이기 때문이다. 게다가 비록 예술형상들은 인생의 엄숙한 목적에 해가 안 되고 때로는 최소한 악을 퇴치해 인생의 엄숙한 목적에 도움이 되는 듯 보일지라도, 예술은 정신적 긴장이 좀 더 필요한 본질적인 관심사들과는 반대로 오히려 정신이 *퇴조(Remission)*나 *이완*처럼 보이기도 하기 때문이다.

그러므로 진정으로 본질적이지 않은 것을 학문적인 진지함을 갖고 다루려는 시도는 얼핏 부적합하고 현학적인 일로 보일지도 모른다. 어쨌든 그러한 견해에 따르면 예술이라는 것은 *지나치게 심정(心情, Gemüt)을 부드럽게 만드는* 것으로서, 미에 몰두하다보면 비록 해가 될 만큼 심정을 *유약하게* 만들지는 않더라도 어쨌든 영향을 끼칠 수는 있는 것이다. 이 점을 고려해서 일반사람들은 사치품으로 간주되는 예술을 그것이 사실은 대개 *실제적인 필연성(praktische Notwendigkeit)*과 관계된다는 점, 더 자세히 말하면 도덕성이나 경건성과 관계된다는 점에서 옹호할 필요가 생겼고, 또 예술이 무해(無害)하다는 것을 증명하지는 못하더라도 적어도 정신적인 사치가 *단점*보다는 *장점*을 더 많이 지니고 있다는 것을 믿게 할 필요가 있었다. 이런 면에서 사람들은 예술에게도 진지한 목적을 부여했으며, 예술을 누차 이성(理性, Vernunft)과 감성(感性, Sinnlichkeit), 자연적 성향과 의무(Neigung und Pflicht) 사이의 매개자로, 또는 격렬한 투쟁이나 반목 속에서 서로 충돌하는 요소들을 조정해 주는 것으로 권장했다.

그러나 비록 예술이 그처럼 좀 더 진지한 목적들을 지니고 있다 해도 예술이 갖는 그런 매개자의 역할을 통해서 이성(理性)과 의무가 얻는 것이 아무것도 없다고 말할 수 있다. 왜냐하면 이들은 본질상 서로 섞일 수 없는 순수한 것으로서 그런 타협에 응하지 않으며 바로 그 자체 속에 내재된 순수함을 요구하기 때문이다. 또 예술이 그런 매개자로서의 노력을 하더라도 학문적으로 규명할 만한 가치를 더 갖지는 않는다.

왜냐하면 예술은 늘 두 가지 측면을 향해서 봉사하며, 더 고차적인 목적을 갖고 있으면서도 또한 무위(無爲)나 경박함을 조장하기도 하며, 그런 식으로 봉사하는 가운데 예술 자신을 위한 목적이 되기보다 수단으로만 전락할 수도 있기 때문이다―결국 이처럼 수단이 되는 형식은 늘 불리한 측면만 지니고 있는 것처럼 보인다. 그래서 비록 예술은 실제로는 더 진지한 목적에 속하고 더 진지한 결과를 얻어내더라도, 이를 위해서 그것(미) 자체는 속임수(*Täuschung*, 기만)를 사용한다. 왜냐하면 미의 생명은 겉으로 드러나는 *가상(假象, Schein)*[8] 속에 있기 때문이다.

그러나 스스로 참되고 궁극적인 목적(ein in sich selbst wahrhafter

---

[8] 이하에서 가상(假象)이라는 용어는 자주 쓰인다. 여기서 헤겔은 칸트의 《판단력비판(Kritik der Urteilskraft)》(1790년) 제1부의 내용을 시사하고 있다. 즉 칸트는 미(美)란 단지 즐거움을 주는 것이지 우리에게 어떤 개념적 관심을 불러일으키는 것은 아니라고 말하였다.

Endzweck)은 사람들이 쉽게 인지할 수 있는 것으로서, 속임수를 써서 실현될 필요가 없으며, 비록 요리조리 속임수를 통해서 그 목적이 달성되더라도 이는 제한된 방식으로만 얻어지게 될 것이다. 그리고 그런 경우에도 속임수는 올바른 수단으로 간주되지 못할 것이다. 왜냐하면 수단은 진정한 목적의 가치에 부합되어야지 가상이나 속임수에 부합되어서는 안 되며, 오직 참된 것만이 참된 것을 산출해 낼 수 있기 때문이다(nur das Wahrhafte vermag das Wahrhafte zu erzeugen). 이는 학문이 정신의 진정한 관심사를 현실계의 참된 방식과 그 현실을 참되게 표상하는 방식에 따라 고찰하는 것과 같다.

이런 점에서, 예술은 쾌적한 유희로서만 머물며, 또 비록 진지한 목적을 추구하더라도 결국은 그 목적들의 본질에 맞지도 않을뿐더러, 기껏 저런 유희나 이런 진지한 것에 봉사하는 역할밖에는 못한다. 또 예술은 그것의 현존성과 그것이 미치는 효과적인 수단으로 오직 속임수와 가상만 사용해야 하므로 외견상 학문적으로 고찰할 *가치가* *없는* 것처럼 보일지도 모른다.

*둘째*로 더 나아가 예술은 대체로 철학적으로 반성(反省, Reflexion)할 수 있는 대상이기는 해도 *원래* 학문적으로 고찰하기에는 *적합하지 못한* 대상처럼 보일 수도 있다. 왜냐하면 예술미 자체는 감각(感覺, Sinne), 감성(感性, Empfindung), 직관(直觀, Anschauung), 상상력(想像力, Einbildungskraft:구상력)에 의해 드러나기는 해도 사상(思想, Gedanke)과는 영역이 달라서, 예술활동과 그 활동의 산물을 이해하기 위해서는 학문적 사유와는 다른 기관(Organ)이 요구된다고 볼 수도 있기 때문이다. 더 나아가 우리가 예술미에서 향유하는 것은 다름 아닌 창조하고 형상화하는 *자유*이다. 우리는 예술적으로 창조해낼 때나 예술에 의해 형성된 것을 바라볼 때, 모든 규칙이나 규칙화된 것의

속박에서 벗어날 수 있을 것처럼 보인다. 즉 우리는 사상이 지닌 엄격한 합법칙성이나 음울한 내면성과는 달리 예술적인 형상들 속에서 안정과 활기를 구하며, 이념(理念)의 어두운 세계와는 반대로 예술 속에서는 밝고 힘찬 현실성을 추구한다.

끝으로 예술작품의 원천은 창조적 상상력9)의 자유로운 활동(die Quelle der Kunstwerke die freie Tätigkeit der Phantasie, welche in ihren Einbildungen selbst freier als die Natur ist)이다. 상상력은 비록

---

9) 이 장에서 헤겔은 Phantasie라는 말을 자주 사용하는데, 역자는 이를 가능하면 일반적 의미의 '환상(幻想)' 보다는 '창조적 상상력' 이라고 번역하기로 했다. 그 이유는 헤겔 자신이 뒤의《미학강의》제1부, 제3장에서 예술가에 대해 언급할 때 이 말을 자유분방한 환상이라는 의미보다는, 예술가의 창조력과 결부되는 의미에서 사용하기 때문이다. 독일어로 아주 흔히 쓰이는 '상상력' 이라는 말에는 Einbildungskraft라는 단어가 따로 있다. 헤겔도 이를 알고 같은 곳에서 Phantasie와 Einbildungskraft의 차이점을 구별하면서 Phantasie를 더 우위에 두고 있다. 영어로 Phantasie는 fancy, Einbildungskraft는 imagination으로 보통 번역된다. 콜리지(S.T.Coleridge) 같은 사람은 이 양자를 구분했고, 헤겔은 이처럼 위의 두 용어를 일단은 엄격하게 구분하고 있으나 보통은 이 책 여러 군데에서 그 자신도 이 두 용어를 동의어로 쓰는 경우가 있다. 그 이유는, 헤겔은 가능하면 한 문장 안에서 같은 단어를 반복적으로 사용하는 문체를 쓰지 않으려고 시도하다 보니, 설령 두 단어가 완전히 동의어가 아닐지라도 반복을 피하기 위해 이를 병행해 쓴 경우가 많기 때문이다. 이와 비슷한 현상으로 이 저서에서 자주 눈에 띄는 또 다른 단어로는, '내용' 이라는 뜻의 Inhalt와 Gehalt가 있다. 또 그는 해신(海神)을 어떤 때는 포세이돈(Poseidon), 어떤 때는 넵튠(Neptune)으로 표기하며, 아테네 여신을 때로는 아테네(Athene), 때로는 팔라스(Pallas) 또는 미네르바(Minerva)라고 부르기도 한다. 즉 같은 뜻을 지닌 말이 한 문장이나 근처의 문장들에서 중복될 때 헤겔은 가능하면 그 반복을 피하기 위해 이런 용어의 변화를 시도했다. 역자는 본문에서 독자의 이해를 돕기 위해 Phantasie는 가능하면 '창조적 상상력' 으로, Einbildungskraft는 '상상력(想像力)' 또는 '구상력(構想力)' 으로 번역했다.

상상 속에서만 존재할 때에도 오히려 자연보다 더 자유롭다.[10] 예술에서는 풍부한 자연형상들이 그 형형색색의 모습을 제공해 줄 뿐더러, 이를 넘어서 상상력(Einbildungskraft)은 스스로 창조하는 일에 지칠 줄 모르고 흠뻑 빠져 들어간다. 이처럼 상상력이 지닌 이루 헤아릴 수 없는 충만함과 그것이 자유로이 만들어내는 산물에 비하면, 사상(思想)은 마치 그런 것들을 *완전하게* 직관 또는 판단하거나 사상 자신의 일반적인 공식(公式) 속에 정렬시킬 용기마저 잃어버리게 되는 것처럼 보이기도 한다.

반대로 학문은 사람들도 인정하듯이 형식상 개별적인 것들의 무리로부터 추상화하는 사유(思惟)와 관계되므로, 한편으로 상상력과 그것이 지닌 우연성과 자의성(恣意性), 즉 예술활동을 하거나 예술을 향유하는 기관(Organ)은 학문에서 제외된다. 다른 한편으로 예술은 어둡고 메마른 개념을 쾌활하게 살려주고 개념이 지닌 추상성과 현실과의 괴리를 융화시키고 개념과 현실을 서로 보완해 준다면, *오직* 사유(思惟)적인 관찰(nur denkende Betrachtung)은 이러한 보완적 수단 자체를 지양하고 폐기하며 개념을 현실성이 없는 단순함과 불분명한 추상성으로 다시 되돌린다는 것이다. 더 나아가 학문은 그 *내용상*으로 볼 때 자체 내의 *필연적인 것*에만(dem in sich selbst Notwendigen) 몰두한다. 이런 점에서 만약 미학이 자연미를 제외시킨다면 우리는

---

10) 헤겔에게 자연과 예술을 서로 대립시키는 가장 중요한 말은 '자유(自由, Freiheit)'라는 개념이다. 즉 예술에는 자유가 있는 반면에 자연에는 자유가 결여되어 있다는 점이 헤겔이 예술을 자연보다 우위에 두는 가장 큰 이유이다. 이 자유가 갖는 의미는, 헤겔과 동시대인이면서 칸트 철학을 연구했던 독일의 극작가인 실러(Friedrich Schiller)가 주장하는 '미(美)'로서의 자유개념과 여러 면에서 공통점을 지니고 있다.

얼핏 보기에 얻는 것이 아무것도 없을 뿐더러 오히려 필연성으로부터도 더 멀어지게 된다. 왜냐하면 *자연*이라는 표현은 우리에게 필연성(必然性, Notwendigkeit)과 법칙성(法則性, Gesetzmäßigkeit)[11)]에 대한 표상을, 즉 학문적으로 좀 더 접근해서 고찰하고 몰두할 수 있다는 희망을 주는 방식에 관해 표상하게 해주기 때문이다. 하지만 대체로 *정신*, 특히 상상력 속에는 자연과 비교해서 원래 자의성과 무법칙성이 우세하며 이는 자연히 모든 학문적인 논증(論證)으로부터 벗어난다.

그러므로 이런 모든 측면에서 볼 때 미적인 예술은 그 기원과 그 효과 및 범위를 감안하면, 학문적 노력에 적합한 것으로 보여지기보다는 오히려 사유(思惟)의 규제에 거역하고 독자적으로 행동하기 때문에 사실 학문적으로 논(論)하기에 *적합하지 않은* 것처럼 보인다.

예술을 진정으로 학문적으로 다루려는 시도에 반(反)하는 이러한 의구심들 따위는 사실 통속적인 관념이나 견해, 관찰에서 나온 것이다. 그처럼 장황하게 반대하는 논의들은 예전에 미와 예술에 관해서 쓴 책들, 특히 프랑스어로 쓰인 저서들[12)]에서 충분히 찾아볼 수 있다. 물론 그런 저서들 속에는 한편으로 정당한 사실들도 있으며, 또 한편으로 일견 납득이 갈 만한 추론(推論, Räsonnements)들도 거기에서 도출되었다. 예를 들면 미적 현상들이 편재(遍在)해 있는 것과 마찬가지로 미의 형태들도 다양하게 분포되어 있으므로, 만약 의도하기만 한다면 거기서 더 나아가 인간의 본성 속에는 일반적인 *미*에 대한 충동(Schönheitstrieb)이 들어 있다고 추정할 수도 있으며, 또 미에 대

---

11) 법칙성(Gesetzmäßgkeit)이나 규칙성(Regelmäßigkeit)에 대해서는 이 책 제1부 제2장, 2절 부분에서 더 자세히 언급된다.
12) 헤겔은 여기서 예로 바토(Batteux)의 작품들을 암시하는데, 바토에 대해서는 뒷부분에서 역자 주를 다시 참조하기 바람.

한 표상은 무한하고 다양하기 때문에 우선은 뭔가 개별적인 것(Partikuläres)[13]이라고 할 수 있을 것이니 미와 취미(趣味, Geschmack)에 대한 일반적(allgemein)인 법칙은 존재하지 않는다고 단정할 수도 있다는 점이다.

그러나 우리는 이제 위와 같은 그릇된 고찰방식들에서 벗어나 본래 우리가 다루려는 미의 대상으로 돌아가기 전에 먼저 해야 할 일이 있으니, 그것은 앞서 언급된 여러 가지 우려와 의문들에 대해서 간단히 설명하고 이에 대해서 논하는 일일 것이다.

첫 번째 논할 점은, 예술은 과연 학문적으로 고찰할 만한 것인가라는 점, 즉 예술의 존엄성에 관한 것이다. 사실 예술은 우리에게 쾌락과 여흥을 주고 우리의 환경을 치장해 주며, 외적인 생활상태를 개선해 주고 다른 대상들을 장식적으로 부각시켜 주는 일시적 유희(ein flüchtiges Spiel)로 이용되는 경우가 있다. 그런 시각으로 보면 예술은 사실 독자적이고 자유로운 것이 아니라 다른 것에 봉사하는 것일 뿐이다.

---

[13] 헤겔의 본《미학강의》에서 자주 등장하는 서로 대립(내지는 대조)되는 개념들 중에는 '개별적인 것(Partikuläres)'과 '일반적인 것(Allgemeines)'이 있는데, 이는 이미 헤겔 이전에 그리스의 철학자 아리스토텔레스(Aristoteles)의《논리학(Organon)》 중 〈진술론(Perihermeneias)〉 제7장에서 언급되었다. 즉 allgemein(=universal, 일반적) 또는 einzeln(=partikulär, 개별적, 부분적)에서 일반적인 것은 개별적인 여러 부분들을 다 포함하는 상위 개념으로 제시된다. 예를 들어 '인간'을 일반적인 것(Allgemeines)으로 본다면 철학자 '플라톤'은 그 일부인 개별자(Einzelnes)로 볼 수 있을 것이다. 따라서 역자는《미학강의》에서 Partikuläres와 유사한 Partikularität, Partikularisation 등을 가능하면 '개별성', '개별화'로 번역하였다. 물론 헤겔은 이 말 외에도 'einzeln', 'Einzelheit' 등의 단어도 많이 쓰고 있으나, 역자는 이것을 위의 Partikuläres 류의 단어들의 순수한 독일어 형태라고 본다.

그러나 우리가 고찰하고자 하는 예술은 그 목적이나 수단에 있어서 어디까지나 '*자유로운 예술*'이다. 사실 예술이 일반적으로 다른 목적에 이용되는 것으로서 단지 부차적인 유희에 지나지 않을 수도 있다는 점에서 보면 예술은 사상(思想)과도 공통점을 지닌다. 그 까닭은, 학문은 한편으로 궁극적 목적들과 우연적 수단들에 봉사하는 오성(悟性)으로서 이용되기도 하면서 이때 학문 자체에서가 아니라 다른 대상들이나 대상들과의 여러 관계들 속에서 그 규정을 획득하지만, 다른 한편으로 학문은 또 자유로운 독자성 속에서 자신을 진리로 고양(高揚)시키기 위해서 이러한 봉사에서 벗어나, 그 속에서 독자적으로 오직 자신의 목적만을 가지고 자신을 충족시키기 때문이다.

이제 예술은 그것이 갖고 있는 이런 자유 속에서 비로소 참된 예술이 되며, 그것이 종교(宗敎, die Religion)나 철학과 함께 자유로운 영역 속에서 *신적(神的, das Göttliche)인 것*,[14] 즉 인간의 가장 깊은 관심사이자 정신의 가장 포괄적 진리들을 의식하고 표현하는 하나의 방식이 될 때 비로소 예술의 *최고 과제*를 풀 수 있게 된다. 여러 민족들은 그들이 만들어낸 예술작품들 속에 그들의 내적인 직관과 표상을 풍부한 내용으로 나타냈으며, 종종 예술은—사실 여러 민족들에게는 오직 예술만이—그들의 지혜와 종교를 이해하는 열쇠가 되기도 하였다. 이러한 규정을 예술은 철학 및 종교와 공유하고 있기도 하지만,

---

14) 여기서 헤겔은 신적(神的)인 것이 인간의 가장 깊은 관심사라고 보고 있는데, 그가 말하는 이 '신적인 것(das Göttliche)'의 존재근거는 절대적인 것이자 원칙적으로 이미 주어진 것(das Absolute, prinzipiell das bereits Gegebene)을 뜻한다. 이 부분에서 헤겔은 이미 예술, 종교, 철학의 삼각관계를 시사하고 있다. 그러나 셋 중에서 어느 것이 가장 우위인지는 아직 밝히지 않고 있다. 그것을 밝히는 과정은 이 《미학강의》의 분문 전체를 통해서 서서히 드러날 것이다.

예술은 최상의 것을 감성적으로도 표현함으로써 이를 자연 속의 형태로 만들어 우리의 감각(Sinnen)과 감성(Empfindung)에 근접시켜 드러내 보인다는 독특한 방식을 지니고 있다.

사상(思想)은 깊은 초감각적인 세계 속으로 침투하여 이를 우선 하나의 피안(彼岸, Jenseits)의 세계로서 직접적인 의식이나 현재의 감성에 대립시킨다. 사유하는 인식의 자유는 감각적인 현실과 유한성이라고 불리는 차안(此岸, Diesseits)으로부터 자신을 해방시킨다. 그러나 정신은 자신이 이러한 분열을 향해 나아가면서도 이를 또 치유(治癒)할 줄 안다. 정신은 정신 자신으로부터 예술작품들을 단순히 외적이고 감각적이며 무상한 것과, 그에 반대되는 순수한 사상을 서로 화해시키는, 즉 자연 및 유한한 현실과 개념적으로 인식하는 사유의 무한한 자유(der unendlichen Freiheit des begreifenden Denkens) 사이를 최초로 화해시키는 중간자(Mittelglied)로 산출해낸다.

그런데 일반적으로 예술적인 요소, 다시 말해 *가상*(假象)과 그것의 *속임수*(기만)[15]가 지닌 *무자격성*에 관해서 보면, 여기서 가상을 존재해서는 안 되는 것(Nichtseinsollende)으로 언급하더라도 이러한 이의는 어쨌든 정당성을 지닌 것처럼 보일지 모른다.

그러나 *가상* 자체는 본질에 *본질적*(der Schein selbst ist dem Wesen wesentlich)인 것이므로, 진리는 만약에 그것이 가상화(假象化, scheinen)되거나 현상(erscheinen)하지 않으면 진리가 아닐 것이며, 일자(一者, Eines), 즉 자기 자신을 *위해서*(für sich, 즉 對自的으로), 그

---

15) 가상과 기만(속임수)에 대해서는 위에서도 이미 언급됐다. 여기서 헤겔은 이 용어들이 일반적으로는 진리와 실체성에 대립되는 개념으로 이해되고 있음을 전제하지만 그러나 이하 본문의 여러 대목에서 사실은 종종 그렇지 않은 입장을 드러내고 있다.

리고 정신 일반을 위해서 존재하지 않는다면 진리가 아닐 것이다. 따라서 일반적인 방식 속에서 가상화(假象化, das Scheinen)하는 일은 비난의 대상이 될 수 없으며, 예술이 스스로 참된 것에 현실성을 부여하는 가상의 특수한 방식만이 비난의 대상이 될 수 있다. 이런 점에서 만약에 예술이 스스로 구상한 것들을 현실존재(Dasein)로 창조해내는 가상을 *기만*으로 규정해버린다면, 이런 비난은 우선은 현상(現象)하는 것들 및 그 직접적인 물질성이 속해 있는 *외부세계(mit der äußerlichen Welt)*와 우리 자신의 감성적인, 즉 *내적으로 감각적인 세계(der innerlich sinnlichen Welt)*를 비교할 때 그 의미가 있을지 모른다. 그 양자의 세계에게 우리는 현실성과 진리가 결여되어 있다고 보는 예술과는 반대로 경험적인 삶, 즉 우리들 자신이 현상하는 삶 속에 가치를 부여하고 현실성과 실재성, 진리라는 이름을 부여하는데 익숙해 있다. 그러나 바로 이러한 경험적인 내면세계와 외면세계의 영역 전체는 참된 현실성을 띤 세계가 아니라, 오히려 예술보다 더 엄격한 의미로 그저 가상이며 더욱 심한 기만이라고 불러야 한다. 느끼는 것과 외적인 대상들의 직접성 너머에서 비로소 참된 현실성은 발견될 수 있는 것이다. 왜냐하면 오직 완전무결하게 존재하는 것(das Anundfürsichseiende, 즉자대자적인 것, 또는 절대적인 것),[16] 즉 자연과

---

16) 'An sich', 'Für sich', 그리고 'An und für sich'는 헤겔의 모든 철학저서들에서 매우 자주 등장하는 중요한 개념들이다. 이 개념들은 헤겔 철학의 변증법(Dialektik) 사상에서 등장하는데, 그는 인식이나 사물은 정(正)·반(反)·합(合)의 3단계를 거쳐서 전개되어 나간다고 생각했으며 이 3단계의 전개를 변증법이라고 불렀다. 이 단계에서 정(正)의 상태에 있는 것이 'An sich', 반(反)의 상태에 있는 것이 'Für sich', 그리고 합(合)의 상태에 있는 것이 'An und für sich'라고 생각하였다. 종래에 한국철학은 과거의 일본어 번역어를 주로 수용하면서 'An sich'는 '즉자(卽自)'로, 'Für sich'는 '대자(對自)'로, 'An und für

정신의 실체를 이루는 것만이 진정으로 현실적인 것이며, 이는 스스로에게 현재성(現在性)과 현존성을 부여하지만 바로 이 현존성 안에 그 절대적인 것이 머물고 그럼으로써 비로소 진정 현실적이 되기 때문이다. 이러한 일반적인 위력들이 지배하게 될 때 그것은 예술을 두드러지게 강조하고 그것을 드러낸다. 비록 일상의 외적인 세계와 내적인 세계에서도 본질은 드러나지만, 그러나 감각적인 것이 지닌 직접성과 상황, 사건, 성격 등에 깃들어 있는 자의(恣意)에 위축되어 우

---

sich'는 '즉자대자(卽者對自)'로 주로 번역하였다. 그리고 이 모두를 총괄하는 헤겔에서의 최고 개념인 'An und für sich sein'은 '즉자대자성(卽者對自性)'이라고 번역했다. 이 중에서도 'an und für sich'라는 말은 원래 독일 남부의 슈바벤 지방에서 일상적으로 '솔직히 말해서(ehrlich gesagt)' 또는 '사실은(in Wirklichkeit)' 등의 단순한 뜻을 나타내는데 쓰이던 말이었다. 역시 남부(슈투트가르트) 출신인 헤겔은 이 말을 차용해서 자신의 복잡한 변증법 사상을 나타내는 용어로 바꿔 사용했다. 그러나 이 용어들은 우리에게는 이해하는 데 있어 어려움과 오해가 소지가 크므로, 역자는 이 용어들을 때로는 우리의 일상어에 더 가깝게 풀어서 쓰는 것이 낫다고 본다. 따라서 '즉자(卽自, an sich, Ansich)'는 '자기'의 능력·소질이 아직 발현·전개되지 않은 무자각의 상태'라는 뜻을 지니고 있어서 '본래적인 것' 혹은 '자체적인 것'으로 바꿀 수 있고, '대자(對自, für sich, Fürsich)'는 '구별·분열·모순·부정·소외(疎外)'와 같은 다양한 자기 변화와 생성의 계기를 지닌 자각적 상태를 가리키는 만큼, '자각적(自覺的)인 것' 또는 '의식화된 것', '독자적(獨自的)인 것', '스스로를 위한' 따위로 옮길 수 있다. 이 두 요소가 종합되고 지양(止揚)된 상태, 즉 최고의 상태를 뜻한 이르는 즉자대자(卽者對自, an und für sich, An und für sich, 또는 Anundfürsichsein)는 '완전무결한 전체적인 것', '절대적인 것', '자기 안에 자기 자신을 위해 있는 것(being-in-and-for-itself)' 등으로 번역할 수 있다. 이 개념의 해설은 《정신현상학》임석진 역, 한길사, 2005년)을 일부 참조했다. 그러나 본 《미학강의》에서 역자는 헤겔 철학의 종래의 용어들에 익숙해져 있는 독자분들도 감안해서 원래의 번역어들로 가능하면 실었으며, 굳이 보충 설명이 필요할 때는 이를 각각의 단어들 뒤에 ( ) 표시를 하여 함께 실었다.

연이라는 혼돈의 형태로 나타난다. 이런 조악(粗惡)하고 무상한 세계의 가상과 기만을 예술은 저 현상하는 것들 속에 있는 본래의 참된 내용(Gehalt)[17]으로부터 분리해서 그것들에게 좀 더 고차원적이고 정신으로부터 나온 현실성(geistgeborene Wirklichkeit)을 부여한다. 그러므로 일상적인 현실과는 반대로 예술의 현상들은 단순한 가상으로 머무는 것과는 거리가 멀며, 그것들에는 더 차원 높은 실재성(實在性, Realität)과 더 참된 현존성이 깃들어야 한다.

마찬가지로 예술에 의해 표현되는 것을 역사서술이 참되게 표현하는 것과는 달리 기만적인 가상이라고 부를 수는 없다. 그 이유는 역사서술도 역시 직접적인 현존재(現存在), (das unmittelbare Dasein)가 아닌 정신적인 가상을 근거로 해서 서술하며, 그 서술된 내용 역시 일상 현실과 그 안에서 일어난 사건들, 분규들, 개인들 사이에 일어나는 전적으로 우연적인 일들에 매여 있는 반면에, 예술작품은 직접적이고 감각적인 현재성이나 불안정한 가상을 첨가하지 않고도 역사 속에 지배하는 영원한 위력을 우리에게 작품으로 드러낼 수 있기 때문이다.

그러나 이제 만약 예술적인 형상들이 현상되는 방식을 철학적 사유나 종교적이고 윤리적인 원칙들과 비교해서 기만이라고 부른다면, 이때 물론 사유의 영역 안에서 내용이 얻는 현상의 형식이 참된 실재성(Realität)인 것은 사실이다. 그러나 감각적이고 직접적인 현존재의 가상이나 역사서술 속에 들어 있는 가상과 비교했을 때, 예술에서 드러나는 가상은 바로 그 가상을 통해 정신적인 것이 스스로 표상(表象)되고 해명된다는 장점을 지닌다. 그에 반해 직접적인 현상(現象,

---

17) 헤겔의 미학에서 '내용(Gehalt)'은 아주 중요한 의미를 지닌다. 즉 그것은 현상되는 예술작품 속에 드러나는 정신이다. 내용에 대해서 보다 자세한 것은 뒤에서 설명된다.

Erscheinung) 자체는 기만적인 것이 아니라, 현실적인 것, 참된 것처럼 보이지만, 그 참된 것은 직접적으로 감각성적인 것(das unmittelbar Sinnliche)에 의해서 불순해지고 은폐된다. 예술작품들보다는 오히려 자연과 일상 세계의 단단한 껍질이 정신으로 하여금 이념(Idee)으로 침투하는 일을 더 어렵게 만든다.

그러나 우리가 한편으로 이 예술에게 높은 지위를 부여하더라도, 다른 한편으로 예술은 그 내용이나 형식상 정신에게 그 진정한 관심사를 의식(意識)시켜 주는 최고의 절대적인 방식은 아니라는 것을 상기할 필요가 있다. 왜냐하면 예술은 형식상 바로 특정한 내용에만 국한되기 때문이다. 오직 진리의 어느 특정한 범위와 단계만이 예술작품 속에서 표현될 수 있다. 또 진리는 그 규정상 예술의 진정한 내용이 되기 위해서는, 예를 들어 고대 그리스의 여러 신(神)들에게서 볼 수 있듯이 절대적인 것이 감각적인 것 속에 들어가 스스로 그 안에서 적합한 모습을 띨 수 있어야 한다. 그에 반해, 진리에 대한 보다 깊은 해석에 따르면 진리는 감각적인 재료에 의해 채택되고 표현될 만큼 감각적인 것에 근접해 있거나 친근하지도 않다. 그러한 것은 바로 기독교식으로 진리를 해석하려는 방식인데, 특히 우리가 사는 오늘날 세계의 정신, 더 자세히 말해 우리의 종교와 우리의 이성에 의해 도야된 정신은 한때 예술이 그 최고의 방식에 도달했던 한계를 넘어서서 절대적인 것을 의식하는 것으로 드러나고 있다. 즉 예술적인 창조와 예술작품들이 지닌 독특한 방식은 더 이상 우리의 최고 욕구를 충족시켜 주지는 못한다. 우리는 예술작품을 신처럼 존중하고 숭배하던 단계를 넘어섰다. 그것들이 주는 인상은 더 깊은 성찰을 띠고 있으며 그것들을 통해서 우리의 내면에 야기되는 것은 더 고차적인 판단기준을 거쳐 다르게 확증될 필요가 있다. 사상(思想)과 반성(反省)은 예술을 능가하였다(Der Gedanke und die Reflexion hat die schöne Kunst überflügelt). 만약에 한탄이나 질책에 빠지기 좋아하는 사람이라면 이런 현상을 마치 타락인 것처럼 개탄하고 이를 예술의 진지성과 쾌활성을 밀어내려는 지나친 열정과 이기적 관심 탓이라고 비난할지 모른다. 또는 사람들은 오늘날의 궁핍한 시민생활이나 정치생활 속에서 일어나는 분규들을 한탄하면서, 사람들이 지성을 목표로 삼는 학문의 옹색한 관심사들에만 얽매여 그 황폐함 속에 자신을 꼼짝없이 가두고 있다 보니 사소한 관심사에만 묶여 있는 심정이 더 숭고한 예술적 목적을 향해 해방될 기회를 가질 수 없다고 말할지도 모른다.

그러나 이제 이런 사정이야 어떠하든, 예술은 과거의 시대와 민족들이 그 속에서 추구하고 발견했던 것 같은 만족(滿足, Befriedigung)[18]

---

[18] 만족(滿足, Befriedigung)이라는 용어는 헤겔의 본《미학강의》안에서 매우 자주 사용되며 미를 향유(享有)하는 것과 관련된 매우 중요한 개념인 것으로 보인다. 그런데 본문을 더 나아가기 전에 여기서 이 용어와 혼동을 일으킬 우려가 있는 다른 두 용어에 대해서도 미리 알고 넘어가야 할 것 같다. 그 중 하나는 쾌감(快感, Lust)이며, 또 하나는 호감(好感, Wohlgefallen)이다. 먼저 헤겔은 이《미학강의》전반에 걸쳐서 쾌감(快感, Lust)과 호감(好感, Wohlgefallen)이라는 용어는 불과 몇 번 밖에는 쓰지 않고 있는 반면, 만족(滿足)의 의미로 'Befriedigung', 'befriedigen' 이라는 말을 매우 자주 쓰고 있다. 한편 이 쾌감(快感, Lust)과 호감(好感, Wohlgefallen)은 주로 칸트의 미학서인《판단력 비판》에 나오는 용어들로, 칸트에 따르면 쾌감(Lust)과 불쾌감(Unlust)은 영혼이 갖추고 있는 기본적 능력으로서 반드시 어떤 다른 대상과 연관될 필요는 없다는 것, 즉 표상 대상의 존재에 대한 쾌감이 아니라 단지 표상 그 자체에만 연관된다고 한다[《철학사전(Historisches Wörterbuch der Philsophie)》참조]. 한편 호감(好感, Wohlgefallen)은 쾌적감(快適感)으로 번역되는 경우도 있는데, 이는 칸트적 의미에서 보면 "미적 호감은 마음에 드는 어떤 것의 존재와는 상관없이, 다만 그 대상의 성질에만 머문다(Das ästhetische Wohlgefallen ist unbekümmert um die Existenz des Gefallenden, haftet nur an dessen

을— 적어도 종교적 측면에서 예술과 가장 내밀하게 관련되었던 만족을— 더 이상 보장해줄 수 없게 되었다. 고대 그리스 예술의 아름다웠던 시절은 물론이고 중세 후기의 황금시대(黃金時代, die goldene Zeit)도 이미 지나갔다. 우리가 오늘날 살아가는 데서 주어지는 반성구조형성(反省構造形成, Reflexionsbildung)19)은 우리로 하여금 의지는 물론 판단과 관련해서도 일반적인 관점을 고수하고 그에 따라 특수한 것을 규제하려는 욕구(慾求, Bed?rfnis)를 갖게 하였으므로, 일반적인 형식, 법, 의무, 권리, 격률(格率, Maxime) 같은 것들이 근간이 되는 규정으로서의 가치를 띠고 지배하고 있다.

    Beschaffenheit"《판단력 비판》, §5 (Ⅱ 46 ff.)]라고 하듯이 비록 어떤 대상이 주관의 미적 관찰대상이 드기는 하지만 그 자체가 목적은 아니라는 의미를 띠고 있다. 역자는 헤겔이 비록 쾌감(快感, Lust)과 호감(好感, Wohlgefallen)이라는 용어를 사용하지만 그다지 긍정적인 의미로 사용하지 않는 대신에 'Befriedigung'이라는 말은 도처에서 때로는 단순하게, 때로는 복잡한 의미로 사용하는 것을 감안해서, 위의 세 용어를 독자들이 혼동하지 않도록《미학강의》전체에 걸쳐서 가능하면 쾌감(快感, Lust)과 호감(好感, Wohlgefallen), 만족(滿足, Befriedigung, befriedigen)으로 번역했다.

19) 독일의 철학적 미학에서 중심을 이루는 반성구조형성(Reflexionsbildung)이라는 개념은 우리가 어떤 판단을 내릴 때 우리의 인식능력들 사이에 일어나는 역학관계를 뜻하는 용어이다. 이 '반성'에 대한 이야기는 특히 칸트의《판단력 비판 개론(Einleitung in die Kritik der Urteilskraft)》(1914년)에서 엿볼 수 있다. 칸트는 '반성적 판단력(die reflektierende Urteilskraft)'에 대해 "어떤 주어진 표상에 대해서, 그것으로 인해 가능한 개념을 목적으로 어떤 원칙에 따라서 반성하는 것이거나 또는 기본적으로 주어진 어떤 개념을 주어진 경험적인 표상을 통해서 규정하는 것으로 볼 수 있다"고 쓰고 있다. 반성구조형성이란 이처럼 우리 인간의 머리 속에 표상과 개념이 서로 교차하면서 작업하는 가운데 인식이 이루어지는 구조와 과정을 가리키는 말이라고 생각된다. 물론 헤겔은 위의 본문에서 미(美)를 판단하는 데는 이러한 칸트적 인식능력보다는 생동성이 중요하다고 보고 있는 것 같다.

그러나 일반적으로 예술적 관심이나 예술창조를 위해서 우리는 오히려 법칙이나 원칙으로서 존재하는 일반자(das Allgemeine)보다는 심정 및 감성과 하나가 되어 작용하는 생동성(生動性, Lebendigkeit)을 더 요구한다. 상상 속에서 보편적인 것과 이성적(理性的)인 것이 구체적이고 감성적인 현상과 하나가 되어 유지되듯이 말이다. 그러므로 우리가 살고 있는 현재는 그 일반적인 상황의 측면에서 보면 예술에게 유리하지 못하다. 심지어 활동하고 있는 예술가(藝術家, der Künstler) 조차도 그의 주위에서 떠들어대는 반성이라든가 예술에 대해 일반적으로 이러쿵저러쿵 의견을 말하거나 판단하는 관습에 따라 자기의 예술작품 속에 더 많은 사상을 투입하도록 오도되고 감염되고 있다. 뿐만 아니라 정신적인 문화(geistige Bildung) 전체가 그러하므로 예술가 자신은 그러한 반성적인 세계와 그 관계들 속에 머물러 있으며, 의지나 결단에 의해 거기에서 떨어져 나가거나 특별한 교육을 통해 또는 생활환경들로부터 멀어짐으로써 예전에 상실된 것을 다시 보충해 줄 만한 특수한 고독을 창조해 내지도 성취할 수도 없게 되었다.

이런 모든 점에서 예술은 그 최고 규정의 측면에서 볼 때 우리에게 이미 지나간 과거의 것이며 과거적인 것으로 머물러 있다(In allen diesen Beziehungen ist und bleibt die Kunst nach der Seite ihrer höchsten Bestimmung für uns ein Vergangenes). 이로써 예술은 우리에게 그 참된 진리와 생동성을 상실했으며, 현실 속에서 그 과거의 필연성을 주장하고 그 최고지위를 지키기보다는 오히려 우리의 *표상 (表象, Vorstellung)* 속으로 옮겨와 버렸다.

이제 예술작품들이 우리 안에서 자극하는 것은 그것을 직접적으로 향유(享有)하는 것 외에 동시에 우리로 하여금 그 작품에 대해 어떤 판단을 내리는 것으로서, 우리는 예술작품의 내용과 표현수단, 그리고 그 양자가 서로 적합한지 부적합한지에 대해서 생각하고 고찰하는 가운데 그렇게 한다. 그러므로 우리 시대에 와서 예술에 관한 학문은 예술이 예술로서 이미 스스로를 충분히 만족(Befriedigung)시켰던 옛 시대와는 달리 더욱 필요해졌다. 예술은 우리로 하여금 그것을 사유(思惟)하며 고찰하도록 점차 유도하고 있는데, 그것은 예술을 다시 회생(回生)시키려는 목적에서가 아니라 예술이란 무엇인가라는 것을 학문적으로 인식하기 위해서이다.

그러나 이제 만약 우리가 이런 식의 유도에 끌려간다면, 우리는 예술이란 어쩌면 일반적으로 철학적이고 반성적인 고찰을 하는 데는 적합할지 몰라도, 원래 체계적이고 학문적으로 고찰하기에는 부적합한 대상이라는, 즉 앞서 이미 언급한 우려에 다시 부딪히게 된다. 그런데 이러한 우려 속에는 철학적인 고찰은 비학문적일 수도 있다는 잘못된 관념이 들어 있다. 이 점에 대해서 여기서는 간단히 다음과 같이만 말할 수 있다. 즉 사람들이 철학과 철학하는 일에 대해서 평상시 어떤 생각을 갖고 있든 간에 나는 철학하는 일은 전적으로 학문성(學文性, Wissenschaftlichkeit)과 떼어놓을 수 없다고 생각한다. 왜냐하면 철학이란 어떤 대상을 그 필연성에 따라 고찰해야 하며, 그것도 주관적인 필연성이나 외적 질서 또는 분류 따위에 의해서만 고찰해서는 안 되고 대상을 그 자체가 지닌 내적인 성질의 필연성에 따라 전개(entfalten)하고 증명해야 하기 때문이다. 이런 식으로 해명해 나갈 때 비로소 어떤 것을 학문적으로 고찰하는 일이 성사된다. 그러나 어떤 대상이 지닌 객관적 필연성은 본질적으로 그것의 논리적이고 형이상학적인 성질 속에 들어 있는 만큼, 예술 — 이는 한편으로 그 내용 자체로 보고 또 한편으로 그것이 늘 접하는 재료와 그 요소를 볼 때 늘 우연성과 접하게 되는데 — 을 따로 떼어서 고찰하더라도 학문적인 엄격함은 면할 수 있으며, 다만 그 내용과 표현수단 속에 들어 있는 본질적이고 내적인 발전과정과 관련해서 필연성을 형상화(die Gestaltung der Notwendigkeit)하는 일만 상기하면 된다.

그러나 만약 예술작품이라는 것은 무절제한 환상(幻想, Phantasie)이나 마음에서 나오는 것으로 그 수가 헤아릴 수도 없을 정도이며 다양한 데다 감성과 상상력에만 영향을 미치므로 학문적이고 이론적인 고찰에서는 벗어난다는 반론에 관해서 보면, 이 같은 당혹스러움은 지금도 역시 위중해 보인다. 왜냐하면 사실 예술미에서 드러나는 형태는 사상(思想)과는 매우 대립되는 것이며, 사상이 스스로의 방식대로 작용하기 위해서 파괴할 필요가 있는 형태이기 때문이다. 이러한 생각은 요컨대 실재적인 것(das Reelle), 즉 자연과 정신의 생동성은 개념적으로 파악하려 하다 보면 그것이 왜곡되거나 파괴된다는 견해에서 나온다. 다시 말해 그러한 생동성은 그 개념에 맞게 사유하려고 하면 우리에게 분명해지기보다는 오히려 더 멀어지므로, 인간이 생동적인 것을 파악하려는 수단으로 사유하게 되면 오히려 그 목적 자체를 상실하게 된다는 것이다. 이에 대해 이 자리에서 모두 자세히 설명할 수는 없고, 다만 이런 어려움이나 불가능성 또는 미숙함을 제거할 관점을 제시할 수는 있다.

우선 사람들은 정신이란 자기 자신을 고찰하고 의식(意識)을 갖는 일, 그것도 정신 자신과 그것으로부터 솟아나는 모든 것에 대해서 *사유하는* 의식을 갖출 능력이 있다는 점(daß der Geist, sich selbst zu betrachten, ein Bewußtsein, und zwar ein denkendes über sich selbst und über alles, was aus ihm entspringt, zu haben fähig sei)은 인정할 것이다. 그 이유는 *사유(思惟, Denken)* 야말로 정신의 가장 내적인 본질이기 때문이다. 자기 자신과 자신의 소산(所産)에 대해 사유하는 이

의식 속에서는, 비록 그 소산들이 평소 아무리 많은 자유와 자의성을 지니고 있더라도 그 안에서 정신이 참된 것으로 있기만 하다면 정신은 자신의 본질에 적합한 상태이다. 정신으로부터 솟아나고 산출되는 예술과 그 작품들은 그것들이 표현될 때, 비록 감각성을 띤 가상(假象)을 자신 속에 받아들이고 감각성과 정신을 서로 스며들게 하더라도 그것들 자체는 정신적인 특성을 띤다. 이런 점에서 외면성만 띠고 있을 뿐 정신이 깃들어 있지 않은 자연에 비해, 예술은 정신과 정신적 사유에 더 근접해 있다. 정신은 예술 창조물들 안에서 오직 자신의 것 하고만(nur mit dem Seinigen) 관계한다. 물론 예술작품들은 사상이나 개념이 아니라, 개념이 스스로에게서 발전해 감각적인 존재로 소외(疏外, Entfremdung)되어 나아가는 것이기는 하다. 그럼에도 불구하고 사유하는 정신의 위력은 이를테면 원래 사유라는 자신의 고유한 형식(形式, Form) 속에서 *자기 자신을 파악할 뿐더러*, 또 감정이나 감성으로 자신을 외화(外化, Entäußerung)[20]시키는 가운데서도 자기를 재인식하고, 자신의 타자(他自) 속에서(in seinem Anderen) 낯설어진 것(소외)을 사상으로 바꿔 자신에게 회귀하게 함으로써 자신을 개념

---

[20] 헤겔은 이미 《정신현상학》에서 이와 비슷하게 "정신이 갖는 힘은 자기의 외화(外化) 속에서도 자기 자신과 동일하게 머무는 데 있다"(die Kraft des Geistes ist, in seiner Entäußerung sich selbst gleich zu bleiben)고 언급한다. 이 외화는 이중성, 분열성도 지니고 있지만 이는 헤겔의 변증법 논리에서는 사실 정신과 대립되는 것이 아니다. 이 이론의 사변적 전제는 헤겔에 있어 다음과 같다. 즉 자연 그 자체는 정신에 의해서 정립된 것으로서 정신의 타자(他者)이기에 자연은 정신에 소원하거나 정신과 대립되는 어떤 것이 아니다. 자연은 결코 원래부터 주어진 것이 아니라 정신에 의해 정신의 외화로서 산출된 것이라고 한다. 정신적이고 개념적인 것이 외화된 것이 예술작품이지만 이 역시 외화된 상태로 내버려두어지는 것이 아니라 정신 자체에게로 다시 복귀한다는 것이다.

적으로 인식하는데 있다. 그리고 사유하는 정신은 자기의 타자에 열중하는 동안에 거기서 자신을 잊거나 포기할 정도로 자신에게 불충실하지도, 또 자기와 구별되는 것을 파악하지 못할 정도로 무능하지도 않으며 정신은 자신뿐만 아니라 자신과 대립(對立, Gegenteil)되는 것도 역시 개념적으로 인식한다. 왜냐하면 개념이라는 것은 자신의 특수성들 가운데서 자신을 보존하고, 자신과 자신의 타자 양쪽을 포괄해(über sich und sein Anderes übergreift) 스스로 소외되어 나아가더라도 역시 이를 다시 지양할 힘과 활동을 내포하는 일반적인 것이기 때문이다. 그래서 사상이 자신을 외화(外化)시키는(sich entäußert) 예술작품 또한 인식하는 사유의 영역에 속하며, 정신은 예술작품을 학문적으로 고찰되게 하는 가운데 그 안에서 정신 자신의 고유한 본성이 지닌 욕구를 충족시킨다. 왜냐하면 사유는 정신의 본질이자 개념이어서, 정신은 그것의 활동에서 나오는 모든 소산(所産)에 사상을 삼투(滲透)시켜 이를 자기 것으로 만들 때 비로소 궁극적으로 만족하기 때문이다. 그러나 우리는 좀 더 확실히 보게 되겠지만, 예술은 정신의 최고 형식이 되기에는 거리가 아주 먼 것으로, 학문 속에서 비로소 진정한 확증을 얻게 된다.

마찬가지로 예술은 철학적 고찰의 대상이 되는 것을 무작정 자의적(恣意的)으로 거부하지는 않는다. 왜냐하면 이미 시사했듯이 예술의 진정한 과제는 정신의 최고의 관심사를 의식(意識)하는 일이기 때문이다. 여기에서 예술의 *내용적* 측면을 보면(nach der Seite des *Inhalts*) 예술은 거칠고 고삐 풀린 상상 속에서 떠돌기만 해서는 안 된다는 결과가 나온다. 왜냐하면 이런 정신적 관심사들은 그 형태나 형상들이 아무리 다양하고 무궁무진하더라도 내용에서 일정한 기점(基點, Haltepunkt)을 설정해 주기 때문이다. 형태들의 경우도 마찬가지이다. 그것들 역시 단순한 우연에만 의존하지는 않는다. 형태화되는 어느 것이든 정신이 지닌 관심사들을 다 표현하고 묘사(Ausdruck und Darstellung)하거나 그것들을 자기 속에 수용했다가 다시 내놓을 수 있는 것은 아니고, 특정한 내용을 통해서 비로소 그 내용에 맞는 형태가 정해진다.

이런 측면에서 볼 때, 우리는 얼핏 헤아릴 수 없이 많은 예술작품들과 형태들 안에서도 사상에 맞게(gedankenmäßig) 방향을 설정할 능력도 가지고 있다.

따라서 우리는 이제까지 첫째 우리의 학문이 다루게 될 내용, 즉 우리가 한정해서 다루려하는 학문의 내용을 밝혀 보았으니, 그것은 예술이 철학적으로 고찰할 가치가 없는 것이 아니며 철학적인 고찰 역시 예술의 본질을 인식할 능력이 없는 것이 아니라는 점이다.

II. 미와 예술을 학문적으로 다루는 방식들

이제 미(美)를 학문적으로 고찰하는 방식에 관해서 묻는다면, 여기서도 우리는 또다시 두 가지 서로 상반되는 고찰방식에 부딪히게 되는데, 그 각각의 방식은 우리에게는 다른 방식을 배제하면서 *아무런 진정한 결과*에 도달하지 못하는 것처럼 보인다.

첫째로 우리가 볼 수 있는 것으로, 예술학(藝術學, die Wissenschaft der Kunst)은 한편으로 실제의 예술작품들만을 눈앞에 제시해 놓고 이들을 예술사(藝術史)적으로 나열하고 현존하는 예술작품들을 고찰하거나, 아니면 판단과 예술창조에 대한 일반적 관점을 제공해 줄 이론을 구상하거나 하면서 겉돌고만 있다는 점이다.

다른 한편으로 우리는 학문이 미에 대한 사유에만 전념할 때 오히려 예술작품의 고유한 특성에 맞는 것에는 이르지 못하고 오직 일반적인 것, 즉 추상적(抽象的, abstrakt)인 미에 관한 철학만 산출해 내는 것을 본다.

(1) 위의 첫 번째 다루는 방식에 관해서 보면, 이는 *경험적인 것* (*das Empirische*)을 출발점으로 삼고 있으므로 자신을 *예술학자*로 육성하려는 사람에게는 필수적인 길이 될 수 있다. 그리고 오늘날 물리학에 종사하지 않더라도 누구나 가장 기초적인 물리학 지식은 구비하고 싶어하듯이, 교양 있는 사람이라면 어느 정도 예술지식을 갖추는 일은 다소 필요조건이 되었고, 또 사람들이 스스로 사이비 예술 애호가인 양 아니면 예술에 대해 마치 식견이 있는 듯이 내세우려는 경향은 상당히 일반화되어 있다.

a) 그러나 이러한 지식들이 정말로 학식으로 인정을 받으려면 이는 다양한 특질을 지녀야 하고 또 폭넓어야 한다. 그 이유는 예술을 이해하는 첫째 조건은 바로 헤아리기 어려울 정도로 많은 동서고금의 개별적인 예술작품들, 즉 일부는 현실에서 이미 소멸되었고 일부는 이 세상의 아주 먼 나라에 떨어져 있어 불행히도 직접 눈앞에 대할 수 없는 예술작품들의 영역에 대해 자세히 아는 일이기 때문이다. 게다가 모든 예술작품은 *자신의 시대*와 *자신의 민족*, 자신의 환경에 속하는 특수한 것이며 역사적인 관념과 목적에 근거를 두고 있는 것이므로, 예술에 관해 박식해지려면 폭넓고 풍부한 *역사적인* 지식, 그것도 매우 *특수한* 지식들이 요구된다.

그 이유는 예술작품의 독자적인 성격은 바로 개별적인 것에 관계되므로 이를 이해하고 해석하기 위해서는 특수한 지식이 필요하기 때문이다. 이러한 박식함(Gelehrtheit)은 결국 다른 모든 것과 마찬가지로, 지식을 위한 기억뿐 아니라 모든 예술형태들을 서로 상이한 모습에 따라 확인하고 또 특히 다른 예술작품들과 비교하기 위해서 눈앞에 떠올리는 민감한 상상력(想像力)도 필요로 한다.

b) 이처럼 예술을 우선 역사적으로 고찰하는 가운데서도 곧 서로 상이한 여러 관점들이 드러난다. 그러나 예술작품을 고찰해서 판단을 이끌어내려면 이러한 상이한 관점들을 눈앞에서 놓쳐서는 안 된다. 이런 관점들은 경험에 출발점을 두는 다른 학문들처럼 스스로를 드러내고 서로 결합하는 가운데 일반적인 판단기준이나 원칙들, 그리고 좀 더 폭 넓고 형식적인 보편성 속에서 예술 이론들을 형성해낸다. 이런 종류에 해당하는 문헌을 여기서 자세히 소개할 수는 없고 가장 대표적인 저서 몇 가지를 예로 들 수 있는데, 그 중에서 맨 먼저 고대의 아리스토텔레스가 쓴 《시학에 관해서》[21]를 꼽을 수 있다. 이 저서 속에 들어 있는 비

---

21) 우리나라에서 이 저서는 일반적으로 《시학(詩學)》이라는 제목으로 더 잘 알려져 있지만, 원제는 '페리 포에티케스(Peri Poietikes)'로서, 직역하면 《시학에 관해서》이다. 이는 대략 기원전 347년에서 342년 사이에 쓰여진 것으로 추측되며 아리스토텔레스의 후기 저서에 속한다. 그는 여기에서 비극이론과 희극이론을 대조시키면서 설명하고 있다. 즉 희극은 저속한 인물이 일으키는 사건으로 우리의 관심대상이 되지 못하며 진정한 작품이 되려면 비극이어야 하는데, 왜냐하면 그것은 숭고하므로 본질적인 것에 더 가깝기 때문이라고 그는 주장한다. 아리스토텔레스 비극이론의 핵심을 이루는 것은 '카타르시스(Katharsis)'라는 말이다. 이는 즉 인간의 심정은 비극을 통해서만 정화(淨化, Reinigung)될 수 있으며 바로 이때 인간은 만족을 느끼게 된다는 뜻이다. 아리스토텔레스의 예술이론은 플라톤의 예술이론과 대조된다. 플라톤은 예술은 존재 그 자체를 다루는 것이 아니라 존재의 그림자만을 다루므로 예술은 진리와는 거리가 멀

극에 대한 이론은 오늘날에도 매우 흥미롭다. 또 고대인들 가운데 호라티우스가 쓴 《시학》[22])과 롱기누스의 《숭고함에 대하여》[23])라는 저서를 더 자세히 살펴보면 그런 이론이 어떻게 해서 생겨났는지에 대해 일반

다고 보면서 예술을 철학보다 하위에 두었다. 물론 플라톤의 그러한 입장은 예술보다 정치, 철학을 더 중요시했던 그의 시대의 사상적 풍토와 관련이 있을 것으로 보인다. 헤겔도 결국은 플라톤적 입장을 그의 미학이론 속에 받아들여서 더 체계적이고 광범위하게 전개시켜 가고 있다. 헤겔이 아리스토텔레스의 예술이론을 옹호하지 않는 이유는, 그가 보기에 아리스토텔레스는 예술이 환기시키는 '효과'의 차원에서만 예술의 의미를 다뤘을 뿐 예술 그 자체가 표현하는 본질적인 것에는 접근하지 못했다고 보기 때문인 듯하다.

22) 원제는 《시학(Ars poetica)》이다. 이는 로마의 시인 호라티우스(Quintus Horatius Flaccus, BC65~BC8년)가 기원전 14년에 발표한 교훈적 내용이 담긴 서한문이다. 호라티우스는 그의 명성의 절정기에 달했던 기원전 19~17년 사이에 고대 시학의 전통, 그 중에서도 특히 아리스토텔레스의 전통을 자신의 경험에 입각하여 새로 정리하였다. 여기에서 그는 두 가지 큰 물음을 제시했는데, 그 중 하나는 예술작품이란 어떤 요구를 충족시켜야 하는가 하는 물음이며, 또 하나는 시인에게 요구되는 조건들은 무엇인가라는 물음이다. 그는 작품이란 단순하고 통일성(simplex et unum)이 있으면서도 전체적인 것(totum)을 표현할 수 있어야 한다고 주장했다. 그런데 그 통일성이란 적합성과도 같은 것으로서, 이는 현실의 삶을 엄밀하게 모방(Mimesis)할 수 있을 때만 가능하며, 따라서 시인의 천재성은 무엇보다도 그의 근면함에 있다고 보았다.

23) 이 작품의 그리스어 명은 '페리 힙수스(Peri Hypsus)'이다. 이는 사실 서기 40년에 나온 작품으로 롱기누스가 숭고한 문체에 대해서 친구에게 서한 형식으로 언급한 것이다. 즉 오늘날 우리가 주로 전통적인 의미에서 알고 있듯이, 뛰어나고 숭고한 언어형식이야말로 그 시인이나 작가의 명성을 수백 년 동안 빛나게 하는 중요한 요소라고 그는 말한다. 헤겔은 여기에서 전반적으로 고대의 미학자들의 저술을 비판하는 입장에 서 있다. 그는 이 서론에 이어 본론에서도 계속 아리스토텔레스에서 로마시대의 수사학, 독일 바로크 시대의 시학 및 프랑스 고전주의와 독일 계몽주의에까지 이르는 미에 대한 학설들, 그리고 더 나아가 헤겔 자신의 시대에 살았던 다른 미학 이론가들의 이론까지도 포괄적으로 고찰하는 가운데 줄곧 그들의 단점을 끌어내 비판을 가하면서 자신의 미학이론을 정립하고 있다.

적으로 추측할 수 있다. 즉 시와 예술이 조악(粗惡)해지는 시대에 사람들이 개념화해서 끄집어낸 미에 대한 일반적 규정들을 보면, 주로 예술작품이란 그것을 산출해 내는 기준이나 방침, 또는 규칙에 맞아야 된다는 생각들이다. 그러나 이러한 예술가가 아닌 예술 의술사(醫術士)(Ärzte der Kunst)들이 예술을 치유하기 위해서 쓴 처방들은 의사들이 건강을 회복시키려고 써준 약 처방보다도 오히려 안전성이 떨어지는 것들이었다.

이런 종류의 이론들에 대해서 나는 그 이론들이 *개별적*으로 볼 때는 많은 가르침을 내포하지만 그 이론들이 언표하는 것들은 비록 진정으로 미적인 예술작품으로 간주한다치더라도 단지 좁은 범위의 예술영역에 있는 매우 한정된 예술작품들에서만 도출해 낸 것이라는 점을 언급하고 싶다. 또 한편으로 그러한 규정들(Bestimmungen)은 부분적으로 그 *보편성(普遍性, Allgemeinheit)*[24]에만 매어 있어서 특수

[24) 보편성(普遍性, Allgemeinheit)이라는 용어도 헤겔의 철학서 여기저기에서 매우 자주 발견된다. 우리는 이 말을 보통 사전에서는 '일반성' 등으로 찾아볼 수 있으나, 헤겔 자신은 이 용어를 그의 철학 속에서 매우 진지하게 사용한다. 예를 들면 그는 《정신 현상학》의 서설(Vorrede) 맨 앞부분에서 "철학"에 대해 정의하면서 "weil die Philosophie wesentlich im Elemente der Allgemeinheit ist, die das Besondere in sich schließt,"라고 쓰고 있다. 이 문장에 나오는 'Allgemeinheit'를 '일반성'으로 번역한다면 매우 이상할 것이다. 따라서 이 문장은 "철학은 그 본질상 특수한 것을 내포하는 보편성이라는 요소 안에 들어 있으므로"라고 번역하는 것이 더 잘 이해가 될 것이다. 다시 말하면 영어에서 '보편성' 이라는 뜻으로 자주 쓰이는 'universality(보편성, 일반성, 만능, 박식)'와 흡사한 독일어의 'Universalität'가 있기는 하지만, 정작 헤겔은 이 단어를 《정신현상학》에서는 단 한 차례도 사용하지 않으며, 《미학강의》에서는 단 한 차례 사용할 뿐이므로, 헤겔 철학 안에서 '보편성'을 뜻하는 말로 사용하기에는 개연성이 없다고 할 수 있다. 아마도 헤겔 자신이 살았던 시대에는 이 'Universalität' 라는 말을 별로 안 쓰고(독일인들에게는 외래어였으니까) 대신 순수한 독일어인 'Allgemeinheit' 라는 용어를 흔히 썼던

한 것*(des Besonderen)*을 확인하는 쪽으로는—사실 그것이 특히 중요함에도 불구하고—나아가지 못하는 매우 진부한 반성(sehr triviale Reflexionen)으로만 머물러 있다. 즉 위에서 인용한 호라티우스의 미(美)에 대한 서한은 마치 팔방미인식으로 누구나 펼쳐 보는 책이지만, 정작 그 안에는 "omne tulit punctum"[25] 따위의 쓸모없는 구절들만 많이 들어있을 뿐인 것처럼 말이다. 그와 비슷한 다른 교훈적인 구절들도 많이 있다. 예를 들어 "시골에 머물면서 자신을 성실하게 부양하라" 따위의 말은 일반적으로는 옳은 말이지만 구체적으로 어떻게 행동해야 하는지에 대한 지침은 빠져 있다—사람들의 또 다른 관심사는 참된 예술작품을 산출하려는 직접적이고 분명한 목적에 있지 않고, 오로지 그런 이론들을 통해서 예술 작품들에 대해서 판단하는 것, 즉 대체로 *취미를 기르려는* 의도만 두드러지고 있다. 그런 식의 이론을 펼친 저서로는 홈의 《비평의 원리》[26]나 바토와 라믈러가 쓴 《예술 입문》[27] 등 당대에 많이 읽힌 작품들을 들 수 있다.

것이 아닌가 추측된다. 역자는 이를 감안해 《미학강의》 전체에서 이 말이 명사(名詞)로 쓰일 때는 주로 '보편성'으로 번역했고, 'allgemein'이라는 형용사로 사용될 때는 우리의 일상에 익숙한 대로 '일반적'이라고 번역했다.

[25] 이는 호라티우스의 위에 언급한 저서의 §343에 나오는 말이다. 원문에는 "omne tulit punctum, qui miscuit utile dulci"로 되어 있다. 이는 "유용한 것을 즐거운 것과 결합시킨 자야말로 온갖 찬사를 얻은 자이다"라는 뜻이다.

[26] 홈(Henry Home, 1696~1782). 스코틀랜드의 철학자. 위 저서의 영문 제목은 《Elements of Criticism》(1762년)이다.

[27] 샤를르 바토(Charles Batteux, 1713~1780)는 프랑스의 미학자이다. 라믈러(Wilhelm Ramler, 1725~1798)는 위에 언급된 바토의 저서 《Cours de belles lettres, ou principes de la litterature》(전5권, 파리, 1747~1750년)을 《예술입문(Einleitung in die schönen Wissenschaften)》(전4권, 1756~1758년)이라는 제목을 붙여 독일어로 번역했다.

이런 의미에서 볼 때, 예술적 취미는 예술작품의 외적 현상에 속하는 것을 정리하여 다루는 일이나 예술의 조화나 완성하고만 관련되어 있었다. 더 나아가 취미의 기본원칙에 또 다른 견해들이 더 첨가되었는데, 이는 예전에는 심리학에 속했고 정신능력이나 활동, 열정, 그 열정의 상승이나 결과 따위를 경험적으로 고찰해 알아낸 견해들이었다. 그러나 사람은 누구나 항상 예술작품이나 특성, 행위, 사건들을 자신의 통찰이나 심정에 근거해서 판단하기 마련이다. 그리고 그 취미라는 것도 외적이고 궁핍한 것을 향해서만 형성되며 게다가 그 규정(規定)들 역시 좁은 영역의 예술작품들이나 오성과 심정이 쌓은 제한된 교양의 영역으로부터만 받아들인 것이므로, 그 영역은 내면적이고 참된 것(das Innere und Wahre)을 포착해서 이를 이해할 예리한 통찰력을 갖기에는 충분하지 못하다.

일반적으로 그러한 취미에 관한 이론들은 그 밖의 비(非) 철학적인 학문 방식들 속에서 다뤄지고 있다. 그런 이론들이 고찰하는 내용(Inhalt)은 주어져 있는 우리의 표상으로부터 취해진다. 그러나 이제 더 나아가 이 표상의 성질에 관해서 물음이 제기된다. 그 이유는 우리의 표상 속에서 간나 그 표상으로부터 정의(定義)되는 좀 더 자세한 규정들에 대해서 알고자 하는 우리의 욕구가 드러나기 때문이다. 이때 우리는 논란의 여지가 있는 불확실한 기반 위에 서게 된다. 왜냐하면 미(美)라는 것은 우선은 매우 단순한 표상으로 보일지 몰라도 그 속에는 다양한 측면이 있음이 곧 밝혀지므로 어떤 사람은 이런 측면을 강조하는가 하면 어떤 사람은 다른 측면을 강조하며, 또 그들은 설사 같은 관점을 갖더라도 결국은 어느 측면을 더 본질적인 것으로 보아야 할지를 둘러싸고 논쟁을 벌이게 되기 때문이다.

이런 점들을 고려해서 미에 대한 여러 다른 정의들을 상세히 논의

하고 비판하는 학문적인 완전성이 고려된다. 우리는 이것을 다양하고 세심하게 정의되는 온갖 것들을 알기 위해서 역사적인 *완전성* 안에서 하거나 *역사적* 관심 때문에 할 생각은 없다. 오히려 예를 들어 실제로 미의 이념 속에 무엇이 들어있는지 알아낼 목적으로 최근에 나온 몇 가지 흥미로운 고찰방식을 살펴보려고 한다. 이러한 목적을 위해서는 특히 독일의 문호 괴테(Goethe)가 미에 대해 규정한 것을 상기할 필요가 있는데, 이를 마이어(Meyer)[28]는 그의 저서 《그리스 조형미술사》에서 언급하고 있다. 그러면서 마이어는 이 저서에서 히르트(Hirt)[29]의 이름은 언급하지 않을 그의 고찰방식도 역시 인용하고 있다.

히르트는 우리 시대의 가장 위대하고 진실한 예술전문가 중 한 사람으로, 그는 예술미에 관해 쓴 그의 소고(小考)인 《시간》 속에서 여러 종류의 예술 속에 들어 있는 미에 관해 서술하면서, 한마디로 말해 결국 예술미를 올바로 평가하고 올바른 취미를 기르는 데 근거가 되는 것은 다름 아니라 *특징적인 것*(*das Charakteristische*, 또는 *성격적인 것*)의 개념이라고 요약했다. 다시 말해 그는 미란 "시각이나 청각 또는 상상력의 대상이 될 수 있고 대상이 되는 완전한 것"이라고 확정지었다. 그러면서 더 나아가 그는 완전한 것이란 "자연과 예술이 대

---

28) 마이어(Johann Heinrich Meyer)가 쓴 저서의 원제는 《Geschichte der bildenden Künste in Griechenland》(전3권, 1824~1836년, 드레스덴에서 출간)이며, 리이머(Fr.W.Riemer)에 의해 집필이 계속되었다. 헤겔은 이 책에서 독일의 문호 괴테(1749~1832)를 여러 번 언급하는데 괴테는 당시 헤겔보다 11살 위였다. 헤겔은 그를 잘 알고 있었으며, 바이마르로 그를 종종 방문하기도 했다.
29) 히르트(Alois Hirt,1795~1839). 예술사학자. 위에서 인용한 부분은 《시간(Die Horen)》(1797년) 제7호에 들어 있다. 《시간》은 독일의 고전주의 극작가 실러가 1778~1779년까지 주도하면서 정기적으로 발행한 문학잡지였다.

상을—그 종류(種類)에 따라서—형성할 때 염두에 두고 목적에 맞게 만드는 것"이라고 정의하면서, 사실 우리가 미에 대한 판단력을 기르려면 가능한 한 본질을 이루는 개별적인 특징들(individuelle Merkmale)에 관심을 기울여야 한다고 말했다. 왜냐하면 그런 특징들이야말로 바로 본질의 특징이 되는 것들이기 때문이다. 그에 따라 히르트는 "특정한 개성(bestimmte Individualität)"을 예술법칙인 특징으로 이해하고 있으며, 그에 따라 "형태, 동작, 몸짓, 표정, 표현, 향토색, 빛, 그림자, 명암, 색조 등이 구분되며 그것도 이미 상정된 대상이 요구하는 대로 구분된다"고 했다. 이러한 규정은 그 밖의 다른 정의(定義)들보다도 더 독특하다. 요컨대 더 나아가 특징적인 것이란 무엇인가라고 우리는 물으면 거기에는 *첫째 내용*이 속한다. 예를 들어 특정한 감정(感情, Empfindung)이나 상황, 사건, 행위, 개인 등이 그러한 것이며, *둘째*로는 내용이 표현되어지는 방식을 들 수 있다.

특징적인 것의 예술 법칙은 바로 이러한 표현방식과 관련된다. 왜냐하면 그것은 모든 특수한 것이 표현되는 방식 속에서 그 내용을 특정하게 표현하는 데 이용되고 또 그것이 표현된 것 안에 하나의 구성요소가 되도록 요구하기 때문이다. 따라서 특징적인 것을 추상적으로 규정하는 일은 예술로 형상화된 특수한 것이 그 표현해야 할 내용을 실제로 강조해내는 합목적성과 관련된다. 만약 우리가 이러한 사상(思想)을 아주 통속적으로 설명하고자 하면 그 안에 들어 있는 한계는 다음과 같다. 즉 예를 들면 극(劇, Drama) 속에서는 행위가 내용을 이룬다. 극은 이 행위가 어떻게 일어나는지를 표현해야 한다. 이제 사람들은 다양한 행동들을 한다. 그들은 설득하기도 하고, 먹거나 자기도 하고, 옷을 입기도 하고, 이런저런 것 등을 말하기도 한다. 그러나 이런 모든 것들 가운데서 실제 극의 내용을 구성하는 특정한 행위와 직접 관련이 없는 것들은 제외되어야 한다. 그리하여 그 내용과 관련해 의미 없는 것은 아무 것도 남지 않아야 한다. 마찬가지로 행위의 한 계기만을 포착하는 그림에서도 광범위하게 이리저리 흩어진 외부세계 안에 존재하면서 그림이 포착하는 순간의 특정한 행위와는 아무 관련이 없이 포착된, 그 독특한 행위의 특성에 아무 도움이 안 되는 여러 상황이나 인물, 장소나 그 밖의 사건들이 그림 속에 들어가는 경우가 있다. 그러나 특징적인 것의 규정상 예술작품 속에는 오직 그 내용을 드러내고 본질적으로 표현할 수 있는 것만 들어와야 한다. 왜냐하면 그림 속에서는 그 어떤 것도 쓸모없거나 남아도는 것으로 표현되어서는 안 되기 때문이다.

이는 어느 면에서 보면 예술에 대한 아주 중요한 정의로 정당화될 수 있는 것이다. 그러나 마이어는 앞서 인용한 그의 저서 속에서, 이런 견해는 이제 자취 없이 사라져 버렸는데 그것이 그가 옹호하는 예술을 위해서 차라리 잘된 일이라고 말하고 있다. 왜냐하면 위와 같은 (히르트적인) 생각은 자칫 풍자화(諷刺畵, Karikatur)적인 것으로까지 이끌어갈 수도 있기 때문이라는 것이다. 그러나 마이어의 이러한 판단은 곧 마치 어디로 유도하는가의 문제가 미를 확정짓는 데 중요한 것이라도 되는 양 잘못된 점을 포함하고 있다. 예술철학이 노력하는 것은 예술가들에게 어떤 지시를 내리고자 하는 것이 아니라, 그런 규범을 세우지 않고도 '대체로 미(美)란 무엇이며 그 미가 현존하는 것, 즉 예술작품 속에서 어떻게 드러났는지(was das Schöne überhaupt ist und wie es sich im Vorhandenen, in Kunstwerken gezeigt hat)'를 확인하려는 것이다. 또 위의 마이어의 비판과 관련해서 보면, 히르트가 내린 정의는 그 안에 물론 풍자화적인 것도 포괄하고 있는데 그 이유는 풍자화 역시 특징을 지닌 것이기 때문이다. 다만 그것에 반대해서 말하자면 풍자화에서는 일정한 특징이 과장되며 특징을 나타내는 요소들도 도가 넘치게 그려진다. 그런데 지나치다는 것은 본래 그 특징을 나타내는 데 필요하지 않고, 오히려 특징 자체를 변질시키는 진부한 반복이 될 수 있다. 풍자학적인 것은 너무 지나치게 나아가면 추한 특징을 드러내는데 이는 다시말하면 왜곡되어 나타난다는 뜻이다. 더 자세히 보면 추한 것은 내용과 관련되므로 추한 것과 그 추한 것의 표현 역시 특징적인 것이 지닌 기본규정(Grundbestimmung) 속에 들어 있다고 말할 수는 있다. 그러나 예술미 속에서 무엇이 특징으로 드러나야 하고 무엇이 특징으로 드러나서는 안 되는지에 대해서, 즉 어떤 것이 미의 내용이 되어야 하는지에 대해서 히르트가 내린 정의는 더 이상 자세한 정보를 제공해 주지 못하고 다만 그에 대해 순전히 형식적 규정만 내리고 있다. 물론 이는 추상적인 방식이지만 진실성을 내포하고 있기는 하다.

이제 또 다른 물음을 제기할 수 있는데, 그것은 마이어 자신이 히르트의 예술원칙에 대해서 어떤 반대를 하고 있고 과연 무엇을 더 선호하고 있는가라는 점이다. 그는 먼저 미(美) 일반에 대한 규정을 내포하는 원칙이 있어야한다고 보고 고대인들의 예술작품 속에서 이러한 원칙들에 대해서만 다루고 있다. 이 기회에 마이어는 멩스[30]와 빙켈만[31]이

---

30) 멩스(A.R.Mengs, 1728~1779). 화가이자 예술사학자.
31) 빙켈만(Johann Joachim Winckelmann, 1717~1768). 독일의 고고학자이자 예술이론가. 그는 철학, 자연과학, 인문과학 등을 공부했으며, 1755년에는 로마로 여행하여 1757~1758년 사이에 알바니 추기경의 사서(司書)로 일하다가 1763년에는 로마시와 그 근교의 고대유적을 답사 연구했다. 그는 독일 고고학의 창시자로 알려져 있으며, 주요 저서로는 《고대 예술사(Geschichte der Kunst des Altertums)》(1764년)가 있다. 그 당시 빙켈만의 미적 고찰방식을 시작으로 일반 독일인들의 관심사는 로마로부터 고대 그리스 쪽으로 되돌아갔

규정한 이상(理想, Ideal)에 대해서 언급하면서, 그 자신은 그들이 보는 미의 법칙(Schönheitsgesetz)을 배제할 생각도 그렇다고 완전히 수용할 생각도 없지만 반면에 명철한 예술비평가인 괴테의 견해에는 아무 반대 없이 동조한다고 진술하고 있다. 왜냐하면 괴테의 견해야말로 규정적(bestimmend)이며 궁금증을 더 자세히 풀어줄 수 있을 것 같아서라는 것이다. 괴테는 다음과 같이 말했다. "*의미 있는 것(das Bedeutende)*은 고대인들이 지녔던 최고의 원칙이었지만, 그 의미 있는 것을 성공적으로 *다루었을 때* 나온 최고의 결과는 바로 *미(美, das Schöne)*였다." 이 표현 속에 담겨 있는 의미를 좀 더 면밀히 살펴보면 거기에서 다시 두 가지를 발견할 수 있다.

그것은 내용(Inhalt)과 사상(die Sache, 事象:사건이나 사실의 현상), 그리고 표현의 방식과 양태. 우리는 예술작품을 대할 때 일단 우리에게 직접 제시된 것(was sich uns unmittelbar präsentiert)을 보고 그 다음 단계에서 그 작품의 내용과 의미가 무엇인지를 비로소 묻는다.

다시 말하면 우리는 외적으로 제시된 그것이 직접적으로 우리에게

다. 특히 "숭고한 단순함과 고요한 위대함(edle Einfachheit und stille Größe)"이 바로 고대 그리스의 본질이었다고 특징지은 그의 이 표현은 고대 그리스 예술을 적절하게 특징지은 표현이라 해서 유명해졌으며, 독일 미학을 연구하는 사람들이 매우 자주 인용한다. 빙켈만은 특히 고대 그리스에 대한 연구로 미적 이상(Schönheitsideal)에 대한 그 나름대로의 정의를 내렸다. 그는 특히 독일 문학에서 괴테, 실러 같은 문호들에게 지대한 영향을 끼쳐 독일 고전주의 문학을 싹트게 한 예술이론가로서 중요한 위치를 차지한다. 그는 오늘날에도 독일의 고전주의 미학과 문학을 연구할 때 빼놓을 수 없는 중요한 연구 대상이다. 참고로 그의 또 다른 주요 저서로 《회화에 있어 고대 그리스 작품의 모방에 대한 思考(Gedanken über die Nachahmung der griechischen Werke in der Malerei)》(1755년)와 《고대인들의 건축예술에 대한 주해(Anmerkungen über die Baukunst der Alten)》(1762년)가 있다.

빙켈만

가치가 있는 것이 아니라 그 이면에 있는 내적인 것, 즉 외적 현상에 혼을 불어넣는(begeistern) 뭔가 의미 있는 것이 있다고 가정한다. 그러므로 외적으로 드러난 예술작품은 이처럼 그 속에 든 영혼(靈魂, die Seele)을 시사(hindeuten)한다. 왜냐하면 무엇인가를 의미하는 현상은 자신이나 자기 외적 존재를 표상하는 것이 아니라, 상징을, 더 정확히 말하면 도덕성이나 교훈의 의미를 띤 우화(寓話, Fabel)처럼 다른 어떤 것을 표상하기 때문이다. 사실상, 모든 낱말들은 어떤 의미를 지시할 뿐 낱말 자체에 가치를 지니지는 않는다. 마찬가지로 인간의 눈이나 얼굴, 살갗, 그리고 전체의 모습은 바로 그것들을 통해서 인간의 정신과 영혼을 들여다 볼 수 있는 것들이다. 즉 여기서 말하는 의미란 항상 직접적인 현상에서 볼 수 있는 것 이상의 어떤 것이다.

 이런 식으로 예술작품은 의미를 띠고(bedeutend sein) 있어야 하며, 그 의미는 곡면이나 평면, 구멍, 암석에 파인 홈 속에도, 색조나 말의 울림 속에서도 드러나야 한다. 그리고 다른 어떤 소재를 사용하더라도 그런 것이 남김없이 드러나야 할 뿐더러, 내적 생명감과 감성, 영혼 그리고 우리가 바로 예술작품의 의미라고 부르는 내용

(Gehalt)32)이자 정신을 드러내 보여야 한다.

그러므로 예술작품은 의미심장함을 띄어야 한다는 마이어의 요구는 결국 히르트가 말하는 특징적인 것의 원칙보다 조금 더 발전된 정

---

32) 앞에서도 언급했지만 헤겔 미학에서 '내용'은 아주 중요한 의미를 지니는데, 헤겔은 '내용'이라는 말에 해당하는 독일어인 Inhalt와 Gehalt를 종종 섞어서 쓴다. 그러나 특히 철학이나 문학에서 두 단어는 그 개념상 종종 구분이 된다. 즉 게로 폰 빌페르트(Gero von Wilpert)의 《문학개념사전(Sachwörterbuch der Literatur)》을 보면 Gehalt는 외적 형식에 반해 시작품의 소재와 정신적 내용을 이루는 것(즉 인생관, 세계관, 미학적 가치)으로서 그것이 내적 형식 속에서 통일된 예술적 표현과 형태화를 통해 외적 언어예술작품이 되는 것을 뜻하며, Inhalt란 시작품 속에서 단순히 소재가 되고 그 가치와는 별도로 그저 사실의 흐름을 나타내는 것을 뜻한다. 사전적으로 보면 Gehalt는 "사상적 내용, 정신적 이념적 가치"라는 뜻이고, Inhalt는 일반적으로 "내용물, 안에 담은 것, 취지" 등으로 더 폭넓게 쓰인다. 그런 의미에서 Inhalt는 Gehalt보다는 더 피상적이다. 어원적으로는 Gehalt가 이미 중고지(中高地) 독일어 시대(Mittelhochdeutsch:1100~1500년)에 쓰였으나, Inhalt는 그 이후에 비로소 등장했다. 그러나 사실 헤겔은 내용을 뜻할 때 거의 Inhalt라는 말을 쓰며, Gehalt라는 말을 쓰는 횟수는 더 적다. 참고로 중고지 독일어에서의 'der Gehalt'의 개념을 보면 "사상적 내용, 정신적이고 이념적인 가치(詩의 내용), der gedankliche Inhalt, der geistige, ideelle Wert(der Gehalt eines Gedichts)"라고 되어 있다. Inhalt에 대한 헤겔의 보다 자세한 사상은 그의 《철학집성(Enzyklop?die der philosophischen Wissenschaften im Grundrisse)》(1830년) §133에 들어 있다. 이 책을 우리 나라의 철학자들은 줄여서 그냥 《엔치클로페디》라고 부르기도 한다. 여기에서 그는 내용(Inhalt)과 형식(Form)의 밀접한 관계를 다음과 같이 서술한다. "반성하는 오성은 일반적으로 내용과 형식이라는 한 쌍의 개념에 대해 마치 내용은 본질적이고 독자적인 반면에 형식은 비본질적이고 비독자적인 것처럼 여기지만, 사실 양자는 똑같이 본질적이며 형식 없는 내용이 없듯이 내용 없는 형식도 없다." 또 그는 "예술작품은 그 내용과 형식이 전적으로 동일한 것으로 드러날 때만 참된 예술작품이다"라고 말한다.

의(定義)이지 특별히 다른 것은 아니다.

 이런 식으로 이해할 때 우리는 미적 요소의 특징으로 내적인 것과 내용, 그리고 그 내용을 드러내는 외적인 것을 들 수 있다. 외적인 것이 자신을 떠나 내적인 것을 지시할 때, 내적인 것은 외적인 것 속에서 드러나고 바로 이를 통해서 내적인 것 자신을 인식시킨다. 여기서 우리는 더 자세한 것으로 들어가지는 않겠다.

 c) 이런 식으로 이론화하는 예전의 방식은 그 실용적인 규칙들의 방식처럼 이미 독일에서도—특히 진실하고 생동적인 시문학(詩文學, Poesie)이 출현함으로써—단호하게 폐기되었다. 그런 법칙들과 엄청난 양의 이론들의 오만함에 맞서서 천재(Genie)의 권리, 천재의 작품 그리고 그런 작품들이 주는 효과가 더 타당성을 띠게 된 것이다. 스스로 참되고 정신적인 예술과 그 예술에 공감하고 몰두하는 기반 위에서 이미 전부터 있었던 현세 및 중세, 고대의 아주 낯선 민족들(예를 들어 인도)의 위대한 예술작품들을 향유하고 인정하는 수용력(Empfänglichkeit)과 자유가 생겨났다. 그런 작품들은 그들의 시대성과 외국작품들이라는 점 때문에 우리에게 생소한 면이 없지 않으나, 그런 모든 생소함을 뛰어넘어 모든 인간에게 공통된 *내용*을 담고 있음에도 불구하고 편협한 이론에 의해 야만적이고 조잡한 취미의 산물로 낙인찍혔던 것들이었다. 특히 추상적 이론의 근간을 이룬 영역과 형식에서 벗어난 이러한 새로운 미에 대한 인식은 무엇보다도 독특한 종류의 예술—즉 낭만적 예술—을 인정하는 데로까지 나아갔다.[33]

---

[33] 여기서 헤겔은 바로 자기보다 조금 앞선 시기의 독일 천재시대와 독일 낭만주의 시대를 그가 살았던 당시의 현상으로 서술한다. 우리는 여기서 헤겔 자신이 자기의 시대와 그 자신의 역사적 문화사적 판단과 경험에 한정되어 있

그리하여 이제 예전의 이론들이 구사했던 것보다 더 심오한 방식으로 미의 개념과 특성을 이해해야 할 필요성이 생겼다. 이와 관련해서 곧 미의 개념 자체를 독자적으로 즉 사유하는 정신 철학 속에서 좀 더 심오하게 인식하게 되었고, 그럼으로써 이는 예술의 본질을 더 기본적인 방식으로 수용하는 직접적인 동기가 되었다.

그래서 사실상 이러한 일반적인 발전이 계기가 되어 예술에 대한 종전의 고찰방식이나 이론들은 그 원리나 실천면에서 퇴조했다. 다만 예술사에 관한 *학식*만이 그 가치를 계속 지녀왔으며, 정신적 수용력의 진보에 따라 그 학식의 지평이 사방으로 확대될수록 더욱 보존되지 않을 수 없게 되었다. 예술사에 관한 학식이 하는 임무는 개별적인 예술작품들을 미학적으로 평가하고 그 예술작품들의 외적인 조건이 된 역사적인 상황들을 인식하는 일이다. 이러한 평가는—예를 들어 괴테[34]가 예술과 예술작품에 관해 많은 글을 썼듯이—감각적이면서도 정신적이며, 역사적인 지식에 힘입어 예술작품이 지니고 있는 개성(個性) 속으로 전적으로 파고든다. 본래 이러한 고찰방식은 이론화하는 것이 그 목적이 아니었다. 물론 그런 고찰방식은 간혹 추상적 원리나 범주와 관계하면 무의식중에 이론화하는데 빠져 들어갈 수 있다. 그러나 만약 그 고찰방식이 이론 문제에 매달리지 않고 그 구체적

없다는 것을 감지해야 한다. 낭만주의 예술에 대한 그의 비판은 본문에서 보다 구체적으로 다루어지고 있다.
34) 괴테(Johann Wolfgang von Goethe, 1749~1832). 독일 최대의 문호, 극작가이자 시인, 예술이론가로 그는 실러와 더불어 독일 고전주의의 쌍벽을 이루었다. 헤겔은 《미학강의》 서론에서뿐만 아니라 제1부에서도 그와 실러를 문학사에서뿐만 아니라 독일 정신사의 이상주의(관념주의)적 맥락을 이은 사상가들로서 일단은 최고로 꼽고 있다. 물론 그가 그의 작품들을 비판하는 것과는 별개이다. 괴테의 작품에 관한 헤겔의 자세한 고찰은 이 책의 뒤에 가서 나온다.

인 표현들에 주목한다면, 그것은 어쨌든 철학이 다루지 못하는 역사적이고 세세한 부문에 대해 직관적 예증과 확증을 부여하는 일을 예술철학을 위해서 할 수 있다. 이것이 바로 개별적인 것과 현존하는 것으로부터 출발하는 예술고찰의 첫 번째 방식이다.

(2) 위의 방식과 본질적으로 대립되는 방식을 구분해야 하는데, 말하자면 미를 미 자체로부터 인식하고 이 *이념*을 규명하려고 고심하는 전적으로 이론적인 반성(反省, theoretische Reflexion)이 그것이다.

주지하다시피 플라톤은 철학적 고찰에 대해 언급하면서 대상들을 그 특수성이 아닌 *보편성*에서, 즉 더 심오한 방식으로 그 유(類)와 그 절대적 실재(實在) 속에서 인식해야 한다고 최초로 주장한 사람이었다. 그의 주장에 따르면, *개별적*으로 선한 행위나 진실한 견해, 또는 아름다운 인간들이나 예술작품이 참된 것이 아니라 *진(眞), 선(善), 미(美) 자체*가 참된 것이라고 했다. 이제 미를 실제로 그 본질과 개념에 따라 인식하려 한다면 이는 사유하는 개념(denkender Begriff)을 통해서만 인식이 가능하다. 요컨대 개념을 통해서 미의 특수한 이념뿐 아니라 이념 일반의 논리적이고 형이상학적인 성질이 사유하는 의식 속에 들어온다. 이처럼 미를 오로지 이념 속에서만 고찰하려 할 때 이는 다시금 추상적이고 형이상학적인 것으로 될 수 있다. 우리는 여기서 형이상학의 창시자인 플라톤을 인정하고 들어가더라도, 플라톤처럼 미를 추상화하는 일은 미의 논리적 이념 자체를 위해서도 우리에게 더 이상 충분하지 못하다. 우리는 미의 이념을 좀 더 심오하고 더 구체적으로 파악해야 한다. 왜냐하면 플라톤적 이념에 유착(癒着)되어 있는 무내용성(無內容性, Inhaltslosigkeit)은 오늘날에 와서 우리들의 정신이 지닌 더욱 풍부해진 철학적 욕구를 충족시켜 주지 못하기 때문이다. 그러므로 우리도 아마 예술철학에 대해 연구하기 위해서 미의 이념으로부터 출발하는 경우는 있을지 몰라도, 그렇다고 해서 미에 대한 철학적 사고(思考)의 겨우 시작 단계에 있는 플라톤적 미의 추상적인 이념 방식을 그냥 고수해서는 안 된다.

(3) 미의 철학적 개념은 우선 최소한 그것의 참된 특성을 시사하자면, 형이상학적인 보편성을 현실의 특수성이 지닌 피규정성(Bestimmtheit)[35]과 통합해서 언급한 양자의 극단적인 대립을 자신

---

[35] Bestimmtheit: 헤겔의 철학서들을 읽을 때 가장 큰 혼란을 주는 말들 중에는 바로 'Bestimmung', 'Bestimmtheit', 'bestimmen' 그리고 'bestimmt', 'unbestimmt' 따위가 있다. 이 말들은 모두 독일어의 동사 '베슈팀먼(bestimmen, 정하다, 규정하다, 해명하다, 확인하다)'에서 파생되었다. 사실 이 낱말들은 다른 어느 철학자보다도 헤겔의 철학 이론에서 매우 자주 등장하는데, 우리 한국의 철학계에서는 완전히 통일되어 쓰이지는 않고 있는 것 같다. 그 중에서도 가장 혼동하기 쉬운 단어가 'Bestimmtheit' 이다. 이 단어를 어떤 이들은 '규정성(規定性)'으로 어떤 이들은 '피규정성'으로 번역해서 마치 양쪽 번역어가 서로 상반(相反)된 것 같은 착각을 불러일으키기도 한다. 일본에서는 대체로 '피규정태(규정된 것)'으로 번역하는 것으로 알고 있다. 역자는 이 책에서 우선 동사 'bestimmen'의 의미를 철학에서 많이 쓰이는 '규정하다, 정하다'로 압축했다. 여기서 특히 잘 혼동되는 것은 'Bestimmung'과 'Bestimmtheit'로 이 둘은 능동(能動)과 피동(被動)의 상반된 개념이다. 특히 헤겔은 본《미학강의》안에서 이 두 가지 용어들을 무수히 사용하고 있다. 물론 둘 다 '규정되지 않은 추상적이고 보편적인 것'에 반대되는 개념으로서이다. 'bestimmen'의 명사형인 'Bestimmung'은 '규정'으로, 그리고 'Bestimmtheit'는 'Bestimmung'의 수동형이므로 '규정된 것', '피규정자' 또는 '피규정성(被規定性)'으로 번역될 수 있다. 역자는 이 책에서 명사형으로 쓰이는 'Bestimmtheit'는 주로 '피규정성(被規定性)'으로 번역하되, 부사나 형용사(bestimmt)로 쓰일 때는 약간 달리 번역했다. 'bestimmt'와 'unbestimmt'는 둘 다 형용사로 'bestimmt(규정된, 정해진, 특정한)'으로 'unbestimmt(정해지지 않은, 불특정한, 무규정적인)' 등으로 번역할 수 있다.

속에 매개(媒介)36)시켜(in sich vermittelt) 담아야 한다. 그럴 때 비로소 미의 철학적 개념은 절대적으로 그 진리 속에서 파악된다. 왜냐하면 미의 철학적 개념은 한편으로 그 고유한 개념상 규정들의 총체성(總體性, Totalität)으로 발전하며 또 반대로 자기의 특수성과 그 특수성으로 진행하는 것 역시 필연적인 것으로 내포하고 있어서 반성이 지닌 일방적인 불모성과는 달리 풍요로움을 띠고 있기 때문이다. 또 한편으로 그것이 특수성으로 이행할 때도 이 특수성들은 그 안에 개념의 보편성과 본질성(die Allgemeinheit und Wesentlichkeit des Begriffs)을 띠며 이는 그 개념에 고유한 특수성으로 현상한다. 이 양자는 모두 지금까지 취급했던 미에 대한 고찰방식과는 다르며, 그래서 오직 이처럼 온전한 개념만이 실체적(substantiell)이고 필연적이면서 총체적인 원리로 이끌어갈 수 있는 것이다.

III. 예술미의 개념

이처럼 미리 상기시킨 것들을 벗어나 이제 우리는 우리가 다루고자 하는 대상인 예술미의 철학적인 면에 좀 더 접근하고자 한다. 우리는 이 예술미를 학문적으로 다루려고 계획했으므로, 먼저 예술미에 대한 *개념*에서부터 시작해야 할 것이다. 먼저 이 개념을 확립하고 난 후에

---

36) '매개(媒介, Vermittlung)'는 헤겔의 철학 전반에서 매우 자주 등장하는 용어들 가운데 하나로, 특히 그의 변증법(辨證法)적 사유(思惟) 전개를 이해하는 데 매우 중요한 용어이며 이 책에서도 자주 쓰인다. 그리고 이 용어는 또한 어떤 중간개입도 거치지 않는다는 의미를 띤 '무매개성, 직접성(Ummittelbarkeit)'이나 '무매개적인, 직접적인(unvermittelt)' 과 대립해서 쓰인다.

야 우리는 비로소 우리가 다룰 예술의 학문 전체를 주제별로 분류하고 그 다음에 그 전체적인 고찰계획에 관해 설명할 수 있다. 왜냐하면 그것을 비철학적인 고찰에서처럼 단지 외적 방식으로만 분류하지 않기 위해서 우리는 대상 자체의 개념 속에서 그 원리를 찾아야 하기 때문이다.

이런 요구를 할 때 우리는 곧 도대체 어디서 이 개념을 취해야 할지 의문에 부딪히게 된다. 만약 우리가 예술미의 개념 그 자체에서부터 시작한다면 그 개념은 하나의 직접적인 *전제*이자 단순한 가정이 될 것이다. 그러나 철학적인 고찰방식은 단순한 가정을 용납하지 않으며, 철학적 방식에 합당하려면 그 진리성이 증명되어야, 다시 말해 그것이 필연적이라는 점이 밝혀져야 한다.

그러나 독자적으로 고찰되는 철학의 모든 분과를 분류하는 데서 생기는 이런 어려움을 우리는 몇 마디 말로 살펴보고자 한다.

모든 학문 대상에서는 우선 두 가지 점이 고찰되는데, 첫째는 어떠 어떠한 대상이 *있다*는 것, 그리고 둘째는 그 대상이 무엇인가라는 점이다.

첫 번째 사항은 보통의 학문들에서는 별 문제를 일으키지 않는다. 사실 만약에 천문학이나 물리학에서 태양,별들, 자기(磁氣) 현상들 따위가 존재하는 것을 증명하라고 요구한다면 이는 우습게 여겨지기까지 할 것이다. 감각적으로 주어진 것을 다루는 이런 학문들에서 대상들은 외적인 경험에서 취해지며, 따라서 그런 것들을 증명(beweisen)하는 대신에 *지시(指示, weisen)*하는 것으로 충분하다고 여겨진다. 그러나 비철학적인 다른 분과들에서는 그들이 다루는 대상들의 존재(Sein)에 관해 의혹이 생길 수 있다. 예를 들어 정신을 연구하는 심리학에서는 '영혼이나 정신이 과연 *있을까*, 즉 물질과 구별되면서 스스로 독자적으로 존재하는 것이 있을까' 라는 의혹이 떠오를 수 있으며, 신학에서는 '신(神)이란 과연 존재하는가' 라는 의혹이 생겨날 수 있다. 더 나아가 대상들이 주관적인 성질을 띠고 있다면, 다시 말해 오직 정신 속에만 존재하고 외적인 감각적 물체로는 존재하지 않는다고 한다면, 우리는 정신 속에 있는 것은 오직 그것의 활동을 통해서만 산출된다는 것을 안다. 이로써 사람들이 내적인 표상이나 직관을 자신들 속에서 직접 산출하기도 하고 산출하지 않기도 하는 우연성이 등장하며, 실제로 산출해내는 경우에도 그들이 그러한 표상을 다시 사라지지 않게 만들거나 그 표상을 그 내용 속에 절대적(즉자대자적)인 존재성이 깃들지 않은 한갓 *주관적인 표상*으로 격하시키는 우연성이 등장한다. 예를 들어 미(美)는 절대적(즉자대자적)으로 표상 속에 필연적으로 들어 있는 것이 아니라, 단지 주관적으로 마음에 드는 것(ein bloß subjektives Gefallen)이거나 또는 단지 우연적이고 감각적인 것으로 간주하는 경향이 있다. 이미 우리의 외적인 직관이나 관찰들, 그리고 지각(知覺)도 종종 기만적이거나 틀리곤 한다. 하지만 내적인 표상들은 비록 그것들이 안에 대단한 생동성을 지니고 있더라도 우리를 거부할 수 없는 열정으로 몰아간다면 그보다 훨씬 더한 것으로 변할 수도 있다.

이제 대체로 내적인 표상과 우리가 직관하는 대상이 존재하느냐 존재하지 않느냐에 대한 의혹은, 주관적 의식이 그 안에서 대상을 산출하거나 산출하지 않는 우연성에 대한 의혹이나 대상을 의식화하는 방식이 과연 그 대상의 즉자대자성(seinem Anundfürsichsein)에 부합되는가 아닌가에 대한 의혹처럼 사람의 마음속에 좀 더 학문적으로 캐고자 하는 욕구를 불러일으킨다. 이 욕구는 비록 우리 눈앞에 마치 대상이 존재하거나 그런 대상이 실제로 있는 것처럼 보이더라도 그것을 그 필연성에 맞게 명시(明示)하고 증명할 것을 요구한다.

만약 이에 대한 증명이 진정 학문적으로 전개된다면, 그와 더불어 대상이란 과연 무엇인가라는 다른 질문에 대해서도 대답이 주어질 수 있다. 그러나 우리는 여기서 이에 대해서 논쟁만 하다보면 너무 옆으로 빗나갈 수 있으므로 이 점에 대해서는 다음과 같은 점만 시사하겠다. 우리의 고찰대상인 예술미에 필연성이 드러나려면, 예술이나 미 자체는 그 참된 개념에 맞게 고찰했을 때 학문상 필연적으로 미적인 예술의 개념으로 이끌어가는 어떤 선행(先行)적인 것의 결과(ein Resultat von Vorhergehendem)로 증명되어 드러나야 한다. 그러나 우리는 이제 예술에서 출발해서 그 *개념*과 그 개념의 실재성을 다루려는 것이지 예술에 선행하는 것의 본질을 다루려는 것은 아니므로, 특수한 학문적 대상으로서의 예술은 우리의 고찰 밖에 있으며 또 학문적으로 취급될 다른 내용이고 철학의 다른 분과에 속한다고 전제된다. 그러므로 모든 특수한 철학 학문들을 개별적으로 고찰할 때의 경우처럼, 예술의 개념은 이른바 *전제론적(前提論的, lemmatisch)*으로밖에 해명할 수가 없다. 왜냐하면 먼저 철학은 스스로 유기적인 총체성으로서 그 고유한 개념 속에서 발전하고 자신과 관계된 전체에 대한 필연성 속에서(in ihrer sich zu sich selbst verhaltenden Notwendigkeit zum Ganzen) 스스로에 회귀(回歸, in sich zurückgehen)하면서 하나의 진리세계인 자신과 융합되는 총체성 속에 있는 우주(Universum)를 인식하는 것이기 때문이다. 이러한 학문적 필연성의 최고점에서 살펴볼 때, 모든 각각의 부분은 한편으로 자신에게로 회귀하는 원(圓)이며, 또 한편으로 다른 부분들과도 필연적으로 관계하게 된다—즉 그것은 자기 안에서 풍요롭게 다른 것을 재산출하고 학문적인 인식을 위해 출현하게 하는 가운데, 후진하면서 그 속에서 자신을 도출해 내고(ein

Rückwärts, aus dem er sich herleitet) 자신을 계속 움직이며 전진해 나간다.

우리가 출발점으로 삼는 미의 이념(理念)을 증명하는 일, 즉 학문에 선행(先行)하면서 미의 이념을 배태(胚胎)한 전제들로부터 미의 이념을 도출하는 것은 따라서 현재 우리의 당면 목표가 아니다. 그것은 철학 전체와 철학분과들이 하박한 발전을 이루는 가운데 달성되어야 할 일이다. 우리에게 있어 미와 예술의 개념(der Begriff des Schönen und der Kunst)은 철학의 체계(das System der Philosophie)를 통해서 주어지는 전제이다. 그러나 우리는 이 체계와 예술이 그것과 맺고 있는 관계를 여기서는 해명할 수 없으므로 아직 미의 개념을 학문적으로 염두에 두고 있지 않으며, 현재 우리 앞에 놓여 있는 것은 오직 그 개념 요소들과 측면들, 즉 미와 예술에 대한 여러 다른 표상들로 이미 일반적인 의식 속에 주어지거나 앞서 파악된 적이 있었던 것들뿐이다. 우리는 여기서부터 시작해 그 다음에 비로소 그 관점들에 대해 더 근본적으로 고찰함으로써 우선 우리의 대상에 관해 일반적으로 표상하게 하고 또 이어서 관련된 간단한 비판을 통해서 더 고차적인 규정들에 대해서 먼저 알리는 장점을 취하고자 한다. 이런 식으로 이 미학강의 서장(序章)의 마지막에서 우리가 고찰하는 부분은 곧 본론에서 시작될 설명에 대해서 알려줄 것이며, 또 우리가 본래 다루게 될 대상 쪽으로 일반적으로 방향을 틀게 정해 줄 것이다.

예술에 대한 통념들

우선 예술작품에 대해서 우리에게 일반적으로 알려져 있는 통념은 다음과 같은 세 가지 규정을 지니고 있다.

(1) 예술작품은 자연의 소산이 아니라 인간의 행위에 의해서 생겨난다.
(2) 예술작품은 본질적으로 인간을 위해 만들어지며, 그것도 인간의 감각을 위해 다분히 감각적인 것에서 취해진다.
(3) 예술작품은 그 자체 속에 목적을 지닌다.

1. 인간 활동의 소산으로서의 예술작품

예술작품은 인간의 활동에서 생겨난 것이라는 위의 첫 항목에 대해서 말하자면 이 견해가 고찰하는 내용은 다음과 같다.

a) 인간의 활동은 외적인 것을 *의식적으로 산출*(bewußtes Produzieren)하며 이는 *인지*(gewußt)되고 *진술*(angegeben)되어 타인들도 이를 습득하고 지킬 수 있다는 사실이다. 왜냐하면 어떤 사람이 할 수 있는 일은 다른 사람도 그 절차 방식을 알면 역시 해내거나 모방(模倣, Nachahmung)할 수 있어서, 일반적으로 예술창조의 규칙을 알아내면 사람들은 기꺼이 같은 방식으로 같은 활동을 통해 예술작품을 산출해 낼 수 있기 때문이다. 앞서 언급했듯이 이런 방식에 따라 규칙을 제시하는 이론들과 그 이론들을 실제로 지키도록 하는 지침들(Vorschriften)이 생겨났다. 그러나 그런 지침에 따라 만들어지고 실행되는 것은 단지 규칙에 맞는(regelmäßig) 형식적이고 기계적인 것에 불과할 수 있다. 왜냐하면 기계적인 것은 외적인 성질만을 지니고 있어서 그것을 표상 속에 받아들여 작품화하기 위해서는 전적으로 원하

는 행위와 숙련성만 요구되는데, 이는 일반규칙에 의해 지시받는 비구체적인 것은 그 안에 전혀 들어올 여지가 없기 때문이다. 이 구체적인 것은 그런 지침들이 그냥 외적이고 기계적인 것에만 한정되지 않고 내용이 풍부한 정신적이고 예술적인 행위로 확대될 때 가장 생생하게 드러난다. 이 영역에서 규칙들은 단지 규정되지 않은 보편성들만을 내포하고 있는데, 예를 들면 주제(主題)가 흥미로워야 한다든지, 사람은 누구나 자기 신분, 나이, 성별, 처지에 맞게 말해야 한다는 규칙들이 그런 것이다. 만약 여기서 이런 규칙들만으로 충분하다면 그런 지침들은 더 이상의 정신활동이 없이도 그 표현된 대로 완전히 이행되게 하는 피규정성을 지니고 있어야 할 것이다. 그러나 그런 규칙들은 내용상 추상적이어서 예술가의 의식을 세련되게 메워 줄 요구를 충족시키기에는 전혀 세련되지 못하다. 왜냐하면 예술적인 산출 창조(die künstlerische Produktion)이란 주어진 피규정성들에만 따르는 형식적인 행위가 아니라 정신적인 행위로서, 스스로 작업해내야 하고 전혀 다르면서도 더 풍부한 내용(Gehalt) 그리고 더 포괄적이고 개성적인 형태를 정신에 직관(直觀)시켜야 하기 때문이다. 그래서 그런 규칙들은 필요한 경우 그것들이 실제로 어떤 특정한 것과 실용적으로 사용가능한 것을 내포하는 한에서만 외적인 상황들을 위한 무슨 규정이 될 수 있다.

b) 그러나 이렇게 시사한 방향에서 완전히 벗어나고 보면 다시 그 반대 방향으로 빠져들게 된다. 왜냐하면 비록 예술작품은 *일반적인 인간의 활동*에서 산출되는 것으로 간주되지 않고 매우 독특한 재능을 지닌 정신의 작품으로 간주되지만 그 정신 역시 결국 특수한 자연의 위력처럼 오직 자기의 특수성만을 허용해야 하며, 보편타당한

규칙들을 향해 나아가는 것은 물론 의식적(意識的)인 반성을 그 본능적인 창조활동에 개입시키는 데서 완전히 벗어나야 하고 사실 그것을 막아야 하는데, 그 이유는 그런 의식을 가지면 그것이 창조해내는 것들은 불순해지거나 망쳐질 뿐이기 때문이라는 것이다. 이런 면에서 예술을 고찰한 사람들은 예술작품이란 *재능(才能, Talent)*과 *천재성(天才性, Genie)*의 소산이라고 말하면서 주로 그 속에 깃들어 있는 자연적인 측면을 강조했다. 이러한 고찰방식은 부분적으로는 옳다. 그 이유는 재능은 특수한 능력이고 천재성은 보편적인 능력으로서, 이런 능력들을 인간은 *단지* 자신의 자의식(自意識)적인 활동을 통해서는 스스로에게 부여할 힘이 없기 때문이다. 이에 대해서는 뒤에 가서 더 상세히 언급할 것이다.

그러나 여기서 우리는 다만 이러한 견해의 그릇된 측면을 언급하고자 하는데, 그것은 예술적 창조에 있어 자신의 활동에 대해 의식(意識)하는 것은 모두 불필요할 뿐만 아니라 불리하다고까지 간주되는 점이다. 그럴 때 재능과 천재가 산출해 내는 것은 단지 대개 하나의 *상태*로서만, 더 자세히 말하면 *영감(靈感, Begeisterung)*의 상태로서만 나타나기 때문이라는 것이다. 즉 천재성은 때로는 어떤 대상에 의해 자극되어서 그런 상태에 이르며 때로는 그 스스로 자의적으로 그 상태로 옮겨갈 수 있다는 것으로, 그럴 때는 물론 샴페인을 터뜨리는 일 역시 좋은 도움이 된다는 것을 잊지 않았다. 독일에서는 이러한 견해

---

37) '천재시대' 란 18세기 후반에 독일에서 있었던 정신사(精神史)적 움직임을 말한다. 이는 당시에 지배적이던 합리주의와 계몽주의에 반해서 인간정신의 비합리적이고 삶에 충만한 감정과, 자신 속에 간직하는 내적 규율에 따른 창조정신을 중시하고자 한 정신적 흐름의 시대였으며, 특히 그러한 자질을 타고난 사람을 천재(Genie)라고 불렀다. 당시에 그 대표적인 예로 꼽혔던 인물은

젊은 시절의 괴테

가 이른바 *천재시대(Geniperiode)*37)라고 불리던 시기에 등장했다. 이 시대는 괴테가 쓴 최초의 시문학 작품들에 의해서 도래했으며 그 다음에는 실러의 작품들에 의해서 지원되었다.

 이들은 그들의 초기 작품들을 쓸 무렵 당시에 유행하던 모든 기존의 규칙을 무시하고 새로운 수법으로 시작하였으며, 의도적으로 모든 규칙에 맞섰다. 이런 점에서 그들은 다른 시인들을 능가했다. 그러나

영국의 극작가 셰익스피어였다. 당시 천재는 더 나아가 신(神)적 요소를 띤 것과도 비유되었다. 이 천재정신은 특히 독일문학에서는 '질풍노도시대'(Sturm und Drang)(1767~1785)에 와서 최고조에 달했으며 이때에 나온 작가가 젊은 괴테였고, 그가 당시에 쓴 작품《젊은 베르테르의 슬픔(Die Leiden des jungen Werthers)》(1774년)은 그 시대에 베스트셀러가 되면서 한동안 독일 문학계는 물론 유럽의 문학계까지 휩쓸었다. 이는 괴테와 거의 동시대의 극작가인 실러(Friedrich Schiller, 1757~1805)에게도 영향을 미쳐 그도 역시 같은 질풍노도의 분위기를 띤《군도(群盜, Die Räuber)》라는 작품을 썼다. 이 천재정신은 후에 독일 낭만주의로 이어지고 다시 근대에는 철학자인 니체(Nietzsche)의 초인사상에 이르기까지 영향을 미쳤다. 그러나 사실 헤겔은 바로 이와 같은 천재시대의 천재성을 비판하는 입장에 서 있다.

영감과 천재의 개념에 관해서, 그리고 영감 자체가 해낼 수 있는 것은 과연 무엇인가에 관해서는 당시는 물론 오늘날에도 여러 가지 혼란이 있다.

그러나 그 점에 대해서는 여기서 자세히 다루지 않겠다. 다만 중요한 것은 비록 예술가의 재능과 천재성은 그 안에 자연적인 계기를 띠고 있을지라도 본질적으로는 사상을 통한 도야(陶冶)와 이를 창조하는 방식에 대한 반성, 그리고 창조하는 데 필요한 연습과 숙련이 따라야 한다는 사실이다. 왜냐하면 예술작품에도 역시 장인(匠人)적인 기술의 측면이 필요하기 때문이다. 어쨌든 예술에서 산출된 작품의 주된 측면을 이루는 것은 외적인 작업인데, 그런 작업이 가장 필요한 분야는 대개 건축과 조각이며, 회화와 음악은 그보다 덜하고, 시문학은 외적인 작업이 가장 덜 필요하다. 여기에서 말하는 숙련성에는 어떠한 천재성도 도움이 안 되고 오직 반성과 부지런한 연습이 필요하다. 예술가가 외적인 재료를 마음대로 다루고 이를 가공하는 데 지장 받지 않으려면 그러한 숙련성의 도움이 필요하다.

그러나 더 나아가 예술가는 높은 경지 위에 서 있을수록 직접적으로는 알려지지 않고 오직 내면세계와 외면세계를 향한 예술가 자신의 고유한 정신을 통해서만 규명되는, 자신의 심정과 정신 속에 깃든 심오한 것을 더욱 철저히 표현해 내야 할 것이다. 그리하여 그러한 노력(*das Studium*)를 통해서 예술가는 스스로 그 내용을 의식하고 자기가 구상(構想)하는 것의 소재와 내용을 얻게 된다.

물론 이런 면에서 어떤 예술은 다른 예술보다 더 그러한 내용을 의식하고 인식하는 일이 필요하기는 하다. 예를 들어 규정되지 않은 정신적인 내면의 움직임과 마치 사상이 깃들지 않은 듯한 감정의 음조만을 다루는 음악은 정신적인 소재(素材)를 의식할 필요가 별로 없거나 거의 필요를 느끼지 않는다. 따라서 음악적인 재능은 대개 머리가 비어 있고 심정에 별로 동요(動搖)를 느끼지 않는 어린 나이에 가장 많이 나타나며[38] 정신이 성숙되거나 삶의 체험을 겪기도 전에 이미 일찌감치 상당한 수준에까지 도달할 수 있다. 즉 정신이나 특성은 별로 대단하지 않은데도 음악 작곡이나 연주에서 아주 능란한 솜씨를 지닌 사람을 우리가 보는 경우가 아주 종종 있듯이 말이다—반면에 시문학에서는 다르다. 시문학에서는 인간과 인간을 움직이는 좀 더 깊은 관심사를 내용과 풍부한 사상으로 표현하는 일이 중요하다. 그러므로 천재성이 어떤 것을 성숙시켜 풍부하고 완전한 내용으로 완성해 내기 이전에, 그 정신과 심정 자체는 삶과 경험, 깊은 사고(思考)를 통해서 풍요하고 심오하게 형성되어 있어야 한다. 괴테와 실러의 초기 작품들을 보더라도 그것들은 성숙하지 못하며 심지어 거칠고 조야하기까지 해서 놀라 소스라칠 정도이다. 대부분의 그러한 실험작품들 속에서 전적으로 산문적이고[39] 때로는 차갑고 조잡하기까지 한 요소들이 대량 발견되는 현상은 특히 영감(靈感)이란 젊음의 열정과 청춘

---

[38] 우리는 여기서 헤겔이 모차르트(Mozart, 1756~1791) 같은 어린 시절부터 음악의 신동(神童)이니 천재니 하며 세인들이 추켜세우는 인물들을 사실은 정신적으로 별로 대단치 않게 생각하고 참된 예술의 범위에서 제외시키고 있음을 알 수 있다.

[39] 산문적(散文的, prosaisch)이라는 말은 본래 운문적(韻文的), 또는 시적(詩的, poetisch)이라는 말과 대치되는 용어로, 오늘날에는 우리가 소설, 에세이 따위의 형식에 주로 쓰이는 매우 긍정적인 문학형식으로 받아들이고 있지만, 헤겔이 살았던 시대에는 아직 산문이 생성되지 않은 시대였던 데다가 서사시나 서정시 등 운문이 주를 이루고 있던 시대여서, 산문적이라는 말은 우아하지 못하고 조잡하고 범속(凡俗)한 것과 같은 부정적 의미로 종종 쓰였다. 헤겔도 이《미학강의》전체에 걸쳐서 산문적이라는 말을 다분히 '범속한'의 의미로 쓰고 있다.

에서 나온다고 보는 일반사람들의 견해와는 대립된다. 우리 (독일)민족에게 처음으로 시(詩)다운 시작품을 지어 보였고 독일의 국민 시인이라고까지 추앙된 위의 두 천재시인들도 원숙한 성년에 이르러서야 비로소—마치 호메로스(또는 호머라고도 부름)⁴⁰⁾가 늙어서야 그의 영원불멸한 노래들을 자신의 마음속에서 불러일으켜 서사시(敍事詩)로 지어냈듯이—심오하고, 진실하고, 참된 영감에서 우러나오고 형식면에서 역시 완성된 작품들을 우리에게 선사할 수 있었다.

---

40) 호메로스(그리스어: Ὅμηρος, Hómēros) 는 기원전 8세기 후반에 살았던 것으로 알려져 있는 고대 그리스의 서사 시인이다. 일반적으로 서사시 《일리아스(그리스어: Ἰλιάς, Iliás)》와 《오디세이아(그리스어: Ὀδύσσεια, Odýsseia)》의 저자라고 하지만 정말로 그가 혼자서 이 작품들을 다 지었는지, 아니면 여러 사람의 합작인지는 분명하지는 않다. 그의 출생지는 소아시아로 추정된다. 헤겔이 그의 《미학강의》 전 3부에 걸쳐서 끊임없이 격찬하고 있는 이 두 서사시는 《일리아스》가 1만 5693행, 《오디세이아》는 1만 5693행으로 이루어져 있다. 고대 그리스 세계에 대해서 방대하게 묘사한 두 서사시는 고대 그리스의 최고 서사시들로 간주되어왔으며, 헬레니즘시대를 통해 유럽인들의 알려진 후 르네상스 이후 근세 유럽인들의 세계관에 지대한 영향을 끼쳤고 가장 많은 영향을 주었다. 헤겔이 그를 격찬하는 것도 이 근세라는 시대적 배경과 무관하지 않다. 호메로스의 개인적인 삶에 대해서는 별로 알려진 것이 없으나, "인간의 관심사가 되는 모든 것을 시로 지어냈다."라고 후세 사람들이 격찬하는 시인이다. 그가 쓴 《일리아스》와 《오디세이아》는 서양에서 단일 전쟁사상 가장 길었던 트로이 전쟁을 배경으로 쓴 서양 최고의 서사시이다. 장엄한 전쟁의 분위기를 묘사한 《일리아스》와는 달리 《오디세이아》는 트로이 전쟁에서 참가했던 그리스 영웅 오디세우스가 승리한 후에 고향으로 돌아가지 못하고 모험을 하는 과정을 담은 이야기이며, 여기에는 남편에게 정조를 지키며 기다리는 오디세우스의 아내 페넬로페의 이야기도 나온다. 호메로스의 시 세계는 그리스의 목가적으로 밝고 웅장하고 아름다운 자연을 배경으로 펼쳐지고 있다. 그가 쓴 서사시 《일리아스》에 대해서는 헤겔의 이 책 뒤에서 계속 상세히 다루고 있다.

《일리아스(Ilias)》와
《오디세이아(Odysseia)》의
저자인 호메로스

호메로스와 눈먼 장님인 그를 인도하는 목동소년,
아돌프 부게로(William Adolphe Bouguereau, 1825~1905) 作

c) 예술작품이 인간 활동의 소산이라고 보는 *세 번째* 견해에 관해서 보면 이는 자연의 외적 현상에 대한 예술작품의 위상과 관계된다. 여기서 일반인들의 의식 속에는 인간이 창조해 내는 예술은 자연이 창조해 내는 것보다 *뒤떨어진다*는 견해가 들어 있다. 그렇게 보는 이유는 예술작품 자체는 그 안에 감정도 생명도 전혀 깃들어 있지 않은 외적(外的)인 객체(客體)로서 죽은 것으로 간주되기 때문이다. 우리는 으레 죽은 것보다 살아 있는 것을 더 높이 평가하곤 한다. 물론 예술작품 자체가 감정이나 생명을 지니고 있지 않다는 것은 시인한다. 오직 자연적으로 생명을 지닌 것만이 내적으로든 외적으로든 세부적인 데 이르기까지 합목적적(合目的的, zweckmäßig)으로 완성된 유기 조직체이다.

반면에 예술작품은 그 표면에만 생동성을 가상(假象, Schein)으로 드러낼 뿐, 내적으로 보면 보잘 것 없는 돌이나 나무, 캔버스에 불과하거나 혹은 시(詩)처럼 말과 글자를 통해서 표현된 표상일 뿐이다. 그러나 어떤 것을 예술적으로 창조된 작품으로 만드는 것은 그 외적인 현존성(äußerliche Existenz)이 아니다. 오로지 정신에서 발생하고 정신에 근거하고 정신적인 것의 세례를 받아 정신의 반향에 따라 만들어질 때만 예술작품인 것이다. 인간적인 관심사들, 즉 어떤 사건이나 개인의 성격, 행위들이 뒤얽혀 일어나기 시작할 때 나오는 정신적인 가치가 바로 예술작품 속에 포착되며, 이는 다른 비예술적인 현실에서보다 예술작품 속에서 더 순수하고 명확하게 표출될 수 있다. 그러므로 예술작품은 이 같은 정신의 과정을 겪지 못한 자연적인 산물보다 더 우월하다. 예를 들어 회화(繪畵, Malerei)에서 감성과 통찰을 통해 자연풍경을 묘사할 때도 이처럼 정신에 의해 산출된 작품이 단순히 자연적인 경관 자체보다 더 우월한 것과 같다. 그 이유는 모든 정신적인 것은 어떤 자연의 산물보다 더 우월하기 때문이다. 게다가 어떤 자연물도 예술이 할 수 있는 것처럼 신성(神聖)한 이상(理想)(göttliche Ideale)을 표현할 수 없기 때문이다. 이제 정신은 예술작품을 통해 자신의 고유한 내면에서 취해 낸 것에 외적인 현존성에 맞는 *지속성*을 부여할 줄 안다. 그에 반해서 개별적인 자연의 생명은 일시적이고 덧없으며 그 외양(外樣)도 변화를 겪는다. 그러나 자연적인 현실에 비해 예술작품이 갖는 진정한 장점은 그것이 단지 지속적으로 보존되는데 있지 않고, 영혼을 불어넣음(Beseelung)으로써 예술작품 자체를 고양(高揚)시킨다는 점에 있다.

하지만 그럼에도 불구하고 예술작품이 갖는 이 더 높은 위상은 일반적인 의식을 가진 다른 생각에 의해서 또 다시 논쟁화된다. 그 이유는 자연과 자연의 산물은 신(神)의 작품으로서 신의 선(善)과 지혜에 의해 창조된 반면에, 예술작품은 단지 인간의 작품으로서 인간의 통찰과 인간의 손에 의해서 만들어졌기 때문이라는 것이다. 이렇게 자연의 산물을 신의 창조물로, 그리고 인간의 활동을 그저 유한한 것으로서 대립시키는 데에는 신은 인간 속에서 인간을 통해 작용하지 않으며 신이 효력을 미치는 영역은 자연에만 국한된다고 하는 오해가 들어 있다. 예술의 참된 개념 속으로 파고들기 위해서는 이런 그릇된 견해는 완전히 배제되어야 하며 사실은 그 반대의 견해, 즉 신은 자연이 산출해낸 것들과 자연의 형상물들보다는 정신이 만들어 낸 것으로부터 더 많은 영광을 얻는다는 견해를 고수해야 한다. 왜냐하면 인간 속에는 신적인 것(Göttliches)이 깃들어 있을 뿐 아니라, 그것은 자연 속에서보다 오히려 인간 안에서 더 우월한 방식으로 신의 본질에 합당한 형태로 활동하기 때문이다. 신은 정신이며 신적인 것이 관통하는 매체(Medium)는 오직 인간 안에서만 의식하고 활동하면서 자신을 드러내는 정신 형태를 지닌다. 그러나 자연 속에서 이 매체는 의식보다 가치가 훨씬 떨어지는 무의식적인 것, 감각적인 것, 그리고 외적으로 머문다. 이제 신은 예술이 창조될 때에도 자연 현상들에서와 마찬가지로 작용한다. 그러나 자연의 무의식적 감각성 속에 현존하는 것은 신적인 것에 적합한 현상방식이 아닌 반면에, 예술작품 속에 드러나는 신적인 것은 정신에서 산출된 것으로서 자신에 걸맞은 과정을 거쳐서 현존성(Existenz)을 얻는다.

d) 이제 예술작품은 정신의 산물로서 인간에 의해 만들어진다고 할 때 지금까지의 것에서 좀 더 심오한 결과를 도출하자면, 결국 예술작품을 산출해 내고자 하는 인간의 욕구란 무엇인가라는 의문이 생긴다. 이런 예술작품의 산출은 한편으로 보면 단지 우연과 착상으로서 그냥 중지하거나 실행할 수 있는 것처럼 간주될 수도 있다. 왜냐하면 예술이 목적하는 바를 작품 속으로 끌어들이는 더 나은 다른 방식들이 있을 수 있을 것이며, 또 인간은 예술에 의한 만족보다 더 숭고하고 중요한 관심사를 자신 속에 지니고 있을 것이기 때문이다. 그러나 다른 한편으로 예술은 좀 더 숭고한 충동(Triebe)에서 나오며, 더 고차적인 욕구들, 때로는 사실 가장 고차적이고 절대적인 욕구를 충족시켜주는 것처럼 보이는데, 그것은 예술이 모든 시대, 모든 민족의 가장 보편적인 세계관이나 종교적인 관심사와 결부되어 있기 때문이다―예술은 우연적인 욕구가 아니라 절대적인 욕구를 갖는 것이 아니냐는 이러한 질문에 대해서 우리는 아직 완전한 대답을 줄 수 없다. 왜냐하면 그 질문은 여기서 대답할 수 있는 것보다 더 구체적이기 때문이다. 그러므로 우리는 우선은 다음과 같은 사실을 확인하는 데 만족해야 한다.

즉 보편적이고 절대적인 욕구는 그것으로부터 예술이(그 형식적인 측면에서) 솟아나오는 것으로, 인간이 *사유하는* 의식(意識) 존재(*denkendes* Bewußtsein)라는 데, 다시 말해서 인간은 자신이 누구이고 도대체 무엇인가라고 하는 됨됨이를 스스로 *자각적으로(대자적으로, für sich)* 만든다는 데 근거를 두고 있다. 자연의 사물들은 *직접적(unmittelbar)*이고 *일회적(einmal)*이다. 그러나 정신적인 존재인 인간은 일단은 자연 사물들처럼 존재하면서도, 또한 *자기 자신을 위해서* 존재하고, 자신을 직관하고, 표상하고, 사유하며 오직 이 활동하는 *자각적 존재성(Fürsichsein)*에 의해서만 정신이 된다는 *이중성*을 지닌다. 자기에 대한 이 의식(自意識)을 인간은 두 가지 방식에서 획득한다. 그 *첫째*는 *이론적(theoretisch)*인 방식인데, 이는 인간이 내면 속에서 자신을 의식하고 또 자기 가슴속에서 움직이고 분출하고 충동하는 것을 의식하며, 일반적으로 자신을 직관하고 표상하며, 자기의 사상이 본질이라고 발견한 것을 자신 속에 고정시키고, 자신이 직접 산출한 것이든 외부에서 수용한 것이든 그 속에서 자기 자신을 인식하는 한에서 그렇다.

*둘째*로 인간은 *실천적인* 방식에 의해서 획득한다. 왜냐하면 그는 자신에게 직접 주어져 있는 것, 그를 위해 외적으로 주어져 있는 것 안에서 자신을 산출해 내고, 그 안에서 동시에 자신을 인식하려는 충동을 가지기 때문이다. 이런 목적을 그는 외부의 사물을 변형시킴으로써, 즉 거기에서 자기 자신의 내면을 분명하게 각인시키고 그 안에서 자기 자신에 대해 다시 규정함으로써 실행한다. 인간이 이러한 활동을 하는 이유는, 그가 자유로운 주체로서 외부 세계가 지닌 서먹서먹한 낯설음을 없애고 사물들의 형태 속에서 오직 자신의 외적인 실재성(eine äußere Realität)을 향유하기 위해서이다. 이미 어린아이에

게 나타나는 최초의 충동도 이처럼 외부의 사물들을 자기 안에서 실천적으로 변화시키려는 움직임을 담고 있다. 좀 큰 사내아이라면 강물에 돌을 던져 물속에 생기는 원을 보면 기뻐하는데, 그것은 그 안에서 아이가 자신이 만든 것임을 직관하는 작품이기 때문이다. 이러한 욕구는 여러 형태의 현상들을 통해 가면서 예술작품 속에 주어져 있듯이 외부의 사물들 속에 자기 자신을 창조해내는 방식으로까지 나아간다. 그리고 인간은 다만 외부의 사물들에 대해서만 이런 방식을 취하는 것이 아니라, 자연적으로 타고난 자신의 형상에 대해서도 같은 방식을 취한다. 즉 그는 자기의 형상을 보이는 그대로 내버려두지 않고 이를 의도적으로 변형시킨다. 사람들이 자기 모습을 꾸미거나 장식을 하는 이유가 이 때문이다. 이런 변형은 중국 여자들이 전족(纏足)41)을 하거나 귀나 입술을 뚫는 것처럼 야만적이고 무취미하며 완전히 기형적이고 파괴적인 것으로까지 나아갈 수도 있다. 왜냐하면 형상, 태도, 그리고 온갖 방식의 외양을 정신적인 도야(陶冶)에 의해 변화시키는 일은 오직 교양을 갖춘 사람에게 있어서만 가능하기 때문이다.

그러므로 예술에 대한 일반적인 욕구란, 인간이 내면세계와 외면세계를 자신의 정신적인 의식(意識)의 대상으로 고양시켜야 하는 이성적(理性的)인 욕구이다. 이 같은 정신적 자유의 욕구를 인간은 한편으

---

41) 이는 헤겔이 당시 중국 청나라 여인들의 전족 풍습을 비난한 것으로 그의 중국 경시관이 나타나 있다. 그러나 역자는 이 의견 자체에 대해서 반박하기보다는 이런 야만적 풍습이 중국에만 있다고 생각하는 헤겔의 생각에 반대한다. 즉 서양에서도 당시에 여성들은 남성에게 아름답게 보이기 위해서 허리와 몸통을 가혹하게 죄어대는 고래뼈로 만든 '코르셋'을 어릴 때부터 차고 다녔다. 또 전족은 오늘날 사라진 반면에 코르셋은 그 변형이 현대에 와서도 여전히 남아 있음을 주지할 필요가 있다.

로는 존재하는 것을 내면에서 자각적(自覺的)으로(즉 대자적으로, 자신을 위해서) 이행하고 동시에 그 자각적 존재(Fürsichsein)를 외적으로 실현시킴으로써, 이 이중성 속에서 자신 속에 있는 것을 자신과 타자에 대한 것으로 직관하고 인식하는 가운데 만족시킨다. 이것이 인간이 갖고 있는 자유로운 합리성(合理性, Vernünftigkeit)으로, 이는 모든 활동이나 지식은 물론 예술의 기반이자 필연적인 근원(根源)이다. 그러나 예술의 특수한 욕구는 그 밖의 정치적인 행위나 도덕적인 행위 또는 종교적인 표상, 학문적인 인식과는 다르다. 이에 대해서는 나중에 살펴보게 될 것이다.

2. 인간의 감각을 위해 감각적인 것에서 도출된 예술작품

우리는 지금까지 예술작품이 인간에 의해서 만들어지는 측면을 고찰했다면, 이제 여기서는 예술작품은 인간의 감각(Sinn)을 위해서 산출되므로 다분히 감각적인 것에서 도출된다는 두 번째 규정으로 넘어가기로 한다.

　　　a) 예술에 대한 이와 같은 반성은 미적(美的)인 예술이란 감정(Empfindung), 더 자세히는 우리가 우리에게 적합하다고 발견하는 감정—즉 쾌적한 감정—을 유발시키는 규정을 지니고 있다고 고찰하도록 동기를 부여했다. 이런 점에서 사람들은 미적인 예술(die schöne Kunst)에 대한 연구를 감정을 연구하는 일로 만들었으며, 이제 과연 예술을 통해 어떤 감정들이 일어나는지에 대한 물음을 제기하였다. 예를 들어 공포나 연민, 이런 것들을 고찰하면서 그것들이 어떻게 해서 기분 좋은지(angenehm), 어떤 불행을 바라보는 일이 어떻게 만족

을 보장해주는가라는 물음 따위였다. 예술에 대해 이런 방향으로 반성하던 일은 특히 모제스 멘델스존⁴²⁾이 살던 시대에 시작되었으며, 그의 저술들 속에서도 그런 식의 고찰들이 많이 발견된다. 그러나 그 연구는 더 크게 진척되지는 못했다.

왜냐하면 감정이란 정신에 의해 규정되지 않는 모호한 영역이기 때문이다. 느껴지는 것은 매우 추상적이고 개별적인 주관성의 형식 속에 싸여 있으며, 따라서 감정의 구별도 매우 추상적일 뿐 사상(die Sache, 事象) 자체를 구별하는 것은 아니다. 예를 들어 공포나 불안, 근심, 놀람은 비록 동일한 감정방식이 계속해서 변형된 것들이기는 하지만, 부분적으로는 그저 감정이 양적(量的)으로 상승된 것일 뿐이고 부분적으로는 내용 자체와 무관한 형식들일 뿐이다. 예를 들면 공포의 경우에 어떤 것이 현존(Existenz)하는데 그것에 대해 주체는 관심을 가지면서도 동시에 이 현존하는 것을 파괴하려 하는 부정적(否定的)인 것이 가까이 있음을 보며, 이제 그 양쪽, 즉 이 관심과 저 부정적인 것이 자신의 주관성이 가진 상반된 애착(Affektion)으로서 직접 자기 자신 속에 있음을 발견한다. 그러나 그러한 공포 자체는 아직 아무런 내용도 제한하지 않으며 그 안에 상이(相異)하고 대립되는 것을 다함께 수용할 수 있다. 감정(Empfindung) 자체는 주관적인 애착이 전적으로 비어 있는 형태(leere Form)이다. 비록 이 형태는 일부는 희망, 고통, 기쁨, 만족처럼 다양한 것일 수도 있고 일부는 정의감, 윤리

---

42) 모제스 멘델스존(Moses Mendelssohn, 1729~1786). 독일의 계몽주의 철학자. 본래 유대인이었던 그는 철학적으로는 17~18세기의 비판적인 합리주의, 특히 볼프와 라이프니츠의 영향 아래 있었지만 미학 쪽으로도 관심을 가졌다. 그의 저서로는 《감정에 대해서(Über die Empfindungen)》(1755년), 《숭고에 대한 고찰(Betrachtungen über das Erhabene)》(1757년) 등이 있다.

의식, 숭고한 종교적인 감정들처럼 서로 구별되는 다른 내용들을 담고 있을 수 있지만, 그런 내용들이 감정의 서로 다른 형태들 속에 들어있다해서 아직 구정된 본질이 드러나 있지는 않고 다만 나(주체)의 주관적인 애착으로 머물 뿐이다. 그 안에서 구체적인 사상(die Sache, 事象)은 추상적인 영역 속으로 수축되어 사라지고 만다. 그렇기 때문에 예술을 자극하거나 자극한다고 하는 감정들에 대한 연구는 여전히 매우 불확실한 상태에 머물러 있으며 바로 본래의 내용과 내용의 구체적인 본질 및 개념으로부터 추상(抽象)적으로 벗어나고 있다. 왜냐하면 감정에 대한 반성은 예술작품 속에 몰입하고 더 깊이 파고들어가 그 위에서 단순한 주관성과 주관적인 상태를 단념하지 못하고 주관적인 애착과 그것의 특수성만을 고찰하는 데 그치고 있기 때문이다. 그렇지만 감정에는 바로 이런 내용 없는 주관성이 유지되고 있을 뿐더러 그것이 주요한 사안이 되므로 사람들은 느끼기를 그처럼 좋아하는 것이다. 하지만 그렇기 때문에 그런 식의 고찰은 그 무규정성과 공허함 때문에 지루하며 사소하고 주관적인 특수함들간 주목하기 때문에 역겨워진다.

b) 그러나 이제 예술작품은 그냥 대체로 감정을 자극해야 하는 것이 아니라—왜냐하면 그러한 목적을 예술작품은 웅변술이나 역사서술, 종교적 교화(敎化) 등과도 별 차이 없이 공유할 수 있을 테니까—오직 미적인 한에서만 감정을 자극해야 하므로, 반성은 이제 미를 위해서 *미에 대한 독특한 감정*을 찾아내고 그것에 대한 특정한 감각을 발견하려는 데로 나아갔다.

여기에서 곧 그런 감각은 완전무결하게(an und für sich, 즉자대자적으로) 미를 구별하도록 자연에 의해 확고하게 정해진 맹목적인 본능이 아니라는 것이 드러났다. 그래서 그때 그러한 감각을 육성하려는 요구가 일어났으며, 육성된 미적 감각(Schönheitssinn)은 *취미(趣味, Geschmack)*라는 이름으로 불렸다. 이 취미란 미적인 것을 교양있게 이해하고 가려내는 것이지만 그러나 직접적으로 느끼는 방식 속에 머물러 있다는 것이다. 추상적 이론들이 어떻게 그러한 취미감각(Geschmackssinn)을 육성하려고 꾀했으며 또 그런 감각 자체가 얼마나 피상적이고 편향적이었는지에 대해서 우리는 이미 다루었다. 그런 관점들이 있던 시대에는 한편으로는 *보편적인 원칙들이 결여*되어 있었으며, 또 한편으로는 *개별적인 작품들*에 대한 *특수한 비판*이 좀 더 *확실한 판단*을 이루는 방향으로 나아가지 못하고—그럴 만한 수단도 아직 없었으므로—오히려 일반적인 취미만을 육성하고 장려하는 쪽으로 나아갔다. 그 때문에 이러한 육성은 더 모호함 속에 머물렀으며, 감정을 반성을 통한 미적 감각으로만 치장하려고 애썼기 때문에, 이제 미적인 것은 그것이 어디에 어떻게 있든 직접 발견해 낼 수 있다는 것이었다.

하지만 그 같은 사안의 심오함에 접근하는 일은 취미에게는 막히고 말았으니, 그러한 심오함은 감각과 추상적 반성뿐 아니라 이성과 건실한 정신을 충분히 요구하는 반면에 취미는 주위에 감정이 희롱하고 편향된 원칙들만 통용되는 외적이고 피상적인 것에만 의존하였기 때문이다. 하지만 그 때문에 이른바 좋은 취미는 심오한 영향을 미치는 것이라면 모두 두려워하게 되며, 외적이고 부차적인 것이 아닌 진짜 핵심으로 들어가게 되면 꼼짝없이 침묵을 지킬 수밖에 없게 된다. 왜냐하면 심오한 영혼에 깃든 위대한 열정과 움직임이 나타나는 곳에서는 취미가 지닌 세심한 차이들이나 그것이 사소한 개별적인 것에 열중하는 일은 더 이상 중요하지 않기 때문이다. 취미는 그러한 기반 위로 영혼의 수호신이 스쳐 지나가는 것을 느끼고 그 위력 앞에 섬뜩 움츠러들면서 더 이상 어쩔 줄 모르게 된다.

c) 그러므로 사람들은 예술작품들을 고찰할 때 그저 취미의 육성만을 중시하거나 취미만 지적하는 일에서 다시 물러났으며 취미를 지닌 남자나 취미 판단가 대신에 *전문가(Kenner)*가 등장했다. 우리는 예술의 전문적 지식(Kennerschaft)이 예술작품 속에 들어 있는 개별적인 것의 모든 영역을 철저히 알 수 있을 때 지니게 되는 긍정적인 측면이 예술 고찰에서 필요한 것임을 이미 밝혔다. 그 까닭은 예술작품은 질료적인 성질은 물론 개별적인 특성상, 산출되는 시기와 장소, 그리고 또 예술가의 독특한 개성과 예술의 기술적인 숙련 같은 다양한 것들을 다 포함하는 특수한 조건들에서 생겨나기 때문이다. 하나의 예술창작물을 특별히 철저하게 직관하고 알기 위해서, 사실 그것을 향유하기 위해서 특히 이런 모든 측면을 주목하는 일은 빼놓을 수 없으며, 예술의 전문적인 지식은 주로 그런 측면들을 고찰하는 데 몰두한다. 그리고 그 지식이 자기 방식대로 이뤄내는 모든 것을 고맙게 수용해야 한다. 이때 비록 그러한 학식은 중요한 것으로 통하는 권리를 갖지만 그렇다고 해서 정신을 예술작품이나 예술 일반과 관련시키는 유일하고 최고의 방식인 것처럼 간주되어서는 안 된다.

왜냐하면 전문지식은 단지 예술의 외적 측면이나 기술적 측면, 그리고 그 역사를 아는 데만 그칠 뿐, 예술작품의 진정한 성질에 대해서는 별로 알지 못하거나 전혀 모를 수도 있기 때문인데, 사실 그 점이 바로 전문지식이 지니고 있는 취약한 면이다. 사실 그 자체는 실증적이고 기술적이고 역사적인 지식에 비해 더 심오하게 고찰할 가치가 있는 것을 하찮은 것으로 판단해 버릴 수도 있다. 하지만 그럴 때조차도 만약 그 전문지식이 참된 것이라면 적어도 특정한 근거를 제시하고 사려 있는 판단을 하며, 예술작품의 서로 다른 측면들을—그것이 부분적으로 외적인 측면들이라고 해도—보다 자세히 구별하고 그것들의 가치를 평가할 수 있을 것이다.

　　d) 감각의 대상인 예술작품이 감각적인 존재인 인간과 본질적인 관계를 맺는 측면을 고찰하는 방식들에 관해 이렇게 언급했으므로 이제 우리는 이 측면을 그것이 예술 자체와 본질적으로 맺는 관계 속에서 고찰하고자 한다. 다시 말해서 우리는, ① 한편으로 개체로서의 예술작품에 대해서, ② 다른 한편으로 예술가의 주관성, 그의 천재성, 재능 따위를 고려해서 고찰하되, 그러나 이와 관련해서 오직 예술의 보편적인 개념 속에서 예술을 인식할 때 나오는 것에는 관여하지 않을 것이다. 왜냐하면 우리는 여기서 아직은 참된 학문적 기반 위에 서 있지 않고 우선은 외적인 반성의 영역에만 머물러 있기 때문이다.

　　α) 그러나 예술작품이라는 것은 감각적으로 이해되도록 스스로를 표현한다. 예술작품은 감각적으로 느끼기 위해서, 외적으로나 내적으로 느끼도록, 즉 우리를 감싸고 있는 외부의 자연(Natur)이나 또는 우리 자신의 내면에서 느끼는 본성(Natur)처럼, 감각적인 직관과 표상을 위해서 주어져 있는 것이다. 왜냐하면 예를 들어 한 마디 말(Rede)도 역시 감각적으로 표상되거나 느껴지도록 주어진 것일 수 있기 때문이다. 그럼에도 예술작품은 단지 감각의 대상으로서 *감각적* 이해만을 위해 존재하는 것은 아니다. 그것이 차지하는 위상은 감각적이면서도 동시에 본질적으로 *정신(Geist)*을 위해서 존재하는 것이며, 그에 의해서 정신은 자극을 받고 그 속에서 어떤 만족을 찾아야 하는 그런 것이다.

예술작품에 대한 이 같은 규정은 곧 사람들이 하찮게 평가하는 의미에서 표현하곤 하는 *단순한* 예술작품보다 자연의 산물을 더 낮게 평가하든 더 높게 평가하든, 예술작품이란 결코 자연의 산물이어서는 안 되며 또 그 자연적인 측면에 따라 자연적인 생동성을 띠어서는 안 된다는 것을 밝혀준다. 그 이유는 예술작품이 지닌 감각적인 면은 그것이 그 감각적인 것 자체를 위해 존재하는 것이 아니라 오로지 인간 정신을 위해서만 존재하는 한에서 그 현존성(Dasein)을 가져야 하기 때문이다. 우리는 감각적인 것이 인간을 위해 어떤 방식으로 존재하는지에 대해서 더 자세히 고찰하면 이 감각적인 것 역시 여러 다른 방식으로 정신에 관여함을 발견하게 된다.

αα) 예술을 단순히 감각적인 것으로만 이해하려고 하는 것이야말로 가장 조야하고 정신에 합당하지 못한 방식이다. 우선 단순히 바라보고, 듣고, 느끼는 일 따위가 그런 것이다. 정신이 이완되었을 때, 요컨대 생각없이 이리저리 거닐거나 여기저기서 무엇을 듣고 주위를 둘러보는 일 따위가 많은 사람들에게 그저 흥을 돋우는 것처럼 말이다. 정신은 외적인 사물을 단순히 보고 듣고 이해하는 데 그치지 않고, 그 사물들을 정신 내면의 대상으로 삼는다. 그리고 정신의 내면 자체 역시 우선은 감각성의 형태를 띠고 있으면서 외적인 사물 속에서 자신을 드러내도록 움직이며 욕구(Begierde)가 되어서 대상들에 관여한다.[43]

외부세계에 대한 이런 욕구에 가득 차 있는 관계 속에서 인간은 감각적인 개인으로서 역시 개별적인 사물들과 대립된다. 인간은 보편적인 규정들을 지닌 사유(思惟)하는 자로서 대상들과 관여하는 것이 아

---

43) 정신이 대상을 적극적이고 실천적인 것으로 파악하는 데 관해서는 헤겔의 《정신현상학》의 '자기의식' 장(章)을 참조할 것.

니라 개별적인 충동과 관심에 따라 역시 스스로 개별적인 대상들에 관여하며, 이 대상들을 이용하고 변형시키고 희생시킴으로써 인간 자신의 만족을 얻고 또 그 대상들 속에서 자신을 보존시킨다. 이러한 부정적인 관계 속에서 욕구는 자신을 위해서 외적 대상들의 피상적인 가상(假象)을 필요로 할뿐더러 감각적이고 구체적인 존재로서의 그 대상들도 필요로 한다. 욕구는 그것이 사용하려는 나무나 먹고자 하는 짐승을 그림으로 그려 놓은 것만 가지고는 충족될 수 없을 것이다. 마찬가지로 욕구는 그 욕구가 향해 있는 대상이 자유로이 놓여 있도록 가만히 두지 않는다. 왜냐하면 욕구는 외적 사물들이 지닌 자립성과 자유를 제거하고 그런 사물들은 오직 파괴되고 소모되기 위해서만 존재한다는 것을 보이려는 충동으로 나아가기 때문이다. 그러나 동시에 자기 욕구의 개별적으로 한정된 공허한 관심사에 사로잡혀 있는 주체는—왜냐하면 그때 주체는 자기 의지(意志)가 지닌 보편성이나 이성(理性)에 의해 규정되지 못하므로—스스로 자유롭지 못할뿐더러, 그렇다고 외면세계에 대해서 자유롭지도 못하다. 왜냐하면 욕구란 본질적으로 사물들에 의해서 규정되고 사물들과 관계하는 것이기 때문이다.

    그러나 인간은 예술작품과 더불어 그러한 욕구의 관계 속에 머물지 않는다. 인간은 예술작품 자체를 대상으로 삼되 그것을 스스로 자유로이 존재하도록 내버려두며, 마치 정신이 이론적으로 대상에 관여할 때처럼 아무런 욕구 없이 그것에 관여한다. 그러므로 예술작품은 비록 감각적으로 존재(Existenz)하지만, 이런 점에서 볼 때 감각적이고 구체적인 현존성이나 자연의 생동성을 필요로 하지는 않는다. 사실 예술작품은 정신적인 관심사만을 충족시키고 다른 모든 감각적인 욕구는 배제하는 한 이러한 기반 위에 머물러 있으면 안 된다. 그러므로 실제적이고 현실적인 욕구는 별 쓸모없이 오로지 정신 속에서만 향유되는 예술작품보다는 자신에게 도움이 되는 유기적이거나 비유기적(非有機的)인 개별적 자연사물들을 더 중시한다.

ββ) 외적으로 주어진 것이 정신을 위해서 존재할 수 있는 두 번째 방식은 개별적이고 감각적인 직관이나 실제 욕구에 반해 순수하게 이론적(theoretisch)으로만 *지성(Intelligenz)*에 관여하는 일이다. 대상들을 이론적으로 고찰하는 일은 그 대상들을 개별적으로 변형시키거나 그것들에 의해 자신을 감각적으로 만족시키고 유지시키는 데는 관심을 갖지 않으며, 다만 그것들을 보편성 안에서 알게 되고, 그것들의 내적 본질과 법칙을 발견하고, 그것들을 개념에 따라 파악하려는 관심만 갖는다. 따라서 감각적인 개별성(sinnliche Einzelheit)은 지성적인 고찰이 추구하는 것이 아니므로, 이론적인 관심은 개별적인 사물들을 그 상태대로 둔 채 개별적이고 감각적인 그것들로부터 뒤로 물러선다. 왜냐하면 이성적인 지성(die vernünftige Intelligenz)은 욕구처럼 개별적인 주체에 속하는 것이 아니라 개별적이면서도 동시에 자기 안에서 보편적인 것에 속하기 때문이다. 인간이 이 보편성에 따라 사물에 관여할 때 인간의 보편적인 이성은 자연 속에서 자신을 찾으며, 그럼으로써 감각적인 실존(實存, Existenz)의 근원을 이루면서도 그 실존이 직접 보여주지 못하는 사물의 내적인 본질을 다시 회복시키려고 노력한다. 이런 이론적인 관심을 충족시키는 것이 바로 *학문의 과업*이지만, 그러나 예술은 이 같은 학문적인 형태로 관여하지 않는다. 그것은 예술이 실제적인 욕구의 충동만으로 공동의 일을 할 수 없는 것과 마찬가지다. 그 이유는, 물론 학문은 개별성을 띤 감각적인 것에서 출발해 이 개별적인 것이 직접적으로 개별적인 색채, 형상, 크기 등으로 주어져 있는 모습을 표상할 수는 있다. 하지만 그런 다음에 이 개별적이고 감각

적인 것은 정신과는 더 이상 아무 관계를 갖지 않는다. 지성은 대상의 보편성과 법칙, 사상 그리고 개념 속으로 파고들어가 직접적인 개별성을 띤 대상으로부터 벗어날 뿐만 아니라, 이를 내면적으로 변화시키고 감각적 구체적인 것으로부터 추상적인 것, 사유된 것 그리고 그 객체가 감각적으로 현상하는 것과는 뭔가 본질적으로 다른 것을 만들어 내기 때문이다. 그러나 학문적 관심사와는 다른 예술의 관심사는 이러한 일을 하지 않는다. 예술작품이 스스로를 색채, 형태, 음색에 따라 직접적인 피규정성과 감각적 개별성을 띤(in unmittelbarer Bestimmtheit und sinnlicher Einzelheit) 외적 대상 또는 개별적인 직관(直觀) 따위로 드러내듯이, 예술을 고찰하는 일도 마찬가지여서 거기에 주어진 직접적인 대상을 넘어서서 그 객관성의 개념을 학문이 그러하듯 보편적인 개념으로 파악하려는 데까지 나아가지는 않는다.

예술이 지닌 관심과 욕구가 지닌 실제적인 관심의 차이는 다음과 같다. 즉 욕구는 대상을 욕구 자신이 이용하기 위해 파괴하고 이용하는 데 반해서, 예술적 관심사는 그 대상을 스스로(대자적으로, für sich) 자유로이 존재하도록 놓아둔다. 반면에 예술적인 고찰은 개별적으로 존재하는 대상 자체에 관심을 둘 뿐, 이를 대상의 보편적 사상이나 개념으로 바꾸려고 시도하지 않으므로 거꾸로 학문적 지성이 이론적으로 고찰하는 것과 구별된다.

γγ) 여기에서 이제 얻어지는 결론은 다음과 같다. 예술작품 속에는 비록 감각적인 것이 존재하기는 하되 이는 감각적인 것의 외면이자 가상(Schein)으로서만 드러나야 한다는 것이다. 왜냐하면 예술작품이 보이는 감각성 속에서 정신은 구체적으로 구현(具現)된 것(die konkrete Materiatur)⁴⁴⁾을 추구하지도 않고 욕구에 따라 유기체(有機體, Organismus)가 지닌 경험적이고 내적인 완전성이나 확장을 추구

하지도 않으며, 그렇다고 해서 보편적이고 이념적이기만 한 사상을 추구하지도 않기 때문이다. 여기서 정신이 원하는 것은 감각적으로 존재하면서도 동시에 그 단순한 물질성에서 벗어나는 감각적인 현재성(sinnliche Gegenwart)일 뿐이다. 그러므로 자연사물이 직접적으로 존재하는 것과 비교할 때 예술작품 속에서의 감각성은 단순한 *가상*으로(zum bloßen *Schein*) 승화되며, 이때 예술작품은 직접적인 감각성과 관념적 사상의 중간에 서게 된다. 그것은 *아직* 순수한 사상은 아니지만 그 감각성에도 불구하고 역시 돌이나 식물, 유기적 생명체처럼 단순히 물질적인 존재는 *더 이상 아니다.* 예술작품 속에 들어 있는 감각적인 것은 스스로 이념적이지만, 사상(思想)의 이념은 아닌 것으로서 동시에 사물로서 여전히 외적으로 존재한다. 이 같은 감각적인 것의 가상은 정신이 대상들을 자유로이 놓아두되 그것들의 본질적인 내면 속으로 파고 들어가지 (만일 그렇게 된다면 대상들은 정신에 대해서 개별적으로 외적으로 존재하기를 완전히 멈추고 말 것이다) 않으면, 정신을 위해 외적으로 사물들의 형상이나 외양, 또는 소리로서 등장한다. 그러므로 예술의 감각적인 면은 *시각*과 *청각* 양쪽의 이론적인 감각에만 관련되며, 반대로 냄새나 미각, 촉각은 예술적인 향유에서 제외된다.

그 이유는 냄새나 기호, 촉각은 물질적인 것과 그 직접적이고 감각적 성질에만 관련되기 때문이다. 즉 공기에 의해 질료가 사라지는 냄새나 맛보는 대상의 질료가 사라지는 미각, 따뜻함, 추위, 미끄러움 따

---

44) 역자는 헤겔의 철학에서 등장하는 'Materiatur' 라는 용어를 (어떤 성질·감정·사상 등이) 구현(具現), 구체화(具體化)된 것으로 번역하였다. 이를 영어로 번역하면 'embodiment' 가 가장 적당할 것이다. 'Materiatur' 라는 용어는 후에 헤겔 철학의 영향을 받은 칼 마르크스(K.Marx)의 《자본론(資本論, Das Kapital)》(1867~1894)에도 등장한다.

위의 촉각이 그런 것들이다. 그러므로 그런 감각들은 현실 속에서 독자성을 보존하면서 단지 감각적인 상태로만 있기를 거부하는 예술의 대상들과는 무관하다. 그러한 감각들에 맞는 것은 예술적인 미가 되지 못한다. 그러나 예술이 감각적인 것에서 의도적으로 취하는 것이 단지 형상이나 음(音), 직관처럼 그림자 같은 영역일 뿐이라고 해서, 인간이 예술작품을 만들어서 존재하게 할 때 그가 단지 무력함과 자신의 한계성 때문에 감각적인 것의 피상적인 면만을, 즉 흐릿한 윤곽만을 제시한다고는 결코 말할 수 없다. 왜냐하면 이런 감각적인 형상이나 음들은 예술 속에서 스스로 직접적인 형상으로 드러낼 뿐만 아니라, 그것들은 의식의 아주 깊은 곳으로부터 정신 속에 여운과 반향을 불러일으킬 능력을 갖고 있어서 비록 형상으로 머물더라도 그 속에서 더 숭고한 정신적 관심사를 충족시키려는 목적을 띠기 때문이다.

이런 방식으로 정신적인 것은 예술 속에서 감각적인 것으로 현상하므로 감각적인 것이 바로 예술 속에서 정신화(vergeistigt)되는 것이다.

β) 그러나 이런 이유 때문에 예술의 산물은 정신에 의해 관통되고 정신적인 창조활동에 의해 산출될 때만 존재한다. 이는 우리가 대답해야 할 다른 물음으로 이어지는데, 그것은 예술을 산출하는 주체인 예술가(藝術家, der Künstler) 안에서 예술에 필요불가결한 감각적인 면은 어떤 효력을 발휘하는가라는 물음이다—이런 방식의 산출은 우리가 바로 예술작품에서 객관적으로 발견한 규정들을 그 안에 담고 있다. 그것은 정신적인 활동이어야 하지만, 동시에 그 안에 감각성과 직접성의 계기를 지니고 있어야 한다. 하지만 이는 한편으로 단순히 기계적 작업이나 감각적 솜씨를 무의식적으로 숙련시킨 것이거나 이미 확정된 것을 규칙대로 배우고 익히는 형식적인 활동이 아니며, 다

른 한편으로 감각적인 것을 떠나 추상적 표상이나 순수한 사상으로 옮겨가 순수한 정신 속에서만 활동하는 그런 학문적 산물도 아니다. 예술적인 창조 안에서는 정신적인 것과 감각적인 측면이 하나가 되어야 한다. 그래서 예를 들면 시(詩)의 창작할 때 표현할 것을 미리 산문적인 사상으로 포착하고 그 다음에 이를 이미지, 각운(脚韻) 등으로 옮겨서 이미지적인 것을 추상적인 반성에 단순히 장식이나 치장으로 덧붙이는 식으로 작업할 수 있을 것이다. 하지만 그런 식의 절차로 산출되는 것은 조잡한 시일 뿐이다. 왜냐하면 여기서 작용하는 것은 분리된 활동이지만, 예술적인 창조는 오직 분리되지 않는 통일성 안에서(nur in seiner ungetrennten Einheit)만 타당성을 지니기 때문이다. 이러한 진정한 창조를 이룩해내는 것은 예술적인 *상상력의 활동*(Tätigkeit der künstlerischen *Phantasie*)이다. 그것은 이성적인 것인데, 이는 그것이 의식에 대한 활동으로 추동(推動)하거나(sich zum Bewußtsein tätig hervortreibt) 자기 안에 내포된 것을 감각적인 형태로 드러내는 한에서만 정신이 된다. 따라서 이 활동은 정신적인 내용을 갖지만 그 내용을 감각적으로 형상화하는데, 이유는 오직 이 감각적 방식으로만 그것을 의식할 수 있기 때문이다.

이는 인생경험이 있고 정신력도 풍부하고 재치도 있는 남자가 지니고 있는 삶의 방식과도 비교된다고 볼 수 있다. 그런 사람은 설령 인생에서 무엇이 중요하며 무엇이 실제로 인간을 결속시키고 움직이며 무엇이 인간 속에 들어 있는 위력인지를 완전히 알고 있더라도, 그 자신은 이런 개념을 일반적인 규칙으로 파악하지 않으며 그 개념을 다른 보편적인 반성 속에서 설명할 줄도 모른다. 오히려 그는 자기의 의식(意識)이 행하는 것을 그것이 실제든 꾸며낸 것이든 간에, 특수한 경우에 따라 그에 맞는 사례들 따위를 통해 자기 자신과 다른 사람들에게 해명할 뿐이다. 왜냐하면 그 사람의 생각을 나타내기 위해서는 모든 것이 구체적인 시간과 공간에 의해 규정된 영상들로 나타나야 하며, 그럴 때 그에 맞는 명칭들이나 다른 적절한 외적인 상황들이 빠져서는 안 되기 때문이다. 그러나 그런 종류의 상상력은 스스로에게서 산출되기보다는 그가 겪은 상황이나 체험들에 대한 기억에 의존해서 나온다. 기억은 일어난 사건들에 대한 모든 자세한 상황과 그 외적인 모습을 보존하고 새롭게 하지만, 반대로 보편적인 것을 스스로(대자적으로, für sich) 등장하게 하지는 않는다. 그러나 예술적이고 창조적인 상상력은 위대한 정신과 심정에서 나오는 상상력이며 표상과 형상들을 포착하고 산출하는 것, 그것도 가장 심원하고 보편적인 인간의 관심사들을 영상적으로, 아주 특정하게 감각적으로 표현하는 것이다. 그 결과 이제 창조적 상상력(Phantasie)은 창조를 위해서 감각성이 필요하므로 한편으로 대체로 자연적인 능력과 재능에 근거하게 된다.

물론 사람들은 학문적인 재능들에 대해서도 이야기하곤 하지만, 학문은 상상력처럼 자연스러운 방식으로 존재하는 것이 아니라 모든 자연의 활동으로부터 추상화하는 보편적인 사유 능력만을 전제로 한다. 따라서 더 옳게 말하자면 *단순한 천부적 재능*이라는 의미로 특별히 부를 수 있는 학문적인 재능은 없다고 할 수 있다. 반면에 창조적 상상력은 본능적으로 산출하는 방식을 지니고 있다. 그것은 예술작품의 본질이 되는 구상성(具象性, Bildlichkeit)과 감각성이 예술가 안에 자연적으로 들어 있는 소질(素質)이자 자연충동으로서, 주관적으로 존재하면서 동시에 무의식적으로 작용하는 것이어서 역시 분명 인간의 자연적인 측면에 속하는 것이기 때문이다.

사실 예술창조는 정신적이면서도 자의식(自意識)적인 성질을 띠고 있으므로, 자연 능력이 모든 재능과 천재성(Talent und Genie)이 되는 것은 아니고, 정신 스스로 자연적으로 구상하고 형상화(bilden und gestalten)하는 계기를 자신 속에 담고 있어야 한다. 그러므로 그것을 거의 누구든 어느 정도는 예술 속에서 달성할 수 있을지 몰라도, 실제로 예술이 비로소 시작되는 이 지점을 넘어서려면 더 높은 천부적인 예술재능이 필요불가결하다.

그러한 타고난 소질인 재능은 대개는 이미 어린 시절부터 나타나며, 동시에 이를 특수한 감각적인 질료 속에 생생하고 감동적으로 형상화하고자 자신을 충동질하는 불안 속에서 드러난다. 그리고 또 오직 이런 식의 표현과 전달만을 가장 중요하고 적합한 것으로 이해하려고 한다. 그러므로 초기에 나타나는, 어느 정도까지 별로 힘 안 들이고 드러나는 기술적인 숙련성도 천부적 재능의 한 징후이다. 예를 들어 조각가에게 있어서 모든 것은 형상으로 변하며 그는 일찍부터 무엇을 형상화하기 위해서 흙을 주무르곤 한다. 그렇듯이 일반적으로 사람들이 표상하고 내적으로 자극되어 움직이는 그런 재능은 곧 형상이나 소묘, 선율 또는 시로 현형되어 나타난다.

γ) 이제 마지막 세 번째로 보면 예술에서는 *내용*도 어느 면에서는 감각적인 것, 즉 자연으로부터 취해진다. 혹은 내용은 비록 정신적인 성질을 띠고 있더라도 어느 경우든 인간적인 상황들처럼 정신을 외적으로 실재하는 현상들의 형태로만 표현하도록 포착된다.

3. 예술의 목적

이제 인간이 그러한 내용을 예술작품의 형태로 산출할 때 인간 스스로가 갖는 관심사, 즉 목적은 무엇인가에 대한 물음이 생긴다. 이것이 예술작품과 관련해서 설정되는 세 번째의 관점이며, 이를 더 자세히 설명함으로써 우리는 궁극적으로 참된 예술의 개념으로 나아갈 수 있을 것이다.

이 점에 관해서 우리는 일상적인 의식(意識)을 고찰해 보면 그 의식에서 가장 흔한 표상으로 떠오를 수 있는 것은,

a) *자연의 모방(Nachahmung der Natur)* 이라는 원리이다. 이 견해에 따르면 모방이란 자연형상들을 현존하는 모습 그대로 적합한 방식에 따라 모조(模造)해내는 숙련성으로서 예술의 본질적인 목적이 되며, 이와 같이 자연에 맞게 표현하는 일이 성공할 때 비로소 예술의 완전한 만족이 성취된다는 것이다.

α) 이와 같은 규정 속에는 우선적으로 평상시에 외부 세계에 있는 그대로의 모습이 이제 인간에 의해 그가 자신의 수단을 재주껏 사용하여 할 수 있는 대로 재현한다는 지극히 형식적 목적이 들어 있다. 그러나 이러한 반복(Wiederholen)은 곧

αα) 불필요한 노력으로 간주될 수 있는데 그 이유는 우리가 회화(繪畵)나 연극 따위에서 모방해서 표현하는 것, 즉 동물이나 새들, 자연의 정경(情景), 인간의 제반사(諸般事)들에 대해서 우리는 그 밖에도 이미 우리의 정원이나 자택, 가깝고 먼 지기(知己)들에게서 듣고 보아서 알고 있기 때문이다. 또 좀 더 자세히 보면 이런 불필요한 노력은

ββ) 자연보다 못한 오만한 유희로 간주될 수도 있다. 왜냐하면 예술은 그 표현수단이 한정되어 있어서 단지 어느 일면적인 기만(欺瞞)(einseitige Täuschungen)을—예를 들면 어느 *하나의* 감각만을 이

용해서 현실의 가상(假象)을—산출해낼 수 있으며, 그것이 *단순한 모방*이라는 형식적 목적에만 머물러 있으면 사실적인 생동감을 나타내는 대신에 오히려 살아 있는 체하는 모습을 꾸며내는 데 불과하기 때문이다. 이는 알다시피 마호메트교도(이슬람교도)인 터키인들이 그림이나 인간의 모습을 그림으로 나타내는 것을 싫어하는 것과 같다. 제임스 부르스[45]라는 사람은 아비시니아(이디오피아의 옛 이름—역자주)로 여행하는 도중에 어느 터키인에게 물고기 그림을 보여준 일이 있는데, 그때 그 터키인은 몹시 놀라더니 그에게 대답하기를, "만약 이 물고기가 최후의 심판의 날에 그대 앞에 부활하여 그대가 그것에게 육신은 만들어줬지만 영혼은 못 만들어 주었다고 말한다면, 그대는 그 물고기의 불평에 대해서 뭐라고 변명하겠는가?"라고 했다고 한다.

《순나(Sunna)》[46]에도 나와 있듯이, 움미 하비바와 움미 셀마라는 두 여자가 이디오피아의 어느 교회에 그려져 있는 그림들에 대해서 예언자 마호메트에게 말하자, 벽에 그림 그리는 것을 싫어한 마호메트는 그들에게 "최후 심판의 날이 오면 그 그림들을 그린 사람은 벌을 받을 것이오"라고 대답했다.

물론 아주 착각을 불러일으킬 정도로 자연과 똑같이 모사(模寫, Nachbildung)하는 경우들도 있다. 제욱시스(Zeuxis)[47]가 그린 포도는

---

45) 제임스 부르스(James Bruce, 1730~1794). 영국의 탐험여행가. 그는 1768~1773년에 나일강의 원류(源流)를 탐험하고 나서 《나일강원류 탐험여행기(Travels to Discover the Source of the Nile)》를 출간했다.
46) 이는 회교정통파들의 경전으로서 회교도의 관습, 처세, 도덕률에 관한 마호메트 언행에 근거를 둔 것으로, 많은 회교 종파에 의해 코란과 동등하게 존중된다.
47) 제욱시스(Zeuxis. BC435~BC390). 그리스의 화가. 그는 육체를 표현하기 위해 빛과 그림자를 시종일관하게 사용하는 것을 고안했다고 하며, 인물화가로서

진짜 비둘기들이 그것이 실제인 줄 알고 달려들어 부리로 쪼았다고 해서 예로부터 그 그림은 예술의 승리이자 동시에 자연의 모방원리의 승리라고까지 칭송받기도 했다. 그러한 예는 아주 오래된 것이다. 또 뷔트너[48]의 원숭이의 일화를 예로 들 수 있다. 즉 이 원숭이는 뢰젤[49]이 발간한 《곤충들의 축제》 속에 나오는 풍뎅이 그림이 진짜인 줄 알고 할퀴어대서 그 아름답고 비싼 작품을 망쳤음에도 불구하고, 이는 그 그림 속의 자연묘사가 그토록 특출했다는 것을 증명해 준 까닭에 그 원숭이는 주인한테 용서를 받았다고 한다.

하지만 이런저런 예들을 들어볼 때, 우리는 그런 예술작품들이 *심지어* 비둘기나 원숭이까지도 속일 정도로 실제와 흡사했다해서 이들을 칭찬하기보다는, 바로 예술작품의 궁극적인 최고의 것을 명시해 주는 대신에 그런 천박한 효과로 예술작품을 고양시키려고 하던 그런 사람들을 비난할 수 있을 뿐이다. 요컨대 그런 식으로 모방하려고 하다 보면 예술은 자연과 경쟁하여 이겨낼 도리가 없을 것이니 이는 벌레가 기어서 코끼리 걸음을 따라가려는 것과 다를 바 없다.

γγ) 그런 식의 모방은 자연 속에 들어 있는 사물의 원형(原形, Vorbilde)과 비교하면 계속해서 상대적으로 실패작일 수밖에 없다. 이런 점을 감안할 때 이제 예술작품에게 남는 즐거움이란 뭔가 자연과

특히 그리스 신화에 나오는 여성 헬레나를 여성미의 이상형으로 그리고, 또 옥좌에 앉은 제우스 신, 머리에 장미화관을 쓴 에로스, 뱀의 목을 조이는 헤라클레스 등을 그렸다고 한다. 그러나 그의 그림들 가운데 현재 전해지는 것은 아무것도 없다.

48) 뷔트너(Christian Wilhelm Büttner, 1716~1801). 자연탐구가.
49) 뢰젤(August Johann Rösel von Rosenhof, 1705~1759). 동물학자이자 화가로 그는 1746-1755년까지 《곤충들의 축제(Insektenbelustigungen)》라는 책자를 발간했다.

비슷한 것을 산출해 내는 일밖에는 없다. 그것도 인간이 이미 현존하는 것을 자기 자신의 작업과 기술, 노력으로 산출해 낼 때 더욱 기쁨을 느낄 수 있다. 그러나 예술가가 모사한 것이 자연의 원형에 가까우면 가까울수록, 이런 기쁨과 공감 자체는 오히려 냉랭해지거나 아니면 거꾸로 권태나 혐오로 바뀔 것이다. 예술가의 재기가 넘쳐흐른다고 칭송되는 어떤 초상화들을 보면 역겨울 정도로 실물과 비슷한 것들이 있다. 칸트의 《판단력 비판》50)(제1부 §42 '미에 대한 지적 관심' 부분)은 이러한 모방 자체의 기쁨과 관련해서 예를 들고 있다. 그는 말하기를, 우리는 밤꾀꼬리의 우는 소리를 완벽하게 흉내낼 줄 아는 사람—그리고 실제로 그런 사람들이 있는데—에 대해서는 금방 싫증을 느끼고 또 그런 노래가 새가 아닌 사람이 부른 것임을 알게 되면 곧 그 노래에 대해 싫증을 느낀다고 한다. 왜냐하면 그런 노래에서 우리는 자연 속에서 자유로이 산출된 것도 아니고 그렇다고 예술작품도 아닌, 단지 하나의 기예(技藝, Kunststück)만을 발견하게 되기 때문이라는 것이다. 즉 우리는 밤꾀꼬리의 울음소리처럼 새 자체의 생동감에서 나오는 소리를 인간적인 느낌으로 표현한 음악과는 전혀 다른 것을 인간의 자유로

---

50) 《판단력비판(判斷力批判, Kritik der Urteilskraft)》은 독일의 관념주의 철학자 칸트의 주요저서로서 1793년에 출간되었다. 《순수이성비판(純粹理性批判, Kritik der reinen Vernunft)》(1781년), 《실천이성비판(實踐理性批判, Kritik der praktishen Vernunft)》(1788년)의 뒤를 이어 나온 저서이다. 칸트의 비판철학 체계를 구성하는 위의 3대 비판서(批判書) 중 마지막 것이다. 칸트는 이 책에서 판단이 제1의 비판서에서 고찰한 순수 이론 이성과 제2의 비판서에서 고찰한 실천이성 사이의 매개 역할을 한다고 보았다. 그리그 이 판단력을 다시 미적(美的) 판단력과 목적론적(目的論的) 판단력으로 구분하였다. 헤겔은 이 칸트 철학에서 그의 미학사상을 전개하는 동기를 얻었으며, 이 《미학강의》 전체를 통해서 칸트의 미적 단단력 범위를 극복하려고 노력하였다.

운 창조력에서 기대한다. 능숙한 모방이 만들어 내는 것에 대한 기쁨은 이처럼 늘 제한된 것이며, 인간은 자기 자신으로부터 스스로 산출한 것에 대해 더 큰 기쁨을 갖는다. 이런 의미에서 볼 때 아무리 하찮은 기술로 만든 작품이라도 인간이 스스로 고안해 낸 것이 더 가치가 높으며, 인간은 모방이라는 천한 재주를 완성하기보다는 망치나 못을 고안해 낸 일에 더 자부심을 느낄 수 있다. 왜냐하면 이처럼 추상적으로 무엇을 모사(模寫)하려고 하는 열의는 마치 편두를 작은 구멍 속으로 실수 없이 던지는 법을 배운 사람의 기술처럼 하찮은 것으로 취급될 수 있기 때문이다. 즉 그 편두 던지는 사람은 자기의 재주를 알렉산더 대왕 앞에서 보여주었지만 그 대왕은 그 사람에게 이 쓸모도 내용도 없는 기술에 대한 보상으로 한줌의 편도를 쥐어 주었을 뿐이다.

β) 이제 더 나아가 보면 모방의 원리란 아주 형식적인 것이어서 이를 목적으로 삼을 때 그 안에서 *객관적인 미*(das objektive Schöne) 자체는 사라져 버린다. 왜냐하면 이때 중시되는 것은 어떻게 만들어져야 하는가, *무엇이* 모방되어야 하는가가 아니라 어떻게 하면 *제대로* '모방' 할 수 있는가라는 점이기 때문이다. 이때 미의 대상과 내용은 아무래도 좋은 것으로 간주된다. 다시 말해 사람들이 그밖에 동물이나 사람, 장소, 행위, 성격에서 아름다운 것과 추한 것의 차이에 대해 운운할 때 그러한 원리에서 주어지는 차이는 사람들이 단지 추상적으로 모방해서 남겨놓는 예술에 특유하게 속하는 차이는 아니다. 이미 언급했듯이 대상을 선택해서 아름답고 추한 것을 구분하는 데 있어서는 자연 속에 있는 무한한 형태들에 대한 판단기준이 부족하기 때문에, 논쟁의 여지가 없는 최종적인 판단기준으로 허용되는 것은 규칙에 얽매이지 않는 *주관적인 취미*(der subjektive Geschmack)이다. 그리고 실제로 만약 사람들

이 표현하려는 대상들을 선정할 때 *사람들이* 아름답거나 추하기 때문에 예술적으로 모방할 가치가 있다고 생각하는 것에서, 즉 그들의 취미에서 출발한다면 모든 영역의 자연 대상들은 열려 있을 것이며, 그것들 가운데 애호해주는 사람이 없어서 아쉬워할 대상은 별로 없을 것이다. 왜냐하면 예를 들어 사람들의 경우를 보아도 모든 기혼남자들이 다 자기 부인을 아름답다고 생각하지는 않더라도 적어도 새신랑이라면 누구나 자기 신부만큼은 대단히 아름답다고 생각하기 때문이다. 이런 경우에는 그의 주관적 취미가 그가 보는 미의 판단기준임이 확실하므로 (신랑과 신부) 양쪽에게 모두 다행한 일이라고 말할 수 있다. 각각의 사람들이나 우연히 갖고 있는 취미를 넘어서서 궁극적으로 여러 *민족들이* 갖고 있는 취미를 살펴보면 이 역시 서로 매우 다르거나 대립되기도 한다. 우리는 유럽적인 미(美)가 중국인이나 남아프리카 흑인들의 마음에는 들지 않으리라는 말을 얼마나 자주 듣는가. 이는 중국인에게는 흑인과는 전혀 다른 미의 개념이 내재(內在)하며, 흑인들 역시 미에 대해서 유럽인과는 다른 개념을 지니고 있기 때문이다. 사실 유럽 바깥으로 눈을 돌려 여러 민족들이 가진 예술작품들, 예를 들어 그들의 상상력이 숭배 대상으로 만들어낸 숭고한 신상(神像)들을 고찰해 보면, 이들은 우리에게 때로는 아주 끔찍한 우상처럼 보이며 그들의 음악도 역시 우리의 귀에는 매우 혐오스럽게 들린다. 반면에 그들은 그들대로 우리 유럽인들이 만든 조각이나 회화, 음악을 무의미하고 추한 것으로 여길 것이다.

γ) 그러나 미는 주관적이고 개별적인 취미 위에서 정립되어야 한다고 해서 이제 예술에 대한 객관적인 원리 역시 배제하더라도, 우리는 예술 자체의 측면에서 볼 때 비록 자연적인 것을 모방하는 일이 마치 보편적인 원리처럼, 그것도 위대한 권위에 의해 보존되는 원리처

럼 보일지라도 이를 아주 보편적이고 추상적인 형태로 취할 수는 없다는 것을 발견하게 된다. 왜냐하면 우리는 여러 예술들을 고찰할 때 비록 *회화*나 *조각*은 자연과 비슷한 모습으로 드러나거나 또는 본래 자연에서 그 유형(*類型*)을 채택할 수도 있지만, 반면에 *미적인* 예술에 속하는 *건축* 작품이나 *시문학*은 단순한 묘사에 한정되지 않으므로 자연의 모방이라고 할 수 없음을 시인하게 될 것이기 때문이다. 만약에 후자(건축작품이나 시문학)에도 그런 모방의 관점이 계속 유효하게 머물려면, 적어도 그 논제와 원칙을 여러 방식으로 규명하고 개연적인 진리를 찾아야 하는 등 멀리 번거롭게 돌아가야 할 필요가 있음을 보게 될 것이다. 그러다 보면 다시금 무엇이 개연적이고 아닌지를 규정해야 하는 큰 어려움이 따른다. 게다가 사람들은 시문학에서는 상당히 환상적으로 날조된 이야기들(Erdichtungen)도 모두 다 제외시키려 하지는 않을 것이고 또 그렇게 할 수도 없는 노릇이므로 개연성을 밝히는 일이 더 어려워진다.

그러므로 예술은 주어진 것을 단순히 형식적으로 모방하는 것이 아닌 다른 데 목적을 두어야 한다. 왜냐하면 모방은 어느 경우든 단지 *기술적인 재주*만을 드러낼 수 있을 뿐 *예술작품* 자체를 드러낼 수는 없기 때문이다. 물론 예술작품은 외적인 현상의 형태로, 따라서 동시에 자연적인 현상의 형태로 표현하므로 예술작품이 자연의 형상에 근거를 둔다는 것은 그 본질적인 요소이기는 하다. 예를 들면 회화에서는 색채들의 상호 관계를 알고 빛의 효과나 반사 따위, 또 대상들의 형태와 모습을 세세한 부분에 이르기까지 알고 모사하는 것이 중요한 연구가 된다. 그리고 이런 점에서 특히 근래에 와서 일반적으로 자연과 자연성의 모방에 대한 원리가 다시 등장했다. 그 이유는 다시 취약함과 모호함 속에 빠져 버린 예술을 자연이 지닌 강건함과 피규정성

(Kräftigkeit und Bestimmtheit der Natur)으로 다시 되돌리기 위해서, 또는 예술이 길을 잃고 빠져 들어가 예술적이지도 자연적이지도 못한 것을 자의적(恣意的)으로 조작하는 인습에 빠진 것에 맞서 다시 자연의 법칙성과 직접적이고 확고한 시종일관성(始終一貫性)을 주장하기 위해서이다. 그러나 이런 방향을 다시 찾으려는 노력이 지극히 정당성을 지니고 있더라도, 여기서 요구되는 자연성 자체는 예술작품의 근거로 존재하는 실체적인 것(das Substantielle), 즉 제일자(第一者, das Erste)가 아니다. 그리고 자연 속에서 존재하는 외적 현상이 예술의 본질적인 하나의 측면을 이루더라도 현존하는 자연성은 결국 예술의 규범이 될 수 없으며, 외적인 현상들을 단순히 모방하는 일 역시 외적인 것일 뿐 예술의 목적이 되지는 못한다.

b) 그러므로 더 나아가 과연 예술을 위한 *내용*이란 무엇이며 왜 이 내용을 표현해야 하는가에 대한 물음이 생긴다. 이와 관련해 볼 때, 우리의 의식 속에는 인간 정신 속에 자리하는 모든 것을 우리의 감각, 감성, 영감(靈感, Begeisterung)에 불러오는 것이 바로 예술의 사명이자 목적이라는 일반적인 생각이 떠오른다. 말하자면 예술은 저 유명한 "Nihil humani a me alienum puto"[51]라는 구절을 우리 속에서 실현시켜야 한다는 것이다.

따라서 예술의 목적은 인간 속에 잠재워진 *갖가지 종류의 감정*, 성향 그리고 열정들을 일깨워 거기에 생명을 부여하고 마음을 채우고,

---

51) "Nihil humani a me alienum puto"이는 로마의 극(劇)시인 테렌티우스(Terentius)가 쓴 《아델포이(Adelphoe)》의 제3막 제5장에 나오는 구절인데, "나는 인간적인 것은 그것이 무엇이든 간에 나에게 무관하지 않다고 생각한다"라는 뜻이다.

인간이 교육을 받았든 안 받았든 인간의 심정이 그 가장 깊은 내면과 가장 비밀스러운 곳에 간직하고, 체험하고, 창조해낼 수 있는(was das menschliche Gemüt in seinem Innersten und Geheimsten tragen, erfahren und hervorbringen kann) 모든 것, 즉 인간의 가슴이 아주 심오하고 다양한 측면에서 움직이고 자극할 수 있는 모든 것을 인간으로 하여금 철저히 느끼게 하는 것이다. 또 예술의 목적은 그 밖에 정신이 그 사상과 이념 속에 지니고 있는 본질적이고 숭고한 것, 고귀하고 영원하고 참된 것이 지닌 탁월한 것(was sonst der Geist in seinem Denken und in der Idee Wesentliches und Hohes habe, die Herrlichkeit des Edlen, Ewigen und Wahren)을 인간의 감정과 직관에 제공해 향유하게 하는 데 있으며, 또 불행, 재난, 악, 죄의 개념을 이해하게 하고 내면 속에 있는 온갖 추하고 끔찍한 것, 모든 쾌감(Lust)과 즐거움을 알도록 가르치는 데 있다. 그리고 궁극적으로는 마치 창조적 상상력이 감각적이고 자극적인 직관과 감성이 제공하는 유혹적인 마술 속에 탐닉하듯이 인간의 상상력으로 하여금 한가한 유희 속을 스쳐 지나가게 하는 데 있다. 예술은 한편으로 우리의 외적 존재가 겪는 자연적인 체험을 보완하기 위해 모든 방면에 걸쳐 있는 이 내용의 영역을 이해해야 하며, 다른 한편으로 인생에서 우리가 체험한 것들을 그냥 팽개쳐 두지 않고 모든 현상에 대한 수용력을 얻도록 열정을 불러일으켜야 한다. 하지만 이러한 수용력은 예술 영역에서는 그저 사실적 체험만을 통해서만 일어나지는 않는다. 예술이 산출한 것은 예술 자신이 가상(假象)을 현실에 대치(代置)시켜 기만적으로 체험하는 가운데서 나타난다.

이처럼 예술에게 가상을 통한 기만적인 체험이 가능한 것은 인간에게 있어 모든 현실은 직관과 표상이라는 매체(Medium)를 통해야 하고 이 매체를 통해서 비로소 인간의 심정과 의지 속으로 투입되기 때문이다. 이때 직접적이고 외적인 현실이 가상을 요구하든 안 하든 혹은 이것이 현실이 아닌 다른 길, 즉 현실 속의 내용을 담아서 표현하는 회화나 기호, 표상을 통해 나타나든 나타나지 않든 상관없다. 인간은 현실적으로 존재하지 않는 사물도 마치 그것이 존재하는 것처럼 표상할 수 있기 때문이다. 그러므로 외부에 실존하는 현실이든 그 현실의 가상이든 간에 이를 통해서 우리에게 어떤 상황이나 관계, 삶의 내용이 주어지면 이것들은 우리의 마음속에 모두 다 같은 것으로 머물며, 그 내용의 본질에 따라 우리를 우울하게 만들기도 하고 즐겁게 해주기도 하는가 하면 감동을 주거나 경악시키기도 하고 우리에게 분노, 증오, 연민, 불안, 공포, 사랑, 존경, 찬탄, 명예와 명성의 감정과 열정을 일으키기도 한다.

우리 안에 있는 모든 감성들을 이렇게 일깨우고 우리의 심정으로 하여금 삶의 모든 내용을 거치도록 하는 모든 내적인 움직임을 오직 기만적이고 외적인 현재성(eine nur täuschende äußere Gegenwart)을 통해서 실현시키는 것이야말로 바로 예술 특유의 탁월한 위력이라고 볼 수 있다. 그러나 이제 예술은 이런 식으로 우리의 심정과 표상 속에 좋고 나쁜 것을 주입시키면서 이를 아주 고귀한 것으로 강화시킬 수도 있고 매우 감각적이고 이기적인 쾌감(Lust)의 감정으로 약화시킬 수도 있는 규정을 지니고 있으므로 예술에게는 매우 형식적인 사명이 부여된다. 그러므로 예술은 만약에 독자적(für sich)으로 확고한 목적을 갖고 있지 않다면, 갖가지 가능한 내용(Inhalt und Gehalt)들에게 공허하고 텅 빈 형식만을 제공하게 될 것이다.

c) 사실 예술은 모든 가능한 소재들을 우리의 직관과 감성에 드

러내고 이를 치장해 주는 형식적인 면도 지닌다. 이는 마치 추론적인 사상(der räsonierende Gedanke)이 모든 대상과 행동양식을 다루면서 이를 규명하고 거기에 정당성을 부여하는 것과 같다. 그러나 그런 다양한 내용들 속에는 예술을 생성시키고 확립해 주는 갖가지 감각이나 표상들이 서로 교차 대립하고 상호 지양(止揚)한다는 사실을 곧 알 수 있다. 사실 이런 면에서 볼 때, 예술은 서로 대립되는 것들에 열광하면 할수록 감정과 열정의 대립이 더욱 확대될 뿐이고, 우리로 하여금 마치 술에 취한 듯 이리저리 날뛰게 하거나 우리를 궤변이나 의심으로 이끌어갈 뿐이다. 그러므로 다양한 소재들은 우리로 하여금 그러한 형식적 규정에만 머물지 않게 해준다. 그 이유는 그런 소재들의 현란한 차이점들까지도 꿰뚫어 보는 이성(理性)은, 그처럼 서로 대립되는 요소들 속에서도 더 숭고하고 보편적인 목적이 드러나는 것을 보려고 하며 또 그 목적이 달성되는 것을 알려고 하기 때문이다. 사람들은 공동생활을 하고 국가를 존속시키기 위해서 *모든 인간적인 능력과 개개인의 힘을 모든 방면으로 발전시켜 드러내려는 것*을 궁극 목적으로 삼는다. 그러나 그런 형식적인 견해에 반대하는 또 다른 물음이 제기된다. 그것은 그런 다양한 교육을 어떤 통일성 속에서 총괄하고 그런 교육들은 어떤 *하나의 목표*를 근본개념이자 최후의 목적으로 삼아야 하는가에 대한 물음이다. 국가라는 개념에서처럼 예술이라는 개념에서도 한편으로 특수한 면들에 공통되는 목적을 이루려는 욕구가 생겨나며, 다른 한편으로 더 숭고한 *실체적인 목적(substantieller Zweck)*을 달성하려는 욕구가 생겨난다. 그러한 실체적인 목적으로서 우선적으로 떠오르는 것은 예술은 욕망이 지닌 거친 조야함을 완화시키는 능력과 사명을 갖고 있다는 고찰이다.

α) 이 첫 번째 견해와 관련해서 우리는 예술에는 그 특유의 것, 즉 조야한 것을 지양하고 충동과 성향, 열정을 제어하며 길들일 가능성이 있음을 알 수 있다. 일반적으로 조야함은 욕구하는 것을 전적으로 만족시키려는 쪽으로만 밀고나가는 직접적인 충동의 욕망에서 나온다. 그러나 욕망이란 개별적이고 한정된 것이어서 한 *인간을 완전히 사로잡을수록* 더욱 거칠고 고만해지며, 그때 인간은 보편적인 존재이면서도 그 욕망의 피규정성으로부터 벗어날 힘도, 스스로 보편적인 존재가 될 힘도 지니지 못한다.

만약에 그런 경우 인간이 "나보다 내 열정의 힘이 더 세다"라고 말한다면, 이때 추상적인 자아(自我)는 특수한 열정에서 비록 분리된 것으로 의식되더라도 형식적인 것으로만 머문다. 그리고 이때 비록 자아가 열정에서 벗어나 있더라도 이는 열정의 힘에 대항할 보편자로서의 자아는 전혀 고려되지 않는다는 사실을 설명해 줄 뿐이다. 따라서 거친 열정이란 보편자로서의 내가 욕구가 지닌 한정된 내용과 하나가 되는 상태 속에 있는 것이므로(Die Wildheit der Leidenschaft besteht also in der Einheit des Ich als Allgemeinen mit dem beschränkten Inhalt seiner Begierde), 인간은 이런 개별적인 열정 외에 더 이상 어떤 의지도 갖지 못한다. 그러한 조야함과 열정의 제어할 수 없는 힘 속에 인간이 빠져 있을 때 예술은 인간이 느끼고 행하는 것을 우리의 눈앞에 분명하게 보여줌으로써 그 열정의 힘을 완화시킬 수 있다. 예술은 또 그런 열정의 모습을 우리에게 직관(直觀)시키고 그런 열정들에 아첨하는 데 그치더라도 그렇게 하는 예술 속에는 이기 그 열정들을 완화시키는 힘이 들어 있다. 이런 예술방식을 통해서 보통 때는 직접적으로 존재하는 것이 적어도 인간의 의식 속에 들어오는 것이다. 왜냐하면 이제 인간은 자신의 충동과 기호들을 *관찰하며*, 그러한 것들이 다른 때 같으면 그를 반성 없이 낚아채가는 반면에 지금은 그가 그것들을 자기 밖에서 보고, 그것들과 객관적인 것으로 대립하고 있으므로 그것들에 맞서서 이미 자유 속에 들어오기 시작하기 때문이다. 그러므로 예술가는 고통에 사로잡혔을 때 자신의 농도 짙은 감정을 자신을 위해 표현함으로써 스스로 그 고통을 완화시키고 약화시키는 경우가 종종 있다. 사실, 눈물 속에도 위안은 들어 있다. 인간은 먼저 고통 속에 완전히 침잠하고 몰두하는 가운데 또한 이 내적인 것을 직접적인 방식으로 외화(外化)시킬 능력을 갖고 있다. 그러나 자신의 내면을 언어나 그림, 음(音), 형상으로 나타내기는 더 쉽다. 그래서 죽은 사람을 장사지낼 때 통곡하는 여인들을 고용해서 그들의 울음소리를 통해 고통을 밖으로 표현하고 이를 사람들이 보도록 하는 좋은 관습도 있었다. 또 어떤 사람에게 조의(弔意)를 표함으로써 그가 당한 불행의 내용을 그의 눈앞에 보여주면 그 사람은 이에 대해 많이 이야기하고 반성함으로써 스스로 마음이 가벼워진다. 그래서 예로부터 실컷 울고 실컷 말하는 것은 마음을 짓누르는 근심의 짐에서 벗어나고 그 고통을 최소한 덜어 주는 수단으로 간주되었다. 그러므로 인간의 거센 열정의 힘이 완화되는 일반적인 이유는, 그가 어느 감정에 직접 사로잡히는 대신에 자기 앞에 감정을 드러내 의식하고 그 드러난 것에 스스로 이념적인 방식으로 관여하기 때문이다. 그와 마찬가지로 예술도 감각적인 영역 속에서 표현하는 것을 통해 동시에 그 감각성의 힘에서 해방된다. 물론 인간은 자연과 직접적인 통일성 속에 머문다는 우리가 늘 즐겨 쓰는 상투어를 인정하더라도 그런 자연과의 통일성은 바로 그 추상성 때문에 거칠고 조야한 것에 지나지 않는다. 그러므로 예술은 인간을 위해서 바로 이 자연과의 통일성을 해체할 때 그 부드러운 손으로 인간으로 하여금 자연에 사로잡히지 않고 자연을 넘어서 나아가도록 이끌어간다. 여기서 예술이 대상에 열중하는 일은 순전히 이론적인 것에 머물며, 그럼으로써 예술은 우선 표현하는 일에만 관심을 집중하더라도 더 나아가 그 대상들의 의미에 관심을 갖게 되며, 또 다른 내용과 비교하며 고찰하는 관점들이 지닌 보편성에 스스로를 개방시킨다.

β) 이제 위의 사실과 매우 일관성 있게 연결되는 것으로 사람들이 예술의 본질적인 목적으로 내세우는 두 번째의 규정이 있다. 그것은 바로 예술은 열정을 순화(純化, Reinigung)시키고 교훈을 주며 도덕적으로 완성시켜 준다는 점이다. 왜냐하면 예술은 조야한 것을 다스리고 열정을 교화(敎化)시켜야 한다는 규정이 대우 형식적이고 보편적으로 유지되어 와서 이러한 교화의 특정한 방식과 본질적인 목적이 중요해졌기 때문이다.

αα) 물론 열정을 순화시킨다는 견해는 앞서 욕망을 완화시킨다는 견해처럼 부족한 점이 있기는 해도, 그 견해는 최소한 예술을 표현할 때 예술의 존엄성과 비존엄성을 가름할 척도가 필요함을 자세히 보여준다. 이 척도란 열정에서 순수한 것과 비순수한 것을 갈라내는 작용이다. 따라서 예술에는 이러한 정화(淨化)의 힘을 드러내는 내용이 필요하며, 그 효과가 드러날 때 예술의 실제 목적이 달성된다. 그러므로 정화시키는 내용은 그 보편성과 본질성에 맞게 의식(意識)되어진다.

ββ) 위의 후자의 설명에서 예술의 목적은 교훈을 주는 것이라는 것이 표명되었다. 즉 예술의 특성은 한편으로 감정을 움직여 그 움직임 속에서 공포와 연민, 고통스런 감동, 경악을 일으키면서 동시에 만족을 주고, 또 그런 감정과 열정의 관심을 일으키며 그런 예술작품이 표현한 것의 효과에 대해 호감(Wohlgefallen), 만족, 즐거움을 느끼게 해주는 데 있다. 그러나 또 한편으로 예술은 교훈적인 것에, "fabula docet"⁵²⁾, 즉 예술작품이 주체에게 드러내 보이는 효용성에 더 높은 목적과 가치기준을 두어야 한다는 것이다. 이런 점에서 "예술가들은 소용이 있거나 기쁨을 주어야 한다(Et prodesse volunt et delectare poetae)⁵³⁾"라고 호라티우스가 몇 마디로 압축해서 말한 핵심적인 격언은 후세에 줄곧 거론되고 퇴색되면서 극단적으로는 예술에 관한 가장 천박한 견해로까지 변질되고 말았다.

그러한 교훈에 관해서 보면 이제 그것이 직접적이든 간접적이든, 명시적(明示的)이든 암시적이든 과연 꼭 예술작품에 들어가야 하는가라는 의문이 생긴다—만약에 여기서 대체로 보편적이고 우연적이 아닌 목적을 중시한다면 예술이 갖는 본질적인 정신성을 고려할 때 궁극목적은 정신적인 것 그 자체일 수 있다—그것은 말하자면 우연적이 아니라 완전무결하게(절대적, 즉자대자적으로) 존재하는 것이다. 교훈이라는 점에서 본 이러한 목적은 그 절대적이고 본질적이며 정신적인 내용을 오직 예술작품을 통해서 의식화(意識化)하는 데만 있을 것이다. 이런 면에서 우리는 예술이 스스로 고양(高揚)될수록 그런 내용을 더 많이 자기 속에 받아들이게 되며, 표현된 것이 적합한지 아닌지를 재는 척도를 예술의 본질 속에서 먼저 찾는다고 주장할 수 있다. 예술은 실제로 제(諸) 민족들의 최초의 교사(敎師)가 되었다.

그러나 만약에 표현된 내용의 일반적인 특성이 추상적인 원칙이면서 또 범속(凡俗)한 반성(prosaische Reflexion)으로, 다시 말해 보편적인 교훈으로 직접 명시되어야지 구체적인 예술형태 속에 간접적이고 함축적으로만 내포되어서는 안 된다는 것을 교훈의 목적으로 삼는다

---

52) 이는 "우화는 교훈을 준다"는 뜻으로 이야기가 지니는 도덕성을 강조한 말이다.
53) 이는 호라티우스의 《시학》 333번째에 나오는 구절이다.

면, 그런 구분 때문에 예술작품을 곧 *예술작품*으로 만드는 감각적이고 구상적인 형상은 그저 쓸모없고 부차적인 것, 말 그대로 *껍질에 불과한 것*, 가상에 불과한 것이 되고 만다. 하지만 그로 인해 예술작품의 본질 자체는 왜곡되고 만다. 왜냐하면 예술작품이란 어떤 내용을 그 보편적인 내용으로 드러내서는 안 되고, 이 보편성을 즉시 개성적이고 감각적인 것으로 개별화시킴으로써 우리의 직관에 드러내야 하기 때문이다. 만약에 예술작품이 이런 원리에서 출발하지 않고 추상적인 교훈을 그 보편적인 목적으로 강조하면, 예술작품이 지닌 구상성과 감각성은 단지 외적인 불필요한 장식에 지나지 않게 되고 그 속에서 예술작품은 쇠약해지고 만다. 그런 예술작품 속에서 형식과 내용은 더 이상 하나가 된 것으로(als ineinander verwachsen) 드러나지 못하고, 감각적이고 개별적인 것과 정신적이고 보편적인 것이 서로 외면(einander äußerlich geworden)하게 된다.

더 나아가 예술의 목적을 그 *교훈적인* 효용성에만 한정해 버리면 예술의 다른 측면, 즉 호감과 즐거움, 흥겨움을 주는 측면은 마치 *비본질적인* 것처럼 간주되고 또 교훈이라는 효용성에 부차적으로 따르는 것으로 전락한다. 그와 동시에 예술은 자신 속에 스스로 규정하는 궁극적인 목적을 지니지 못하며 마치 예술의 개념은 다른 데 있고 예술은 그 수단으로만 이용되는 것처럼 된다. 이런 경우에 예술은 교훈의 수단으로 이용되거나 응용되는 여러 수단들 중의 하나에 불과하게 된다. 하지만 그렇게 되면 예술은 오락적인 유희물이나 교훈적인 수단으로만 과소평가되는 가운데 극단적으로는 스스로 목적이기를 멈추게 된다.

γγ) 이제 인간의 열정을 정화시키고 인간에게 교훈을 준다는 예술의 최고 목표와 목적에 관해 재차 물어보면 그 한계는 극명하게 드러난다. 오늘날(이는 헤겔의 시대를 말함—역자주)에 와서는 종종 도덕적

인 선도(善導)가 예술의 목표인 양 제시되었고, 예술은 인간의 성향과 충동을 도덕적인 완성을 위해 준비하고 그 궁극목표로 이끌어야 한다는 것을 목적으로 삼게 되었다. 이런 생각에서 예술은 참된 도덕적인 선(善)을 통찰하고 동시에 교훈을 통해 정화(淨化)를 요구하며 그로써 비로소 인간을 선도(善導)하는 것을 그 효용성이자 최고의 목적으로 달성해야 한다는 점에서 교훈과 정화는 하나가 되었다.

이제 예술을 도덕적인 선도와 관련시켜 보면, 우선 예술은 원칙상 비도덕적인 것을 조장하려고 의도해서는 안 된다는 것을 쉽게 인정할 수 있다. 그러나 비도덕성을 엄연히 표현의 목적으로 삼는 것과 도덕적인 것을 표현의 목적으로 삼지 않는 것은 서로 다르다. 모든 진정한 예술작품에서는 선한 도덕성을 이끌어 낼 수 있다. 그러나 거기서도 물론 그것은 어떻게 해명하느냐에 달려 있고 그 도덕성을 도출해내는 *사람*에게 달려 있다. 그러므로 도덕적으로 행동하려면 죄악(罪惡)에 대해서도 알아야 한다는 이유를 들어서 사람들이 비도덕적인 묘사를 옹호하려는 소리를 들을 수 있다. 반대로 먼저 죄지은 것을 참회하는 모습을 묘사한 예술은 매우 아름다워보인다해서 참회하는 아름다운 죄인인 마리아 막달레나[54]에 대해서 묘사한 것이 실제로는 나중에 가서

---

54) 마리아 막달레나(Maria Magdalena)는 《신약성서(新約聖書, New Testament)》의 '누가복음' 8장 2절에 언급되는 갈리아 여성이다. '마가복음'에서는 예수가 그녀를 악령과 병에서 치유했는가 하면, 예수가 죽어 매장됐을 때와 그가 부활했을 때 이를 목격한 순결하고 신앙심 깊은 여인이라고 전해진다. 특히 후세에 와서 그레고리 대제 이후로는 《신약성서》의 '누가복음' 7장 37~59절에 나오는 무명(無名)의 여죄인과 동일시되는 착오가 범해지기도 했다. 또한 최근에 와서는 미국의 소설가 댄 브라운이 2003년에 써서 문제가 된 소설 《다빈치 코드(The Da Vinci Code)》등에서 기존에 서구 기독교 정신의 한 부분을 이루었던 이 여성에 대한 해석과 이미지가 완전히 바뀌고 있는 것을 주목할 필요가 있다.

그것을 본 많은 사람들에게 죄악을 저지르도록 유인하는 일도 있었다.

그러나 도덕적인 선도(善導)라는 교훈은 만약 그것이 예술작품 속에서 일관성 있게 이행되면 도덕적인 것만 암시하는 데 그치지 않고 오히려 도덕적인 교훈을 예술작품의 실제 목적으로 분명히 드러내려 할 것이며, 또 오직 도덕적인 대상이나 성격, 행동, 사건들만 표현하는 것을 허용하려 들 것이다. 왜냐하면 예술은 소재가 이미 주어진 역사서술이나 학문들과는 달리 그 표현대상을 스스로 선택할 수 있기 때문이다. 이런 면에서 예술이 지닌 도덕적인 목적에 대한 근본적인 평가를 내리기 위해서는 무엇보다도 이 견해가 요구하는 도덕성의 특수한 입장에 대해 묻지 않을 수 없다. 도덕적 입장이라는 것을 오늘날 그 말이 지닌 최선의 의미에서 이해하기 위해 좀 더 자세히 고찰하면, 그 개념은 우리가 일반적으로 덕성(德性, Tugend), 인륜(人倫, Sittlichkeit), 정의(正義, Rechtschaffenheit) 따위로 부르는 것과는 직접 일치하지 않는다는 것이 곧 드러난다. 인륜적인 덕성을 지닌 인간이라고 해서 곧 도덕적인 것은 아니다. 왜냐하면 도덕에는 의무란 무엇인가에 대한 *반성*(反省)과 특정한 의식, 그리고 이 선행(先行) 의식에서 나오는 행위가 속하기 때문이다. 의무 자체는 의지의 법칙인데 이 법칙을 인간은 스스로 자유로이 확립하며, 선하다고 스스로 확신을 얻은 것만을 선으로 행함으로써 의무에 대한 의무를 지키고 그것을 이행하려고 결심해야 한다.[55]

그러나 이 법칙, 즉 의무 자체를 위해 자유로운 확신과 내면의 양심에 따라 선택하고 실행하는 의무는 바로 의지 속에 들어 있는 추상적

---

[55] 이는 칸트의 말로서, 칸트의 윤리학에 대한 헤겔의 입장은 녹스(T.M.Knox)의 《칸트의 윤리학에 대한 헤겔의 태도(Hegels Attitude to Kant's Ethics)》, 《칸트 연구(Kant Studien)》(1957~1958년) 70쪽 이하를 참조할 것.

인 보편자(das abstrakt Allgemeine des Willens)이다. 이 보편자는 자연이나 감각적인 충동 속에, 이기적인 관심들이나 열정 속에, 그리고 사람들이 단순히 심정이나 마음이라고 부르는 모든 것 속에 자기와 직접 대립되는 것을 지닌다. 이 대립 속에서 한 쪽이 다른 한 쪽을 지양(止揚, aufhebt)하는 것이 고찰된다. 그리고 그 양쪽은 서로 대립되어 주체 속에 존재하므로, 주체는 양쪽 중 하나를 따르기로 스스로 결심하고 선택한다. 그러나 그렇게 결정되고 그 결정에 따라 이행된 행위는 한편으로 의무에 대해 오직 자유로운 확신을 통해서, 그리고 특별한 의지와 자연적인 충동, 성향, 열정을 극복하고 다른 한편으로 고귀한 감정들이나 보다 더 숭고한 충동들까지도 극복할 때만 도덕적인 것이 된다. 왜냐하면 근래에 와서 도덕적인 입장은 의지가 지닌 정신적인 보편성이 그것의 자연적이고 감각적인 특수성과 분명히 대립한다는 점에서 출발하며, 그 입장은 서로 대립되는 면들을 완벽하게 매개(媒介, Vermittlung)하는 것이 아니라 의무에 대립되는 충동들이 의무에 양보하도록 요구하는 상호투쟁 속에 있기 때문이다.[56]

이 대립은 의식 속에서 도덕적인 행위라는 한정된 범위로만 나타나지 않고 자신을 *절대적으로(an und für sich,* 즉자대자적으로*)* 존재하는 것과 외적인 실재성이자 현존재(äußere Realität und Dasein)로 단호히 구별되고 대립되어 나타난다. 이는 추상적으로 파악하면 특수한 것이 보편적인 것에 대립되고 보편적인 것이 특수한 것에 대립되는

---

[56] 녹스(T.M. Knox) 교수는 이 구절에 대해 주장하기를, 헤겔은 여기서 칸트의 윤리에 대한 입장을 암시하지만 사실은 독일의 극작가 실러처럼 칸트를 오해하고 있다고 말한다. 이에 대해서는 헤겔의 《법철학 강요(Grundlinien der Philosophie des Rechts)》(1821년) §124와 패튼(H.U.Paton)의 《정언명령(定言命令, The Categorical Imperative)》(London)의 48, 84쪽을 비교해 볼 것.

방식이다. 이 대립은 더 구체적으로 자연 속에서 보면 추상적인 법칙이 개별적이며 고유한 많은 특수한 현상들에 대립되는 것으로 나타나며, 정신 속에서는 인간에게 감각적인 것과 정신적인 것으로, 정신과 육체에 상호투쟁으로, 의무를 위한 의무의 싸움으로, 단호한 명령이 특수한 관심사나 온화한 기분, 감각적인 성향, 자극, 개별적인 것과 투쟁하는 모습으로 드러난다. 이는 내적 자유와 외적 자연의 필연성이 서로 격렬히 대립하는 것이며, 더 나아가 풍부하고 구체적인 생동성(Lebendigkeit)과 이론적이고 주관적인 사유를 비교할 때 죽어버린 공허한 개념이 객관적인 현존재와 체험에 대립되는 모습이다.

이러한 대립들은 반성적인 기지나 철학 학파들의 견해가 고안해 낸 것이 아니라, 예로부터 다양한 형식으로 인간의 의식(意識)을 사로잡고 불안하게 만들어온 것이다. 물론 이런 대립들은 근래의 교양 상태 속에서 비로소 매우 첨예하게 상술(詳述)되고 있기는 하다. 정신적인 교양, 즉 현대의 오성은 인간에게 이러한 대립을 불러일으키고 이 대립은 인간을 양생(兩生, Amphibie) 존재로 만든다. 왜냐하면 인간은 이제 두 개의 서로 대립되는 세계 속에서 살아야 하기 때문이다. 이 대립 속에서 의식은 이리저리 표류하고 이쪽저쪽으로 내던져지며 이쪽 세계는 물론 저쪽 세계에서도 만족할 수 없게 된다. 그 까닭은 인간은 한편으로 일반적인 비속한 현실과 지상의 시간성 속에 얽매이고 욕구와 궁핍에 눌리고 자연에 강요되고 물질과 감각적인 목적들, 그리고 이를 향유하는 일에 끌려들어가 자연적인 충동과 열정에 지배되고 이끌리지만, 다른 한편으로 인간 자신을 영원한 이념과 사유와 자유의 영역으로 끌어올리고, 의지로서의 자신에게 보편적인 법칙과 규정을 부여하고, 생동하는 세계에서 그 번창하는 현실을 박탈해 세계를 추상화시키려 하기 때문이다. 그때 정신은 자연의 무법성(無法性,

Rechtlosigkeit)과 가혹한 대우(Mißhandlung) 속에서도 자기의 권리와 위엄, 가치를 고수하며 자연 속에서 자신이 체험한 궁핍함과 힘을 다시 자연에게 되돌린다. 이와 같은 삶과 의식의 이분성(二分性) 때문에 이러한 대립을 해소(解消, auflösen)하는 일이 현대의 교양과 오성에게 요구되는 것이다. 그러나 오성은 이런 견고한 대립으로부터 벗어나지 못한다. 그러므로 그 이분성을 해결하는 일은 의식에게 주어지는 *당위(當爲, Sollen)*일 뿐, 우리가 당면한 현재의 현실은 화해를 구하면서도 이를 찾지 못하고 이리저리 불안 속을 배회할 뿐이다. 그때 대립을 해소해야 한다는 의무와 요청 이상으로 넘어서지 못하고 각 방면으로 대립만 보이는 것이 과연 절대적으로 참된 것이며 요컨대 최고의 궁극적인 목적인가라는 의문이 생긴다. 만약에 일반적인 교양이 그런 대립 속으로 빠져 들어가게 되면 이 대립을 지양하는 것이 바로 철학의 과제로서, 철학은 다음과 같은 것을 보여주어야 할 것이다. 그것은 대립들 가운데 어느 하나도 추상적이거나 일면성(一面性) 속에 머물러서는 진리를 내포할 수 없이 스스로 해체되며 진리는 바로 대립되는 양자를 화해시키고 매개(媒介)하는 데 있다는 점, 그리고 이 매개는 단순히 요청이 아니라 절대적으로 이행되면서 끊임없이 자신을 완성시켜 나간다는 점이다. 이러한 통찰은 바로 이 대립의 해소를 줄곧 표상하고 이를 행동의 목표로 삼고 편견에 사로잡히지 않은 믿음과 의지에 따라 실행한다. 철학은 진리인 것이 어떻게 오직 대립을 해소시키는지를 보여주는 한, 그것도 대립과 대립의 측면들이 *전혀 아니라 그것들이 화해하는 방식*을 보여주는 한 대립의 본질에 대해서 사유(思惟)적으로 통찰하게 해준다.

이제 도덕적으로 선도한다는 궁극 목적은 더 숭고한 입지를 시사하므로 우리는 이 숭고한 입지를 예술을 위해서도 회복해야 할 것이다. 그럼으로써 이미 주지했듯이 예술은 일반적으로 교훈을 주고 선도함으로써 세계의 도덕적인 목적들을 위한 수단으로만 이용되며 따라서 자신 속에 실제로 다른 목적을 갖지 못한다는 그릇된 견해는 사라진다. 그러므로 우리는 이 궁극적인 목적에 대해서 계속 언급할 때 목적에 대해 물으면서 효용성 같은 부차적인 의미에만 매달리는 그릇된 생각을 먼저 없애야 한다. 여기서 그릇된 생각이란 다름 아니라 예술작품을 다른 것에 연관시키는 일, 즉 의식(意識)에 본질적이고 당위적인 것으로 설정되는 다른 것에 연관시킴으로써 예술작품이 예술 자신의 영역 밖에서 타당한 다른 목적을 실현시키기 위한 도구로서만 가치를 지닌다고 보는 생각이다. 이에 반해 예술은 감각적인 예술형상화(Kunstgestaltung)의 형식으로 *진리*를 드러내그(daß die Kunst die *Wahrheit* in Form der sinnlichen Kunstgestaltung zu enthüllen) 대립들을 화해시켜서 표현하는 소명(召命)을 띠며, 따라서 예술은 자신 속에, 그리고 그것이 표현하고 드러내는 것(Enthüllung) 자체 속에 궁극적인 목적을 갖는다고 주장할 수 있다. 왜냐하면 교훈을 주고 정화시키거나 선도(善導)하고 돈을 벌고 명예를 위해 분투하고 영예를 얻는 따위의 목적들은 예술작품 자체와는 아무런 관계가 없는 것이며 예술작품의 개념을 규정짓지도 못하기 때문이다.

예술의 참된 개념에 대한 역사적인 연역

오성의 추상적이고 반성적인 고찰이 해체되는 이러한 입장에서 출발한 우리는 이제 예술의 개념을 그 내적인 필연성에 따라 이해해야 한다. 우리가 예술을 역사적으로 진정으로 존중하고 인식하기 시작한 것도 그런 입장에서다. 왜냐하면 우리가 이미 앞서 다룬 대립은 반성

구조형성(反省構造形成, Reflexionsbildung)에서 뿐 아니라 철학에서도 그 자체로 유효했지만, 나중에 철학은 이 대립을 근본적으로 극복할 수 있을 것으로 이해하면서 비로소 철학 자체의 개념뿐 아니라 자연 및 예술의 개념도 이해하였기 때문이다.

그래서 이러한 입장은 일반적으로 철학을 다시 일깨우는 것이며, 또한 예술에 대한 학문을 다시 일깨워 주는 것이기도 하다. 사실 미학이 학문으로서 진정으로 일깨워지고 예술이 더 높은 존엄성을 갖게 된 것도 이러한 연유에서이다.

그러므로 나는 이 과정에 대해서 내가 생각하는 역사적인 것을 간략하게 다루고자 한다. 이는 한편으로 역사적인 것을 위해서이고, 다른 한편으로 이 역사적인 것을 다루었을 때 앞으로 우리가 기반을 구축해 나갈 입장이 더 확실해지기 때문이다. 그 기반 위에 성립되는 예술미(藝術美, die Kunstschönheit)에 대한 인식은, 바로 일반 규정상 예술미는 스스로 추상적으로 존재하는 정신과 자연— 즉 외적으로 현상하는 자연뿐 아니라 주관적인 감정과 기분의 내적인 본성이 되는 것 — 의 대립과 모순을 해소(解消, auflösen)하여 이를 통일성으로 환원시키는 하나의 수단이라는 것이다.

1. 칸트 철학

이러한 정신과 자연이 통합되는 점을 느꼈을 뿐 아니라 이를 선명하게 인식하고 관념화한 것이 바로 칸트의 철학이었다. 요컨대 칸트는 지성과 의지에 스스로 관여하는 이성, 합리성, 자유, 그리고 자신 속에서 스스로 무한한 것으로 발견하고 인식하는 자의식(自意識, Selbstbewußtsein)이 그 근간이 된다고 보았다. 그리고 근래에 와서

철학자 임마누엘 칸트

비록 칸트 철학을 불충분한 것으로 단정하더라도, 철학의 전환점을 이룬 것, 즉 이성(理性)이 자신 속에서 절대성(Absolutheit)을 인식한다는 바로 이 절대적인 출발점은 인정해야 하며 그 자체는 반박할 수 없다. 그러나 칸트는 주관적인 사유와 객관적인 대상들의 확실한 대립, 의지가 지닌 추상적인 보편성과 주관적인 개성이 확실히 대립한다는 점으로 되돌아가, 특히 이전에 다루었던 도덕성의 대립을 최상의 것으로 내세웠다. 이는 그가 정신의 실천적인 측면을 이론적인 측면보다 우위에 놓았기 때문이다. 그러므로 그는 이성적인 사유를 통해서 이 정신과 자연의 견고한 대립을 인식하다 보니, 그에게 남은 것은 결국 이성의 주관적인 개념 형태 속에 들어있는 통일성을 언표(言表, aussprechen)하는 일뿐이었다. 그러나 이를 증명할 수 있는 적절한 현실은 없고 이를 실천이성(aus der praktischen Vernunft)으로부터 연역할 수는 있을지언정 그 본질 자체(Ansich)는 사유를 통해서는 깨달을 수 없으므로, 그것을 실천적으로 이행하는 것은 늘 무한성(無限性, Unendlichkeit)으로 들려나 당위적(當爲的)인 요청(Postulate)으로만 머물렀다. 칸트는 그런 식으로 화해된 대립을 우리로 하여금 표상하게 할 수는 있었지만 그 참된 본질을 학문적으로 발전시키거나 그것이 참되고 현실적인 것임을 입증할 수는 없었다. 물론 칸트는 그가 *직관적인 오성(intuitiver Verstand)*이라고 부른 것 속에서 자신이 요구하던 통일성을 다시 찾음으로써 더 앞으로 나아갔다. 그러나 여기서도 그는 다시금 주관성과 객관성의 대립에 멈춰 서 있다. 그리하여 그는 비록 개념과 실재성(Realität), 보편성과 특수성, 오성과 감성의 대립을 해소하려고 이념을 제시하지만, 그러한 해소나 유화(宥和)를 주관적인 것으로 만들뿐 이를 절대적으로(즉자대자적으로) 참되고 현실적인 것으로 만들지는 못하고 있다. 이런 점에서 그가 미학적, 목적론적인 판단력에 관해 고찰한 저서인 《판단력비판》은 교훈적이며 주목할 가치가 있다. 자연과 예술의 아름다운 대상들과 합목적적인 자연의 산물들 — 칸트는 그것들을 통해서 유기적인(organisch) 것과 생동성의 개념으로 더 근접하고 있는데 — 을 그는 주관적으로 그것들을 판단하는 반성의 측면에서만 고찰하고 있다. 게다가 칸트는 판단력이란 대체로 "특수한 것을 보편적인 것 안에 함유된 것으로 사유하는 능력(das Vermögen, das Besondere als enthalten unter dem Allgemeneinen zu denken)"57)이라고 정의하고 있으며, "그것(판단력)에 특수한 것 — 이를 위해서 판단력은 보편적인 것을 찾아야 하는데 — 이 주어질 때" 이를 반성적(reflektierend) 판단력이라고 부르고 있다.

이를 위해 판단력은 스스로에게 주어질 하나의 원칙이 필요한데, 칸트는 *합목적성(合目的性, Zweckmäßigkeit)*을 그런 원칙으로 내세우고 있다. 실천이성의 자유개념에서 볼 때 목적을 이행하는 것은 오직 당위(當爲, Sollen)로 머문다. 그런데 이제 칸트는 생명을 지닌

---

57) 이는 칸트의 《판단력비판》서장 Ⅳ에서 인용한 것임.

것에 대한 목적론적인 판단에서 생명 있는 유기체(Organismus)의 개념을, 보편자(das Allgemeine)가 특수자(das Besondere)를 내포하는 것으로 보고 있다. 즉 그는 목적이 되는 특수한 외적인 것, 이를테면 우리 (신체)부분들의 성질은 외부로부터 오는 것이 아니라 내부로부터, 그것도 특수자가 스스로 목적에 부합되도록 규정한다는 식으로 고찰한다. 그러나 그런 식의 판단으로는 대상의 객관적인 본성은 인식되지 않고 단지 주관적인 반성의 방식만 언도될 뿐이다. 칸트는 또 비슷한 방식으로 미적인 판단(das ästhetische Urteil)을 들면서 그것은 오성 자체, 즉 개념능력인 오성에서 우러나오거나 감각적인 직관이나 그 다양성에서 나오지 않고 오직 오성과 상상력의 자유로운 유희로부터 우러나온다고 이해한다. 이런 인식에서 보면 대상은 주관과 주관이 갖는 쾌감(Lust) 및 호감(好感, Wohlgefallen)에만 관련된다.

    a) 그러나 이러한 호감(Wohlgefallen)은 우선은 어떤 관심사와도, 즉 우리의 욕구하는 능력(Begehrungsvermögen)과도 아무 관련이 없어야 한다. 예를 들어 만약에 우리가 호기심이나 우리의 감각적인 욕구를 위해 감각적인 관심이나 소유하고 이용하려는 욕구를 갖게 되면, 그때의 대상은 그 자체로 우리에게 중요한 것이 아니라 단지 우리의 욕구를 위해서만 우리에게 중요할 뿐이다. 그때 현존하는 것은 우리의 그런 욕구를 고려할 때만 가치를 띠며, 그때 양자의 관계에는 한편에 어떤 대상이 있고 다른 한편에 우리가 연관시키는 대로 달라지는 규정이 들어선다. 예를 들어 내가 나를 부양하기 위해 어떤 대상을 섭취할 때 이 대상에 대한 관심은 내 안에만 있는 것이며 그 대상 자체에게는 낯선 것이다. 그러나 칸트는 미와 대상의 관계는 이런 종류

의 것이 아니라고 말한다.58)

즉 미적인 판단은 외적으로 존재하는 것을 그 자체로 존재하도록 내버려 둔 채 대상 자체를 그대로 허용하는 쾌감(Lust)에서 출발한다는 것이다. 이때 느끼는 쾌감은 대상 자체 속에 목적을 갖도록 허용한다. 이는 우리가 이미 보았듯이 중요한 고찰이다.

b) 둘째로 미적인 것이란 칸트의 말에 의하면59) 개념이 없이, 다시 말해 오성의 범주 없이 *일반적인* 만족의 대상으로 표상되어야 한다는 것이다. 그러므로 미의 진가(眞價)를 인정하기 위해서는 교양 정신이 필요하다. 이러한 미적인 판단은 보편적인 가치를 요구하므로 단지 걷거나 설 줄만 아는 인간은 미에 대해 아무런 판단도 하지 못한다. 보편적인 것 자체는 우선 추상적인 것(Abstraktum)이다. 그러나 절대적으로 참된 것은 그 자체 속에 보편적인 가치를 지니려 하는 규정과 요청을 같이 내포한다. 이런 의미에서 미(美) 역시 단순한 오성적인 개념에 의해서는 판단될 수 없지만 일반적으로 인정해야 하는 것이다. 예를 들어 개별적인 행동들 속에 들어 있는 선하고 옳은 것은 보편적인 개념들 속에도 들어 있으며, 이 개념들에 합당한 행동일 때만 그것은 좋은 행동으로 여겨진다. 반면에 미적인 것은 그러한 관계 없이도 직접 보편적인 호감을 불러일으켜야 한다. 이는 다름 아니라 우리가 미적인 것을 고찰할 때 개념이나 그 개념에 포함되는 것을 의식하지 않는다는 뜻이며, 보통 판단할 때 주어지는 개별적인 대상과 보편적인 개념의 분리가 이때는 일어나지 않게 된다는 뜻이다.

---

58) 이는《판단력비판》제1권, §2를 참조할 것.
59) 이는《판단력비판》제1권, §6을 참조할 것.

c) 셋째로, 미적인 것은 대상에 대한 합목적성이 어떤 목적을 띤 것처럼 표상되지 않은 채 인지(認知)되는 한에서 합목적성의 형태를 지녀야 한다.[60] 이로써 근본적으로 앞서 언급한 것이 다시 반복된다. 어떤 자연산물, 예를 들어 식물이나 동물은 합목적적으로 구성되어 있어 이 합목적성 속에서 우리에게 직접 현존하므로, 우리는 그 목적 자체를 대상이 현재 갖고 있는 실재성(Realität)과 구별하거나 양쪽을 서로 다른 것으로 표상하지 않는다. 미적인 것도 역시 우리에게 이런 식으로 합목적적인 것으로 나타나야 한다는 것이다. 유한한 대상이 지닌 합목적성 속에서 목적은 그것을 이행하는 질료에 대해 본질적이지도 않고 내적인 관계도 갖지 못하며, 이때 목적도 수단도 서로에 대해 외적인 것으로 머문다. 이런 경우에 그 목적을 표상한다는 점 자체는 그 목적이 실현되어 드러난 대상과 구분된다. 그에 반해 미(美) 자체 속에는 목적과 수단이 서로 다르게 분리되어 나타나지 않은 채 합목적적으로 존재한다. 예를 들면 유기체의 지체(肢體)들(즉 사람의 손과 발 따위—역자주)에서는 그것들 속에 실제로 들어 있는 생동성(Lebendigkeit)이 목적이 된다. 이들은 만약 서로 떼어놓으면 더 이상 지체가 되지 못한다. 그 이유는 생동적인 것은 그 안어 목적과 그 목적의 구현(具現)이 직접(unmittelbar) 하나로 결합되어 있어서 그 안에 목적이 내재할 때만 존재하기 때문이다(Denn im Lebendigen sind Zweck und Materiatur des Zwecks so unmittelbar vereinigt, daß die Existenz nur insofern ist, als ihr Zweck ihr einwohnt). 이런 측면에서 볼 때, 미적인 것은 외적인 형태 자체에 합목적성을 띠고 있지 않고, 내적인 것과 외적인 것이 합목적적으로 서로 조화를 이룰 때 아름다

---

[60] 이에 대해서는 《판단력비판》 제1부 §17을 참조.

운 대상에 내재하는 본질이 된다.

　　d) 마지막 넷째로, 칸트는 미적인 것이란 그 개념이 없이 *필연적인 호감의 대상*(Gegenstand eines *notwendigen* Wohlgefallens)으로 인정받는 것이라고 주장한다.[61] 필연성이라는 것은 하나의 추상적인 범주로서 양 측면이 서로 내적이고 본질적인 관계를 지닌다는 것을 시사한다. 즉 한 쪽이 있음으로 해서 다른 한 쪽도 있는 관계이다. 예를 들어 한 쪽의 원인이 다른 한 쪽의 결과가 없으면 아무 의미가 없듯이 하나의 규정 속에 곧 다른 규정도 포함된다. 미는 그처럼 필연적으로 만족을 주는 개념들을 오성의 범주와는 전혀 관계없이 미 자체 속에 갖고 있다. 예를 들어 오성적인 개념의 규칙에 맞게 만들어진 것(das Regelmäßige)은 우리 마음에 든다. 물론 칸트는 마음에 들기 위해서는 그러한 오성 개념의 통일성(統一性, die Einheit)과 상등성(相等性, die Gleichheit) 외에 더 많은 것이 내포되어야 한다고 주장한다.

　　칸트의 이러한 논제를 모두 살펴보면 우리는 보통 때 우리의 의식 속에서 분리된다고 전제되는 것들이 분리되지 않음을 발견하게 된다. 즉 미(美) 속에서는 보편적인 것과 특수한 것, 목적과 수단, 개념과 대상이 분리되지 않고 완전히 상호 침투되어 나타난다. 이처럼 칸트는 예술미(das Kunstschöne)[62] 역시 그 안에서 특수한 것이 개념

---

61) 이에 대해서는 《판단력비판》 제1부 §22 부분을 참조할 것.
62) 예술미는 특수한 상(相)이 개념에 상응되어 나타나는 연계관계이다. 즉 상상이나 이성, 감성이나 오성 등과 같은 여러 인식능력의 자유로운 유희(遊戲, das freie Spiel)라는 것이다. 여러 인식능력의 자유로운 유희라고 불리는 칸트의 중심개념에 대해서는 《판단력비판》 제1부 §9를 참조하기 바람.

에 맞게 드러나는 하나의 관계로 간주했다. 특수한 것 자체는 우선 다른 특수한 것들에 대해서뿐만 아니라 보편적인 것에 대해서도 우연적인 것으로 머문다. 그런데 바로 이 우연적인 것들, 즉 감각이나 감정, 정서, 성향은 예술미 속에서는 보편적인 오성의 범주에 *포함되며(subsumiert)*, 그 추상적인 보편성 속에서 자유의 개념에 의해 지배되고 보편성과 결합됨으로써 그 우연적인 것이 보편성에 절대로 적합한 것으로 드러난다는 것이다. 그리하여 예술미 속에서 사유(思惟)는 구체화되고 질료는 그 사유에 의해 외적으로 규정되는 대신 스스로 자유로운 것으로 존재한다. 그 이유는 자연적이고 감각적인 것, 정서 따위는 그 자체 안에 절도와 목적, 조화를 지니며 사유가 자연과의 대립을 멈추고 자연 속에서 쾌활해지고 또 감정과 쾌감(Lust), 즐거움이 정당한 것으로 신성시되듯이, 직관과 감정도 역시 정신적인 보편성으로 고양됨으로써 자연과 자유, 감각성과 개념이 서로 하나가 되어 상호 권리를 찾고 충족되기 때문이다. 그러나 칸트의 생각으로 이는 겉보기에는 화해가 이루어진 것처럼 보일지언정 결국 미적인 판단과 미적인 창조의 측면에서 보면 단지 주관적일 뿐 절대적으로 참되거나 현실적인 미는 아니다. 이것이 칸트의 비판이론이 내리는 주요한 결론들일 것이며 그런 한에서 그 이론은 우리의 흥미를 끌 수 있다. 그것은 예술미를 참되게 개념적으로 파악하는 출발점이 된다. 그러나 이 개념적인 이해는 칸트 이론이 지닌 결함들을 극복함으로써만 필연성과 자유, 특수자와 보편자, 감각적인 것과 이성적인 것의 진정한 통일성을 더 높은 차원으로 이해하는 것으로 가치를 지닐 수 있었다.

2. 실러, 빙켈만, 셸링

심오하고 또 철학적인 정신 속에 담겨 있는 예술감각(Kunstsinn)은 사유가 지니고 있는 추상적인 무한성과 저 의무를 위한 의무, 형태 없는—오성은 자연과 현실, 감각과 감정을 오직 구속으로, 전적으로 적대적이고 스스로에게 거슬리는 것으로 파악한다—에 맞서서, 철학 자체가 전체성(Totalität)과 화해(Versöhnung)를 인식하기에 앞서 이미 그 전체성과 화해를 요청하고 언표했음을 시인해야 한다.

이와 관련해서 우리는 칸트의 주관적인 사유가 지닌 추상성을 깨고 이를 극복하여 통일성과 화해를 참된 예술미로 이해하고 이를 예술적으로 실현시키려고 시도했던 *실러(F. Schiller)*의 위대한 공적을 인정해야 한다. 왜냐하면 실러는 미에 대한 그의 고찰에서 예술과 철학의 관계와는 무관하게 예술과 예술 자체에 대한 관심만을 주장했을 뿐 아니라, 예술미에 대한 자신의 관심을 철학 원리들과 비교하고 이를 출발점으로 삼아 미의 더 깊은 본질과 개념 속으로 파고들어갔기 때문이다. 마찬가지로 우리는 실러가 어느 시기에 쓴 작품들을 보면, 그 속에서 그가 예술작품을 자연스러운 미 속에서 창조해 내기보다는 스스로 직접 미에 대한 사상에 열중했음을 알 수 있다. 또 그가 쓴 많은 시들 속에는 추상적인 반성이 지닌 의도와 철학적인 개념들에 대해 그가 관심을 보였다는 것도 알 수 있다. 사람들은 이러한 점과 관련해서 실러를 비난하였다. 특히 늘 같은 태도를 바꾸지 않고 개념에 의해 흐려지지 않던 괴테의 비(非) 편파적이고 객관적이던 자세와는 달리 미(美)의 철학에 이론적으로 몰두했던 실러는 비난당하기도 하고 괴테보다 열등한 시인으로 취급되기도 하였다. 그러나 실러는 이와 관련해서 다만 그가 살았던 시대가 저지른 잘못에 대한 책임을 진 것일

프리드리히 실러

뿐이며, 비록 그 잘못에 말려들어갔지만 그것은 이 고귀한 정신과 심원한 영혼에게는 영예가 되고 학문적인 인식에 도움이 되었을 뿐이다―같은 시기에 이러한 학둔적인 자극은 역시 괴테도 그의 본래 영역인 시예술(詩藝術, Dichtkunst)로부터 벗어나게 하였다.

그러나 실러가 정신(Geist)의 내적인 심오함을 고찰하는 데 몰두했다면, 괴테의 독특함은 그를 예술의 자연적인 측면으로, 즉 외적인 자연, 식물과 동물의 유기조직, 결정(結晶), 구름의 형태 및 색채를 연구하는 방향으로 이끌어갔다. 이러한 학문 연구를 위해서 괴테는 이러한 분야에서 단순히 오성적인 고찰이나 오성이 지닌 착오를 모두 내던져 버리는 위대한 감각을 부수적으로 지니고 있었다.[63] 이는 다른 한편으로 실러가 의지와 사유의 오성적인 고찰에 반대하고 미의 자유로운 총체성을 타당하게 만들 줄 알았던 것과 흡사했다. 실러가 쓴 일련의 창작물들은 예술의 본질에 관한 이러한 통찰에 속하는데, 그 중

---

63) 독일의 문호 괴테는 말년에 가서 자연의 연구에 깊은 관심을 가져 《식물의 변형론》, 《색채 이론》 등의 저술을 남겼다.

에서도 특히 《미적인 교육에 대한 서한(Briefe über ästhethische Erziehung)》[64]을 들 수 있다.

거기에서 실러는 모든 개별적인 인간은 자신 속에 이상적인 인간이 될 소양을 지니고 있다는 요지에서 출발한다. 이 진실한 개별적인 인간을 대표하는 것은 다름 아닌 객관적이고 보편적이며 규범적인 형태로서의 국가인데, 그 국가라는 형태 속에서 개별적인 주체들의 다양성은 하나로 통일되고 결합되려고 노력한다는 것이다. 이제 시간(時間) 속의 존재인 인간이 이념 속의 인간과 어떻게 만나게 되는지(wie der Mensch in der Zeit mit dem Menschen in der Idee zusammentreffe)에 대해서 두 가지 방식을 생각할 수 있다. 하나는 윤리와 법과 지성의 결합체로서의 국가가 개별성을 지양하는 방식이고, 또 하나는 개인이 스스로를 그러한 것들의 집합체로 승화시켜서 시간 속의 인간이 이념의 인간으로 순화(純化)되는(der Mensch der Zeit sich zu dem der Idee veredle) 방식이다. 이제 이성은 통일성 자체, 즉 집약적인 것을 요구하지만 자

---

64) 헤겔이 이 《미학강의》 속에서 그래도 독일의 사상가들 중에서 가장 경의를 표하는 프리드리히 실러(Johann Christoph Friedrich von Schiller, 1759~1805)는 본래 극작가이자 시인이었으면서도 한때 칸트철학, 그 중에서도 미에 대해서 쓴 《판단력비판》에 몰두하다가 직접 미에 대한 저서들을 썼다. 이 저서의 원제목은 《인간의 미적인 교육에 대해서, 일련의 서한집(Über die ästhetische Erziehung des Menschen, in einer Reihe von Briefen)》으로서, 그가 미에 대해서 가장 체계적으로 쓴 대표적인 철학 서한집이다. 이는 1793년에 그가 평소에 재정적으로 지원을 받았던 폰 홀슈타인 아우구스텐부르크 공작에게 감사의 표시로 인간을 미적으로 교육함으로써 이상적인 국가를 세울 수 있다는 신념을 써 보낸 서한이며, 1795년에 그가 출간한 잡지 《시간(Die Horen)》에 실렸다. 본문에 언급되는 《우미와 품위에 대해서(Über Anmut und Würde)》도 1793년에 쓰여진 작품이다. 실러는 헤겔에게 미에 대한 이론뿐만 아니라 국가관에 대해서도 직접, 간접으로 영향을 미친 것으로 알려져 있다.

연은 다양성과 개별성을 요구한다. 그리고 인간은 이 양쪽을 똑같이 요구한다. 이제 이 대립되는 측면들이 일으키는 갈등에 직면하여 이들을 매개(媒介, Vermittlung)하고 화해시키는 요구를 실현해야 하는 것이 바로 미적(美的)인 교육이다. 왜냐하면 실러에 의하면, 미적인 교육이란 기호나 감성, 충동, 심정들이 스스로 이성적으로 되고 그럼으로써 이성, 자유, 정신성(精神性, Geistigkeit)이나 그것들이 지닌 추상성으로부터 벗어나 스스로 이성적인 자연의 측면(vernünftige Naturseite)과 결합하고 그 자연적인 면에서 피와 살을 얻도록 하기 때문이라는 것이다. 따라서 미는 이성적인 것과 감성적인 것을 하나로 육성하며 이 하나로 육성된 것이 진정 현실적인 것이라고 그는 언표했다. 일반적으로 실러의 이러한 견해는 그의 저서인 《우미와 품위에 대해서(Über Anmut und Würde)》와 그의 다른 시들 속에서도 느낄 수 있는데, 그는 특히 여성들의 성품 속에 스스로 존재하는 정신과 자연이 결합된다고 인식했으며 이를 부각시킴으로써 여성을 찬사의 대상으로 삼았다.

보편적인 것과 특수한 것, 자유와 필연성, 정신성과 자연성의 이 같은 통일을 실러는 예술의 원리이자 본질로 삼아 이를 학문적으로 이해하고 예술과 미적인 교양(ästhetische Bildung)을 통해 실제생활 속에 실현시키고자 꾸준히 요청하고 노력하였는데, 이는 곧 *이념 자체(Idee selbst)*로서 인식의 원리(Prinzip)이자 현존성의 원리가 되고 그 이념은 유일하게 참된 것이자 현실적인 것으로 인식되었다. 그리하여 셸링[65]에 이르자 미에 관한 학문은 그 절대적인 입지에 도달했다. 그

---

65) 셸링(Schelling, 1775~1854). 그는 독일 철학자 가운데서도 특히 피히테(Fichte, 1762~1819)와 더불어 낭만주의(浪漫主義) 철학자의 대표로 꼽힌다. 그들은 칸트 철학의 관념론적인 체계를 발전시켰는데, 피히테는 칸트를 넘어서서 주관과 객관, 정신과 물질, 인간과 사물 등의 대립을 정신의 유일한 원리, 즉 절대

셸링

리고 인간이 갖는 최고의 관심사와 관련해서 예술이 그 본질과 가치를 주장하기 시작했을 때, 예술의 *개념*과 예술의 학문적인 위치도 역시 발견되었다. 그리고 그것은 물론 한편으로는 틀린 방식이었지만 (여기 이 자리는 그것을 논하기에 적합하지 않다), 그럼에도 불구하고 그 숭고하고 참된 규정 속에서 수용되었다.

마찬가지로 그에 앞서 이미 *빙켈만*은 고대 그리스인들이 지녔던 이상을 관조하고 영감을 얻어 예술고찰에 대한 새로운 시각을 열었으며, 예술에 대한 고찰을 보편적인 목적이나 단순한 자연모방이라는 관점에서 벗어나게 하여 예술작품과 예술사(藝術史) 속에서 예술의

적인 인격자유의 원칙으로 대치시켰다면, 셸링은 자연과 정신의 이원론의 극복을 목표로 하고 자연을 정신의 무의식적인 표현으로 생각하였다. 그래서 그가 보기에 역사의 세계는 정신이 무의식적으로 표류하는 것이며, 정신은 자연을 경유하여 단계적으로 무의식에서 자기 자신을 최고로 인지(認知)하는 데까지 지향해 간다는 것이었다. 그러나 그것은 논리적, 합리적인 사고에 의해 이루어지는 것이 아니라 공상과 직관의 예술적인 과정을 통해 이행된다는 것이다. 그의 사상을 잘 드러내 주는 저서로는 《초월적인 관념론의 체계(System des transzendentalen Idealismus)》(1800년)가 있다.

이념을 찾아야 한다고 강력히 주장했다. 왜냐하면 빙켈만은 예술 분야에서 정신을 위해 새로운 기관과 아주 참신한 고찰방식을 열어준 (im Felde der Kunst für den Geist ein neues Organ und ganz neue Betrachtungsweisen zu erschließen) 인물들 가운데 한 명으로 간주될 수 있기 때문이다. 하지만 예술이론과 예술의 학문적 인식에 대한 그의 견해는 별다른 영향을 끼치지 못했다.

철학적인 이념을 다시 일깨우려는 노력에 접근했던 *아우구스트 빌헬름 폰 슐레겔과 프리드리히 폰 슐레겔(Schlegel)*[66] 형제는 (그들이 거쳐간 과정을 간략히 언급하자면) 새로운 것 속에서 특출하고 주목할 만한 것을 찾으려고 열망한 끝에, 철학적인 이념으로부터 평소 철학적이지는 않지만 상당히 *비판적*이던 그들의 성품이 받아들일 수 있을 정도만 얻어냈다. 왜냐하면 그들 두 사람 가운데 사변적(思辨的)으로 사유할 수 있었던 사람은 아무도 없었기 때문이다. 하지만 그들은 자기들의 비판능력으로 이념적인 관점에 접근하여―물론 그것이 지닌 철학적인 요소는 빈약했지만―새로운 것을 대하는 솔직함과 대담성으로 지금까지의 관점들에 맞서 분명하게 반론을 펼쳤다. 그리하여 그들은 예술의 여러 분야에 걸쳐 적대시되던 판단이나 관점보다 더 우월한 새로운 판단과 관점의 기준을 도입하였다. 그러나 이제 두 사람의 비판은 그들이 도입한 기준이 근본적이고 철학적인 인식에 의해 수반되지 못했으므로 그들이 내세운 기준은 어딘지 불확실하게 흔들리는 것을 내포하고 있었다. 그러다 보니 그들 형제가 한 일은 때로는 지나치고 때로는 너무 미흡했다. 그러므로 그들이 이탈리아나 네덜란

---

66) 이들 형제에 대한 것은 이 책의 뒷부분에 가서 '낭만적인 예술'을 언급하는 부분에서 상세하게 다루고 있다.

드의 회화나 니벨룽겐의 서사시처럼 오래 전에 생겨났으면서도 당시 과소평가되던 것들에 대해 애착을 갖고 이것들을 세상에 알려 그 가치를 높인 일이라든지, 인도의 시문학(詩文學)이나 신화처럼 별로 알려지지 않은 것들을 열성적으로 알고 배우려 노력한 공적을 인정하더라도, 그들이 그러한 옛 시대들에게 부여한 가치는 사실 지나치게 높았다. 얼마 안 가서 그들 자신은 평범한 것, 예를 들면 홀베르크[67]의 희극들조차 지나치게 경탄했으며, 상대적인 가치를 지닌 것에 보편적인 가치를 부여하거나 심지어 그릇된 방향과 별로 중요하지 않는 관점들을 경솔하게 최고의 것인양 열광하는 일에 빠져들고 말았다.

3. 아이러니

특히 프리드리히 폰 슐레겔의 생각과 신념에서 비롯되어 위와 같은 방향으로 계속 나아가다가 여러 형태로 발전된 것이 이른바 *아이러니 (Ironie, 反語)*였다.[68]

---

67) 홀베르크(L.Holberg, 1684~1754) 남작. 덴마크의 극작가이자 역사가.
68) 여기서 헤겔이 언급한 아이러니는 정확히 표현하면 '낭만적인 아이러니(Romantische Ironie)'로 이는 원래 슐레겔(Friedrich von Schlegel)에서 시작된 말이다. 이를 설명하기 위해 우선 흔히 쓰이면서도 시대와 지역에 따라 그 내용을 달리하는 '낭만적(浪漫的)'이라는 용어의 뜻을 독일 낭만파에서 사용하는 범위에서 간단히 고찰해 보기로 한다. 이 말은 원래 프랑스어의 '로망(roman)'이라는 명사에서 나왔는데, 이는 라틴어로 쓰인 고전문학에 대해서 로망어로 쓰인 '기이하고 공상적인 이야기'를 가리키는 부정적(否定的)인 뜻을 담고 있었다. 이 말은 17세기부터는 독일에서도 받아들여 신비하고 모험적인 것을 뜻하는 내용으로 사용되다가, 18세기에 독일 낭만주의(Romantik)가 대두하면서부터 그 뜻도 변화하게 되었는데 특히 낭만주의의 예술이론을 대표하는 슐레겔에 의해 그 특성이 확립되었다. 즉 그 특성이란, 첫째 꿈과 동

아이러니는 그 여러 측면들 가운데 한 면을 보면 보다 심오한 근원을 *피히테(Fichte)*의 철학원리에서 찾게 되는데, 이는 이 철학 원리들이 예술에 적용되는 한에서 그랬다. 셸링과 마찬가지로 프리드리히 폰 슐레겔도 피히테의 입장에서 출발했는데, 셸링은 그의 입장을 극복하려고 했고 슐레겔은 자기의 입장을 독특하게 완성함으로써 피히테로부터 벗

경과 예감의 신비적인 무한성으로서, 세계를 낭만화하는 것이 그 궁극목표라는 것이며, 둘째 형식과 법칙을 초월하여 문학은 보편시(Universalpoesie)가 될 것을 요구한다. 따라서 일체의 전통적인 법칙과 형식은 배제되며, 서정시, 서사시, 희곡 등의 구분마저도 명확하지 않게 된다. 낭만주의자들은 특히 가능하면 작가의 자유로운 상상을 충분히 보장하기 위하여 대체로 번잡한 형식이 수반되는 희곡을 좋아하지 않았다. 그래서 슐레겔은 소설을 최고의 문학형식으로 삼았다. 셋째로, 낭만주의의 또 하나 큰 특징은 '낭만적인 아이러니'(즉 낭만적인 反語)이다. 이는 강한 개성의 존중, 개인적인 감정과 기분의 우월, 작가의 자의성을 허용하는 것으로서, 이러한 것은 피히테의 주관철학이 그들에게 미친 영향이기도 하거니와, 요컨대 작가는 독자에 대해 자기 작품의 현실성을 증명하기 위해 속박을 당할 필요가 없다는 주장에까지 이르고 있다. 즉 시인은 아무런 구속을 받지 않고 자유로이 공중을 나는 것처럼 자기 자신의 작품 위를 비상(飛翔)할 수 있으며, 때에 따라서는 이야기의 진행 중에 갑자기 저자 자신이 나타나 그 작품의 분위기를 파괴한다든지, 진지하고 비장한 장면에서 일시적으로 Z-도가 다른 익살 따위를 삽입시킨다든지 하는 것이다. 즉 모든 외부세계는 자아의 산물이라는 관념, 다시 말하면 현실을 경시(輕視)하고 자아의 무제한적인 확대는 이지적(理智的)이고 유희적인 반성(反省)에 의해 정당화될 수 있다는 생각에서 그와 같은 낭만적인 반어가 생기는 것이다. 이는 박찬기 저, 《독일문학사》(1972년), 208쪽 이하에서 참조했다. 여기서 이 낭만적인 아이러니에 대한 헤겔의 비난은 거세다. 아이러니에 대해서는 헤겔의 《법철학 강요》 제2부 '도덕성(Moralität)' §140을 더 참조하면 도움이 될 것이다. 낭만적인 아이러니와 그에 대한 헤겔의 부정적인 입장을 충분히 알기 위해서는 오토 푀겔러(Otto Pöggeler)가 쓴 《헤겔의 낭만주의 비판(Hegels Kritik der Romantik)》(Bonn, 1956년)을 참조해도 된다.

프리드리히 폰 슐레겔. 뛰어나고 날카로운 독창성으로 그 유명한 독일낭만주의 이념을 구축한 이론가. 1829년의 모습

어나려고 했다. 이제 피히테의 논제가 아이러니의 방향과 밀접한 관계를 갖는 점에 대해 살펴보면 여기서 우리가 강조할 것은 다만 다음과 같은 것으로, 즉 피히테는 모든 지(知)와 모든 이성과 인식의 절대원칙으로 자아(自我, das Ich)를, 그것도 전적으로 추상적이고 형식적인 자아를 확립시켰다는 사실이다. 그렇게 했을 때 둘째로 이 자아(自我) 자체는 단순한 것으로 머물며, 한편 모든 특수성(特殊性, Beonderheit)이나 피규정성(Bestimmtheit), 모든 내용(Inhalt)은 그 자아 속에서 부정되고 만다.

왜냐하면 모든 사상(事象, die Sache)은 이 추상적인 자유와 통일성 속에 침잠해버리기 때문이다. 다른 한편으로 자아에게 타당한 모든 내용은 오직 그 자아를 통해서만 설정되고 인식된다. 말하자면 존재하는 모든 것은 오직 나를 통해서만 존재하며, 나는 나를 통해서 존재하는 것을 다시 없앨 수도 있다는 것이다.

추상적인 자아의 절대성에 근원을 두는 이 매우 공허한 형식에 머물면, 그 어떤 것도 완전무결하고(an und für sich, 즉 절대적이고) 스스로 가치를 띤 것으로 고찰되지 못하고 오직 자아의 주관성에 의해서만 그 존재가 드러난다. 그때 자아는 모든 것의 주인이자 지배자로 머문다.

그러면 인륜성이나 합법성, 인간성, 신성, 세속적인 것, 성스러운 것 그 어느 영역도 모두 자아에 의해서만 설정되고 또 모든 것은 자아에 의해 무효화될 수도 있다. 이렇게 되면 절대적인 것 자체도 *가상(假象)*으로만 머물 뿐, 스스로를 위해 존재하거나 스스로 참되게 현실적인 것이 못되고, 자아의 위력과 자의성 속에서 좌지우지되는 *가상적인 것*에 불과하게 된다. 이때 어떤 것이 타당하고 어떤 것이 지양되어야 할지는 오로지 절대적으로 군림하는 자아의 뜻에 완전히 달려 있다.

이제 셋째로, 자아는 매우 *생동적*이며 활동하는 개체로서 자기의 개성을 자기와 타인을 위한 것으로 만들면서 자기를 드러내고 현상하는 데서 생명력을 지닌다. 그 이유는 모든 인간은 살면서 자신을 실현시키려 하고 또 실현시키기 때문이다(Denn jeder Mensch, indem er lebt, sucht sich zu realisieren und realisiert sich). 이제 미와 예술을 살펴보면 예술가에게는 예술가로 살면서 자신의 삶을 *예술적*으로 형성하려는 것이 의미를 띠게 된다. 그러나 요컨대 이 원칙을 따르면, 어떤 내용에 관해 나의 모든 행동과 표현이 내게 *가상*으로만 머물고 전적으로 내 권한 속에 있는 것의 형태를 얻어낼 때 나는 예술가로서의 삶을 살게 된다. 하지만 그때 이 내용도, 그것이 현실적으로 표현된 것도 내게 참으로 *진지한 것(Ernst)*은 못 된다. 왜냐하면 참으로 진지한 것은 오직 본질적인 관심사와 스스로 함축적(gehaltvoll)인 사상(事象, die Sache)과 진실, 그리고 인륜성(Sittlichkeit) 등을 통해서만 나에게 본질적으로 타당하기 때문이다. 그리고 내가 그 속에 나를 침잠시켜 나의 모든 지식과 행동을 그에 맞출 때 나 스스로 본질적인 내용(Inhalt)이 되기 때문이다. 만약에 모든 것을 자신에게 설정하고 해체하는 자아가 예술가라면, 그의 입장에서 볼 때 어떤 내용이든 절대적이거나 완전무결하지 못하며 그 자신이 만들어내기도 하고 없앨 수도 있는 가상이다. 그런 경우에는 예술가 자신의 형식주의에만 가치가 부여되므로 거기에는 진지함이 들어설 자리가 없다. 내가 나의 현상(Erscheinung)을 통해 나 자신을 남에게 보일 때, 만약 다른 사람들이 그 현상을 마치 중요한 것처럼 받아들이면 그들에게 진지한 것이 될 수는 있을지는 몰라도 그로써 그들은 기만(欺瞞)당할 뿐이다. 왜냐하면 그들은 나의 높은 관점을 이해하거나 거기에 도달할 기관이나 능력도 없는 빈약하고 고루한 주체들(pauvre bornierte Subjekte)일 뿐이기 때문이다. 그러므로 내가 보기에 모든 사람들이 다 평소에 가치와 위엄, 성스러움을 지닌 것으로 여겨지는 모든 것들을 자신의 임의적인 위력의 산물로 보고, 그것들을 통해 자신을 규정하고 충만시키는 방식으로 그것들을 통용시킬 수 있거나 혹은 그렇지 않을 수도 있을 만큼 자유롭지는(즉 형식적으로 자유롭지는) 않다. 게다가 아이러니컬한 예술적인 삶이 보이는 이런 기교적인 완벽성은 마치 아이러니 자체가 *신성한 독창성(göttliche Genialität)*인 것처럼 이해한다. 그러한 독창성의 눈에 모든 것은 마치 자유로운 창조자가 스스로 창조하기도 하고 없애기도 하면서 구속받지 않는 것처럼 보이고, 창조자 자신은 마치 그러한 비본질적인 피조물들로부터 벗어나 혼자 안거(安居)할 수 있을 거라고 착각하게 된다. 그러한 흡사 신과 같은 독창성의 관점을 가진 사람은 아직도 권리나 인륜성을 확고하고 의무적인 것으로 보며 거기에 중요한 가치를 두는 다른 사람들을 유한하고 진부한 사람들로 생각하고 도도한 태도로 그들을 모두 경시한다. 따라서 그런 식의 예술적인 태도를 갖고 사는 개인은 다른 사람들과 관계를 맺고 친구들이나 애인과 더불어 살더라도, 이른바 천재인 그에게는 그가 속한 특정한 현실이나 그의 특수한 행동, 절대적이고 보편적이라고 생각되는 모든 것에 대해 공허한 관계를 가질 뿐이다. 그리고 그는 그런 모든 것들에 대해 아이러니컬한 태도만을 취하게 된다. 이것이 이른바 모든 구속을 깨뜨리고 오로지 자족(自足, Selbstgenuss) 속에서 혼자 축복에 잠기고 자신에 집중해서 살려고 하는 독창적이고 신성한 아이러니(geniale göttliche Ironie)가 지닌 일반적인 의미이다. 이러한 아이러니를 고안해 낸 사람이 바로 프리드리히 폰 슐레겔이었으며, 다른 많은 사람들은 이를 되풀이하며 떠들어댔거나 아직도 여전히 떠들어 대고 있다.

아이러니가 지니고 있는 이러한 부정성(否定性, Negativität der Ironie)이 드러나는 가장 가까운 형태를 보면, 한편으로 사실적이고 인륜적이며 함축적인 모든 것이 공허해지고 모든 객관적인 것이나 절대적으로 타당하다고 여겨지던 것이 무가치하게 되어버리는 것이다. 만약 자아가 이 입장에 서게 되면 그에게는 자기의 주관성을 제외한 모든 것은 무가치하고 공허한 것으로 보인다. 그리하여 그의 주관성은 스스로 텅 비고 *공허하게* 되어버린다. 다른 한편으로, 자아는 스스로 자족(自足)해야 하는데도 역시 만족하지 못하며 스스로 불충분하게 될 수밖에 없다. 그리하여 자아는 확실하고 본질적인 것에 관심을 갖고 싶은 갈증을 느끼게 된다. 그러므로 주체는 한편으로는 기꺼이 진실 속으로 들어가고자 객관성을 요구하고 싶어하지만 다른 한편으로는 스스로 고독과 은둔상태에서 벗어나지 못하며 그 충족해 주지 못하는 추상적인 내면성으로부터 자신을 빼내지도 못한 채, 우리가 피히테의 철학에서도 보았듯이 동경과 향수에 엄습당해 불행과 모순만 드러내게 된다. 이 적막함과 무력함—그것은 내적인 조화를 단념하지 않기 위해 행동하거나 무엇에 착수할 능력도 없으며, 비록 자체 내에 순수하게 머물더라도 현실성과 절대적인 것에 대한 바람으로 비현실적이고 공허한데—이 갖고있는 불만은 병적으로 아름다운 영혼성(Schönseelischkeit)과 동경(憧憬, Sehnsüchtigkeit)69)을 생겨나게 한다. 왜냐하면 참으로 아름다운 영혼(eine wahrhafte schöne Seele)은 바로 행동하면서 현실적이어야 하기 때문이다. 그러나 위와 같은 동경은 공허함에서 벗어나 자신을 본질적인 내용으로 채울 만한 힘도 없는 텅 비고 공허한 주체가 지닌 무가치한 감정일 따름이다.

그러나 이제 아이러니는 이런 식으로 하나의 예술형식으로 만들어졌으므로 아이러니컬한 주체 자신의 삶과 특수한 개성을 예술적으로 형상화하는 데 그치지는 않았다. 오히려 예술가는 자신의 행위 따위의 결과물로서의 예술작품뿐만이 아니라 그의 상상력의 산물로서의 예술작품도 만들어내야 했다. 이러한 예술작품의 산출에 대한 원리는 주로 시문학에서 나타날 수 있다. 다시 말하자면 신적(神的)인 것을 아이러니컬한 것으로 표현(Darstellung des Göttlichen als des Ironischen)하려는 것이다. 그러나 아이러니컬한 것의 독창성은 훌륭하고 위대하고 탁월한 것을 스스로 파괴하는 데 들어 있다. 그래서 객관적으로 드러나는 예술형상들은 인간에게서 가치와 존엄을 지닌 것을 스스로 파괴하여 무가치한 것으로 보여줌으로써 마치 주관성의 원리만이 절대적인 것처럼 보이도록 표현한다. 그 원리 속에 들어 있는 것은 개체나 성격 그리고 행동으로 드러날 때 스스로를 거역하고 폐기함으로써 스스로에 대해 아이러니가 되므로, 법칙이나 도덕, 진실에 대해 진지하지도 못하고 최상의 고귀한 것과도 아무 관련이 없게 된다. 이 형식은 추상적으로 보면 희극(戲劇)적인 것의 원리(Prinzip des Komischen)와 가깝다. 그러나 이러한 유사함에도 불구하고 희극적인 것은 그 본질상 아이러니와는 구분된다. 왜냐하면 희극적인 것

---

69) 이런 것들은 독일 낭만주의 사조의 핵심을 이루는 용어들이다.

은 그 안에서 부정적으로 피기되는 모든 것 자체가 무효하고 그릇되고 모순된 현상이라는 원리에 한정되기 때문이다. 그래서 이는 변덕스럽고 고집스럽고 거센 열정에 반대되는 우발적인 충동으로 머물거나 아니면 자칭 지킬만하다고 하는 원칙에 국한되어 표현된다. 그러나 만약에 실제로 도덕적이고 진정한 것, 보편적이고 본질적인 내용이 어느 개인 속에서 스스로 무가치한 것으로 드러난다면 이는 희극적인 것과는 전혀 다르다. 그때 표현된 그 개인의 성격은 무가치하고 경멸할 만하고 나약할 뿐이다. 따라서 본질적으로 파괴되는 *내용*이 무엇이냐에 따라 아이러니와 희극적인 것은 서로 구별된다. 그러나 양쪽에서 작용하는 주체들은 다 확고하고 중대한 목적에 머물지 못하며, 이를 포기하고 파괴하는 조악하고 쓸모없는 주체들이다. 아이러니가 좋아하는 것은 바로 그런 유약한 성격이 지닌 아이러니다. 왜냐하면 진정한 성격을 이루는 것은 한편으로 목적의 본질적인 내용이 되고 또 한편으로 그 목적을 고수하므로, 만약에 개인이 그것에서 벗어나 그 목적을 포기하려 들면 그때 개인은 그가 지닌 모든 존재성을 상실하기 때문이다. 이처럼 성격의 근간을 이루는 것은 견고함과 실체성이다. 그러므로 카토(Cato)[70] 같은 강직한 성격을 지닌 인물은 로마인이자 공화주의자로서 살 수밖에는 없다. 그러나 만약에 아이러니가 표현의 기조(基調)가 된다면 모든 비예술적인 것이 마치 예술작품

---

[70] 마르쿠스 포르키우스 카토(Marcus Porcius Cato Uticensis, 기원전 95년~기원전 46년). 증조부인 카토와 구별하기 위해 소(小) 카토라고 불리기도 하는 인물로, 로마 공화정 달기의 정치가이다. 당시 막강한 권력을 자랐던 장군 율리우스 카이사르(Caesar)에 맞서 로마 공화정을 수호하려고 노력하였다. 스토아 철학 이념을 받아들인 그는 당시 로마의 부패 정치를 올바르게 인도하기 위해서 곧고 청렴결백한 정치적 삶을 살았다.

의 참된 원리인 듯이 받아들여지게 될 것이다. 왜냐하면 그런 작품들 속에는 한편으로 진부한 인물들만 등장하고, 다른 한편으로 그 속에서 본질적인 것은 무가치한 것으로 드러나 내용도 없으며 등장하는 인물들은 불안정한데다가, 또 한편으로 결국에 저 동경이라든가 해소되지 못한 마음속의 갈등, 모순 같은 것들이 합류되기 때문이다. 그런 표현들은 어떤 진정한 관심사도 일깨우지 못한다. 그러므로 아이러니의 측면에서 보아도 그 아이러니의 수준을 이해하지 못하는 관중들 사이에서는 심오한 감정이나 예술적인 감각, 재능이 부족하다는 불평들이 끊임없이 일어나는데, 이는 말하자면 일부는 천박하고 어리석으며 일부는 나약한 성격들이 관중들 마음에 들지 않기 때문이다. 사실 그처럼 내용은 없이 동경(憧憬)만 일삼는 성격들이 사람들 마음에 들지 않는 것은 바람직한 일이다. 그런 불성실함과 속임수가 통하지 않는 반면에, 사람들은 참된 내용에 충실한 성격들을 요구하고 충만하면서 진정한 관심사를 요구한다는 것만으로도 위로가 되기 때문이다. 역사적으로 볼 때, 아이러니를 예술의 최고 원칙으로 받아들인 사람들은 특히 *졸거*[71]와 *루드비히 티크*[72]였다.

---

71) 졸거(Karl Wilhelm Ferdinand Solger, 1780~1819). 독일의 철학자. 셸링과 피히테의 제자. 특히 미학과 예술철학에 대한 저서가 그의 철학의 중심을 이룬다. 그는 신(神)의 절대성은 신성한 것을 통해서 드러나지만, 미(美)는 지상의 유한한 현실에서 드러난다고 보았다. 그의 주요 저서로는《엘빈, 미와 예술에 대한 네 가지 대담(Erwin, Vier Gespräche über das Schöne und die Kunst)》(2권, 1815년 베를린 발행)이 있다. 졸거와 슐레겔, 아이러니에 대한 헤겔의 생각에 대해서는《법철학 강요》제2부 '도덕성(Moralität)' §140을 더 참조할 것.
72) 루드비히 티크(Ludwig Tieck, 1773~1853). 독일의 시인으로 신학, 역사, 문학을 공부한 그는 독일 낭만주의 작가들 중에서 가장 다방면의 재능을 지녔었고 또 발표한 작품도 많았다. 특히 그는 요절한 순정과 열정을 지녔던 학우 바

졸거에 대해서는 언급할 가치가 있다. 그러나 여기서는 자세히 말할 적합한 자리가 아니므로 몇 마디만 간단히 시사하자면, 졸거는 여느 사람들처럼 피상적인 철학적인 교양만 지니는 것으로 만족하지 않았다. 그가 지닌 진정 사변적이고 싶어하는 내적인 욕구는 그로 하여금 철학적인 심오한 이념 속으로 파고들어 가도록 촉구했다. 그리하여 그는 마침내 이념의 변증법적인 계기인, 나는 "무한하고 절대적인 부정성(unendliche absolute Negativität)"이라고 부르는 지점에까지 도달했다. 이 지점은 말하자면 유한하고 특수한 존재인 자신을 부정(否定)하고 이 부정을 또 다시 지양함으로써, 보편적인 것과 무한한 것을 유한한 것과 특수한 것 속에서 부활시키려는 이념이었다. 졸거는 이 부정성을 확고히 고수했다. 그러나 그 부정성은 사변적인 이념 속에 들어 있는 하나의 *계기*(Moment)이기는 해도, 이처럼 단순히 변증법적으로 불안정하게 유한성과 무한성이 해체된 것으로 파악되었을 때는 *하나의 계기*로 머물 뿐 졸거가 원하던 것 같은 *온전한 이념*(die ganze Idee)은 아니다. 졸거는 유감스럽게도 너무 일찍 생을 마쳐 그의 철학적인 이념은 구체적으로 완성 단계에까지는 이르지 못했다. 그리하여 그는 스스로 본질적인 것이 아이러니컬하게 해체되듯이 규정된 것이 아이러니컬하게 해체되는 것과 비슷한 이 부정성의 측면에 머물고 말았다. 그는 그 안에서 예술활동의 원리를 탐지하려고 했었다. 그러나 졸거는 실제로 살아 있던 동안에 확고한 성격을 지녔고 진

켄로더의 영향을 받아 그와 함께 남부독일 각지를 여행하고 난 후 중세독일에 대한 낭만적인 동경에 빠져들어 갔다. 1799년에 예나로 옮겨간 그는 슐레겔 형제, 셸링, 시인 노발리스 등과 함께 친하게 지내면서 전기(前期) 독일 낭만주의의 중요한 멤버가 되었으나 1801년 노발리스가 죽은 후에는 드레스덴으로 옮겨가 낭만주의자들의 세력은 분산되었다.

루드비히 티크(Ludwig Tieck)의
초상화(1838년)

지하고 유능한 사람이었으므로, 그 자신은 위에 언급한 것과 같은 식의 아이러니컬한 예술가는 아니었다. 이런 점에서 볼 때 지속적인 예술연구를 통해 길러진 그의 진정한 예술작품에 대한 심오한 감성 역시 아이러니컬한 성질의 것은 아니었다. 졸거는 그의 삶이나 철학, 예술을 고려해 볼 때 이제껏 언급한 다른 아이러니의 사도(使徒)들과는 구분될 만큼 공로가 컸다. 그를 정당화하는 일은 이 정도로 그치겠다.

*루드비히 티크*에 관해서 보면, 그 역시 한동안 예나(Jena)[73]가 문화의 중심지였던 시기에 교육을 받았었다. 티크를 비롯해서 그 당시 뛰어났던 다른 사람들도 아이러니컬한 표현들을 아주 익숙하게 사용했지만 그런 표현들이 무엇을 뜻하는지는 말하지 않고 있다. 티크는 그런 식으로 줄곧 아이러니를 요구했지만, 그 자신 위대한 예술작품들을 평가할 때면 그 작품들의 위대성을 인정하는 그의 서술이 뛰어난 것은 사실이었다. 그러나 예를 들어 《로미오와 줄리엣》 같은 작품에

---

73) 예나는 구동독의 유명한 문화도시다. 실러, 헤겔 등도 한때 이곳에서 활약했으며, 독일의 문호 실러의 이름을 딴 '프리드리히–실러 대학교'가 있다.

들어 있는 아이러니가 도대체 무엇인지를 보여줘야 할 가장 좋은 기회가 왔다고 믿었던 사람들은 곧 실망하고 말았는데, 그 이유는 그런 작품 속에서도 아이러니에 대해서 실제로 드러나는 것은 아무것도 없었기 때문이다.[74]

주제의 구분

지금까지 말한 것에 이어서 이제는 우리의 대상 자체에 다가갈 시점이 되었다. 그러나 아직도 우리가 머물러 있는 이 서장(序章)에서는 이와 관련해서 뒤에 이어서 학문적으로 고찰하는 것들의 전체적인 흐름에 대해 상상할 수 있도록 피상적인 설명 그 이상은 할 수가 없다. 그러나 우리는 절대이념 자체에서 산출되는 예술에 대해 이미 얘기한 바 있고 또 사실 절대적인 것 자체를 감성적으로 표현하는 것이 목적이라고 밝혔으므로, 우리는 이런 통찰에 있어서 대개 절대자를 표현하는 것인 예술미라는 개념으로부터 특수한 부분들이 어떻게 그 근원을 취하는지 대개 최소한 보여주도록 다뤄나가야 할 것이다. 그러므로 우리는 또 이 개념에 대해서 가장 일반적으로 표상(表象)해 보도록 노력해야 한다.

예술의 내용은 이념이며 그것은 감각적이고 조형적인 형상이라는 형식을 갖는다고 이미 말했다. 이제 예술은 양자를 자유롭고 화해된 총체성으로 매개해야 한다. 이 안에 들어 있는 *첫 번째* 규정은 예술로

---

[74] 여기서 헤겔이 티크에 대해 언급하는 부분은 옳다. 헤겔은 티크의 총서 제6권에 있는 서장을 시사하는 듯하다. 이는 1828년에 출간되었고 여기서 그는 졸거에 대해서도 언급한다.

표현되어야 할 내용은 자체 안에 이를 표현할 능력을 갖추고 있음을 보여줘야 한다는 요구이다. 왜냐하면 그렇지 않을 경우에 구상성(具象性, Bildlichkeit)이나 외적인 현상에 걸맞지 않는 내용이 형식을 취하게 되며, 범속한 소재가 그 본성과는 어긋나는 형식 속에서 자기에게 맞는 현상방식(Erscheinungsweise)을 얻게 될 것이고, 그렇게 되면 우리는 단지 조잡한 결합만 얻게 되기 때문이다.

예술에 대한 이 첫 번째 요구에서 두 *번째*의 요구도 나오는데, 그것은 예술의 내용에 관한 것이다. 즉 예술의 내용은 자체 안에서 *추상적*이어서는 안 되는데, 이는 구체적인 것인 감각적인 것의 의미에서 뿐만이 아니라 거꾸로 자체 안에 단순하고 추상적인 모든 정신적이고 지적인 것의 의미에서도 그렇다. 왜냐하면 자연뿐 아니라 정신의 모든 진정한 것은 그 자체로 구체적이며, 그것이 보편성을 지니고 있음에도 불구하고 자신 속에 주관성과 특수성도 띠고 있기 때문이다. 예를 들어 우리는 신(神)에 대해 말하기를 신은 순수한 일자(一者)요 최고의 본질 자체라고 하면, 그때 비이성적인 오성의 죽은 추상개념을 언표한 데 지나지 않는다. 스스로 구체적인 진리 속에서 파악되지 않은 그러한 신은 예술, 특히 조형예술에게는 아무런 내용도 제시하지 못한다. 그래서 유대인들과 터키인들은 그러한 오성의 추상개념조차도 되지 못했던 자기들의 신을 기독교인들처럼 예술을 통해 긍정적인 방식으로 표현할 수도 없었다.

그 까닭은 기독교에서 신은 그 진리 속에 있으며 따라서 스스로 구체적이며 인격이자 주체로서, 더 자세히 규정하자면 정신으로서 표상되기 때문이다.

신은 정신인데 종교적으로 파악될 때는 인격의 삼위일체로서 현현(顯現)된다. 여기에는 본질성, 보편성 그리고 특수성이 들어 있으며 그것들이 화해된 통일성도 들어 있는데, 그 통일성이 바로 구체성으로 드러난다. 이제 내용이 대체로 참된 것이 되려면 구체적인 성질을 지녀야 하듯이, 예술도 마찬가지로 구체적인 성질을 띨 것을 요구한다(Wie nun ein Inhalt, um überhaupt wahr zu sein, so konkreter Art sein muß, fordert auch die Kunst die gleiche Konkretion). 왜냐하면 단지 추상적이기만 한 보편자는 예술 속에서 스스로 특수성과 현상, 그리고 자기와의 통일성으로 나아갈 규정을 갖지 못하기 때문이다.

셋째로, 진정하고 구체적인 내용에 어떤 감성적인 형식과 형상이 상응하려면 이는 개성적이건서도 동시에 스스로 완전하고 구체적이며 개별적인 것이 되어야 한다. 예술의 양면인 내용과 표현에 구체적인 것이 들어갈 때 비로소 양자는 서로 합류하고 일치한다. 예를 들면 인간 육체의 자연스러운 형태 자체 속에 구체적인 정신이 표현되고 감각적이고 구체적인 것이 스스로 적절하게 그 정신을 드러낼 줄 아는 것이 그런 것이다. 그러므로 그 같은 참된 형상에서 외부세계에서 취해지는 현실적인 모습이 우연한 것이라고 보는 생각은 배제되어야 한다. 이유는 예술은 형식을 포착할 때 이미 현존하는 형식을 포착하는 것도 아니고 그 형식 말고 다른 것이 없어서 그 형식을 포착하는 것도 아니며, 예술의 구체적인 내용 속에 바로 외적이고 현실적이면서도 감각적으로 현상하는 계기가 들어 있기 때문이다. 이때 감각적이고 구체적인 것은—정신적인 내용은 그 본질상 그 구체성 속에서 분명해지는데—역시 내면에 대해서도 본질적이다. 내용을 직관하고 표상하게 하는 외적인 형상은 오직 우리의 마음과 정신을 위해 존재하는 목적을 띤다. 바로 이런 이유에서 예술의 내용과 형상은 서로 뒤섞여서 구성된다. 단지 감각적이고 구체적인 것, 즉 외적인 자연 자체에게는 이런 목적이 그 유일한 근거가 되지는 못한다. 예를 들면 남쪽

지방의 숲속 야생지대에서는 현란하고 풍요로운 색깔을 띤 새의 깃털은 남에게 보이지 않고도 스스로 빛나며, 그 새들의 울음소리는 남이 듣지 않아도 스스로 울려 퍼진다. 하룻밤 새에 피는 선인장은 누가 보고 경탄하는 일이 없이 그냥 피었다가 시들어 버린다. 또 좋은 냄새, 풍부한 향기를 지닌 매우 아름답고 화려한 식물들로 가득한 그 숲도 그것을 즐기는 사람 하나 없이 언젠가는 시들고 죽어서 황폐해지고 만다. 그러나 예술작품은 그러한 자연처럼 아무것에도 얽매이지 않고 그냥 존재하는 것이 아니라, 반향(反響)하는 인간의 가슴을 향해 말을 걸고 묻는 것, 즉 마음과 정신을 향해 외치는 것이다.

이런 점에서 비록 예술의 감성화는 우연적인 것이 아니지만, 그렇다 해서 거꾸로 그것이 정신적이고 구체적인 것을 파악하는 최고의 방식이 되지는 않는다. 감각적이고 구체적인 것을 통해 표현되는 것보다 더 높은 형식이 있으니, 그것은 사유(思惟)이다. 이 사유는 상대적인 의미에서 볼 때 추상적이지만, 그것이 참되고 이성적인 것이 되려면 편향적인 사유가 아닌 구체적인 사유가 되어야 한다. 어느 특정한 내용이 얼마나 자기에게 맞는 형식을 통해 감각적인 예술표현을 할 수 있으며, 또 그 특성에 따라 얼마나 더 숭고하고 정신적인 형식을 요구하는가의 차이는 예를 들어 고대 그리스의 여러 신(神)들과 기독교에서 표상 되는 신을 비교하면 드러난다. 고대 그리스 신들은 추상적이지 않고 개성적이며 자연의 형상에 아주 가깝다. 그러나 기독교 신은 역시 구체적인 인격체이기는 해도 순수한 정신성으로(als reine Geistigkeit) 존재하며, 따라서 정신으로서 정신 속에서 파악되어야 한다. 그러므로 기독교 신의 존재 기반은 원래 외적인 자연형상이 아니라 내적인 지(知)이므로 기독교의 신은 단지 불완전하게 표현될 뿐 그 개념대로 완전히 깊이 있게 표현되지는 않는다.

그러나 예술은, 이념을 사유나 순수한 정신성 같은 보편적인 형식이 아니라 감각적인 형상으로 우리의 직접적인 직관에 드러내 표현할 사명을 띤다. 이러한 표현은 이념과 형상 양자가 일치되고 통일될 때 가치와 존엄성을 지니므로, 예술의 개념대로 현실 속에서 이념과 형상이 서로 뒤섞여 조성되어 나타나는 정도, 즉 내면성이 형식과 얼마나 통일되어 있느냐의 정도에 따라 예술의 숭고함과 탁월함이 결정될 것이다. 예술의 학문을 분류하는 더 높은 기준이 되는 것은 바로 정신성인 진리가 얼마나 정신적인 개념에 따라 형상화되었는가 하는 점이다. 정신은 그 절대적인 본질의 진정한 개념에 도달하기 이전에 개념 자체 속에 규정된 단계들을 거쳐야 한다. 내용이 거쳐야 하는 이 과정은 정신 스스로가 부여한 것으로서, 이 과정과 예술의 형상화 과정은 직접 서로 관련되고 일치한다. 그 형태 속에서 정신은 스스로를 예술적인 정신으로 의식하게 된다.

이러한 예술정신의 내면에서 일어나는 과정 자체는 다시금 양면성을 지닌다. 즉 *첫째*로, 제한되기는 하였으나 자연적이고 인간적인 것 그리고 신적인 것에 대한 포괄적인 의식인 특정한 *세계관(Weltanschauung)*이 점진적인 단계로 예술적으로 형상화되어 가는 동안 이 발전 자체는 *정신적*이고 *보편적*인 것이 된다. 둘째로, 예술의 이 내적인 발전은 스스로에게 직접적인 현존성과 감각적인 존재성(unmittelbare Existenz und sinnliches Dasein)을 동시에 부여해야 한다. 이때 특정한 방식을 사용하는 감각적인 예술들은 예술에 필요불가결한 차이점들이 총체적으로 모인 것, 다시 말해 *특수한 예술들(die besonderen Künste)*이 된다. 예술의 형상화와 그것의 차이점들은 물론 한 편으로 정신의 보편적인 성질을 띤 것으로서 *하나의* 질료에만 묶여 있지 않으며, 감각적인 현실존재로 드러나는 것 자체가 다양하고 상이한 것이기는 하다. 그러나 그 감각적인 현실존재도 정신처럼 내면의 영혼 속에 개념을 지니고 있으므로, 그로 인해 다른 한편으로 특정한 감각적인 질료는 예술형상화에 따르는 정신적인 차이들 및 형식들과 좀 더 가까운 관계를 지니고 내밀한 조화를 이루게 된다.

그러나 우리가 앞으로 다루려 하는 이 예술에 대한 학문은 전체적으로 다음과 같이 3부로 나뉜다.

*첫째*로 우리는 예술의 *일반적인* 영역을 다룬다. 여기서 다루게 될 내용과 대상은 한편으로 *이상(理想)*으로 간주되는 예술미의 보편적인 이념과, 예술미와 자연과의 밀접한 관계이며 또 한편으로 예술미와 주관적인 예술창조와의 관계이다.

*둘째*로, 예술미의 개념으로부터 *특수한* 분야가 발전되어 나온다. 그것은 이 개념 자체가 그 안에 담고 있는 본질적인 차이점들이 특수한 형식들로 점차 발전되어 전개되는 한에서 그렇다.

*셋째*로, *마지막* 부분에서 예술은 그 형상들이 감각적으로 실현되는 것으로 발전해 나가고 개별적인 예술들과 그 장르 및 종류들에 대한 체계가 완성되어 가는 가운데 예술미의 개별화를 고찰하게 된다.

1

우선 제1부와 제2부에 관해서 보면, 앞으로 다룰 것에 대한 이해를 돕기 위해서는, 예술미의 이념은 형이상학적인 논리학이 절대자로서 파악하는 그런 이념이 아니며 오히려 현실적으로 형상화되고 현실성과 직접적인 통일을 이루는 가운데 나타나는 이념이라는 것을 상기할 필요가 있다. 왜냐하면 이념 *자체(die Idee als solche)*는 비록 절대적으로(즉자대자적으로) 참된 것이기는 하되 우선은 아직 객관화되지 않은 보편성에 따라서 참된 것인 데 반해서, *예술미*로서의 *이념*은 본래 개별적인 현실이 되려고 하는 더욱 세부적인 규정을 지닌 이념이며 또 그것은 본래 자기 속에서 이념을 드러내는 규정을 지닌 현실의 개별적인 형상화이기도 하기 때문이다. 이에 따라 곧 이념과 이념을 형상화하는 일은 구체적인 현실로서 서로에 대해 완전히 일치해야 된다는 요구가 드러난다. 그렇게 이해했을 때 이념은 그 개념에 맞게 현실 속에서 형상화되면 바로 이상(理想, das Ideal)이 된다. 만약에 그런 식으로 일치되는 것만이 예술의 사명이라면, 일단은 현실의 형상이 무엇이든 이념을 특정하게 나타낼 수만 있으면 이념이야 *이런* 이념이어도 되고 *저런* 이념이어도 된다는 식의 아주 형식적인 것으로 이해될 수 있다. 하지만 그럴 때 요구되는 이상의 *진리*는 어떤 의미가 적합한 방식으로 표출되고 따라서 그 의미는 형상 속에서 직접 다시 발견되기만 하면 된다는 단순한 *정확성*과 혼동된다. 이상(das Ideal)은 이런 의미로 받아들일 수 있는 것이 아니다. 왜냐하면 어떤 내용이란 그 본질의 기준으로 볼 때 이상적인 예술미를 요구하지 않고도 적절하게 표현될 수 있기 때문이다. 사실 이상적인 미 자체에 비하면 그것의 표현(die Darstellung)은 불완전해 보이기까지 한다. 이런 점에서 나중에 가서 증명되겠지만 우선 주목할 것은, 예술작품이 불완전하다는 것은 언제나 주관적인 미숙함에서 나올 뿐 아니라, *형식의 불완전함* 역시 내용의 불완전함에서 나온다는 점이다. 예를 들어 중국인들이나 인도인들, 이집트인들을 보면 그들이 만들었던 예술형상들, 신상들 그리고 우상(偶像)들은 형태가 없거나 있어도 조잡하고 참되지 못하게 규정된 형태로만 머물렀던 것을 볼 수 있다. 그 이유는 그들의 신화적(神話的)인 표상들과 그들의 예술작품들 속에는 내용이나 사상이 아직 규정해지지 않았거나 조잡하게 규정된 것이라서 절대적인 내용을 담고 있지 않았기 때문이다.

이런 의미에서 볼 때 훌륭한 예술작품일수록 그 내용과 사상도 더 심오하고 내적인 진리를 띠고 있으며, 거기서는 단지 자연형상들을 외부의 현실 속에 존재하는 대로 이해하고 모방한 특출하거나 조잡한 솜씨만이 중요한 것이 아니다. 왜냐하면 예술을 의식하고 표현하는 어느 단계에 이르면 자연형상을 벗어나거나 왜곡시키는 것이 연습이 부족한 기술이나 비숙련성을 뜻하는 것이 아니라, 오히려 의식 속에 있는 내용에서 출발하여 그 의식이 요구하는 대로 의도적으로 작품을 변화시킨다는 뜻이기 때문이다. 그러므로 이런 면에서 어떤 것은 기술적으로나 다른 관점에서 보면, 그 예술의 특정한 영역에서는 아주 완전한 것처럼 보일지 몰라도 예술의 개념이나 이상 자체와는 어긋나는 부족하고 불완전한 것으로 드러나는 예술이 있을 수 있다. 오직 최고의 예술 안에서만 이념의 형상화가 자체 안에서 절대적으로(즉자대자적으로) 참된 형상이 된다는 의미에서 그것들은 서로 진정한 일치를 보이는데 그 이유는 예술이 표현하는 이념의 내용 자체가 참된 내용이기 때문이다. 이미 암시했듯이 거기에는 이념이 자체 안에서 자신을 통해서 구체적인 총체성으로 규정되고 또 그럼으로써 스스로 그것이 특수화되는 원리와 기준, 그리고 현상의 규정을 지니는 것도 포함된다. 예를 들면 기독교적인 상상에서는 신을 단지 인간의 모습과 인간 정신으로만 표현할 수 있는데, 그 이유는 여기서 신 자신은 완전하게 자신 속에서 *정신으로* 인지(認知)되기 때문이다. 피규정성(Bestimmtheit)은 곧 현상에 이르는 가교(架橋)이다. 만약에 이러한 피규정성이 이념 자체에서 나오는 총체성이 아니거나 이념이 자신을 규정하고 특수화하는 이념으로 표상되지 않으면 그것은 추상적인 것으로 머물며, 피규정성과 특수하고 그에만 맞는 현상 방식의 원리를 자신 속이 아닌 외부에서 갖게 된다. 그렇기 때문에 아직 추상적인 이념은 형상을 그 이념에 의해 설정되지 않은 외적인 것으로 갖는다. 그에 반해 스스로 구체적인 이념은 자신의 현상 방식의 원리를 자신 속에 지니고 있으므로 스스로 자유로운 형상이 되어나온다. 이처럼 참되고 구체적인 이념만이 참된 형상을 산출하며, 이념과 현상이 일치할 때 드러나는 것이 바로 이상(理想, das Ideal)이다.

2

그러나 이제 이념은 이런 식의 구체적인 통일성이므로 이 통일성은 이념의 특수성들이 확장되고 다시 매개될 때 비로소 예술의 의식 속에 들어오며, 이 발전을 통해서 예술미는 *특수한 단계들과 형식들의 총체성을 획득한다*. 즉 우리는 예술미를 이미 그 절대적인(즉자대자적) 것으로서 고찰했으므로, 이제는 전체적인 미가 특수한 규정들 속으로 어떻게 나뉘어 들어가는지 보아야 한다. 이는 본서(本書) 제2부의 *예술형식들의 이론(die Lehre von den Kunstformen)* 에서 다루어질 것이다. 이 형식들은 그 기원을 이념을 내용으로 파악하는 상이한 방식들 속에서 찾게 된다. 그것을 통해 이념이 현상되어 나타나는 형상화의 차이(Unterschiedenheit der Gestaltung)가 결정된다. 따라서 여러 예술형식들이란 다름 아니라 여러 다른 내용 및 형식의 상태들이다. 이는 이념 자신으로부터 나와 분류되어 이 영역에 참된 기반을 제공하는 바로 그런 상태들이다. 왜냐하면 분류란 언제나 곧 특수화하고 나눈다는 그 개념 자체 속에 들어 있어야 하기 때문이다.

우리는 여기서 이념이 형상화되는 세 가지 상태를 고찰하기로 한다.

(1) 첫째 이념이 시작되던 상태로서, 이때 이념 자체는 아직은

그 무규정성과 불확실함 속에서, 혹은 조야하고 참되지 못하게 규정된 것 안에서 예술형상들의 내용으로 삼아진다. 불확실한 것으로서의 이념 자체는 아직은 이상이 요구하는 특성을 갖추지 못한다. 그 추상성과 일면성은 형상을 외적으로 불완전하고 우연적인 것으로 놓아두게 된다. 따라서 최초의 예술형식은 참되게 표현하는 능력이라기보다는 오히려 형상화(Verbildlichung)를 *단순히 모색*하는 것이다. 이념은 자신 속에서 아직 형식을 발견하지 못했으므로 따라서 오직 그것을 찾기 위해 분투하고 노력한다. 우리는 그 형식을 일반적으로 *상징적인* 예술형식(die *symbolische* Kunstform)이라고 부를 수 있다. 추상적인 이념은 이 형식 속에서 자기 자신을 벗어나 자연적이고 감각적인 소재(素材) 안에서 그 형상을 취하며, 이제 그 소재로부터 형상화되어 나와 그것에 매여 현상하게 된다.[75]

 자연 속에서 직관되는 대상들은 한편으로는 우선 그 모양들대로 주어지지만, 동시에 본질적인 이념이 그 대상들의 의미로서 그것들 안에 놓이게 된다. 그리하여 그 대상들은 이제 그 이념을 표현할 소명을 얻게 되며 그래서 마치 그 대상들 속에 이념 자체가 현재(現在)하는 것처럼 해석된다. 거기에는 현실의 대상들이 자체 안에 보편적인 의미를 표현할 능력이 있는 측면을 지니는 것도 포함된다. 그러나 아직은 의미와 표현의 완전한 일치는 불가능하므로, 이런 점에서 거기에 해당되는 것은 다만 *추상적인 피규정성*이다 — 예를 들어 사자(獅子)에게 있어서 강인함이 이야기되듯이.

---

75) 예를 들어 어떤 돌덩이는 신적인 것을 상징할지는 몰라도 신 자체를 의미하지는 않는다. 그 자연적인 형상은 신성(神性) 자체와는 아무런 관련이 없으며 따라서 신성의 외부에 있는 것이지 형상 자체 속에 신성이 구현된 것은 아니다.

이러한 추상적인 관계에서는 다른 한편으로 이념과 자연현상은 서로 *낯설다*는 의식을 갖게 된다. 그리고 이제 자신을 다른 현실로 표현하지 못하는 이념은 비록 이런 모든 형상들을 늘어놓고 불안하고 무절제한 가운데 그것들 속에서 자신을 찾으려 해도, 그 형상들이 자기에게 부적합하다는 것을 발견하게 된다. 그래서 이제 이념은 현실에 있는 자연형상들과 현상들 자체를 무규정적이고 무절제한 것으로 더욱 끌어올리며, 그것 속에서 마구 비틀거리고 들쑤시고 그것들에게 폭력을 가하고 부자연스럽게 일그러뜨린다. 그리고 형상들을 산만하게 흩뜨리고 갸름하기 어렵게 하고 호화스럽게 함으로써 그 현상을 이념으로 고양(高揚)시키려고 애쓴다.

왜냐하면 여기서 이념 자체는 다소 무규정적인 것, 형상화할 수 없는 것이지만, 자연 대상들은 바로 그것들의 형상 속에서 전적으로 규정되기 때문이다.

이처럼 양자는 서로에 대해 적합하지 못하기 때문에 대상성에 대한 이념의 관계는 서로 *부정적(negativ)*이다. 왜냐하면 이념은 내면적(內面的)인 것으로서 스스로 그런 외면성(外面性)에 만족하지 못하며, 내면적이고 보편적인 실체인 이념은 그에 상응하지 못하는 이런 모든 가득한 형상들을 초월하여 계속해서 *숭고하게* 나아가기 때문이다. 그때 이 숭고함 속에 물론 자연현상과 인간의 형상, 사건들은 그 모습대로 수용되어 머물기는 하지만, 곧 모든 세속적인 내용을 초월해서 나아가는 이념 자체의 의미에는 부적합한 것으로 인식된다.

이런 측면들은 일반적으로 동양(東洋, Morgenland)에서 나타난 초기의 예술 범신론(汎神論, Kunstpantheismus)을 이루었다. 이 범신론은 한편으로 매우 조잡한 대상들에게 절대적인 의미를 부여했는가 하면, 또 한편으로 그들의 세계관을 표현하기 위해서 현상들을 무력으로 이용함으로써 기괴하고 별나고 무취미한 것으로 만들어버렸거나, 아니면 무한하고 추상적인 실체가 지닌 자유를 모든 현상들에 대립되는 것으로 보고 그런 현상들을 경시하면서 마치 가치없고 유한한 것인 양 적대시했다. 그렇게 되자 의미는 표현에 완전히 적합한 것이라는 인상이 들지 않았으며, 온갖 노력과 시도에도 불구하고 이념과 형상의 서로 어울리지 않는 상태는 극복되지 못하였다—이것이 바로 최초의 예술형식, 즉 갈망하고 고양된 채 오직 모호한 숭고함만을 지녔던 상징적인 예술형식이라 할 수 있을 것이다.

(2) 이제 우리가 *고전적인 예술형식*(klassische Kunstform)이라고 부르고자 하는 두 *번째*의 예술형식에서는 최초의 상징적인 예술형식이 지닌 두 가지 결점이 제거되었다. 상징적인 형상은 불완전한데 그 이유는 한편으로 그 속에서 이념은 단지 추상적인 피규정성이나 무규정성으로만 의식되며, 또 한편으로 의미와 형상의 일치가 늘 불완전하고 스스로 추상적으로만 머물기 때문이다. 이 이중적인 결함을 해소한 고전적 예술형식은 이념을 그 원래의 개념대로 이념에 속하는 형상 속에 자유롭고 적절하게 구상(構想, Einbildung)해 넣었다. 그리하여 이념은 그 형상과 더불어 자유로우면서 완성된 조화(調和, Harmonie)를 이룰 수 있다. 그로써 비로소 고전적인 형식은 완전한 이상을 창조하고 직관하며 바로 그것을 실현된 것으로 제시한다.

그러나 고전적인 것 속에서 개념과 현실성의 적합성은—이상(理想)의 경우와 마찬가지로—내용이 그 외적인 형상과 일치한다는 단지 형식적인 의미에서만 받아들여서는 안 된다. 만약 그렇지 않으면 표현의 목적과 내용을 이루는 자연의 모든 화상(畵像)들, 모든 얼굴형상들, 장소, 꽃, 장면들 따위는 그처럼 내용과 형식이 일치하므로 고전적(古典的)이라 할 것이다. 그러나 고전적인 것에서 내용의 독특성은 그와는 반대로, 그 자체가 구체적인 이념이며 스스로 구체적이고 정신적이라는 데 있다. 왜냐하면 오직 정신적인 것만이 참으로 내면적인 것이기 때문이다. 그때 그런 내용을 얻으려면 자연적인 것 가운데서 즉자대자적으로 정신적인 것에 어울리는 바로 그것을 체험해내야 한다.

원래의 개념 자체는 구체적인 정신성에 맞는 형상을 고안해낸 것이어야 하므로, 이제 *주관적인* 개념 — 여기서는 예술정신 — 이 그것을 단지 발견해서 자유롭고 개성적인 정신에 알맞게 자연적으로 형상화된 존재로 만든 것이다.

스스로를 시간적으로 유한한 현상으로 재생시킬 때 정신적인-그것도 개성적으로 규정된 정신성(精神性, Geistigkeit)으로서 스스로 이념을 지닌 이 형상은 다름아닌 *인간의 형상(menschliche Gestalt)*이다. 비록 사람들은 의인화(擬人化, das Personifizieren)와 인간화(das Vermenschlichen)를 정신적인 것을 격하시키는 거라고 자주 비난했지만, 그러나 예술은 그것이 정신을 감각적인 방식으로만 직관에 불러와야 하는 한에서 사실 이 같은 인간화의 방식으로 계속 나아가야 한다. 정신은 그것이 인간의 육체를 띠었을 때만 충분히 감각적인 것으로 현상하기 때문이다. 이러한 관계에서 보면 정신의 윤회(輪廻, Seelenwanderung)라는 것은 하나의 추상적인 표상이다. 그리고 생리학은 생동성에 대해서 말할 때, 그것은 발전해 가면서 필연적으로 정신에게 유일하게 알맞은 감각적인 현상인 인간모습으로 나아가지 않을 수 없다는 것을 그 주요 명제들 가운데 하나로 삼아야 할 것이다. 그러나 이제 고전적인 예술형식에서 인간의 육체는 그 형태들 속에서 더 이상 단순히 감각적인 존재로만 머물지 않고, 오직 정신의 현실존재이자 자연형상으로서 가치를 띠므로, 따라서 감각적이기만 한 모든 욕구와 현상의 우연적인 유한성으로부터 벗어나야 한다. 이런 식으로 형상이 그에 맞는 내용을 표현하기 위해 스스로 순화될 때, 다른 한편으로 의미와 형상의 일치가 완성되려면 내용을 이루는 정신성도 역시 감각적이고 육체적인 면을 초월해 벗어나지 않고 자신을 인간형상 속에서 완전히 표현할 수 있는 *그런* 성질을 띠어야 한다. 그럼으로써 동시에 여기에서 정신은 자신을 오직 정신성으로서만 알리고 표현할 수 있는 전적으로 절대적이고 영원한 것으로서가 아니라 개별적인 것, 인간적인 것으로서 규정된다.

이 마지막 지점에 이르면 다시금 결핍의 상태가 되어 거기에서 고전적인 예술형식은 해체되고, 더 차원 높은 *세 번째*의 예술형식인 낭만적(romantische) 예술형식으로의 이행(移行)이 요구된다.

(3) *낭만적인 예술형식(die romantische Kunstform)*은 이념과 그 현실성의 완전한 통일을 다시 해체하며, 비록 더 숭고한 방식으로이지만 상징적인 예술에서 극복되지 못하고 머물렀던 이념과 현실 양면의 차이와 대립 속으로 스스로를 되돌린다. 다시 말해 고전적인 예술형식은 예술의 감성화가 이룰 수 있는 최고의 위치에 도달했으며, 거기에 뭔가 부족한 것이 있다면 이는 예술 자체와 예술의 영역이 지닌 한정성일 뿐이었다. 이 한정성은 요컨대 예술은 개념상 무한하고 구체적인 보편자인 정신을 *감각적*으로 구체적인 형태로 대상화하고, 고전적인 것 안에서 정신적인 존재와 감각적인 존재가 완전히 하나로 형성된 것을 양자가 *일치하는 것*으로 제시하는 데 있었다. 그러나 사실 이렇게 감각과 융합된 상태에서 정신은 그 *참된 개념에 따라서* 표현되지는 *못한다*. 왜냐하면 정신이란 이념—즉 만약 스스로에게 맞

는 현실존재인 구체적인 것(im Leiblichen) 속에 주입되어 머물려고 하다 보면 절대적인 내면성이라서 스스로를 위해(für sich) 자유로이 형상화될 될 수 없는 이념—의 무한한 주관성이기 때문이다. 이런 원리로부터 나온 낭만적인 예술형식은 고전적인 예술형식과 그것의 표현방식을 넘어서서 나아갈 내용을 획득하였으므로 고전적인 예술형식이 지녔던 저 분리되지 않은 통일성을 지양(止揚)한다. 이 내용은—그 형식에 대해 잘 알려진 관념들을 상기해 보면—, 고전적인 예술의 본질에 적절한 내용이 되었던 고대 그리스의 여러 신들에 대한 숭배와는 달리, 기독교에서 정신으로 간주되는 신(神)에 대한 표현과 부합한다. 이 안에서 구체적인 내용이란 그 자체로(즉자적으로, an sich) 인간적인 본성과 신격(神的)인 본성의 통일, 즉 오직 직접적(unmittelbar)이고 그 자체로(an sich)로 있으므로 역시 직접적이고 감각적인 방식으로 적절하게 명시(明示)되는 통일이었다. 고대 그리스의 신은 편견없이 직관되고 감각적으로 표상된다(der griechische Gott ist für die unbefangene Anschauung und sinnliche Vorstellung). 따라서 그의 형상은 인간 육체의 형상을 띠고 있으며 그의 위력과 본질의 영역은 개성적이고 특수하며 주체에 대해서는 실체이자 위력이다. 주관적인 내면은 오직 그 자체(an sich)로 이 실체적인 위력과 통일되어있을 뿐, 내적이고 주관적인 지(知)로서의 통일성은 갖고 있지 못하다. 이제 그보다 높은 단계는 이 스스로 존재하는 통일성—고전적인 예술형식이 바로 이를 구체적인 형상으로 완성해 표현할 수 있는 내용으로 지녔듯이— 에 대한 지(知, Wissen dieser an sich seienden Einheit)다. 그러나 즉자성(卽自性, Ansich)을 자의식(自意識)적인 지(selbstbewußtes Wissen)로 이렇게 고양시키는 일은 엄청난 차이가 있는데, 예를 들던 대체로 인간을 동물과 구별하는 것과 같은 커다란 차이이다. 인간은 동물이기는 하지만, 인간이 지니고 있는 동물적인 기능을 이행하면서도 다른 동물들처럼 무자각적 상태(즉자, Ansich)에만 머물지 않고 자신의 기능들을 의식하고 인식한다. 그리고 그 기능들을—예를 들어 음식을 소화시키는 과정 등을—자의식적인 학문으로 고양시킨다. 그럼으로써 인간은 인간 자체의 직접성이 지닌 한계를 넘어서며(dadurch löst der Mensch die Schranke seiner ansichseienden Unmittelbarkeit auf), 그리하여 자신이 동물이라는 것을 알기 때문에 동물이기를 멈추고 정신적인 자아(自我)에 대한 지식을 자신에게 부여한다—이제 그러한 방식으로 전 단계에 있던 무자각(즉자, das Ansich)의 상태가, 즉 인간적인 본성과 신적인 본성의 통일이 *직접적인 통일로부터 의식(意識)된* 통일로 고양되면, 이런 내용을 실현하는 *참된* 요소는 더 이상 정신태의 감각적이고 직접적인 현존성, 즉 육신을 띤 구체적인 인간의 형상이 아니라 *자의식적인 내면성(selbstbewußte Innerlichkeit)*이 된다. 그리하여 이때 기독교는 그것이 신을 *정신*으로, 즉 개별적이고 특수한 정신이 아니라 정신과 진리 속에 존재하는 *절대* 정신으로 표상하기 때문에 표상의 감각성에서 벗어나 정신적인 내면성으로 되돌아가며, 구체성이 아닌 이 내면성 자체를 그 내용의 질료이자 현존성(Material und Dasein ihres Gehaltes)으로 삼는다.

   마찬가지로 인간적인 본성과 신적인 본성의 통일은 지(知), 그것도 *정신적인 지(知)*를 통해서만 정신 속에서 현실화되는 통일이다. 따라서 이를 통해 획득된 새로운 내용은 감각적인 표현에 적합한 것으로 얽매이지 않으며, 부정적으로 정립되어 극복되고 정신적인 통일 속에서 직접적인 현존성으로 반성되는 일에서 벗어난다.

   이런 식으로 낭만적인 예술은 예술이 자체를 극복해 나아가는 것

(das Hinausgehen der Kunst über sich selbs)이 되면서도, 또 예술과 그 예술형식 자체 속에 머물고 있다.

그러므로 우리는 이 세 번째의 예술단계에서 자유롭고 *구체적인 정신(die freie konkrete Geistigkeit)*이 정신적인 내면에 현상하는 정신성으로서 대상이 된다는 점을 잠시 고찰하면 다음과 같다. 예술은 그 대상에 알맞아야 하므로 한편으로 감각적인 직관을 위해서 일할 수 없으며, 그 대상과 스스로 제휴하는 내면성을 위해서만, 다시 말해 주관적인 진심(Innigkeit)과 *심정(das Gemüt)*을 위해서, 그리고 정신적인 것으로서 자신 속으로 들어가려는 자유를 추구하고 내적인 정신 속에서만 화해를 찾으려하고 찾을 수 있는 감성을 위해서만 일할 수 있다. 바로 이 *내면의 세계*가 낭만적인 것의 내용이 되며 내면이자 진심의 가상(Schein) 속에서 표현되어야 한다. 그 내면성은 외적인 것에 대한 자신의 승리를 구가하며, 바로 외적인 것 속에서 그것의 승리를 드러나게 한다. 그럼으로써 감각적으로 현상하는 것은 하찮은 것으로 격하된다.

그러나 다른 한편으로 모든 예술이 그렇듯이 이 예술도 표현되기 위해서 외면성(Äußerlichkeit)이 필요하다. 이제 정신성은 외적인 것, 그리고 그것과 직접 통일된 것에서 벗어나 자신 속으로 물러났으므로 형상화하는 감각적인 외면성은 바로 그 때문에 상징적인 예술에서처럼 비본질적이고 일시적인 외면성으로 수용되고 표현되며, 주관적이며 유한한 정신이자 의지로부터 개성, 성격, 활동 따위, 사건, 분규 따위의 개별성과 자의성(Partikularität und Willkür)에 이르기까지 역시 같은 방식으로 수용되고 표현된다. 외적인 현실존재의 측면은 우연성과 환상의 모험들에 내맡겨지므로, 그 자의성은 존재하는 것을 그 존재 모습대로 반영하기도 하고 외부세계의 형상들을 뒤섞어 기괴한 모습으로 일그러뜨릴 수도 있다—왜냐하면 이 외적인 것은 개념과 의미를 더 이상 고전적인 예술형식에서처럼 자체 속에(in sich und an sich selber) 지니지 않고 심정(Gemüt) 속에 지니고 있는데, 이 심정은 외적인 것과 그것이 현실화된 형태 속에서 현상되려 하지 않고 심정 자체 속에서 현상되려 하며, 온갖 우연적인 것, 스스로 형상화되는 온갖 우발적인 것, 불행이나 고통, 심지어 악한 행위 속에서도 자신과의 화해를 유지하거나 다시 화해할 수 있기 때문이다.

그리하여 여기서도—상징적인 예술형식에서처럼—이념과 형상이 서로에 대해 무관심해지면서 적합하지 못한 채 서로 분리되는 일이 다시금 일어난다. 물론 그 분리의 *차이*들은 본질적이다. 즉 상징예술에서는 이념의 결핍성이 형상들의 결함들로 나타났다면, 낭만적인 예술형식에서 이념은 정신이자 심정으로서 자체 안에 *완성되어* 나타나야 하며, 이처럼 더 숭고하게 완성되어야 하는 까닭에 외적인 것과 적당히 결합되는 일에서 벗어난다. 왜냐하면 이념은 오직 자신 속에서만 진정한 실재성과 현상을 추구하고 완성할 수 있기 때문이다.

이것이 일반적으로 예술의 영역 속에서 이념이 그 형상과 관계하는 세 가지 상태인 상징적, 고전적, 그리고 낭만적 예술형식의 특성이라 할 수 있을 것이다. 이 형식들은 미의 참된 이념의 본질은 이상(理想)을 추구하고 그것에 도달하며 그것을 극복해 나아가는 데 있다.

3

제1부, 제2부를 지나 이제 제3부에 관해서 살펴보면, 여기서 전제가 되는 것은 이상(理想)의 개념과 일반적인 예술 형식들이다. 왜냐하면 이상의 개념이란 그 예술들이 특정한 감각적인 질료(Material) 안에서 실현된 것이기 때문이다. 그러므로 우리는 이제 예술미가 그 보편

적인 기본규정들에 따라 내면적으로 발전하는 것에는 더 이상 관계하지 않고, 오히려 이 규정들이 어떻게 현실존재 속으로 들어오고 외적으로 어떻게 서로 구분되는지, 그리고 미의 개념 속에 들어 있는 모든 계기들은 단지 *보편적인* 형식이 아니라 독자적으로 스스로를 위해(für sich) 존재하는 예술작품으로 만들어내는지 고찰해야 한다. 그러나 그 차이들은 미의 이념 속에 내재하는 고유한 차이들이면서 예술을 외적인 현실존재로 드러내는 차이들이다. 그러므로 여기 3부에서는 *개별적인 예술들*을 분류하고 확립하기 위해서 일반적인 예술형식들도 역시 기본규정으로 드러나야 한다—또는 우리가 일반적인 예술형식이라고 알고 있는 바로 이런 본질적인 차이들을 여러 예술들은 그 자체 안에 지니고 있다. 이제 이 형식들은 감각적이면서 *특수한* 질료를 통해 *외적인* 객관성 속으로 들어가는데, 그 객관성은 이 예술형식들로 하여금 각기 특정한 방식으로 실현되게, 다시 말해 특수하고 독자적인 예술들로 *떨어져 나가게* 한다(selbständig *auseinanderfallen*). 그때 각각의 예술형식은 또한 그 특성을 어떤 특정한 외부의 질료 속에서 찾으며, 그 질료가 표현되는 방식 속에서 각각 적절하게 실현된다. 그러나 다른 한편으로 그 예술형식들은 그것들의 피규정성 속에 들어 있는 *일반적인* 형식으로서, 특정한 종류의 예술을 통해 자신을 *특수하게* 실현시키는 것을 넘어서서 관여하기도 하며, 또 동시에 다른 예술들을 통해서—비록 그 다른 예술들 안에서는 부수적인 방식으로 일지라도—자신의 존재성을 획득하기도 한다. 그러므로 각각의 예술들은 한편으로 특별히 일반적인 예술형식들 중 하나가 되어 그에 알맞은 외적인 예술로 실현(Kunstwirklichkeit)되며, 다른 한편으로 외적으로 형상화되는 방식으로 예술형식들의 총체성을 표현한다.

이처럼 우리는 제3부에서는 일반적으로 예술미가 여러 예술들과 그것들이 만들어내는 작품 속에서 자신을 어떻게 현실 속의 미의 세계 속으로 펼쳐 나가는지에 대해 다뤄야 한다. 이미 고찰했듯이 그런 세계 속에서 주요한 내용이 되는 것은 미(美)인데, 그것은 참된 미이면서 동시에 형상화된 정신성이자 이상이며, 더 자세히는 절대정신이자 진리 자체(das Schöne und das wahre Schöne, wie wir sahen, die gestaltete Geistigkeit, das Ideal, und näher der absolute Geist, die Wahrheit selber)이다. 직관과 감성에 예술적으로 표현되는 이 신성한 진리의 영역은 독자적이고 자유로운 신적인 형상으로서 전체 예술세계의 중심점이 된다. 그 신적인 형상은 외적인 형태와 질료를 완전히 자기 것으로 소화해 이를 자신 속에 담아서 자신을 드러낸다. 그런데 여기에서 미는 *객관적인* 현실로 발전해 가고 또 개별적인 측면들과 계기들을 지닌 독자적인 특수성으로 구분되므로, 이 중심은 스스로 특수한 현실로 실현된 자신의 극단들(seine Extreme)을 자기 자신과 대립시킨다. 이처럼 극단적으로 현실화된 것 중의 하나가 바로 *비정신적인 객관성*(geistlose Objektivität)이다. 다시 말해 그것은 단순히 신의 자연환경이 될 뿐이다. 이때 외적인 것 자체는 정신적인 목적과 내용을 자체 속에 갖지 않고 타자(他者) 속에 가지면서 형상화된다.

그에 반해 또 다른 극단적인 것으로 내적인 것, 의식되는 것, 신성함(Gottheit)이 다양하고 특수한 *주관적인* 현실존재가 되는 신적인 것(das Göttliche) 자체가 있다. 이것은 개별적인 주체들의 감각, 심정, 정신 속에서 효력을 드러내며, 외적인 형상에 주입되어 머물지 않고 주관적이고 개별적인 내면속으로 회귀(回歸)하는 진리이다. 그럼으로써 이 신적인 것 자체는 자기를 순수한 *신성*으로 명시(明示, Manifestation)하지 않고 스스로 모든 개별적이고 주관적인 지(知), 느낌, 직관, 감성에 속하는 특수성 속으로 들어간다. 예술의 최고 단계와 직접 관련되는 종교 영역을 유추해 보면,76) 종교와 예술이 다른 점은 한편으로 현세적이고 자연적인 삶이 그 유한성 속에 머물면서도 또 한편으로 의식(意識)이 신을 그 대상(對象)으로 삼는 방식에서 파악된다. 그때 객관성과 주관성의 차이는 떨어져 나가며, 우리는 마침내 세 번째 단계에서 신 자체로부터 나와 공동체의 예배(Andacht) 대상이 되는 신에게로, 즉 주관적인 의식 속에서 현재 살아 있는 신에게로 나아간다. 이 세 가지 주요한 차이들은 예술 세계에서도 독자적인 발전과정 속에서 드러난다.

(1) 이러한 기본 규정들에 따라 우리가 앞으로 고찰하기 시작할 특수한 예술들 가운데 첫 번째는 미적인 *건축(建築)*이다. 건축의 과제는 외부세계의 무질서한 자연을 정신에 유사(類似)하게 예술에 적합한 외부세계로 만드는 데 있다. 건축의 질료 자체는 역학적으로 무거운 덩어리로서 직접적인 외견성을 지닌 물질이다. 그 형태는 비유기적인 것이며, 대칭의 추상적인 오성 관계에 따라 정돈된다. 이 덩어리인 질료와 형태 속에는 구치적인 정신으로서의 이상(理想)이 실현되지 못하며 외적인 것으로서 침투하지 못하거나 단지 추상적인 관계를 띠고 이념과 대치한다. 그래서 건축술의 기본유형은 *상징적인 예술형식*이다. 왜냐하면 건축은 먼저 신(神)을 적절하게 현실화하는데 길을 터주며, 그렇게 봉사하는 가운데 자연을 그 유한하고 우연적인 기형(奇型)의 형태에서 벗어나게 하기 위해 객관적인 자연을 변화시키려고 노력하기 때문이다. 그리하여 건축은 신을 위한 터전을 닦고 그 외

---

76) 위의 구절에서 헤겔은 예술의 최고 단계가 종교와 연관된다고 언급하는데, 이로써 예술보다 종교가 우위에 있다는 그의 차후의 주장을 이미 간접적으로 암시한다.

부환경을 조성하며, 내부에 모여 정신의 절대적인 대상들에게 향하는 공간인 신전(神殿)을 세워준다. 건축은 모여든 사람들의 집회를 위해 폭풍이나 비, 천둥, 야생동물에 맞서 보호할 수 있는 것으로 에워싸인 형태를 만들어 세운다. 이로써 건축은 서로 모이려하는 의지를 외면적이지만 예술에 적합한 방식으로 드러내 보인다.

이러한 의미를 건축은 그 작업 내용이 더 중요한가 덜 중요한가에 따라, 더 구체적인가 더 추상적인가에 따라, 그리고 자신 속에 더 깊이 침잠해 들어가는가 아니면 더 불분명하고 피상적으로 머무는가에 따라, 그것이 사용하는 질료와 그 형태들에 더 많이 또는 작게 주입할 수 있다.

사실 이런 점에서 건축은 그 형태와 질료 속에 내용에 적합한 예술적인 현실존재를 조성해내려는 데까지 나아가려는 의도를 가질 수 있다. 그러나 그럴 때 이미 건축은 자체의 영역을 넘어서서 보다 높은 단계인 조각(Skulptur)의 단계로 불안하게 넘어간다.[77] 왜냐하면 건축은 정신적인 것을 그 외적인 형태에 맞서 내적인 것으로 유지하려고 하고 그로써 영혼이 담긴 것을 단지 타자(他者)로만 암시할 때 그 한계성을 보이기 때문이다.

(2) 그러나 이처럼 건축을 통해 무기물의 외부세계(die unorganische Außenwelt)는 순화(純化)되고 균형에 맞게 정돈되어 정신에 유사한 것으로 만들어진다. 그리하여 신전, 즉 공동체의 집이 완성되어 세워진다. 그리고 나면 둘째 단계에서는 곧 이 신전 안으로 번뜩이는 신의 개성(Individualität)이 그 굼뜬 공동체의 무리 속으로 내

---

77) 즉 여기서 헤겔은 건축보다 조각을 우위에 놓고 있다.

려와 그들 사이로 뚫고 들어가 구체성을 띤 형태로 응집되고 형상화되면서 정신, 즉 신 자신이 들어선다.

이렇게 하는 것이 바로 *조각*의 과제이다. 건축에서는 내적인 정신을 암시할 능력밖에 없다면, 조각은 그 정신의 내면이 감각적인 형상과 외적인 질료 속에 들어서게 하고, 그 양쪽 가운데 어느 쪽이 다른 쪽보다 우세하지 못하도록 서로 꽉 맞춰서 형태화한다는 점에서 조각은 *고전적인 예술형식*이 그 기본유형이 된다. 그리하여 이 형식에서는 정신 자체를 표현한 것이 아니면 그 어떤 다른 것도 감각적으로 표현되지 못한다. 거꾸로 보면 조각에서는 구체화된 형상 속에서 직관될 수 없는 정신적인 내용은 어떤 것도 완전히 표현될 수 없게 된다. 그 이유는 조각을 통해서 정신은 육체화된 형태 속에 직접적인 통일성을 띠고 고요하고 지복(至福)의 상태로 존재해야 하며, 그때 드러나는 형태는 정신적인 개성이 지닌 내용에 의해 생동성을 띠어야 하기 때문이다. 그러므로 조각에서는 외적이고 감각적인 질료가 그 원래의 성질대로 그냥 무거운 덩어리로 가공되거나 비유기적인 형태를 띠거나 또는 색채 따위와는 무관하게 가공되지 않고, 공간적인 차원들이 이루는 총체성 속에서 이상적인 인간의 형상으로 가공된다. 그러므로 이 후자의 관계에서 우리는 조각 속에서는 우선적으로 내적인 것과 정신적인 것이 그 영원하고 고요한 본래의 독자성을 띠고 드러난다는 사실을 확인해야 한다. 이 같은 평정(平靜)을 보이고 자신과의 통일성을 이룰 수 있는 것은 오직 스스로 그러한 통일성과 평정 속에 유지될 수 있는 외면성이다. 이것이 바로 그 *추상적인 공간성*에 따라 드러나는 형태이다.

조각에 의해 표현되는 정신은 우연성과 열정의 유희 속으로 다양하게 흩어지지 않는 건실한 정신이다. 그러므로 조각은 외적인 것을 다양한 현상으로 분산시키지 않으며 오직 추상적인 공간성을 여러 차원들의 총체성 속에 하나로 포착한다.

(3) 건축이 신전을 건축하고 조각이 신들의 조상(彫像)을 만들어 세워 놓는다면, *셋째*로 신의 넓은 신전 안에는 이 감각적인 모습으로 현현된(gegenwärtig) 신과 마주보고 서는 공동체(Gemeinde)가 있다. 이 공동체는 바로 감각적인 신의 현존성을 그들 자신 속에 정신적으로 반성(反省)하며 생기를 불어 주는 주관성이자 내면성이다. 그러므로 이와 함께 개별화(Partikularisation)된 것, 즉 따로 갈라져나간 것과 그 주관성은 예술의 내용이 되고 또 이를 외적으로 표현하는 질료의 원리가 된다. 조각 속에서 신의 건실한 통일성은 개별화된 다양한 내면성으로 분산된다. 그러나 이 내면의 통일성은 감각적이 아니라 오로지 이념적이다. 그래서 신 자신은 이처럼 자신의 통일성 속에서 다시 바뀌고 이동하면서 주관적인 지(知)와 그 특수성으로 현실화된다. 그럼으로써 신은 보편화되고 통일된 많은 것들처럼 참된 정신, 즉 그 공동체 내의 정신이 된다.

이 안에서 신은 폐쇄된 채 자신과 동일성을 지니는 추상성은 물론 조각에 의해 표현된 육체성 속으로 직접 침잠하는 데서 벗어나, 정신성과 지(知), 그리고 본질적으로 더 내적이며 주관성으로서 현상해 반사(反射)하는 것으로 고양(高揚)된다.

그리하여 *보다 숭고한 내용*은 이제 정신적인 것, 즉 절대적으로 정신적인 것이 된다. 하지만 그것은 이렇게 분열됨으로써 곧 특수한 정신성, 즉 개별적인 심정으로 나타난다. 그리고 그때 주요한 사안은 신(神)이 자신 속에 욕구 없는 평정(平靜)이 아니라 대체로 가상(假象), 즉 타자를 위한 존재(das Sein für Anderes)로서 현시(Manifestation)되는 것이다. 그래서 이제 다양한 주관성은 생동적으로 움직이고 활동하는 가운데 인간적인 열정, 행위, 사건, 대체로 인간의 감성, 의지, 부작위(不作爲) 같은 광범한 영역 자체가 예술 표현의 대상이 된다— 이 내용에 맞춰서 이제 예술이 지닌 감각적인 요소도 역시 개별화되고 주관적인 내면성에 알맞게 표현되어야 한다. 그런 표현을 위한 질료로 색채, 음조(音調), 그리고 끝으로 내적인 직관과 표상을 단순한 기호로 표시하는 음이 있다. 그리고 이러한 질료를 이용하여 저 내용을 실현하는 예술방식들로 희화, 음악, 시문학이 있다. 여기서 감각적인 소재들은 그 자체로(an sich selbst) 특수화되고 도처에 이념적으로 설정되어 나타난다. 그러므로 그 소재들은 대개 예술 정신이 담고 있는 내용에 가장 적합하다. 그리고 정신적인 의미와 감각적인 질료의 관계는 건축이나 조각에서보다 더 숭고한 내면성으로 발전해간다. 그러나 이는 전적으로 주관적인 측면에서 등장하는 내적인 통일성이며, 형식과 내용이 개별화되면서 이념적으로 정립되어야 하므로, 이는 내용이 지닌 객관적인 보편성과 감각적인 것과 직접적으로 융합되는 것을 희생함으로써만 드러난다.

이제 형식과 내용이 상징적인 건축이나 고전적인 이상을 담았던 조각을 떠나 다시 이상성(理想性, Idealität, 영어: Ideality)으로 고양되므로, 이 예술들이 취하는 유형은 그 형상방식을 표현하는 데 가장 적합한 *낭만적인 예술형식*이다. 이는 예술들의 총체성이라고 볼 수 있으니, 그 이유는 낭만적인 것 자체가 자체 내에서 가장 구체적인 형식이 되기 때문이다.

개별적인 예술들이 이르는 이 *세 번째* 영역은 내부적으로 다음과 같이 구성될 수 있다.

a) 조각에 가장 근접한 예술로 꼽을 수 첫 번째 예술은 *회화(繪畫)*이다. 회화가 그 내용을 형상화하는 질료로 이용하는 것은 가시성(可視性) 자체이다. 왜냐하면 이 가시성은 그 자체에서 동시에 그것이 개별화되기 때문, 다시 말해 색채로 규정되어 나아가기 때문이다. 비록 건축과 조각의 질료도 역시 눈에 보이고 색채를 지니기는 하지만, 회화에서처럼 시각화되거나 빛이 그 반대의 어둠과 대조되어 스스로 특수한 모습으로 드러나거나 빛이 어둠과 결합해서 색채를 이루지는 않는다. 이렇게 자기 안에서 주체화되면서 개념적으로 정립된 가시성은 건축에서처럼 무거운 질료가 지닌 추상적이고 역학적인 질량의 차이가 필요하지 않으며, 또 조각에서처럼—물론 집약된 유기적 형태이기는 하지만—감각적인 공간의 총체성도 필요하지 않다. 오히려 회화에서 말하는 가시성과 가시화는 색채의 차이들을 좀 더 이념적인 차이(ihre Unterschiede als ideellere), 즉 색들의 특수성으로 지니며, 그 표현 장소를 평면이라는 차원에 국한시킴으로써 질료의 감각성과 공간의 총체성으로부터 예술을 해방시킨다.

다른 한 편으로 내용도 역시 매우 광범위하게 특수화된다. 인간의 가슴 속에 감정, 표상, 목적으로 자리할 수 있는 것, 행위로 형상화해낼 능력이 있는 것 따위의 온갖 다양한 것들은 회화의 다채로운 내용이 될 수 있다. 정신이 지닌 최고의 내용으로부터 아래로 매우 특수한 자연의 대상에 이르기까지 특수성의 영역 전체가 자리를 차지한다. 왜냐하면 비록 유한한 자연일지라도 만약 그것이 정신적인 어떤 암시를 통해 사상과 감정에 친밀해지면 그 자연은 여기서 특수한 장면이나 현상으로 나타날 수 있기 때문이다.

b) 낭만적인 예술형식이 자신을 실현시키는 첫 번째 예술이 회화

라면 두 *번째의* 예술은 음악이다. 음악의 질료 역시 감각적이기는 하지만 회화에서보다 더 심오한 주단성과 특수화로 진행해 간다. 음악에서 감각적인 것이 이념적으로 정립된다면 회화에서는 가상적인 공간이 여전히 존재해야 하고 이를 통해 공간성을 의도적으로 속여야 하지만, 음악에서는 공간을 아무렇게나 펼치는 것을 지양하는 동시에 개별적인 하나의 점(點)으로 관념화(觀念化, idealisiert)한다. 그러나 이러한 부정성(Negativität)으로서의 점(點)은 자체 내에서 구체적이고 질료성을 띠며 활동하고 지양(止揚)한다. 그리고 물체 자체(즉 악기 따위—역자주)가 자체 안에서 움직이고 진동하는 것으로서 자기 자신과 관계를 맺는다. 이처럼 더 이상 공간적이지 않고 시간적인 관념성으로 드러나는 질료를 내포하는 최초의 관념성이 음(音), 즉 부정적으로 정립된 감각적인 것이다. 그 추상적인 가시성은 음이 이념을 물질성에 예속되는 데서 벗어나게 함으로써 들릴 수 있는 것으로 변한다.[78]

질료가 지닌 이 같은 최초의 내면성과 영활성은 아직 규정되지 않은 정신의 내면성과 영혼을 위한 질료가 되며, 그 음향 속에서 갖가지 단계의 감정과 열정을 띤 심정이 되어 울려 퍼지고 사라지게 한다. 그런 방식으로 음악은, 조각이 건축과 낭만적인 주관성을 지닌 예술들 사이의 중간에 위치하듯이 다시금 낭만적인 예술들 사이에서 중심을 형성하며, 회화가 지닌 추상적이고 공간적인 감각성과 시문학(詩文學)이 지닌 추상적인 정신성의 중간에서 교차한다. 음악은 건축과 마찬가지로 자체 내에 감성과 내면성이 대립하는 것으로서, 그 결과 오성적인 음량(量)의 관계 그리고 음들과 음들이 결합되는 확고한 법칙성에 기반을 두게 된다.

---

[78] 음과 음악에 대한 헤겔의 사상은 그의 《철학집성(Enzyklopädie der philosophischen Wissenschaften im Grundrisse)》(1830년)의 §300~302항, '음향(Der Klang)' 부분에서도 읽을 수 있다.

c) 마지막으로 낭만적인 예술형식 가운데 *세 번째*이면서 가장 정신적인 표현방식이 되는 것으로서 우리가 발견할 수 있는 것은 바로 *시문학(詩文學, Poesie)*이다.

시문학의 고유한 특성은, 음악과 회화가 예술을 해방시키기 시작했던 감각적인 요소를 그것이 정신과 정신의 표상 속에 예속시키는 힘에 있다. 왜냐하면 시문학에 있어 최후의 외적인 질료인 음(音, der Ton)은 더 이상 그 안에서 음으로 울리는 감정이 아니라, 의미 없는 기호, 하지만 (음악처럼) 그냥 무규정적인 감정이나 뉘앙스의 단계를 나타내는 기호가 아니라 자기 안에서 구체화된 표상의 기호이기 때문이다. 그리하여 음은 음절로 나뉘어 명확하게 소리로 발음되는 낱말이 되고, 그 의미는 표상과 사유를 표시하게 된다. 왜냐하면 자체 내에서 부정적인 점(der in sich negativer Punkt)은—음악은 그 점을 향해서 나아가지만—이제 완성된 구체적인 점, 즉 정신적인 점(als Punkt des Geistes)으로서, 정신에서 우러나와 표상의 무한한 공간과 음의 시간성을 결합시키는 자의식적인 개체로 등장하기 때문이다. 그러나 이 감각적인 요소는 음악에서는 내면성과 직접적으로 하나가 되어 있었다면, 여기(시문학)에서는 의식의 내용으로부터 떨어져나가며, 반면에 정신은 이 내용을 자각적으로 그리고 자기 안에서(für sich und in sich selbst) 표상으로 지정한다. 그리고 그것을 표현하기 위해서 음을 이용하되 가치도 내용도 없는 기호로서만 이용한다. 그에 따라 음도 역시 단순한 철자가 될 수 있다. 왜냐하면 보이는 것과 마찬가지로 들리는 것도 단지 정신을 암시하는 것으로(zur bloßen Andeutung des Geistes) 격하되기 때문이다.

그럼으로써 시적인 표현에서 진정 중요한 요소가 되는 것은 시적인 *표상*과 정신적인 직관 자체(die poetische *Vorstellung* und geistige

Veranschaulichung selber)이다. 그리고 이 요소는 모든 예술형식에도 공통되는 것이므로, 결국 시문학도 모든 형식들을 통과하면서 그 안에서 독자적으로 발전한다. 시예술(die Dichtkunst)은 자체 내에서 자유로워지며 외적이고 감각적인 질료에 매여서 실현되는 정신이 아니라, 오직 표상과 감정의 내적인 공간 및 내적인 시간 속에 몰입하는 보편적인 예술이다.

그러나 이 최고의 단계에 이르면 예술은 또 스스로를 넘어서 나아가게 된다. 왜냐하면 예술은 정신의 감각성과 화해를 이루던 요소에서 떠나 표상의 시문학에서 사유(思惟)의 산문으로(in die Prosa des Denkens) 넘어가기 때문이다.

이것이 특수한 예술들로 분류된 전체의 모습이라 할 수 있을 것이다. 그 예술들이란 외적인 예술인 건축, 객관적인 예술인 조각, 주관적인 예술인 회화와 음악 그리고 시문학이다. 물론 사람들은 누차 예술을 다른 식으로 분류하려고도 시도해 보았다. 왜냐하면 예술작품은 그처럼 풍요로운 면들을 제공하므로, 사람들은 종종 그렇듯이 때로는 이것을, 때로는 저것을—예를 들면 감각적인 질료 같은 것을—분류의 근거로 삼을 수 있기 때문이다. 그럴 때 건축은 감각적이고 공간적인 총체성 속에 있는 질료의 결정체이고, 조각은 그것의 유기적인 형상화가 된다. 회화는 채색한 평면과 선이다. 반면에 음악 속에서는 공간이 대개 자기 안에서 이행된 시간의 점으로 넘어가며, 결국 시문학에 이르면 외적인 질료는 전혀 무가치한 것으로 격하된다. 혹은 사람들은 이러한 차이들을 아주 추상적인 측면의 공간성과 시간성에 따라서 파악하려고도 했다. 하지만 질료처럼 예술작품이 지니는 그런 추상적인 특수성은 비록 그 독특성을 일관성 있게 추적할 수는 있을지 몰라도 궁극적으로 규명할 수는 없다. 그런 측면 자체는 더 고차적인 원리에서 그 근원을 이끌어내고 있으며 따라서 그 원리에 예속되기 때문이다.

이처럼 우리는 좀 더 고차적인 것으로서 미 이념 자체의 일반적인 계기가 되는 상징적, 고전적인 그리고 낭만적 예술형식을 살펴보았다. 구체적인 형상 속에서 이념과 개별예술들과의 관계는 그 예술들이 예술형식의 실제 현존재가 된다는 특성을 띤다. 왜냐하면 예를 들면 *상징적인 예술*은 건축 속에서 가장 적합한 형태로 실현되고 가장 크게 이용되며 그 속에서 그것은 완전한 개념에 따라 존재하되 아직은 타 예술의 무기적(無機的)인 자연으로 격하되고 있지 않기 때문이다. 반면에 *고전적인 예술형식*에서는 조각이 절대적인 현실성이 된다. 하지만 그 형식은 건축을 단지 외양을 감싸는 것으로만 이용하며, 회화와 음악은 아직 그 내용을 담을 절대적인 형식으로 키워내지 못하고 있다. 끝으로 낭만적 예술형식은 회화적이고 음악적인 표현을 독자적으로 절대적인 방식으로 이뤄낼 수 있으며 시적으로 표현하는 것도 마찬가지다. 그러나 시문학은 미의 모든 형식에 적합하면서도 그 모든 형식들을 넘어서서 자신을 확장해 나간다. 왜냐하면 시문학의 원래 요소는 미적인 상상력(schöne Phantasie)이며, 이 미적인 상상력은 모든 미의 창조에 — 그것이 어느 형식에 속해있든 — 필수적이기 때문이다.

그러므로 특수한 예술들이 개별적으로 만들어진 예술작품들 속에서 실현시키는 것은 오직 개념에 따라 스스로 펼쳐지는 미(美) 이념의 보편적인 형태들이다. 이 형태들이 외적으로 실현되어 나타날 때 예술의 광활한 만신전(萬神殿, Pantheon)은 솟구쳐 오른다. 그때 이를 세우고 다듬는 장인(丈人)은 스스로 이해하는 미(美)의 정신이다. 그러나 그 만신전은 수천 년을 지나면서 세계의 역사가 발전하는 동안에 비로소 완성될 것이다.

제1부
예술미의 이념 또는 이상

유한한 현실과 종교 그리고 철학과 관련해서 본 예술의 입지

우리는 이제 서장(序章)을 지나 본격적으로 우리의 대상(예술)을 학문적으로 고찰하는 단계에 들어섰다. 그러므로 여기에서 미(美)에 관한 참된 학문을 어떤 점에서 시작해야 할지 결정하려면 현실의 영역에서 예술미가 차지하는 일반적인 입지(立地)뿐 아니라 다른 철학 분과들과 관련하여 미학이 차지하는 일반적인 입지에 대해서 먼저 간략히 살펴보아야 할 것이다.

이를 위해 먼저 미를 사유적(思惟的)으로 파악하려는 여러 다양한 시도들을 설명하고 이것들을 분류하고 평가하는 일이 목적에 맞는 듯이 보일 수도 있을 것이다. 하지만 이에 대해서는 한편 이미 서장에서 다루었고, 또 한편 일반적으로 참된 학문을 하는 데 있어서는 이미 딴 사람들이 해놓은 일을 가지고 시시비비를 가리며 살피거나 그것들에게 배우려고만 하는 것은 중요하지 않다.

오히려 반대로 그 점에 대해 한마디 미리 언급할 것이 있으니, 많은 사람들은 오히려 미(美)란 그것이 미이기 때문에 개념적으로 파악할 수 없으며 따라서 사유적으로 파악할 수 없는 대상으로 머문다고 생각한다는 점이다. 그런 사람들의 주장에 대해서는 이 자리에서 다음과 같이 간단하게 반박할 수 있다. 즉 설령 오늘날 사람들이 참된 것은 마치 모두 개념적으로 파악이 안 되고 오직 현상으로 드러나는 유한성과 시간성을 띤 우연적인 것만 개념적으로 파악된다고 주장하더라도, 사실 오직 참된 것만이 그 바탕에 절대적인 개념, 다시 말해 이념을 지니고 있어서 개념적으로 파악될 수 있다는 사실이다. 그러나 미란 참된 것을 외화(外化, Äußerung)시켜 표현하는 하나의 특정한 방식에 불과하다. 그러므로 만약에 사유가 정말로 개념으로서의 위력을 지니고 있다면 미도 개념적으로 인식하는 사유에 대해 모든 면에서 열려 있는 대상이다. 물론 근래에 와서 개념 자체, 즉 절대적인 개념만큼 잘못 다루어진 개념도 없다. 왜냐하면 사람들은 흔히 개념을 마치 표상이나 오성적인 사유의 한 추상적인 규정이나 일면성으로 이해하곤 하기 때문이다. 하지만 그런 식으로 해서는 참된 것의 총체성은 물론 스스로 구체적인 미(美)도 사유의 대상으로 의식되지 못한다.

왜냐하면 이미 앞에서 설명했고 또 나중에 더 상세히 설명하겠지만, 미란 오성의 추상개념이 아니라 스스로 안에서 구체적이고 절대적인 개념이며, 더 분명히 이해하자면 스스로에 적합한 현상 속에 존재하는 절대적인 이념(absolute Idee)이기 때문이다.

그렇다면 그 참된 현실성 속에 있는 *절대적인 이념*은 과연 무엇인가에 대해 간단히 설명하려 들자면, 우리는 그것을 정신(Geist)이라고, 그것도 유한한 편집(偏執)과 한계성 속에 빠져 있는 정신이 아니라 진정으로 참된 것을 스스로 규정하는 보편적이고 무한한 절대정신(der absolute Geist)이라고 말해야 한다. 그러나 우리가 일상적으로 의식하기에 정신은 그와 동등한 가치를 지니는 자연과는 대립되는 것으로 보인다. 그러나 만약 우리가 자연과 정신을 마치 둘 다 똑같이 본질적인 영역인양 나란히 병립시켜 연관시킨다면, 그때의 정신은 무한한 진리 속에 있는 것이 아니라 단지 유한성 속에 있는 정신으로만 고찰된 것이다. 다시 말해서, 절대정신에 대해 자연은 동등한 가치를 지닌 것이거나 하나의 제약으로서 대립하지 않고, 오히려 자연은 절대정신에 의해 정립된 것이라는 입지를 가지며, 그럼으로써 자연은 (절대정신을) 제한하고 제약할 위력을 박탈당한 산물이 된다. 이와 동시에 절대정신은 오직 절대적인 활동으로서, 즉 자기를 자기 안에서 절대적으로 구별하는 활동으로 파악된다(Zugleich ist der absolute Geist nur als absolute Tätigkeit und damit als absolute Unterscheidung seiner in sich selbst zu fassen). 이제 정신이 자기로부터 구별한 이 타자(他者, dies Andere)가 한편으로 자연이며, 정신은 자기의 타자인 이 자연에게 자신이 지닌 온갖 충만한 본질을 부여하는 선(善)한 것이다.

그러므로 우리는 자연의 개념을 파악할 때 그것이 절대적인 이념을 자기 안에 포함하고 있다고 보아야겠지만, 그것(자연)은 어디까지나 절대정신에 의해 정신의 타자로 정립되어 있는 형태 속의 이념이다. 그런 한에서 우리는 자연을 창조된 것(Geschaffenes)이라고 부른다.

하지만 그렇기 때문에 그것의 진리는 정립하는 자, 즉 이상성이자 부정성으로서의 정신(der Geist als die Idealität und Negativität)이다. 정신은 자체 내에서 자기를 특수화하고 부정하지만 동시에 이 특수화와 부정 자체를 자기에 의해 정립된 것으로서 지양하며, 이로써 정신은 그 속에서 제한과 제약을 느끼는 것이 아니라 자신의 타자와 더불어 자유로운 보편성 속에서 자신과 하나로 일치되기 때문이다. 이 이상성(理想性)과 무한한 부정성이 정신의 주관성이라는 심오한 개념이 된다. 그러나 이때 주관성인 정신은 아직 자신의 참된 개념을 자각적(대자적, für sich)으로 만들어내지 못하고 있으며, 따라서 우선은 잠재적으로(an sich) 자연의 진리일 뿐이다. 그로써 자연은 정신에 의해 정립되어 그 (자연) 속에서 정신이 자기에게 회귀(回歸)하는 타자(他者)로서 정신에 맞서는 것이 아니라, 극복되지 않은 채 제약을 가하는 타자존재(Andersein)로 맞서게 된다. 기존의 객체로서 존재하는 이 타자존재에 대해 정신은 앎(知)과 의지(意志)라는 형태로 존재하는 주관성으로서만 관계하고 있을 뿐이며, 고작해야 자연에 대립하는 다른 측면을 형성할 수 있다. 이론적인 정신의 유한성뿐 아니라 실천적인 정신의 유한성도, 즉 인식에서의 한계성과 선(善)을 실현하는데 있어서 단순한 당위(當爲)도 모두 이 영역에 속한다. 따라서 자연에서처럼 여기서도 현상하는 것은 그 참된 본질과는 다르다. 그리하여 우리는 여전히 숙련, 정열, 목적, 견해, 재능 등이 서로 추구하거나 서로 회피하고 서로 긍정적으로 작용하거나 부정적으로 작용하면서 서로 엇갈리고, 또 한편으로 온갖 형태의 우연한 것들이 의지(意志)하고 추구하고 생각하고 사유할 때 촉진하거나 방해하며 뒤섞여 끼어드는 혼란스런 모습을 목격하게 된다. 이것이 유한한 시간성에 얽매인 유한하고 모순적인 정신, 따라서 무상하고 만족하지 못하며 지복(至福)의 상태에 도달하지도 못한 정신이 처해 있는 입장이다. 이런 유한한 영역에서는 비록 만족을 얻더라도 그것은 유한한 형태 속에서 늘 개별적이고 한정되고 위축되며 상대성을 띨 뿐이다. 그래서 시선, 의식, 의지, 사유 같은 것은 이러한 유한성을 넘어서 스스로를 고양시키며 다른 데, 즉 무한하고 참된 것에서 진정한 보편성과 통일성과 만족을 찾으려고 한다. 정신을 추동(推動)하는 합리성(treibende Vernünftigkeit des Geistes)이 정신의 유한성을 지양하고 나아가 이 통일성에 이르러서 충족될 때 비로소 현상세계는 그 개념에 맞는 진정한 면모를 드러낸다. 정신은 유한성을 정신 자신의 부정태(否定態, das Negative seiner)로 파악하며 이를 통해 정신 자신의 무한성을 획득한다. 유한한 정신의 이 진리가 절대정신이다 — 그러나 이런 형태 속에서 정신은 현실적으로는 단지 절대적인 부정성이 될 뿐이다. 즉 정신은 자기 속에서 자신의 유한성을 정립하고 다시 이를 지양(止揚)한다. 그럼으로써 정신은 그 최고의 영역에서 스스로를 자각적으로(für sich selbst) 인식(Wissen, 앎)과 의지의 대상으로 삼는다. 정신이 의식의 단계에 접어들고 자기 안에서 자기를 인식자(Wissende)와 이에 대립하는 인식의 절대적인 대상으로 구별함으로써 절대자 자체가 정신의 객체가 된다. 정신의 유한성에 관한 앞서의 입장에서 보면 정신은 절대자를 자기와 *대립하고 있는 무한한* 객체로 알고 있으며, 따라서 정신은 이 절대자와 구별되는 *유한한 것*으로 규정된다. 그러나 한 차원 올라가 사변적으로 고찰해 보면, *절대 정신 자체*는 자각적(대자적)으로 자신에 대한 지식으로서 존재하기 위해 *자기 안에서* 자기를 구별하고, 그럼으로써 자기의 유한성을 정립하며 이 유한성 속에서 정신은 자신에 대한 앎의 절대적인 대상이 된다. 이처럼 정신은 자신과 하나가 되는 가운데 절대정신이 되며, 정신이면서 동시에 정신 자신에 대해 아는 자로서 참된 절대자가 된다. 우리는 이 사실을 예술철학의 출발점으로 삼아야 한다. 그 이유는 *예술미*는 *논리적인* 이념, 즉 사유의 순수한 원리 속에서 전개되는 절대적인 사상이거나 정반대의 *자연적인 이념*이 아니라 *정신의* 영역에 속하기 때문이다. 물론 이때 그것은 유한한 정신의 인식이나 활동에만 머물지는 않는다. 예술이 관여하는 영역은 다름 아니라 절대정신(der absolute Geist)의 영역이다. 하지만 우리는 여기서는 단지 그렇다는 것만 시사할 수 있다. 이를 학문적으로 증명하는 일은 앞서의 다른 철학분과들, 즉 절대이념을 대상으로 삼는 논리학이나 자연철학 또는 유한 정신의 영역을 다루는 철학 등이 할 일이다. 이런 학문들이 하는 일은 논리적인 이념이 어떻게 그 개념에 맞게 이념 자신을 자연적인 현존재로 바꾸며, 어떻게 이 외면성에서 벗어나 정신으로, 그리고 정신의 유한성에서 벗어나 다시 영원함과 진리 속의 정신으로 해방되는지 밝히는 것이기 때문이다.

최고의 참된 가치를 지닌 예술에 마땅히 적용되어야 할 이 관점에서 보면 예술이 종교나 철학과 동일한 영역에 자리잡고 있음이 곧 명백하게 드러난다. 절대정신의 모든 영역에서 정신은 세계성(世界性, Weltlichkeit)을 띤 자신의 우연한 관계들, 그리고 자신의 목적과 관심의 유한한 내용에서 벗어나 정신 자체의 절대적인 존재성을 고찰하고 이를 완성시키기 위해 자신을 개방시킴으로써 현존성이라는 좁은 한계에서 벗어난다.

자연적인 삶과 정신적인 삶의 모든 영역 내에서 예술이 차지하는 위치를 좀 더 자세히 이해하기 위하여 우리는 그 위치를 보다 구체적으로 다음과 같이 파악할 수 있다.

우리의 현존성이 띠고 있는 모든 내용을 살펴보면, 우리는 우리의 일상적인 의식 속에서 다양한 관심사들을 가지며 또 이들을 충족시킨다. 먼저 갖가지 물질적인 욕구들의 거대한 체계가 있으며, 이 욕구들을 충족시키기 위해 상업, 해운, 기술직 등을 포함해 광범위한 생업들이 다양한 규모 속에서 서로 연관되어 수행된다. 더 위로 올라가면 법, 법조계, 가정생활, 신분의 차이, 포괄적인 국가영역이 나온다. 그 다음에는 모두의 마음속에 자리 잡고 있고 교회와 신앙생활 속에서 충족되는 종교에 대한 욕구가 있다. 마지막 단계로 가면 다양하게 갈라지며 뒤얽힌 학문들의 활동영역이 나온다. 즉 모든 것을 이해하려는 지식과 인식의 총체가 나온다. 이 영역 속에서 이제 예술 활동, 미에 대한 관심, 그리고 미적인 구성물 속에서 이루어지는 정신적인 만족 따위도 등장하게 된다. 거기에서는 그런 욕구들이 기타 다른 생활

영역이나 세계영역과 관계하면서 갖는 내적인 필연성에 대한 물음이 제기된다. 우리는 일단 이런 영역들을 그냥 보통 이미 있는 것으로 간주한다. 그러나 학문적으로는 그것들의 본질과 내적인 관계 그리고 그들 상호간의 필연성을 통찰하는 일이 중요하다. 왜냐하면 그것들은 단순히 서로 유용한 관계에 머물러 있는 것이 아니라, 한 영역의 활동 방식이 다른 영역의 것보다 한 차원 더 높은 것이 되어 서로를 완성시켜주기 때문이다. 그리하여 한 단계 아래의 영역이 스스로를 넘어서서 나아가 더 넓은 관심사를 더 깊이 충족시킴으로써 종전의 영역에서 완성하지 못한 것을 보온하게 된다. 이때 비로소 내적인 관계의 필연성이 주어진다.

미와 예술의 개념에 대해서 이미 우리가 확립한 것을 상기해 보자. 우리는 그 속에서 기중적인 것을 발견했었다. *첫째*는 내용과 목적 그리고 의미의 측면이고, *그 다음*은 그 내용의 표현, 현상, 현실성의 측면이다. 그 다음 *셋째*로, 두 측면이 상호 침투함으로써 외적이고 특수한 것은 전적으로 내적인 것의 표현으로 나타난다. 예술작품에서는 오직 내용과 본질적으로 관련하면서 그 내용을 표현하는 것만이 존재한다. 우리가 내용이나 의미라고 부르는 것은 그 완성된 모습과는 달리 그 자체로는 단순한 것이며, 포괄적이면서도 아주 단순하게 규정된 사상(事象, die Sache) 자체이다. 그러므로 예를 들어 어떤 책의 내용은 몇 마디 말이나 문장으로 요약해 나타낼 수 있다. 그러므로 그 책에는 그 일반적인 취지가 그 내용 속에 이미 제시되지 않는 것은 들어가서는 안 된다. 상세한 논의를 위한 토대가 되는 주제라고도 할 수 있는 이 단순한 것은 추상적이며, 구체적인 것은 상세한 논의 끝에 비로소 등장한다.

그러나 이 대립의 두 측면은— 예를 들어 삼각형이나 타원형 같은 수학적인 도형 자체가 일종의 단순한 내용으로 존재하면서 그것이 외적으로 드러날 때 갖게 될 특정한 크기나 색깔 등등에 대해 무관심한 것처럼 — 외적으로 서로 무관하게 병행하여 존재하는 것으로 규정되지 않는다. 오히려 *단순한* 내용으로서의 추상적인 의미는 상세하게 논의되어 구체화되어야 한다는 규정을 자체 속에 이미 포함하고 있다. 더불어 본질적으로 하나의 당위성(當爲性)이 등장한다. 즉 우리는 어떤 내용이 아무리 타당해도 그 내용의 추상성에만 만족하지 않고 그 이상의 것을 요구한다. 우선은 이것은 단순히 만족되지 않은 욕구일 뿐이며, 주체 속에서 자신을 지양(止揚)하고 충족시키기 위해 나아가려고 분투하는 만족하지 않는 그 무엇이다. 이런 의미에서 우리는 내용(Inhalt)이란 우선은 *주관적인 것*이며, 객관적인 것과 대립하고 있어서 이 *주관적인 것을 객관화하라*는 요청에 직면하는 내적인 것일 뿐이라고 말할 수 있다. 주관적인 것과 그에 맞서는 객관적인 것 사이에 생기는 대립과 그 대립을 지양해야 한다는 당위성이 바로 모든 것을 관통하는 보편적인 규정이다. 우리의 살아있는 신체도 이미 그렇지만 우리의 정신적인 목적과 관심의 세계는 더욱 더 다음의 요청, 즉 먼저 주관적이고 내적인 것으로만 머물러 있는 것을 객관성을 통해 완성시킨 뒤에 이 완성된 현실존재 속에서 비로소 만족을 발견해야 한다는 요청에 의존한다. 이제 관심과 목적의 내용은 우선은 주관적인 것이라는 일면적인 형태 속에서만 주어지는데, 일면성이라는 것은 하나의 제약이기 때문에 이 결함은 동시에 불안이나 고통, 뭔가 *부정적인 것*으로서 나타난다. 이 부정적(否定的)인 것은 부정적인 자신을 지양해야 하며 스스로 느끼는 결핍을 제거하기 위해 의식과 사유의 한계를 벗어나려고 노력한다. 그렇다고 해서 이는 주관적인 것에 단순히 그 반대 측면인 객관성이 결핍되어 있다는 뜻은 아니다. 오히려 좀 더 특정한 관계가 성립되고 있는데, 말하자면 *주관적인 것 속에 객관적인 것이 결핍되어 있으며 객관 자체는 주관적인 것 자체 안에 있는 결핍이자 부정*이므로 주관적인 것은 이를 다시 부정하려고 애쓴다는 뜻이다. 그러므로 개념상 주체는 그 자체로(an sich) 이미 **총체적인 것**(*das Totale*)이며, 단순히 내적인 것에 그치지 않고 내적인 것이 외적인 것에서 실현된 것이기도 하다. 이제 주체는 *단지* 하나의 형태 속에 일면적으로 존재하는데, 이 때문에 주체는 개념상으로는 전체이지만 실제로는 하나의 측면에 지나지 않는다는 모순에 빠진다. 삶은 자신 속에 있는 그런 부정성을 지양할 때 비로소 긍정적인 것이 된다. 대립과 모순, 그리고 그 모순을 해결하는 과정을 완수하는 것이 살아 있는 자연물들이 갖고 있는 숭고한 특권이다. 처음부터 긍정적으로만 존재하고 계속 그런 상태로 머무는 것은 생명 없이 존재할 뿐이다. 삶은 부정과 그 부정이 지니는 고통으로 이행하면서 거기에서 나오는 대립과 모순을 제거할 때 비로소 스스로를 위해 긍정적으로 된다. 물론 만약에 그런 모순들이 해결되지 않은 채 계속 모순으로 머물면 그때 삶은 그 모순 때문에 무너지게 된다. 이것들이 우리가 이 자리에서 필요로 하는, 추상적으로 고찰되는 규정들이다.

주관적인 것이 자신 속에서 파악할 수 있는 최고의 내용을 우리는 간단히 *자유*(*自由*)라고 부를 수 있다. 자유는 정신이 갖는 최고의 규정이다(Die Freiheit ist die höchste Bestimmung des Geistes). 자유란 우선 아주 형식적인 면에서 보면 주체가 자기와 대립되는 것 안에서도 낯섬이나 한계 또는 제약을 느끼지 않고 오히려 그 속에서 자신을 발견한다는 뜻이다. 이 형식적인 규정에 따르면 모든 궁핍과 불행은 사라지고 주체는 세계와 화해하고 그 안에서 만족하며, 모든 대립과 모순은 해결된다. 그러나 더 자세히 보면 자유는 이성적(*理性的*)인 것을 그 내용으로 삼는다. 예를 들면 행동 속에 들어 있는 인륜성, 사유 속에 들어 있는 진리가 그것이다. 그러나 자유 자체는 우선은 주관적이고 아직 완전히 실행되지 않았기 때문에, 자연적인 필연성으로서의 객관적인 것이 부자연스럽게 주체와 대립하게 되며, 동시에 이 대립을 화해시켜야 한다는 것이 요청된다. 또 한편으로 내적이고 주관적인 것 자체 내에도 이와 비슷한 대립이 일어난다. 즉 한편 자유 속에는 보편적이고 독자적인 것, 법과 선(善), 진실 같은 보편적인 규범들이 들어 있지만, 다른 한편으로 인간의 충동, 감정, 성향, 열정이나 그 외에 인간 개개인의 구체적인 마음속에 들어있는 모든 것도 자리잡고 있다.

이 대립도 투쟁과 모순으로 나아가며 그때 그 투쟁 속에는 일반적으로 온갖 동경(憧憬)과 처절한 고통, 괴로움, 불만 등이 생긴다. 동물은 동물 자신이나 주변의 사물들과 더불어 평화롭게 살지만, 인간 정신은 그 본성상 이원성(二元性)과 균열을 끊임없이 산출하고 그 모순 속에서 배회한다. 왜냐하면 인간은 내적인 것 자체나 순수한 사유, 법칙과 보편성의 세계 속에서만 눌러 앉아 있지 못하고, 감각적인 현실 존재와 감정, 마음, 심정 따위도 필요하기 때문이다. 철학은 그렇게 생기는 대립 양상에 대해 철학의 엄격한 보편성에 따라 사유하고 또 이를 *보편적인* 방식으로 지양하려고 나아간다. 그러나 삶의 직접성 속에 존재하는 인간은 직접적인 만족을 얻으려고 집착한다. 그런 대립의 해소에서 얻어지는 만족을 우리는 가장 가깝게는 감각적인 욕구들의 체계 속에서 발견할 수 있다. 감각 영역 내에서 드러나는 모순과 그것이 해결되는 것의 예로 배고픔, 갈증, 피로, 먹고 마시고 배부른 상태, 수면 등을 들 수 있다. 그러나 인간 존재가 속해 있는 자연 영역 속에서 만족이 갖는 내용은 유한하고 제한된 것이다. 만족은 절대적인 것이 못되며 따라서 쉬지 않고 또 다른 새로운 욕구로 나아간다.

먹고 배부르고 잠자는 것이 아무런 도움이 되지 못한 채, 다음날 다시 처음부터 배고픔과 피로는 시작된다. 그러므로 인간은 거기에서 더 나아가 정신적인 요소 안에서 지식과 의지, 학식과 행동의 만족과 자유를 찾으려고 한다. 무지(無知)한 자는 자유롭지 못하다. 왜냐하면 무지한 자에게는 낯선 세계가 외부에 그와 대립된 것으로 존재하며, 그는 그 세계를 자기를 위한 것으로 만들어 자기 안에 있을 때처럼 그 세계 안에서 편안함을 느끼지 못하고, 오히려 그 낯선 세계에 예속되고 말기 때문이다. 철학적인 통찰의 가장 낮은 단계에서 최고의 단계에 이르기까지 알고자 하는 충동, 앎에 대한 열망은 오직 저 부자유스런 상태를 지양 표상과 사유의 세계를 자신의 것으로 만들려는 열망에서 나온다. 거꾸로 자유는 행동 속에서 의지(意志)의 이성이 현실화되도록 추동시켜 간다. 이런 이성을 의지(der Wille)는 국가의 삶 속에서 실현한다. 진정 이성적으로 구성된 국가에서는 모든 법률과 제도는 다름아닌 이러한 자유가 그 본질 규정에 맞게 실현된 것들이다.

그런 경우에 국가 제도 안에서 개별적인 이성은 그 본질이 현실화된 것만 보게 되며, 개별 이성이 그 제도의 법칙들에 복종하는 경우에도 자기에게 낯선 것이 아니라 이성 자신에게 속하는 것들과 더불어 있게 된다. 사람들은 자의(恣意, Willkür)를 종종 자유라고 부르지만 이는 이성적이지 못한 자유일 뿐이며, 의지의 이성에 입각한 선택과 자기결정이 아니라 우연한 충동에서 나온, 그리고 감각적이고 외적인 것에 종속되어 나온 선택과 결정일 뿐이다.

그러므로 사실 인간의 육체적인 욕구와 지식, 의지는 세계 안에서 만족을 얻으며 그것은 주관성과 객관성의 대립, 혹은 내적인 자유와 외부에 있는 필연성 사이의 대립을 자유로운 방식으로 해소시킨다. 그럼에도 불구하고 이 자유와 만족 속에 들어 있는 내용은 한정된 것이며, 따라서 자유와 자족(自足, Sichselbstgenügen)도 유한성을 지닌다. 유한성이 있는 데서는 대립과 모순은 늘 다시 발생하며 상대성을 넘어서서 만족하지는 못한다. 예를 들어 법이 지배하는 현실 속에서 나의 이성과 의지, 자유는 인정되고 나는 인격체로서 가치를 지니고 존중된다. 그 제도 안에서 나는 내 소유물을 가지며 그것은 내 것으로 머물러야 한다. 그리고 내 소유물에 위험이 발생하면 법은 내게 나의 권리를 찾아 준다. 그러나 이런 소유물에 대한 인정과 자유는 늘 개별적이고 상대적인 면들과 그 개별적인 대상들, 다시 말해 이 집, 이 액수의 돈, 이 특정한 권리, 이 개별적인 행동과 현실에만 해당된다. 그 속에서 의식되는 것은 개별성들이다. 물론 이 개별성들은 서로 연관되고 관계들의 총체를 이루지만, 상대적인 범주들 내에서, 그리고 다양한 한정적인 조건 하에서만 그럴 뿐이다. 그리고 이 제한된 조건들이 지배할 경우 만족은 일시적으로 일어날 수도 일어나지 않을 수도 있다. 더 나아가 보면 하나의 전체로서 국가적인 삶은 그 자체 안에서 완성된 총체성을 이룰 수 있다. 즉 영주(領主)와 정부, 법정, 군대, 시민사회의 제도, 사교, 권리와 의무, 목적과 목적의 충족, 규정된 행동양식, 업적, 이런 개별적인 것들을 통해 전체는 부단히 현실을 이루면서 유지한다. 그리고 이 유기적인 조직 전체는 참된 국가 안에서 완성되고 그 속에서 완전히 실행된다. 그러나 원칙이 실현된 것이 국가적인 삶이고 그 삶 속에서 인간은 자기 개인의 만족을 추구할진데, *원칙* 자체는 아무리 그것이 그 내적인 외적인 구조 속에서 다양하게 펼쳐지더라도 또다시 *일면적이고 추상적인* 것으로 머문다. 그 안에서 명시되는 것은 *의지의* 이성적인 자유 뿐이다. 자유는 오로지 국가 안에서, 그것도 이런 *개별적인* 국가 안에서만 현실적이 되며 따라서 현실 존재의 특수한 영역과 그 개별적인 실재성 속에서만 현실적이 된다.

그래서 인간도 이 영역 속에서 세속적이고 유한한 방식으로 존재하는 권리와 의무는 충분하지 못함을 느끼고, 이것들이 객관성의 측면에서든 주체에 대한 관계의 측면에서든 좀 더 높은 확증과 인정을 얻을 필요가 있음을 느낀다.

이런 관계 속에서 모든 측면에서 유한성에 매인 인간은 유한한 것들이 갖는 온갖 대립과 모순이 궁극적으로 해결되고 자유를 충분히 만끽할 수 있는 좀 더 고차적이고 실체적인 진리의 영역을 추구한다. 이는 상대적으로만 참된 것이 아닌 진리 자체의 영역이다. 최고의 대립과 모순이 해소될 때 나타나는 것이 최고의 진리이며 진리 자체이다. 그 진리 속에서 자유와 필연의 대립, 정신과 자연의 대립, 지(知)와 대상의 대립, 법칙과 충동의 대립, 요컨대 대립과 모순 일반은 그것이 어떤 형태를 띠든 더 이상 타당성이나 위력을 지니지 못한다. 거기에서는 자유가 그 자체의 필연성에서 벗어나 주관성 속에만 머물러서는 절대로 참된 것이 되지 못하며 그렇다고 자유로부터 분리된 필연성에게도 진리성이 귀속되어선 안 된다는 점이 드러난다. 그러나 일상적인 의식은 그런 대립을 극복하지 못하고 모순 속에 빠져 자포자기하거나 그 모순을 내던지거나, 아니면 다른 방식으로 자구책을 구한다. 그러나 철학은 서로 모순되는 규정들 사이로 파고 들어가 그들을 개념에 따라 인식하며, 그 규정들이 일면성을 벗어나지 못하고 있기 때문에 절대적이지 못하고 스스로 해소되는 것으로 인식하며 그 규정들을 조화시키고 통일시킨다. 이런 조화와 통일이 바로 진리이며, 이 진리의 개념을 이해하는 것은 철학의 과제다. 이제 철학은 모든 것에 대해 그 개념을 인식하므로 그런 점에서 유일하게 개념적으로 파악하는 참된 사유이기는 하다. 그러나 진리 자체인 개념과 이 진리에 일치하기도 하고 일치하지 않기도 하는 실존(Existenz)은 서로 다르다.

진리에 속하는 규정들이 유한한 현실 속에서 서로에 대해 외적인 것으로서 나타나며, 그 진리에 따르면 분리될 수 없는 것이 분리된 것으로 나타난다. 이 개체는 주체로서 주변의 비유기적(unorganisch)인 자연과 대립한다. 물론 이제 개념은 이런 상반된 측면들을 서로 화해시켜 포함한다. 그러나 유한한 실존은 이 화해를 흩뜨림으로써 개념과 진리에 적합하지 못한 현실성으로 머문다. 개념은 이런 식으로 도처에 존재한다. 그러나 중요한 것은 과연 개념이 그 진리대로 정말 그런 통일성 속에서 현실적으로 존재하는가, 그럼으로써 그 특수한 측면들과 대립들이 결코 실재의 자립성을 지키면서 서로 완고하게 자기를 주장하거나 대항하지 않고 오직 서로 화해하여 자유로운 조화를 이루는 이념적인 계기들로 머무는가 하는 것이다. 이런 최고의 통일성이 현실화되는 곳이 바로 진리, 자유 그리고 만족의 영역이다. 이런 영역의 삶, 즉 감성적으로는 지복(至福, 열락[悅樂], Seligkeit)으로 나타나고 사유적으로는 인식으로 나타나는 이 진리를 향유하는 삶을 우리는 일반적으로 종교적인 삶이라고 표현할 수 있다. 그 이유는 종교 안에서는 *하나의* 구체적인 총체성이 인간의 의식에 인간과 자연의 본질로 떠오르면서, 오직 그 참된 현실만이 특수하고 유한한 것을 넘어선 최고의 위력이라는 것을 인간에게 증명해 보이기 때문이다. 그리고 분리되고 대립된 그 밖의 모든 것들은 이 최고의 위력을 통해서 좀 더 숭고하고 절대적인 통일성으로 되돌아간다.

예술 역시 의식의 절대적인 대상이 되는 참된 것에 열중하므로 이는 정신의 절대적인 영역에 속한다. 그러므로 예술은 특별한 의미의 종교 및 철학과 나란히 내용적인 측면에서 동일한 기반 위에 선다. 철학도 신(Gott) 외에 다른 것을 그 사유 대상으로 삼지 않으므로 본질적으로는 합목적적인 신학(rationelle Theologie)이요, 진리에 봉사한다는 뜻에서 지속되는 예배(Gottesdienst)이기 때문이다.

절대정신이 갈라지는 세 가지 영역은 이처럼 그 내용이 같으므로 다만 그 형식, 즉 그것들이 절대자라는 대상을 의식화하는 상이한 형식들(Formen)에 의해서만 구분된다.

이 형식들의 차이는 이미 절대정신의 개념 자체 내에 들어 있다. 정신은 참된 정신으로서 절대적인 것(an und für sich)이다. 따라서 정신은 구체성(具體性, 또는 대상성, die Gegenständlichkeit) 저편의 추상적인 본질에만 머물지 않고, 유한한 정신에 들어 있는 구체성(대상성) 안에서 모든 사물의 본질을 회상한다. 그리고 이렇게 유한한 것의 본질을 파악함으로써 그것은 스스로 본질적이고 절대적이 된다. 이처럼 정신을 파악하는 *첫 번째* 형식은 *직접적*이며 따라서 감성적인 지식, 즉 감각적이고 객관적인 것 자체의 형태와 형상으로 존재하는 지식이다. 그 속에서 절대자는 직관되고 감지된다. 그 다음 *두 번째*의 형식은 표상하는 의식(das vorstellende Bewußtsein)이며, 마지막 *세 번째*의 형식은 절대정신을 자유롭게 사유하는 것(das freie Denken)이다.

(1) *감각적인 직관(sinnliche Anschauung)*의 형식이 속하는 분야는 예술이다. 따라서 예술은 진리를 감각적으로 형상화하는 방식으로 의식하는데, 그 방식은 감각적인 매개를 통해 개념 자체의 보편성을 파악하는 것이 아니라, 현상 자체 내에서 더 높고 심오한 뜻과 의미를 갖도록 감각적으로 형상화하는 방식이다. 왜냐하면 개념과 개별적인 현상의 통일성이야말로 미의 본질이자 예술을 통한 미적인 산출의 본질이기 때문이다. 물론 예술에서 이 통일성은 감각적인 외면성에서뿐 아니라 *표상*이라는 요소 안에서도 완성된다. 특히 시문학의

경우에 그렇다. 그러나 이 가장 정신적인 예술 속에도 의미와 그 의미를 개별적으로 형상화한 것의 통일―물론 표상하는 의식에 대해서이지만―이 존재하며, 모든 내용은 직접적인 방식으로 이해되고 표상된다. 우리는 일반적으로 예술은 참되며 그 예술의 본래 대상은 정신이므로 예술은 특수한 자연대상들, 예를 들어 태양, 달, 땅, 별 따위를 통해서는 정신을 직관할 수 없다는 점을 확인할 수 있다. 즉 그런 대상들은 감각적인 현실존재이기는 해도 각기 개별적인 것들이라서 그 자체를 통해서는 정신을 직관할 수 없다.

만약 이제 예술에게 절대적인 지위를 부여한다면 이때 우리는 분명히 이미 위에서 언급한 사상, 즉 예술은 아주 다양한 방식으로 내용을 드러내고 그밖에 예술 외적인 관심사에도 이용된다는 사상을 배제한다. 그에 반해 종교는 사람들이 종교적인 진리를 좀 더 가깝게 느끼거나 쉽게 상상할 수 있도록 하려고 종종 예술을 이용한다. 이때 물론 예술은 예술 자체와는 구별되는 다른 분야를 위해 봉사한다. 그러나 예술이 최고의 완성을 이룰 때, *그런 예술은* 진리의 내용에 가장 일치하는 가장 본질적인 표현방식을 그 구상적(bildlich) 방식 속에 포함한다. 예를 들어 고대 그리스인들에게 있어서 예술은 여러 신들을 표상하고 진리를 의식할 수 있는 최고의 형식이었다. 그러므로 그리스인들은 시인과 예술가들을 자신들이 섬기는 여러 신들을 창조하는 사람들로 보았다. 다시 말해서 그리스 민중에게 예술가들은 신들의 활동, 삶, 그들이 미치는 영향에 대한 특정한 표상을 제공했으며 따라서 종교의 특정 내용을 부여했다. 그러나 이런 표상들과 가르침은 시문학이 있기 *이전에* 먼저 추상적인 방식으로 보편적인 종교적인 계율이나 사유의 규정들로 의식되었다가 나중에 비로소 예술가들의 손을 거쳐 그림으로 성장(盛裝)하고 시문학으로 치장된 것은 아니다. 그것은 시인이 자신 속에서 끓어오르는 것을 오직 예술과 시의 형태로만 만들어낼 수 있는 그런 예술적인 창조 방식이었다. 그러나 만약 다른 단계의 종교적인 의식(意識)에서 그 종교 내용을 표현하는 데 예술의 접근이 별로 필요하지 않게 되면 그때 예술의 활동 여지는 제한된다.

아마 이것이 절대정신이 가장 가까이에서 직접적으로 자기충족에 이르는 방식으로서 예술이 본래 지닌 진정한 위상일 것이다.

그러나 예술은 유한한 자연과 삶의 영역 내에서 *유리함*을 지니고 있듯이 또한 *불리함*도, 즉 절대자를 파악하고 표현하는 예술적인 방식을 초월하는 영역도 지니고 있다. 왜냐하면 예술은 스스로 한계를 띠고 있으면서 더 고차적인 의식의 형태로 이행(移行)해 가기 때문이다. 오늘날 우리가 우리의 삶 속에서 예술에게 흔히 부여하는 그 위상을 규정하는 것도 사실은 이 한계성이다. 말하자면 우리에게 예술은 더 이상 진리가 자신에게 현존성을 부여하는 최고의 방식으로 통용되지는 못한다(Uns gilt die Kunst nicht mehr als die höchste Weise, in welcher die Wahrheit sich Existenz verschafft).[1]

일찍이 사상(思想)은 일반적으로 신성을 감성적으로 표상하는 예술과는 대립되었다. 예를 들어 유대인이나 마호메트 교도들에게서 그런 면을 볼 수 있었고, 또 사실 그리스인들에게서도 그런 점이 보였다. 이미 플라톤은 호메로스(Homeros)나 헤시오도스(Hesiodos)의 작품 속에 등장하는 여러 신들의 존재에 대해서 강력히 반발했었다.

어느 민족에서나 그 민족의 문화가 성장하는 과정에는 예술이 스스로를 극복해 나아가는 시기가 있기 마련이다. 예를 들면 기독교가 지

---

[1] 이 부분에 와서 사실 헤겔은 예술의 한계성을 이미 지적했음을 알 수 있다. 따라서 독자는 차후로 본문을 읽어 가면서도 예술에 대한 헤겔의 이 유보적인 입장을 계속 간파하는 일을 소홀히 해서는 안 될 것이다.

닌 역사적인 요소들과 그리스도의 출현, 그의 삶 그리고 죽음은 예술이 주로 회화로 발전할 수 있는 여러 기회를 제공했으며, 교회도 예술을 육성하거나 보존시켰다. 그러나 지식 탐구에 대한 충동과 내적인 정신에 대해 알려는 욕구로 종교개혁이 일어나자, 감각적인 요소들을 종교적으로 표상하는 일은 억제되고 심정과 사유라는 내면성으로 회귀(回歸)했다. 이처럼 정신에는 진리를 알려고 하는 참된 형식, 즉 자기의 내면속에서 자신을 충족시키려는 욕구가 내재한다. 이것이 예술에게는 불리한 점이다. 초기의 예술에는 아직도 신비로움이나 비밀스러운 예감, 동경이 남아 있었다. 그 이유는 상상으로 직관할 수 있는 내용을 아직 충분히 예술형상들로 완성해 산출해 내지 못했기 때문이다. 그러나 완전한 내용이 완전하게 예술형상으로 드러나면, 이때 더 멀리 주시하는 정신은 객관성에서 빠져나가 다시 정신 자신의 내면으로 되돌아가 자신에게서 그 객관성을 배제해 버린다. 그것이 우리가 살고 있는 시대이다. 사람들은 아마도 예술이 점점 더 고차적이 되고 완성되기 바라겠지만, 예술의 형식은 정신의 최고 욕구가 되기를 멈추었다(ihre Form hat aufgehört, das höchste Bedürfnis des Geistes zu sein). 우리가 고대 그리스 여러 신들의 형상을 바라보면서 아무리 훌륭하다고 생각하고, 하나님, 그리스도, 마리아 상이 아무리 숭고하게 완성되어 표현되어 있다고 보더라도, 이는 우리에게 더 이상 아무런 도움이 되지 못하고 우리는 그 앞에서 무릎을 꿇지는 않는다.

(2) 이제 예술의 영역을 넘어서면 그 다음에 종교의 영역에 이른다. 종교는 표상을 그 의식(意識)의 형태로 갖는다. 이제 절대자는 예술의 대상성에서 벗어나 다시 개인 주체의 내면성 속으로 옮겨가 주관적인 방식으로 표상된다. 그러므로 여기서 중요한 요소가 되는

것은 마음과 심정, 즉 일반적으로 내적인 주관성이다. 사람들은 이처럼 예술이 종교로 발전하는 것에 대해 예술은 종교적인 의식(意識)의 한 측면에 불과하다고 말할 수 있다. 다시 말해 예술이 진리, 즉 정신을 객체(客體)로서 감각적인 방식으로 설정하고 절대자의 이런 형식을 적합한 형식이라고 파악한다면, 종교는 여기에 절대적인 대상에 대한 내적인 기도(祈禱)를 첨가한다. 왜냐하면 예술 자체 속에는 기도가 들어가지 않기 때문이다. 예술이 외적으로 감각화해서 객관적으로 드러낸 그것을 주체가 자기 마음속으로 끌어들여 그와 동일시되고 이렇게 감정이 표상 안에 *내적*으로 현존하는 것, 즉 감정의 내면성이 절대자의 현존성을 위한 본질 요소가 될 때, 이때 비로소 기도가 등장한다. 기도는 공동체의 의식(儀式)에서 가장 순수하며 가장 내적이고 주관적인 형식이다. 그것은 객관성이 흡수되고 소화되어 그 객관적인 내용이 객관성을 떠나 마음의 소유물이 될 때 나타나는 의식이다.

(3) 절대정신이 드러나는 마지막 *세 번째* 형식은 철학이다. 종교에서는 우선 무엇이 신(神)이고 그 신이 자기를 어떻게 계시(啓示, sich geoffenbart)하였고 아직도 계시하는지 배우는 가운데 신은 외적인 대상으로 의식(意識)된다. 그 다음에 종교는 내적인 요소에 통달해 있으면서 공동체를 이끌어가고 충만하게 만든다. 하지만 마음속으로 기도하고 표상하는 내면성이 내면성 자체의 최고 형식은 아니다. 자유로운 사유(das freie Denken)야말로 지(知)의 가장 순수한 형식으로 인정되어야 한다. 그 속에서 학문은 그 절대자의 내용을 의식(意識)하는 정신적인 의식(儀式, Kultus)이 된다. 그리고 다른 데서는 단지 주관적인 감성과 표상 내용으로 있는 것을 체계적인 사유를 통해 소유하고 이해한다. 철학 속에는 이런 식으로 예술과 종교의 양면이 결합

되어 있다. 이는 한편으로 보면 예술의 외적인 감각성을 상실하지만 그럼으로써 객관성의 최고 형식인 사유의 형식과 자리를 바꾼 것이며, 다른 한편으로 종교의 주관성이 사유의 주관성으로 정화(淨化)된 것이다. 왜냐하면 사유는 가장 내적이고 가장 고유한 주관성이면서 참된 사상이자 이념이고, 동시에 가장 사실적이고 객관적인 보편성으로서 사유 자신 속에서 자신의 형태를 파악하기 때문이다. 예술, 종교, 학문의 차이에 관해서는 이 정도로 언급하는 데 그치려고 한다.

인간에게 있어서 감각적으로 의식하는 방식은 초기의 방식이었다. 그래서 초기의 종교는 예술적인 종교이면서 이를 감각적으로 표현하는 종교였다.

그 뒤에 정신적인 종교에 이르자 비로소 신은 정신으로서 좀 더 숭고하게 사상(思想)적인 방식으로 인식되었다. 그리하여 감각적인 형식으로 진리를 드러내는 일은 진리에 적합하지 않다고 보았다.

이제 우리는 예술이 정신의 영역에서 차지하는 위치와 예술철학이 철학분과들 사이에서 차지하는 위치에 대해 알게 되었으므로, 일반적인 사항을 다루는 이 부문에서는 먼저 예술미의 보편적인 이념에 대해 고찰하고자 한다.

그러나 예술미의 이념에 대해 그 총체성에 맞게 고찰하려면 먼저 다음과 같은 세 단계를 거쳐야 한다.

첫째, 미의 총괄적인 개념을 고찰하는 단계.

둘째, 자연미에 대한 것을 다루고 자연미의 불충분함 때문에 예술미인 이상(理想)이 필연적으로 요구됨을 밝히는 단계.

셋째, 예술작품 속에 예술적으로 표현되어 현상된 이상(理想)을 고찰하는 단계.

제1장 미의 일반적인 개념

1. 이념

우리는 미를 미의 이념(理念)이라고 불렀다(Wir nannten das Schöne *die Idee* des Schönen). 이는 미 자체가 이념으로 그것도 특정한 형식 속에 있는 이념인 이상(理想)으로 파악되어야 한다는(daß das Schöne selber als Idee, und zwar als Idee in einer bestimmten Form, als *Ideal*, gefaßt werden müsse) 뜻으로 이해할 수 있다. 실제로 이념은 일반적으로 개념이자 개념의 현실성 그리고 양자의 통일에 지나지 않는다. 그 이유는 개념(Begriff)과 이념(Idee)은 종종 혼용(混用, promiscue gebraucht)되지만, 개념 자체는 아직은 이념이 아니고 오직 현실 속에(in seiner Realität) 드러나면서 그 현재성과 하나로 통일된 개념이 바로 이념이기 때문이다. 그러나 이 통일성은 마치 알칼리와 산(酸)이 소금 속에서 서로 대립 요소를 약화시켜 중성이 단순히 무슨 개념과 현실성을 중성화(中性化)한 것처럼 표상되어 둘 다 그 특성을 상실해서는 안 된다. 반대로 이 양자의 통일 속에서는 개념이 지배적인 것으로 머문다. 왜냐하면 그것 자체는 본래의 성질상 이 동일성이며 따라서 자신에게서 자신의 것인 현실성을 산출하기 때문이다. 그 현실성은 개념의 자기 발전이므로 그 속에서 개념은 개념 자신의 어떤 것도 포기하지 않고 스스로를 실현시키며 따라서 그 객관성 속에서 자신과 통일되어 머물기 때문이다. 개념과 실재성이 그렇게 통일된 것이 바로 이념에 대한 추상적인 정의(定義)이다.

이제 예술이론에서 이념이라는 말은 매우 자주 사용되었지만, 거꾸로 아주 특출한 예술전문가들은 그런 표현에 대해 매우 적대적이라는 것이 증명되었다. 그런 종류로서 최근에 가장 흥미로운 일로는 루모르 씨(Herr von Rumohr)1)(여기서 헤겔은 루모르에 대해서 일부러 존칭으로 씨(Herr)를 붙여서 부르고 있다—역자주)가 그의 저서 《이탈리아 탐구》에서 제기한 논쟁을 들 수 있다.

이 논쟁은 예술에 대한 실용적인 관심사에서 출발하지만 우리가 이념이라고 부르는 것은 전혀 다루지 않고 있다. 왜냐하면 루모르 씨는 근세철학이 이념이라 부르는 것에 대해서 아무것도 모른 채, 이념을 단지 규정되지 않은 표상이나 또는 이미 알려진 이론이나 미술학교에서 말하는 추상적이고 개성 없는 이상과 혼동하고 있기 때문이다. 그는 이를 예술가 자신이 만들어내는 이념 및 추상적인 이상과 대립시키고 있다. 물론 그런 추상들에 따라서만 예술작품을 산출해 낸다면 이는 사유하는 자가 마치 불확실한 표상에 따라 사유하면서 불확실한 내용에만 머무는 것처럼 부당하고 불충분하다. 그러나 우리가 '이념(Idee)'이라는 표현으로 설명하는 것은 어느 면에서든 그런 비난에서 벗어난다. 그 이유는 이념이란 전적으로 자기 안에서 구체적이며 규정들의 총체성이고, 이념 자체에 합당한 객관성과 직접적으로 통일성을 이룰 때만 진정으로 미적이기 때문이다.

---

1) '소외시키지 못한다'가 제1판에서는 '실현시키지 못한다(Sich nicht realisieren können)'로 되어 있다.

루모르(Karl Friedrich von Rumohr)의 초상화. 프리드리히 네를리(Friedrich Nerly, 1807~1878) 作

　루모르 씨가 그의 《이탈리아 탐구》(제1권, 145쪽 이하)에서 말한 바에 따르면, 그는 "미는 일반적으로 이해하거나 또는 사람들의 원대로 현대적으로 이해할 때, 우리의 시각을 만족시키고 자극하거나 또는 시각을 통해 영혼과 조화를 이루고 정신을 즐겁게 해주는 사상(事象)들의 모든 특성을 인식하는 것"이라고 했다.

　이 특성들은 다시 다음과 같이 세 종류로 나누어진다고 한다.

　즉 "그 중 하나는 단지 감각적인 눈에만 작용하고, 또 하나는 인간에게 선천적으로 주어진 공간 관계에 대한 감각에만 작용하며, 세 번째 것은 먼저 오성에 작용하고 난 다음에 비로소 인식을 통해 느낌(Gefühl)에 작용한다"는 것이다. 이 세 번째의 가장 중요한 규정은 (144쪽) "감각적으로 호감을 주는 것이나 규모의 아름다움에 전혀 구애받지 않고 도덕적이고 정신적인 호감을 불러일으키는" 형태들에 근거하며, "그것(호감)은 때르는 막 자극을 받은"(그런데도 과연 도덕적-정신적이 될 수 있을까?) "표상의 기쁨에서 솟아나오고 때로는 분명하게 인식하는 단순한 활동에게 어김없이 나타나는 즐거움(Vergnügen)에서 나온다"는 것이다.

이것들이 이른바 철저한 예술전문가라는 루모르 씨가 언급한 미의 주요 규정들이다. 그것들은 어느 교양 단계에서는 충분할지 모르지만 철학적으로 볼 때는 결코 만족을 줄 수 없다.

왜냐하면 본질적으로 이런 고찰은 단지 시각(視覺)이나 정신, 그리고 또 오성(悟性, Verstand)이 *기뻐하고* 감정을 자극해서 하나의 호감이 일어나는 쪽으로만 나아가기 때문이다. 그런 기쁨을 불러일으키는 것은 제 마음대로 모든 것에 영향을 주게 된다. 그러나 칸트는 이미 미를 느끼는 단계를 넘어섬으로써 미가 감정이나 즐거움, 호감에 영향을 준다는 논리에 종지부를 찍은 바 있다.

이제 우리는 이런 분분한 논쟁을 떠나 논쟁의 여지가 없는 이념을 고찰하는 일로 되돌아가면, 이미 살펴보았듯이 그 이념 속에는 *개념과 객관성의* 구체적인 통일이 들어 있다.

(1) 이제 *개념 자체의* 성질에 대해서 보면, 이는 자체적으로 *현실성이 갖는 차이들과* 대립되는 뭔가 추상적인 통일성이 아니라, 개념으로서 서로 다른 피규정성들의 통일이며 그로써 구체적인 총체성이다. 그래서 '인간'이라든가 '푸르다' 등의 표상들은 만약에 그 안에 그것들이 서로 다른 측면들을 통일해서 내포하고 있음이 드러나면, 우선은 개념들이 아니라 추상적이고 보편적인 표상들로 불러야 한다. 왜냐하면 자신 속에 규정된 이 통일성이 바로 개념이 되기 때문이다. 예를 들면 색으로서 '푸르다'라는 표상이 통일성, 그것도 어둠과 밝음을 개념으로 갖는 특수한 통일성이며, '인간'이라는 표상도 감성과 이성, 육체와 정신의 대립으로 파악되지만 그렇다고 해서 인간은 단지 서로 무관한 성분들인 이런 측면들로만 합성된 것이 아니라 개념에 따라서 이런 것들을 구체적이고, 매개된 통일성 속에 내포

하고 있다. 그러나 개념은 그것의 여러 피규정성들이 절대적으로 통일을 이루고 있어서 이 규정들은 어느 것도 스스로를 위해(für sich) 존재하여 그 통일성에서 벗어나 자신을 독자적인 개체로 소외(疎外, entfremden)[2]시키지 못한다.

그럼으로써 개념은 자신의 모든 피규정성들을 그것들이 이렇게 이념적인 통일성(*ideelle* Einheit)이자 보편성을 띤 형태로 내포하고 있으며, 이 통일성은 실제적인 것이나 객관적인 것과는 달리 그 주관성이 된다. 그래서 한 예를 들면 특정한 무게, 특정한 색을 지니고 있으면서 여러 종류의 산(酸)에 특정하게 반응하는 금(金)을 들 수 있다. 이것들은 서로 다른 피규정성들이지만 그러면서도 전적으로 금이라는 하나의 물질 속에 다 들어 있다. 왜냐하면 아무리 세분된 금 조각이라 해도 그런 성질들을 분리할 수 없는 통일성 속에 지니고 있기 때문이다. 우리 눈앞에서 그 성질들은 서로 갈라질지 몰라도, 그러나 그 자체는(an sich) 금이라는 개념상 분리되지 않는 통일성을 이룬다. 참된 개념이 자체 속에 지니고 있는 차이들도 그와 마찬가지로 독자성이 없는 동일성을 띤다. 더 자세한 예로 우리들 자신의 표상, 즉 보통 자의식적인 자아(自我)를 들 수 있다. 왜냐하면 우리가 영혼이라고 부르는 것, 더 자세히 '나(Ich)'라고 부르는 것은 자유롭게 존재하는 개념 자체이기 때문이다. 나(自我, das Ich)는 서로 상이한 표상들과 사상(思想)들을 자신 속에 많이 내포하고 있으며 그것은 여러 표상들의 세계이다. 그러나 이 무한히 다양한 내용은 그것이 '나' 속에 들어 있는 한 전적으로 형체가 없고 비물질적이며, 말하자면 자신 속을 순수

---

[2] '소외시키지 못한다'가 제1판에서는 '실현시키지 못한다(Sich nicht realisieren Können)'으로 되어 있다.

하고 완전하게 투시할 수 있는 가상으로서의 '나'가 이 이념적인 통일성 속에 압축되어 있다. 이것은 바로 개념이 자신의 서로 다른 규정들을 이념적인 통일성 속에 포함하는 방식이다.

이제 자신의 성질에 따라 개념에 속하는 좀 더 자세한 개념의 규정들로는 *보편적인 규정들*, *특수한 규정들*, 그리고 *개별적인 규정들*이 있다. 이들 각자는 자체로 보면 단순히 일면적으로 추상적일 수도 있다. 그러나 이런 일면성을 그것들은 개념 속에 존재하지 않는다. 왜냐하면 개념은 그것들의 이념적인 통일성을 이루기 때문이다.

그러므로 개념은 *보편자*로서 한편으로 자신을 통해서 피규정성이자 *특수함*으로 자신을 부정(否定)하지만, 다른 한편으로 보편자를 부정하는 특수성을 다시 *지양*(止揚, *aufheben*)한다. 왜냐하면 보편자는 *보편자* 자신의 특수한 측면들에 지나지 않는 그 특수한 것 안에서 절대적인 타자(他者)로 오지 않고, 특수한 것 안에서 보편자인 자신과 다시 통일성을 이루기 때문이다. 이처럼 개념은 자신에게로 회귀하는 가운데 무한한 부정(否定, Negation)으로 머무는데, 이는 타자에 대립되는 부정이 아니라 단지 자신과 관계하는 긍정적인 통일 속에 머무는 자기규정(Selbstbestimmung)이다. 그래서 그것은 자신의 특수성들 안에서 오직 자신하고만 결합되는 보편성인 참된 *개별성*이다. 개념의 이런 특성을 보여주는 최고의 예로 위에서 정신의 본질에 관해 간략하게 다루었던 것을 들 수 있다.

개념은 자신 속에 들어 있는 이 무한성으로 인해 곧 총체성이 된다. 왜냐하면 개념은 타자(他者) 속에서 개념 자신과 통일을 이루며 그럼으로써 모든 부정성을 개념 자신의 규정으로 지닐 뿐이며 타자로 인해 낯설거나 제한되지 않는 자유로운 것이기 때문이다. 그러나 이런 총체성으로서의 개념은 이미 그 안에 실재성(Realität)을 현상시키고 이념을 매개된 통일성으로 되돌리는 모든 것을 내포한다. 이념에는 뭔가 개념과는 매우 다르고 그에 대립되는 특수한 것이 있다고 생각하는 사람들은 이념의 본질에 대해서는 물론 개념의 본질에 대해서도 모르는 사람들이다. 하지만 개념은 추상적으로만(in abstracto) 특수한 것으로 머문다는 점에서 이념과는 구별된다. 개념 속에 들어 있는 피규정성은 개념의 요소인 통일성이자 이념적인 보편성 속에 내포되어 있기 때문이다.

하지만 그때에도 개념은 여전히 일면성 속에 머물며 개념 자체는 총체성인데도 불구하고 통일성과 보편성 속에서만 자유롭게 펼쳐질 권리를 갖는다는 결함을 갖는다. 그러나 이제 이런 일면성은 개념 고유의 본질에 부적합하므로 개념은 그 본질상 이 일면성을 지양한다. 개념은 이러한 이념적인 통일성이자 보편성인 자신을 부정하고 통일성이 이념적 주관성 안에서 스스로 포함하고 있는 것을 실재적이고 독자적인 *객관성*으로 내보낸다. 개념은 자신의 활동에 의해 개념은 스스로를 객관성으로 정립시킨다.

(2) 그러므로 객관성은 그 자체로 보면 다름 아닌 *개념의 실재성(Realität des Begriffs)*이지만, 모든 계기들이 독자적인 특수성과 실제로 차이를 지닌 형태로 존재하는 개념이며, 그것들의 이념적인 통일성은 주관적인 개념으로서 개념이 된다.

그러나 이제 객관성 속에서 현존성과 실제성을 부여하는 것은 오직 *개념*이므로, 객관성은 그 안에서 *개념을* 현실화(zur Wirklichkeit bringen)해야 할 것이다. *개념*은 그 특수한 계기들이 매개되어 이루는 이념적인 통일성(Der Begriff jedoch ist die vermittelte *ideelle Einheit seiner besonderen Momente*)이다. 그러므로 그것들의 실제적인 차이들 안에서 특수성들의 이념적이면서 개념에 적합한 통일성이 그 안에서 역시 다시 회복되어야 한다. 그리고 거기에는 실제의 특수성처럼 이상성(Idealität)으로 매개된 통일성도 존재해야 한다. 이것이 흩어진 객관성들 안에서 자기의 보편성을 포기하거나 상실하지 않고 자기의 통일성을 실재성을 통해 그 안에 드러내는 개념의 위력이다. 왜냐하면 자기의 타자 속에서 자기와 통일성을 유지하는 것이 참된 개념이기 때문이다. 그럼으로써만 개념은 진정으로 현실적이고 참된 총체성이 된다.

(3) 이 총체성이 바로 *이념이다*(Diese Totalität ist die *Idee*). 말하자면 이념은 개념의 이념적인 통일성이자 주관성만은 아니며 개념의 객관성, 그러나 개념에 단지 대립하지만 않고 그 안에서 개념이 개념 자신과 관계하는 객관성이다. 개념의 주관적인 측면과 객관적인 측면 양쪽에서 보면, 이념은 온전한 것이지만 동시에 이 총체성들이 영원히 완성시켜 가며 완성된 조화이자 매개된 통일성이다. 오직 그럼으로써 이념은 진리, 즉 온전한 진리가 된다.

2. 이념의 현존성

그러므로 존재하는 모든 것(alles Existierende)은 그것이 오직 이념적인 존재인 한에서 진리가 된다. 그 까닭은 이념이야말로 유일하게 진실로 현실적이기 때문이다(Denn die Idee ist das allein wahrhaft Wirkliche). 다시 말해 현상하는 것은 그것이 내적 또는 외적인 현존성(Dasein)을 가지며, 대개 실재성이라서 참된 것이 아니라 오직 이 실재성이 개념에 일치할 때만 참된 것이다. 그때 비로소 그 현존성은 현실성과 진리성을 갖는다. 그것도 어떤 존재가 *나의* 표상에 맞게 드러나는 주관적인 의미에서 진리가 아니라, 자아(自我)나 어떤 외적인 대상, 행동, 사건, 상태가 자기의 현실 속에서 그 개념 자체를 실현한다는 *객관적인* 의미에서 진리이다. 만약 이 동일성이 성취되지 않으면 현재 존재하는 것은 그 안에서 전체적인 개념 대신 개념의 어떤 추상적인 면이 객관화되는 현상에 불과하다. 그런 현상은 독자적으로 되어 만약 총체성과 통일성에 맞서면 참된 개념과 대립되어 그 모습은 위축되고 만다. 그러므로 참으로 개념에 합당한 실재성만이 참된 실재성이며 그 안에 이념 자체를 존재하게 하므로 참된 것이 된다.

3. 미의 이념

이제 우리가 미는 이념이라고 말하면 한편으로 *미와 진리*는 동일한 것(Schönheit und Wahrheit einerseits dasselbe)이다. 다시 말해 미는 참된(wahr) 것 그 자체여야 한다. 그러나 더 자세히 보면 참된 것은 미와 *구별된다*. 다시 말해서 이념은 그 즉자성(Ansich)과 보편적 원리에 따라 이념으로 존재하고 그렇게 여겨질 때 *참된* 것이다. 그때 이념의 감각적이고 외적인 현존재가 아닌 그 속에 있는 *보편적인 이념*만이 사유의 대상이 된다. 그러나 이념은 외적으로도 실현되면서 또 자연적이고 정신적인 객관성으로 규정되어 존재하는 특정한 현존성을 획득해야 한다. 참된 것은 또한 스스로 참된 것으로 현존한다. 참된 것이 이처럼 외적으로 현존하면서 직접 의식(意識)의 대상이 되고 개념이 그 외적인 현상과 직접 통일을 이룰 때 비로소 이념은 참되고 *미*

적인 것이 된다. 그때 *미*는 이념의 감각적인 *가상(假象, Scheinen)*으로 규정된다. 왜냐하면 감각적이며 객관적인 것은 대체로 미(美) 속에서 그 독자성을 유지하지 못하고 *존재(Sein)*의 직접성을 포기해야 하는데, 이 존재는 단지 개념의 현존성이자 객관성이며 *개념*을 그것의 객관성과 통일시키는 현실성으로 설정되기 때문이다. 그리하여 그것은 개념의 가상으로서만 가치를 지니는 이 객관적인 현존성 안에서 이념 자체를 표현한다.

(1) 이런 이유에서 오성(悟性, Verstand)도 미를 파악하지는 못한다. 왜냐하면 오성은 현실성이 이상과는 뭔가 아주 다르고 객관적인 것이 주관적인 것과는 다르므로 그 대립들을 통합할 수 없다고 간주하는 한에서만, 줄곧 그 양자의 통일성이 아닌 차이성들을 독자적인 것들로 분리시키면서 고찰하기 때문이다. 이처럼 오성은 늘 유한하고 일면적이며 참되지 못한 것 안에만 들어 있다. 그에 반해 미는 자체 안에서 *무한하고 자유롭다*(Das Schöne dagegen ist in sich selber *unendlich* und frei). 왜냐하면 미는 특수하고 한정된 내용을 표현하더라도 그 내용은 사실 무한한 총체성이자 *자유로운 것으로서* 현실존재 속에 모습을 나타내기 때문이다. 이때 미는 철두철미 자신의 객관성과 대립하여 그 객관성이 가진 일면적인 유한성과 맞서는 추상성의 대립으로 자신을 이끌어가지 않고, 객관성과 조화를 이루면서 내적인 통일성과 완성을 향해 나아감으로써 스스로 무한한 미가 된다. 같은 식으로 개념도 이를 드러내는 현존재 안에서 미에 혼을 불어넣음으로써(beseelen), 이 객관성 속에서 개념 자신은 스스로 자유롭게 머문다. 왜냐하면 개념은 미(美) 속에서 외적인 현존재가 스스로 독자적인 법칙에 따르도록 허용하지 않고, 개념 스스로 자신의 현존

재 안에서 조화를 이루고 또 미의 본질을 이루는 구조와 형태를 규정하기 때문이다. 그러나 이를 결속시켜주는 끈과 위력은 바로 주관성과 통일성, 영혼 그리고 개성(個性, Individualität)이다.

(2) 그러므로 미란, 우리가 그것을 *주관적인* 정신과 관련해서 고찰하면, *유한성*단 고수하는 부자유스런 지성(知性, Intelligenz)을 위한 것도 아니고 의지의 유한성을 위한 것도 아니다. 우리는 유한한 지성으로 내적 외적인 대상들을 느끼고 관찰하고 감각적으로 인지하며, 그것들을 직관 표상하고, 심지어 인식되는 대상들에게 보편성의 추상적 형태를 부여하는 우리의 사유적인 오성에 추상적으로 인식되게 한다. 여기서 전제가 되는 것은 대상들이 독자성을 지녀야 하는 것인데 거기에 대상들의 유한성과 부자유스러움이 있다. 그러므로 우리는 수동적인 자세를 취하면서 우리의 모든 활동을 신중히 하고 공상이나 선입견, 편견을 저지할 때만 대상을 올바르게 이해할 수 있다고 확신하기 때문에, 우리 자신을 대상들에 맞추며 그것들을 그대로 인지하게 하고 우리의 표상 따위를 사물들에 대한 믿음 속에 가둔다. 대상들이 이처럼 일방적으로 자유로워지면 곧 주관적으로 이해하는 일은 부자유스러진다. 왜냐하면 그때 우리의 주관이 이해해야 할 내용은 *주어지지만*, 이는 우리가 주관적으로 규정하는 대신에 주어진 것을 그 객관적인 현존 방식대로 맞이해 수용하기 때문이다. 여기서는 주관성이 굴복함으로써만 진리에 도달한다. 그런 일은 비록 *거꾸로* 유한한 의지(意志, Wollen)에서도 일어난다. 여기서 *주체*는 관심, 목표, 그리고 의도들을 가지며 이런 것들을 사물들의 존재와 특성에 맞서 정당화시키려고 한다. 왜냐하면 주체는 대상들을 없애거나 또는 변형, 가공, 형태화하거나 그 특성들을 해소하거나 서로 영향을 미치게 함으

로써만 — 예를 들어 물과 불, 불과 쇠, 쇠와 나무를 서로 작용시킴으로써 — 자신이 결정한 것을 이행할 수 있기 때문이다. 그래서 주체가 그런 사물들을 자신에게 도움되게 하고 *유용한 것*으로 고찰하며 다루기 때문에 그 사물들은 독자성을 빼앗기고 만다. 그래서 그 대상들은 자신 속에 개념과 목적을 갖지 않고 주체 안에 갖고 있어서 그것들이 다름 아닌 주관적인 목적들에 이용된다는 관계가 그것들 원래의 본질이 된다. 주체와 대상이 서로 역할을 바꾸어 대상들은 부자유스러워지고, 주체들은 자유로워진 것이다.

그러나 양자의 관계를 보면 사실 양쪽 다 유한하고 일면적이며 그들이 갖는 자유란 비속(卑俗)한 자유에 불과하다. 주체는 *이론상*으로 보면 사물들의 독립성이 전제될 때 유한하고 부자유스러워진다. 그리고 *실제적*으로는 주체의 목적들이 지닌 일방성, 투쟁, 내적인 모순 그리고 외부로부터 야기된 충동과 열정 때문이며 또 결코 완전히 제거되지는 않는 대상들의 저항 때문이다.

그 이유는 대상들과 주체 양쪽의 상호 분리와 대립이 이런 관계 속에 전제되고 그것들의 참된 개념처럼 간주되기 때문이다.

양자의 관계에서는 *대상(Objekt, 객체)*도 역시 유한하고 부자유스럽다. *이론적*으로 보면 비록 대상은 독자성을 띠고 있다고 전제되지만 이는 겉보기에만 자유스러울 뿐이다. 왜냐하면 객관성 자체는 단지 *존재할 뿐*, 그것의 주관적인 통일성이자 보편성인 개념은 그 *객관성을 위해 있지 않기* 때문이다. 즉 개념은 객관성의 밖에 있는 것이다. 그러므로 개념이 이렇게 외화(Äußerlichkeit)될 때 그 안에 있는 모든 대상은 다양성을 띠고서 외부를 향해 드러나며 무한한 관계들 속에서 다른 것들에 의해 생성되고 변화하고 무력해지고 몰락하는 특수성으로서만 존재한다. 실제적인 관계 속에서 대상들이 지닌 이러한 예속성은 분명히 설정되어 있다. 그러므로 사물들은 스스로 근본적인 독자성을 갖지 못하며 의지에 맞서는 사물들의 저항은 상대적으로만 머문다.

(3) 그러나 이제 대상들을 고찰하고 대상들의 현존성을 좀 더 *미적(美的)*으로 고찰하게 되면 그것은 주체와 대상 양쪽이 지니고 있는 일방성, 그리고 그로써 생겨나는 유한성과 부자유스러움을 지양하므로 양쪽의 관점들을 통합한다. 왜냐하면 *이론적인* 관계의 측면에서 보면 *대상*은 단순히 존재하는 개별적인 대상으로서 그 주관적인 개념을 그 객관성 밖에서 가지며, 그 특수한 현실성 안에서 다양하게 외적인 관계들로 나아가 흩어지는 것으로 취하지 않고, 그 *미적* 대상(der schöne Gegenstand)은 존재하는 가운데 자기의 고유한 개념이 실현된 것으로 나타나게 하고 그 자체에 주관적인 통일성과 생동성이 드러나기 때문이다. 그리하여 대상은 그것이 지닌 외향성(die Richtung nach außen)을 대상 자체의 내면으로 되돌리고, 타자에 의존하던 데서 벗어나 자신의 부자유스러운 유한성을 자유로운 무한성으로 변화시켜 고찰한다.

그러나 자아도 역시 대상과의 관계에서 단지 주시하고 감각적으로 직관 관찰하는 추상, 혹은 개별적으로 직관하고 고찰하여 추상적인 사상(思想) 속에 해체시키는 추상이 되기를 멈춘다. 이때 자아는 개념과 실제 존재를 통일시키고 지금까지 자아와 대상 사이에 분리되어 추상적으로 머물렀던 측면들을 스스로 구체화시키는 가운데, 자아 자신이 이 대상 속에서 구체적으로 된다.

우리가 이미 앞서 상세히 고찰했듯이 *실제적인* 관계에서 미를 고찰하면 욕구는 곧 뒤로 물러난다. 주체는 자신이 대상에 대해서 갖는 목적을 지양(止揚)하고 대상 자체를 독자적인 것으로, 즉 자체목적(Selbstzweck)으로 바라본다. 그럼으로써 대상이 목적을 위한 수단으로 쓰이거나 목적의 이행에 부자유스럽게 대립하거나 낯선 목적에 억지로 수용되는 것 같은 유한한 관계는 사라진다. 마찬가지로 현실 속에 있는 주체의 부자유스러운 관계도 사라진다. 주체는 더 이상 주관적인 의도 따위와 그 질료 및 수단으로 분류되어 주관적인 의도들을 실행하는 데 있어 단순한 당위성의 유한한 관계 속에 머물지 않고, 현실 속에서 완전하게 실현된 개념과 목적을 눈앞에 두기 때문이다.

그러므로 미를 고찰하는 것은 자유로운 일이며, 대상들을 그 자체로 자유롭고 무한한 것으로 눈앞에 둘 뿐 이를 주체의 유한한 욕구나 의도에 이용하거나 소유하려 하지 않는다. 그리하여 미적인 대상은 우리의 압력과 강요에 따라 현상하거나 다른 외적인 사물들과 다투어 극복되지 않는다.

왜냐하면 미의 본질상 *미적인 대상* 속에 있는 개념과 목적, 그 정신 그리고 전반적으로 그 외적인 피규정성, 다양성, 현실성은 우리가 보았듯이 특정한 현존성 및 참된 본질과 개념의 내재적인 통일성이자 조화로서 진리를 내포하며, 그러는 가운데 다른 것들에 의해 작용되지 않고 스스로부터 현상해야 하기 때문이다.

더 나아가 개념 자체는 구체적인 것이므로 그것의 실재성도 온전한 형태로 나타나며, 그 개념의 각 부분들도 역시 이념적으로 영활성을 띠고 통일된 것으로 나타난다. 왜냐하면 개념과 현상의 조화는 완전하게 관통(Durchdringung)되기 때문이다. 그리하여 외적인 형태와 형상은 외적인 질료와 분리되거나 다른 목적을 위해 그것에 기계적으로 밀착되지 않고, 그 개념에 따라 현실에 내재하면서 형상화되어 나타난다.

그러나 미적인 대상이 지니고 있는 특수한 측면들과 부분적인 요소들이 아무리 이념적으로 통일과 조화를 이루며 드러나도, 궁극적으로 이런 조화는 부분들이 마치 서로 독자적으로 자유로운 것처럼 보여야 한다. 다시 말해 특수한 측면들은 *개념 자체* 내에서처럼 단지 이념적인 통일성(ideelle Einheit)만 가져서는 안 되고 독립적인 현실성의 측면도 드러내야 한다. 미적인 대상 안에는 다음과 같은 두 가지, 즉 개념상 특수한 면들이 서로 통일을 이루는 *필연성*과 그것들이 단지 통일성을 위해 부분으로서 드러날 *뿐 아니라* 스스로 자신들의 *자유*를 드러내는 것처럼 보이는 가상(假象, Schein)이 주어져 있어야 한다. 필연성 자체는 본질상 서로 고리처럼 이어진 측면들이 맺는 관계이므로, 이때 한 측면과 더불어 곧 다른 측면이 설정된다. 비록 그런 필연성은 미적인 대상에서 빠져서는 안 되지만, 그렇다고 필연성 자체의 형태로 등장하면 안 되고 마치 의도하지 않고 우연히 나타난 것처럼 보이는 가상(假象)의 뒤에 숨어 있어야 한다. 왜냐하면 그렇지 않을 경우 특수한 현실적인 부분들은 그 본래의 현실성 때문에 존재하는 위상을 상실하고, 그것을 추상적으로 예속시키는 이념적인 통일성에만 봉사하는 것처럼 현상하기 때문이다.

미의 개념과 미적인 객관성, 그리고 그 주관인 고찰이 자신 속에 지니는 이 자유와 무한성에 의해서 상대적인 미(美)의 영역은 유한한 관계들로부터 벗어나 이념과 그 진리의 절대적인 영역 속으로 우뚝 솟아오른다(in das absolute Reich der Idee und ihrer Wahrheit emporgetragen).

제2장 자연미

미는 개념과 그것의 현실성이 직접 통일된 이념(Das Schöne ist die Idee als unmittelbare Einheit des Begriffs und seiner Realität)이지만, 이 통일성이 감각적이고 현실적인 가상 속에 직접적으로(unmittelbar) 존재하는 한에서 이념이다. 이념을 드러내는 가장 가까운 현실존재는 자연(自然, Natur)이며 최초의 미는 자연미(自然美, Naturschönheit)다.

A. 자연미 자체

1. *생명으로서의 이념*

자연의 세계 속에서 개념이 이념으로 머물기 위해 현실 속에서 존재성을 획득하는 방식에 대해서 우리는 다음과 같이 구분해야 한다.

a) *첫째*, 개념이 직접 객관성 속으로 아주 침잠해 들어가는 경우다. 이때 그것은 주관적이고 이념적인 통일성으로 드러나는 대신에 생명이 없는 아주 감각적인 물질성 속으로 옮겨간다. 그런 종류로

는 단순히 역학적이고 물리적으로 개별화된 특수한 물체들을 꼽을 수 있다.

예를 들어 어떤 금속 안에는 역학적이고 물리적인 성질들이 다양하게 들어 있다. 이 성질들은 그 금속의 세세한 부분에 이르기까지 같은 방식으로 함유되어 있다. 그런 물체에는 각기 상이한 성질들이 특수한 물리적인 성질로 존재한다. 그 때문에 그것들은 전체적으로 구성되지 못하고, 또 그 차이들이 이루는 부정적인 이념의 통일성(die negative ideelle Einheit dieser Unterschiede)—이 통일성이 이루어 질 때 생명력이 드러나지만—도 떨어져 나간다. 이때의 차이들이란 추상적인 다양성일 뿐이다. 그리고 이때 이루어지는 통일성이란 같은 성질들이 지닌 유사성의 무차별한 통일이다. 이것이 바로 개념의 첫 번째 존재 방식이다. 그 차이들은 독자적으로 존재하지 않으며, 그것들의 통일성은 이념적인 통일성으로 나타나지 않는다. 그러므로 사실 그런 개별적인 물체들 자체는(an sich) 불완전하고 추상적인 존재로 머문다.

b) 그에 비해서 둘째로 좀 더 우월한 자연은 개념의 차이들을 그대로 자유로이 놓아둠으로써 그 각각의 차이는 다른 차이의 외부에 스스로(für sich selber) 존재한다. 여기에서 비로소 객관성의 참된 본질이 드러난다. 즉 객관성이란 개념의 차이들이 이렇게 독자적으로 서로에게서 떨어져 나가는 것이다. 이 단계에서 개념은—스스로를 현실적으로 만드는 것이 그 개념의 피규정성들이 이루는 총체성(die Totalität seiner Bestimmtheiten)인 한에서—비록 특수한 물체들이 각자 독자적으로 현존성을 지니고 있더라도 *하나의 동일한 체계*로 결합시키는 방식으로 스스로 유효해진다. 그런 것으로 예를 들어 태양

계가 있다. 태양, 혜성들, 달, 그리고 혹성들은 한편으로 서로 구별되는 독자적인 천체들로 현상하지만, 다른 한편으로 그것들은 하나의 전체적인 물체들의 체계 안에서 특정한 위치를 차지함으로써만 자신들의 모습으로 존재한다. 그들의 특수한 운동방식과 물리적인 특성들은 오직 이 체계 안에 있는 상호 관계로부터만 추론해낼 수 있다. 이런 관계가 특수한 존재들을 서로 관련시키고 결합시키는 그들의 내적인 통일성을 이룬다.

그러나 개념은 독자적으로 존재하는 특수한 물체들이 지닌 이처럼 *자체적으로 존재하는 통일성(an sich seiende Einheit)*에만 머물러 있지는 않다. 왜냐하면 그 물체들이 지닌 차이와 마찬가지로 그들이 상호 통일성도 실제적이어야 하기 때문이다. 여기서 통일성은 서로 배제하는 객관적인 특수한 물체들 자신을 구분하며, 그 단계에서 서로 배제하는 것(Außereinander)에 맞서 실제적이고 물리적인 독자적 존재성을 획득한다. 예를 들어 태양계에서 태양은 태양계라는 시스템의 통일체이다. 그것은 그 통일성 속에 실제로 들어있는 차이들과는 대조를 이룬다. 그러나 그 같은 이념적인 통일성 자체도 아직은 부족한 성질을 띠고 있다. 그 까닭은 태양은 한편 특수하고 독자적인 물체들의 관계로서만 현실성을 띠며, 다른 한편으로 통일성 자체를 대표하는 태양계 내에 존재하는 *하나의* 천체로서 실제로 있는 차이들과는 대조되기 때문이다. 태양을 태양계 전체의 영혼(Seele)으로 고찰한다면, 그 태양은 이 영혼을 드러내는 구성요소들의 외부에 존재하는 것으로서 또한 독자적인 존재성을 지닌다. 태양 자체는 개념의 한 요소, 즉 통일성의 한 요소일 뿐이지만, 이는 통일성을 *무자각적이고 추상적으로만*(die Einheit nur *an sich* und deshalb abstrakt) 머물게 하는 개념의 현실적인 특수성과는 다르다. 태양은 물리적인 성질상 아주 순수한 동일성을 지니고 빛나는 것, 즉 발광체이지만 그러면서도 추상적인 동일성으로 머문다. 왜냐하면 빛 자체는 단순하고 차이없이 비치는 것(einfaches, unterschiedsloses Scheinen)이기 때문이다. 이처럼 태양계 내에서 모든 천체들이 각각 *하나의* 특수한 요인을 나타냄으로써 개념이 현실화되고 그 차이들의 총체성이 드러나 보이더라도, 여기서 개념은 아직 그 현실성 속에 침잠되어 있을 뿐 이상성(理想性, Idealität)이자 내적이고 자주적인 존재(Fürsichsein)로 등장하지는 않는다. 개념은 줄곧 상이한 계기들이 독자성을 띠고 서로에 대해 외적인 성질로 머무는 형식으로 존재한다(Die durchgreifende Form seines Daseins bleibt das selbständige Außereinander seiner Momente).

그러나 *실제로는 상이한 것들*, 즉 독자성을 띤 현실의 차이들과 또 독자적으로 객관화된 현실의 통일성 자체가 통일성으로 회귀할 때 바로 참된 개념의 존재를 이룬다. 자연적으로 상이한 것들은 모두 한편으로 개념의 피규정성들이 현실적으로 서로에 대해 외적인 성질로 머무는 가운데 개념을 드러내지만, 다른 한편으로 개념의 모든 특수성들이 갖고 있는 고립된 독자성을 지양시키고 차이들을 주관적인 통일성으로 환원시킨 이상성(理想性)을 그것들의 보편적인 활력소로 드러낸다. 이때 차이들은 더 이상 단순히 서로 관계하는 *부분들*이 아니라 *구성요소들*이 된다. 다시 말해 그것들은 더 이상 서로 떨어져서 독자적으로 존재하지 않고, 오직 그것들의 이념적인 통일성 안에서만 참되게 존재한다. 그와 같이 특수성들이 유기적으로 구성될 때 비로소 그 구성분들 속에는 그것들을 지키고 그 안에 내재하는 영혼인 개념의 통일성이 들어있게 된다. 개념은 더 이상 현실 속에 침잠해 머물지 않고, 현실에서 개념 자체의 본질을 이루는 내적인 동일성이자 보편성으로 드러난다.

c) 오직 자연현상의 이 *세 번째* 방식이 *이념*의 현존재이며 이념은 자연스러운 것, 곧 *생명(das Leben)*이다. 죽어 있는 무기물(無機的)로서의 자연은 이념에 적합하지 않으며 오직 살아 있는 유기적인 자연만이 이념이 현실로 드러난 것이다(Die tote unorganische Natur ist der Idee nicht gemäß und nur die lebendig-organische eine Wirklichkeit derselben). 왜냐하면 생동하는 것 속에는 *첫째*, 개념의 차이들이 더 사실적으로 현실화되고, *둘째*, 그것들을 부정하는 일은 현실적으로 더 차이지는 것으로 드러나며, 개념의 이념적 주관성은 이런 현실성을 자신에게 예속시키는 것으로 나타나기 때문이다. *셋째*, 영혼이 깃든 것(das Seelenhafte)은 개념이 구체적이고 긍정적이고 구체적으로 드러난 것, 그 내용 속에 자신을 보존할 힘을 가진 무한한 형식으로서 드러난다.

α) 우리는 생동성에 관한 우리의 일반적인 의식(意識)에 대해 물을 때, 한편으로 신체에 대해서 다른 한편으로 영혼에 대해서 표상 하면서 그 양쪽에 서로 상이한 특성을 부여한다.

이런 영혼과 육체의 *구별*은 철학적인 고찰에서도 대단히 중요하며, 우리도 여기에서 역시 그것을 받아들여야 한다. 그러나 영혼과 육체의 *통일성*—이것이야말로 예전부터 사유적인 통찰이 부딪혀 온 가장 큰 어려움인데—도 인식의 중대한 관심사이다. 생명은 바로 이 통일성 때문에 이념의 첫 번째 자연현상이 된다. 그러므로 우리는 영혼과 육체의 동일성을 단순한 *관계(Zusammenhang)*라고 보기보다는 좀 더 심오한 방식으로 이해할 필요가 있다. 다시 말해 우리는 신체와 그 지체들의 존재를 개념의 체계적인 부분들이 실존하는 것으로 간주해야 한다.

이미 한 단계 낮은 태양계에서도 그러하듯이 개념은 살아 있는 유기체의 지체들 안에서 그 피규정성들에게 외부 자연의 현존성(Naturdasein)을 부여한다. 개념은 또 현존성 내에서 모든 규정들이 이념적으로 통일된 것으로 고양되는데 이렇게 이념적으로 통일된 것이 영혼(die Seele)이다. 그것은 실체적(substantiell)인 통일성이자 모든 것을 관통하는 보편성(durchdringende Allgemeinheit)으로서 자신과 단순한 관계를 맺는 주관적인 대자(對自) 존재(subjektives Fürsichsein)이기도 하다. 이처럼 영혼과 육체의 통일은 좀 더 숭고한 의미로 받아들여져야 한다. 즉 양자는 상이한 것들이 서로 결합된 것이 아니라 같은 규정들의 동일한 총체성이다. 그리고 이념은 오직 그 현실성 안에서 스스로 개념으로 존재하는 개념으로만 파악될 수 있으며, 그 속에 개념과 그 현실성의 차이와 통일성이 양쪽 다 속해 있듯이, 생명도 오직 영혼과 육체의 통일성으로만 인식되어야 한다. 예를 들어 육체의 내면에 영혼의 주관적이고 본질적인 통일은 감성(感性, Empfindung)으로 나타난다. 생명 있는 유기체의 감성은 독자적이고 특수한 부분에 속할뿐더러 유기체 전체의 이념적인 단순한 통일성이기도 하다. 그 감성은 모든 지체들을 관통하면서 유기체 내의 수백 군데 부분에 존재한다. 동일한 유기체 속에 들어 있는 그것들을 제각기 달리 느끼는 수천 개의 감성자(Empfindende)들이 아니라 오직 하나로 통일된 것, 즉 *하나의 주체*이다. 그러나 유기적인 자연의 생동성은 실제 존재하는 지체들과 그 속에 단순히 자신을 위해(für sich) 존재하는 영혼의 차이를 매개를 통해 통일된 것으로 내포하고 있으므로 무기물인 자연에 비해 더 우월하다. 왜냐하면 생명을 지닌 것이 우선적으로 이념이 되며 이념은 참된 것이기 때문이다. 예를 들어 육체에 질병이 있어 자신의 동일성과 활력을 충분히 이행하지 못하면 유기체 내에서 진리는 지장을 받을 수 있다. 그때는 이념적인 개념이 독보적으로 지배하지 못하고 다른 세력들이 득세하며, 그런 유기체의 현존재도 조악하고 기형적인 생동성으로 나타난다. 그 유기체가 아직 살 수 있는 것은 개념과 현실성의 부적합성이 아직은 절대적으로 극심하지 않고 단지 상대적인 관계에 있기 때문이다. 만약에 양자 사이에 전혀 아무런 관계가 존재하지 않는다면, 만약에 육체에 참된 지체들이 전혀 없다거나 그것들의 참된 이상성이 결여된다면, 곧 분리되지 않은 통일성의 활력은 떨어져 나가고 말아 그 생명은 죽은 것으로 변하고 말 것이다.

β) 영혼은 주관적이고 이념적인 통일성인 개념의 총체성이다. 그에 반해서 지체가 달린 육체는 같은 총체성이기는 해도 그 특수한 측면들이 모두 노출되고 감각적으로 분리되어 서로에 대해 외적인 성질로 머문다. 그러므로 만일 영혼과 육체 양쪽이 생동성 안에서 통일성을 이룬다고 말하면 여기에는 물론 모순이 있다.

왜냐하면 이념적 통일성이란 개개의 특수성들이 독자적인 특성을 갖고 서로의 외부에 감각적으로 존재하는 것(das sinnliche Außereinander)이 아닐 *뿐더러*, 외적인 현실성으로 나타난 그 개개의 특수성들과 직접 대립되기도 하기 때문이다. 물론 대립되는 것이 동일한 것이어야 하는 것도 모순 자체이다. 그러나 자기 안에 모순을 대립되는 것들의 동일성으로 포함하고 있는 것이 존재해서는 안 된다고 주장하는 사람은 곧 생동하는 것이 아무 것도 존재하지 않기를 요구하는 사람이다. 왜냐하면 생명력(die Kraft des Lebens)이란, 그리고 더 나아가 정신의 위력은 자기 안에 모순을 갖고 있으면서도 이를 참고 극복하는 데 있기 때문이다. 이처럼 생명은 이념적인 통일성과 지체들이 현실에서 상호 배제한다는 모순을 사이에 두고 이를 해소하려고 끊임없이 진행해 가는 오직 *과정(Prozeß)*으로서만 있다. 즉 생명의 과정에는 이중적인 활동이 포함된다. 이는 한편으로 유기체의 모든 지체들과 피규정성들의 실제 차이들을 부단히 감각적으로 드러내고, 다른 한편으로 그들이 독자적으로 특수화되어 서로 경직되고 대립하면서 그 차이가 확고해져 서로 배제하려 할 때 그것들의 보편적인 이상은 이를 지양하고 그것들에게 활력을 불어 넣는다. 이것이 바로 생동성의 관념론(Idealismus der Lebendigkeit)이다. 단지 철학만이 관념적인 것이 아니라, 생명인 자연도 사실 관념적인 철학이 정신 영역에서 수행하는 것과 같은 것을 수행하기 때문에 관념적이다. 그러나 하나 속에서 양자(兩者)가 활동하는 것, 즉 유기체의 피규정성들이 끊임없이 실현되며 실제로 존재하는 것을 주관적인 통일성으로 이념 설정하는 일이 생명의 완성된 과정이다. 그 자세한 형태들을 여기서 고찰할 수는 없다. 유기체의 모든 지체들은 이 이중적인 활동의 통일 속에서 계속 보존되고 그들이 지닌 생명의 이상성(理想性, Idealität)으로 복귀된다. 지체들의 활력 있는 통일성은 그것들에게 아무래도 상관없는 것이 아니라 반대로 오직 그 안에서 그리고 그것을 통해만 그들의 특수한 개별성을 유지할 수 있는 실체(Substanz)라는 점에 이 이상성이 드러난다. 이것이 바로 단순한 전체 속에 있는 부분과 생명 있는 유기체(Organismus)의 지체 사이에 있는 본질적인 차이이다. 예를 들어 집의 일부나 돌 하나하나, 창문 따위는 그들이 합쳐져서 한 채의 집을 이루든 이루지 않든 그 모습 그대로 머문다. 그것들은 다른 물질들과 결합되든 안 되든 상관없이, 그들에게 개념이라는 것은 단지 외적이고 형식적인 것으로 머물 뿐, 실제 부분들을 하나의 주관적인 통일성의 이상성으로 고양시키려고 그 안에 머물지는 않는다. 그에 반해서 유기체의 지체들은 비록 외적인 현실성을 띠고 있어도 그 현실성 속에 내재하는 고유한 본질이 바로 개념이므로, 개념은 그 지체들에게 외적인 결합의 형식으로만 주어지지 않고 그 지체들을 있게 하는 유일한 것이 된다. 그러므로 그 지체들은 어느 건물을 구성하는 돌이나 태양계 내의 혹성, 달, 혜성들과 같은 실재성을 갖지 않으며, 유기체 내에서 실재성을 띠더라도 이념적으로 존재한다. 예를 들어 몸의 지체인 손은 잘리면 독자적으로 존재하지 못한다. 그것은 유기체 안에 붙어 있을 때처럼 존재하지 못하고 활력, 움직임, 형태, 색깔도 변한다. 그것은 부패하고 그 현존성은 해체되고 만다. 그것은 오직 유기체의 한 지체로서만 존재하며, 부단히 이념적인 통일성으로 되돌려질 때만 실재성을 지닌다. 여기에 살아 있는 유기체 내의 실재성이 갖는 보다 우월한 방식이 존재하는 것이다. 이 이상성은 실제의 차이들이 존재하도록 유지해 주는 동시에, 그것의 동인(動因)이 되므로 실재하는 것, 긍정적인 것은 끊임없이 부정적, 이념적으로 설정된다.

γ) 그러므로 현상하는 실재성(erscheinende Realität)은 이념을 자연적인 생동성으로 바꾼다. 여기서 현상(Erscheinung)이란 다름 아니라 하나의 실재성이 존재하되 그 존재(Sein)를 직접적으로 갖지 못하고 현존성(Dasein) 속에서 동시에 부정적으로 정립된다는 뜻이다. 그러나 외적으로 직접 현존하는 지체들의 부정(das Negieren)은 이념화(Idealisieren)하는 활동으로서 부정적인 관계를 지닐 뿐 아니라 동시에 그 부정 속에 긍정적인 대자성(Fürsichsein)을 갖는다. 지금까지 우리는 특수하게 고립되어 있는 것 속에 들어 있는 특수한 실체를 긍정적인 것으로 고찰하였다. 그러나 생동하는 존재 안에서는 특수한 부분들이 갖는 이런 독자성은 부정되며, 오직 생동하는 유기체 내의 이념적인 통일성만이 긍정적인 힘을 갖는다. 그 부정 속에 있는 긍정적

인 이념이 바로 영혼이다. 따라서 육체 속에 현상하는 것이 영혼이라면 이 현상은 곧 긍정적인 것이다. 영혼은 비록 지체들의 독자적인 특수성과 대립되는 힘으로 나타나지만, 또 외적으로 형태와 지체들 속에 드러난 것을 내적인 것, 이념적인 것으로 내포하므로 곧 그 지체들의 창조자(Bildner)이기도 하다.

이처럼 긍정적인 내면 자체는 외적으로 현상한다. 만약에 외적인 것이 단지 외적으로만 머문다면 이는 추상성과 일면성을 띠는 데 불과할 것이다. 그러나 살아 있는 유기체는 외면성을 가지며 내면이 그 외면에 현상한다. 이것이 바로 외면성의 개념인 내면성이다. 또 이 개념에는 다시 실재성이 깃들며 그 속에서 개념은 개념으로 나타난다. 그러나 개념은 객관성 속에서 개념 자신과 관계하고 그 실재성 안에서 *자각적으로(für sich)* 존재하는 주관성이므로, 생명은 오직 *생동하는 것으로서* 만, 개별적인 주체로서만 존재한다. 즉 생명 속에서 비로소 이 부정적(否定的)인 것이 통일되는 한 점이 발견된다. 그 통일점이 부정적인 이유는, 주관적이고 긍정적인 통일성과 관련되는 현실의 차이들을 이념화할 때만 주관적인 대자(對自) 존재는 더 *실재적인 것으로* 드러날 수 있지만 곧 주관적이고 긍정정인 통일성이 그것과 결합되기 때문이다 — 이 주관성의 측면을 부각시키는 일은 매우 중요하다. 생명은 개별적으로 생동하는 주관성으로서만 비로소 현실성을 지니게 된다.

더 나아가 만약 실제로 생동하는 개체들 내에 깃들어 있는 생명의 이념을 어떻게 인식할 수 있느냐고 묻는다면, 다음과 같이 대답할 수 있다. *첫째*, 생동성은 육체를 지닌 유기체의 총체성으로 실재적이어야 하고, *둘째*, 그것은 경직된 것으로 현상해서는 안 되고 스스로 이념화가 계속 진행되는 과정으로 현상하고 그 안에서 살아 있는 영혼이 드러나야 한다. *셋째*, 이 총체성은 외부로부터 규정되거나 변화하지 않고 스스로 형태를 갖추고 과정으로 진행되면서 그 안에서 부단히 주관적인 통일성이자 자체목적(Selbstzweck)인 이념과 관여한다. 이와 같이 자유롭고 주관적인 생동성에 깃든 독자성은 특히 *자체 움직임(Selbstbewegung)* 속에서 보여진다. 유기적이지 못하고 생명이 없는 자연의 물체들은 공간 속에 고정된다. 그 물체들은 그것들이 존재하는 장소와 하나가 되어 거기에 매여 있거나 또는 외부의 다른 것에 의해 움직여질 뿐 스스로 운동하지는 않는다. 왜냐하면 그것들의 움직임은 그것들 자체에서 나오지 않기 때문이다. 따라서 그것들에서 움직임이 보이면 그것은 그것들에게는 낯선 작용처럼 보이고 그 물체들은 움직임을 멈추려 하는 반응을 보인다. 비록 혹성들 따위의 움직임은 외부의 자극에 의한 것이 아니므로 그 천체들에게는 낯설게 보이지 않더라도, 그 움직임은 확고한 법칙과 그 추상적인 필연성에 매여 있다. 그러나 살아 있는 동물은 스스로 자유롭게 움직이면서 특정한 장소에 매이기를 거부하므로 그런 피규정성과 감각적으로 하나가 되는 데서 줄곧 벗어난다. 또 그것은 움직이는 가운데 특정한 종류의 운동으로, 그 궤도와 속도 따위로 추상화되기를, 비록 상대적이기는 하지만 지양(止揚)한다. 그러나 더 자세히 보면 동물은 스스로 그의 유기체 안에 감각적인 공간성을 띠며, 이렇게 실재하는 가운데 혈액 순환이나 지체들의 움직임 따위로 일어나는 자체운동이 바로 생동성이다.

그러나 운동만이 유일하게 생동성을 표현하지는 않는다. 외부의 충격을 받을 때만 울리는 비유기적인 물체들과는 달리 동물들이 자유로이 내는 소리는 영혼이 깃든 주관성이 좀 더 차원 높게 표현된다는 뜻이다. 그러나 이념적인 활동(idealisierende Tätigkeit)은 다음과 같은 곳에서 가장 두드러지게 드러난다. 즉, 살아 있는 개체는 한편으로 현실 속의 다른 존재들에 맞서 자신을 차단하지만, 다른 한편으로 외부

세계를 개체가 보이는 데로 때로는 이론적으로 때로는 실천적으로 자신을 위한(für sich) 것으로 간든다. 이는 개체가 이론적인 관조를 통해서나 실천적으로 외부 사물들을 자기에게 예속시키고 이용하고 섭취과정에서 자기 것으로 동화(同化)시키고 개체 자신을 자기의 타자(他者)에 부단히 재생시킴으로써 이루어진다. 그러므로 생명력이 더 강한 유기체들 내에서는 섭취, 만족, 배부름 같은 욕구들이 서로 각각 특정한 간격을 두고 계속해서 일어난다.

이 모든 것들이 영혼을 지닌 개체들 내에 생동성의 개념을 드러내는 활동들이다. 이러한 이상성은 단지 *우리들의 반성과* 같은 것이 아니라 생동하는 주체 속에 *객관적으로* 존재한다. 그래서 그 현존성을 우리는 객관적인 이상주의(einen objektiven Idealismus)라고 부를 수 있다. 영혼은 이렇게 이념적인 것으로, *단지 외적인 육체의 실재성을* 부단히 가상(假象)으로 격하시키고 스스로 그 육체성 안에 객관적으로 현상하면서 *자신을* 드러낸다.

2. 자연적인 생동성의 미

객관적인 이념으로서 자연 속의 생동성은 참된 것, 즉 이념이 그에 가장 적합한 자연 형태 속에서 개별적으로 적합한 현실성 속에 생명으로 존재하는 한에서 *미적(美的)*이다. 그러나 감각적인 직접성으로만 생동하는 자연미는 *스스로를 위해(für sich)* 미적이지도 않고, *스스로에게서 (aus sich selbst)* 미적으로, 그리고 미적으로 현상하기 위해서 *산출되지* 도 않는다. 자연미는 오직 다른 것, *우리들을 위해서*, 즉 미를 이해하는 의식(意識)을 위해서만 미적이다(Die Naturschönheit ist nur schön für anderes, d. h. *für uns,* für das die Schönheit auffassende Bewußtsein).

그러므로 대체로 생동성은 어떤 방식으로, 무엇을 통해 그 직접적인 현존성에서 *미적*으로 현상하는가라는 물음이 생긴다.

a) 먼저 우리는 스스로 생겨나 스스로 보존하는 생명체를 관찰하면, 제일 먼저 눈에 띄는 것은 그 생명체의 *자의적(恣意的)*인 운동 *(willkürliche Bewegung)*이다. 대개 운동으로 간주되는 이것은 시간적 공간적인 변화에 따른 추상적인 자유로움이다. 그 안에서 동물은 자신을 매우 자의적인 존재로, 그 운동은 우연적인 것으로 드러내 보인다. 그에 반해 음악과 무용은 움직임이지만, 이는 우연적이고 자의적일뿐더러, 자체 안에 — 설혹 거기에서 미적으로 표현된 그 운동의 의미를 전혀 배제하더라도 — 규칙적이고, 규정되고, 구체적이면서 적당함을 갖추고 있다. 더 나아가 동물의 움직임을 그 내적인 목적이 실현된 것으로 보더라도, 자극받은 충동인 이 목적 역시 전적으로 우연적이고 한정되어 있다. 그러나 더 나아가 이 운동을 동물 속에 깃든 모든 부분들이 목적에 맞게 활동하고 협력하는 것으로 판단하더라도 그런 식의 고찰은 단지 우리의 오성 활동에서 나온 것이다 — 동물이 어떻게 자기 욕구들을 충족시키고, 섭취하고, 먹이를 붙잡아서 먹고, 소화하고, 자기보존에 필요한 모든 것을 어떻게 해나가는지 반성할 때도 마찬가지다. 왜냐하면 여기서도 우리는 개별적인 욕구들과 그것들이 자의적이고 우연적으로 충족되는 일을 그저 외적으로만 고찰하기 때문이다. 더구나 그럴 때 유기체의 내적인 활동은 고찰되지도 않는다. 또는 오성은 이 모든 활동과 그것들의 현상 방식들을 고찰하면서 그 안에서 합목적적인 것, 즉 동물의 내적인 목적과 이를 실현하는 신체 기관들 사이에 어떤 화합이 이루어지는지 이해하려고 애쓰기 때문이

다. 우리가 유기체의 개별적이고 우연적인 욕구들과 자의적인 운동, 만족들을 감각적으로 고찰하고 거기에 보이는 합목적성을 오성적으로 고찰한다 해서 동물의 생동성이 우리에게 자연미가 되지는 않는다. 그와는 달리 미는 욕구충족이라는 합목적성이나 자기운동이라는 개별적인 우연성과는 상관없이, 개별적인 형상이 정지해 있든 움직이고 있든 가상으로 드러나는 것이다(Die *Schönheit* betrifft das Scheinen der einzelnen Gestalt in ihrer Ruhe wie in ihrer Bewegung). 그러나 미는 오직 형상 속으로만 들어갈 수 있다(Die Schönheit kann aber nur in die *Gestalt* fallen). 왜냐하면 사물을 관조하고 감성적으로 고찰하는 우리는 오직 사물의 형상 속에서만 생동성에 관한 객관적인 관념을 지닐 수 있기 때문이다. 사유는 *개념*을 파악하고 이를 다시 그 개념의 *보편성*에 맞게 사유를 위해 개념화하지만, 미를 고찰하는 일은 그 *가상의 실재성*(seiner scheinenden Realität)에 따라서 한다. 그리고 이 실재성이란 지체를 지닌 유기체의 외적인 형상으로, 그 유기체는 우리 눈앞에 존재하면서도 *가상*으로 나타난다. 왜냐하면 생명을 지닌 형상의 총체 속에 들어 있는 특수한 지체들이 다양한 모습으로 현실화되는 것은 바로 가상(Schein)으로 설정되어야 하기 때문이다.

b) 이미 설명한 생동성의 개념에 따라 이러한 가상은 좀 더 자세히 살펴보면 다음과 같은 종류가 있다. 즉 형상이란 공간적으로 확장된 것, 둘러싸여 경계지어진 것, 형태를 띠고 그 형태와 색, 움직임 등에서 구분되는 다양한 차이들을 말한다. 그러나 생명 있는 유기체는 그러한 *다양성*을 지니고 있어도 그 다양성 자체가 참된 존재로 드러나지 않음이 보여져야 한다. 이는 우리에게 감각적으로 보이는 현상의 여러 부분과 방식들이 동시에 하나의 전체로 결합되고 그로써

하나의 *개체*로서 현상하며, 하나이면서 특수한 것들인 그것은 비록 서로 다르지만 조화를 이루는 방식으로 나타난다.

α) 그러나 이 통일성은 *첫째*, *비의도적인 동일성으로*(als *absichtslose* Identität) 드러나야 하며 따라서 스스로 추상적인 합목적성으로 관철되어서는 안 된다. 유기체의 부분들은 어느 특정한 목적의 수단으로 보이거나 그것에 봉사하는 것으로만 보여서도 안 되고 그 구조나 형태상의 차이들이 갖는 특성을 상실해서도 안 된다.

β) *둘째*, 위와는 반대로 지체들은 우연성이라는 가상으로 직관된다. 즉 하나의 지체에는 다른 지체의 피규정성은 들어 있지 않다. 하나의 지체는 다른 지체가 갖고 있는 이런저런 형태를 갖지 않는다. 예를 들어 규칙성에서는 한 부분이 갖는 형태를 다른 부분이 갖는 경우가 있다. 거기서는 하나의 추상적인 피규정성이 모든 부분들의 형태와 크기 등을 정한다. 예를 들면 어느 건물에 크기가 똑같거나 일렬로 세워진 창문들이 있다. 또 규율 잡힌 군대에서는 병사들이 모두 똑같은 복장을 한다. 여기서 옷의 특수한 부분들과 형태, 색깔 따위는 우연한 것이 아니라 어느 한 부분에 의해 다른 부분의 형태가 규정된다. 여기서 그 부분들은 형태의 차이를 드러내거나 특이한 독자성을 드러낼 권리가 없다. 그러나 유기적인 생동체인 개체는 다르다. 거기에서는 모든 부분들, 즉 코와 이마, 입과 뺨, 가슴과 목, 팔은 발은 서로 다르다. 이때 지체들은 다른 지체를 모방하지 않고 자신의 독특한 형태를 지니며, 이 형태는 다른 지체에 의해서 규정되지 않는다. 그러므로 지체들은 서로 독자적으로 존재하고 자유로우면서도 우연적인 것으로 현상한다. 왜냐하면 거기에서 물질적인 관계는 형태 자체와는 아무 관계가 없기 때문이다.

γ) 그러나 *셋째로*, 이 독자성 안에서도 내적인 관계가 이루어지고 있음이 드러나야 한다. 물론 그 통일성은 규칙성에서처럼 추상적이고 외적이어서는 안 되고, 독특한 특성들을 없애지 말고 오히려 그것들을 불러와 유지해야 한다. 이 동일성은 지체들 간의 차이처럼 감각적으로 직접 직관되지 않으며 비밀스럽고 *내적인* 필연성이자 조화로서 머문다. 그러나 그것이 *단지* 내적일 뿐 외적으로는 보이지 않는다면 이는 사유(思惟)에 의해서만 파악되고 전적으로 직관되지는 못할 것이다. 그럴 때 그것은 미적(美的)으로 보여지지 못하는 결함을 갖게 될 것이며, 생동성을 직관(直觀)하더라도 그 속에 이념이 실제로 현상하는 것을 발견하지는 못할 것이다. 그러므로 통일성은 단지 감각적 공간적이기만 해서는 안 되고 이념적으로 생명을 불어넣는 것으로서 외부로 모습을 드러내야 한다. 개체 속에서 통일성은 지체들의 보편적인 이상성(理想性, Idealität)으로 드러나고, 이것은 생명 있는 주체를 지탱하는 기반, 즉 주체성(Subjektum)이 된다. 이 주관적인 통일성은 유기적인 생명체 안에서 감성(Empfindung)으로 드러나고 그 감성이 표현될 때 비로소 영혼은 영혼으로 드러난다. 왜냐하면 만약 지체들이 단순히 서로 붙어 있을 뿐 통일성을 띠지 못하면, 그것들은 영혼에 아무런 진리성도 띠지 못하며, 공간성을 띤 다양한 형태들도 영혼의 주관적인 이상성(理想性)을 위해 주어지지 못하기 때문이다. 물론 그것은 부분들의 다양성, 독특한 형상 그리고 유기적인 구조를 전제하지만 그것들에서 감성적인 영혼(die empfindende Seele)이 표현되므로, 늘 존재하는 내적인 통일성은 지체들이 가진 단순한 실제적인 독자성들을 지양하는 것으로 현상한다. 이 독자성들은 더 이상 혼자로 머물지 않고 그것들의 감성적인 영혼을 표현한다.

c) 그러나 우선 영혼의 감정이 표현되더라도, 이는 특수한 지체

들 사이에 필연적인 밀착성과 *실제로* 구성에 꼭 필요한 동일성이나 감정의 *주관적인* 통일성도 보여주지는 않는다.

α) 그럼에도 불구하고 형상이 내적으로 필연적인 조화를 이루면서 드러나야 한다면, 이런 관계가 우리에게는 습관적으로 그 형상의 지체들이 함께 나란히 있으면서 특정한 유형을 이루고 또 이런 유형이 반복적인 모습으로 나타나는 것처럼 보일 수 있다. 그러나 이런 습관 자체는 다시금 *주관적인 필연성*에 지나지 않는다.

이런 기준에 따라 예를 들어 우리는 우리 눈에 익숙하지 않고 일상적인 모습에 어긋나는 유기성을 지닌 동물을 추하다고 부른다. 그리고 만약 그런 동물이 지니고 있는 기관이 우리가 늘 보아온 익숙한 모습과는 다르면 우리는 그것을 기괴하다고 부른다. 예를 들면 몸통은 아주 큰 데 비해 꼬리는 짧고 눈들은 한쪽 방향으로 나란히 붙어 있는 물고기들이 그렇다. 식물들로는 예를 들어 선인장의 경우 그 가시와 각(角)진 줄기들이 반듯하게 솟아 있는 형태가 괴이해 보여도 우리는 그처럼 비뚤어진 다양한 모양들에 이미 익숙해져 있다. 자연사에 관해 다방면으로 교양과 지식을 갖춘 사람은 이런 점에서 세세한 부분들을 아주 잘 알고 있을 뿐 아니라 아주 많은 유형들을 그 밀접한 연관성에 따라 기억해 두고 있으므로, 그런 사람에게는 낯설게 눈에 뜨이는 것이 별로 없다.

β) 이어 둘째로 이런 조화 속으로 좀 더 깊이 파고 들어가 보면, 하나의 *개별적인* 지체에서 그것이 속해 있는 *전체* 형상을 능숙하게 통찰하는 일도 가능하다. 이런 면에서 탁월한 명성을 지녔던 인물로 예

---

1) 퀴비에(Georges de Cuvier, 1769~1832) 남작. 프랑스의 자연연구가. 그가 쓴 저서로서는 《사족수(四足獸) 화석에 대한 연구(Recherches sur les Ossements Fossiles de Quadrupèdes)》(파리, 1812년)가 있다. 헤겔은 이에 대해 그의 《철학집성》§370에서 다시 언급한다.

를 들면 퀴비에[1]라는 사람이 있었다. 그는 어떤 뼛조각 하나만 보아도 ― 그것이 화석이든 아니든 ― 그 뼈를 지녔던 개체가 어떤 종류의 동물에 속하는지 확인할 수 있었다. 즉 여기서는 그야말로 "발톱에서 사자를(ex ungue leonem)"[2]이라는 말이 들어맞는다. 발톱이나 허벅지만 보고도 그 동물의 치아 생김새를 추정하거나, 치아를 보고 거꾸로 엉덩이뼈의 형상이나 척추의 형태를 추정해 내는 것이다. 그렇지만 이런 식으로 고찰해서 동물의 원래 유형(類型)을 인식해 내는 일은 단순히 습관에 따르는 것이 아니라, 거기에는 반성이나 개별적인 사유(思惟) 규정들이 판단 지침으로 들어선다. 예를 들어 퀴비에는 동물의 유형을 확정할 때, 특수하고 상이한 모든 부분들이 지닌 통일성과 그 통일성에서 다시 유형을 인식할 수 있게 하는 풍부한 내용의 피규정성, 그리고 결정적인 특성을 염두에 두었다. 육식(肉食)을 하는 습관 따위가 그런 피규정성으로, 이는 그 유기체의 부분 조직들을 인식해내는 원칙이 된다. 예를 들어 육식하는 동물은 그에 맞는 치아와 턱뼈 따위가 필요하다. 그런 동물은 먹이사냥에 나서면 먹이를 잡아챌 수 있어야 하므로 발굽만으로는 부족하고 발톱도 갖고 있어야 한다.

그러므로 여기서 피규정성은 모든 지체들이 필요한 형태를 갖추고 그것들을 주도해서 서로 통합되게 한다. 사자나 독수리의 강인함 따위처럼 그런 것에 대해 갖는 일상적인 표상 역시 그런 식의 피규정성을 띤다. 이런 관찰방식은 관찰로서는 *미적*(美的)이면서도 기지가 넘친다. 왜냐하면 그러한 방식은 우리에게 어떤 형상과 그것이 지닌 형태의 통일성에 대해 알려주기 때문이다. 그것은 지체들 간의 차이가 단조롭게 반복되지 않고

---

[2] 이 말은 발톱 하나만을 보고도 그것이 원래 사자의 것이었음을 추정해 낸다는 뜻이다.

유지되도록 허용하는 통일성이다. 그러나 이러한 고찰에서 우세한 것은 *직관(Anschauung)*이 아니라 보편성으로 유도하는 *사상(Gedanke)*이다. 바로 이 점에서 우리는 *미적인* 대상 자체에 관여한 것이 아니라 우리의 주관적인 고찰을 미적이라고 부른다. 이러한 반성(反省, Reflexionen)들은 좀 더 자세히 살펴보면 주도적으로 어느 개별적으로 한정된 측면의 원리에서 나온다. 즉 예를 들어 동물이 먹이를 섭취하는 방식, 육식이나 채식 따위를 하는 규정에서 나온다. 하지만 그런 피규정성을 통해서 전체적인 관계, 개념과 영혼 자체의 관계는 관조되지 못한다.

γ) 그러므로 이 영역에서 생명의 내적이고 총체적인 통일성을 의식하는 일은 오직 사유와 개념파악을 통해서만 가능하다. 왜냐하면 자연적인 것 안에서 영혼 *자체*는 아직 인식되지 못하는데, 이는 주관적인 통일성이 그 이상성(理想性, Idealität) 안에서 아직 스스로 자각적으로(für sich) 되지 못하였기 때문이다. 그러나 이제 사유를 통해 개념에 맞게 영혼을 인식하면 두 가지가 얻어진다. 그것은 형상에 대한 직관과, 영혼을 개념에 맞게 사유하는 것이다. 그러나 미를 직관하는 일은 이와 다르다. 그때 대상은 우리 눈앞에 사상으로 나타나서도 안 되고 사유적인 관심사로서 직관과 대립해서도 안 된다. 여기서 대상은 대개 *감각*을 위해 존재해야 된다. 또 우리는 자연형상을 *의미 심장하게(sinnvoll)* 봄으로써 자연 속에 있는 미를 참되게 고찰한다. 여기서 독일어의 'Sinn'[3])이라는 말은 놀랍게도 두 가지 상반된 뜻으로 사용되는 단어이다. 하나는 직접적으로 파악하는 감각기관을 뜻하며 또

---

3) 역주:헤겔은 여기서 이 'Sinn'이라는 독일어의 단어가 지닌 이중적인 뜻을 시사하고 있다.

하나는 사물의 의미, 사상(思想), 사물의 보편성을 뜻한다. 이처럼 'Sinn'은 한편으로 존재의 직접적인 외면성에, 다른 한편으로 그 내적인 본질에 관계된다. 즉 의미심장(sinnvoll)한 고찰이란 위의 양자를 가르거나 하지 않고, 서로 대립된 것을 한 방향에서 포괄해 감각적 직접적으로 직관하면서도 동시에 그 본질과 개념을 파악한다. 하지만 그런 고찰은 이런 규정들을 아직 분리되지 않은 통일성으로 포함하므로 개념을 개념으로 의식(意識)하지 않고 예감하는 데 그친다. 예를 들어 광물계, 식물계, 동물계라는 자연의 세 영역이 정해지면, 우리는 이런 등급 내에서 단순히 외적인 합목적성을 표상하는 데 그치지 않고 그 개념에 맞게 분류해 가는 내적인 필연성을 예감한다. 이 자연 영역 안에 있는 다양한 형상들의 경우 동식물의 종류들이 갈라져간 것을 감각적으로 관찰하듯이 여러 산(山)들의 형태도 합리적으로 변해왔다는 것을 예감하게 된다.4) 개별적인 동물의 유기체, 머리, 가슴, 하체, 그리고 발들을 가진 이런 곤충도 역시 비슷하게 그 안에 합리적인 구조를 띠고 있음을 볼 수 있으며, 그것의 오감(五感)도 처음에는 비록 우연히 여러 개 있는 것처럼 보일지라도 개념에 맞는 적합성을 띠고 있음이 발견된다. 괴테5)도 그런 방식으로 자연과 그 현상들의 내적인 합리성을 관찰하고 해명하였다. 그는 대단한 감각을 갖고서 순수하게

---

4) 헤겔은 진화론이 과학적으로 성립되기 이전의 시대에 살았으므로 대체로 자연에 대해 논할 때는 다른 과학자들이 한 말에 근거를 두었다. 그러나 위의 언급에서 헤겔은 사물들에 대한 리적인 해명을 하기 위해서 이미 진화론의 필요성을 예견한 것이라고 T.M.녹스 교수는 말한다(헤겔의 《미학강으》 영역본, Oxford, 1975년, p.129). 위에 대해서는 기타 R.G.Collingwood,《자연의 이념(The Idea of Nature)》(Oxford, 1945년)을 참조할 것.
5) 앞서의 역주에서도 언급했듯이 그의 자연에 대한 저서들인 《식물의 변형론》,《색채 이론》등을 참조할 것.

대상들에 접근해 고찰했으며 동시에 그것들이 개념과 일치하는 관계에 대해서 충분히 예측하고 있었다. 역사도 그런 식으로 이해되고 해명될 수 있다. 즉 개별적으로 일어난 사건들과 개인들을 통해서 그 본질적인 의미와 필연적인 관계를 은밀히 밝혀낼 수 있는 것이다.

3. 자연적인 생동성을 고찰하는 방식들

그러므로 자연은 대체로 구체적인 개념과 이념이 감각적으로 표현된 것으로서 미적(美的)이라고 불릴 수 있다. 왜냐하면 개념에 맞는 자연형상들을 바라보면 그런 식으로 일치되고 있음을 예감할 수 있고, 감각적으로 고찰하면 모든 지체들의 내적인 필연성과 조화도 감지되기 때문이다. 자연을 미적으로 직관하는 일은 이처럼 개념을 예감하는 것 이상으로 나아가지는 못하며, 이렇게 이해하는 것은 — 비록 스스로 자유로이 생겨난 것처럼 보이는 부분들이 형상, 윤곽, 움직임 등에서 서로 조화를 이루고 있음을 보여주기는 하지만 — *무규정적이고 추상적인 것으로 머문다*. 내적인 통일성은 *내적인 것으로 머물 뿐* 구체적이고 이념적인 형태로 직관되지 않고, 대체로 필연적인 영활성을 띤 조화의 보편성으로 고찰되는데 그친다.

a) 우리 눈앞에는 먼저 자연형상들이 개념에 맞는 구체성(具體性, 또는 대상성, die Gegenständlichkeit) 속에서 스스로 영활성을 띠는 관계가 자연의 미(die Schönheit der Natur)로 보인다. 질료는 이런 관계와 직접적으로 일치하고, 형태는 질료의 참된 본질이자 형상적인 힘으로 그 안에 직접 내재(內在)되어 있다. 이 단계에서 미에 대한 보

편적인 규정이 주어진다. 그래서 예를 들면 천연 수정(水晶)은 그것이 지닌 규칙적인 형태 때문에 우리를 경탄시키는데, 그 형태는 단지 외적인 역학 작용에 의해 생겨나지 않고, 대상 자체에서 자유롭게, 내적인 독특한 규정과 자유로운 힘에 의해 생겨난 것이다. 대상 외적인 활동은 그 자체로 자유로울 수는 있어도 수정(水晶) 안에서 그것을 형상화하는 활동은 그것에 낯선 것이 아니라, 본질에 따라 이 질료에 들어 있는 활동이기 때문이다. 외부로부터 수동적으로 규정되지 않고 내재적으로 활동해서 자신의 형태를 만드는 것은 질료가 지닌 자유로운 힘이다. 그래서 질료는 그 형태가 실현되었을 때 자기의 고유한 형태로서 자유로이 거기에 머문다. 생동적인 유기체와 그 지체들의 윤곽, 형상 그리고 특히 감정의 동요와 표현 속에 내재하는 형태는 비슷한 활동을 더욱 고차적이고 구체적인 방식으로 보여준다. 왜냐하면 여기서는 내적인 활력 자체가 생동적으로 나타나기 때문이다.

b) 그러나 내적인 활력인 자연미가 지니는 이런 피규정성에서 우리는,

⍺) 그 생동성을 표상하고 참된 개념을 예감하면서 그 개념에 맞게 현상하는 유형들에 우리가 얼마나 익숙해져 있느냐에 따라 그 동물들을 본질적 구분하면서 아름답거나 추하다고 부른다. 예를 들어 우리는 힘들게 느릿느릿 걷고 움직임 전체에 신속도 활력도 없어 보이는 나무늘보라는 동물을 보면 그 나른한 태만함 때문에 불쾌감을 느낀다. 활동성과 민활성이야말로 더 고차적인 생명의 이상성(理想性)을 드러내기 때문이다. 또한 우리는 양서류나 물고기, 악어, 거북이나 많은 곤충의 종류들 따위를 아름답다고 보지 않는다. 특히 이 형태에서 저 형태로 바뀌면

서 때로는 양쪽 형태를 반씩 섞은 모습을 지닌 반음양성(半陰陽性, 남녀 양성을 갖추고 있는 것으로 예를 들면 네 다리를 가진 짐승과 새의 혼합형인 오리너구리 같은 것)은 비록 우리 눈에 띠어도 미적인 것으로 간주되지 않는다. 우리가 이런 식으로 동물에 대해 이미 확고한 유형을 염두에 두고 표상하는 방식은 단지 우리의 습관일 수도 있다. 그러나 이런 습관 속에도 예를 들면 어떤 새의 형상을 그릴 때는 그 본질상 따라 다른 종(種)에 속하는 형태는 취하면 안 된다는 예감이 작용하지 않는 것은 아니다. 만약에 그렇지 않으면 그려진 그 새의 형태는 잡종이 되고 말 것이다. 그런 혼합된 모습은 우리에게 낯설고 역겨워 보인다. 어떤 조직체가 일방적으로 한정되어 있으면 이는 결함이 있는 하찮은 것으로 보이며 외적으로도 그 한정된 궁핍성을 드러내므로 생동하는 자연미의 영역에 속하지 못한다. 또 잡종이거나 변형 과정에 있는 대상들은 비록 일면성을 띠고 있지 않더라도 그 대상들이 본래 가진 차이의 피규정성들을 고수할 능력도 없으므로 역시 생동적인 자연미의 영역에 속하지 못한다.

β) 더 나아가 우리는 다른 의미에서, 즉 예를 들어 유기적으로 생동하는 형상을 눈앞에 바라보지 않고 단지 자연의 경치를 바라볼 때도 자연미에 대해서 이야기한다. 여기에는 통일된 이념으로 산출되는 부분들 사이에 어떤 유기적인 관계를 갖는 구조가 없다. 그러한 자연 경치 안에 있는 것은 서로 상이하며 유기적이든 비유기적이든 다만 외적으로만 연결되어 있는 풍부하고 다양한 대상들이다. 즉 산들의 윤곽, 강들이 구불구불 흘러가는 것, 나무의 무리들, 오두막들, 집들, 도시들, 궁전들, 길들, 배들, 하늘, 바다, 골짜기들 그리고 협곡들이 그런 것들이다. 그러나 여기서는 또 한편으로 이러한 차이들 속에서 우리의 호감이나 감탄을 일으키는 외적인 조화가 곧 우리의 관심을 끈다.

γ) 끝으로 자연미는 우리의 심정을 자극하고 그와 조화를 이룸으로써 우리와 독특한 관계를 맺는다(Eine eigentümliche Beziehung endlich gewinnt die Naturschönheit durch das Erregen von Stimmungen des Gemüts und durch Zusammenstimmen mit denselben).

예를 들어 달밤의 고요함, 냇물이 구비구비 흘러가는 골짜기의 적요함, 엄청난 파도를 일으키는 숭고한 바다, 별이 수놓인 하늘의 고요한 위대함이 있다. 이때 우리는 그 대상들 자체에서가 아니라 우리의 일깨워진 마음의 정서 속에서 의미를 찾아야 한다. 또 우리는 용기, 강인함, 영리함, 양순함처럼 인간의 본성과 어울리는 영적(靈的)인 것이 표현된 동물들을 아름답다고 부른다. 이러한 표현은 한편으로 그 동물들에게 속해 있는 그들 삶의 일부를 나타내기도 하지만 다른 한편으로 우리들 자신의 표상과 심정 속에 들어 있기도 하다.

c) 동물의 생동성이 아무리 자연미의 정수(精髓)로서 생명력을 잘 표현한다 해도 동물적인 삶은 매우 제한되어 있고 또 특정한 성질에만 얽매여 있다. 동물들이 존재하는 영역은 좁고 그들의 관심사도 양분의 섭취나 성적 충동 같은 자연적인 욕구에 지배된다. 즉 형상 속에 표현되는 동물들의 내적이고 영적인 삶은 빈약하고 추상적이며 내용이 없다 ― 더 나아가 그 내면은 *내면*으로 외부에 현상하지 않으며 자연적이고 생동적인 것은 그 영혼을 스스로에서서 드러내지 않는다. 왜냐하면 자연적인 것에는 그 영혼이 내적으로만 머물 뿐 이념적인 것으로 밖으로 표출되지 않기 때문이다. 다시 말해 이미 시사했듯이 동물의 영혼은 스스로를 *위해* 존재하는 이념의 통일성이 아니다. 만일 그것이 스스로를 위해 존재한다면 그것은 그런 식으로 존재하면서

도 역시 타자(他者)를 위해서 자신을 현시(顯示, manifestierte)할 것이다. 오직 의식된 자아만이 이념적인 것이 되며 스스로 이 통일성에 대해서 안다. 따라서 그것은 단지 외적으로 감각적, 육체적으로 머무는 데 그치지 않고 이념적인 성격을 띤 현실성을 스스로에게 부여한다. 여기서 비로소 실재성은 개념 자체에 맞는 형식을 띠며, 개념은 *자신을* 자신의 객관성으로 드러내면서 그 속에서 대자적으로(für sich) 존재한다. 그에 반해 동물의 삶은 *즉자적(Ansich)* 으로만 존재하는 통일성이다. 그러므로 그 안에서 구체성을 띤 현실성은 영혼의 이념적 통일성과는 다른 형식으로 나타난다. 의식된 자아(das bewußte Ich)는 스스로(für sich) 이 통일성이며, 그 여러 측면들은 그 요소에 따라 동일한 이상성을 지닌다. 이 의식된 구체성으로서의 자아는 또 타자들을 위해 자기를 현시(顯示)한다. 그러나 동물의 형상을 통해서는 영혼이 있다는 것을 예감하는 데 그친다. 왜냐하면 동물은 입김이나 숨결을 통해 영혼이 불투명하게 드러날 뿐이고, 이것이 동물의 몸 전체에 퍼져 지체들을 통일시키며 그것을 시작으로 동물 전체의 움직임의 특징이 드러나기 때문이다. 이 때문에 우리는 비록 자연미를 그 최고의 형태에서 바라보더라도 자연미가 주요한 결함을 지니고 있음을 알게 된다. 그리고 그 결함 때문에 우리는 자연미에서 한 걸음 더 나아가 *이상적인 예술미가* 지닌 필연성을 고찰할 수밖에 없는 것이다. 그러나 우리가 이상(理想)을 향해 나아가기 전에, 모든 자연미가 갖고 있는 저 결함의 결과 다음과 같은 두 가지 *규정들이* 생겨난다.

우리는 동물 형상에서는 영혼이 유기체의 결합이자 활력의 통일점으로 모호하게 나타날 뿐이어서 거기에는 실제적인 충만함이 결핍되어 있다는 것에 대해 이야기했다. 즉 거기에는 불확실하고 매우 제한된 영혼성만 드러난다. 이와 같은 추상적인 현상을 우리는 아래에서 간단히 고찰해 보아야 한다.

B. 감각적인 질료 속에 깃든 추상적인 형태와 추상적인 통일성의 외적인 미

외적으로 실재하는 것은 외적으로 규정된다. 그러나 그 내면은 통일된 영혼으로 구체적인 내면성에 도달하지 못하고, 대신 외적인 실재성은 불확실한 추상성으로만 나아갈 수 있다. 그리하여 이런 내면성은 이념적인 형식과 이념적인 내용이 적합하게 조화된 현존재로 드러나지 못하고 외적으로 실재하는 것 안에서 외적으로 규정하는 통일성으로 드러난다. 영혼은 스스로 함축성을 띠면서 존재하고 또 내면을 외적인 실재성에 주입시킴으로써 실제의 형상에 내면이 명료하게 표현될 때 내면과 외면의 구체적인 통일성이 존재한다. 그러나 그 단계에서 구체적인 통일성은 아직 미에 이르지 못하고 미를 눈앞에 이상(Ideal)으로 두고 있을 뿐이다. 그래서 구체적인 통일성은 아직은 형상 속으로 발을 들여놓지 않고 먼저 분석만 한다. 그것은 아직은 통일성을 유지하는 *서로 상이한* 차이들에 따라 *분리되고 개별적으로* 고찰된다. 그래서 형상적인 *형태*(gestaltende Form)와 *감각적이고 외적인 실재성*은 일단 서로 상이한 것으로 분리되고 그 결과 두 개의 상이한 측면이 드러난다. 우리는 여기서 이를 고찰해야 한다. 내적인 통일성은 한편으로 이렇게 분리되고 다른 한편으로 추상성을 띤 가운데 외적 실재에게는 외적인 통일성으로 머문다. 그리하여 그것은 총체적이고 내적인 개념이 내재적인 형식으로 외면에 드러나지 못하고 외적으로만 우세한 이손성과 피규정성으로 드러난다. 우리는 이런 관점들을 아래에서 더 상세히 설명하고자 한다. 여기서 우리가 첫 번째로 다루어야 할 것은 다음과 같다.

1. 추상적인 형태의 미

자연미의 형태는 한편으로 추상적인 것(Die Form des Naturschönen als abstrakte)으로 규정되어 있어서 형태가 제한되지만, 또 한편으로 통일성과 자신에 대해 추상적인 관계를 갖는다.

그러나 더 자세히 보면 이는 외적으로 다양한 모습을 그 피규정성과 통일성에 따라서 조정한다. 이 통일성은 내재적인 내면성으로 머물거나 생명을 띤 형상이 되지 않고 다만 외적인 피규정성과 통일성으로 머문다 — 이런 종류의 형태를 사람들은 규칙성, 대칭, 더 나아가 법칙성 그리고 끝으로 조화라고 부른다.

a. 규칙성

α) 규칙성(Regelmäßigkeit)[6]은 일반적으로 외적으로 균등하게 나타나는 것을 말하는데, 더 자세히 설명하자면 '대상의 형태를 규정하는 통일성에 의해 부여되는 특정한 동일한 형태의 반복'을 뜻한다.

---

[6] 헤겔에게서 규칙성(Regelmäßigkeit)과 법칙성(Gesetzmäßigkeit)은 언뜻 보기에는 그 구분이 명확하지 않다. 여기서 이 두 단어에 대한 의미설명은 그의 다른 저서, 특히 《논리학(Wissenschaft der Logik)》과 《자연철학(Philosophie der Natur)》의 '역학'(Mechanismus)에 관한 장과 《철학집성(Enzyklopädie der philosophischen Wissenschaften im Grundrisse)》의 §422에 근거한다. 규칙성은 일반적으로 차이가 나지 않은 것들의 통일성인 반면에, 법칙성은 서로 상이한 것들의 종합을 뜻한다. 이 부분과 칸트의《판단력비판》§22를 비교해 보면 참고가 될 것이다.

이와 같은 통일성은 그 일차적인 추상성 때문에 구체적인 개념이 갖는 합리적인 총체성과는 가장 거리가 멀다. 따라서 그러한 미는 추상적으로 이해된다. 왜냐하면 오성은 추상적이며, 그 원리는 자신 속에 규정되지 않은 상등성(相等性, Gleichheit)과 동일성(同一性, Identität)이기 때문이다.

예를 들어 선(線) 중에서도 가장 규칙적인 선은 직선인데, 직선은 추상적으로 오직 *하나의* 같은 방향만을 계속 유지하기 때문이다. 입방체도 역시 매우 규칙적인 물체이다. 이는 모든 면에 걸쳐서 크기가 똑같은 면과 길이가 똑같은 선을 갖고 있고 직각이라서 둔각이나 예각처럼 그 크기가 변할 수 없다.

β) 규칙성과 관련이 있는 것은 *대칭*(對稱, *Symmetrie*)이다. 즉 그 형태는 피규정성이 똑같아야 한다는 저 극단적인 추상성을 고수하지 않는다. 그래서 균등한 것에 균등하지 않은 것에 첨가되고 또 서로 다른 것들이 동일성 속에 헤집고 들어선다. 상등(相等)한 것에 상등하지 않은 것이 첨가되며, 그 빈 동일성 속에 차이(差異)가 헤집고 들어선다. 그럼으로써 *대칭*이 생겨난다. 대칭이란 하나의 추상적인 형태가 계속 반복되는 것이 아니라, 종류가 같으면서도 형태가 다른 것과 결합되는 것을 말한다. 이런 결합을 통해서 더 폭넓게 규정되고 더 다양한 규칙성과 통일성이 새로 생겨나야 한다. 예를 들어 어느 집의 한 쪽 벽면에 크기가 똑같은 창문 세 개가 같은 간격으로 서로 떨어져 배치된다고 하자. 그 다음에는 좀 더 높은 곳에 이 처음 세 개의 창문과 같은 모양의 창문 서너 개가 창문과 비례해서 좀 더 넓거나 좁은 간격으로 세워진다. 마지막에 가서 다시 앞의 처음 세 개의 창문과 크기와 간격이 똑같은 세 개의 창문을 다시 덧붙이면, 그 모양들이 대칭적으

로 정렬되어 있는 것이 보인다. 따라서 똑같이 규정된 형태가 반복되는 것만으로는 대칭이 이루어지지 않는다. 대칭을 이루려면 크기, 위치, 형상, 색, 음조, 그 밖에 다른 규정들이 서로 다르더라도 동일한 형태의 방식으로 서로 연결되어야 한다. 그처럼 서로 다른 피규정성들이 균형있게 조합될 때 비로소 대칭이 이루어진다.

이 두 가지 형식, 즉 규칙과 대칭은 외적인 통일성이자 질서로서 일단은 *크기의 피규정성*으로 귀결된다. 왜냐하면 외적으로 설정되어 있지만 완전히 내재적이지는 않은 피규정성은 대개 양적(量的)이며, 반면에 질(質)은 어떤 특정한 사물을 그 사물로 만드는 특성이라서 그것은 이 질적인 특성이 변하면 전혀 다른 사물이 되기 때문이다. 그러나 그 사물의 크기와 변화는 만약 그것이 도량(度量, Maß)[7])으로서 효력을 지니지 않는다면 그 변화는 질(質)과는 무관하다. 즉 도량은 그것이 다시 질적으로 규정할 때 양(量)이 되므로, 특정한 질은 양적인 피규정성에 매어 있다. 규칙성과 대칭은 주로 크기의 피규정성들에 국한되고 또 같지 않은 것 안에 있는 동일한 형태와 질서에 국한된다.

더 나아가 이와 같은 크기의 질서가 어디서 올바르게 이루어지는지 묻는다면, 유기적인 자연 형상들은 물론 비유기적인 자연 형상들도 그 크기와 형태가 규칙적이고 대칭적인 것을 발견할 수 있다. 예를 들면 우리들 자신의 신체기관들도 보면 부분적으로 최소한 규칙적이고 대칭적이다. 우리는 두 눈, 두 팔, 두 다리 그리고 양쪽 모양이 같은 엉덩이뼈들과 어깻죽지 따위를 갖고 있다. 그러나 심장, 폐, 간, 내장 같은 다른 부분들을 보면 우리의 신체는 규칙적이지 못하다. 여기서

---

7) 역주 : 질과 양, 그리고 그 종합인 도량(度量)에 대해서는 헤겔의 《철학집성》(Enzyklopädie…) §108을 더 참조할 것.

그 차이는 어디에 있는 것일까라는 의문이 생긴다. 크기, 형태, 위치 같은 규칙성은 유기체의 외부에 드러난 지체에 나타난다. 다시 말해 규칙적이고 대칭적인 피규정성은 사물의 개념에 따라 대상(對象)적인 것(das Objektive)이 그 규준대로 외화될 뿐 아무런 주관적인 생동성도 보이지 않는다. 이 외면성을 띠는 실재성은 추상적이고 외적인 통일성에 속한다. 반면에 이러한 단순한 규칙성은 생동적이고 더 우월하고 자유로운 정신성 속에 움직이는 주관적인 통일성보다는 못한 것이다. 자연은 대체로 정신과는 대조적으로 외적으로 존재하지만, 그 중에서도 외면성이 우세한 곳에서는 규칙이 지배적으로 드러난다.

αα) 그 중요한 단계들을 좀 더 자세히 더듬어 가보면, 예를 들어 수정 같은 생명이 깃들지 않은 광물질의 형체에는 규칙과 대칭이 기본 형태를 이루는 것을 알 수 있다. 이미 언급했듯이 수정의 형상은 이미 그 자체 속에 내재되어 있으며 단지 외적인 작용에 의해서 규정되지는 않는다. 즉 수정에 고유한 형태는 본질상 내밀한 활동을 통해 그 수정의 내적 외적인 구조를 이룬다. 그러나 이 활동은 부분들이 독자적으로 존립하는 것을 부정하며, 동물의 삶에서처럼 그 존립에 영활성을 부여하는 구체적이고 이상화하는 개념의 총체적인 활동은 아직 아니다. 오히려 그 형태의 통일성과 피규정성은 추상적으로만 이해되는 일면성이며 외적으로 드러나는 통일성으로서, 오직 추상성의 규정에 따라 단순하게 규칙적인 대칭의 형태를 만들어 낸다.

ββ) 한 걸음 더 나아가 식물을 고찰하면 그것은 수정 같은 광물보다는 우월하다. 식물은 초기에 이미 조직화되어 발전하면서 끊임없이 양분섭취를 통해서 물질을 빨아들인다. 그러나 식물에도 아직은 영혼의 생동성은 깃들어 있지 않다. 왜냐하면 식물은 비록 유기적으로 구성되어 있어도 그 활동은 외적으로 계속 뻗어 나가는 것이기 때문이

다. 식물은 스스로 움직이거나 장소를 바꾸지 않고 땅에 뿌리를 고정시킨 채 계속 성장하며, 자기의 유기체를 이미 완결된 것으로 조용히 보존하지 않고 부단한 동화(同化)와 양분섭취를 통해 외부를 향해서 끊임없이 새로 산출해낸다. 동물도 역시 성장을 하지만 그것은 어느 일정한 크기에 도달하면 성장을 멈추고 다만 자아를 개체로서 보존하기 위해서 자기를 번식시킨다. 그러나 식물은 멈추지 않고 성장하며 오직 그것이 고사(枯死)했을 때만 그 가지와 잎의 성장은 멈춘다. 그리고 식물이 성장하면서 산출해 내는 것은 항상 자기와 동일한 유기체 전체의 새로운 표본이다. 그 이유는 식물의 가지 하나하나는 그 자체가 하나의 새로운 식물이지 동물의 유기조직처럼 전체에 속하는 하나의 개별적인 지체가 아니기 때문이다. 이처럼 식물은 자신을 수많은 식물개체들로 계속 증식시켜 가므로 식물에게는 영적인 주관성과 그 감성의 이념적인 통일성은 빠져 있다. 일반적으로 식물은 전체적으로 존재하는 모습과 생명을 진행시키는 과정에서 볼 때, 그것이 아무리 안으로 양분을 섭취하여 자기 몸과 동화시키고 아무리 물질적으로 자유로이 작용하는 개념으로 규정되더라도 여전히 외적인 것에 매여 있어 주관적인 독자성과 통일성은 지니지 못한다. 식물은 자아보존을 위해서 자기를 지속적으로 외화(外化)시켜 나간다. 이처럼 자기를 넘어서 자기를 부단히 외화시키는 이 특성(dieser Charakter des steten Sich-über-sich-Hinaustreibens ins Äußere)으로 말미암아 식물의 형상에서도 역시 자기외면성을 통일시키는 규칙과 대칭이 주요 동인(動因)이 된다. 물론 여기서 규칙성은 더 이상 광물계에서처럼 엄격하게 추상적인 선이나 각으로 드러나지는 않지만 그래도 여전히 지배적이다. 즉 식물의 줄기는 대개 위를 향해서 똑바로 솟아오르고, 좀 더 고등식물인 경우에는 나이테가 원형이고 잎사귀들은 수정(水晶)과 비슷한 형태를 지니고 꽃잎은 그 수와 위치, 형태가 기본 유형에 따라 규칙적으로 대칭조인 피규정성을 지닌다.

γγ) 끝으로, 살아 있는 동물의 유기체는 그 지체들이 이중의 형태를 띤다는 점이 본질적인 차이이다. 왜냐하면 동물의 신체 유기조직은 더 고등(高等)동물의 단계에서는 한편으로 내적으로 고립되어 마치 공처럼 자기에게 회귀(回歸)해 자신과 관계하는 유기조직이기 때문이다. 또 한편으로 그것은 외적으로 진행(Prozß)하면서도 외면성에 맞서 움직이는 외적인 유기체이다. 그 유기체 안에 들어 있으면서 생명 자체와 연결되는 간, 심장, 폐 따위의 내장들은 더 가치가 높다. 이들은 단순히 규칙적인 형태로 규정되지 않는다. 그러나 동물의 유기체에서도 사실 외부세계와 부단히 관계하는 지체들에서는 대칭적인 배열이 더 우세하게 나타난다. 여기에 속하는 것은 이론적으로든 실제적으로든 외부를 향해 움직이는 지체들과 기관들이다.

외부를 향해 순수히 이론적으로만 작용하는 것으로는 시각이나 청각과 같은 감관들을 들 수 있다. 즉 우리는 외부에 있는 것을 있는 그대로 보고 듣지만, 반면에 후각과 미각 같은 감각기관들은 이미 실제적인 관계를 갖기 시작한다. 왜냐하면 뭔가 딱 입 속으로 섭취될 때 냄새가 나고 막 파괴될 때 그 맛이 나기 때문이다. 우리의 코는 하나뿐이지만 이는 두 부분으로 나누어져 있고 그 양쪽 절반씩은 서로 규칙적인 형태를 띠고 있다. 입술이나 치아도 그와 비슷하다. 그러나 위치와 형태가 매우 규칙적으로 되어 있는 것은 눈과 귀 그리고 장소를 바꾸고 외부의 사물을 마음대로 다루어 변화시킬 수 있는 지체, 즉 팔과 다리이다.

이처럼 유기체 안에서도 규칙성은 그 개념에 맞는 권리를 갖는다. 하지만 이 규칙성은 외부세계와 직접적인 관계를 갖는 도구가 될 뿐

유기체를 자기에게 회귀하는 생명의 주관성과 관련시키지는 않는 지체들에게만 주어진다. 바로 이런 것들이 자연현상들 속에서 규칙적으로 나타나는 대칭적인 형태들이 지닌 주요한 특성이다. 그러나 좀 더 자세히 보면 이 같은 더 추상적인 형태와 구별되는 것으로 법칙성을 들 수 있다.

b. 법칙성

법칙성(Gesetzmäßigkeit)은 앞서 살핀 규칙성과는 구분된다. 그것은 규칙성보다 더 고차적인 단계에 있으며, 생동하는 것이라면 그것이 자연적이든 정신적이든 자유롭게 움직이게 한다. 그러나 법칙성 자체는 아직 주관적으로 총체적인 통일성이나 자유는 되지 못하고, 다만 *본질적인* 차이들의 *총체*성으로 머문다. 그런데 이 차이들은 차이와 대립 자체로 공공연히 드러나지 않고 총체성 안에서 통일성과 관련되어 있음을 보여준다. 즉 여기서는 양적으로 법칙에 맞는 통일성이 여전히 우세함을 보이지만, 이는 더 이상 크기라는 외적으로 잴 수 있는 차이성으로 환원되지는 않고, 서로 다른 측면들의 *질적인* 관계가 들어선다. 그리하여 그 관계 속에서는 동일한 피규정성이 추상적으로 반복되거나 동일하거나 동일하지 않은 것이 규칙적으로 교대하여 나타나지 않고, 본질적으로 서로 상이한 측면들이 함께 나타난다. 우리는 그런 차이들이 함께 모여 완전성을 이루는 것을 보고 만족한다. 여기에는 감성이 총체성, 그것도 사물의 본질에 따라 필요한 차이들의 총체성에 의해 만족을 얻는 합리성이 들어 있다. 그러나 이 관계도 역시 그것을 보는 데 따라 때로는 습관이 되고 때로는 심오한 예감도 되는 비밀스러운 끈으로 머문다.

규칙성에서 법칙성으로 좀 더 확실하게 이행해 가는 과정을 우리는 몇 가지 예를 통해 분명히 볼 수 있다. 예를 들어 같은 크기의 평행선은 추상적인 규칙성을 띤다. 반면에 한 걸음 더 나아가면, 크기는 같지 않고 단지 비례가 같은 것, 예를 들어 비슷한 모양의 삼각형들이 있다. 즉, 각(角)들의 경사와 선들의 비례가 같지만 그 크기들은 서로 다르다. 또 원은 직선과 같은 규칙성을 띠지는 않지만, 역시 추상적으로 상등(相等)한 규정을 지닌다. 왜냐하면 원 안에 그어지는 반경들은 모두 크기가 같기 때문이다. 따라서 원은 아직 별로 흥미롭지 않은 굽은 선이다. 그에 반해서 타원과 포물선은 덜 규칙적이며 오직 그것들이 지닌 법칙에 따라서만 인식될 수 있다. 예를 들면 타원형의 동경(動徑, radii vectores)들은 서로 다르지만 그것들의 법칙이 있으며, 타원의 크고 작은 축들도 본질적으로 다르고 그것들의 초점들도 원과는 달리 그 형태들의 중심에 위치하지 않는다. 이와 같이 여기서는 선의 법칙에 근거해 볼 때 질적인 차이들이 드러나는데, 그 차이는 선들 사이의 관계가 일정한 법칙을 이룬다. 그럼에도 불구하고 타원은 크고 작은 축에 따라 나누면 네 개의 똑 같은 부분으로 나누어진다. 그러므로 전체적으로 보면 거기에도 여전히 상등성의 규정이 지배한다. 내적인 법칙을 지니면서 좀 더 자유스러운 형태를 띠고 있는 것은 달걀 모양의 선(Eilinie)이다. 그 선은 규칙적인데도 거기서는 수학적인 법칙을 찾아서 계산해낼 수 없다. 그것은 타원형이 아니며 윗부분의 선이 아래 부분의 선과는 다르게 굽어져 있다. 그러나 이처럼 자연 속

---

8) 길이가 같은 평행선들은 그 선들 사이의 길이와 간격도 동일하기 때문에 단순한 규칙을 이룬다. 그러나 포물선에서 그 축에 평행하게 그어진 선들은 길이가 같지 않고, 이 사실은 포물선에서 흔히 볼 수 있는 법칙이어서 그 평행선들의 길이는 단순하게 규칙적이지 않고 포물선의 법칙에 의해 결정된다. 헤겔은 여

에 보이는 좀 더 자연스럽고 자유로운 선도 그 큰 축에 따라서 나누면 모양이 두 개의 반쪽이 나온다.[8]

모양이 달걀형태와 비슷하면서도 큰 축에 따라 나눠 보면 한 쪽 면이 다른 한 쪽 면과 똑같지 않고 다른 모양의 반쪽을 드러내는 선에서는 단순한 규칙성은 마침내 사라지고 만다. 이런 종류의 선으로 우리는 이른바 파상선(波狀線, Wellenlinie)을 들 수 있다. 호가르트[9]는 이를 가리켜 미적인 선(Linie der Schönheit)이라고 불렀다. 그런 식으로 보면 예를 들면 신체에서 한 쪽 팔은 양쪽 선이 똑같지도 않고 대칭도 아닌 모양으로 뻗어 있다. 여기에서 지배하는 것은 단순한 규칙성이 아니라 법칙성이다. 이와 같은 법칙성은 아주 다양한 모습으로 생동하는 고등(高等) 동물들의 유기적인 형태를 규정한다. 법칙성은 본질적인 것으로서 차이들을 설정하고 그 차이들의 통일성을 확립한다. 하지만 법칙성에서는 오직 추상성만이 우세하므로 개체로 하여금 제멋대로 움직이지 못하도록 규제한다. 그러나 다른 한편으로 그것은 우월한 주관성의 자유스러움을 지니고 있지 않기 때문에 아직은 영활성과 이상성(理想性, Idealität)을 드러내지 못한다. 이러한 단순한 법칙성보다 더 고차적이 것이 또 있다. 그것은 바로 조화(Harmonie)이다.

c. 조화

조화(調和, Harmonie)는 질적인 차이들이 총체적으로 드러내는 관

기서 원추곡선 기하학을 염두에 두는 듯하다.
9) 호가르트(William Hogarth, 1697~1764). 영국의 화가이자 동판화가. 그의 저서로는 《미의 분석(Analysis of Beauty)》(1753년)이 있으며, 헤겔은 이 저서의 제7장에서 인용한다.

계이다. 이는 사물의 본질 속에서 그 근거를 찾을 수 있다. 이 관계에서는 단순한 규칙성이나 법칙성이 갖는 상등성이나 반복을 넘어서서 더 나아간다. 거기에서는 질적인 차이들이 서로 대립되고 모순적으로 작용하면서도 조화를 이루면서 통일되므로, 그 통일성은 모든 부분적인 요소들을 드러내면서도 이들을 자기 안에서 하나의 전체로 내포한다. 이처럼 그것들이 화합할 때 조화가 생겨난다.

이 조화는 한편으로 *본질적인* 측면들의 *총체성* 속에 들어 있으며, 다른 한편으로 그들의 단순한 *대립*이 *지양*될 때 그 안에 존재한다. 그리하여 그것들이 *상호* *귀속*되면서 내적인 관계를 이룰 때 그것이 통일성으로 드러난다. 이런 의기에서 언급할 수 있는 것이 형상의 조화, 색의 조화, 음조 따위의 조화이다.

예를 들어 청색, 황색, 녹색, 적색은 색 자체의 본질 속에 들어 있으며 필연적으로 서로 다른 색들이다. 그 색들은 외적으로 규칙 있게 조합되는 대칭과는 다른 요소를 지닌다. 즉 황색과 청색은 직접적으로 서로 대조되며 그 색들은 중간색이다. 이제 그 색들이 지닌 현란한 차이와 대립을 피할 때 바로 조화가 생겨난다. 즉 색들 간의 현란한 대립을 사라지게 하고 그 상이한 색들을 서로 화합시켜 드러내야 한다. 왜냐하면 색은 본질적으로 일면적이 아니라 총체적인 것이어서 상호 귀속되기 때문이다. 이처럼 색의 총체성을 추구하면서 더 나아가다 보면 — 괴테가 말했듯이 — 우리는 눈앞에 한 가지 색만을 두더라도 주관적으로는 또 다른 여러 색을 보게 되는 경지에까지 이를 수 있다.

예를 들어 음에는 주음(主音)과 중음(中音), 속음(屬音, 음계의 제5음)이 있는데, 이들은 본질적으로 서로 차이지는 음들이면서도 그 차이 속에서 서로 화합하여 하나의 전체로 결합된다. 형상과 형상의 위치나 정지, 움직임 같은 관계에서도 이와 비슷한 조화가 이루어진다. 여기서 그 차이성들은 그 어느 것도 혼자서 일면적으로만 드러나서는 안 된다. 그럴 경우에는 조화가 깨지고 만다.

그러나 조화 자체도 아직은 자유로운 이념적인 주관성과 영혼이 아니다. 자유롭고 이념적인 주관성 속에서 통일된다는 것은 단순한 상호 귀속이나 화합이 아니라, 차이들을 부정하는 가운데 비로소 그 차이들을 이념적인 통일성을 드러낸다는 뜻이다. 그러나 조화는 그런 정도의 이상성으로까지 이끌어가지는 못한다.

예를 들면 모든 선율(旋律:멜로디)의 근간이 되는 것은 조화이면서도 거기에는 좀 더 자유로운 주관성이 깃들어 있고 그것이 표현된다. 단순한 조화는 추상적인 형식의 최고 단계이며 이미 자유로운 주관성에 다다른 것이라고 볼 수 있다. 그럼에도 불구하고 거기에는 대체로 주관적인 여영활성이나 정신성은 드러나지 않는다. 이것이 여러 종류의 *추상적인 형태*로서 추상적인 통일성의 첫 번째 규정이 된다.

2. 감각적인 질료가 추상적으로 통일되어 드러난 미

더 이상 형태나 형상과는 관계없이 질료나 감각적인 것에 관련되는 것이 추상적인 통일성의 두 번째 규정이다. 여기서는 특정한 감각적인 질료들이 완전히 차별 없이 조화(Zusammenstimmen)를 이룸으로써 통일성이 등장한다. 이것이 바로 유일한 통일성이며, 거기에서 질료는 스스로 감각적인 재료로 간주되는 민감한 것이다. 이런 점에서 형상, 색, 음색 따위에 들어 있는 질료의 추상적인 *순수성(純粹性,*

Reinheit)이 이 단계에서 본질적이 된다. 끊임없이 계속 이어지며 여기저기로 빗나가지 않고 순수하게 그어진 선이 평면 따위는 그들의 확고한 피규정성들과 그들이 이루는 동일한 형태라는 통일성으로 우리에게 만족을 준다. 하늘의 순수함, 공기의 청량함, 거울처럼 맑은 호수, 바다의 잔잔한 표면은 이런 점에서 우리를 즐겁게 해준다. 순수한 음조(音調)들도 역시 마찬가지이다. 순수한 목소리의 울림은 단순하고 순수한 음으로서 무한히 호감을 주고 우리의 마음에 호소한다. 반면에 맑지 못한 목소리가 나올 때는 기관도 그와 함께 탁하게 울리며 그러한 울림은 그 울림 자체가 가진 규정에서 벗어난다. 이와 비슷하게 언어에도 아, 에, 이, 오, 우 같은 모음처럼 순수한 음이 있는가 하면, 애, 위, 외처럼 섞인 모음도 있다. 특히 민중들이 쓰는 방언들은 오아(oa) 같은 순수하지 못하게 울리는 중음(重音)들을 갖고 있다. 더 나아가 모음의 순수한 울림을 둔화시키지 않는 자음으로 둘러싸인 모음들도 순수한 음에 속한다. 북방 언어에는 자음 때문에 모음의 음조가 휘는 경우가 종종 있지만, 반대로 이탈리아어에서는 모음의 순수성이 유지되고 있어서 순수하게 노래를 부를 수 있다. 순수하고 단순하며 섞이지 않은 색들도 역시 같은 효과를 나타낸다. 예를 들어 순수한 적색이나 순수한 청색이 그런 경우인데 그런 색은 드물다. 왜냐하면 그런 색은 보통 불그스름한 색이나 노르스름한 색, 또는 푸르스름한 색으로 쉽게 변하기 때문이다. 자주색도 비록 순수할 수 있지만 외적으로 더럽혀지지 않았을 때만 그것이 가능하다. 왜냐하면 그 색 자체는 단순하지 않으며 색의 본질상 상이하게 규정된 색들에 속하지 않기 때문이다. 색의 본질상 규정된 색들을 기본색(Kardinalfarben)이라고 하는데, 이들은 순수하기 때문에 우리가 쉽게 감지할 수 있는 색들이다. 그러나 그 색들을 조합하면 그 차이는 더 현란하게 드러나므

로 조화시키기가 더 어려워진다. 여러 번 혼합된 탁한 색들은 서로 화합하기는 쉬워도 서로 대립되는 힘이 적으므로 쾌적한 느낌도 덜하다. 비록 녹색은 황색과 청색을 섞은 것이지만, 이 대립되는 색들을 단순히 중화시킨 것이므로 그 대립을 없앤다는 점에서 서로 뚜렷이 차이 나는 청색이나 황색보다 쾌적하기는 덜하지만 그만큼 덜 자극적이다.

이는 형식의 추상적인 통일성뿐만 아니라 감각적인 질료가 지닌 단순성이나 순수성과 관련해서 가장 중요한 것이라 할 수 있을 것이다. 그러나 이 두 가지 성질은 그 추상성 때문에 생동적이지도 못하고 참되거나 실제적인 통일성이 되지도 못한다. 왜냐하면 오직 이념적인 주관성만이 참된 통일성인데, 아무리 완벽하게 드러난 자연미라 해도 이러한 이념적인 통일성은 갖지 못하기 때문이다. 자연미는 이와 같은 본질적인 결함을 지니고 있기 때문에 우리는 한 걸음 더 나아가 이상(理想, Ideal)의 필연성으로 눈을 돌리게 된다. 그러므로 자연미는 이상과 비교해서 열등한 것으로 나타난다.

C. 자연미의 결함

원래 우리가 다루려고 하는 대상은 미의 이념에 유일하게 적합한 형태로 현실화된 예술미이다. 지금까지 고찰한 자연미는 미의 첫 번째 존재에 해당되는 것이었다. 그러므로 여기에서 자연미는 어떤 점에서 예술미와 구별되는지에 대한 물음이 생겨난다.

이상(das Ideal)이 자체 안에서 완성된 미라면 그에 반해 자연미는 완전하지 못한 미라고 사람들은 추상적으로 말할 수 있다. 하지만 그런 공허한 진술로는 아무 도움이 되지 못한다. 왜냐하면 무엇이 예술미의 완전성을 이르고 무엇이 자연미의 불완전성이 되는지 그 차이를 정확히 진술하는 일이 중요하기 때문이다. 그러므로 우리는 다음과 같은 물음을 제기해야 한다. 즉 왜 자연의 미(美)는 필연적으로 불완전하며 이 불완전함은 어디서 나오는가 라는 것이다. 그 대답을 찾은 후에야 비로소 이상(理想)의 필연성과 본질에 대한 것이 우리에게 더 자세히 드러날 것이다.

우리는 지금까지 동물의 생동성까지 거슬러 올라가, 거기에서 미가 어떻게 드러나는지 살펴보았다. 이제 다음에 할 일은 생동하는 것에 깃든 주관성과 개별성의 요소를 좀 더 확실하게 파악하는 것이다.

우리는 이념으로서의 미에 대해서 이야기할 때 선(善)과 진리의 이념에 대해 말할 때와 같은 의미로 말했다. 즉 이념이란 감각적인 것이 아니라 실체적이고 보편적이면서 절대적인 질료요, 세계의 구성분이라는 의미에서 이해하는 것이다. 그러나 좀 더 확실히 파악하자면 이미 보았듯이, 이념은 단지 실체와 *보편성*일 뿐 아니라 *개념*과 그 *현실성*이 통일된 것으로서 개념이 객관성 내에서 다시 개념으로 회복된 것이다.

이미 서론에서 다루었듯이, 이념(Idee, 이를 플라톤의 철학에서는 보통 '이데아, Idea'라고 부른다—역자주)을 유일하게 참된 것이자 보편자, 그것도 스스로 구체적인 보편자라고 역설한 사람은 플라톤이었다. 그러나 플라톤적이 말하는 이념은 스스로 아직은 진정으로 구체적이지 못하다.

왜냐하면 플라톤적인 이념은 그 *개념*과 *보편성*의 측면에서 파악했을 때는 비록 참된 것으로 간주되지만, 여기서 말하는 보편성의 의미로 파악할 때는 아직은 *실현되지 않은 것*(noch nicht *verwirklicht*)으로서 그 현실성 속에서 스스로 *참된 것*(das in ihrer Wirklichkeit *für sich selbst Wahre*)이 못되기 때문이다. 단지 즉자적인 상태(Ansich, 무자각의 상태)에 머물러 있는 이념이다.

그러나 객관성이 없는 개념은 참된 개념이 아니듯이, 현실성이 없고 현실 밖에 있는 이념도 참된 이념이 아니다. 그러므로 이념은 현실성으로 이행(移行)해 나가야 하며, 그 개념에 맞는 현실적인 주관성을 띠고 이념적으로 스스로를 위해 존재(Fürsichsein)할 수 있을 때 비로소 진정한 현실성을 획득한다. 그래서 예를 들면 인간이라는 종(種)은 자유롭고 구체적인 개체일 때만 현실성을 띤다. *생명은 오직 개별적으로 살아있으면서 존재하고, 선(善)은 개별적인* 인간에 의해서 실현된다. 그리고 모든 진리는 오직 *지적인* 의식(意識)으로서만, 즉 *자각적(自覺的)*인 정신으로서만 존재한다(alle Wahrheit ist nur als *wissendes* Bewußtsein, als *für sich seiender* Geist). 왜냐하면 오직 구체적인 개별성(nur die konkrete Einzelheit)만이 참되고 현실적이며 추상적인 보편성과 특수성은 그렇지 못하기 때문이다. 그러므로 우리가 본질적으로 고수해야 할 것은 바로 자각적(自覺的)인 주관성이다.

그런데 주관성은 부정적인 통일성 속에 들어 있다. 그리고 실제로 존재하는 것들 사이에 있는 차이들은 이 부정적인 통일성에 의해 이념적으로 설정되고 증명된다. 그러므로 이념과 그것의 현실성의 통일이란 *이념 자체와 그 현실의 부정적인 통일*, 양쪽의 차이들을 *정립하고 지양하는* 통일이다. 오직 이 활동 속에서만 그것은 긍정적으로 자각(自覺)하면서 자신과 관여하는 무한한 통일성이자 주관성이 된다. 그러므로 미의 이념도 그 현실적인 존재 안에서 본질적으로는 구체적인 주관성이고 개별적인 것(als konkrete Subjektivität und somit Einzelheit)으로 파악되어야 한다. 왜냐하면 이념은 오직 현실적일 때만 이념이 되고 구체적이고 개별적인 것 안에서만 현실성을 띠기 때문이다.

이제 여기서는 개별성이 지닌 *이중적인 형태인 직접적이고 자연적인* 형태와 *정신적인* 형태를 구별해야 한다. 양쪽 형태 안에서 이념은 스스로에게 현존성을 부여한다. 그래서 그 양쪽에서 본질적인 내용과 이념, 그리고 우리가 다루는 영역에서 미(美)의 이념은 동일하다. 이런 점에서 자연의 미는 이상(理想)과 같은 내용을 지닌다고 주장할 수 있다. 그러나 반대로 보면 앞서 언급한 형태 ― 그 안에서 이념은 현실성에 도달하는데 ― 의 이중성, 즉 자연적인 개별성과 정신적인 개별성의 차이는 이런 저런 형태로 현상하는 내용에 *본질적인 차이*를 가져온다. 왜냐하면 어떤 형태가 과연 이념의 형태에 진정으로 일치하는가라는 물음이 생기기 때문이다. 오직 진정으로 적합한 형태 안에서만 이념은 그 내용이 지닌 *진정한 총체성*을 분명하게 드러낸다.

우리는 이제 이런 사항에 대해 보다 자세히 고찰해야 한다. 왜냐하면 이 같은 개별성의 형태에 나타나는 차이는 자연미와 이상의 차이에도 해당되기 때문이다.

먼저 *직접적인 개별성*(*unmittelbare* Einzelheit)에 관해서 보면 이는 자연적인 것에도 속하고 정신적인 것에도 속한다. 그 이유는 정신은 첫째로 육체(*Körper*) 안에 외적인 존재를 가지며, 둘째로 정신적인 것도 먼저 직접적인 현실 속에서만 실존성을 얻기 때문이다. 그러므로 우리는 여기에서 그 직접적인 개별성을 *세 가지* 관점에서 고찰할 수 있다.

1. 직접성 속에 오직 내면으로서만 존재하는 내면

a) 우리는 이미 동물의 유기체가 그 안에서 부단한 과정을 통해

그 자각적인 존재성(sein Fürsichsein)을 얻으며, 또 그것이 섭취해 소화하는 자연의 무기물(無機物)을 몸속에서 동화(同和)시켜 외적인 것을 내적인 것으로 변화시키면서 비로소 자기 내 존재성(sein Insichsein)을 실현시키는 것을 살펴보았다. 우리는 또 이런 부단한 생명의 과정이 활동 체계(體系, System)라는 것도 알았다. 이는 그 활동들이 일어나는 유기체의 기관들의 활동 체계로 현실화된다. 스스로 완결된 이 체계는 그 과정을 통해 부단히 생명을 유지하는 것을 유일한 목적으로 가지므로, 동물의 삶이란 오직 욕구에 의해 좌우되는 삶이다. 위에 언급한 기관들의 체계 속에서 그것은 진행되고 충족되면서 실현된다. 이런 식으로 생동적인 것은 그 지체들이 합목적성에 맞게 구성되어 있다. 모든 지체들은 자아보존이라는 하나의 목적을 위해 수단으로만 이용된다. 그것들 안에는 생명이 내재(內在)되어 있다. 그 지체들은 생명에 매여 있으며 생명 역시 그것들에 매여 있다. 그런 과정의 결과 생겨나는 것은 스스로 느끼고 영혼을 띤 동물로서, 그것은 그런 식으로 개체인 자기에 대해 만족한다.

이런 점에서 동물과 식물을 비교하면, 식물에는 자기감정과 영혼이 결여되어 있음이 이미 드러난다. 왜냐하면 식물은 부단히 새로운 개체만을 산출해 낼 뿐, 이 개체들을 부정적인 점으로 응집시킨 다음 이를 극복해 다시 개별적인 자아를 구성하는 일은 못하기 때문이다. 그러나 우리가 생동적인 동물의 기관에서 볼 수 있는 것은 이런 생명의 통일점이 아닌 단지 기관들의 *다양성*일 뿐이다. 동물의 생동성은 스스로 개별적인 확실한 주체로서 그 지체들이 외부 현실에 아무렇게나 드러나는 것에 맞서 현상하지 못하는 부자유스러운 것이다.

유기적인 생명활동들이 원래 어디에서 일어나는지는 알려져 있지 않으며, 우리가 보는 것은 단지 그 형상의 외적인 윤곽뿐이다. 그리고 이 형상 역시 철두철미하게 깃이나 비늘, 머리카락, 털, 가시, 껍질 등으로 덮여 있다. 그런 외피는 동물적인 것에 속하지만 식물적인 형태를 띠고서 동물의 유기체에 생겨난다. 여기에 동물의 생동성의 미(美)가 갖는 주요한 결함이 있다. 즉 동물의 유기체에서는 영혼이 드러나 보이지 않는다. 유기체에서 우리에게 보이는 것은 영혼이 아니다. 밖으로 드러나 여기저기 현상하는 것은 내적인 생명이 아니라, 원래의 생동성보다 저급한 단계의 형태들뿐이다. 동물은 오직 그 안에서만 생동적으로 머문다. 즉 동물의 자기 내(內) 존재성(Insichsein)은 내면성의 형태를 띠므로 *현실적(real)*이지 못하며, 따라서 이 생동성은 도처에서 관찰되지 않는다. 동물에게는 내면이 *내적*으로만 머물고 외적인 것은 *외적인 것*으로만 현상할 뿐이며, 동물의 모든 지체에 영혼이 충분히 스며들지는 못한다.

b) 이런 점에서 보면 반대로 *인간의* 육체는 동물보다 더 고차적인 단계에 있다. 왜냐하면 인간에게는 그가 영혼을 지녔고 감정을 느끼는 통일체임이 두단히 생생하게 드러나기 때문이다. 인간의 피부는 식물처럼 생명력이 없는 껍질로 덮여 있지 않고, 피가 맥동하는 것이 모든 표피에 드러나며 살아 뛰는 심장은 신체의 도처에서 생생하게 느껴진다. 그리고 이는 독특한 활력, 생명의 팽창(turgor vitae)[10], 즉

---

10) 독일의 자연연구가이자 의학자인 블루멘바하(Johann F.Blumenbach, 1735~1840)는 현재로서는 이미 구식이 된 그의 생리학에서, 팽창의 힘은 신체의 유연한 부분들이 균일하게 탄력적으로 늘어나는 것으로 건강한 신체에 나타나는 조건이라고 가정했다. 그의 제자 헤벤스트라이트(E.B.G.Hebenstreit, 1735~1803)는 《생명력 팽창의 생리학적인 설(說)이 관한 소고(小考, Doctr.nae Physiologicae de turgore vitai brevis expositio)》(라이프치히, 1795년)를 저술했다. 헤겔은 위의 가념을 이 저서에서 인용한 듯하다.

피어오르는 생명으로서 밖으로 드러난다.

피부도 역시 대체로 민감하게 드러나면서 *섬세한 부드러움(morbidezza)*, 즉 예술가가 표현하기 어려운 엷은 살빛과 혈관의 빛깔을 보여준다. 그러나 아무리 인간의 육체가 동물의 육체와 달리 그 생동성을 외부로 드러내더라도, 이 육체의 표면에도 피부의 갈라진 곳, 절개부분, 주름살, 기공, 머리카락, 핏줄 등 자연적인 결핍성이 드러난다. 안에 있는 생명을 밖으로 비춰 보이는 피부는 외부를 향한 자기보존의 외피, 즉 자연적인 욕구에 봉사하는 합목적적인 수단일 뿐이다. 그러나 인간의 육체라는 현상은 그 감수성(感受性, Empfindlichkeit)에, 즉 항상 실제로 느끼지는 않더라도 적어도 그 가능성을 대체로 드러내는 감수성에 엄청난 이점을 지니고 있다. 하지만 여기에도 다시 결함은 있다. 그것은 이 감정이 내부의 자기 안에 집중된 것으로 모든 지체들에 골고루 눈에 띄게 드러나지 않으며, 육체 내의 기관들과 그 형태들은 일부 동물적인 기능에만 몰두하고, 일부만 영적(靈的)인 생명의 표현, 감정과 열정의 표현을 받아들인다는 점이다. 이런 점에서 내적인 생명을 지닌 영혼도 실재(實在)하는 육체의 형상 전체를 통해 완전히 드러나지는 않는다.

c) 그런 결함은 한 차원 더 올라가 우리가 *정신적인* 세계와 그 유기체들을 그 직접적인 생동성 안에서 고찰할 때도 역시 드러난다. 그 형상이 크고 풍성할수록 이것 전체에 활력을 주고 그 내적 영혼이 되는 *하나의* 목적에 종사할 보조 수단들은 더욱 필요하다. 직접적인 현실 속에서는 이것들은 합목적적인 기관들로서 드러나며, 무엇이든 오직 의지(意志)의 매개를 통해서만 생겨나고 나타난다. 그런 유기체 내의 모든 부분들, 즉 모든 개체들은 마치 한 국가, 한 가족처럼 같은

유기체의 다른 지체들과의 관계 속에서 자신을 드러내려는 *의지를* 갖고 또 그렇게 한다. 그러나 이런 관계를 구성하는 하나의 내적인 영혼, 즉 목적을 가진 자유와 이성은 자유롭고 총체적인 내적인 생동성으로서 현실 속에 드러나거나 지체의 모든 부분에 자신을 드러내지는 않는다.

유기적인 전체(ein organisches Ganzes)를 이루는 특수한 행위나 사건들도 이와 비슷한 방식으로 일어난다. 그런 것들을 발생하게 하는 내면은 직접적인 현실의 표면 위에 외형으로 자신을 드러내지는 않는다. 현상하는 것은 *현실적인 총체성일* 뿐이고, 그 가장 내면에 있는 포괄적인 생명력은 *내적인 것으로 뒤에 물러나 있다.* 끝으로 각각의 개체(個體, das einzelne Individuum)도 역시 이런 점에서 같은 모습으로 나타난다. 정신적인 개체는 스스로 하나의 총체성으로서 정신적인 중심점에 집약되어 있다. 그 개체는 직접적인 현실 속에서 생명이나 행동, 방만함, 소망, 충동 등을 단편적으로 드러내지만 그의 성격은 오직 그가 보이는 일련의 행위와 그가 겪는 고통들 전체의 선상에서만 인식될 수 있다. 다만, 현실에서는 그 응집된 통일점이 응집된 중심점으로 보이거나 이해되지 않을 뿐이다.

2. 직접적이고 개별적인 현실존재가 지니는 의존성

위로부터 먼저 다음과 같은 중요한 결과가 나온다. 이념은 개별적인 것이 갖는 직접성과 함께 현실 존재 속으로 들어온다. 이념은 이 직접성을 통해 동시에 외부세계와 그 분규들, 외적인 상황의 조건들, 목적과 수단의 상대성 속으로, 다시 말해 일반적인 현상들이 지니는 유한성 속으로 얽혀 들어간다. 왜냐하면 직접적인 개별성은 일단 하나의 완성된 것으로서, 바로 이 이유 때문에 자신을 타자에 대해 부정적으로 폐쇄하면서 직접적으로 개별화되기 때문이다. 이때 개체는 자기 속에 현실화되지 않은 총체성의 힘에 의해 타자와 관계하고 다방면으로 타자에게 의존하도록 강요받는다. 이념은 이 직접성 속에서 모든 측면들을 *개별적*으로 현실화시킴으로써 자연적이든 정신적이든 모든 개별적인 존재들을 서로 관련시키는 *내적인* 힘으로만 머문다.

이 관계는 개별적인 존재들에게는 외적인 것이자 그들끼리 다양하게 상호 의존하도록 규정짓는 *외적인 필연성의* 모습으로 드러난다. 이런 측면에서 현실존재가 갖는 직접성은 언뜻 보기에는 독자적으로 있는 듯한 개체들과 힘들 사이에 주어진 필연적인 관계의 체계이다. 이 체계 안에서 모든 개별자는 자기에게 낯선 목적의 수단으로 이용되거나 자기 외적인 것을 수단으로 이용하기도 한다. 여기에서 이념은 대체로 외적인 것을 기반으로 해서만 드러나므로, 그때 외적인 것이 가진 자의(恣意)와 우연성의 자유분방한 유희와 욕구에 깃든 궁핍함도 마구 드러난다. 이것이 직접적인 개체가 살고 있는 부자유스러운 영역이다.

a) 예를 들면 개개의 동물은 특정한 자연요소, 즉 공기와 물 또는 땅에 매여 있어서 그것의 그에 따라 양분섭취나 거동 같은 생활방식 전체가 규정된다. 이에 따라 동물들의 생활에도 커다란 차이가 있다. 또 그 중간 단계로서 물 속에 사는 유금류(遊禽類)나 포유동물, 양서류 또는 변종 과정에 있는 생물들도 있다. 그러나 이들은 종의 분류 단계에서 보면 잡종일 뿐 고등생물은 아니다. 더욱이 자아보존을 해야 하는 동물은 추위, 기아, 먹이 부족 따위의 외부의 자연조건에 늘 예속

되어 있어서, 만일 환경이 척박할 경우 자기의 형상을 충분히 드러내거나 자기의 아름다운 모습을 한껏 드러내지 못하고 수척해져 모든 면에서 궁핍한 모습만을 보일 수 있다. 동물이 갖고 있는 아름다움이 보존되느냐 상실되느냐 하는 것은 이러한 외적 조건들에 달려 있다.

b) *인간의* 유기체가 처한 육체적인 현실은 위와 같은 정도는 아니라도 역시 비슷하게 외투의 자연의 힘에 예속되어 있어서 우연성, 충족될 수 없는 자연적 욕구, 자신을 파괴하는 질병 또는 온갖 궁핍함과 위험에 위태롭게 내맡겨져 있다.

c) 한 차원 더 올라가 보면 *정신적인* 관심사들이 직접 현실로 나타나면 그만큼 의존도는 상대적인 것이 된다. 즉 여기서는 인간의 현실존재 속에 있는 온갖 범속한 것들(Prosa)이 드러난다. 그것은 정신이 갖는 좀 더 숭고한 생의 목적과는 반대되는 육체적인 생의 목적들 사이에 일어나는 대립들이다. 이와 같은 육체적인 목적들은 상호 제지하고 방해하고 서로를 죽인다. 그 결과 개별적인 인간은 개별성 속에서 자신을 보존하기 위해 자기를 누차 타인들의 목적에 수단으로 이용되게 하며 또 거꾸로 자신의 한정된 관심사를 만족시키려고 타인들을 낮춰서 수단으로 이용한다. 그러므로 일상적이고 범속한 세계 안에 현상(現象)하는 개인은 자기의 고유한 총체성에서 나와 활동하지 못하고 자기 자신이 아닌 다른 것을 통해서 이해된다. 왜냐하면 개개의 인간은 외부의 영향이나 법, 국가제도, 시민 관계에 의존하며, 이것들을 찾아내어 자기 내면에 수용하든 안하든 그들에게 복종해야 하기 때문이다. 그 밖에도 개인은 타인들에 대해 하나의 총체성으로 존재하지 못하고, 타인들이 그의 행동이나 소망, 의사(意思)와 관련해

개별적으로 갖는 관심에 따라서만 타인들 앞에 드러난다. 우선적으로 사람들의 관심을 끄는 것은 오직 그들의 의도나 목적에 관련되는 것뿐이다—이처럼 상대적인 현상들이 드러나는 세계에서는 전체성과 관련되는 대단한 행위와 사건들조차 오직 개별적인 다양한 노력들에 의해 일어날 뿐이다. 사람들마다 이런 저런 목적에다 자기의 관심사를 보태며, 그런 목적은 실패할 수도 성공할 수도 있다. 운이 좋으면 결국에 가서 뭔가 성취되겠지만, 이는 전체에 비춰 보면 의존적인 성질을 띨 뿐이다. 이런 점에서 대다수의 개인들이 성취하는 것은 사건 전체와 그들이 봉사하는 총체적인 목표의 크기에 비교하면 불완전하기만 하다. 아주 높은 지위에 있으면서 전체적인 일을 마치 자기 자신의 것처럼 의식하는 사람들조차 다양하고 특수한 상황, 조건, 장애 그리고 상대적인 관계들 속에 휘말려 들어가는 것처럼 보인다. 인간의 직접적인 현실과 거기에서 일어나는 사건, 조직들에는 비록 체계적인 행위와 체계와 총체성이 결여되지 않더라도 그때의 전체는 단지 개별적인 것들의 집합일 뿐이다. 여기서 사람들이 종사하는 일과 활동들은 무한히 많은 부분으로 갈라져 있어서 개인들은 다만 전체의 작은 단편들에만 관계할 뿐이다. 또 아무리 개인들이 그들 개개의 목적을 갖고 개개의 관심사를 이행하려고 해도 그들의 의지에 깃들인 독자성이나 자유는 다분히 형식적인 것이어서 외적인 상황이나 우연에 좌우되고 자연성이라는 것에 의해 방해를 받는다. 이는 자기의 의식은 물론 타인들의 의식에도 그대로 나타나는 범속한 세계이다. 이는 유한하고 변화무쌍하며 상대적인 것들로 뒤얽힌 세계, 즉 개인으로서는 벗어날 수 없는 필연성이 누르는 세계이다. 왜냐하면 모든 개별적인 생명체는 이 세상에서 스스로 하나의 완결된 통일자(統一者)

로 있으려 해도 타자에 의존하지 않을 수 없는 모순 속에 있기 때문이며, 그러한 모순을 해결하려고 노력해도 이는 부단히 지속되는 투쟁상태를 넘어서지 못하기 때문이다.

3. 직접적이고 개별적인 현실존재가 지니는 한계성

셋째로, 자연세계와 정신세계에서 직접 존재하는 개체는 일반적으로 의존상태에 있을뿐더러 절대적인 독자성도 결핍되어 있다. 이는 개체 자신이 *한정된 존재*, 더 자세히는 자기 안에 **특수화된** 존재이기 때문이다.

a) 모든 개개의 동물은 어떤 특정하고 한정된 종(種)에 속하며 개체는 그 한계성을 넘지 못한다. 물론 정신에는 생동성과 그 생동적인 조직이 지닌 보편적인 형상이 눈앞에 드러나지만 이 보편적인 조직은 현실의 자연에서는 특수성이라는 영역들로 갈라져 나간다. 그리고 거기에서 각기 특수화된 것들은 한정된 형태와 특수한 발전단계를 갖게 된다. 또한 극복할 수 없는 그 한계성 내에서 모든 개체는 우연적인 조건들이나 외면성에 의존하게 되고 그 개체 역시 우연적이고 단편적인 방식으로만 표현된다. 바로 이런 점 때문에 개체에서게서는 참된 미에 필수적인 독자성과 자유스러운 모습이 위축된다.

b) 물론 정신이 육체라는 구체성으로 드러나면 그 유기조직에는 정신이 지닌 자연적인 생동성의 충만한 개념이 완전히 실현된다.

이와 비교하면 동물은 불완전한 하위의 단계에 머물며 겨우 생동하는 것으로 드러날 수 있다. 인간이라는 유기체는 동물보다는 그 차이의 정도가 덜해도 역시 여러 인종(人種)들 간의 차이와 미적인 형태에서 서로 차이를 드러내며 갈라진다. 물론 이러한 일반적인 차이 외에도 좀 더 자세히 보면 가족적으로 뚜렷한 특성이나 우연성 또는 특정한 거동, 표현, 행동 방식 따위가 뒤섞여 차이로 나타난다. 이러한 특수성들에 또 부자유스러운 세부적인 특징들, 유한한 생활영역, 사업체나 직장 속에서 일하는 다른 특성들이 첨가되고 또 특수한 성격이나 기질 같은 온갖 단편적인 것들이 다른 취약점이나 어려움 등과 더불어 거기에 합류하면서 차이를 더 드러낸다. 가난이나 근심, 분노, 추위, 무관심, 격렬한 열정, 편협한 목적에 매달리는 태도, 변화, 정신분열, 외적 자연에의 의존성 같은 인간의 온갖 유한한 현존성은 보통 아주 세분되어 우연적인 외형으로 특수화되어 지속적으로 나타난다. 이처럼 온갖 고뇌의 파괴적인 풍상의 모습을 담은 외양이 있는가 하면, 내적인 차가움과 진부하고 평범한 모습만을 드러내는 외양도 있고, 또 너무 세부적이어서 보편적인 형태의 유형이 거의 사라진 외양도 있다. 형상들에 드러나는 우연성에는 끝이 없다. 그래서 일반적으로 아이들의 모습이 가장 아름다워 보이는데, 그 까닭은 아이에게는 아직 어떤 제한된 열정이 가슴 속에 파고들거나 다양하고 궁핍한 모습을 띤 인간적인 관심사가 어느 것도 아이들 가슴 속에 강하게 새겨져 있지 않기 때문이다. 즉 아이들 속에는 모든 세부적인 것이 아직 조용히 닫힌 맹아(萌芽)처럼 잠들어 있을 뿐이다. 이처럼 아이의 생동성에는 모든 것이 가능해 보인다. 그러나 아이의 순진무구함 속에도 스스로 활동하고 본질적인 목적을 향해서 자신을 절실히 열고자 하는 좀 더 심오한 정신의 특성은 역시 결여되어 있다.

c) 이처럼 직접적이고 물리적이면서도 동시에 정신적인 현실존재가 지닌 결함은 본질적인 유한성(有限性)으로 파악된다. 좀 더 자세히 보면 원래의 개념에 일치하지 않기 때문에 그 유한성을 드러내는 것으로 이해될 수 있다. 왜냐하면 개념과 더 구체적으로 이념은 스스로 *무한하고 자유로운 것*(das in sich Unendliche und Freie)이기 때문이다.

동물적인 삶은 삶으로서 이념이지만 거기에는 무한성(無限性)과 자유가 나타나지 않는다. 개념이 그에 맞게 현실화되고 현실성 안에서 자신을 완전히 관철시키면서 자기 외의 다른 것을 등장하지 못하게 할 때 비로소 무한성과 자유가 나타나고, 개념은 진정 자유롭고 무한한 개별성이 된다. 그러나 자연의 생명은 감성의 영역을 벗어나 나아가지 못하며, 감성은 전체적인 현실을 총체적으로 꿰뚫지 못하고 자기 속에만 머문 채 그 안에서 직접적으로 한정적으로 조건지어지고 예속된다. 왜냐하면 감성은 스스로 자유로이 규정하지 못하고 타자에 의해 규정되기 때문이다. 정신도 지식과 의지, 사건, 행위, 운명을 갖고 직접적이고 유한한 현실 속에 있을 때 역시 같은 운명을 맞는다.

왜냐하면 여기서는 물론 좀 더 본질적인 중심점들이 형성되기는 해도 이 중심점들은 특수한 개별성들과 마찬가지로 절대적인 진리성을 띠지 못하고 다만 전체적인 상호관계 속에서만 그 진리를 드러내기 때문이다. 이 전체는 그 자체로만 볼 때는 개념에 일치하는 것 같지만 총체성으로 명시되지는 못한다. 그러므로 이때의 전체성은 이런 식으로 내적인 것으로만 머물면서 사유하는 인식의 내면이 될 뿐, 스스로 완전히 개념에 일치되면서 외적 현실에 등장하여 흩어진 상태에 있는 수천 개의 개별성들을 자기에게로 환원시켜 *하나의* 표현이나 *하나의* 형상으로 집약되지 못하는 전체성이다.

바로 이런 이유에서 유한한 현존성과 한계성 그리고 외적인 필연성 속에 있는 정신은 진정한 자유를 다시 찾지 못한다. 그러므로 우리는 이 자유를 좀 더 높은 다른 차원에서 실현할 필요를 느낀다. 그 차원이 바로 예술이며, 예술이 실현될 때 나타나는 것이 바로 이상(理想)이다.

따라서 직접적인 현실성의 결함들 때문에 예술미의 필연성이 생겨나며, 그것은 생동성, 특히 정신적인 활력을 외적으로 자유롭게 표현하고 외적인 것을 그 개념에 맞도록 만드는 것을 과제로 삼아야 한다. 그때 비로소 일시적인 환경이나 유한성으로 빠져들어 갔던 것에서 다시 참된 것이 나타나며, 더 이상 자연성이나 범속한 세계의 궁핍성이 없는 진정한 진리성을 띤 외적 현상을 얻게 된다. 이때 현실에 나타나는 모습은 타자에 의해 규정되지 않고 스스로 규정하며 스스로 자유롭고 독자적인 것으로 존재한다. 왜냐하면 그 존재는 이제 스스로를 규정하며 그 규정 속에는 타자(他者)에 의해 주입된 것이 발견되지 않기 때문이다.

제3장 예술미 또는 이상(理想)

예술미에 관해서 우리는 다음과 같은 세 가지 측면을 고려해야 한다.
첫째, 이상(理想) 자체,
둘째, 예술작품으로서의 이상이 갖는 피규정성,
셋째, 예술가의 창조적인 주관성.

A. 이상 자체

1. 미적인 개성

우리가 이제까지 고찰한 바에 의하면 예술의 이상에 관해 아주 형식적인 방식으로 언표하게 하는 내용의 일반적인 방향은 다음과 같다. 즉 참된 것은 한편으로 외적으로 현실화되면서 현존성과 진리성을 갖지만, 다른 한편으로 자기 외적(外的)인 것을 하나로 잘 결합시켜 보존할 수 있다. 그래서 각각의 전개되는 부분들에는 이 영혼, 즉 전체성이 드러난다. 가장 가까운 예로 인간의 형상을 들어서 설명하자면, 그것은 이미 앞서 보았듯이 여러 기관들이 모여서 이루어진 하나의 총체성인데, 그 속으로 개념이 나뉘어 들어가 각각의 지체들은 특수한 활동과 부분적인 움직임만 보인다. 그러나 영혼을 영혼으로 가장 온전하게 나타내주는 특수한 감각기관이 어떤 것인가라고 묻는다면 우리는 곧 눈을 지적할 수 있다. 눈은 바로 영혼이 집중되는 곳으로서, 눈을 통해서 그리고 바로 그 눈 속에서 영혼을 볼 수가 있다. 동물의 몸과는 달리 인간 신체의 표면 곳곳에는 뛰고 있는 심장의 맥박이 드러난다. 예술에 대해서도 이와 같은 의미에서 주장할 수 있다. 즉 예술은 우리 눈앞에 있는 예술형상에 영혼이 머물고 정신이 드러나고 있음을 보여주기 위해 형상 표면의 모든 점에 이르기까지 변화시킨다. 플라톤은 과꽃[1]에 바치는 유명한 2행시(Distichon an den Aster)에서 다음과 같이 읊고 있다.

> 그대가 별들을 바라본다면, 오 나의 별이며, 내가 하늘이라면,
> 수천 개의 눈으로(Tausendäugig) 그대를 내려다볼진대![2]

반대로 예술은 그것이 만들어 내는 개개의 형상들을 마치 수천 개의 눈을 가진 아르구스[3]처럼 만들어 각각의 부분에 내면의 영혼과 정신성을 드러낸다. 또 예술은 육체의 형상, 얼굴표정, 거동, 자세뿐 아니라, 행동, 사건, 말, 음성 그리고 그것들이 진행되는 과정을 그것들이 나타나는 모든 조건하에서 도처에 눈(眼)으로 만든다. 그리고 그

---

1) 과꽃(Aster)은 별모양을 지닌 꽃이다.
2) 이 부분에 대해서는 라에티우스 디오게네스(Laertius Diogenes)의 《플라톤》 23, §29를 참조. 헤겔은 다른 저서에서 종종 정확하지 않게 인용해 오곤 했듯이 여기서도 그렇다. 원문에서 플라톤은 '많은'이라고 했으나 헤겔은 '수천 개의'로 번역했다.
3) 아르구스(Argus)는 그리스 신화에 나오는 백 개의 눈을 가진 거인의 이름이다.

속에서 내적으로 무한한 자유로운 영혼을 인식하게 한다.

　　a) 더 나아가 살펴보면 다음과 같은 의문이 떠오른다. 그것은 이처럼 도처에 영혼을 드러내려는 요구에 따라 모든 현상들 각자가 영혼을 나타내는 눈이 된다고 했는데, 그럴 때 그 영혼이란 과연 무엇인가라는 점이다. 좀 더 확실히 묻자면 본질상 예술을 통해 참된 것으로 드러나는 영혼이란 과연 어떤 성질을 지닌 것일까? 사실, 사람들은 일상적인 의미로 금속이나 들, 별, 동물들의 특수한 영혼, 또는 몇 배나 더 개별화된 인간들의 성격과 거기에 드러나는 영혼에 대해서 이야기한다.

　그러나 돌이나 식물 같은 자연적인 산물이 지닌 것을 위와 같은 의미에서 영혼이라고 표현하면 이는 본래의 의미로 사용한 것이 아니다. 자연적인 사물들의 영혼은 유한하고 일시적이며, 영혼이라기보다는 그냥 특수한 성질이라고 부를 수 있다. 그러므로 그런 존재들의 특수한 개성은 그 유한한 현존성에서 이미 드러난다. 거기에서 표현되는 것은 단지 한계성일 뿐이며, 무한한 독자성과 자유롭게 고양(高揚)되어 있는 듯이 보이는 것도 실제로는 가상(假象)일 뿐이다. 그 가상은 비록 이 현실 영역에 나타나게 허락되더라도 이는 언제나 외부에서 예술을 통해서만 가능하다. 무한성은 대상들에 근거하지 않는다. 마찬가지로 자연적인 생동성으로 드러나는 감성적인 영혼도 주관적이기는 하지만, 이는 현실에서 *즉자적으로(an sich)* 존재할 뿐이다. 그것은 스스로에게 회귀하여 자신을 알고 스스로 무한하게 존재하지는 못하는 내적인 개별성일 뿐이다. 따라서 그와 같은 영혼의 내용이 제한되어 있고, 그것이 드러날 때면 때로는 예속된 삶에서 오는 형식적인 생동성, 불안, 변덕, 욕구, 두려움, 공포 따위가 나타나고, 때로는 그 안에 있는 유한한 내면성만이 드러난다.

오직 정신의 영활성과 삶만이 자유로운 무한성이다. 이는 외화(外化)되더라도 다시 자기에게로 회귀(回歸)하여 자기 속에 머물며, 현실적인 존재 속에서도 스스로를 위해 내면화된다. 그러므로 비록 외화되어 유한성 속으로 들어오더라도 그 외면성 속에서 자기의 무한성과 자기에게 자유로이 회귀한 흔적을 남기는 일은 오직 정신만이 할 수 있다. 그러나 정신도 역시 자기의 보편성을 진정으로 포착하고 자신 속에 설정하고 그것을 향해 나아갈 목적으로 자신을 고양시킴으로써만 자유롭고 무한해진다. 정신은 만약 이 자유를 얻지 *못하면*, 그 개념대로 한정된 내용, 위축된 성격, 기형적이고 진부한 심정으로 존재하게 된다. 이처럼 보잘것없는 내용(Gehalt)을 가졌을 때 정신의 무한한 현시(顯示, Manifestation)도 다시 형식적인 것이 되고 만다. 그때 우리가 획득하는 것은 자의식적(自意識的)인 정신의 추상적인 형태에 지나지 않으며 그 내용 또한 자유로운 정신의 무한성에 어긋난다. 한계성을 띤 무상(無常)한 현실존재가 독자성과 실체성을 갖는 것은 오로지 참되고 스스로 본질적인 내용을 통해서만 가능하다(Es ist nur durch einen echten und in sich substantiellen Inhalt, durch welchen das beschränkte veränderliche Dasein Selbständigkeit und Substantialität hat). 그 안에는 피규정성과 건실성이 들어 있으며 제한적으로 완결된 내용과 실체적인 내용이 같은 대상 속에서 현실화된다. 그리고 이를 통해 현실존재는 자신의 한정된 내용에서도 보편성이자 스스로 존재하는 영혼으로 드러날 가능성을 갖는다—한마디로 말해서 예술은 현존재를 그 현상 속에서 *참된 것으로*, 그리고 그에 적합하고 절대적인 내용으로 이해하고 표현할 사명을 지닌다. 그러므로 예술이 갖는 진리는 자연을 단순히 정확하게 모방하는 것에 한정되어서는 안 된다. 예술에서는 외적인 것이 그 안에 머무는 내적인 것과 조화를 이룸으로써 외적으로 드러나야 한다.

　　b) 예술은 현존재 속에서 우연성과 외면성에 의해 오염된 것을 예술의 참된 개념과 조화시키는 가운데 현상 속에서 개념과 일치하지 않는 모든 것을 버린다. 예술은 현상 속에서 개념과 일치하지 않는 모든 것을 옆으로 제거하고 이런 *정화(淨化, Reinigung)*를 통해 비로소 이상(理想, Ideal)을 드러낸다. 이를 예술의 '비위맞춤(Schmeichelei)'이라고 부를 수 있을지도 모른다. 예를 들어 초상화가들도 비위맞추는 사람들이라고 부를 수 있다. 그러나 예술의 이상을 표현하는 일과는 무관한 초상화가라 할지라도 위와 같은 의미에서는 비위를 맞추지 않을 수 없다. 즉 그는 그림을 그릴 때 형상, 표정, 형태, 색, 특성 같은 모든 외면성에서 불완전한 현존재가 지닌 자연성, 즉 머리카락이나 기공(氣孔), 피부의 흉터나 주근깨들은 다 무시하고 그가 그리는 대상의 보편적이고 지속적인 특성만을 포착하여 재현시켜야 한다. 화가가 자기 앞에 보이는 대상의 표정이나 모습을 그대로 단순히 모방하는 것과 그 대상에게 고유한 영혼이 드러나도록 참된 모습으로 표현하는 것은 서로 전혀 다른 일이다. 왜냐하면 외형은 그 영혼과 일치할 때 바로 이상적(理想的)이 되기 때문이다. 예를 들어 근래에 와서 유행하는 사생화(寫生畫)들을 보면 이들은 유명한 대작들을 모방해 그리면서 그 목적에 맞게 부차적인 장식이나 휘장 따위를 정확하게 모사(摸寫)해 넣는다. 또 자주 일상적인 얼굴들을 그리면서 그 형상들을 정신적으로 표현하려고 하는데, 이때는 결과적으로 그 목적에 어긋나는 효과가 나타난다. 그에 반해서 라파엘(Raphael)[4])이 그린 마돈나상은 축복과 기쁨과 경건함을 띠면서도 동시에 겸허한 모성애에 적합한 얼굴, 뺨, 눈, 코,

라파엘(Raffaello Sanzio)의 초상화

〈시스틴의 마돈나(Sistine Madonna)〉. 곁에 아기 예수, 교황 식스투스(Sixtus) 2세, 그리고 성(聖) 바바라(Barbara)가 함께 서 있다

---

4) 라파엘(Raphaello Sanzio, 1483~1520)은 르네상스 시대의 이탈리아 화가로 비록 짧은 인생을 살았지만, 주로 플로렌스와 로마에서 활동하면서 특히 성모마리아의 초상화인 마돈나(Madonna)를 잘 그린 것으로 알려져 있다. '마돈나'는 원래는 이탈리아인(人)의 귀부인에 대한 존칭으로 'mia donna'의 준말이었는데, 후에 기독교에서 예수 그리스도의 어머니 마리아에 대한 호칭으로 쓰였다. 라파엘의 마돈나 그림들 중 가장 유명한 것은 〈시스틴의 마돈나(Sistine Madonna)〉(1513~1514)다. 헤겔은 위의 본문에서 특히 이 그림을 '낭만주의 회화'의 걸작으로 꼽고 있다. 그것에 대해서는 《미학강의》의 제3부에 가서도 다시 한 번 언급된다.

입의 형태를 우리에게 보여주고 있다. 물론 모든 여성들에게 이미 이런 감성 능력이 있다고 말할 수도 있겠지만, 모든 여성들의 외형이 다 그 그림처럼 영혼의 깊이를 충분히 표현해 줄 수 있는 것은 아니다.

　c) 이와 같이 현존재를 정신적인 것으로 복귀시켜 정신이 그 정신에 적합하게 현상하도록 하는 것이 예술적인 이상(理想)의 본질이다. 하지만 이 내면으로의 회귀(回歸)는 추상적인 형태를 띤 보편성, 즉 *사상(思想)*의 극점으로까지는 나아가지 않고, 다만 외면과 내면이 합류하는 중간 지점에 머물 뿐이다. 그래서 이상은 내면이 보편성에 대립되는 이 외면성 속에서 *생동하는 개체*의 모습으로 드러날 때 비로서 혼란스러운 개별성과 우연성들에서 다시 벗어나 진정한 현실이 된다. 스스로 실체적인 내용을 지니면서 동시에 이를 외적으로 드러내는 개별적인 주관성은, 내용의 실체가 개체에 포함되어 있어 그 보편성을 제 홀로 추상적으로 드러내지 않고 특정한 현존재에 뒤엉켜 현상하는 중간 지점에 서 있기 때문이다. 그때 현존재도 역시 단순한 유한성과 제약에서 벗어나 영혼의 내면과 자유로운 조화를 이룬다.

　실러는 〈이상(理想)과 삶〉[5]이라는 그의 시에서 현실 속의 고통과 투쟁에 대조되는 "고요한 명부(冥府)의 아름다움(vor der Schönheit

---

[5] 독일의 문호 프리드리히 실러의 〈이상과 삶(Das Ideal und das Leben)〉은 1759년에 쓰인 장시(長詩)로서 그가 쓴 시들 가운데 가장 유명한 것들 중의 하나이며, 헤겔은 위의 본문에서 이 시를 독일의 이상주의(理想主義)를 추구한 문학의 정수(精髓)로 극찬했다. 이는 실러가 출간한 고전주의 잡지 《시간(Die Horen)》에 수록되었다. 이 시에 대해서 헤겔은 본 《미학강의》의 제3부 제3편 낭만적인 예술 제3장 시문학에서 다시 다룬다. 역자는 거기에서 이 시 전체를 원문과 함께 소개하고 독자와 함께 음미해보고자 한다.

stillem Schattenlande)"에 대해서 읊고 있다. 여기에서 명부는 다름 아닌 그의 이상(理想)이다. 그 명부 속에 있는 것은 직접적인 현존재 안에는 없는 것이다. 그것은 자연적인 존재가 갖는 궁핍에서 벗어나고 유한한 현존성과 관련된 모든 외적인 요소나 뒤얽힘, 왜곡에서 해방된 정신을 가리킨다.

그러나 이상은 감각성과 자연의 형상에 근거하면서도 그 근거를 외적인 영역과 더불어 스스로에게 복귀시킨다. 왜냐하면 예술은 외적인 현상을 보존하는 데 필요한 도구를 정신적인 자유가 드러나는 외면성의 한계로까지 복귀시킬 줄 알고 있기 때문이다. 그러므로 이상은 외면성에서 스스로와 결합하고 자신을 근거로 삼아 자유로이 감성적으로 지복(至福)하게 존재하면서 자신을 향유한다. 이 지복(至福, Seligkeit)의 여운은 이상이 드러난 모든 현상에서 지속적으로 나타난다. 그 이유는 이상적인 혼은 아무리 외적인 형상으로 멀리 뻗어 나가더라도 그 안에서 결코 자신을 잃지 않기 때문이다. 그러므로 총체적이고 주관적인 통일성인 미(美)야말로 진실로 아름다운 것이다. 그래서 이상적인 주체도 주체 밖에 있는 개체들과 그들이 지닌 목적과 노력에서 벗어나 자기에게로 회귀함으로써 더 숭고한 총체성이자 독자성으로 합쳐져서 나타나야 한다.

α) 이런 점에서 우리는 쾌활한 평정(平靜)과 열락과 자기만족 속에 있는 것을 이상의 기본적인 특성으로 맨 앞에 꼽을 수 있다. 이상적인 예술형상은 마치 지복한 신(神)처럼 우리의 눈앞에 나타난다. 지복한 신들에게는 궁핍함이나 분노, 유한한 목적과 같은 관심사들은 궁극적이거나 참된 것이 못된다. 모든 특수한 것들은 부정성(否定性)을 띠고 있다. 그러나 신들은 이렇게 긍정적으로 자신에게 회귀함으로써 스스로 쾌활성과 고요함을 지닌다. 이런 의미에서 실러가 읊은 다음의 말은 옳다.

"인생은 진지하고, 예술은 *쾌활하다*."[6]

    이 구절에 대해 사람들은 익살을 부리면서 말하기를, 이상적인 예술이라면 사실 진지함이 결여될 까닭이 없는데, 실러가 예술을 쾌활하다고 한 것은 아마 그 자신의 시가 너무 진지하기 때문일 거라고 했다. 그러나 진지함 속에서도 사실 예술의 본질적인 특성은 바로 쾌활성이다. 특히 고대 그리스의 예술작품[7]을 보면 쾌활하면서도 고요함을 띤 형상들에서 그와 같은 개성적인 힘과 자기 속에 집중된 구체적인 자유가 승리에 찬 모습으로 드러나 있음을 인식할 수 있다. 이처럼 승리에 찬 모습은 신들의 투쟁 없는 지복한 만족의 상태에서뿐만 아니라, 깊은 갈등과 분규로 주체의 존재가 갈기갈기 찢어질 것 같은 순간에도 느낄 수 있다. 예를 들어 비극의 주인공들은 운명에 굴복하도록 묘사될 때에도, 주인공은 "아아 그렇다!(Es ist so!)"라고 심정을 토로하면서 자기 자신으로 돌아가 비극 속에서도 여전히 자신에게 충실히 머문다. 주체는 자기에게서 빼앗긴 것을 곧 포기한다. 그러나 그는 자기가 추구한 목적을 빼앗기고 이를 포기하면서도 자신을 상실하지는 않는다. 즉 인간은 운명에 예속되고 생명을 잃더라도 자유를 잃지는 않는 것이다. 이처럼 자아에 안거(安居, dies Beruhen auf sich)함으로써 고통 속에서도 고요한 쾌활성을 보존하고 드러낼 수 있다.

---

[6] 이 구절의 원문은 "Ernst ist das Leben, heiter ist die Kunst"이다. 이는 실러의 희곡 《발렌슈타인(Wallenstein)》(1799년)의 서문 마지막에 나오는 구절이다.

[7] 헤겔은 이 《미학강의》 전체에 걸쳐서 고대 그리스의 예술을 계속 되풀이해서 언급한다. 또 그가 '고대의 신들'이라고 말할 때면 이는 '고대 올림포스의 여러 신들'을 가리키며, '고대 비극의 주인공들'이라고 말할 때는 호메로스의 서사시와 다른 고대 그리스 비극들에 등장하는 주인공들을 가리킨다.

β) 대체로 낭만적인 예술에서는 그 안에 대립들이 더 심화되고 또 내면의 분열과 불협화도 계속되어 나가는 것을 형상화해서 고정시킬 수 있다. 예를 들어 회화는 고난의 역사를 표현할 때 종종 괴로워하는 전쟁 포로의 얼굴에 조소를 드러내거나 흉하게 일그러지는 얼굴을 묘사하는 데 그친다. 그러나 이러한 것, 특히 불경스러운 것, 범죄적인 것 그리고 사악한 것을 화폭에 묘사할 때, 이상의 쾌활성은 사라지고 만다. 왜냐하면 그런 모습들을 화면에 고정시키면 비록 혼란이 야기되지는 않더라도 종종, 꼭 추하다고는 할 수 없지만 아름답지 못한 것이 드러나기 때문이다. 좀 더 오래된 네덜란드 회화에는 자아에 대한 정직함과 성실함, 또 신앙과 굽히지 않는 안정 속에 깃들인 화해로운 심정이 엿보이기는 한다. 하지만 화면에 고정된 이러한 요소들도 이상이 지닌 쾌활성과 충만함으로까지 이끌어가지 는 못한다.

그럼에도 불구하고 낭만적인 예술은 심정과 주관적인 내면으로 파고드는 고뇌와 고통, 정신의 내면성, 굴복 속에서도 느끼는 기쁨, 고통 속의 축복, 고뇌 속의 행복, 고문 속의 환희 같은 것을 고대 그리스인들의 예술보다 더 심오하게 표현할 수 있다. 이탈리아의 진지한 종교 음악에서도 이러한 기쁨과 고통의 변용(變容)은 탄식으로 표현된다. 일반적으로 낭만적 예술에서는 눈물을 통한 미소(das Lächeln durch Tränen)로 그러한 것들이 표현된다. 즉 눈물은 고통에 속하고, 미소는 쾌활함에 속한다. 눈물 속에 나타나는 미소는 고통과 고뇌 속에서도 자신에게 안거하고 있음을 묘사한다. 물론 그때의 미소는 단지 감상적인 감동이나 주체의 허영심 또는 비참한 것이나 사소한 주관적인 감정을 미화시킨 것이어서는 안 되고, 어떤 고통에도 불구하고 미(美)를 이해하는 자유로운 것으로 드러나야 한다. 그 예로《엘시드(El Cid)》의 로맨스에서 여주인공 시메네(Ximene)에 대해 다음과 같이 묘사되는 것을 들 수 있다.

눈물을 흘리는 그녀의 모습은
얼마나 아름다웠던가

그에 반해 인간의 무절제한 성격은 추하고 역겹거나 우스꽝스러워 보인다. 예를 들어 아이들은 사소한 일에도 곧 눈물을 쏟아내 우리를 웃게 만들지만, 진지하고 신중한 남자가 깊이 동요된 감정에서 흘리는 눈물은 전혀 다른 감동을 준다. 그러나 웃음과 눈물은 추상적인 것으로 무너질 수 있다. 실제로 예를 들어 베버(Weber)[8]의 오페라 〈마탄의 사수(Freischütz)〉에 나오는 웃음의 합창에서 볼 수 있듯이, 거기에서는 웃음이 추상적으로 예술의 모티프로 잘못 이용되었다.

웃음이란 일반적으로 감정의 분출이지만 그러나 이상(理想)을 잃지 않기 위해서는 무절제하게 분출되어서는 안 된다. 위와 비슷한 추상적인 웃음을 베버의 〈오베론(Oberon)〉[9]에 나오는 결투에서도 볼 수 있으니, 여기서는 웃는 여가수의 목과 가슴을 쳐다보고 있으면 불안해질 정도이다.

반면에 호메로스의 서사시를 보면 거기에서는 추상적인 방자함이 아니라 지복하고 고요함 속에서 쾌활하게 울려나오는 신들의 웃음은 잊혀지지 않는다. 그 웃음은 우리의 마음을 얼마나 다르게 사로잡는가. 다른 한편으로 이상적인 예술작품에서는 울음도 역시 무절제한 탄식으로 표현되어서는 안 된다. 예를 들면 다시금 베버의 〈마탄의 사수〉에서 들을 수 있는 추상적인 절망의 탄식 같은 것이 그렇다. 대

---

8) 베버(Carl Maria von Weber, 1786~1826). 독일의 작곡가. 그의 오페라 〈마탄의 사수(Freischütz)〉(1821년)는 낭만주의 분위기가 감도는 작품으로 동화적이면서 자연을 배경으로 한 선과 악의 싸움을 묘사하며, 당시의 애국주의적인 해방운동에 호소하는 작품이었다.
9) 〈오베론〉은 베버의 1826년 작품이다.

노발리스

체로 음악에서 노래는 마치 종달새가 공중에서 지저귀듯이 자신을 자각하면서 그 기쁨을 표현한 것이다. 그러나 고통과 기쁨을 소리질러 나타낸다고 해서 그것이 곧 음악이 되는 것은 아니다. 고뇌를 할 때에도 탄식하는 아름다운 음조가 고통 속으로 스며들어 정제된 후에 그 탄식을 들려줄 수 있도록 노력해야 한다. 이것이 바로 아름다운 선율이요, 모든 예술 속에 깃들어 있는 노래(Gesang)이다.

γ) 이러한 원칙을 볼 때 현대의 아이러니(Ironie)[10]도 어느 점에서는 정당성을 갖고 있다. 그러나 아이러니는 한편으로 참된 진지함을 너무 자주 상실하는 데다 주로 열악한 주체에서만 기쁨을 느낀다. 다른 한편으로 아이러니 속에는 마음이 실제로 행동하고 존재하는 대신에 단순한 동경(憧憬)으로 그친다는 점에서 정당성을 갖지 못한다. 그 예로 낭

---

10) 이는 앞서 서론에서 헤겔이 밝힌 낭만적인 아이러니이다.

만주의 입장을 취했던 고상한 인물들 가운데 시인 노발리스[11]를 들 수 있다. 그는 훌륭한 시인이었음에도 불구하고 공허하고 특수한 관심사에만 집착하고 현실을 기피하다가 결국 극단적인 정신적 소모로 죽음

---

11) 노발리스(Novalis, 1722~1801)는 프리드리히 레오폴트 폰 하르덴베르크(Friedrich Leopold von Hardenberg) 남작의 필명이다. 그는 독일 전기낭만주의의 대표적인 시인으로 종교적으로 아주 경건한 귀족 가정에서 자란 후에, 예나, 라이프치히대학 등을 거쳐 칸트철학에 접하고 피히테, 실러, F. 슐레겔 등의 강의를 들었다. 그는 훗날 독일문학에 큰 영향을 미칠 실러, 슐레겔 형제 등과 친분을 맺었는데, 특히 문학에서 독일 이상주의의 대표자로 꼽히는 실러를 가까이 한 것은 그가 세속적인 행복을 희생하고 오직 이상(理想)을 향해 영웅적으로 돌진하는 생활태도에 감명을 받았기 때문이었다. 그러나 자기 약혼녀의 죽음으로 큰 충격을 받은 노발리스는 신비주의로 전향했으나, 결국 그 충격을 견디지 못하고 좌절하다 1800년에 폐결핵에 걸렸다. 그는 그 후 불과 4년의 짧은 시기에 걸쳐 전기 낭만주의의 가장 뛰어난 시들을 썼다. 그가 추구한 것은 꿈과 현실을 결합시키는 "진보적인 보편시(progressive Universalpoesie)"였다. 그의 주요 시로는 죽은 약혼녀에 대한 추억의 정에서 쓴 〈밤의 찬가(Hymnen an die Nacht)〉(1800년)라는 장시(長詩)가 있다. 그러나 실상 그의 작품뿐 아니라 그의 생애 자체가 낭만적이었다. 그는 점차 현실에서 벗어나 꿈의 세계, 즉 전 세계가 동화처럼 되는 것을 꿈꾸며 살고 작품을 썼는데 그것은 현실에 대한 혐오이자 죽음에 대한 동경으로 그의 최고의 이상이었다. 그는 결국 28세의 나이로 세상을 떴다. 그의 〈밤의 찬가〉 중 일부는 다음과 같다.

오오, 사랑하는 이여!	O! Sauge, Geliebter,
나를 힘차게 빨아들여 주오.	Gewaltig mich an,
내가 잠들고	Dass ich entschlummern
사랑할 수 있도록	und lieben kann.
나는 죽음의 불멸의 흐름을	Ich fühle des Todes
느끼며	Verjüngende Blut,
나의 피는	Zu Balsam und Äther
유향(油香)과 정기(精氣)가 될지니	Verwandelt mich mein Blut
…………	…………

에 이르고 말았다.

그러한 일이 생기는 것은 바로 추상성에 들어있는 결함을 스스로 느끼면서도 유한성과 접하면 자신을 잃을까봐 두려워하는 낭만적인 동경이 현실적인 행위를 통해 현실적인 것을 산출해내는 수준으로 자신을 끌어내리려 하지 않았기 때문이다. 물론 아이러니 속에도 그처럼 절대적인 부정성이 들어 있어서, 주체는 자기에게 주어지는 피규정성들과 일면성을 제거하면서 스스로와 관계한다. 그러나 이미 앞서 낭만적 아이러니의 원리를 고찰할 때 시사했듯이, 그 절대적인 부정성은 코미디처럼 자기를 공허하게 드러내는 즉자적이고 부질없는 것이다. 또 아이러니는 참된 이상과 비교할 때 마치 동경(憧憬)처럼 모든 방면에서 파괴시키는 예술(allseitige Vernichtungskunst)이어서 내적으로 비예술적인 무절제함을 갖고 있다. 이상은 본질적인 내용을 필요로 한다. 이 내용은 물론 외적으로 형태를 드러내고 형상화됨으로써 특수하고 유한한 것이 되면서도 또한 그 유한성을 내용 자신 속에 보존함으로써 *단지 외적이기만 한* 모든 것을 그 안에서 제거하고 없앤다. 이상적인 형태와 형상은 이처럼 단순한 외면성을 부정함으로써만 비로소 예술적인 직관과 표상에 본질적인 내용을 적합하게 드러나게 해준다.

2. 이상과 자연의 관계

이상에게는 건실한 내용과 마찬가지로 형상적이고 외적인 측면도 절대로 필요하다. 이 양자가 상호 삼투되는 방식을 살펴봄으로써 예술의 이상적인 표현과 자연성이 서로 어떻게 관계하는지를 알 수 있다. 왜냐하면 외적인 요소와 그 형상화는 일반적으로 우리가 자연이라고 부르는 것과 연관을 맺고 있기 때문이다. 그러나 이와 관련해서 예전부터 야기되었고 지금도 새롭게 야기되는 논란이 있다. 그것은, 과연 예술은 무엇을 외적으로 형태화하여 존재시킨다는 의미에서 표현해야 하는 것인지, 아니면 자연현상들을 예찬하며 이를 변화시켜 표현하는 데 의미를 두어야 하는가 하는 논란이다. 그 논란에 대한 해결은 아직도 없다. 물론 자연의 권리와 미의 권리 또는 이상과 자연의 진리 등 아직도 다 규정되지 않은 이런 말들에 대해서 논쟁은 끊임없이 할 수 있다. 물론 예술작품은 자연스러워야 한다, 그러나 자연에도 추하고 비천한 자연이 있으니 이를 모방해서는 안 된다, 그러나 또 한편으로 보면 … 등, 이런 식으로 확실한 결과도 없는 논쟁을 계속할 수는 있다.

근래에 와서 이상과 자연의 대립은 특히 *빙켈만*에 의해 자극을 받으면서 중요시되었다. 이미 앞서 말했듯이 빙켈만은 고대 그리스인들의 작품과 그 이상적인 형태에 열광했고, 그 작품들의 탁월함을 통찰한 후에 세상에 그 위대한 예술작품들을 알림으로써 사람들로 하여금 이를 인정하고 다시 연구하게 하는 데 노력을 아끼지 않았다. 물론 사람들은 이를 인정하면서 이상적으로 표현하려는 욕구를 갖게 되었다. 그럼으로써 그들은 미를 발견했다고 믿었지만 곧 무미건조하고 생동성도, 특성도 없는 피상적인 측면으로 빠지고 말았다. 특히 그러한 이상의 공허함은 회화에서 드러났다. 이미 앞서 언급했듯이 루모르(*Rumobr*)씨는 이것을 그의 이념과 이상에 대한 논술에서 명시했다.

이와 같은 대립을 해소하는 것은 이론(理論)이 할 일이다. 그에 반해 여기서는 예술에 대한 실제 사람들이 갖는 관심사는 완전히 무시해도 된다. 왜냐하면 평범한 사람들의 심정이나 재능에 대해서 어떤 원칙을 세우더라도 그 결과는 항상 같고, 그러한 평범함은 그릇된 이론을 따르든, 아주 훌륭한 이론을 따르든 늘 평범하고 나약한 작품밖에는 산출해낼 수 없기 때문이다. 게다가 일반적으로 예술, 그 중에서도 특히 회화는 이미 다른 영향을 많이 받아 이른바 이상에 대한 열광적으로 심취하는 일에서 벗어났다. 그런 과정에서 옛 이탈리아나 독일 그리고 후기 네덜란드의 회화에 대한 관심이 새로워지면서 최소한 형식면이나 내용면에서 좀 더 함축적이고 생동적인 것을 표현하려는 시도가 일어났다.

그러나 사람들은 저 추상적인 이상에 대해서 싫증을 느꼈듯이 다른 한편으로 예술 속에서 호감을 사던 자연성(Natürlichkeit)에 대해서도 싫증을 느끼고 말았다. 예를 들어 누구나 이미 일상적으로 알고 있는 집안일 같은 것이 연극 무대 위에서 자연스런 모습 그대로 표현되면 사람들은 아주 싫증을 느낀다. 아버지가 아내와 자식들 앞에서 봉급과 생계에 대해서 또는 장관과 아랫사람들, 비서들한테 예속되어있는 자신에 대해 한탄을 늘어놓고, 부엌에서 아내는 하녀나 딸들한테 푹 빠져 있는 구혼자들 때문에 속이 썩는다. 이런 근심과 어려움 따위는 사람들 누구나 자기 집에서 실컷 엿볼 수 있다. 이처럼 이상과 자연이 대립을 이루는 가운데서 사람들은 어느 예술보다도 특히 회화에 더 관심을 가졌다. 이는 회화가 갖는 시각예술이라는 특수성 때문이었다. 위처럼 이상과 자연이 대립하는 것과 관련해 일반적으로 다음과 같은 물음을 던지고자 한다. 그것은, 예술은 과연 시(詩)이어야 하는가 아니면 산문(散文)이어야 하는가라는 물음이다. 예술에서 우리는 참으로 시적인 것을 바로 이상이라고 부른다. 그러나 만일 이상이라는 명칭 자체만 문제가 된다면 그 이름은 쉽게 포기할 수도 있다. 문제는 그것이 아니고, 대체 예술에서 시란 무엇이며 산문이란 무엇인가

하는 점이다. 물론 특정 예술에서는 시적인 것을 고수하려다 착오를 일으킬 수도 있고 또 실제로 이미 그런 착오들이 일어나기도 했다. 왜냐하면 분명히 시, 그것도 더 자세히 서정시에 속하는 내용이 회화에서 표현되는 일이 발생하곤 했기 때문이었다. 예를 들어 현재 열리고 있는(헤겔이 말하는 현재는 그 당시인 1828년을 뜻함—역자주) 미술전시회는 모두 같은 미술학교(즉 뒤셀도르프 미술학교)[12]에서 나온 그림들을 전시하고 있는데, 이 그림들의 소재는 모두 시(詩)에서, 그것도 단지 감성으로만 표현할 수 있는 측면에서 따온 것이다. 이와 같은 그림들은 좀 더 자세히 바라보면 아주 감미로우면서도 곧 진부해 보인다.

예술과 자연의 대립 속에는 일반적으로 다음과 같은 규정들이 들어 있다.

a) 그것은 예술작품의 매우 형식적인 이상성(die ganz formelle Idealität)이다. 왜냐하면 시문학(詩文學)이란 일반적으로 그 명칭이 시

---

[12] 이 학교(Düsseldorfer Malerschule)는 화가이자 미술작가였던 빌헬름 폰 샤도(Wilhelm von Schadow, 1788~1862)에 의해 창설되어 특히 종교 및 중세의 학과들을 열심히 가르쳤다. 이 학교의 중요 멤버로는 화가인 페터 폰 코르넬리우스(Peter von Cornelius, 1783~1867)가 있는데, 1819~1825년까지 뒤셀도르프 미술학교 교장이기도 했던 그는 특히 옛 독일의 화풍을 공부했으며, 중세 독일의 화가로서 《신약성서》의 《묵시록》 장면들을 유명한 동판화로 제작했던 알브레히트 뒤러(Albrecht Dürer, 1471~1528)에서부터 독일 낭만주의에 이르기까지의 작가들에서 영향을 받았다. 그의 잘 알려진 그림으로는 괴테의 비극 《파우스트(Faust)》와 독일 중세서사시 《니벨룽겐의 노래(Das Nibelungenlied)》를 위해 그린 파우스트(Faust) 삽화들이 있다. 예를 들어 《니벨룽겐의 노래》의 삽화들 가운데는 '지크프리트의 시신(屍身)을 바라보는 크림힐트'라는 펜화가 있다. 이런 그림들은 모두 그 서사시의 내용을 바탕으로 하는데 회화에 깃든 강한 시문학적인 요소를 헤겔은 여기서 비난한다.

사하듯이 인간이 표상으로 받아들인 것을 가공하여 자기 행위를 통해 다시 창조해낸 것이기 때문이다.

α) 거기에서 예술작품의 내용은 아무것이든 상관없거나 거기에 표현된 것 외에 일상에서는 한 순간도 우리의 관심을 끌지 않는 것일 수도 있다. 예를 들어 네덜란드의 회화[13]는 자연 속에서 순간적으로 존재하는 가상(假象)들을 마치 인간에 의해 새롭게 창조된 것처럼 수천 가지 효과를 나타내는 그림으로 나타낼 줄 알았다. 그 그림들 속에는 공단의 감촉, 금속의 빛남, 빛, 말(馬), 하인들, 늙은 여자들, 파이프 담배 끝에 연기를 뿜어대는 농부들, 투명한 유리 속에서 반짝이는 포도주의 빛깔, 더러운 재킷 차림으로 카드놀이를 하는 남자들 따위가 그려져 있다. 그처럼 우리가 일상에서는 거의 신경 쓰지 않는 수백 가지의 대상들이 — 왜냐하면 실제 카드놀이를 하거나 술을 마시고 이런저런 잡담을 할 때도 사실 사람들의 머릿속은 전혀 다른 관심사들로 가득 차 있으므로 — 그 그림들 속에서 우리들의 눈앞에 다가온다. 그러나 예술에서 그런 내용들이 우리 눈앞에 드러날 때 우리의 관심을 끄는 것은 바로, 정신이 온갖 외적 감각적인 질료를 내면 깊숙한 곳에서 변화시켜 창조해 낸 그런 대상들의 가상적(假象的)인 모습이다. 왜냐하면 우리는 그 그림에서 실제로 존재하는 양털이나 비단, 머리카락, 유리잔, 병, 금속 대신에 단순히 색채를 볼 뿐이며, 또 실제 자연 속의 대상들이 존재하는 데 필요한 3차원의 공간 대신에 단순히 평면을 볼 뿐이지만, 그럼에도 불구하고 그것들은 우리에게 마치 실제 존재하는 모습처럼 보이기 때문이다.

---

[13] 헤겔은 암스테르담에 가서 네덜란드의 회화를 직접 연구했다고 그의 서한에 쓰고 있다. 이는 그의 《서한집(Briefe)》(함부르크, 1953, ii) 362쪽 참조.

β) 그러므로 기존의 무미건조한 현실성에 반해 정신에 의해 산출되는 이러한 가상은 바로 이상성이 보이는 경이로움(Wunder der Idealität)이 될 수도 있다. 조 만일 사람들이 그렇게 만들어내려고 한다면 이는 외부의 자연 속에 실제로 존재하는 것들에 대한 조소와 아이러니가 된다. 사실 일상적인 삶에서 그런 대상들을 만들어내려면 자연과 인간이 얼마나 애를 쓰고 얼마나 많은 수단들을 이용해야 하는가. 예를 들어 금속이 한번 가공되는 과정에서 그 질료는 얼마나 큰 저항을 하는가. 그에 반해서 예술이 창조해 내는 표상은 부드러우면서도 단순한 것이다. 자연과 인간이 몹시 힘을 들여 현실에서 만들어내는 대상들을 예술은 그 내면에서 모두 쉽고 유연하게 만들어낸다. 또한 예술이 표현해 내는 일상적인 사물들이나 사람들은 무한정하게 많이 있는 것이 아니라 그 대상이 한정되어 있다. 보석이나 황금, 식물, 동물 따위가 모두 이처럼 한정된 존재들일 뿐이다. 그러나 예술적으로 창조하는 인간은 그 자신이 바로 내용을 담고 있는 세계 전체이다. 그는 자연에서 내용을 얻어 이를 자신의 폭넓은 표상과 직관의 영역 속에서 보고(寶庫)처럼 쌓아 올린 후에, 이를 현실적인 번거로운 조건에 구애되거나 준비를 할 필요없이 오직 간단한 방식으로 자유로이 스스로 자유로이 밖으로 형태로 만들어낸다.

이 같은 이상성(理想性, Idealität)을 띤 예술은 객관적이고 궁핍하기만 한 현존성과 내적인 표상의 중간에 머문다. 예술은 우리에게 대상 자체를 전해 주지만 그것은 내면으로부터 나오는 것이다. 예술이 전달해 주는 대상은 달리 이용할 수 있는 것이 아니라, 다만 우리의 관심을 이념적인 가상의 추상성에 국한시켜 이를 사색적으로 바라볼 수 있게 해줄 뿐이다.

γ) 그리하여 평상시에는 별로 가치가 없는 대상들도 이 이상성(理想性)을 통해 고양(高揚)될 수 있다. 이상성은 대상들을 그 의미 없는 내용과는 관계없이 이념 자신의 목적으로 삼으며, 보통 때는 우리가 별로 고려하지 않고 지나칠 그런 대상들에 관심을 갖도록 이끈다. 예술은 시간도 역시 관념적인 것으로 바꿀 수 있다. 즉 예술은 자연 속에서 무상(無常)하게 스쳐지나가는 것도 영속적인 것으로 고정시킨다. 스쳐가 사라져버리는 미소, 불현듯 입가에 맴도는 익살스러운 표정, 눈초리, 일시적으로 머무는 빛, 인간의 삶에 드러나는 정신적인 움직임, 불의의 사건, 이런 것들은 모두 한순간 왔다가 지나가고 다시 잊혀진다. 예술은 그 모든 것을 각자의 일시적인 현존성에서 벗어나게 해준다. 그런 점에서 예술은 또한 자연의 한계를 극복한다.

그러나 이처럼 예술이 그 형식적인 이상성(理想性) 속에서 특히 우리에게 호소하는 것은 내용 자체가 아니라 정신적인 창조에서 나오는 만족감이다. 물론 거기에서 표현되는 것은 자연스러워야 하지만 그것은 자연 자체가 아니라 바로 조작하는 행위이다. 즉 감각적인 질료성과 외적인 조건들을 제거하는 것이 형식적인 의미에서 시적이고 이상적인 일이다. 우리는 예술에서 자연스럽게 표현된 것을 보고 마치 그것이 정말 자연의 소산인 양 기뻐하지만 그것은 사실 자연을 수단으로 하지 않은 정신의 산물이다. 그러므로 대상이 우리를 즐겁게 하는 이유는 그것이 자연스러워서가 아니라 그처럼 자연스럽게 '만들어졌기' 때문이다.

b) 그러나 우리의 관심은 내용이 직접적인 현존재 속에서 형식적으로 드러나는 데만 머물지 않는다. 우리의 관심은 더 깊이 들어가 내용이 직접적인 실재성으로 드러나는 형태들 안에서 표현되는데 그

치지 않고, 이제 그 형태들 속에서 정신에 의해 파악되어 확대하여 다른 모습으로 변화하는 데까지 미친다. 자연적으로 존재하는 것은 개별적인 것이며, 그것도 모든 측면에서 개별화된 것이다. 그에 반해 표상 속에는 *보편적인 규정*이 들어 있고, 거기에서 나오는 것은 그 때문에 자연적인 개별성과는 다른 보편적인 특성을 얻는다. 이 점에서 표상은 더 포괄성을 띠며, 내면을 파악하여 강조하고 이를 더욱 가시(可視)적으로 표현해내는 장점을 지닌다. 예술작품이란 물론 단순히 보편적인 표상이 아니라 그것을 특정하게 구체화시킨 것이다. 그러나 정신과 그것의 표상으로부터 산출되는 예술작품에는 그것이 지닌 직관적인 생동성과는 상관없이 보편적인 특성이 관통되어야 한다. 바로 이 때문에 예술에는 형식적으로 단순히 만드는 것이 아닌 보다 더 숭고한 시적인 이상성(理想性)이 부여된다. 이때 예술작품은 대상을 그 보편성 속에서 파악하고, 대상의 내용을 표현하는 데 외적이고 별로 중요하지 않은 것을 생략하여 형상화하는 사명을 지닌다. 그러므로 예술가가 진정한 시(詩)를 완성해 내기 위해서는 여타 외부세계에서 발견한 것을 발견한 대로 다 형태화하고 표현할 것이 아니라, 오직 대상의 올바른 개념에 맞는 도습으로 포착해야 하는 것이다. 예술가가 자연과 자연의 산물, 즉 일반적으로 현존하는 것을 본보기로 삼는 이유는 자연이 그런 것을 이런 저런 모습으로 만들어 내서가 아니라 자연이 그것들을 '*제대로(recht)*' 만들었기 때문이다. 그러나 이 '제대로'는 현존성 자체보다 더 숭고한 것이다.

 예를 들어 예술가는 사람의 초상화를 그릴 때, 옛 그림을 복구하여 새로 그리는 부분에 대해서도 그림의 다른 전체에 칠해져 있는 니스나 원래 색의 갈라진 틈을 그대로 다시 모사(模寫)해 그리지 않고, 피부의 혈관구멍이나 여드름, 종기, 천연두 자국, 주근깨 따위는 생략한다. 그러므로 사실 저 유명한 화가 데너(Denner)[14]의 이른바 자연스럽다는 화풍도 본보기로 삼을 만한 것은 못된다. 마찬가지로 근육이나 혈관도 암시만 해야지 마치 실제처럼 그 특징대로 상세히 묘사해서는 안 된다. 왜냐하면 그런 것들에서는 인간형상의 본질을 이루는 정신적인 요소가 그다지 또는 거의 표현되지 않기 때문이다. 그런 이유에서 나는 예를 들어 오늘날 고대 그리스 시대보다 나체 조각상을 덜 만든다고 해서 이를 불리하게 생각하지는 않는다.

반면에 오늘날 우리가 입고 있는 옷의 모양새는 고대인들이 걸쳤던 이상적인 옷에 비해 비예술적이고 무취미하다. 물론 양쪽 의상의 경우 모두 옷이 몸을 덮는다는 목적은 같다. 그러나 고대 그리스 예술에서 표현된 의상은 별다른 형태가 없이 평평해서 몸에서 예를 들어 어깨 정도만 걸치는 것으로 제약을 받았다. 그 밖에도 그런 옷은 어떤 형태로든지 변할 수 있고 단순하게 걸칠 수도 있고, 옷 자체의 무게에 따라 자유롭게 늘어지기도 하고, 몸가짐이나 자세의 움직임에 따라 그 모양이 마음대로 정해졌다. 그런 특성을 지닌 옷의 모양은 신체에 드러나는 정신의 변화를 표현하는 데 잘 이용된다. 그것은 전적으로 내면에서 형상화되어 나오는 바에 따라 옷의 특별한 형태나 주름, 늘어짐, 끌림 따위가 생겨나고 또 자세나 움직임에 따라 옷의 모양이 일시적으로 변하기도 한다. 이런 식으로 모양이 정해질 때 옷의 이상(理想)이 실현된다.

그에 반해 오늘날 우리들이 입는 옷은 옷감 전체가 이미 완성되고, 신체규격과 형태에 따라 재단되고 봉제되므로 자유로운 주름은 더 이상 존재하지 않는다. 왜냐하면 옷주름의 모양도 바느질에 따라 정해

---

14) 발타자르 데너(Balthasar Denner, 1685~1749). 독일의 초상화가. 주로 코펜하겐, 런던, 함부르크에서 활동했으며, 네덜란드 화풍의 영향을 받아 자연적이면서 아주 섬세한 화법을 구사한 것으로 유명했다.

지고, 재단과 천의 늘어짐도 완전히 기술적으로 만들어지며 재단사의 손기술에 따라 그 효과가 나타나기 때문이다. 몸의 구조가 일반적으로 옷의 형태를 규정하기는 해도, 그처럼 기술적으로 몸의 형태에 맞춰 만들어진 옷들은 조악하게 흉내내거나 시대의 관습적인 유행, 우연한 기분에 좌우되는 사람들의 꼴사나움을 드러낼 뿐이다. 게다가 한번 완성된 재단은 자세나 움직임에 따라 형태가 변하지 않고 항상 그 모양대로 머문다. 예를 들어 우리가 팔과 다리를 이리저리 다르게 움직여도 상의(上衣)의 소매나 바지는 같은 모양으로 머문다. 기껏 주름의 모양이 좀 다르게 잡히더라도 이는 마치 샤른호르스트[15] 조각상의 바지가 보여주듯이 고정된 바느질 형태대로 변할 뿐이다.

그러므로 오늘날 우리들이 입는 옷은 외적인 것과 내적인 것이 충분히 구별되지 않아서 오히려 내적인 것이 밖으로 형태화되어 표현되지 못하며, 또 자연형상을 잘못 모방하여 일단 재단해서 완성해 버리기 때문에 그 모양을 변경할 수도 없다.

우리가 방금 인간의 형상 그리고 그 옷차림과 관련해서 살펴본 것과 비슷한 것을 그 밖에 인간생활에 필수적이고 모든 사람들에게 공통적인 수많은 외적인 욕구들에서도 발견할 수 있다. 하지만 이런 모든 물질적인 조건들, 예를 들어 먹고 마시고 자고 입는 일 따위가 정신적인 행위들과 아무리 외적으로 다양하게 뒤얽혀 있더라도, 이는 인간의 현존재 속에서 원래의 내용대로 보편성을 띠는 본질적인 규정이나 관심사와는 무관하다.

---

[15] 게르하르트 요한 다비드 폰 샤른호르스트(Gerhard Johann David von Scharnhorst, 1755~1813)는 1806년 이래 프러시아 장군직을 역임했던 군 개혁가다. 여기 헤겔이 언급하는 그의 조각상은 1822년에 라우흐(C.D.Rauch)가 만든 것이다.

이와 같은 양상은 시예술(Dichtkunst)의 표현에서도 마찬가지로 드러날 수 있다. 그리고 이런 점에서 사람들은, 예를 들면 시인 호메로스에게 가장 위대한 자연성이 깃들어 있다고 평가한다. 그렇지만 그는 비록 우리의 이해를 돕기 위해서 아주 ἐνάργεια(svägveia) 하게, 즉 아주 '분명하게' 묘사를 했음에도 불구하고 그도 그런 상황묘사를 일반적으로 언급하는 데만 그치고 있다. 물론 이런 점에서 어느 누구도 호메로스가 모든 세세한 부분을 실제의 모습처럼 열거하고 묘사해야 한다고 요구하지는 않을 것이다. 그는 영웅 아킬레우스의 신체묘사에서 높은 이마, 잘생긴 코, 길고 강인한 다리를 묘사하면서도 사실상 그 지체들의 자세한 부분이나 점 하나하나, 그 위치 그리고 모든 부분들 사이의 관계, 얼굴빛 등 진짜 자연적인 모습에 대해서는 묘사를 생략하고 있다.

그 밖에도 시예술에서 표현양식은 자연의 개별성을 보는 것이 아니라 항상 보편적으로 표상하는 데 있다. 시인은 사상(事象, Sache) 대신에 언제나 명칭을 부여한다. 그 안에서 개별적인 것이 보편적인 것이 되는 데, 그 이유는 말은 표상에서 산출되므로 이미 보편자의 특성을 내포하기 때문이다. 물론 표상할 때나 말할 때 자연적으로 실존하는 것을 무한하게 축소시킨 명칭으로 말하는 것을 '자연스럽다'고 할 수 있을 것이다. 하지만 이때의 자연성이란 항상 바로 자연적인 것 자체에 대립하고 그것을 지양함을 뜻한다. 그러므로 여기서 시적인 것에 대립되는 자연성이란 과연 어떤 것인가 하는 물음이 생긴다. 왜냐하면 자연(Natur)이란 일반적으로 규정되지 않는 공허한 낱말이기 때문이다. 그러나 시는 항상 원기발랄하고 본질적이면서 의미 있는 것만을 강조해야 한다. 그렇다 해도 이 의미심장하고 본질적인 것은 곧 이념적인 것이므로 단순하게 현존하지는 않는다. 그러므로 어느 사건이나 장면을 표현할 때 그 자세한 부분을 일일이 드러내 묘사하는 것은 김 빠지고 생기 없고 피곤하며 분명 참을 수 없는 일이 될 것이다.

그러나 이런 종류의 보편성과 관련해서 볼 때, 어떤 예술은 좀 더 이상적인 것을 보여주는가 하면, 어떤 예술은 오히려 외연적(外延的)인 직관성(Anschaulichkeit) 쪽을 더 지향한다. 예를 들어 조각에서는 그 형상들이 회화에서보다 더 추상적이다. 반면에 시 예술에서 보면 서사시는 한편으로 극(劇) 작품에서 보는 실제의 연기보다 외적인 생동성이 좀 떨어지지만, 다른 한편으로 그 풍부한 직관성은 역시 극예술을 능가한다. 왜냐하면 서사시의 가인(歌人)은 구체적인 형상들을 노래함으로써 우리에게 그 사건들을 직관시켜주지만, 연극에 등장하는 가인은 자기의 의지에 따른 움직임이나 내면의 동기에 따라 반응하는 것으로 연기하는 것으로 만족해야 하기 때문이다.

c) 더 나아가 정신의 절대적(즉자 대자적, an und für sich)이고 매우 흥미로운 내용을 포함하는 내면세계를 외적인 형식으로 드러내는 것이 바로 정신이다. 이런 점에서 이상과 자연의 대립은 어떤 의미를 지니는가라는 물음도 제기된다. 이 영역에서 자연적이라는 것은 원래의 말뜻 그대로 사용될 수 없다. 왜냐하면 자연적인 것은 사실 정신이 외적으로 형상화된 것으로, 동물의 생동성이나 전원적인 자연 따위와 같이 직접적으로 존재하는 것만으로는 가치가 없기 때문이다. 자연적인 것은 그 규정에 따라 *자신*을 구체화하는 것이 *정신*일 때, 즉 오직 정신적인 표현으로서 현상할 때 이상적(理想的)이 된다. 정신 속에 수용되는 것, 정신적인 측면에서 구상되고 형상화되는 것은 바로 이상화(理想化, Idealisieren)된다는 뜻이기 때문이다. 죽은 사람의 얼굴은 마치 아이 때와 같은 모습을 되찾는다고 한다. 즉 죽었을 때는 이미 신체적으로 굳어진 열정, 습관, 노고, 온갖 의지와 행위의 특징들이 다

사라지고 아이들 모습처럼 규정되지 않은 순수한 상태로 되돌아온다. 그러나 살아 있는 생명체는 표정과 전체적인 형상이 내면에서 나온 특성대로 표현된다. 이는 서로 다른 민족이나 계층 간의 서로 다른 정신적인 방향과 행동들이 서로 다르게 외적 형상으로 드러나는 것과 같다. 그처럼 모든 관계 속에서 드러나는 외면성의 내면에는 정신이 들어 있다. 이는 정신의 작용에 의해 자연 그 자체와는 반대로 이상화된 것으로서 현상한다. 여기에서 비로소 자연적인 것과 이상적인 것의 차이에 대한 의미심장한 질문을 던질 수 있다. 다시 말해서 정신이 자연스럽게 드러나는 형태들은 예술에 의해 재창조되지 못하는 실제의 현상으로서 그 자체 완벽하고 아름답고 탁월한 존재들이다. 그러므로 그러한 자연스러운 현상보다 더 숭고하고 더 이상적이고 아름다운 것은 있을 수 없다는 주장, 즉 예술은 자연의 현존성보다 못하다는 주장이 나올 수도 있다. 그러나 다른 한편으로 예술은 실제적인 것과는 다른 방식으로 자연보다도 더 이상적인 형식과 표현을 독자적으로 발견해야 한다는 주장도 있다. 이 점을 고려할 때 이미 앞서 언급한 루모르 씨의 반론은 특히 중요하다. 그 이유는 이상을 옹호하는 사람들이 비속한 자연을 무시하는 태도로 이야기하자 루모르 씨는 그에 반대하면서 이념과 이상을 존중하는 동시에 비판하는 태도를 취하기 때문이다.

  사실 정신의 세계에도 외적으로나 내적으로 평범한 자연이 존재하기는 한다. 그리고 그 내면이 비속할 때 그것은 외적으로도 비속하게 드러난다. 그런 행위가 외적으로 나타날 때는 단지 사소하고 감각적인 질투와 시기와 소유욕 같은 목적이 드러날 뿐이다. 하지만 이러한 비속한 자연도 역시 예술의 소재(素材)가 될 수 있고 또 그래 왔다. 그러나 이미 앞서 말했듯이 이때의 본질적인 관심사는 표현한다는 것 자체, 즉 창조라는 기교성이다. 이 경우에 교양 있는 사람이라면 누구도 그 예술작품의 내용에는 동조하지 않을 것이다. 예술가는 스스로 이해함으로써 뭔가 더 폭넓고 심원한 것을 예술작품으로 만들어내야 한다. 특히 네덜란드인들의 풍속화(風俗畵)는 비천한 대상들을 업신여기지 않고 완성의 최고도까지 이끌어갔다. 그런데 네덜란드인들로 하여금 이 풍속화에 끌리게 한 것은 무엇이며, 굉장한 매력을 지녔다고 자타가 공인하는 그 그림들 속에 표현된 내용은 과연 무엇일까? 그 그림들 속에 표현된 대상들은 단지 비속한 자연 대상들이라는 점 때문에 그것들을 구시하거나 배제할 수는 없다. 왜냐하면 좀 더 자세히 연구해 보면 그 그림들의 소재(素材)는 원래 사람들이 보통 생각하는 것만큼 비속하지 않기 때문이다.

네덜란드인들은 그들이 그림에 표현할 내용들을 자신들의 일상생활에서 택했는데, 이처럼 이미 현실에 존재하는 것을 예술을 통해 한 번 더 현실화했다고 해서 그 예술가들을 비난할 거리는 못된다. 어느 시대에 사는 사람들의 눈과 정신에 제공되는 것이 그들의 관심사를 온통 끈다면 그것은 마땅히 그들에게 속하는 것이기 때문이다.

당시 네덜란드인들의 그와 같은 관심사가 어디서 유래하는지 알려면 우리는 먼저 그들의 역사에 대해서 물어야 한다. 네덜란드인들은 그들이 사는 땅을 대부분 스스로 개척해서 만들었고 이를 바다의 폭풍우로부터 막기 위해서 지속적으로 방어하고 보존해야만 했다. 또 도시의 시민들과 농민들은 용기와 인내, 용맹심을 갖고 당시 세계에서 가장 강력했던 왕 칼 5세의 아들 필립 2세가 지휘하던 에스파냐 군대[16]

---

[16] 에스파냐 왕 필립 2세(1527~1598)는 유럽에서 막강한 세력을 떨쳤으며, 특히 당시 전유럽을 휩쓸던 종교개혁 운동이 에스파냐에까지 퍼지는 것을 적극 막은 인물이었다. 그는 이 여세를 몰아 네덜란드에 파급되고 있던 새로운 종교(신교) 자유운동을 막기 위해서 1567년부터 가혹한 탄압을 시작했다. 이에

와 싸워 물리침으로써 정치적인 자유는 물론 종교의 자유도 얻어냈다.

네덜란드인들은 사소한 것에든 대단한 것에든, 국내에서든 해외에서든 시민성과 진취적인 기상, 신중성과 순수성, 깨끗이 쌓아올린 부(富), 자신감에 넘치는 쾌활성과 원기발랄함을 보였다. 그래서 그런 것들이 일반적으로 네덜란드 회화의 내용이 된 것이다. 따라서 그런 내용은 결코 비천한 소재나 내용이라고 볼 수 없으며, 사교계나 궁중식의 겉치레나 오만한 고상함 따위로는 감히 그런 내용에 접근할 수 없다. 렘브란트(Rembrandt)[17])가 그린 〈밤의 파수꾼〉이라는 그림은 네덜란드인들의 그런 건실한 국민성을 나타내주는 유명한 그림으로 암스테르담에 소장되어 있으며, 반 다이크(van Dyck)는 자신의 초상화를 여러 장 그렸다. 또 부버만(Wouwerman)[18])은 기마(騎馬) 장면들이나 농부들의 주연, 즐거움, 쾌활, 익살 따위를 그림으로 그렸다.

비슷한 예로 우리 독일에서 금년에 열린 풍속화 전시회에서 좋은 장르회화들이 전시되었다. 그러나 그런 그림들은 표현의 기교에 있어서 네덜란드인들의 풍속화에 미치려면 아직도 멀었으며, 게다가 내용

1568년 네덜란드에서 에스파냐에 대한 저항운동이 일어나 그 후 80년 동안이나 지속되었다. 그러나 끈질긴 저항을 멈추지 않았던 네덜란드인들은 결국 1648년 베스트팔렌 조약에서 에스파냐에서 독립을 획득하였다. 필립 2세는 1588년에 '무적함대'를 창설하여 네덜란드의 신교운동을 지원하던 영국을 공격하려 했으나 영국함대에게 전멸당하고 말았다.

17) 네덜란드의 화가 렘브란트(Rembrandt van Rijn, 1606~1669)의 가장 유명한 그림들 중 하나인 이 〈밤의 파수꾼(네덜란드 명: De Nachtwacht)〉은 1642년 작이며 363cm×437cm의 대작으로 현재 암스테르담의 국립박물관(Rijksmuseum)에 소장되어 있다.
18) 필립스 부버만(Phillips Wouwermann, 1619~1668), 반 다이크(A. van Dyck, 1559~1641). 이들은 모두 네덜란드의 화가들이다.

렘브란트가 그린 〈밤의 파수꾼〉

도 네덜란드 회화가 지닌 자유와 명랑성처럼 고양되지 못한 것이다. 예를 들어 남편을 찾아 바가지를 긁으려고 술집에 들어가는 한 여인을 그린 그림을 보면 거기에서 드러나는 것은 신랄하고 악의에 찬 인간의 모습일 뿐이다. 그에 반해 네덜란드 회화를 보던 사람들이 술집이나 결혼 피로연에서 춤추고 먹고 마시는 장면이나 서로 주먹이 오가는 장면도 모두가 흥겹고 유쾌하게 벌어지고 있으며, 거기에는 부인들과 처녀들도 끼여 있고 도처에 자유분방한 느낌을 엿보인다. 이처럼 합당하게 즐기는 데서 나오는 정신의 쾌활성(geistige Heiterkeit)은 심지어 동물 묘사에까지 옮겨져 역시 배부르고 기쁜 모습으로 묘사되어 나타난다. 이런 신선하고 각성된 정신적인 자유와 생동성이 그림에 표현되어 나올 때 그런 그림들은 더 숭고한 영혼(die höhere

〈포도를 집는 아이들〉,
뮤릴로(Murillio) 作

Seele)을 띠게 된다.

뮤릴로(Murillo)[19]가 그린 거지 소년들의 그림(뮌헨의 중앙 미술관에 소장)도 비슷한 의미에서 뛰어나다. 그 그림의 대상도 외적으로는 비속한 자연에서 취한 것이다. 즉 어머니가 남자아이를 손으로 때리고 있는데도 그 아이는 묵묵히 빵만 씹고 있다. 또 다른 비슷한 그림에서는 누더기 옷을 입은 가난한 두 사내아이가 수박과 포도를 먹고 있다.[20] 그러나 이렇게 가난하고 반쯤 벌거벗은 상태에서도 내적으로나

---

19) 뮤릴로(Bartolome Esteban Murillo,1618~1682)는 바로크(Barock) 시대의 에스파냐 화가이다. 그의 그림들은 극단적인 사실성과 내적인 영혼성을 투영한다. 헤겔은 1827년 9월에 루브르 미술관을 방문하여 이 그림들을 관찰했다.
20) 작품 번호는 No.1304, 제목은 〈포도를 집는 아이들(Les Enfants à la Grappe)〉.

외적으로, 어느 탁발승도 따라갈 수 없을 만큼 아주 태평하고 근심 없는 표정이 그들의 건강함과 삶에 대한 충만한 기쁨 속에서 비쳐나오고 있다. 이처럼 외부의 것에 대해 아무런 근심이 없고 내면의 자유를 얻을 수 있는 것이야말로 바로 이상적인 개념이 표현해야 하는 것이다.

파리의 루브르미술관에는 라파엘이 그린 한 소년의 초상화[21]가 있다. 그 소년은 머리를 하릴없이 팔에 기댄 채 근심이 없이 만족스러운 표정으로 먼 들판을 바라보고 있다. 이 그림을 바라보고 있노라면 정신적으로 경쾌하고 건강한 느낌을 받지 않을 수 없다. 앞서 뮈릴로가 그린 저 사내아이들도 우리에게 그와 같은 만족감을 준다. 그 아이들에게는 더 이상 어떤 관심이나 목적도 없어 보이지만, 그것은 그 소년들이 어리석어서가 아니다. 그들은 마치 올림포스의 신들처럼 만족한 열락의 상태에서 바닥에 웅크리고 앉아 있는 것이다. 행동만 보이고 말은 없지만, 그들은 마음속에 불쾌함이나 불화가 없이 모두 표정이 한결같다. 이처럼 그 소년들의 마음 바탕에는 건실함이 깔려 있으므로 보는 사람은 그들에게 매사가 다 잘될 것 같은 상상이 든다. 이는 저 싸움질하고 화내는 여자나, 얇은 나뭇가지를 묶는 농부, 역마차 짚단 위에서 자는 마부의 그림에 나타난 표현방식과는 아주 다르다. 그러한 풍속화는 크기가 작아야 하며 그 대상과 내용은 전체적으로 우리에게 약간 하찮은 인상을 주어야 한다. 만일 그런 것들을 실물크기로 그려 우리가 마치 정말 실제로 있는 것들을 바라보듯 하면서 만족을 얻으려 한다면 이는 참을 수 없는 일이 될 것이다. 비속한 자연이라고 불리는 것은 위와 같은 방식으로 포착되어 예술적으로 표현되어야 한다.

물론 예술의 소재에는 늘 무의미하고 세세한 일상에서 보이는 그러

---

21) 작품 번호는 No.385, 제목은 〈소년의 초상화(Portrait d'un jeune homme)〉.

한 쾌활성이나 시민적인 견실함보다 더 숭고하고 이상적인 것이 있다. 인간에게는 정신이 확대되고 심오하게 되면서 나오는 더 진지한 관심사와 목적이 있기 때문이다. 인간은 바로 그 안에서 자신과 조화를 이뤄야 하는데, 숭고한 예술은 바로 이처럼 더 숭고한 내용을 표현해야 될 사명을 지니게 될 것이다.

이 점을 고려할 때 이처럼 정신의 산물인 형태는 어디에서 나올까라는 의문이 생긴다. 어떤 사람들은 예술가가 창조해내는 숭고한 이념은 먼저 예술가 자신 속에 간직되어 있다고 본다. 그래서 그 숭고한 형태들을 — 예를 들면 고대 그리스의 여러 신들이나 그리스도, 사도들이나 성자들의 형상들처럼 — 예술가 자신이 형상화해내는 거라고 생각한다. 그러나 누구보다도 루모르 씨 같은 사람은 그와 같은 주장에 반대하고 나섰다. 그는 주장하기를, 만일 예술가들이 창조하는 형태가 자연에서 취한 것이 아니고 예술가들 자신이 제멋대로 만들어낸 것이라면 예술은 그릇된 방향으로 나아가게 될 것이라고 말했다. 그는 이런 식의 예술창조에 반대하면서 이탈리아인들이나 네덜란드인들의 작품이야말로 진정으로 모범적인 예술작품들이라고 꼽고 있다. 이에 대해 그는 그의 저서에서 다음과 같이 말하고 있다.

> 지난 60년 동안 예술이론은 어떻게 하면 개별적인 형상들을 더 잘 만들고 사실과 관련 없는 형태들을 산출해 내며, 그런 형상들을 자연보다 훨씬 더 아름답게 형상화할 수 있을까하는 데 주력해 왔고, 마치 인간의 형상을 아무 흠이 없게 만드는 데 예술의 주요한 목적이 있는 것처럼 밝히려고 노력해 왔다.
> (《이탈리아 연구》 4판, 제1권, 105쪽 이하).

그러면서 그는 예술가에게 "*자연형상을 찬미하든 변형시키든 어떤 다른 명목으로 인간정신의 우월함을 예술작품에 나타내려고 하는 거인적인 의도를 버려야 한다*"(위의 저서 63쪽)고 충고했다. 왜냐하면 예술가가 의도하는 것은 비록 최고의 정신적인 대상일지라도 이를 충족시켜 주는 외형은 우리 앞에 있는 현실세계 속에 이미 존재한다고 그는 확신하고 있었기 때문이다. 따라서 그는 "예술이 표현하는 대상은 그것이 정신적인 것이라 할지라도 결코 자의적으로 설정한 상징(Zeichen)에 의거해서는 안 되며 자연 속에 주어진 유기적 형태가 지닌 의미에 전적으로 따라야 한다"(83쪽)고 주장했다. 여기서 루모르 씨가 염두에 둔 것은 특히 빙켈만이 언급한 고대인들의 이상적인 형상이었다. 고대의 형상들에 대한 관심을 높이고 분류한 것은 사실 빙켈만이 이룬 불멸의 업적이었다. 그러나 그는 어떤 형상들의 특징을 해명하는 데는 오류를 범하기도 했다. 예를 들어 그는 긴 하체가 고대의 이상적인 형상이었다고 말했는데(빙켈만의 《고대예술사(Geschichte der Kunst des Altertums)》 1764년, 제5권, 제4장 2절 참조), 루모르 씨는 빙켈만이 고대 로마의 입상(立像)에 근거를 두고 이런 견해를 밝힌 것이라고 믿고 있는 듯하다(위의 《이탈리아 연구》 115쪽 참조).

반면에 루모르 씨는 이상(理想)에 대한 그의 반박론에서 예술가는 자연형상을 연구하는 데 전력해야 한다고 요구하고 있다. 여기에서 비로소 참된 본래의 미가 드러난다는 것이다. 그 이유는 그의 말에 의하면, 그 이유에 대해서 그는 "가장 중요한 미는 이미 주어진 자연 속에 있는 형태의 상징성(Symbolik der Formen)에 근거하지 인간의 자의 속에 들어 있는 형태의 상징성에 근거하는 것이 아니기 때문이다"고 말했다. 그 자연의 상징성을 통해 형태들은 특수하게 결합되고 그 특징들은 모양과 기호로 발전하는데, 그것을 볼 때 우리는 반드시 한편으로 어떤 표상이나 개념을 상기하게 되고 다른 한편으로 우리 속에 잠들어 있던 감정을 더 확실히 의식하게 된다"(144쪽)고 했다. 그러므로 "이념이라 불리는 정신의 내밀한 기미는 예술가를 그와 유사한 자연현상과 맺어 주며, 여기서 예술가는 자신의 의도를 아주 서서히 더 확실하게 깨닫게 되면서 그것을 표현할 능력을 얻게 된다"(105쪽)는 것이다.

물론 이상적인 예술에서는 자의적으로 정해지는 기호들(Zeichen, 또는 상징)같은 것에 대해서는 이야기할 수 없다. 따라서 루모르가, 고대인들이 만들어 낸 이상적인 형상들은 참된 자연형태를 무시한 채 그릇되고 공허한 추상형태를 모방한 것이라고 강력히 반박하는 것도 정당하다. 그러나 예술의 이상과 자연 사이의 대립에 대해 우리는 다음과 같은 중요한 점을 밝힐 필요가 있다.

정신적인 내용을 내포하고서 실재하는 자연의 형상들은 사실 일반적 의미에서 보면 상징적이라고 할 수 있다. 그 자연형상들이 가치를 지니는 이유는 자기 스스로 때문이 아니라 바로 내적이고 정신적인 것을 드러내기 때문이다. 그리고 그것들이 예술 외적으로 현실성을 띨 때, 아무런 정신성(精神性, Geistigkeit)을 표현하지 못하는 자연과는 달리 이상성(理想性)을 띤다. 이제 예술에서는 보다 더 높은 단계에서 정신의 내적인 내용이 외형을 얻어야 한다. 이 내용은 현실 존재인 인간의 정신 속에 들어 있으며, 대체로 인간의 내면을 표출하는 외적인 형상을 지닌다. 그러나 비록 이 점을 시인하더라도, 예를 들어 주피터 신(제우스 신이라고도 함—역자 주)의 숭고함이나 고요함, 위력 또는 헤라 여신, 비너스, 베드로, 그리스도, 사도요한, 마리아 등을 예술적으로 묘사하는 데 직접 모델로 이용할 만한 미적인 형상과 용모가 실제 현실 속에 존재하는지 묻는다는 것은 학문적으로 볼 때 피상적인 질문에 지나지 않는다. 물론 이는 옹호할 수도 있고 반박할 수도 있겠지만 전

고대 그리스 조각에 표현된 주피터(제우스) 신과 그의 아내 헤라 여신

적으로 경험과 관계되는 것이라서 해결될 수 없는 질문이다.

그와 같은 질문을 해결할 수 있는 유일한 길은 실제로 그런 형상들을 보여주는 일이겠지만, 예를 들어 고대 그리스의 여러 신들의 모습을 실제로 보여준다는 것은 불가능한 일이다. 또 어떤 사람은 현재 속에서도 완전한 미(美)를 보는가 하면, 어떤 사람은 그보다 훨씬 더 영리한데도 미를 보지 못하는 수도 있다. 더욱이 형태상 미적이라고 해서 그것이 늘 우리가 생각하는 이상적인 미는 아니다. 왜냐하면 이상(理想)에도 내용은 물론 형태상의 개성이 동시에 들어 있기 때문이다. 예를 들어 형태상으로 아주 아름답게 균형 잡힌 얼굴일지라도 차갑고 무표정하게 보일 수 있다. 그러나 고대 그리스의 여러 이상적인 신들은 보편성을 지닌 가운데서도 독특한 피규정성들이 사라지지 않는 개체들이었다. 이처럼 반드시 표현되어야 할 정신의 특정하고 기본적인 의미들이 태도나 자세, 움직임, 얼굴 윤곽, 팔다리의 형태나 형상 따위 같은 모든 특수한 외적 현상에서 완벽히 조각되어 모든 것이 그 의미대로 잘 드러나고 공허하거나 무의미한 것이 전혀 남지 않을 때 바로 이상의 생동성(die Lebendigkeit des Ideals)이 드러난다.

예를 들어 고대 그리스의 조각 가운데 최근에 우리가 볼 수 있는 피디아스[22]의 작품들은 특히 이와 같은 생동성이 장엄한 모습으로 나타나고 있다. 그 조각상의 엄격한 모습에는 바로 이상이 머물러 있으며, 그 형태는 우아함, 매력, 풍요로움이나 고상함으로 옮겨가지 않고 모든 형태를 구체화하는 보편적인 의미가 아직도 굳게 들어 있다. 이러한 최고의 생동감이야말로 예술가들을 위대하게 만드는 것이다. 위의 조각상에서 나타나는 것 같은 기본적인 의미는 실제의 현상세계에서 보이는 세부적인 것과는 달리 '추상적'이라고 불린다. 그러한 추

---

22) 피디아스(Phidias, BC490~BC430)는 그리스 아테네의 조각가로 그의 활동 시기는 약 기원전 460~430년 사이로 추정되며, 특히 아테네의 정치가로서 아테네를 그리스의 도시 국가들 가운데 가장 강한 국가로 만든 정치가 페리클레스 전성기에 활약했다. 그는 이집트에서 발견한 황금분할 혹은 황금비율(Golden Ration:이 비율은 인간의 눈에 매우 보기 좋다는 것이라고 한다)을 그의 조각에 적용했다. 그리스 고전전기(古典前期)의 숭고양식(崇高樣式)을 대표하는 그는 특히 신상(神像)들을 많이 제작했다. 당시 페리클레스의 주문을 받아서 파르테논 신전의 정면 입구와 소벽(塑壁)을 조각하였다. 오늘날에도 아테네에 가면 볼 수 있는 파르테논(Parthenon) 신전은 '처녀의 집'이라는 뜻을 가졌으며, 원래 그 도시의 수호신인 아테나(Athena) 여신에게 제사를 지내기 위해서 지어졌다고 한다. 피디아스로 하여금 명성의 절정에 다다르게 한 것은 그가 기원전 438년에 만들어 아테네의 파르테논 신전에 봉헌한 아테네 여신상과, 그 직후에 만든 올림피아의 제우스 신상이다. 이 두 작품은 페이디아스의 2대 걸작품으로 꼽히지만 현재 원본들은 모두 사라졌다.

상성은 특히 단 한 순간만을 포착하여 표현하는 조각이나 회화에서 이용된다. 이는 예를 들어 호메로스의 서사시에서 영웅 아킬레우스의 성격을 다양한 측면에서— 단호하고 몰인정하면서도 동시에 부드럽고 친절한 성격으로, 또는 다른 여러 각도에서— 묘사하는 것과는 대조적이다. 그러한 다양한 의미는 현실세계에서도 역시 표현할 수 있다. 예를 들어 현실세계에서는 경건하거나 명상에 잠긴 듯한 또는 쾌활한 인상을 주지 못하는 얼굴은 실제로 없을 것이다. 그러나 그런 인상들이라 해도 정말로 표현하고자 하는 기본 의미에 전혀 맞지 않거나 전혀 관련 없는 수많은 사항들을 함께 표현하고 있다. 사실 초상화는 바로 개성을 세부 묘사를 하기 때문에 초상화이다. 예를 들어 옛날 독일이나 네덜란드의 초상화에는 그것을 그려 달라고 위탁한 사람이 그의 가족, 즉 아내나 자녀들과 함께 그려지는 경우가 종종 있었다. 그들은 모두 명상에 잠긴 듯 보이며 사실 모두의 표정에 경건함마저 깃들여 있다. 그러나 우리는 그 인상 외에도 남자들에게서는 용감한 전사(戰士)들의 모습이든지 실제의 삶에서 성취욕에 불탔던 사람들의 모습을 본다. 또 여자들에게서도 그와 비슷하게 생명력이 넘치는 강인함을 가진 부인들의 모습을 본다. 그러나 이처럼 자연에 충실한 모습으로 그려진 그림들 속에 나타난 용모들을 마리아나 그 곁에 서 있는 성자들이나 사도들의 모습과 비교해 보면, 후자의 성자들 얼굴에서는 반대로 오직 *하나의* 표정만 읽을 수 있다. 즉 그들의 형태나 골격, 근육 따위는 모두 정지해 있거나 움직이더라도 모두가 하나의 표정에만 집중되어 있다. 이처럼 전체적인 형태가 그림에서 얼마나 적합성을 띠고 있느냐 하는 것이 바로 이상적인 회화와 일반적인 초상화를 구분하는 기준이다. 어떤 사람들은 예술가란 현존재의 여기저기서 최고의 형태들을 선택해 이들을 결합시키거나, 아니면 되는 대로 내용에 맞는 참된 형태를 얻기 위해서 동판화나 목판화 소장품들에서 필요한 용모나 자태들을 찾아내야 한다고 생각할 수도 있다. 그러나 이렇게 수집하고 선별하는 것만으로 일이 다 되는 것은 아니다. 예술가는 창조적인 태도로 그의 상상력에 맞는 형태를 인식하고, 이에 심원한 의미를 부여하고 진지한 감정으로 자신의 영혼을 고취시키는 의미를 찾아내 이를 *한 번에* 주조(鑄造)해서(aus *einem* Guß) 형상화해내야 한다.

B. 이상의 피규정성

우리가 지금까지 보편적인 개념에 따라 고찰한 이상(理想) 자체는 비교적인 이해하기 쉬웠다. 그러나 예술미는 이념인 한에서, 단지 그 보편적인 개념에만 머물러 있을 수 없고, 이 개념에 따라 그 안에 피규정성과 특수성을 지니고 있다. 그러므로 그것은 자기로부터 나와 현실이라는 규정 속으로 옮겨가야 한다. 이런 측면에서 이상은 외면성과 유한성 그리고 비(非) 이상적인 것(das Nicht-Ideale)으로 나아가면서도 과연 어떤 방식으로 자신을 보존하며, 또 거꾸로 유한한 현존재는 어떻게 그 안에 예술미의 이상성(理想性, Idealität)을 수용하는가라는 물음이 생긴다.

이와 관련해서 우리는 다음과 같은 세 가지 사항을 이야기해야 한다.

첫째, 이상(理想)의 *피규정성* 자체,

둘째, 특수성에 의해 차이(Differenz)를 드러내고 또 이를 지양하면서 발전해가는 피규정성으로 우리가 일반적으로 *행위*(行爲, Handlung)라고 부를 수 있는 것.

셋째, 이상(理想)의 *외적인* 피규정성.

아테네 여신상. 이는 피디아스가 기원전 438년에 만든 상으로 아테네 파르테논 신전 안에 세워져 있었다. 현재의 것은 로마시대 모조품으로 아테네 국립 박물관에 있다.
여신은 오른손에 황금과 상아로 만든 승리의 여신(N ke)상을 떠받치고 있고, 왼손에는 방패를 쥐고 있다

I. 이상의 피규정성 그 자체

1. 통일성이면서 보편성인 신성(神性)

앞서 우리는 예술은 무엇보다도 신적(神的)인 것을 중점적으로 표현해야 한다는 점을 살펴보았다. 그러나 신적인 것은 그 스스로(für sich) 통일성이자 보편성(Einheit und Allgemeinheit)이라고 확정지을

수 있는 것으로서, 이는 본질상 사상(思想)적으로만 존재할 뿐 그 자체는 형상이 없으며 따라서 상상으로 구상화고 형상화할 수 있는 것이 아니다. 이는 마치 유대인들과 마호메트교도들 사이에서 신의 형상을 감각적으로 보이도록 만드는 일을 금하는 것과 같다. 그러므로 구체적인 형상이 지닌 생명감을 필요로 하는 조형예술은 여기에 들어올 여지가 없다. 여기에 맞는 것은 오직 서정시(抒情詩, Lyrik)로서 그것만이 신을 향해 고양되는 가운데 신의 위력과 위대함을 찬양하는 조율을 맞출 수 있다.

2. 신들의 신성한 영역

다른 한편으로 신성(神聖)함의 속성은 비록 통일성과 보편성이라 하더라도, 그것 역시 자체 내에서 본질적으로 규정되어 있으며 추상성에서 벗어나 형상성과 생생한 직관성에 몰입하곤 한다. 그 신성함이 상상력에 의해 규정되어 형상으로 표현되면, 그로써 다양한 규정이 들어서고 여기서 비로소 본래 이상적인 예술의 영역이 시작된다.

그 이유는 *첫째*, 고대 그리스 예술에서 볼 수 있듯이 *하나의* 신적인 실체가 스스로 독자적으로 안거(安居)하는 여러 신들의 모습으로 갈라져 나가기 때문이다. 기독교의 표상에서도 신은 그 안에 완전한 정신적인 통일성을 지니고 있는 것과는 달리, 현실적인 인간으로서 지상적이고 세속적인 것 안에 직접 얽혀 들어가는 모습으로 나타난다. 둘째, 신성은 규정된 현상과 현실 속에서 대개 인간의 감각과 심정, 의도 그리고 성취 등을 통해서 작용한다. 그러므로 대개 성자, 순교자, 경건한 사람들과 같은, 현실 속에서 신의 정신으로 충만한 사람들도 이상적인 예술에 적합한 대상이 될 수 있다. *셋째로*, 신성(神性)과 그 특정하고 세속적인 현존재가 특수성의 원칙을 지닌 개성이 인간적인 현실로 드러난다. 그 이유는 내면을 깊이 움직이고 내면에서 위력을 발휘하는 모든 것에 대한 인간의 심정과 감정과 열정, 그리고 인간의 가슴속에 있는 온갖 깊은 관심사, 이런 구체적인 삶은 예술의 생생한 소재가 된다. 바로 그런 것을 묘사하고 표현하는 것이 이상(理想)인 것이다.

그에 반해서 스스로 순수한 정신인 신성은 오직 사유하는 인식의 대상이 될 뿐이다. 그러나 행위 속에서 구체화되는 정신(der in Tätigkeit verleiblichte Geist)은 오직 인간의 가슴에 울려퍼질 때 예술이 된다. 그러나 바로 여기에서 그 특수한 관심사와 행위들, 특정한 성격과 순간적인 상태와 상황들이 대체로 외적인 것과 연루되어 나타난다. 그러므로 먼저 이상(理想)은 일반적으로 이 같은 피규정성과 관련해서 어디에 들어 있는지를 밝혀야 한다.

3. *평정(平靜)한 이상*

이미 앞서 상술한 바와 같이 여러 신이나 그리스도, 사도, 성자들, 고해자들, 경건한 사람들이 지상의 다양한 분규나 투쟁, 대립과는 무관하게 지극히 평온하고 만족스런 모습으로 예술에 표현되어 우리 눈앞에 드러날 때 그 최고의 순수함이 나타난다. 이런 의미에서 특히 조각과 회화는 개개 신들의 형상과 구세주인 그리스도의 형상, 각 사도들과 성자들의 형상을 가장 이상적인 방식으로 찾아냈다. 여기서는 참된 존재가 오직 자신의 현존성으로 표현될 뿐 자기에게서 벗어난 유한성으로 억지로 왜곡되어 표현되지 않는다. 물론 참된 존재가 이처럼 자기 안에 고립되어 있더라도 그 개성이 결핍되지는 않는다. 하지만 외적이고 유한한 것으로 나아가는 그 특수성은 단순한 규정으로 정화(淨化)되고 외적인 영향이나 관계의 흔적들은 전적으로 제거된다. 이처럼 활동이 없이 자기 안에서 영원히 평정(平靜, diese tatlos ewige Ruhe)을 유지하며 안거(安居)하는 것—예를 들어 고대 그리스의 영웅 헤라클레스에게서처럼—은 이상(理想)이 지닌 피규정성이기도 한다. 그러므로 신들은 비록 외부와 연관해서 표현되더라도 감히 범접(犯接)할 수 없는 숭고함 속에 줄곧 머물러야 한다. 예를 들어 주피터 신, 헤라 여신, 아폴로 신, 아레스 신은 특정하고 확고한 세력과 위력을 지닌 존재들로서, 비록 그들은 외부를 향해 활동해도 그들의 독자적인 자유(自由)를 자신 속에 간직하고 있기 때문이다. 그러므로 규정된 이상 속에는 각각의 개성만 드러나서는 안 되며, 평정 속에서 총체성으로 머물면서 모든 것에 대한 가능성이 되는 정신의 자유가 드러나야 한다.

세속적이고 인간적인 영역으로 더 내려오면, 여기에서 이상은 인간의 마음을 사로잡는 어떤 본질적인 내용이 되어 단지 개별적인 주관성을 제압하는 힘으로서 작용한다. 그리하여 특수한 감정과 행위는 그 우연성을 벗어나며, 구체적인 개성은 본래 내적인 진리와 더욱 일치하는 것으로 표현된다. 다시 말해 일반적으로 인간의 가슴속에 들어 있는 고귀함, 뛰어남, 완전함 따위는 다름 아니라 정신적이고 윤리적인 것, 신적인 진정한 실체가 주체 안에서 그 위력으로 나타난 것이다. 그리하여 인간은 그 정신적인 실체 속에 자신의 활동, 의지, 관심사, 열정 따위를 끌어넣음으로써 거기에서 참되고 내적인 욕구의 충족을 얻고자 한다.

그러나 아무리 정신의 피규정성과 그 외면성이 이상 속에서 단순히 자기 내부로 집약되어 나타나더라도, 정신의 특수성은 현존재로 드러날 때 바로 그것이 *전개*된다는 원리에 따라 외적인 관계 속에서 서로 다르고 대립되는 다른 것들과 맞서 직접 투쟁하게 된다. 이처럼 스스로 차이를 드러내면서 발전해 가는 이상의 피규정성을 우리는 일반적으로 *행위(Handlung)*로 이해한다. 이에 대해 이어 아래에서 좀 더 자세히 고찰하고자 한다.

Ⅱ. 행 위

이상의 피규정성에는 천상의 열락에 깃든 온화함과 순진무구함, 무행위(無行爲)위에서 나오는 평정, 독자적인 안주에서 나오는 힘과 그 숭고함, 실체에 깃들인 강인함 따위가 있다. 그러나 내적이고 정신적인 것은 행위로 움직이고 발전함으로서만 존재한다. 물론 이 발전에는 일면성과 분열이 따르지 않으면 안 된다. 충만하고 총체적인 정신은 자신을 특수화하면서 사방으로 뻗치고, 스스로 고요한 평정(平靜)에서 나와 세계의 본질이 뒤얽히는 대립 속으로 들어간다. 그러므로 정신은 이러한 유한한 것의 분열에 따르는 불행과 재난에서 더 이상 벗어나지 못한다.

다신주의(多神主義)에서는 영원한 신들조차도 항구적인 평화 속에 안주하지 못한다. 그들은 서로 대립되는 열정과 목적을 갖고 서로 갈라지고 투쟁하며, 그들조차도 자기들의 운명에 굴복해야 한다. 기독교의 신도 역시 고난에 굴복하고 죽음의 치욕에서 벗어나지 못하며, 영혼의 고통에서 해방되지 못한 채 다음과 같이 외친다.

　　나의 하나님, 나의 하나님, 어찌하여 나를 버리셨나이까?[23]

신의 어머니인 마리아도 그와 비슷하게 혹독한 고통을 겪으니, 대체로 인간의 삶은 반목과 투쟁과 고통의 삶이다. 그러나 진정으로 대립되는 것에서 나오는 위대함과 위엄이야말로 참된 위대함과 위엄이다. 왜냐하면 정신은 그것이 대립되는 가운데서 다시 자기의 통일성으로 합일되기 때문이다. 상황이 한없이 끔찍하게 분열되면 될수록 그리고 모순들의 갈등이 심하면 심할수록, 주체성은 더 강해지고 더 심원해지며 확고히 자기 자신으로 머물 수 있다. 이념과 이상의 위력은 오로지 이와 같은 발전을 통해서만 보존된다. 왜냐하면 부정적인 것 속에서 자기를 보존할 때 바로 위력이 나오기 때문이다. 그러나 이상의 특수성은 그러한 발전을 통해 외적인 관계로 나아가는 동안 스스로에게서 개념과 현실 간의 이상적이고 자유로운 합일을 드러내기보다는, 오히려 본래의 모습이 아닌 현존성의 세계로 발을 들여놓는다. 그러므로 이상이 피규정성 속으로 발을 들여놓는다는 점과 관련해서 우리는 과연 그 규정들이 어느 만큼 이상성(理想性)을 내포하고 있으며, 또 내포할 능력이 있는가를 살펴보아야 할 것이다.

이 점에서 더 우리의 관심을 더 끄는 것은 다음과 같은 세 가지 사항이다.

첫째, 개인의 행위와 그 특성들의 전제가 되는 *일반적인 세계상태*,

둘째, *특수한 상태*에 있는 피규정성이 실체의 통일성 안에 차이와 긴장을 조성하면서 결국 야기하는 행위와 상황, 그 갈등들,

셋째, 주관성이 상황을 파악하고 반응하여 그 차이들과 투쟁을 벌

---

23) 이는 《신약성서》의 '마태복음' 27장 46절의 구절. 예수는 십자가에 못 박혀 숨을 거두기 전에 하늘을 향해 이 말을 부르짖는다. 여기서 헤겔은 신을 인간화된 그리스도와 연관시키고 있다.

임으로써 다시 그 투쟁을 해소시키는 본래의 행위.

1. 일반적인 세계 상태

이상적인 주관성이라 함은 생동하는 주체로서 그 안에 있는 것을 실행하고 완성해야 하므로, 행동하는, 즉 대체로 자신을 움직이고 활동하는 규정을 지닌다. 그러므로 주관성은 그것을 실현하기 위해 일반적인 토양인 주위 세계가 필요하다. 이와 관련해 *상태(Zustand)*에 대해서 설명하자면, 여기서 이해할 수 있는 것은 원래 정신의 현실성(Wirklichkeit) 속에 본질적으로 들어 있고 현실의 모든 현상들을 결합시키는 실체(das Substantielle)가 일반적으로 주어져 있는 방식이다. 이런 의미에서 예를 들면 교양 상태, 학문의 상태, 종교적 감정의 상태나 재정상태, 법의 집행상태, 가족생활과 그 밖의 다른 생활설비의 상태에 대해서 이야기할 수 있다. 하지만 그때 이런 모든 측면들은 동일한 정신과 내용이 여러 다른 형태로 나타난 것일 뿐이다. 그 안에서 정신과 내용은 자신을 현현하고(expliziert) 실현시킨다. 여기서는 좀 더 자세히 보면 *정신적인 현실성이 처한 세계상태*(Weltzustand der *geistigen* Wirklichkeit)에 대해 이야기하고 있는 만큼, 우리는 그것을 *의지(Wille)*의 측면에서 수용해야 한다. 왜냐하면 정신은 대체로 의지에 따라 현존재의 모습으로 드러나며, 의지를 나타내는 윤리와 법의 개념 같은 규정들, 그리고 우리가 일반적으로 정의(正義)라고 부르는 개념들이 이행되는 특정한 방식에서 현실의 직접적이고 실제적인 굴레를 볼 수 있기 때문이다. 그런 일반적인 상태는 이상의 개성에 합당하게 드러나려면 어떤 성질을 띠어야 하는가라는 물음이 제기된다.

a. 개인의 독자성이 나타난 영웅시대

앞의 설명에서 다음과 같은 점들을 확인할 수 있다.

$α$) 이상(理想)은 통일성 자체이며, 형식적이고 외적인 통일성일 뿐 아니라 그 내용에 내재하는 통일성이기도 하다. 이처럼 자기 안에 통일되어 스스로 실체적으로 안거(安居)하는 것을 우리는 이미 앞서 이상의 자족(自足), 평정, 지복(至福)함이라고 불렀다. 우리는 이 단계에서 이 규정이 독자성으로 강조되고 일반적인 세계상태(allgemeiner Weltzustand)가 이상적인 형상을 받아들이기 위해서 독자성의 형태로 나타나도록 요구한다.

그러나 독자성이라는 말은 이중적인 의미를 지니고 있다.

$αα$) 즉 본질적인 것은 실체성과 원인성(Ursächlichkeit)을 지니고 있으므로 이를 사람들은 일반적으로 간단히 독자적이고 신적이며 절대적이라고 부른다. 그러나 만약 그 본질적인 것이 보편성과 실체성 안에 고정되어버리면 그때는 주관적인 것이 못된다. 따라서 이는 구체적이고 특수한 개성과는 뚜렷이 대립된다. 그리고 이와 같은 대립 속에서 참된 독자성은 상실되고 만다. 그러나 일반적으로 대립에서 그렇듯이 이 대립 속에서 참된 독자성은 상실되고 만다.

$ββ$) 그에 반해 비록 형식적으로 자기 안에 안거하더라도 확고한 주관적 특성을 가진 개성에는 독자성이 있다고 보는데 사람들은 익숙해 있다. 그러나 어떤 주체일지라도 만일 그에게 진실한 삶의 내용이 결여되어 참된 위력과 본질이 주체 밖에서 낯선 것으로 머문다면 주체는 참된 실체와 대립되며, 그리하여 내용이 풍부한 독자성과 자유를 상실하고 만다.

진정한 독자성은 오직 개성과 보편성이 통일되고 상호관통될 때 존재하는 것이다. 왜냐하면 보편성은 개별적인 것을 통해 비로소 구체적인 현실성을 획득하며, 개별적이고 특수한 주체도 역시 보편적인 것 안에서 비로소 흔들리지 않는 기반과 참된 현실적인 내용을 발견하기 때문이다.

γγ) 그러므로 우리는 여기에서 일반적인 세계상태와 관련해서 독자성의 형태란 실체적인 보편성(die substantielle Allgemeinheit)이 독자적으로 되기 위해 이 상태 안에서 주관성의 형상(die Gestalt der Subjektivität an ihr selbst)을 지니는 것으로 보아야 한다. 이런 동일성의 방식으로 우리에게 맨 먼저 현상할 수 있는 것은 사유(思惟)의 방식이다. 왜냐하면 사유란 한편으로는 주관적이고, 다른 한편으로는 자신의 참된 활동의 산물로서 보편성을 지니며, 자유로운 통일성 안에서 보편성과 주관성 양쪽 다이기 때문이다. 그러나 사유의 보편성은 미를 지닌 예술에 속하지 않는다. 더욱이 사유할 때 자연성과 형상을 띠고서 실제로 행동을 이행하는 특수한 개성은 늘 사상의 보편성과 일치하지는 않는다. 반대로 자신의 구체적인 현실성 속에 들어있는 주체와 사유하는 주체 사이에 차이(差異, Differenz)가 들어설 수 있다. 이런 분리가 바로 보편적인 것의 내용이 된다.

다시 말해 사유하는 주체 안에서 참된 진리성을 띤 것이 여타의 실제성과 구별되기 시작할 때면, 그는 이미 *객관적인* 현상 속에서 스스로 보편적인 것으로 그 밖의 현존재와 분리되어 있다. 그리고 그에 맞서서 확고한 존립의 힘을 획득하고 있다. 그러나 이상(理想) 속에서는 특수한 개성이 실체와 분리되지 않고 조화를 이루어야 하며, 그러한 한에서 이상에게는 주관성의 자유와 독자성이 주어진다. 하지만 그 때문에 주위세계의 여러 상태와 관계들은 주관적이고 개별적인 것과 무관하게 스스로 본질적인 객관성을 지녀서는 안 된다. 이상적인 개체는 자기 안에 완결되어 있어야 하며, 객관적인 것은 여전히 그에게 속해 있어야 한다. 그것은 개성적인 주체로부터 벗어나 스스로 움직이며 나아가서는 안 된다. 만약 그렇지 않을 경우 주체는 스스로 완성된 세계에 단지 종속되는 것으로 물러서기 때문이다. 이 때문에 보편적인 것은 개체 안에 들어 있고 그 개체의 가장 고유한 속성으로 작용해야 한다. 그러나 그 고유성은 주체의 *사상*으로 작용하지 않고 그의 *특성*과 *심정*으로 나타나야 한다. 다시 말해 보편성과 개별성을 이상적으로 통일하기 위해 우리가 요구하는 것은 사유의 매개나 분리가 아니라 *직접성*(무매개성, Unmittelbarkeit)의 형식이며, 또 거기에서 우리가 요구하는 독자성은 직접적인 독자성이다. 그러나 이는 우연성과 결합된다. 왜냐하면 만약 인간의 삶에서 보편적이고 결정적인 요소들이 개인의 독자성 속에 직접적으로 *오직 주관적인 감정, 심정, 기질*로서만 주어지고 다른 형태를 띠지 못하면, 그 때문에 우연한 의지와 그것의 실행에 내맡겨지기 때문이다. 그런 경우 남는 것은 오직 개인들의 특수한 성격이나 감정 양태일 뿐이다. 그러한 독자성은 자신을 관철할 어떤 힘이나 필연성도 갖지 못하며, 보편적이고 자유로운 방식으로 자기를 새롭게 실현하는 대신에 자기에게만 관계하는 주체로 하여금 자기의 감정이나 성향, 힘, 용기, 간계, 수완 따위에 좌우되어 결단하고 이행하거나 자의적으로 중단하게끔 작용할 뿐이다. 그러한 우연성들은 바로 우리가 요구하는 이상(理想)의 기반이 되며, 이상이 총괄적으로 현상하는 방식인 세계상태의 특성을 이룬다.

β) 그런 현실성인 상태가 지닌 특정한 모습을 좀 더 명확히 드러내기 위해서 대립되는 실존 방식을 고찰해 보기로 하자.

αα) 그것은 윤리적인 개념, 정의 그리고 그 합리적인 자유가 이미

법적인 질서의 형태로 이행되고 준수되는 곳에 주어져 있다. 또 그것은 외적인 것에서도 심정과 성격이 지닌 개성과 주관성에 좌우되지 않고 스스로 변함없는 필연성으로 존재한다. 이런 경우는 국가(Staat)의 삶이라는 개념에 맞게 현상하는 국가의 삶에서 볼 수 있다. 개인들은 비록 사회의 어떤 단체에 속해 매번 함께 회동하거나 가부장제 식으로 결속되어 있더라도 이를 국가라고 부를 수는 없기 때문이다. 진정한 국가에서는 법, 관습, 권리가 보편적이고 합리적인 자유의 규정들을 띠고 있을 때, 그것들은 이 보편성과 추상성 안에서 가치를 띠며 더 이상 우연한 편향적 특성에 구속되지 않는다. 규정과 법은 보편성을 지닌 모습으로 의식된다. 또 그것들은 외적으로 실제로 자기 질서에 맞는 길을 가면서 만약에 개인들이 자의(恣意)적으로 법을 위반하면서 맞서면 이에 대항해 보편성으로서 공권력과 위력을 발휘한다.[24]

ββ) 그와 같은 상태를 이루려면 그 전제로 입법성을 띤 오성의 보편성은 직접적인 생동성과 구분되어야 한다. 우리가 생동성에 대해서 이해하기를 실체적이고 본질적인 모든 윤리와 정의가 오직 *개인들* 안에서 감정, 사상, 신념으로서 현실성을 획득하고 오직 그들에게 좌우되는 통일성으로 볼 때 그렇다. 발전된 국가에서는 공권력이 권리, 정의, 종교, 학문을 유지하고 육성하기 위해 배려하고 이를 관리하고 시행한다.

γγ) 그러므로 개개인들은 국가 안에서 이런 질서의 확립에 참여하고 스스로 거기에 종속됨으로써 그들의 위치를 확보한다. 그 이유는 개인이 스스로 지닌 성격과 성향 때문에 윤리적인 힘을 지닌 존재가 되지 못하는 까닭이다. 그 반대로 진정한 국가에서 볼 수 있듯이 개인이 느끼는

---

[24] 국가와 법에 대한 헤겔의 사상은 그의 《법철학 강요(Grundlinien der Philosophie des Rechts)》(1821년)에서 더 포괄적이고 상세하게 다루어진다.

방식, 주관적인 견해, 감성 전체는 법에 의해 규제되며 법과 조화를 이루어야 한다. 이처럼 권리, 법, 제도 따위는 위력과 효력을 지니고 구속력을 갖고 있으므로, 주관적인 자의와 아무 상관없는 국가의 객관적인 이성 활동에 참여하는 일은 한편으로 보면 단순한 복종이 될 수 있다. 그러나 이는 다른 한편으로 보면 현실로 드러나는 이성(理性) 활동의 자유로운 인식과 통찰에서 나온 것이다. 그때 그 국가에 예속된 주체는 객관 속에서 자기를 다시 발견하게 된다. 그러나 이 경우에도 개개인은 국가에 대해 부차적인 존재로 머물며, 국가라는 현실 밖에서는 독자적으로 아무런 실체성을 획득하지 못한다. 왜냐하면 실체성(實體性, Substantialität)이란 단지 개인의 이런저런 특별한 소유물이 아니라, 자신을 위해서 모든 방면으로 세세한 부분에 이르기까지 보편적이고 필연적인 방식으로 분명하게 나타나기 때문이다. 그러므로 개인들이 전체의 이익과 발전을 위해 올바르고, 윤리적이며 합법적인 행위들 가운데 어떤 것을 이행하더라도, 그들이 의도하고 실행하는 것은 전체적인 것에 비하면, 그들 자신처럼 늘 무의미한 한 가지 예(例)에 불과하다. 왜냐하면 그들의 행위는 늘 개별적인 경우가 개별적으로 실행된 것일 뿐, 그 실행으로 인해 법이 된다는 보편적인 의미로 실행된 것이 아니기 때문이다. 또 개인들이 법과 정의가 효력을 띠기를 원하든 원하지 않든 개인으로서의 개인은 전혀 중요하지 않다. 법과 정의는 개인들이 원하지 않든 즉자대자적으로(an und für sich) 효력을 지닌다. 물론 보편적이고 공적인 것은 모든 개인들이 그것에 맞춰서 행동해주기를 바란다. 그러나 개개인들은 이런 저런 법이나 윤리와 조화를 이룰 때 그것들이 가치를 띤다는 점에서 관심들을 갖지는 않는다. 그런 법과 윤리는 개별적인 규정이 필요없이 그것이 침해당할 때 형벌을 가함으로써 효력을 발휘하는 것이다.

발전된 국가에서는 개인이 전체에 대해 오직 특정하고 한정적으로만 참여할 수 있다는 데서 개인이 갖는 종속적인 위치가 명확해진다. 다시 말해 진정한 국가에서는 보편적인 것을 위한 노동이 시민사회의 상공업 활동처럼 다양한 양상으로 분할된다. 즉 국가 전체는 한 개인의 구체적인 행위에 의해 그 모습이 드러나거나 개인의 자의, 힘, 기분, 용기, 위력, 통찰에 의존하는 것이 아니다. 국가적인 삶에서는 오히려 무수히 활동하는 사람들에게 무수한 활동이 각기 할당되어야 한다. 예를 들어 어느 범죄행위에 대한 처벌은 더 이상 어느 개인적인 영웅주의나 미덕(美德)의 소관이 아니라 무수한 계기들 — 즉 범죄행위에 대한 조사, 판단, 판결, 법에의 호소, 실행 따위 — 로 세분된다. 그리고 이 주요한 계기들은 각각 또 다시 특수한 차이들을 갖고 있으므로, 개개인은 그 중 어느 한 측면만을 실행할 수 있다. 따라서 법을 집행하는 일도 어느 한 개인의 손에 놓여 있는 것이 아니라 확립된 기존질서가 다양한 측면에서 상호 작용하면서 이루어진다. 게다가 개인들의 행위의 지침이 되는 일반적인 관점이 있고, 또 상부 관청에서는 개인들이 규정을 이행하는지의 여부를 판단하고 통제한다.

γ) 이런 모든 점을 비추어 볼 때, 법적인 질서가 잡힌 국가에서 공권력은 개별적인 형태를 지니지 않고 보편성 속에서 지배하므로 그 안에서 개개인의 삶은 지양되며, 부차적이고 별로 중요하지 않은 것으로 드러난다. 즉 그러한 상태에서는 우리가 바라는 독자성을 발견할 수 없다. 그러므로 개별성이 자유로이 형태화되기 위해서는 그 반대의 상태 — 즉 윤리적인 것이 개인에게서만 효력을 지니고, 개인들은 그들의 탁월하고 위대한 특별한 의지와 성격 덕분에 자기들의 현실에서 스스로 최고의 위치에 서게 되는 상태 — 가 요구된다. 그런 경우 정의가 되는 것은 그들의 결단이다. 비록 그들이 절대적으로 윤리적인

것을 그들의 행위로 침해하더라도 이에 대해 해명을 요구하거나 처벌할 공권력은 없다. 다만 내적인 필연성이 갖고 있는 권리가 있을 뿐인데, 이 필연성은 특성이나 외적인 우연성, 상황 따위로 개별화되고 그런 형태로 현실화된다. 바로 여기에서 *처벌*과 *복수(復讐, Rache)*는 구별된다. 법적인 처벌은 보편적으로 확립된 법이 범죄에 대해 효력을 갖는 것이다. 이를 실행하는 것은 일반적인 규범에 따른 법정과 법관들인데, 이들도 사람으로서는 우연한 존재들이지만 권력기구로 구성되어 있다. 복수도 역시 그 자체로는 공정할지 모르나, 개인이 자기 마음에서 우러난 정의심에 따라 불의를 행한 자에게 복수하려는 *주관성*에 근거한다. 예를 들면 오레스테스의 복수[25]가 있다. 그가 복수를 한 것

---

25) 오레스테스(Orestes)는 그리스 신화에 나오는 인물이다. 그리스 영웅 아가멤논(Agamemnon)과 클리템네스트라 사이에서 난 아들이며 그의 누이로는 엘렉트라, 이피게니아, 크리소테미스가 있다. 아가멤논이 그의 아내 클리템네스트라와 그녀의 정부 에기스투스에 의해 암살된 후 엘렉트라는 자기의 남동생 오레스테스를 아가멤논의 매형에게 데려가 그곳에서 자라게 한다. 8년 후에 오레스테스는 아폴로 신의 명령을 받아 미케네로 돌아와 아버지의 복수를 하고 아버지가 지녔던 권력을 이어받는다. 오레스테스에 관한 고대 그리스의 희곡으로는 아이스킬로스가 쓴 《오레스티》(고대 그리스 희곡으로는 유일하게 온전히 남아 있는 3부작)와 소포클레스가 쓴 《엘렉트라》, 에우리피데스가 쓴 《엘렉트라》, 《오레스티》, 《타우리스의 이피게니아》가 있다. 중세 기독교에서는 모친에 대한 복수의 정당성을 배제하였기 때문에 이 신화의 소재는 16세기에 와서야 되살아났는데 소재의 내용도 모친에 대한 복수보다는 그녀의 정부 에기스투스에 대한 복수 쪽으로 기울어졌다. 아가멤논에 대해서는 뒤에서도 언급되지만 여기서 미리 소개하자면, 그는 그리스 미케네의 왕이다. 그의 아내 클리템네스트라는 원래 아가멤논의 사촌인 탄탈로스와 결혼하여 아들까지 낳았으나 아가멤논은 그와 그의 아들을 죽이고 클리템네스트라를 그의 아내로 취했었다. 후에 아가멤논의 동생의 아내인 절세의 미인 헬레나가 트로이의 왕자 파리스에 의해 납치되자 그는 그리스 군대의 선두가 되어 트로이 성

은 정당했지만, 그의 복수는 공식적인 법과 판결에 따라 이행된 것이 아니라 그의 도덕심에 들어 있는 정의감에 따라 행해진 것이었다.

그러므로 예술적인 표현을 위해 요구되는 '상황'에서도 윤리적이고 정의로운 것은 전적으로 개인들에 좌우되며, 오직 그들 안에서 그들을 통해 생동성과 현실성을 획득한다는 의미에서 개별적인 형태를 지녀야 한다. 이를 좀 더 설명하면 다음과 같다. 즉 질서가 잡힌 국가에서 인간의 외적인 현존성은 안전하고 그의 재산은 보호받으며, 개인이 갖는 주관적인 생각이나 통찰은 오직 개인 자신을 위한 것으로 국한된다. 그러나 아직 국가를 형성하지 못한 상태에서는 개인들은 오직 그들 개인의 힘과 용기로서만 자기들의 생명과 재산을 보존할 수 있으며 보호하려고 고심해야 한다. 그런 상태를 우리는 흔히 영웅시대(Heroenzeit)라고 부른다. 물론 발전된 국가의 삶과 영웅시대의 삶 가운데 어느 쪽이 더 나은가에 대해서는 여기서 논할 수 없다. 우리는 여기서 오직 예술의 이상(理想)에 대해서만 다루고 있다. 우리가 앞서 설명한 보편성과 개성을 구분하는 방식은 정신이 다른 현실 속

을 향해 진격한다. 이것이 그리스 신화에서 유명한 '트로이 전쟁'의 유래이다. 후에 그는 고국에 돌아오지만, 그의 아내와 그녀의 정부이자 아가멤논 자신이 전에 죽인 탄탈로스의 동생 에기스투스에 의해 살해당한다. 이 신화를 자세히 살펴보면—그리스의 다른 신화들에서도 종종 그렇지만—법이 지배하기 이전의 시대, 즉 법에 대한 의식이 아주 희박했던 시대의 혈연관계나 간통에 대한 개개인의 도덕적인 반응을 엿볼 수 있다. 즉 신화 속에서 아가멤논의 행위는 그가 아폴로 신의 보호를 받고 있다는 점에서 정당화되지만, 엄격히 보면 애초에 그가 이미 유부녀인 클리템네스트라를 빼앗은 것 자체가 현대의 시각에서 보면 비도덕적이다. 그리고 아가멤논 자신도 후에 똑같은 방법으로 살해당한다. 그러나 그리스 신화에서는 이런 도덕성 자체가 별로 문제가 되지 않았다. 헤겔도 여기에서 이 점을 지적하고 있다.

남편 아가멤논을 살해하기 직전에 주저하는 왕비 클리템네스트라. 게렝(Guérin, 1774~1833) 作

에 존재할 때는 꼭 필요하지만, 아직 *예술*에서는 그런 방식으로 나타날 필요가 없다. 왜냐하면 예술과 예술의 이상은 보편성이 형태화되어 우리 눈에 보이고 그 형태화된 특수성 속에서 생동성과 보편성이 직접 통일을 이룰 때 바로 보편적이 되기 때문이다.

αα) 이른바 (고대 그리스의) 영웅시대에 이런 일이 일어났다. 이 시대 그리스인들 행위의 근본이 된 것은 그리스적인 의미의 '미덕(美德, aretê)'[26]이었다. 여기서 우리는 고대 그리스인들의 '미덕(aretê)'과 고대 로마인들의 '*미덕(virtus)*'의 차이를 짚고 넘어가야 한다. 로마인들

은 그들의 도시를 세웠고 법제도를 갖고 있었으며, 보편적인 목적인 국가를 위해 개인의 특성은 포기되었다. 그들에게는 오직 추상적으로 로마인이 되는 것, 즉 개인이 활기찬 주관성을 갖고 있으면서도 조국 로마제국의 위엄과 권력을 생각하는 것만이 참된 미덕이었다. 그에 반해 그리스 영웅들은 개인들로서 자기의 의지와 독자성에 따라 모든 행동을 했고, 그들이 이행한 정의와 윤리는 그들 개인의 신념에서 나온 것이었다. 고대 그리스인에게는 그들의 실체성, 성향, 충동, 의지 같은 개성이 갖는 직접적인 통일성이 미덕이었다. 그러므로 거개인은 어떤 법의 판결이나 법적인 심판에 구애받지 않고 그들 스스로가 법이 되었다. 예를 들면 법이 있기 이전의 시대에 등장한 그리스 영웅들은 스스로 국가를 건설하고 스스로 권리와 질서, 법, 윤리를 만들어내고 실현했다. 영웅 헤라클레스[27]도 이런 식으로 고대인들의 칭송을 얻었고, 원초적이면서도 이상적인 미덕을 지닌 영웅으로 숭배되었다. 그는 자유롭고 독자적인 미덕 속에서 자기의 개성적인 의지에 따라 불의에 대항하고 흉악한 인간이나 자연의 괴물들과 싸웠다. 그의 미덕은 오직 그 자신에게 속했던 것이지 그가 살던 당시의 일반적인 상황은 아니었다.

---

26) 미덕은 독일어로는 'die Tugend'이다.
27) 헤라클레스(Herakles)는 고대 그리스의 영웅들 가운데 가장 잘 알려진 인물로서, 제우스 신과 알키메네의 사이에서 태어난 아들이라고 한다. 헤라클레스라는 이름은 원래 '헤라 여신의 영광'이라는 뜻이라고 하는데, 물론 이 이름은 헤라 여신이 남편 제우스 신과 알키메네 사이의 관계를 질투했던 것을 고려하면 모순되어 보인다. 이 영웅에 대해 다룬 고대 작품으로는 그리스의 작가 에우리피데스의 비극 《헤라클레스》가 있는데, 이 작품은 주로 그의 광기를 주제로 한다. 헤라클레스라는 일반적으로 용기, 강건함, 인내, 착함, 약자에 대한 연민, 고귀한 심성을 지니고 있고 모험을 즐기면서도 급격히 분노에 사로잡히는가 하면 쾌락을 즐기기도 한다는 약점을 지닌 인간으로 등장한다.

〈사자와 싸우는 헤라클레스〉(BC 500~475년), 파리 루브르박물관 소장

그때의 헤라클레스는, 그가 테스피오스의 딸 오십 명과 더불어 하룻밤씩 관계를 맺어 그들을 임신시켰다는 이야기가 말해 주듯이 도덕적인 영웅의 모습을 띠고 있지도 않고, 또 아기아스의 마구간에서 일어난 일화를 상기해 보면 결코 고상한 인물도 아니다. 일반적으로 헤라클레스는 독자적인 힘과 세력을 지닌 완전한 인간으로 법과 정의 자체로 등장하며, 그는 그런 정의를 이행하기 위하여 스스로의 의지에 따라 무수한 투쟁을 선택한다. 물론 그의 행위 가운데 일부는 에우리스테우스[28]에게 봉사하는 동안 그의 명령에 따라 행해진 것이지만, 이 예속관계는 아주 추상적인 관계일 뿐 헤라클레스 자신의 독자적인 행동력을 빼앗아 갈 만큼 법적으로 확고하게 예속된 관계는 아니다.

---

28) 에우리스테우스(Eurystheus)는 미케네와 티린스를 포함하는 아르골리스를 다스리던 왕이었다.

헤라클레스와 아홉 개의 머리를 가진 괴물 히드라

호메로스의 서사시에 등장하는 영웅들은 모두 그와 비슷한 모습을 띠고 있다. 그들은 물론 어느 왕에게 봉사하지만, 그들의 예속관계는 처음부터 법적으로 확고하게 정해진 것이 아니다. 그들은 예를 들어 자발적으로 왕 아가멤논(Agamemnon)을 추종할 뿐이다. 물론 아가멤논은 오늘날 우리가 이해할 수 있는 그런 군주는 아니다. 영웅들마다 그 왕에게 충고를 하기도 하며, 아킬레우스는 화를 내고서 혼자 그를 떠나버리기도 한다.

대체로 각각의 영웅들은 마음 내키는 대로 왔다가 가고 싸우다가 휴식을 취하기도 한다. 고대 아라비아의 서사시에 나오는 영웅들도 역시 어떤 확고한 질서에 예속되거나 질서의 한 부분이 되는 일이 없이 제 각각의 독자성을 띠고 등장한다.

페르도우시29)의 서사시 《샤나메(Schah-nameh)》도 우리에게 그와 비슷한 영웅들의 모습을 전해 준다.

기독교가 지배한 서유럽에서 봉건제도와 기사도는 자유로운 영웅주의와 독자적으로 존재하는 개성 있는 인물들을 배출해냈다. 이런 영웅들 가운데는 원탁의 기사들(die Helden der Tafelrunde)[30]과 카를 대제(大帝, Karl der Große)[31]의 주위에 모였던 영웅들을 들 수 있다. 카를 대제도 아가멤논처럼 자유로운 영웅들에 둘러싸여 있었지만, 그와 그의 영웅들의 결속도 역시 강제적인 것은 아니었다. 그는 늘 신하들의 충고를 듣기도 하고 그 자신이 마치 올림포스 산 위에 군림하는 제우스 신처럼 호령도 하지만, 결국 자기 신하들이 각자의 열정을 쫓아 행동하면서 그를 난관에 빠뜨리기도 하고 독자적으로 모험 여행을 떠나기도 하는 것을 방관할 수밖에 없었다.

영웅 엘시드(El Cid)[32]도 이런 관계를 보여주는 또 하나의 완벽한

---

29) Firdusi 또는 Ferdausi, Abol Ghasem Namsur. 서기 약 940~1020년 무렵에 살았던 페르시아의 시인. 그는 페르시아의 국민 서사시 《王의 書(Schah~nameh)》를 지어 페르시아에 새로운 시예술의 기원을 열었다. 이 서사시에서 그는 고대 페르시아의 신화시대부터 651년 아랍인들에 의해 멸망할 때까지의 역사를 노래했다.
30) 영국 아서(Arthur)왕의 전설에 나오는 12명의 기사들. 서로의 우열을 가리지 않기 위해 원탁에 둘러앉아 회의를 했다고 한다.
31) 카를 대제(大帝, Karl der Große, 프랑스어로는 샤를마뉴, Charlemagne, 742년경~814년)는 프랑크 왕국의 왕이었다. 당시 유럽에서 강력한 군주로 등장한 그는 로마 교황에 의해 처음으로 대제(Kaiser)라는 칭호를 받았는데, 그의 주변에는 많은 기사(騎士)들이 있어 후에 프랑스 기사 문학의 소재가 되었다. 그 대표적인 작품으로 1075~1100년 사이에 씌어진 영웅서사시 《롤랑의 노래(Rolandslied, 프랑스어: Chanson de Roland)》가 있다.
32) 엘시드(El Cid)의 본명은 로드리고 디아르 데 비바르(Rodrigo Diaz de Vivar, 1043~1099)로, 기사이자 에스파냐의 국민적인 영웅이며 정복자였다. 그는 카스틸리아 지방에서 한 귀족의 아들로 태어나 한때 산초스 2세의 휘하에 있었으나 1072년에 그가 살해되자 그 뒤를 이은 알퐁스 6세와 적대관계에 있었음

예이다. 그는 어느 왕과 동맹관계를 맺어 그에게 예속되어 있었고 그의 신하가 되어 의무를 이행해야 했다. 그러나 이런 동맹관계에도 불구하고 그에게는 자신이 신하의 처지에 있다는 사실과 대립되는 지배자적인 충동에서 나오는 경예심이 있었다. 그리하여 이 카스틸리아 출신의 영웅은 순수한 명예, 고결함, 명성을 위해 싸운다. 그러므로 여기서도 왕은 자기 신하들의 충고나 동의에 따라서만 전쟁을 수행하도록 결정을 내릴 수 있다. 만약 신하들이 전쟁을 원하지 않을 경우, 그들은 서로 다투거나 다른 사람들의 의견에 굴복하는 대신에 대개 각자 독자적으로 행동할 의지를 보이면서 따로 행동할 뿐이다. 이 유럽의 영웅들보다 유연성이 떨어지는 사라센의 영웅들도 역시 찬란한 독자성의 모습을 우리에게 보여준다. 작품 〈라이네케 푹스〉33)를 보아도 우리는 위와 비슷한 상황을 새삼 느끼게 된다. 이 우화에서 사자는 지배자요 왕이지만 그의 곁에는 늑대와 곰이 자문역으로 앉아 있다. 하지만 여우 라이네케나 다른 동물들도 원한다면 왕에게 자문 역할을 할 수 있다. 한번은 동물들에서 탄원이 들어오자 교활한 여우 라이네케는 간계를 써서 감언이설로 사자왕과 왕비의 특별한 관심을 끌고 마음대로 자기 주인들을 꾀어 이용함으로써 결국 자신의 목적을 달성한다.

에도 불구하고 그의 휘하로 들어갔다. 그러나 이 동맹관계는 1081년에 와해되고 엘시드는 8세기 이래 에스파냐를 지배했던 아랍민족인 모어족의 왕 짜라고자의 편에 서서 기독교인들에 대항해 싸웠으며 이때 엘시드, 즉 정복자라는 명성을 얻었다. 그 후 그는 1094년에 발렌치아 지방을 정복했다. 그의 인물됨은 후세에 역사가들에 의해 매우 서로 엇갈리게 평가되었다. 헤겔은 여기서 엘시드의 그런 엇갈리고 모순되는 행위를 시사하고 있다.

33) 1794년 괴테는 13세기부터 전해오던 동물우화를 각색하여 《여우 라이네케 (Reineke Fuchs)》라는 제목으로 출간하였는데, 헤겔은 이를 언급하고 있다.

ββ) 그러나 영웅적인 상태에서 주체인 개인은 직접 자신의 의지에 따라 활동하고 목적을 수행하듯이, 이런 자신의 활동에서 나오는 어떤 결과에 대해서도 모든 책임을 떠맡는다. 그러나 우리는 어떤 행위를 하거나 행위에 대한 판단을 내릴 때, 또는 한 개인에게 그 행위에 대한 책임을 씌우기 위해서는 그 개인이 자기가 한 행위와 그때의 정황에 대해 알고 이를 시인할 것을 요구한다. 오늘날에는, 만약 어느 행위의 객관성이 본래 그 행위를 한 사람이 의식했던 것과는 다른 결과로 드러나거나 실제의 상황이 다른 것이었음이 드러날 경우, 그 사람은 자기 행위에 대해 전적으로 책임을 지려 하지는 않는다. 그는 자신이 몰랐거나 상황을 잘못 인식하여 본래 의도했던 것과는 달리 행동했을 때는 그에 대해 책임지기를 거부하며, 자기가 알고서 의도적으로 행동한 부분에 대해서만 책임을 진다. 그러나 영웅적인 성격을 띤 사람은 이런 구분을 하지 않는다. 그는 자기의 행위 전체에 대해서 책임을 지는 개성을 갖고 있다. 그 한 예로 그리스 신화에 나오는 영웅 오이디푸스(Oedipus)는 신탁을 찾아 유랑하는 동안에 한 남자를 만나 그와 다투다가 결국 그를 살해한다. 이 싸움이 일어났던 당시의 그의 살해행위는 사실 아무런 범죄가 되지 않는다. 왜냐하면 그 남자가 먼저 오이디푸스에게 폭력을 가했기 때문이다. 그러나 그 남자는 다름 아닌 오이디푸스의 생부였다. 그 후 오이디푸스는 어느 왕비와 결혼하는데 그녀는 바로 그의 생모였다. 그는 자신도 모르는 사이에 근친상간의 죄를 범하고만 것이다. 그러나 오이디푸스는 이 모든 파렴치한 행위의 범죄성을 스스로 인정하며, 부친을 살해하고 어머니와 잠자리를 같이 한 것은 자신이 전혀 사전에 알거나 의도한 것이 아니었음에도 불구하고 자신을 부친살해자이자 근친상간자로 인정하고 스스로 자신에게 형벌을 가한다. 영웅적인 성격이 갖는 독자적인 강

신탁을 찾아서 유랑하던 중 스핑크스를 만난 오이디푸스. 주로 신화적이고 관능적인 작품을 즐겨 그렸던 유명한 프랑스 상징주의 화가 구스타프 모로(Gustav Moreau)가 1865년에 그린 작품이다

건함과 총체성은 다른 누구와 죄를 나누고자 하지도 않고, 주관적인 의도와 객관적인 활동, 그리고 그 결과 사이에 있는 대립 상황에 대해서 아무것도 알려고 하지 않는다. 그에 반해 오늘날에 사람들이 하는 행위들은 복잡하게 얽혀 있고 세분화되어 있어서 개개인은 자기 행위를 소급해서 다른 사람들의 행위와 연관시키려고 한다. 또 그들은 가

능하면 스스로 죄에 대한 책임을 지려고 하지 않는다. 이런 점에서 보면 오늘날 우리들의 갖고 있는 관점은 더 도덕적이다. 왜냐하면 그러한 도덕적인 관점에서 책임의 주요 요인이 되는 것은 과연 개인이 자기 행위의 정황에 대해 알고 있었는가, 선(善)에 대한 확신이 있었는가, 또는 행동하려는 의도를 내면에 가지고 있었는가 하는 점들이기 때문이다. 그러나 영웅시대에 개인의 본질은 하나의 온전한 통일체로서 그가 객관적으로 행하는 행위는 모두 자신의 소산이다.

즉 그는 무슨 일을 하든지 그것은 전적으로 그가 혼자서 한 일일 뿐이다. 따라서 그는 자기가 한 일에 대해 전적으로 혼자서 책임을 지려고 한다.

마찬가지로 영웅적인 개인은 자신이 속해 있는 모든 윤리적인 정황과 자신을 구분하지 않으며, 자신을 이 모든 것과 오직 실질적으로 통일되어 있는 존재로만 의식한다. 그에 반해서 오늘날의 우리들은 우리의 관점대로 우리 자신을 그러한 전체성의 목적과는 구분 지으면서 개인의 목적이나 상황에만 관련된 인격체(人格體, Personen)로 본다. 이때 개인이 무슨 일을 하면 그는 인격체인 자신을 위해서 하며 오직 자기 행위만을 책임지지, 자신이 속해 있는 실체적(substantiell)인 전체에 대해서는 책임지지 않는다. 예를 들어 우리는 개인과 가족을 구분하지만 영웅시대의 사람들은 그런 구분을 알지 못했다. 즉 그들에게는 조상이 지은 죄가 자손에게까지 이어지며, 최초에 저질러진 범죄에 대해 후세의 가문 전체가 책임을 져야 한다. 처음에 저질러진 범죄에 따르는 운명은 대대로 이어진다. 오늘날 우리가 볼 때는 이처럼 무분별하게 맹목적으로 운명의 저주를 받는 것이 부당하게 여겨질지 모른다. 우리에게는 조상의 행위 덕택에 그 자손이 더 고귀해지지 않듯이, 마찬가지로 조상이 지은 죄와 그들이 받은 형벌 때문에 자손의 명예가 더 더럽혀지거나 자손 개개인의 성격에 오점이 가해지는 일은 없다. 오늘날의 관점에서 보면 가족의 재산을 압류하는 일도 사실 개인의 자유라는 원칙을 침해하는 것으로 간주된다. 그러나 고대의 개인들은 구체적인 총체성 속에(in der alten plastischen Totalität) 존재하며, 개인은 개인으로 구분되지 않고 그의 가문과 종족의 일원으로 간주된다. 따라서 한 가문의 성격과 행위, 운명은 그 가문의 모든 개개인에게도 속하는 것이며, 그는 그의 부모의 행위나 운명을 거부하기는커녕 오히려 이를 기꺼이 자신의 것으로 받아들인다. 그와 같은 유산은 개개인 속에 살아남으며, 그의 조상들의 모습과 그들이 겪고 저지른 일들이 대대로 이어져서 그 자신의 것이 된다. 이는 오늘날의 우리에게 가혹하게 보일지 모른다. 그러나 오늘날처럼 오직 자신에 대해서만 책임짐으로써 얻는 주관적인 독자성이라는 것은 다른 측면에서 보면 개인의 추상적인 독자성에 불과하다. 그에 반해서 영웅적인 개인은 그보다 이상적이었다. 왜냐하면 그는 자기 속에 있는 형식적인 자유와 무한성에 만족하지 않고, 이를 생생하게 현실화하는 모든 실질적인 정신의 상태와 동일한 관계에 머물기 때문이다. 그런 개성 속에 들어 있는 실체성이 바로 개성이며, 개인은 이 개성을 통해 자기 안에서 실체적으로 된다.

γγ) 바로 이런 이유에서 이상적인 예술형상들은 일반적으로 그것들이 가장 적합하게 표현되었던 시대인 고대신화(神話) 시대나 더 오래된 과거의 시대로 거슬러 올라가 그 시대의 인물들에서 창조된다. 다시 말해 현재의 모습에서 예술의 소재를 취할 경우에 만일 그 소재의 형태가 이미 표상 속에 고정되어 있으면, 시인이 아무리 그 소재에 변화를 가하더라도 그 형상은 다만 의도적으로 만들어진 것처럼 보일 뿐이다. 그에 반해서 과거의 것은 오직 우리의 기억 속에만 남아 있

고, 그 기억은 과거 인물들의 성격이나 사건, 행위 따위를 보편성이라는 겉치장으로 완성시켜 간다. 이때 그 보편성에는 외적이고 우연적인 특수한 세부상황들은 드러나지 않는다. 사실 인물의 성격이나 행위에는 사소하고 매개적인 많은 상황과 조건들, 다양하고 개별적으로 일어나는 사건이나 활동하는 것이 첨가된다. 하지만 기억 속에 나타나는 영상에서는 이런 모든 우연성들은 소멸된다. 이처럼 외적인 것의 우연성에서 벗어날 때, 예술가는 과거의 시대에 속하는 행위, 이야기, 등장인물들의 특수하고 개성적인 것들을 자신이 예술적으로 표현해내는 방식으로 쓰려고 더 자유로이 손을 놀릴 수 있다.

물론 예술가는 아마 역사적인 사실들을 기억하고 거기에서 내용을 끌어내 보편적인 형상으로 만들어 내야 한다. 그러나 이미 언급했듯이 과거의 영상은 현재의 영상보다 더 보편성을 띤다는 장점을 갖고 있다. 반면에 유한성을 띤 온갖 환경 조건이나 상황들을 전해주는 다양한 실마리들은 예술작품에 꼭 필요한 개성을 희석시키지 않는 방법과 지지점(支持點)들을 시사한다. 좀 더 자세히 살펴보면 이런 개성이 더 가능했던 고대 영웅시대의 상황은 그 이후 시대의 그와 반대되는 상황보다 더 유리한 점을 갖고 있다. 왜냐하면 영웅시대의 개인의 성격은 실체성이나 윤리, 정의 따위를 아직은 자기의 성격과 대립되는 법적인 필연성으로 느낄 필요가 없기 때문이다. 그런 점에서 개인적인 영웅은 그를 구상화하려는 시인의 눈앞에 직접 이상적인 모습으로 나타난다.

예를 들어 셰익스피어[34]는 아직 질서가 완전히 잡히지 않은 상태

---

34) 윌리엄 셰익스피어(William Shakespeare, 1564~1616)는 영국인들 스스로 그들이 낳은 세계 최고의 극작가이며 시인이라고 부르는 인물이다. 영국의 르네상스 시대로 알려진 여왕 엘리자베스 1세 때 탄생했으며 원래 부유한 집안 출신이었다. 그러나 소년기에 집안이 몰락하기 시작하자 배우가 되어 생활했

셰익스피어

에서 생동감이 개인의 결단과 행위를 규정하던 시대에 대해 말해 주는 옛 연대기나 옛 이야기들에서 그의 비극작품(Tragödien)들의 소재를 많이 취했다. 그에 반해 그의 역사극(historische Dramen)들은 단순히 외적인 역사적인 사건에서 주로 소재를 취하고 있다. 여기서도 물론 등장인물들의 단호한 독자성과 자의성에 의해 상황이 벌어지고 행위가 드러나고 강조되지만, 그래도 그런 역사극들은 이상적인 표현방식과는 거리가 멀다. 왜냐하면 이 경우 등장인물들의 독자성이라는 것은 형식적인 것에만 머물기 때문이다. 반면에 영웅적인 인물들의 독자성에서는 그들이 실현하려고 목적으로 삼는 *내용*이 중요해진다.

이 마지막 관점에서 볼 때, 목가적(牧歌的, *idyllisch*)인 상태에서는 법적이고 필연적인 것과 살동하는 개체 사이에 분규가 일어나지 않으

다. 그러면서 틈틈이 희곡(戱曲)을 써서 좋은 평판을 받았다. 3부작 역사극인 《헨리 6세》(1590~92)를 시작으로 역사극과 운명비극인 《로미오와 줄리엣》, 낭만적인 희극 《한여름밤의 꿈》, 《베니스의 상인》(1597) 등 수많은 작품을 써서 무대에 공연함으로써 불멸의 명예를 쌓았다. 그의 최고 작품으로 꼽히는 것들은 셰익스피어의 4대 비극으로 일컬어지는 《햄릿》(1601), 《오셀로》, 《리어왕》(1605) 그리고 《맥베스》(1606)이다.

므로 그런 상태야말로 이상(理想)을 표현하기에 가장 적합한 무대가 된다고 일반적으로 생각한다면, 이 역시 틀린 것이다. 목가적인 상태가 아무리 소박하고 원천적이며 비속한 문명 속에 있는 정신적인 존재와는 거리가 멀다 해도, 목가적인 소박함이란 다른 측면에서 보면 이상적인 내용을 전달할 만큼 흥미를 끌지는 못한다. 왜냐하면 목가적인 토양에는 영웅적인 성격에 중요 동기가 되는 조국, 윤리, 가문이라든지 그런 것들의 전개 상황이 포함되지 않고 단지 양 한 마리가 길을 잃었다든지, 한 소녀가 사랑에 빠진다든지 하는 것 따위가 내용의 핵심을 이루기 때문이다. 이처럼 목가적인 것은 종종 심정의 도피처가 되거나 쾌활하게 해준다는 점에서만 가치를 띤다. 그런 것에는 종종 달콤함이나 느슨함 같은 것이 부차적으로 따른다. 예를 들어 게스너[35]의 작품에서 그와 같은 것을 볼 수 있다.

우리가 살고 있는 현재에는 이런 목가적인 상태, 즉 사랑을 느끼거나 야외의 좋은 카페에서 아늑함을 느끼는 것 또는 가정적이고 전원적인 소박함 따위는 별로 관심을 끌지 못하는 뭔가 부족한 것으로 보인다. 왜냐하면 시골목사의 전원적인 생활 같은 것은 좀 더 가치 있고 풍부한 목적과 상황을 띤 복잡한 관계들과는 거리가 멀기 때문이다. 이런 점을 고려할 때 우리는 괴테의 천재성을 경탄하지 않을 수 없다. 괴테는 그의 작품 《헤르만과 도로테아(Hermann und Dorothea)》[36]에서 현재의 삶에 좁게 한정된 하나의 특수한 사건을 소재로 다루면서도 동시에 혁명과 조국이라는 위대한 관심사를 그 소재의 배경적인 상황으로 펼침으로써 한정된 소재를 폭넓고 위대한 세계사적인 사건과 연관시키고 있다.

---

35) 게스너(Salomon Geßner, 1730~1788). 스위스의 시인이자 화가.
36) 이는 1776~1777년 사이에 쓰인 목가적인 서사시로서 라인강 우측 강변의 어느 마을에 사는 프랑스 이주민에 대한 이야기를 주제로 한 것이다.

괴테의 작품 《헤르만과 도로테아》의 삽화. 다니엘 코도비키(D. Chodowiecki)의 동판화

그러나 일반적으로 재앙, 악(惡), 전쟁, 혈투, 복수(復讐) 등은 이상 (理想)으로부터 배제되지 않는다. 신화시대의 영웅을 둘러싼 내용과 그것이 펼쳐지는 무대는 그 시대가 법적이고 윤리적인 질서의 상태와 거리가 멀수록 더 단호하고 격렬한 모습으로 나타난다. 예를 들어서 악과 불의를 제거하려고 말을 타고 나서는 기사들의 모험담을 보면, 영웅들 자신은 종종 거칠고 무절제한 상태에 빠져들기도 한다. 또 기독교의 순교자들이 보이는 종교적 영웅주의에서도 그와 비슷한 거칠고 잔인한 상태가 전제된다. 그러나 전체적으로 보면 심오한 내면에 근거하는 기독교적인 이상은 외적인 상황과는 별로 관계가 없다.

어느 특정한 과거의 시대가 좀 더 이상적인 세계 상태에 특히 알맞듯이, 그런 이상적인 상태에 등장하는 인물들도 주로 특정한 신분, 즉 군주(君主)들의 신분에서 선택된다. 이는 귀족주의나 고귀함에 대한 애착 때문이 아니라 군주주의(君主主義)라는 것은 개인이 자기 의지대로 완전히 자유롭게 행동할 수 있다는 생각을 가능하게 하기 때문이다. 예를 들면 고대 비극에는 개성을 갖지 않고 일반적인 생각이나 상상 또는 느낌을 드러내는 역할을 하는 합창단이 있다. 그리고 이와 구분되는 인물, 즉 어느 민족의 지배자나 왕가의 인물로서 행동하는 개성 있는 성격을 지닌 인물들이 무대에 나타난다. 그 영웅들과는 반대로 예속된 신분의 인물들이 그들이 속한 한정된 상황 속에서 행동하는 것을 보면 우리는 매번 뭔가 억눌린 느낌을 받는다. 왜냐하면 사실 문명(文明) 상태에서 사람들은 모든 면에 예속되고 제한을 받으며, 그들의 열정이나 관심은 늘 억눌리거나 외적인 궁핍함과 필연성에 빠져들기 때문이다. 그들의 배후에는 그들이 극복할 수 없는 시민사회의 질서가 도사리고 있고, 그들은 이에 대항하지 못한 채 법적인 권한을 가진 그들보다 우월한 타인들의 자의(恣意)에 내맡겨진다. 이런 기존의 상황이 부여하는 한계성 때문에 모든 독자성은 좌절되고 만다. 그러므로 이런 영역에서 이끌어낸 상황과 성격들은 대체로 희극적인 것에 더 적합하다.

즉 희극에서는 개인들이 언뜻 그들이 원하는 대로 자신을 펼쳐 나갈 권리를 갖고 또 그들의 욕구와 생각과 상상대로 독자성을 갖고 행동하는 듯이 보이지만, 이 독자성은 그들이 예속되어 있는 내적, 외적인 것에 의해 곧 다시 소멸되고 만다. 그런 인위적인 독자성은 외적인 상황과 그 상황에 처한 개인의 왜곡된 입장 때문에 무너지고 만다. 낮은 신분의 사람이 처하기 쉬운 이런 상황에서 드러나는 위력은 지배자나 군주들이 처한 상황에서 드러나는 위력과는 아주 다르다. 그러므로 실러의 희곡 《메시나의 신부(新婦)》[37]에서 돈 체자르(Don Cesar)가 "내 위

---

37) 희곡 《메시아의 신부(Braut von Messina)》는 실러의 1803년 작품이다. 제4막 2장에서 주인공은 그의 형을 죽인 뒤에 스스로에게 형벌을 내린다.

에 나보다 높은 어떤 재판단도 군림할 수 없다"라고 외치는 것은 당연하다. 즉 외부의 어떤 권리나 법적인 필연성에 예속되지 않고 오직 자신에게 예속되어 있는 주인공은 자신에게 직접 판결을 내리고 자신을 처벌한다. 셰익스피어의 극에 나오는 인물들은 모두 다 군주의 신분에 속하지는 않으며, 더욱이 그들 중 일부는 신화적인 인물이 아닌 역사적인 인물들이다. 그러나 그들이 등장하는 무대는 시민전쟁이 발발한 시기로 옮겨져 있다. 거기에서 그들은 스스로 질서와 법을 완화시키거나 파괴하기도 하면서 자기들에게 필요한 독자성을 다시 획득한다.

b. 오늘날의 범속한 상태

우리는 지금까지 언급한 모든 것을 살펴보고 또 오늘날[38] 우리들이 처해 있는 세계상태와 그 문명화된 합법적이고 도덕적이고 정치적인 상황들을 살펴보면, 지금의 현실에서 이상적인 형상이 표현될 수 있는 여지는 극히 제한되어 있다. 왜냐하면 개별적인 결정을 내려야 하는 독자성에 남아 있는 자유는 극히 적기 때문이다. 이런 점에서 오늘날에는 성실하고 정직한 가장(家長)적인 남자나 용기 있는 여성이 이상적인 주요 소재가 된다. 왜냐하면 그들의 의지와 행위는 개인이 여전히 주체가 되어 자유로이 활동하는 영역, 즉 개인의 의지에 따라 자기 모습대로 존재하고 자기 할 일을 하는 영역에 한정되기 때문이다. 그러나 이러한 이상에는 오로지 주관적인 신념만 중요한 것으로 작용할 뿐 심원한 내용은 없다. 여기서는 이미 외부에 드러난 고정된 상황에 따라 객관적인 내용이 주어지므로 주된 관심사는 그 내용이 어떻게 개인

---

38) 여기에서 '오늘날'은 헤겔 자신이 살던 당시를 가리킨다.

들의 *내적인 주관성*과 도덕성에 드러나는가 하는데 머물러야 한다. 그에 반해 만약 예를 들어 우리 시대에 기사(騎士)나 군주들을 여전히 이상적인 존재로 내세우려 한다면 이는 부적합할 것이다. 어느 법관이 자기에게 주어진 직위와 의무가 요구하는 대로 처신하고 행동하면 그로써 그는 법규정에 따라 주어진 특정한 의무를 이행할 뿐이다.

그럴 때 국가 관리들의 개성과 동떨어진 부드러운 태도, 예리함 따위는 주요 사안이나 본질적인 내용이 되지 못하고 하찮고 부수적인 것에 그친다. 마찬가지로 우리 시대에 군림하는 군주(君主)들도 신화시대의 영웅들처럼 모든 것 위에 *구체적*으로 군림하지는 못하며, 이미 발달하고 헌법과 법률에 의해 확립된 체제 안에서 얼마간 추상적인 구심점이 되고 있을 뿐이다. 우리 시대의 군주들은 가장 중요한 정치행위를 포기한 셈이다. 즉 그들은 더 이상 직접 심판을 내리지 않으며, 재정과 시민 질서, 안녕을 지키는 일도 더 이상 그들의 고유 업무가 아니다. 또 전쟁이나 평화는 그들 개인의 지도체제나 권한에서 벗어나 일반적인 대외정치 상황에 의해 좌우된다. 매사에 관해 궁극적으로 그들에게 최고의 결정권이 있다 해도, 전체적으로 보면 실제로 결정되는 내용은 군주들의 개별적인 의지에 따르기보다는 이미 독자적으로 결정된 것이다. 거기에서 군주의 주관적인 의지라는 것은 단지 형식적인 것에 지나지 않는다.

마찬가지로 우리 시대의 장군들도 혹시 큰 권한을 쥐고 있고 중요한 목적이나 관심사가 그들의 손 안에 놓여 있으며 그들의 통찰력, 용기, 결단력, 정신은 중대한 일에 대처하는데 적합할지도 모른다. 그럼에도 불구하고 어느 장군이 실제로 그의 고유한 개성에 따라서 결단을 내리는 일은 그 범위가 극히 한정되어 있다. 왜냐하면 한편으로 그에게 주어진 목적들은 그의 개성보다는 그의 권한 밖에 있는 외적인 상황에 근거하고 있으며, 다른 한편으로 그는 또 이런 목적들을 이행할 수단을 스스로 마련하지 않고 반대로 외부로부터 그에게 주어지기 때문이다. 그런 목적들은 그에게 종속되어 있지도 않고 그 개인의 명령에 따르는 것이 아니며, 이 군인의 개성 속에 들어 있지 않고 전혀 다른 상황 속에 놓여 있기 때문이다.

그렇게 우리가 처한 오늘날의 세계상황에서는 일반적으로 주체가 이런저런 측면에 따라 스스로 행동을 하더라도, 개개인들이 어떻게 몸을 움직이든 그들은 이미 기존의 사회질서 속에 예속된다. 그들은 그 사회에서 독자적이고 촌체적이고 개성적으로 생동하는 인간이 아니라 단지 그 사회의 일원으로 모습을 드러낼 뿐이다. 그러므로 개인은 그 사회에 매여 행동할 따름이고, 그런 개인에게 주어지는 관심은 그가 갖고 있는 목적과 활동 내용처럼 끊임없이 부분적인 것에 지나지 않는다.

왜냐하면 결국 보이는 것은 이 개인에게 어떤 일이 일어났으며, 과연 그가 자기 목적을 제대로 달성했는지, 어떤 장애들이 있었는지, 혹은 어떤 우연적이고 필견적인 일들이 뒤얽혀 결과를 초래했거나 결과에 어떤 지장을 주었는가 따위에 국한되기 때문이다. 그래서 현대의 개인은 심정이나 성격, 활동, 열정, 권리, 법, 윤리성 따위에서 스스로 무한한 주체로 생각될지 몰라도, 그 개인이 지니는 정당성은 그 자신처럼 한정되어 있다. 그것은 본래의 영웅적인 상태에서 볼 수 있는 권리, 윤리성, 합법성과는 다르다. 오늘날의 개인은 영웅주의에서 보이는 그런 권한들을 보유한 존재도 아니고 그것들을 온전하게 실현할 수 있는 존재도 아니다.

c. 개인적인 독자성의 재건(再建)

그러나 우리는 문명화된 시민정치의 생활상태의 본질과 발전을 아

〈발렌슈타인〉, 안토니스 반 다이크(Anthonis van Dyck)의 작품으로 발렌슈타인이 살해된 지 몇 년 후인 1636~1641년 사이에 그려진 초상화

무리 유익하고 합리적인 것으로 보더라도, 그처럼 실질적이고 개성적인 총체성과 생생한 독자성에 대한 관심과 필요성을 결코 저버릴 수는 없다. 이런 의미에서 우리는 우리가 처한 근대적인 상황 속에 이미 상실된 독자성을 지닌 인물들을 재창조해 내려고 노력한 실러나 괴테 같은 사람들의 젊은 시(詩) 정신을 찬탄하지 않을 수 없다. 그렇다면 과연 실러의 초기 작품들에서 그런 시도는 어떻게 나타나고 있을까? 그 시도는 전체 시민사회에 반기를 드는 것으로 나타난다. 주인공 칼 모어[39]는 기존질서와 권력을 쥐고 이를 남용하는 사람들에서 피해를 입자 그런 법질서에서 벗어나 자신을 구속하는 것을 헤치고 나가려고 한다. 그는 용기를 보임으로써 자신을, 정의를 다시 세우고 불법과 불의, 억압에 대해 독자적으로 복수하려는 새로운 영웅으로 만든다.

그러나 한편으로 그의 이런 개인적인 복수는 필요한 수단을 확보하지 못한 채 하찮고 고립된 시도로 변하고 말며, 다른 한편으로 그런

---

39) 칼 모어(Karl Moor)는 실러의 최초의 희곡인《군도(群盜, Die Räuber)》(1781년 작)에 나오는 주인공의 이름이다.

복수 안에는 파괴하려는 불의(不義)가 담겨져 있어서 필연적으로 범죄성을 띠게 된다. 칼 모어의 편에서 보면 이는 실패로 끝날 수밖에 없는 불행이고 그런 시도는 비극적일지 모른다. 하지만 도둑으로 활동하는 그의 이상(理想)에 유혹받는 사람들은 청소년들뿐일 것이다. 실러의 《간계와 사랑》[40]에서도 개인들은 억압받는 적대적인 상황에서 자신들의 사소한 일과 열정에 의해 이리저리 괴로워하는 인물들로 등장한다. 그러나 그의 후기작품 《피에스코》와 《돈 카를로스》[41]에서 주인공들은 그들 자신보다 더 중요한 내용, 즉 조국해방이나 종교적인 자유를 목적으로 삼음으로써 비로소 더 고귀한 영웅의 모습으로 등장한다. 실러는 또 그의 말기 작품인 《발렌슈타인》[42]에서 주인공으로 하여금 군대의 총수가 되어 정치적인 상황의 조정자가 되게 함으로써 더 고귀한 영웅상을 교사했다. 발렌슈타인은 자신의 정치도구인

---

[40] 《Kabale und Liebe》, 1784년 작이다.
[41] 실러의 작품들. 《Fiesco》는 1783년 작, 《Don Carlos》는 1787년 작.
[42] 이는 1799년에 출판된 희극 《발렌슈타인(Wallenstein)》에 나오는 동명의 주인공을 가리킨다. 알브레히트 폰 발렌슈타인(Albrecht von Wallenstein)은 역사적인 실존인물(1583~1643)이다. 구 보헤미아의 귀족가문 출신인 그는 오스트리아 황제의 군대에 들어가 오스만 족에 대한 원정에 참여하는 등 활발한 전적으로 지위가 올랐다. 1617년 자신의 군대를 동원하여 베니스와의 전쟁에서 페르디난트 황태자를 도와, 후에 황태자가 오스트리아 황제인 페르디난트 2세가 되자 그의 계속적인 비호 아래 군 최고의 지위에까지 오른다. 그러나 한때 그를 시기한 정적들의 음모로 그는 지위를 잃고 그의 군대는 축소되었다. 그러나 그즈음 스웨덴 왕 구스타프 2세가 13,000명의 병력을 이끌고 쳐들어오자 황제는 급히 다시 발렌슈타인을 소환하여 그에게 이에 대항하도록 간원한다. 발렌슈타인은 이에 응해 싸워서 구스타프 2세를 전사시키고 다시 세력을 얻는다. 그러나 그의 정적들의 반발도 그치지 않았다. 그들은 발렌슈타인이 에스파냐의 독일 내정에 대한 간섭을 반대하는 것을 구실로 삼아 그를 황제의 권력에 위협적인 존재로 보고 음모를 꾸며 그를 암살하고 만다.

발렌슈타인의 살해. 익명의 동판화

군대를 좌우하면서 사태의 위력을 잘 알고 있다. 그 때문에 그는 오랫동안 자신이 지켜 온 의지와 의무의 양자 사이에서 흔들린다. 마침내 그가 결단을 내렸을 때 그는 그때까지 자신이 확고하게 믿어 왔던 도구가 자신의 손아귀에서 빠져나가 깨어지는 것을 깨닫는다. 왜냐하면 그동안 장군인 발렌슈타인과 그의 군 장교들 사이를 결속시켜 준 것은, 그가 그들에게 임명이나 승진을 통해 보여준 호의에 대한 그들의 감사하는 마음이나 발렌슈타인 자신이 전장에서 얻은 명성이 아니라, 그들이 보편적으로 인정하던 국가와 그 권력에 대한 의무, 그리고 국가의 수장인 오스트리아 제국의 황제에 대한 그들의 충성서약이었기 때문이다. 따라서 그것을 깨뜨린 발렌슈타인 자신은 종국에 가서 고립되고 만다. 그는 자기에게 적대하는 외부의 세력과 싸워 굴복하지 않고 오히려 그동안 자신의 목적달성을 위해 확보한 모든 수단을 박탈당하고 자기의 군대로부터 버림받음으로써 패배하고 만다.

괴테의 희곡 《괴츠 본 베를리힝겐》[43]은 실러의 《발렌슈타인》과는 다른 내용으로 시작되지만 비슷한 결과로 끝난다. 괴츠와 프란츠 폰 지킹겐이 살았던 시대는 새로 들어서는 객관적인 질서와 법체제로 인해 귀족의 독자성과 개성을 지녔던 기사도가 종말을 맞는 흥미로운 시대이다. 괴테의 위대한 시적인 감각은 이처럼 중세의 영웅시대와 법체제를 갖춘 근대적인 생활이 서로 접하여 나오는 충돌(衝突, Kollision)을 처음으로 주제로 삼는 데 있다. 즉 괴츠와 지킹겐은 자신들이 관련된 분야의 상황을 독자적으로 통제할 수 있던 인품과 용기, 정직함, 곧은 심정을 지녔던 영웅들이다. 그러나 반면에, 새로이 등장한 시대에 사물의 질서는 그런 심정을 지닌 괴츠를 부당한 존재로 만

---

43) 이 작품의 원제는 《Götz von Berlichingen》이다. 괴테는 이 작품을 처음 1771년에 썼으나 이를 다시 개작하여 1773년까지도 끝을 맺지 못했다. 발렌슈타인처럼 괴츠도 역사적인 실존인물(1480~1562)로 종교개혁시대에 신성로마제국의 기사였던 그는 당시에 가톨릭 동맹 지도자였던 바이에른 선제후(選帝侯) 막시밀리안 1세의 휘하에 있으면서 각지 돌며 전투를 치렀다. 1504년에 란츠후트 전투에서 오른팔을 잃고 철로 의수(義手)를 만들어 끼우고 전투에 참가하였기 때문에 '철의 손 괴츠'라는 별명을 얻었다. 1525년 독일 농민전쟁이 일어나자 농민군의 지휘자가 되어 싸웠고, 1528년 슈바벤 동맹군에게 잡혀 3년간 아우크스부르크에서 옥중생활을 했다. 1542년 헝가리십자군에 소속되어 투르크와 싸웠고, 1544년에는 카를 5세를 위해 프랑스와 싸웠다. 당시 혼란과 격동의 시대를 살았던 그는 독일인들이 생각하는 전형적인 중세의 기사들 가운데 한 명이었다. 중세의 이런 기사들의 이상(理想)과 그 지배하에 있었던 사회를 묘사한 서사적(敍事的) 문학을 기사도문학(騎士道文學)이라고 한다. 이는 원래 북부 프랑스에서 일어나 13세기에 독일에서도 뿌리를 내렸으며, 처음에는 운문(韻文) 형식을 취했으나 나중에 산문소설로 바뀌었다. 18세기말에 괴테가 쓴 위의 《괴츠 폰 베를리힝겐》(1773년)은 이런 옛 독일의 기사도를 이상화해서 희곡으로 표현한 것이다. 그러나 괴테는 이 작품을 너무 단 기간에 졸속하게 만들어냈기 때문에 형식이 졸렬하다고 해서 특히 주위의 비판을 받았다. 이 극중에 나오는 프란츠 폰 지킹겐(Franz von Sickingen)도 실존인물(1481~1523)이었다. 이 작품에 대해서는 본 《미학강의》 제1부의 뒤에 가서 더 자세히 나온다.

독일의 동부 도시 바이마르(Weimar) 극장 앞에 서있는 문호 괴테와 실러의 동상. 그들은 헤겔과 동시대인들로 문학 분야에서 독일의 정신 문화를 이끌어 갔다. 에른스트 리첼(Ernst Rietschel)의 1857년 작품

하일브론의 의회(議會) 앞에 서 있는 괴츠 본 베를리힝겐

들고 그를 파멸시킨다.

기사도와 봉건제도가 그 독자성을 유지할 수 있던 진정한 토양은 중세뿐이었다. 법질서라는 범속한 상태가 점차 완벽하게 발전되고 지배함에 따라 기사도 시대에 살던 개인들이 지녔던 모험적인 독자성은 근대와 서로 병립할 수 없게 된다. 혹시 아직도 기사도에 입각한 독자성을 고수하면서 불의를 저 거하고 억압받는 자들을 도우려 하는 개인이 있다 하더라도 이는 마치 세르반테스(Cervantes)의 《돈 키호테(Don Quijote)》에서 보듯이 세인의 웃음거리가 될 뿐이다. 우리는 이처럼 서로 다른 세계관들이 서로 대립하고 충돌할 때 일어나는 행위들을 고찰함으로써 일반적으로 세계상태 — 즉 *상황(Situation)* — 라는 것이 갖는 특성과 차이를 좀 더 자세히 접할 수 있다.

2. *상황(狀況)*

지금까지 고찰한 바에 의하면 범속한 현실과는 달리 예술이 표현할 이상적인 세계상태는 일반적으로 정신적인 현존성만을 창조해 낼 수 있다. 따라서 거기에서 만들어 낼 수 있는 것은 개별적인 형상 자체가 아니라 개별적인 형상의 가능성일 뿐이다. 그러므로 지금까지 우리가 눈앞에 고찰한 것은 예술적인 대상이 되는 생동하는 개인이 등장할 수 있는 일반적인 토양이었다. 물론 그런 토양은 개성을 수태(受胎)하고 또 그 개성에 근거하지만, 여전히 일반적인 *상태*로서 아직은 생생한 영향력을 미치면서 활동하는 개인들을 보여주지는 못한다 — 이는 마치 예술이 만들어 낸 신전(神殿)이 아직은 신 자체를 개성적으로 표현하지 못하고 단지 그 맹아(萌芽)를 품고 있는 것과 같다. 그러므로 우리는 그 세계상태를 일단은 세계를 지배하는 여러 힘들의 조화로서 부동(不動)적인 것으로 보아야 한다. 그때 그 세계상태는 본질적이고 단일한 형태로서 가치를 지니지만, 그렇다고 해서 이른바 무구(無垢)한 상태로 이해되어서는 안 된다. 거기에는 윤리라는 위력이 충만해 있어서 아직 무서운 불화의 조짐은 잠들어 있는 상태이다. 아직 이런 상태에 있는 것은 우리들에게 본질적인 통일성의 측면이 먼저 부각된 것으로 고찰되고, 개성은 보편적인 방식으로만 현존하는 까닭에 자신의 규정성을 구현하지 못한 채 통일성을 근본적으로 훼손하지 않으면서 다시 흔적 없이 사라지기 때문이다. 그러나 개성에는 본질적으로 피규정성이 들어있다(Zur Individualität aber gehört wesentlich Bestimmtheit). 그러므로 우리에게 이상(理想)이 *특정한 형상으로*(als *bestimmte Gestalt*) 다가오려면 반드시 그 보편성에 머물지 말고 특수한 방식으로 보편성을 드러내야 한다. 그럼으로써 거기에 현존재의 모습을 부여해야 한다. 이런 점에서 볼 때, 예술은 하나의 *일반적인* 세계상태만 묘사해서는 안 되고 이런 불특정한 표상에서 벗어나 *특정한* 성격과 행동들의 모습을 표현하는 데로 계속 나아가야 한다.

그러므로 일반적인 세계상태는 *개인들의* 측면에서 보면 그들에게 부여된 토양이자 특수한 상황이다. 그리고 이런 특수화로 인해서 개인들은 그들의 *모습*을 있는 그대로 진술하고 자신들을 특정한 형상으로 드러낼 동기를 얻으며 그 때문에 서로 충돌하고 분규한다. 반면에 세계상태의 측면에서 보면, 그런 개인들의 자기과시는 보편성이 생생한 특수성과 개성으로 나아가는 것을 뜻하지만 이처럼 규정되더라도 결국 *보편적인 위력*들이 계속 *지배*하게 된다. 왜냐하면 특정한 이상은 본질적인 면에서 보면 영원히 세계를 지배하는 위력을 내용으로 삼기 때문이다. 그러나 단순한 정태(靜態)로 드러나는 존재방식은 그런 이상적인 내용을 지닐 가치가 없다. 다시 말해 정태적(情態的)인 것은 한편으로 관습을 그 형태로 취하지만 관습은 저 심오한 관심사를 지닌 정신적이고 *자의식(自意識)*적인 본성에는 맞지 않는다. 다른 한편으로 우리는 개성의 우연성과 *자의성(恣意性)*이 지닌 독자성을 통해 그런 관심사들이 활성화되는 것을 본다. 그러나 비본질적인 우연성과 자의성 역시 참된 의미를 지닌 실체적인 보편성에는 부적합하다. 그러므로 우리는 이상의 구체적인 내용을 드러내기 위해서는 한편으로 특수하면서도 다른 한편으로 더 숭고한 예술형상을 표현하고자 추구해야 한다.

이 새로운 형상은 보편적인 위력들이 현존성(Dasein)을 띨 때 그 힘들이 지닌 본질적인 차이와 운동 속에서, 그리고 더 자세히는 그 차이들의 대립 속에서만 나타난다. 이런 식으로 보편성이 특수성으로 이행해 갈 때 주목되는 것은 두 가지 요소인데, 그 하나는 보편적 힘들의 응집인 *실체*로서 다시 특수화되어 독자적인 부분들로 분열된다. 또 다른 하나는 이러한 힘들을 실제로 실현하면서 등장하고 그 힘들에게 개별적인 형상을 부여하는 *개인들*이다.

그러나 처음에는 조화로웠던 세계상태가 그 세계 속에 머무는 개인들과 더불어 차이들의 대립에 빠지게 된다. 그런 차이와 대립은 다름 아닌 조화로운 세계상태 속에 들어 있는 *본질적인 내용*이 드러나는 것을 의미한다. 반면에 그 세계상태 속에 들어 있는 실체적인 보편성은 거꾸로 *자신*을 현존하게 하는 *방식*으로 특수성과 개성으로 옮겨간다. 왜냐하면 보편성은 겉보기에 우연성과 분열과 갈라지지만, 그 속에 보편적인 것이 드러남으로써 이런 가상(假象)은 다시 사라지기 때문이다.

그러나 더 나아가 보면 이런 위력들은 특정한 환경과 상태 속에서만 개인에게 실현될 수 있다. 이때 특수한 환경과 상태란 그 힘들이 출현할 수 있는 조건이기도 하고, 출현하는 모습이기도 하며 혹은 그

출현을 자극하는 것이기도 하다. 그러한 환경이나 상태는 그 자체로는 아무것도 아니되 인간과 관련될 때 비로소 그 의미를 획득한다. 그 속에 들어 있는 정신적인 힘들의 내용은 인간의 자의식(自意識)을 통해 비로소 현상된다. 그러므로 외적인 환경들은 본질적으로 이런 관계 속에서 파악될 수 있다. 그러한 상황들은 *개인*들에 의해 포착됨으로써 일반적으로 개개인 모습의 특수한 본질을 드러내는 내적이고 정신적인 욕구나 목적, 신념과 같은 동기가 될 때, 비로소 *정신을 위해* 존재하면서 중요성을 획득한다. 이처럼 동기를 이루는 특수한 환경이나 상태가 *상황*이 된다. 이런 상황은 일반적인 세계상태 속에서는 아직 숨겨져 전개되지 않은 모든 것들이 본래 자신의 모습을 드러내 활동하기 위한 특수한 전제가 된다. 그러므로 우리는 행동을 고찰하기 전에 원래 행동의 전제가 되는 상황 개념을 파악해야 한다.

상황이란 보통 한편으로 *특정하게 개별화된 것*이며, 다른 한편으로 이 피규정성 안에서 예술 표현을 통해 드러날 내용이 특정하게 표현되도록 자극한다. 특히 이 후자의 관점에서 보면 상황은 더 폭넓게 고찰할 수 있는 영역을 제공한다. 왜냐하면 예로부터 흥미로운 상황들을 찾아내는 일, 즉 정신의 심오하고 중대한 관심사와 참된 내용을 드러내는 상황을 찾아내는 일이 예술의 가장 중요한 사명이었기 때문이다. 이런 점에서 여러 예술들에게 요구되는 조건들도 다양하다. 예를 들면 조각은 상황의 내적인 다양성을 나타내는 일에 한정되지만, 회화와 음악은 좀 더 폭넓고 자유스럽다. 그러나 가장 무한한 영역을 차지하는 것은 시문학(die Poesie)이다. 그러나 여기서 아직 우리는 어느 특수한 예술분야만 고찰하지 않으므로, 이 자리에서는 일반적인 관점만을 강조해야 한다. 이는 다시 다음과 같은 단계들로 나눌 수 있다.

첫째, 상황은 스스로 규정되어 나가기 전에 아직은 보편성의 형태,

즉 무규정성(無規定性, Unbestimmtheit)의 형태를 띤다. 그래서 곧 우리의 눈앞에 드러나는 것은 *상황부재(狀況不在, Situationslosigkeit)*라는 상황이다. 규정되지 않은 형태 자체는 다른 것, 즉 피규정성에 맞서는 *하나의* 형태일 뿐이며 스스로 일면성과 피규정성으로서 드러나기 때문이다.

둘째, 이 보편성으로부터 특수화된 상황이 나오게 된다. 이는 아직 어떤 대립을 유발하거나 이를 해결할 동기를 부여하지 않는 것으로서, 일단 본래적이면서 *무해(無害)*한 피규정성으로 머문다.

셋째, 끝으로 그 피규정성은 분열되면서 상황의 본질이 되고, 그럼으로써 이 상황은 충돌로 발전한다. 이 충돌은 반응을 불러일으키고 이런 점에서 본래의 행위로 옮겨가는 시발점이 된다.

왜냐하면 상황이란 대체로 보편적이고 부동(不動)하는 세계상태와 행동하고 반응하는 구체적인 행위 사이의 *중간 단계*로서, 서로 다른 양극단적인 성격을 표현해야 하고 우리를 하나의 극단에서 다른 극단으로 유도해 가야 하기 때문이다.

a. 상황부재성

이상적인 예술이 표현해야 할 일반적인 세계상태란 개별적이면서도 동시에 본질적인 독자성의 형태를 띠고 있는 것이다. 독자성 자체는 확고한 것으로 우선은 자신에게 확실하고 안전하게 의존한다. 그래서 특정한 형상은 아직 자신을 벗어나 다른 것과 연관되지 않고 오직 자기와 더불어 외적 내적인 통일성을 이룬다. 이것이 이른바 상황부재성(狀況不在性)이다. 예를 들면 초기 예술단계에서 고대의 신전들이 이런 상태에 있는 것을 볼 수 있다. 그런 신전들은 심오하고 부동하는 진지함과 경직되어 있지만 웅대하고 숭고한 특성을 지니고 있으며, 후대에 가서 같은 모양으로 모방되곤 하였다. 예를 들면 고대 이집트와 가장 오래된 그리스의 조각들에서는 이런 종류의 상황부재성을 느낄 수 있다. 더 나아가 기독교의 조형미술에서 보면 성부(聖父)인 신이나 그리스도는 고대 조각과 비슷한 방식으로 주로 흉상으로 만들어졌다. 즉 일반적으로 고정된 상황부재성은 특정한 신이든 절대적인 인격으로 파악되는 신이든 신성(神性)을 표현하는 데 알맞은 양식이다. 물론 중세의 초상화들도 개인의 성격을 드러내는 특정한 상황을 가급적 없앰으로써 전체적인 것만을 확고하게 표현하려고 시도했던 것은 마찬가지다.

b. 특정한 상황 속에 들어 있는 무해성

그러나 상황이란 일반적으로 *규정되어* 있으며, 또 고요함과 지복함으로 안주하거나 홀로 독자성과 강건함과 위력을 갖는 것에서 벗어난다. 즉 상황부재적이고 내외적으로 부동(不動)하던 형상들이 운동하면서 그 단순성을 버리게 된다. 그러나 상황이 특수하게 발전하고 이행하는 다음 단계를 보면 그것은 물론 규정된 상황이기는 해도 아직 그 안에 있는 차이성이 본질적으로 대립될 만큼 무르익은 상황은 아니다. 그러므로 이 처음 단계에서는 개별화된 외형이 아직 어떤 결과를 낳지는 않는다. 왜냐하면 이는 다른 것과 대립관계를 이루지 않고 따라서 어떤 반응을 유발하지 않으며 아직은 구속되지 않고 스스로 완전한 상태에 머물고 있기 때문이다. 일반적으로 본래 진지성이 결여된 유희적인 상황들이 그런 것이다. 왜냐하면 진지한 활동과 행위는 일반적으로 서로를 극복하고 이기려고 밀고 치는 대립과 반목에서 생겨나기 때문이다. 따라서 대립관계를 이루지 않는 상황은 그 자체가 행위가 되거나 다른 행위를 자극하는 동기가 못된다. 그런 상황은 한편 특정하게 규정되더라도 단순한 상태일 뿐이며, 또 한편 그 안에서 갈등이 야기되거나 갈등으로 이끌어갈 만한 본질적이고 참된 목적은 결여된 활동할 뿐이다.

α) 이와 관련해 다음에는 상황부재라는 평정(平靜)에서 운동과 외화(外化)로 이행하는 과정이 생겨난다. 이는 순수하게 역학적인 운동일 수도 있고, 어떤 내적인 욕구의 일차적인 자극과 만족의 고정일 수도 있다.

예를 들어 고대 이집트인들은 조각상을 만들 때 신들의 다리를 오므리게 하고 머리와 팔을 움직이지 않는 고정된 모습으로 표현한 반면에, 고대 그리스인들은 조각상의 팔과 다리와 머리를 서로 이완시킴으로써 육체에게 걷는 듯한 느낌을 부여하고 대체로 다양한 포즈를 취하는 조각상으로 만들었다. 또 고대 그리스인들이 이해하는 신들은 휴식을 취하거나 앉아 있거나 조용히 응시하는 등 단순한 상태에 머물러 있었다. 이런 상태에서 독자성을 띤 신들의 모습은 특정하게 규정되기는 해도 더 이상 어떤 관계나 대립으로 발전하지 않고 스스로 완결된 형태를 유지하는 피규정성으로 옮겨간다. 이런 단순한 상황에 머물도록 표현된 것은 주로 조각들이다. 특히 고대인들은 그런 구속되지 않는 상황부재의 상황들을 부단히 고안해 냈다. 여기에도 그들의 대단한 감성이 들어 있었다. 왜냐하면 어떤 특정한 상황이 의미를 잃으면 조각상들이 띤 숭고하고 독자적인 이상(理想)은 그만큼 더 두드러지게 드러나고, 영원한 신들이 활동하든 가만히 있든 그런 것 자체는 무해하고 하찮아짐으로써 우리는 그 신들의 형상을 더 잘 관조할 수 있기 때문이다. 그때의 상황이란 다만 어느 신이나 영웅의 특수한 성격을 보편적으로 드러내 줄 뿐 그 신과 다른 신들 간의 적대관계나 불화로 발전하는 상황은 아니다.

β) 그러나 어느 상황이 특별한 목적, 즉 외적인 것과 관계되는 행위와 그 피규정성 속에서 독자적인 내용을 암시할 때면, 이는 계속해서 규정되어 나아간다. 그리고 그 안에서 스스로 독자적인 내용을 표현한다.

물론 이런 현상 속에서도 형상들이 지닌 고요함(평정)과 청명한 지복함은 아직은 방해받지 않고, 단지 그러한 청명함이 특정한 결과와 방식으로 드러날 뿐이다. 그리스인들은 그런 상황을 고안해내는 데도 풍부하고 뛰어난 감각을 갖고 있었다. 여기서 상황에 매여 있지 않다는 것은 거기에 어떤 분규나 대립을 유발할 행위의 시발점이 내포되지 않으며, 규정된 상황 자체가 하나의 완결된 행위로 드러난다는 뜻이다.

예를 들어 벨베데레의 아폴로(Belvedere Apollo) 신상[44]을 보면, 거기에서 아폴로 신은 피톤(Python)을 화살로 쏘아 죽인 다음 의기양양하게 다시 자신의 숭고한 본질로 되돌아가는 모습을 띠고 있다.

사실 이 신상에는 초기 그리스인들이 신들의 평정(平靜)함과 불멸성을 별 의미 없는 외형으로 나타내던 그런 위대한 단순성은 더 이상 깃들어 있지 않다. 예를 들어 막 목욕을 끝내고 일어서면서 자신의 힘

---

[44] 이는 기원전 약 330~320년 사이에 아테네에서 한 조각가에 의해 만들어진 신상이다. 벨베데레란 15세기 말에 교황 인노센트 8세의 지시로 브라만테(Bramante)가 만든 바티칸의 벨베데레(Belvedere)궁의 8각형 안뜰을 가리킨다. 이곳에는 그리스와 로마시대의 서양 예술 조각상들이 배치되어 있다. 이 아폴로 신상은 인체의 완벽한 아름다움을 추구했던 고전양식의 걸작 중 하나로 왼손에는 아폴로 신의 상징인 활을 들고 있고 오른손에는 등에 맨 화살통에서 뽑은 신의 상징인 활을 들고 있었을 것으로 추측되지만 양 손 부분 모두 심하게 훼손되었다. 특히 옷의 주름과 샌들이 정교하게 세부 묘사되어 있으며, 전체의 몸매와 균형이 너무 아름답게 잡혀 있다. 현재는 로마제국의 하드리안 황제 시대에 만들어진 모조품이 바티칸 궁에 보존되어 있다. 이 신상의 높이는 224cm이다. 피톤(Python)은 용의 모습을 한 괴물의 이름이다.

헤겔이 고대 그리스 조각에서 미적으로 가장 뛰어난 것의 하나로 꼽는 벨베데르의 아폴로 신상과 그 머리 부분을 확대한 모습. 원래 기원 전 330년경에 만들어졌으나 현재의 것은 로마의 하드리안 황제 때의 복제품으로 바티칸에 소장되어 있다

아폴로 상(Belvedere Apollo, 1490년)

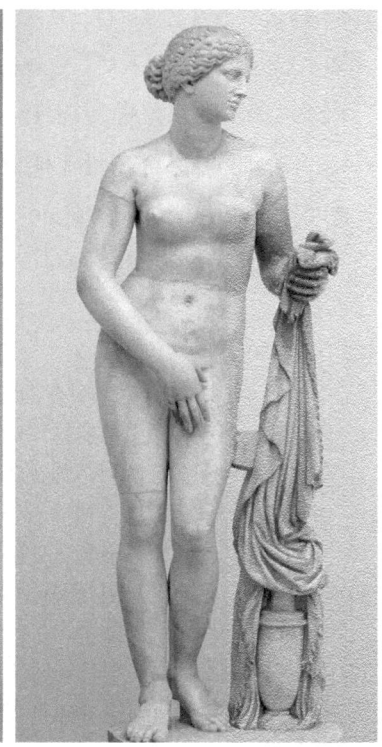
크니도스의 비너스(BC 330년경)

제1부 예술미의 디념 또는 이상 _ 353

을 의식하듯이 먼 곳으로 조용히 시선을 던지는 비너스(Venus)상[45], 단지 유희적인 상황에 머물고 있는 포온(Faune)과 사튠(Satyrn)의 모습,[46] 또 어린 바커스(Bacchus)신을 팔에 안은 채 미소 지으면서 무한한 감미로움과 기품을 드러내며 응시하고 있는 사튠의 모습,[47] 또 이와 비슷하게 다양하면서도 얽매이지 않는 행위를 보이는 사랑의 신 아모르(Amor)의 모습, 이런 모습들은 모두가 대립되지 않는 상황부재적인 상황을 보여주는 예(例)들이다. 반면에 행위가 좀 더 구체화될 때 뒤얽혀 나타나는 상황은 그리스신들이 지닌 독자성을 조각으로 나타내는 데는 덜 적합하다. 왜냐하면 그런 상황에서는 특정한 행위가 계속 세분화되어 개별적인 신들이 지닌 수순한 보편성은 더 이상 통찰할 수 없기 때문이다.

예를 들어, 프랑스 왕 루이 15세가 선물하여 상수시(Sanssouci) 궁 (독일 프로이센의 수도 베를린에 세워진 왕궁 이름 — 역자주)에 세워진 피갈르[48] 작의 헤르메스 신상(神像)을 보면, 그는 막 자기 발에 날개 신을 매고 있는데 이런 행위는 전혀 무해한 것이다. 그에 반해서 토르발젠

---

[45] 이는 유명한 〈크니도스의 비너스 상(Aphrodite of knidos)〉을 가리키고 있는 듯하다. 이 대리석상은 기원전 330년에 소아시아의 서쪽 해안에 있던 도시 크니도스에 세우기 위해 조각가 프락시텔레스가 제작했다고 전해지며 특히 8등신의 조형미를 잘 보여준 작품으로 유명하다. 이후 수많은 모조품이 만들어졌다. 이 모조품들 가운데 초기의 것이 바티칸궁에 보존되어 있다. 전라(全裸)의 비너스 상으로는 최초의 것인 듯싶다.
[46] 포온(Faune)은 그리스 신화에 나오는 반인반양(半人半羊)의 목양신(牧羊神)이고, 사튠(Satyrn)은 반인반수(半人半獸)인 숲의 신이다.
[47] 이는 고대에서 즐겨 묘사된 소재였다. 헤겔이 언급하는 이 신상은 뮌헨의 조각 전시관 글립토테크(Glyptothek)에 소장되어 있는 조각품 No.238이다.
[48] 장 바티스트 피갈르(Jean-Baptiste Pigalle, 1714~1785), 프랑스의 조각가. 그의 '날개신을 매고 있는 헤르메스 신'은 현재 루브르 박물관에 소장되어 있다.

이 만든 헤르메스 신상[49]은 조각상으로서는 너무 복잡한 상황을 보여준다. 즉 헤르메스 신은 닥 자기의 피리를 딴 곳에 두면서 동시에 마르시아스를 주시하고 있다. 그를 쳐다보면서 동시에 감춘 단도를 끄집어내어 그를 주이려고 엿보고 있다. 좀 더 최근의 작품으로 샤도의 〈샌들을 매는 여인〉[50]도 그런 예로 들 수 있다. 여기서 여인은 헤르메스 신과 비슷하지 단순한 일에 몰두하고 있는 것을 보여주고 있기는 하지만, 여기에서 나타나는 무해성(無害性, Harmlosigkeit)은 신이 무해한 행위를 보여 줄 때처럼 우리의 관심을 끌지는 못한다. 즉 한 여인이 샌들을 매든 짜든 그런 행위 자체는 아무 의미도 없고 중요하지도 않으며 우리는 그저 그런 일 자체를 볼 뿐이다.

γ) 셋째로, 여기에서 특정한 상황은 일반적으로 그와 밀착되었거나 또는 느슨하지 관련된 다른 상황이 드러나도록 기회를 주는 규정되거나 규정되지 않은 단순한 외적인 동기로 취급된다. 예를 들면 수많은 서정시들에 나타나는 상황이 그러하다. 특수한 기분이나 감정은 시적(詩的)으로 의식되고 파악될 수 있으며 외적인 환경, 축제, 승리 따위와 관련해서 이런저런 감정이나 상상을 더 폭넓게 또는 더 제한되게 표현하고 형상화하도록 유도한다. 예를 들어 핀다르[51]의 송시

---

49) 토르발젠(A.B.Thorwaldsen 1768~1844)이 만든 이 조각상은 현재 코펜하겐의 토르발젠 미술관에 소장되어 있다.
50) 위에 언급한 조각상은 샤도(Rudolf Schadow, 1786~1822)가 1817년에 만든 것으로 현재 뮌헨에 소장되어 있다.
51) 핀다르(Pindar, BC522~BC446). 그리스의 서정시인. 그리스의 테베에서 태어나 아르고스에서 사망한 그는 고상한 문체를 사용한 뛰어난 시인으로 이미 고대에 잘 알려졌있다. 근대 독일문학에서는 클롭슈토크(Klopstock), 괴테 그리고 특히 횔덜린(Hölderlin)에게 큰 영향을 미쳤다. 즉흥시(Gelegenheitsgedichte)

(頌詩)는 그런 상황을 가장 적절하게 드러내 주는 즉흥시이다.

그러나 괴테도 그런 종류의 서정적인 상황을 소재로 많이 삼았다. 사실 좀 더 넓은 의미에서 보면 그의 유명한 작품《젊은 베르테르의 슬픔(Die Leiden des jungen Werthers)》조차도 즉흥시라는 부제목을 달 수 있을 것이다. 왜냐하면 괴테는 베르테르라는 주인공을 통해 자기의 내적인 갈등과 고통, 즉 자기의 가슴속에 일어난 일을 예술작품으로 창조해 내고 있는데, 이는 일반적으로 서정시인(抒情詩人)이 자기의 가슴속에 있는 것을 털고 자기 삶에서 받은 영향을 표현하는 것과 같기 때문이다. 그럼으로써 가슴속에만 간직되었던 것이 느슨해져 외적으로 드러나고 그때 시인은 그 대상에서 해방된다. 이는 마치 슬플 때 실컷 눈물을 흘림으로써 그 슬픔의 고통을 더는 것과 같다. 괴테는 그 자신이 말하고 있듯이,52) 《젊은 베르테르의 슬픔》을 씀으로써 자신이 그 속에서 묘사한 고통과 억압에서 스스로 해방되었다. 그러나 그 작품 속에 묘사된 상황은 이 무해한 상황의 단계에는 속하지 않는다. 왜냐하면 거기에 나타나는 상황 속에는 깊은 대립들이 전개되기 때문이다. 물론 그런 서정적인 상황에서 한편으로 어떤 객관적인 상태, 즉 외부세계와 관련된 어떤 활동이 드러날 수 있다. 그러나 다른 한편으로 모든 외적인 관계에서 벗어나 자신의 내면속에만 은거하는 심정은 그 내적인 상태와 감정에서 출발한다.

란 주로 생일이나 결혼, 축제 같은 좋은 기회를 맞아 즉흥적으로 쓴 시를 뜻한다. 그러나 오늘날 문학에서 일반적으로 즉흥시는 다른 시에 비해 문학성이 약한 것으로 지적된다.
52) 괴테는 말년에 그의 자서전적인 작품《시와 진실(Dichtung und Wahrheit)》(1811년)에서 이를 언급했다.

괴테의《젊은 베르테르의 슬픔》에서 베르테르가 처음으로 로티를 그녀의 집에서 만나는 삽화 장면. 베르테르는 결국 그녀와의 이룰 수 없는 사랑에 괴로워하다 권총자살을 한다. 도나(Donat)의 수채화

c. 충 돌

지금까지 고찰한 모든 상황들은 이미 다루었듯이 일반적으로 행위들도 아니고 그렇다고 행위를 하도록 유도하는 동기도 아니다. 그것들의 피규정성은 간혹 단순히 존재하는 상태라든가 아니면 그 자체 아무런 의미도 없는 행위일 뿐이다. 그런 상황에서 실제 내용은 무해한 유희53)적인 성격을 띠는 방식으로 표현되므로 참으로 진지한 것은 못한다. 피규정성이 본질적인 차이를 드러내고 다른 것과 대립되

---

53) 헤겔이 여기서 그리고 그 밖에 다른 데서 사용하는 유희(Spiel)라는 말은 특히 실러와 연관해서 생각해 볼 수 있다. 실러의 철학적인 서한집《인간의 미적인 교육에 대해서(Über die ästhetische Erziehung des Menschen)》(1795년) 가운데 15번째 서한에 다음과 같은 구절이 있다. "인간은 완전한 것에 대해서는 진지할 뿐이지만, 아름다운 것과 더불어서는 유희를 한다(Mit dem Vollkommenen ist es dem Menschen nur ernst, aber mit der Schönheit spielt er)".

어 충돌(Kollision)이 일어나는 근거를 마련할 때 비로소 상황은 특수화된 가운데 진지하고 중요해지기 시작한다.

이런 점에서 충돌은 *침해*(Verletzung)가 있는 곳에서 생겨나지만, 이 침해는 단지 침해로서만 머물러 있으면 안 되고 지양(止揚)되어야 한다. 충돌은 조화로웠던 상태가 변하는 것이며, 이 또한 다시 변해야 한다. 그렇기는 해도 충돌 역시 아직은 *행위*가 아니라 다만 어떤 행위를 야기하는 전제가 되므로 단순한 동기(動機)로서 상황적인 특성을 간직한다. 물론 충돌을 일으키는 대립은 이미 앞서 있었던 어떤 행위의 결과일 수도 있다. 예를 들어서 고대 그리스의 삼부작(三部作, Trilogie)으로 된 비극들을 보면, 거기에서는 극의 제1부에서 충돌이 생기고 이는 제2부로 넘어가며, 그 다음에 이는 다시 제3부로 연결되어 거기에서 비로소 해결을 본다. 이런 식으로 충돌은 일반적으로 대립들이 일으키는 투쟁의 결과로 하나의 해결점이 나올 것을 요구한다. 그러므로 미를 완전하고 심오하게 전개시켜 표현할 이점을 지닌 극예술은 팽팽한 충돌의 상황을 주요 대상으로 삼는다. 그에 반해 조각에서는 위대한 정신의 힘들이 불화(不和)하거나 화해하는 가운데 드러나는 행위를 완전하게 표현할 수 없다. 표현의 여지가 더 넓은 회화도 단 한 순간의 행위만을 묘사할 수 있을 뿐이다.

그렇지만 이처럼 충돌로 야기되는 진지한 상황들은 이미 그 개념 속에 한 가지 곤란함을 지니고 있다. 즉 그런 상황들은 침해를 받아 일어나므로 그 속에서는 그대로 지속되지 않고 변화가 필요한 상태들이 생겨난다. 그러나 이상적인 미는 상황이 스스로 흐트러지지 않은 채 통일되고, 평정(平靜)하게 완성될 때 드러난다. 충돌은 이런 조화를 깨뜨리고 통일된 상태에 머물러 있던 이상을 불협화음과 대립 속으로 옮겨 놓는다. 그러므로 모순이란 다름 아니라 그와 같은 침해된 상황에서 이상(理想)이 침해된 것을 표현하는 것이다. 예술의 과제는 한편으로 그런 충돌의 차이성 속에서 자유로운 미(die freie Schönheit)를 사라지지 않게 보존하면서도 또 한편으로 불화와 투쟁을 스쳐 지나가게 하여 거기서 대립을 해소시키고 그 결과 조화를 다시 그 본질에 맞게 드러내는 데 있다. 그러나 그 불협화음을 과연 어느 선까지 전개시켜 표현할 수 있는지에 대한 일반적인 규정은 없다. 이는 모든 특수한 예술이 제각기의 특성을 따르기 때문이다. 예를 들어 직접 볼 때보다 내적으로 표상할 때 우리는 불화를 더 잘 감내할 수 있다. 따라서 시문학은 내적으로 아주 극단적이고 절망적인 고통까지도, 또 외적으로는 아주 추해 보이는 것까지도 잘 표현할 수 있다. 그에 반해서 회화나 조각 같은 조형예술에서는 외형이 한 측면에 고정되어 있어서 이는 다시 없애거나 음악 소리처럼 일시적으로 들렸다가 사라지는 것이 아니다. 그러므로 만약 이런 예술에서 추한 것을 해소시키지 않고 그것을 고정시켜 표현하려 한다면 이는 틀린 것이다. 따라서 극문학(劇文學, die dramatische Poesie)에서 어떤 것을 순간적으로 표현하고 이를 다시 사라지게 할 수 있다고 해서 이것이 꼭 조형예술에도 허용되는 것은 아니다.

더 상세한 충돌의 종류들에 대해서는 여기에서 다시금 일반적인 관점들만 제시할 수 있다. 우리는 이와 관련해서 다음과 같은 세 가지 주요한 측면을 고찰해야 한다.

첫째, 순수하게 물리적이고 *자연적인* 상태에서 발생하는 충돌들이 있다. 이것들 자체는 어딘지 부정적이고 해로우며 장해가 된다.

*둘째, 자연에 기반*을 둔 정신적인 충돌들이 있다. 이것들은 비록 긍정적이기는 하지만, 그럼에도 정신에게 차이와 대립을 야기할 가능성을 내포하고 있다.

셋째, 정신적인 차이들에 근거를 두고 있고 인간 *자신의* 행동에서 나오는 충돌이야말로 진정 흥미로운 대립들을 유발할 권한을 가진다.

α) 첫 번째의 갈등들을 보면 이는 단지 행위의 동기로서만 가치를 띨 수 있다. 왜냐하면 여기서 작용하는 것은 질병이나 그 밖에 해롭고 열악한 요소를 지닌 외적인 자연으로서, 그 밖의 삶 속에 있는 조화를 방해하고 그 결과 차이들을 야기하기 때문이다. 그런 충돌들 자체는 아무런 흥미가 없고 다만 예술에서 자연 재앙의 결과로 나타날 수 있는 불화들이기 때문에 수용된다. 예를 들어 고대 그리스의 작가 에우리피데스(Euripides)의 《알케스티스(Alkestis)》는 글루크54)의 작품《알케스트(Alceste)》의 소재가 되기도 하였는데, 그 작품 속에서는 아드메트가 걸린 병(病)이 뒤에 일어날 갈등의 전제가 된다. 병 자체는 예술의 미적(美的)인 대상이 못된다. 에우리피데스의 작품에서도 병은 그것을 겪는 개인들로 하여금 또 다른 충돌을 일으키는 계기가 될 뿐이다. 만약 아드메트를 위해서 누군가 스스로 죽음의 제물이 되지 않으면 아드메트는 죽게 되리라는 신탁(神託)이 주어진다. 그의 아내 알케스티스는 자기의 남편이자 자기 아이들의 아버지요, 왕인 그의 죽음을 막기 위해서 자신을 희생하기로 결심한다. 소포클레스(Sophokles)55)의 비극《필록테트(Philoktet)》에서도 신체의 병이 충돌

---

54) 글루크(G.W. von Gluck, 1714~1787). 위에 언급한 그의 작품은 오페라로서 1767년에 처음 발표되었다.

55) 소포클레스(그리스어: Σοφοκλες, Sophokles, 기원전 497년~기원전 406)는 아이스킬로스・에우리피데스와 함께 고대그리스 3대 비극시인 중의 한 사람으로 꼽힌다. 고대 그리스 아테네 교외의 콜로노스에서 출생하여 90세까지 정치가이자 작가로서 왕성한 활동을 하였다. 청년 시절에 디오니소스 신(神)을 기리는 축제에서 처음으로 비극 작품을 출품하여 수상한 후에 한때는 펠로포네

을 야기한다. 그리스인들은 트로이로 항해하던 도중에 크리사에서 뱀에 물린 필록테트가 발의 상처 때문에 못 움직이게 되자 그를 렘노스의 해안가에 내려놓는다. 여기서 그의 신체에 생긴 불행은 사건을 잇는 끈이자 계속 충돌상황을 일으키는 동기가 된다. 예언에 따르면 만약에 헤라클레스가 소지한 화살이 그를 공격하는 자들의 손에 들어가면 곧 트로이는 멸망할 거라고 되어 있다. 필록테트는 자신이 이 화살을 얻자 이를 내주기를 거부한다. 왜냐하면 그는 동료 그리스인들에 의해 낯선 해안에 방치된 채 아홉 해 동안이나 고통을 받아야 했기 때문이다. 이처럼 그들이 그를 방치함으로써 저지른 불의와, 그 결과 그의 복수심에서 나온 거부와 같은 식의 갈등은 다른 여러 방식으로도 생겨날 수 있다. 따라서 여기에서 본래 우리의 관심을 끄는 것은 필록테트가 얻은 병이나 그가 신체적으로 겪은 어려움이 아니라, 화살을 주지 않으려는 그의 결심 때문에 야기되는 대립상황이다. 그리스인들이 머무는 진영에서도 이와 비슷한 상황으로 전염병이 발생한다. 이는 이미 예전에 그들이 저지른 불의의 침략에 대해 하늘이 벌을 내린 것으로 묘사된다. 이처럼 폭풍이나 난파선, 기근 같은 자연 재앙에 의

스 전쟁 전후에 정치에 참여하여 당시 아테네를 통치하면서 그리스 동맹체제의 맹주(盟主)로 세력을 떨치던 페리클레스의 정치 노선을 지지하였다. 또 스스로 군대의 지휘관으로도 활약하였다. 그가 쓴 비극작품들은 그리스 시대에 이미 높은 찬사를 받았다. 그의 주요 작품으로는 《엘렉트라》, 《오이디푸스왕》, 《콜로노스의 오이디푸스》등이 있다. 소포클레스는 인간은 원래 고뇌와 죽음을 피해갈 수 없는 것으로 보되 인간은 스스로는 죄가 없어도 신(神)들이 부여하는 운명에 따라 고뇌를 겪는 것을 묘사하였다. 대개 불행에 놓은 주인공들은 위기의 상황에서도 굴복하기보다는 용기를 갖고 대항하면서 오히려 죽음과 파멸을 선택한다. 헤겔은 이처럼 고귀한 심정을 지닌 인간이 고뇌하는 데서 우러나오는 비극적인 아름다움(美)의 숭고성을 묘사한 소포클레스를 최고의 예술가 가운데 한 명으로 꼽고 있다.

소포클레스(Sophokles)

해 일어나는 방해나 지장은 일반적으로 극(劇)보다는 서사시가 더 잘 표현할 수 있다. 그러나 일반적으로 예술은 그런 재앙을 단지 우연적이 아닌 필연적인 사건으로 다룸으로써 그 결과로 작품의 형태를 구성하고 묘사한다.

β) 둘째로, 외적인 자연의 위력 자체는 정신이 갖는 관심과 정신의 대립들 속에서 본질적이 되지 못한다. 그러므로 자연의 위력은 정신적인 상태의 충돌을 더욱 분열시키는 기반으로서만 연관되어 보여진다. 여기에는 자연적인 *탄생*에 근거하는 갈등들이 모두 속한다. 여기에서는 더 자세히 보통 다음과 같은 세 가지 경우를 구분할 수 있다.

αα) *첫째*, 인척관계나 상속권 따위의 타고난 *권리*를 예로 들 수 있다. 이는 *자연성(自然性)*과 연관되므로 *많은* 자연적인 규정들이 관여하

도록 허용하면서도 그 핵심이 되는 것은 오직 한 가지이다. 이런 점에서 가장 중요한 예로는 왕위계승권 같은 권리가 있다. 이 권리는 여기에 속하는 충돌들을 일으키는 동기이지만 아직은 그 권리가 누구에게 돌아갈지 확정되어서는 안 된다. 왜냐하면 그렇지 않을 경우 갈등은 전혀 다른 종류가 되기 때문이다. 다시 말해 실정법이나 그에 상응하는 규정에 의해 상속자가 아직 확정되지 않아서 왕가의 장자나 차자 또는 다른 인척이 왕위를 계승해 다스릴 경우 그 자체는 불의(不義)가 아니다. 그러나 다스린다는 것은 그 성격상 돈이나 재산처럼 공평하게 나눌 수 있는 양적인 것이 아니라 질적인 것이므로, 그와 같은 왕권상속의 경우 으레 모두가 동의하지 않고 불화가 생기기 마련이다. 예를 들어 오이디푸스왕이 먼저 다른 지배자를 정하지 않고 왕위를 내놓자, 그의 두 아들, 즉 테베의 두 형제는 서로 같은 권리를 주장하면서 대립한다. 두 형제는 서로 해를 번갈아가면서 한 번씩 왕좌를 바꿔가면서 통치하기로 합의하지만, 형제 가운데 한 명인 에테오클레스(Eteokles)가 이를 어기고 혼자 지배하려고 들자 다른 형제 폴리네이케스(Polyneikes)는 자기의 권리를 찾기 위해서 다시 테베르 돌아온다.[56]

형제간의 반목은 이미 구약성서에서 카인이 아벨을 때려죽이는 것에서 시작해서 대저로 모든 시대의 예술에서 충돌을 일으키는 계기로 다루어지고 있다. 페르시아 최초의 영웅서사시 《샤나머》에서도 왕좌를 둘러싼 반목이 그 이후에 일어나는 수많은 투쟁의 원인이 되었다. 페

---

56) 오이디푸스왕과 그의 두 아들 사이의 설화는 비극작가 소포클레스의 《클로노스의 오이디푸스》에 묘사되었다. 여기서는 폴리세이케스가 먼저 왕위를 계승했으며, 그의 재위시에 아버지 오이디푸스왕을 추방한 것으로 되어 있다. 그러나 기원전 2세기의 그리스 작가 파우자니아스에 따르면 다른 형제 에테오클레스가 먼저 통치를 시작한 것으로 되어 있다.

리두신(神)은 지상(地上)을 그의 세 형제에게 나누어준다. 그는 셀름에게는 룸과 샤베르를, 투르에게는 투란과 즈신을, 이레드쉬에게는 이란(Iran) 땅을 다스리게 한다. 그러나 이 형제들은 각기 다른 형제의 땅을 더 요구하면서 서로 끝없이 불화와 전쟁을 일으킨다. 중세 기독교에서도 가문이나 왕가 사이에 일어나는 불화의 이야기는 수도 없이 많다. 그러나 그런 불화들 자체는 우연적인 것이다. 왜냐하면 형제들이 서로 불화를 일으키는 것은 꼭 필연적인 일은 아니기 때문이다. 따라서 그것이 예술적으로 되려면 좀 더 특수한 상황과 숭고한 동기를 덧붙여야 한다. 예를 들어 오이디푸스왕의 아들들이 서로 반목하는 형제로 태어났다든가, 실러의 작품《메시나의 신부(新婦)》에서처럼 형제 사이에 일어나는 불화의 원인을 더 높은 운명의 탓으로 돌리는 것 따위가 그것이다. 셰익스피어(Shakespeares)의《맥베스(Macbeth)》에서도 충돌을 일으키는 원인은 비슷하다. 맥베스는 덩컨왕의 가장 가까운 인척들 가운데 연장자(年長者)이므로 덩컨의 아들들에 앞서 사실상 왕위계승자이다. 따라서 왕이 맥베스를 제치고 자기 아들을 왕위계승자로 지명하여 맥베스에게 불의를 가한 것이 맥베스로 하여금 범죄를 저지르게 하는 첫 번째 동기가 된다. 실제로 영국 역사를 기록한 연대기[57]에는 이 권리가 맥베스에게 돌아간다는 사실이 기록되어 있으나 셰익스피어는 그의 작품 속에서 이 사실을 완전히 무시했다. 그 이유는 셰익스피어의 목적이 겉으로는 제임스왕에게 충성을

---

[57] 이는 영국의 역사가 라파엘 홀린쉐드(Raphael Holinshed, 1520~1580년경)가 지은《영국 연대기(The Chronicles of England, Scotland, and Ireland)》(1577년)를 가리킨다. 그의 광범위하고 무비판적으로 편집된 연대기는 특히 엘리자베스 1세 시대에 많은 연극의 소재가 되었다. 셰익스피어도《맥베스》,《리어왕》등 사극 소재들을 이 연대기에서 많이 취했다.

바치는 맥베스의 내면에 들어 있는 잔인한 열정을 표현하고 또 그를 범죄자로 보려는 제임스왕의 심리를 묘사하는 데 있기 때문이다. 따라서 셰익스피어가 이 주제를 다루면서 왜 맥베스로 하여금 덩컨의 아들들을 죽이지 않고 도망가게 하며 또 왜 귀족들은 왕의 아들들을 돌보지 않게 하는지 이해가 가지 않는다. 그러나 《맥베스》라는 작품에서 전체적으로 다루어지는 충돌은 여기에서 다룰 수 있는 범위를 넘어서는 상황이다.

ββ) 둘째로, 자연적인 탄생과 관련되어 충돌을 일으키면서도 위와 상반되는 상황이 있으니, 이는 출생의 차별 자체가 *부당*한 것임에도 불구하고 이를 극복할 수 없게 *관습이나* 법으로 극복할 수 없는 강제력인 *제한*이 가해지는 때이다. 그 제한은 자연적인 부당함으로 등장하면서 충돌을 야기한다. 이에 속하는 것으로 노예제도나 농노제도, 카스트 계급의 차별, 많은 나라에 퍼져 살고 있는 유대인들의 처지, 또 어떤 의미에서는 귀족출신이나 시민출신 간의 대립들이 있다. 이에 속하는 것으로 노예제도나 농노제도, 카스트 계급의 차별, 많은 나라에 퍼져 살고 있는 유대인들의 처지, 또 어떤 의미에서는 귀족출신이나 시민출신 간의 대립들이 있다. 여기에서는 인간이 한편으로 인간이라는 개념에 맞게 인간에게 속하는 권리와 소망, 목적, 요구를 지니고 있으면서도 또 한편으로 자연적인 출생의 차별이 갖는 위력 때문에 어떤 사람에게는 그런 것들이 방해가 되거나 위험을 가져오는 데서 갈등이 생겨난다. 이런 종류의 충돌에 대해서는 다음과 같이 달할 수 있다.

신분의 구별이나 지배자와 피지배자의 구분 같은 것은 물론 중요하고 이성(理性)적인 것이다. 그 까닭은 이들은 전체적인 국가생활을 구성하는 필연적인 요소이며, 이런 요소들은 특정한 업무에 종사하거나 특정한 감각, 정신적인 교양 등을 통해 모든 면에서 그 가치를 드러내기 때문이다. 그러나 개인적인 관점에서 보면, 만약 이런 구분이 출생에서부터 정해져 개인이 스스로 원해서가 아니라 처음부터 자연적인 우연성에 의해 개인이 돌이킬 수 없는 신분이나 계급으로 정해진다면 이는 다른 것이다. 그때 이런 구분은 단지 자연적인 것임에도 불구하고 규정을 내리는 최고 권력층의 옹호를 받는다. 그때 그런 신분의 불변성과 위력이 어떻게 생겨났는지 따지는 것은 중요하지 않다. 왜냐하면 사실 민족이란 원래는 하나였으며 자유인이라든가 농노의 자연적인 구별은 나중에 가서야 생겼을 것이고, 또 인도인들의 계급제도에서도 볼 수 있듯이 계급, 신분, 기득권 같은 차이는 원래 민족이나 족속이 서로 다른 데서 생겨난 것이기 때문이다. 이는 우리에게도 마찬가지이다. 요점은 인간의 모든 현재 상태를 통제하는 삶의 근원이 자연성과 출생에 있다는 것이다. 실제로 신분의 차이는 물론 정당한 것으로 간주되어야 하겠지만, 그렇다고 해서 그것이 개인에서 그가 이런저런 신분에 마음대로 속할 수 있는 권리를 빼앗아서는 안 된다. 그런 자율적인 결정에는 오직 소양, 재능, 숙련, 교양 따위가 지침이 되어야 한다. 만일 그렇지 않고 인간이 처음 출생할 때부터 선택할 권리를 박탈당한 채 자연과 우연성에만 내맡겨진다면, 이처럼 자유스럽지 못한 개인은 나중에 정신의 교육을 받아서 자신의 정당성을 요구하게 될 때, 그 요구와 출생 때부터 그에게 주어진 위치 사이에서 갈등을 겪게 된다. 이는 바로 *부당성(Unrecht)* 때문에 생겨난 비극적이고 불행한 충돌로서 절대적이고, 참되고, 자유로운 예술이 존중할 수 없는 부분이다. 오늘날 우리가 처한 상황에서는 소수의 범위를 제외하고는 출생 때문에 야기되는 신분의 차이는 별로 없다. 통치하는 왕조나 귀족들은 예외적으로 좀 더 숭고한 신분으로 간주되며, 또 그들은 국가라는 개념 속에 기원을 둔다. 그 외에는 어느 개인이 속하거나 속하려는 신분과 관련해서 출생은 아무 중요한 역할을 하지 못한다. 그러므로 우리는 이 완전한 자유를 원하면서도 동시에 개인이 자기가 택할 신분에 맞는 교양, 지식, 숙련, 사상을 갖추도록 좀 더 폭넓은 요구를 한다. 그러나 만약 출생이 극복할 수 없는 장애가 되어서 아무 제한 없이 자기의 힘과 활동으로 자신의 삶을 충족시키려는 인간의 요구와 대립될 때, 이는 불행한 일일 뿐더러 인간에게는 본질적으로 부당한 것으로 드러난다. 즉 그때 인간은 자기의 정신과 재능, 감성, 내적인 외적인 교양에 의해서 자연의 벽을 쉽게 넘어설 수 있음에도 불구하고 그런 자연적인 장애물은 그가 이룰 수 있는 것을 이루지 못하게 만든다. 자의적(恣意的)인 권리 갖고 있는 자연성이 감히 정신이 갖고 있는 정당한 자유에 극복 불가능한 제약을 가하려 드는 것이다.

그런 충돌을 좀 더 자세히 살펴보면 그 본질적인 측면들은 다음과 같다.

첫째로, 정신적인 자질을 지닌 사람이라면 사실 자기의 소망과 목적에서 벗어나는 자연적인 한계를 이미 극복할 수 있어야 한다. 만약 그렇지 못하고 그가 그것을 나중에야 요구한다면 이는 어리석은 일일 것이다. 예를 들어 겨우 하인 수준의 교양과 재능밖에 지니지 못한 사람이 어느 공주나 귀부인을 사랑하거나 또는 귀부인이 하인과 사랑에 빠진다면, 그 사랑은 아무리 열정이 심오하고 열렬한 것일지라도 부조리하고 무취미한 것이 되고 만다. 왜냐하면 이때 신분과 재산이 있고 사교계에서 고귀한 위치에 있는 여성을 하인과 구분 짓는 것은, 그들의 원래의 출생의 차이가 아니라 오히려 고상한 관심사, 폭넓은 교양, 삶의 목적, 감정의 차이이기 때문이다. 만약에 그 두 사람을 결합시키는 유일한 끈인 사랑이 그들로 하여금 정신적인 교양과 그들의 신분에 맞춰 살게 하는 또 다른 폭넓은 요소를 지니고 있지 않다면,

그들의 사랑은 공허하고 추상적이고 감각적인 것에 불과할 것이다. 그 사랑이 충만하고 온전한 것이 되려면 그 외에도 온전한 의식, 완전하고 고귀한 사상이나 관심사들과 연결되어야 한다.

두 *번째*의 경우, 자연적인 출생에 의존하게 되면 이는 자유로운 정신성과 그 정신이 추구하는 정당한 목적에게 법적인 구속과 장애물이 된다. 이런 충돌은 그것이 아무리 사람들의 관심을 끌고 또 아무리 예술이 이를 소재로 삼는다 해도, 이상의 개념과는 반대되는 뭔가 미적이지 못한 요소를 내포한다. 예를 들어 (남부 인도의 최하층 천민계급인) 파리아(Pariah)나 유대인들처럼 이미 법적으로 고정되어 있어서 그들에게 불리하게 작용하는 출생의 차별 속에서 태어났을 경우, 사람이 자기 내면속에 깃든 자유로운 정신으로 그런 장애물에 대항해 싸워 그 부당함을 제거하고 자신을 자유롭게 만드는 일은 아주 정당하다고 본다. 그러나 만약 기존의 신분이 갖는 위력 때문에 필연적으로 그런 제한을 극복하거나 이길 수 없을 때는 저항은 불행과 왜곡된 상황만 불러올 뿐이다. 왜냐하면 분별 있는 사람이라면 스스로 필연적인 힘을 꺾을 수단을 갖지 못하고 그에 굴복할 수밖에 없기 때문이다. 다시 말해 그는 그것에 대항해서는 안 되고 자신이 피할 수 없는 것을 조용히 받아들여야 한다. 그는 피할 수 없는 것을 수동적인 인내와 용기로 참아내야 하며 자신을 파멸로 이끌고 가는 관심사와 욕구를 포기해야 한다. 투쟁을 하더라도 아무 도움이 되지 못할 때는 그 투쟁을 비껴서 최소한 주관적인 자유라는 *형식적인(formell)* 독자성 속으로 물러나는 것도 분별 있는 일이다. 그럴 경우 그런 독자성 속에 머무는 사람에게는 자연적인 제약이 주는 부당함은 더 이상 위력을 갖지 못한다. 만약에 그렇지 않고 그 위력에 대항해 싸우려 하면 그는 굴복할 수밖에 없다는 사실을 경험한다. 그러나 이러한 순수하고 추상적이고 형식적인 독자성도 저 아무런 결과 없는 소모적인 투쟁도 모두 다 진정으로 미적(美的)이지는 않다.

위의 두 번째 경우와 직접 관련되는 다음의 세 번째의 경우도 참된 이상과는 거리가 멀다. 예를 들어 종교상으로 또는 국가의 기존 법이나 사회적인 신분에 의해 기득권을 갖고 출생한 개인들이 이 기득권의 타당성을 주장하고 나서는 경우이다. 이때 그 독자성은 기존의 외적인 현실에 근거하고 있기는 하지만, 스스로 부당하고 비(非) 이성적인 것을 고집하려 들면서 거짓되고 형식적인 독자성이 될 뿐이다. 거기에서는 이상의 개념은 사라지고 만다. 물론 주체가 보편적이고 합법적인 것과 손을 잡고 이와 긴밀하게 통일을 이룰 때 이상은 보존된다고 사람들은 믿을지 모른다. 그러나 한편으로 이런 경우에 보편적인 것은 영웅적인 이상(理想)이 요구하듯이 그 위력이 이 개인 속에 들어 있는 것이 아니라, 단지 기존법과 그것이 시행되는 범위 내의 공권력 속에만 들어 있다. 다른 한편으로 볼 때 여기에서 개인이 주장하는 것은 부당한 것이어서 그에게는 진정한 이상의 개념 속에 들어 있는 실체성은 결여된다. 이상적인 주체는 그 자체는 참되고 정당해야 한다. 사회적인 신분의 차이에서 주어지는 권리로는 예를 들어 노예나 농노를 합법적으로 지배하는 것, 외래인에게서 자유를 박탈하여 그들을 신에게 희생의 제물로 바치는 것 따위를 들 수 있을 것이다. 물론 그런 권리들은 개인에게 구속되지 않고 그들의 정당한 권리를 지킨다는 믿음에서 거침없이 이행될 수 있다. 예를 들면 인도에서 높은 카스트 신분에 속하는 사람들이 그들의 기득권을 이용하는 것, 토아스가 오레스트를 희생시키도록 명령하는 것,[58] 그리고 러시아에서

---

58) 이는 에우리피데스의 비극 《타우리스의 이피게니아》에 나오는 장면이다.

지주들의 농노(農奴) 지배 따위가 그런 것이다. 사실 상층계급에 있는 사람들은 이런 종류의 권리들에 대해 이해관계를 갖고서 그것들을 정당하고 합법적인 것으로 관철하려 들 수 있다. 그러나 그때 그들이 가진 권리는 정당하지 못한 야만스러운 권리에 불과하며, 우리 눈에는 그들 자신도 절대로 부당한 것을 결정해 실행하려는 야만인들처럼 보인다. 주체가 의지하는 합법성(Gesetzlichkeit)이라는 것은 그의 시대와 시대정신, 교양수준에서 보면 비록 존중을 받고 정당화될 수 있는 것일지 몰라도, 우리의 눈에는 철저하게 실증적인 것일 뿐 그 자체로는 타당성도 위력도 지니지 못하는 것이다. 그러므로 만일 기득권을 지닌 어느 개인이 자기의 권리를 자신의 이기적인 목적과 단편적인 열정을 위해서만 이용한다면 그의 성격은 우리 눈에는 야만스러울 뿐 아니라 사악한 것으로 드러나게 된다.

비극의 목적은 공포와 연민을 유발하는 것이라고 단언했던 아리스토텔레스[59]의 법칙대로 사람들은 종종 그런 갈등을 통해 연민과 공포를 일깨우려고 했다. 그러나 위와 같은 야만적이고 불행한 시대에서 나오는 권리가 갖는 위력은 우리에게 공포도 경외감도 아닌, 단지 혐오와 분노의 느낌만 줄 뿐이다.

그러므로 그런 갈등은 오직 그런 그릇된 권리들이 끝까지 관철되지 않을 때 시작될 수 있다. 그 예로 아울리스와 타우리스 섬에서 이피게니아(Iphigenie)와 오레스테스(Orestes)가 희생되지 않는 것을 들 수 있다.

γγ) 끝으로, 자연성에 기반을 두고 생겨나는 충돌의 또 한 측면으로는 기질과 성격 같은 자연적인 소양에 근거하는 주관적인 열정을 들 수 있다. 그 예가 바로 오셀로의 질투이다. 지배욕이나 인색함 그리고 사

---

[59] 이에 대해서는 아리스토텔레스의 《시학》 1449 b항을 참조할 것.

랑도 사실은 부분적으로 그런 열정에 속한다. 그러나 이런 열정들은 개인들로 하여금 그런 감정들이 지닌 배타적인 위력에 사로잡혀 인간의 삶 속에 있는 진정 윤리적이고 정당한 것에 대항함으로써 더 깊은 갈등 속으로 빠져들어 가게 하는 동기가 될 때만 실제 충돌을 야기한다.

그러므로 더 나아가 우리는 *세 번째의* 중요한 분열에 대해 고찰할 수 있다. 이 분열은 원래 정신적인 위력이 서로 차이가 나는데 기인하며, 인간 자신의 행위들에 의해서 그 대립이 생겨난다.

γ) 이미 위에서 언급했듯이 순수한 자연적인 충돌들은 앞으로 더 발생할 대립들의 연결점이 될 뿐이다. 이는 위에서 고찰한 두 번째 종류의 충돌에서도 어느 정도 같게 나타난다. 그러나 좀 더 심오한 관심사를 나타내는 예술작품 속에서는 그런 충돌은 지금까지 암시된 것처럼 반목상태에만 머물지는 않는다. 그러한 충돌은 장애물로서 대립되는 것을 더 제시함으로써 정신적으로 생동하는 상이한 위력들로 하여금 서로 투쟁하게 만든다. 그러나 정신적인 것은 오직 정신에 의해서만 활동하므로, 정신적인 차이들이 그 본래의 형태로 등장하려면 인간의 활동에 의해 현실로 드러나야 한다.

인간이 실제로 행위를 하게 되면 한편으로 그는 장애에 부딪치는 어려움을 겪게 되고, 다른 한편으로 본래 정신이 지닌 절대적으로(즉 자대자적으로) 정당한 관심사와 위력의 침해를 받는다. 이 양쪽의 특성들이 결합될 때 비로소 마지막 세 번째 종류의 충돌이 일어나는 심오한 기반이 된다. 이 영역에서 일어날 수 있는 사건들은 다음과 같이 세 가지 방식으로 구분된다.

αα) 우리는 자연적인 것의 기반을 두고 있는 그런 갈등들의 영역에서 막 벗어나기 시작했으므로, 다음에 일어나는 새로운 종류의 갈등

들도 아직은 이전의 것들과 관련이 있다. 그러나 이제 인간의 활동이 충돌의 원인이 되려면, 인간이 자연적인 일을 행했을 때 인간 자신이 *정신*이 아니므로 그가 *모르고* 했거나 의도하지 않고 행했지만 나중에 가서 그것이 지켜야 할 윤리적인 위력을 침해하는 결과로 나타나야 한다. 만약 인간이 나중에 가서 자신의 행동을 의식하고 자신이 저지른 일을 시인하게 되면, 그러한 의식은 그로 하여금 앞서 자신이 의식하지 못한 채 저지른 불의에 대해 갈등과 대립에 빠지게 만든다. 즉 여기서는 행위를 할 *때* 의식하고 의도한 것과 나중에 가서 이 행위 *자체*에 대한 의식 사이에 대립적인 갈등이 야기된다. 오이디푸스왕과 아이아스[60]의 행동을 그 예로 들 수 있다. 오이디푸스가 스스로 의도하고 알면서 행동한 것으로는 길에서 만난 한 낯선 남자와 싸우다가 그를 때려죽인 일이 있다. 하지만 여기서 그가 모르고 있던 것은 실제로는 자신의 친부를 살해한 절대적인 불의(不義)의 행동을 저질렀다는 것이었다. 반대로 아이아스는 미친 상태에서 그리스인들의 가축을 그리스의 왕자들로 잘못 알고 때려죽인다. 그러고 나서 그는 정신이 들자 스스로 저지른 일을 보고 자신의 행동에 대해 수치심에 사로잡

---

60) 아이아스(그리스어 : $Aια\varsigma$, 독일어로는 Aias 또는 Ajax로 표기). 아이아스는 그리스 신화에 나오는 영웅이다. 호메로스 서사시에서 그는 그리스인 가운데 아킬레우스 다음으로 가장 용감하고 강인한 전사로 등장한다. 그는 트로이군에 대항하여 아킬레우스의 시신(屍身)을 구하며, 아킬레우스가 지녔던 무기 때문에 다시 오디세우스와 다투게 된다. 그러나 판정에서 오디세우스가 이겨 그 무기가 그에게 돌아가자 아이아스는 자살을 한다. 그러나 호메로스 이후의 서사시에서는 이야기가 조금 달라진다. 즉, 아이아스는 오디세우스에게 패배하자 그리스군의 지휘자들을 살해하려고 계획한다. 그러나 아테네 여신이 그의 눈을 멀게 하자, 그는 그리스 군사의 가축을 군사들로 잘못 알고 죽이며, 이를 뒤늦게 알고 자살한다. 아이아스의 운명은 아이스킬로스, 소포클레스, 핀다르, 오비디우스 같은 시인들에 의해서 여러 차례 작품화되었다.

영웅 아이아스. 헤르메스 신과 아테네 여신의 보호를 받는 그는 아킬레우스의 시신(屍身)을 주워 그리스 군의 진영으로 옮겨가고 있다. BC 520~510년경 작품

자신의 칼에 찔려 죽는 영웅 아이아스

히며 이것이 충돌 상황으로 이끌어간다.

그런 식으로 인간이 의도하지 않은 상태에서 불의를 저지른 것은 그가 원래 분별력이 있을 때면 존중하고 성스러운 것으로 간주했을 그런 것이어야 한다. 반면에 만약 이런 존중과 숭배가 단순한 의견이나 그릇된 미신에서 비롯된 것이면, 거기에서 나오는 충돌은 우리에게 더 이상 깊은 관심을 주지 못한다.

ββ) 그러나 둘째로 우리가 현재 처해 있는 영역에서 일어나는 갈등

그리스의 왕 아가멤논이 딸 이피게니아를 희생의 제물로 삼는다

을 보면, 이는 인간의 행동에 의해 정신적인 위력들이 정신적인 침해를 당하는 것이다. 따라서 이에 적합한 충돌은 행위자가 의식했고 또 이렇게 의식(意識)하고 의도한 데서 나온 침해로 야기된다. 여기서도 출발점이 되는 것은 열정, 무력(武力)행위, 우둔함 따위이다. 예를 들어 트로이 전쟁은 헬레나를 약탈한 데서 시작된다. 그 후에 아가멤논은 한 걸음 더 나아가 자기의 딸 이피게니아를 희생시키는데, 이는 그녀를 가장 사랑하던 어머니 클리템네스트라의 마음에 충격을 준다. 클리템네스트라는 딸의 복수를 하기 위해서 자기 남편을 살해한다. 그러자 그녀의 아들 오레스테스는 자기의 부왕(父王)인 아가멤논을 죽인 어머니를 죽임으로써 아버지의 원수를 갚는다. 《햄릿(Hamlet)》도 경우도 이와 비슷하다. 햄릿의 부왕이 음모로 살해되고, 부왕의 아내이자 햄릿의 어머니인 왕비는 그 후 부왕을 살해한 자와 성급히 결혼함으로써 죽은 자의 영혼을 모독한다.

이러한 충돌들에서 핵심이 되는 것은 인간이 뭔가 절대적으로(an und für sich) 윤리적인 것, 참된 것, 성스러운 것에 맞서 행위를 저지르고 그에 대적하서 싸운다는 점이다. 만약 그런 경우가 아니라면 그런 갈등은 윤리적이고 성스러운 참된 것을 의식하는 우리에게 아무런 가치나 중요성도 띠지 않을 것이다. 한 예를 들자면, 마하브라타(Mahabharata), 날라(Nala), 다마이안티(Damayanti)에 관한 유명한 일화가 있다.61) 왕(王)인 날라는 공작의 딸 다마이안티와 결혼한다. 그 전에 그녀에게는 구혼자들 가운데 자신의 상대를 스스로 선택할 특권이 주어졌었는데, 다른 구혼자들이 모두 기인(奇人)으로 공중에 떠 있는 상태로 존재하는 데 반해 날라 혼자만이 땅에 발을 딛고 서 있었다. 그녀는 인간인 날라를 신랑으로 선택한다. 그러자 화가 난 기인들은 날라를 해칠 기회를 엿보지만, 수년이 지나도록 날라 왕에게 아무 허점도 발견할 수 없어서 그들은 그에 맞서 반기를 들 수가 없었다. 그러나 마침내 날라가 소변을 보고 그것으로 젖은 땅을 발로 디딤으로써 큰 불의를 저지르게 되자 그들은 그와 싸워서 이긴다. 왜냐하면 인도인들의 생각으로 날라의 그런 행위는 중대한 불경죄로서 그 죄를 면할 수 없기 때문이다. 그때부터 기인들은 날라를 지배한다. 어떤 기인은 그를 놀이의 재미에 빠지게 하여 타락시키고, 어떤 기인은 그를 형제와 불화하게 만든다. 마침내 날라는 왕좌를 빼앗기고 거지가 된 채 아내 다마이안티와 더불어 비참한 방랑생활을 한다.

그는 그녀와도 헤어져 혼자서 무수한 모험을 겪은 후에야 결국 예전의 행복을 다시 찾는다. 그러나 위와 같은 처음의 갈등이 고대 인도인들에게는 중요하고 성스러운 침해로서 이 이야기 뒤에 계속 전개되

---

61) 헤겔은 당시 이 일화를 고대 인도의 설화 가운데서 독일의 문인 훔볼트(W. von Humboldt)가 엮은 《바가바드-기타라는 이름으로 알려진 마하브라타의 설화에 대해서(Über die unter den Namen Bhagavad-Gita bekannte Episode des Mahabharata)》(베를린, 1826년 출간)에서 인용한 것으로 보인다.

는 모든 사건의 주 동기로 보일지 몰라도, 우리 서구인들의 의식으로 볼 때는 황당무계할 뿐이다.

γγ) 그러나 세 번째의 경우에 일어나는 침해는 꼭 직접적일 필요가 없다. 다시 말해 행위 그 자체는 충돌을 야기하는 행위가 아니더라도, 그 행위가 일어날 때의 주변의 의식상태나 상황에 따라 그 행위에 대한 적개감이 생김으로써 사람들이 대항하는 충돌이 일어날 수 있다. 그 예로 서로 사랑하는 로미오와 줄리엣을 들 수 있다. 그러나 그들 양쪽 집안은 서로 증오하고 적대하기 때문에 두 사람은 양가 부모들이 결혼을 결코 승낙하지 않으리라는 것을 알고서 그 이미 주어진 갈등 때문에 충돌 속으로 빠져든다.

일반적인 세계상태와 대립되는 특수한 상황에 대해서는 이처럼 일반적인 예들을 든 것만으로도 충분히 설명이 되었으리라고 본다. 물론 온갖 가능한 상황들을 모든 측면과 뉘앙스에 따라 고찰하고 평가하자면 이 장(章) 하나만으로는 설명을 다할 수 없을 것이다. 그 이유는 온갖 상황들을 생각해 내는 것 자체가 무한한 가능성을 지니고 있는 데다, 그 특수한 상황들은 매번 그 성격과 종류에 따라 본래 어느 특정한 예술의 대상이 될 수 있기 때문이다. 예를 들어 동화(童話)에는 다른 예술방식에서는 다루거나 표현하기 어려운 많은 것들이 허용된다. 그러나 어쨌든 일반적으로 상황을 고안해낸다는 것은 예술가들에게도 중요하고 보통은 대단히 어려운 일이다. 특히 오늘날에는 적합한 상태와 상황을 이끌어낼만한 적합한 소재를 발견하기 어렵다고 사람들은 자주 호소하곤 한다. 이는 언뜻 보면 작가들이 독창적이 되어서 스스로 상황들을 생각해 낼 수 있다는 점에서 가치가 있겠지만, 이런 종류의 독자성은 본질적인 것이 되지 못한다. 왜냐하면 상황은 원래 예술형상(Kunstgestalt)이 되는 정신적인 것 자체가 아니라 단지 외적인 소재에 불과하기 때문이다. 중요한 것은 그 상황에서 더 나아가 하나의 성격이나 심성이 묘사되고 전개되어야 한다는 점이다. 즉 상황이라는 외적인 출발점을 행위와 성격으로 변화시켰을 때 비로소 진정한 예술행위가 나타난다. 그러므로 작가가 문학 외적인 상황을 직접 생각해 냈다고 해서 작가에게 찬사를 보낼 필요는 없다. 더 중요한 것은 작가가 이미 기존의 역사나 설화, 신화, 연대기 그리고 예술적으로 이미 다루어진 소재와 상황까지도 변화시켜 거기에서 다시 새로운 자신의 것을 창조해 내는 일이다. 예를 들어 회화(繪畵)에서 보더라도 화가들은 성자들의 전설 같은 이미 주어진 외적인 상황에서 종종 반복해서 같은 소재를 취한다. 사실 특정한 상황을 새로 생각해내는 것보다 기존의 그러한 소재들을 다시 개작해서 잘 표현할 때 예술적인 창조성은 더 심오해진다. 앞서 충분히 예를 들어 살펴본 상황이나 분규들의 경우도 비슷하다. 이런 점에서 예전의 예술에 비해 현대예술은 풍부한 상상력을 무한히 표현한다고 사람들은 칭찬하곤 했다. 사실 중세예술작품들이나 현대예술작품들을 살펴보면 그 속에서는 아주 다양하고 변화무쌍한 상황들이나 사실, 사건, 운명들을 발견할 수 있다. 그러나 이처럼 외적으로 소재만 풍부하다고 해서 대단한 것은 아니다. 상황이나 사건들은 그처럼 넘치게 많은 데도 실제로 뛰어난 희곡이나 서사시는 겨우 몇 편 안 되는 것만 봐도 알 수 있다. 그 이유는 예술작품에서 중요한 것은 내용을 구성하는 외적인 사건이나 경과, 변화가 아니라 이를 형상화하는 과정에서 윤리적이고 정신적인 것 그리고 개개인의 위대한 심정과 성격이 움직임으로 표현되고 드러나야 하는 것이다.

우리는 더 고찰을 계속하기 전에 상황의 출발점이 되는 것을 살펴보자. 한편으로 외적이거나 내적인 상황과 상태, 그리고 관계들은 인간의 *심정*과 *열정*에 의해서 포착되고 그 속에 간직될 때 비로소 상황이 된다. 다른 한편으로, 상황은 그 피규정성에 따라 대립, 장애, 분규, *침해*로 다양화되고, 심정은 그 속에 포착된 어떤 상황에 의해 그의 목적과 열정에 대립되는 장애물에 필연적으로 맞서 행동하려는 동기유발이 된다. 이런 의미에서 볼 때 행위라는 것은 원래 상황 속에 내포된 대립이 밖으로 드러날 때 비로소 시작된다. 그러나 충돌을 야기한 행위가 그와 대립되는 다른 측면을 *침해*하면, 그때 나타나는 차이 때문에 그 행위의 공격을 받은 다른 대립적인 힘이 그에 맞서게 된다. 그리하여 *행위(Aktion)*가 일어나면 곧이어 그에 대한 *반응(Reaktion)*이 일어난다. 그때 비로소 이상(理想)은 완전히 규정되어 움직이기 시작한다. 왜냐하면 이때는 조화의 상태에서 벗어난 두 개의 서로 다른 관심사가 서로 *대립투쟁*하면서 그 대립 속에서 하나의 *해결점*을 찾으려고 요구하기 때문이다.

이런 운동은 전체적으로 보면 더 이상 상황이나 그 상황에서 일어나는 갈등에 속하지 않고, 우리가 앞서 본래의 행위라고 설명한 그 영역에 속한다. 그러므로 우리는 이제 그 행위에 대한 고찰로 넘어가기로 한다.

3. 행 위

지금까지 고찰한 바를 보면 *행위*는 일반적인 *세계상태*와 특정한 상황에서 세 번째 단계에 속한다. 앞장의 *외적인* 관계에서 우리는 충돌, 행동, 반응을 야기하는 상황이 행위의 전제가 된다고 살펴보았다. 그러나 그런 상황이 전제되더라도 행위의 출발점이 어디인지는 확정지을 수 없다. 왜냐하면 어떤 행위가 한편으로 출발점으로 보이더라도 이는 다른 한편에서 보면 그 전에 있었던 어떤 분규의 결과일 수 있어서, 그런 경우 사실 원인적인 행위가 되지 못하기 때문이다. 예를 들면 아가멤논 왕가의 공주인 이피게니아는 자기 가문의 죄와 불행의 속죄양이 되어 떠난다. 이때 이피게니아는 그녀를 타우리스 섬으로 데려가는 다이아나 여신에게 구원받는데 이것이 처음 시작의 행위로 보일 수도 있다. 그러나 이 상황은 사실은 앞서 일어난 다른 사건의 결과일 뿐이다. 다시 말해 그것은 앞서 트로이의 왕자 파리스에게 헬레나를 빼앗긴 메넬라오스가 반격으로 아우리스에 쳐들어온 사건의 결과인 것이다. 그런 식으로 충돌과 행위의 시원(始原)을 찾다 보면 유명한 레다의 알(卵)에까지 사건은 소급되어 올라갈 수 있다.[62] 마찬가지로 《타우리스의 이피게니아》에서 다루어진 소재도 아가멤논의 살해, 그리고 또 장차 탄탈로스 가문[63]에 일어날 범죄행위의 전제가 된다. 테베 가문의 설화도 이와 비슷한 범주에 속한다.[64]

이처럼 어떤 행위의 전제가 되는 일련의 다른 행위들을 묘사해야 할 경우, 이 과제를 가장 잘 해결할 수 있는 예술은 오직 시문학(詩文學)뿐이다. 그러나 주지하다시피 이를 사실대로만 기술한다면 지루할 것이다. 사건을 자세하게 기술하는 일은 산문(散文)에서나 가능하다.

---

[62] 여기서 이 장면과 연결되면서 트로이 전쟁의 시발점이 되는 그리스 신화를 간략하게 더듬어 보면 다음과 같다. 메넬라오스가 아우리스에 쳐들어온 후 아우리스에서 그리스 군대를 모집한 그리스의 왕 아가멤논은 트로이를 향해 출병하려 하지만, 배가 뜰 수 없게 되자 자기 딸 이피게니아를 아폴로 신에게 제물로 바친다. 또 그 이전으로 거슬러 가서 레다는 백조의 형상을 띠고 나타난 제우스 신의 사랑을 받아 그 결과 아름다운 헬레나를 낳는다. 그리고 그 헬레나가 트로이 전쟁을 일으키는 원인이 된다.
[63] 그리스 신화에서 탄탈로스는 아가멤논의 먼 조상이기 때문에 탄탈로스 가문이란 아가멤논의 왕가를 가리킨다.
[64] 테베 가문이란 이미 앞서 살펴본 오이디푸스와 안티고네의 왕가를 일컫는다.

반면에 청중을 당장 *사안의 핵심으로(in medias res)*65) 이끄는 것이 바로 시문학의 원칙이다.

특정한 행위를 그 외적인 시작에서부터 서술하는 것이 왜 예술의 관심사가 되지 않는가에 대해서는 좀 더 깊은 이유가 있다. 즉 그런 시작은 자연적이고 외적인 사건의 진행을 생각할 때만 타당하다. 어떤 행위와 그 행위의 시작에 어떤 연관성이 있는지 따지는 일은 실제로 일어난 양쪽 일의 연관성을 이해하는 데만 영향을 미칠 뿐, 본래 행위 자체의 내용과는 무관할 수 있다. 말하자면 여러 사건들의 경우에도 이를 한 개인이 겪었을 때, 만약 그 개인이 단지 그 사건들의 연결 실마리를 제공할 뿐이라면, 그 사건들은 여전히 외적으로 통일성을 이룬다. 물론 개인은 총체적인 삶의 환경이나 활동, 운명에 의해 형성된다. 그러나 원래 개인의 품성이나 신념, 그가 지닌 중요한 능력은 어쨌든 어느 특정하고 거창한 상황과 행위 속에서 나타나며, 그때 전에는 단지 이름과 외모로만 알려져 있던 그 개인은 자기 본연의 모습을 드러낸다.

그러므로 행위의 시원은 꼭 실제로 *경험한* 시작에서부터 찾을 것은 아니다. 다만 개인의 심정과 욕구가 어떤 상황과 사태를 포착하고 이것이 어떤 충돌을 일으키면서 이에 대해 투쟁하여 이를 해결하려는 특정한 행위를 야기할 때, 그와 같은 상황만이 예술에서 사건으로 다

---

65) 여기서 헤겔은 한편으로 반데르(K.F.Wander)가 쓴 《독일속담사전(Deutsches Sprichwörter-Lexikon)》에 나오는 "그는 아담에서부터 이야기를 시작한다"라는, 즉 모든 것은 처음부터 상세히 기술해야 한다는 뜻의 구절을 암시한다. 그러면서 그는 다른 한편으로 이에 반대하면서, 호라티우스의 《시학(Ars Poetica)》, ii 147~148에 나오는 구절, 즉 예를 들어 트로이 전쟁 이야기를 시작부터(ab ovo) 기술할 것이 아니라 빨리 핵심으로 파고들어 가야 한다는 구절을 암시한다.

뤄져야 한다. 예를 들면 호메로스는 《일리아스》⁶⁶⁾에서 지체 없이 모든 사건의 핵심부터, 즉 아킬레우스의 분노에서부터 곧장 이야기를 시작한다. 그는 그 이전에 아킬레우스에게 일어난 사건이나 그의 생애에 대한 설명은 생략한 채 곧바로 일어난 특정한 갈등을 우리에게 보여주고 그런 모습의 배후에 대한 흥미를 일으킨다.

특히 시문학은 어떤 행위를 그 행위가 야기하는 투쟁, 반응, 해결이라는 총체적인 움직임 속에서 묘사할 수 있다. 그러나 다른 종류의 예술들은 다만 어느 행위가 진행되는 과정 가운데 한 순간만을 작품 속에 고정시킬 수 있다. 시문학 아닌 다른 예술들은 한편으로 그것들이 가진 표현수단이 풍부하다는 점에서 시문학을 능가하는 것처럼 보일 수도 있다. 왜냐하면 그러한 예술들은 전체적인 외적 형상뿐만 아니라 그 형상의 자태, 그 형상과 주위의 다른 형상들과의 관계 속에서 이루어지는 형태, 그리고 그들을 둘러싼 다른 대상들에 반사된 모습 등을 마음대로 만들어 낼 수 있기 때문이다. 그러나 이 모든 것들도 언어의 명료한 표현능력에는 미치지 못한다. 행위야말로 개인과 개인의

---

66) 일리아스(Ilias, 그리스어로는 Ἰλιάς, 영어로는 Iliad라고 하며 우리는 보통 '일리아드'로 많이 알고 있지만 여기서는 그리스식으로 표기했다)는 현존하는 고대 그리스 문학에서 가장 오래된 전쟁 서사시로 호메로스(기원전 8세기)가 썼다고 전한다. 트로이의 별칭인 일리온에서 이름을 땄다. 이 작품은 그가 쓴 《오디세이아(Odysseia)》와 더불어 고대 그리스의 최고 작품으로 꼽히며 후대에 서양의 문학과 예술에 큰 영향을 끼쳤다. 실제로 여기에서 헤겔도 호메로스의 그의 이 두 작품, 그리고 그 안에 나오는 많은 영웅들을 매우 자주 언급한다. 이 서사시는 총 24편으로 나누어지며, 그리스의 대표적인 시운(詩韻) 가운데 하나인 6각운(Hexametre)으로 쓰여졌다. 주제는 그리스 전설에 나오는 트로이 전쟁이 사랑과 배신, 영웅심, 신들과 인간 사이의 갈등에서 야기되면서 인간들이 겪는 비극을 다루고 있다.

신념, 개인의 목적을 가장 명확하게 나타내 준다. 인간은 자기의 내면 깊이 간직한 것을 행위를 통해 비로소 현실로 드러낸다. 그때 행위 속에는 정신적인 것이 깃들여 있으므로 이는 언어라는 정신적인 표현을 통해서만 가장 위대하고 명료하게 그 피규정성을 획득할 수 있다.

우리는 일반적으로 행위에 대해서 이야기할 때 보통 마치 이것이 불가사의한 다양성을 지닌 것처럼 생각한다. 그러나 예술적 표현에 적합한 행위는 보통 그 범위가 제한되어 있다. 왜냐하면 오로지 이념에 맞는 행위만이 예술적인 표현을 할 수 있기 때문이다.

이런 점에서 예술이 표현하고자 하는 행위에는 세 가지 주요한 특징이 강조되어야 한다. 상황과 그 갈등은 일반적으로 행위를 자극하는 요소이다. 그러나 이념이 스스로 행위로 나타날 때 그 속에서 드러나는 상이성인 운동 자체는 반응을 통해 비로소 나타난다. 그때 그 운동 속에는 다음과 같은 것들이 포함된다.

첫째, 행위의 이유가 되는 본질적인 내용과 목적을 구성하는 *보편적인 위력들*,

둘째, 행동하는 *개인들*에 의해서 이 위력들이 실행되는 것,

셋째, 위의 양자가 결합되어 일반적으로 성격이라 불리는 것이 형성되는 것.

a. 행위에 깃들어 있는 보편적인 위력들

α) 우리는 행위에 대해 고찰할 때 이상(理想)의 피규정성들과 그 차이들을 고찰하는 데 머문다. 하지만 참된 미(美) 속에서는 갈등을 유발하는 모든 대립 측면들이 여전히 이상(理想)의 기미를 띠고 있어야 하며 따라서 이성(理性)과 정당성이 결여되어서는 안 된다. 이상적인 관

심사들은 서로 투쟁할 때 위력과 위력이 서로 맞선다. 이런 대립되는 관심사들은 바로 인간의 가슴 속에 든 본질적인 욕구이자 인간 행위의 필연적인 목적이므로 그 자체 정당하고 이성적이다. 즉 힘들은 정신적인 존재가 지니는 보편적이고 영원한 위력이다. 그렇다고 해서 그 자체가 절대적이거나 신적인 것은 아니다. 다만 절대적인 이념의 소산으로서 우월하고 가치가 있는 힘이다. 그 힘들은 보편적인 진리의 특정하고 특수한 계기로 갈라진 것에 불과하지만 그 진리의 소산인 것만은 틀림없다. 그 힘들은 각자 주어진 규정대로 서로 대립하지만 그들은 서로의 차이에도 불구하고 특정한 이상으로 드러나기 위해서는 스스로 본질성을 지녀야 한다. 이것들이 바로 예술을 형성하고, 영원하고 종교적이고 윤리적인 관계를 이루는 주요한 동기가 된다. 즉 가족이나 조국, 국가, 교회, 명성, 우정, 신분, 위엄 그리고 낭만주의의 세계에서는 특히 결혼과 사랑 따위가 그것이다. 그 힘들은 서로 다른 타당성을 지니고 있지만 그 자체로는 모두 이성적이다. 그것들은 또한 인간의 심성에 깃들여 있는 힘이다. 인간은 그가 인간이기 때문에 그 힘들을 인정하고 그 힘들에 의해 지배된다. 그러나 그 힘들은 실정법상의 권리로서만 등장해서는 안 된다. 왜냐하면 이미 살펴보았듯이 실정법이란 한편으로는 이상적인 개념과 그 형태에 대립되고, 다른 한편으로 실정법상의 권리내용은 그것이 아무리 법적인 형태를 취하고 있어도 전적으로 부당할 수도 있기 때문이다. 그러나 위에 언급한 윤리적인 관계들은 외적으로 확고할 뿐만 아니라 절대적으로 실체적인 위력들이다. 그 속에는 바로 신성함과 인간성의 진정한 내용이 들어 있으며, 이는 행위를 일으키면서 궁극적으로는 언제나 자신을 완성해 간다.

 이런 종류의 위력으로 예를 들면 소포클레스의 《안티고네》에서 서로 투쟁하는 여러 관심사와 목적이 있다. 테베 시의 수장(首長)인 크레온왕은 오이디푸스의 아들이 조국인 테베 시에 대항해 반기를 들자 그가 죽으면 결코 그 도시에 묻지 못하도록 엄명을 내린다. 이 명령 속에는 물론 도시 전체의 안녕을 염려하는 정당성이 들어 있다. 그러나 안티고네도 역시 그녀 나름대로 윤리적인 힘에 끌린다. 그녀는 오빠가 땅에 묻히지 못하고 새들의 먹이가 될까봐 두려워하면서 오빠에 대한 신성한 애정을 갖고 있다. 만약 그녀가 오빠를 매장할 의무를 이행하지 않는다면 이는 그녀 가문의 경건한 의무를 해치는 것이 될 거라고 생각한 그녀는 크레온왕의 명령을 어긴다.

β) 충돌들은 다양한 방법으로 야기될 수 있다. 그러나 그에 대한 필연적인 반응은 기괴하거나 혐오스러운 것에 아닌 뭔가 이성적이고 정당한 것에 의해 일어나야 한다. 예를 들어 독일의 유명한 서사시인 하르트만 폰 아우에(Hartmann von Aue)의 작품인 《가련한 하인리히(Der arme Heinrich)》[67]에서 드러나는 충돌은 혐오스러운 느낌을 준

---

67) 하르트만 폰 아우에(Hartmann von Aue)는 12세기 중엽에서 13세기 초까지 살았던 독일의 서사시인이다. 그 이전까지 독일 궁정에는 프랑스풍을 모방한 문학이 성행했었으나 그에 이르러서 진정한 독일의 서사시가 탄생했다고 한다. 그의 서사시는 4편이 있는데 제작순으로 보면 《에렉(Erec)》, 《그레고리우스(Gregorius)》, 《가련한 하인리히(Der arme Heinrich)》, 《이바인(Iwein)》등이다. 그 중에서 《가련한 하인리히》(1195년경)는 종교적인 서사시이며 그의 가장 독창적인 작품으로 꼽히고 있다. 그의 서사시에는 당시에 서서히 확립되기 시작한 기사도(騎士道, Rittertum)가 주내용을 이룬다. 원래 기사도는 남쪽의 이탈리아와 프랑스에서 발생하여 독일까지 전파된 것인데, 독일에서는 독일 古來의 무사 성격과 혼합하여 특유의 기사도가 형성되었다. 기사는 보통 다음과 같이 지켜야 할 다섯 가지의 계율이 있었다. ① 자기극복과 수양으로서의 절도(節度, maze), ② 의리를 지키는 항심(恒心, staete), ③ 마음의 결벽과 체면을 지키는 명예(名譽, ere), ④ 꾸준한 노력을 의미하는 성실(誠實, triuwe),

다. 여기서 주인공은 치유할 수 없는 나병에 걸리자 살레르노의 수도사들에게 도움을 간청한다. 그들은 그 병에 대한 치료약은 오직 인간의 심장으로만 만들 수 있으므로 누군가가 그를 위해 스스로 희생해야 한다고 말한다. 그러자 주인공인 기사(騎士)를 사랑하는 한 소녀가 자발적으로 죽기로 결심하고 그를 따라 함께 이탈리아로 간다. 이런 동기는 너무 야만스러워서 그 소녀의 잔잔한 사랑과 감동적인 사건도 충분한 효과를 거두지는 못한다.

그에 반해 고대 그리스인들의 경우를 보면 그들에게서도 역시 '인간의 희생'이라는 부당성이 충돌로 드러나기는 한다. 예를 들면 이피게니아의 설화에서 이피게니아가 먼저 희생되고 그 다음에는 그녀의 오빠가 희생되는 것으로 설정된다. 그러나 여기서 일어나는 갈등은 다른 정당한 사건들과 서로 관련이 있으며, 또 한편 이미 앞서 언급했듯이 그 갈등 속에는 이성적인 것이 내포되어 있다. 그 때문에 이피게니아와 그녀의 오빠 오레스테스도 구원되며, 처음에 야기되었던 부당한 충돌의 위력은 무너지고 만다. 하르트만 폰 아우에의 서사시에서도 결과는 비슷하다. 즉 기사 하인리히가 최후에 그 소녀의 희생을 받아들이려 하지 않자 그는 신의 도움으로 불치병에서 치유되며, 그 소녀도 자기의 진실한 사랑에 대해 보상을 받는다.

위에서 언급한 긍정적인 위력들 외에도 그와 반대되는, 일반적으로 부정적이고 조잡하고 사악한 위력들이 있다. 하지만 단순히 부정적

---

⑤ 여성에 대한 숭배로서의 사랑(minne). 그 중에서도 minne라 불리는 것은 속된 사랑이 아니라 기사가 어느 특정한 귀부인(즉 이미 다른 남편이 있는 여자)을 마음속으로 숭배하고 그 여인을 위하여 모든 봉사와 자기희생을 아끼지 않는 정신을 말한다. 즉 기사는 전쟁이나 무술시합에서 무공을 세우는 것도 그 부인에 대한 봉사로 생각했다.

(否定的)이기만 한 위력은 필연적인 반응을 야기하는 원인으로서의 행위를 이상적으로 표현하는 데 중요한 자리를 차지하고 들어서면 안 된다. 물론 부정적인 것의 현실성은 부정적인 것과 그것의 본질 및 성질에 맞을지도 모른다. 그러나 그 안에 깃든 개념과 목적 자체가 무가치한 것이면 그것은 추한 것이며, 그것이 외적으로 실현되었을 때는 더욱 참된 아름다움이 주어지기 어렵다. 물론 노련하고 강인하며 힘 있는 개인의 성격이라면 그의 열정적인 힘에 의해 부정적인 것 속에 긍정적인 측면을 끌어넣을 수는 있을 것이다. 그러나 그런 경우에도 우리 눈에 보이는 것은 단지 석회를 발라 위장한 무덤일 뿐이다. 왜냐하면 부정적이기만 한 것은 그것이 아무리 어떤 행위의 동기가 되거나 또는 어떤 반응을 야기하는 수단이 될지라도, 대체로 맥빠지고 진부한 것이어서 우리에게 공허감이나 혐오감만 줄 뿐이기 때문이다. 폭력 속에 깃들인 잔인성이나 불행, 가혹성과 단호함은 만약 위대하고 풍요로운 성격이나 목적에 의해 드러나고 유지된다면 아직은 결속력이 있는 것으로 표상(表象)될 수 있다. 하지만 그렇다고 해도 사악함, 질투, 비겁함, 비열함 그 자체는 혐오스러운 것이다. 그러므로 악마[68]도 그 자체가 허위적이고 극도로 추잡한 인물이기 때문에 사악하며, 미학적인 측면에서 볼 때는 쓸모없는 형상에 불과하다.

마찬가지로 증오와 분노의 알레고리(Allegorie, 또는 풍유(諷喩))라고

---

[68] 헤겔은 그의 《종교철학(Philosophie der Religion)》, Ww. xii, 261에서는 악마에 대해 위와는 다르게 다음과 같이 언급한다. "밀턴의 (서사시에 나오는) 악마는 그 넘치는 개성적인 성격에 있어 다른 많은 천사들보다 낫다." 헤겔은 여기 밀턴의 서사시에 나오는 악마에게는 뭔가 긍정적인 면이 깃들어 있음을 시사한다. 실제 악마(Satan, 혹은 Lucifer라고 자주 표기됨)는 서양의 정신문화 속에서 매우 광범위하면서도 복잡하고 독특한 위치를 차지하며, 그 존재에 대한 해석은 매우 다양하고 서로 엇갈리므로 조심스럽게 접근해야 한다.

기독교에서 보는 악마의 모습. 본래 다천사였던 루시퍼는 신(神)에 대항한 죄로 가장 깊은 심연 속으로 추락하며, 이후 인간을 타락시킨다. 밀턴의 유명한 《실락원》에 실린 것으로 영국의 낭만주의 화가 존 마틴(John Martin, 1789~1854년)이 그린 삽화들 중 한 장면이다

도 한다 - 역자주)라든지 후에 생긴 많은 비슷한 우화들도 위력을 지니기는 하지만, 그 위력들은 긍정적인 독자성의 기반이 없어서 이상적인 표현을 하는 데는 부적합하다. 물론 이 점에서도 특정한 예술마다 대상을 직접 우리 앞에 드러내거나 드러내지 않는 방식에 따라 그린

위력들을 표현하거나 표현하는 것이 금지되기도 하는 차이가 있다. 그러나 사악함 그 자체는 일반적으로 황폐하고 공허하다. 참된 예술은 우리에게 조화로운 것을 보여주어야 하는데, 사악함은 부정적이고 파괴적이며 불행한 것만 보여주기 때문이다. 대체로 고귀한 것과는 달리 비열한 것은 질투와 증오에서 솟아 나오면서 정당한 것마저도 자신의 사악하고 수치스러운 열정을 위해 이용하는 데 주저하지 않으므로 혐오스럽다. 그러므로 고대의 위대한 시인이나 예술가들은 우리에게 사악함이나 비열함을 보여주려 하지 않았다.

그에 반해 예를 들어 셰익스피어는 《리어왕(King Lear)》에서 악(惡)을 가장 추한 모습으로 우리 눈앞에 드러내준다. 늙은 리어왕은 자기의 왕국을 딸들에게 나누어주는데, 그때 어리석은 그는 거짓말로 아첨하는 딸들의 말은 믿고, 대신 말없고 충직한 딸 코르델리아의 말은 오해한다. 왕의 그런 어리석음과 미치광이 같은 행위가 나중에 큰딸들과 사위들의 오만불손한 배은망덕과 비열함을 초래한다. 그로 말미암아 그 자신은 실제로 미치게 된다.

그와는 달리 프랑스 비극[69]의 주인공들(Helden der französischen Tragödie)은 종종 지나칠 정도로 위대하고 고귀한 동기를 내세워 자신들의 명예나 위엄을 과시하지만, 그런 동기에 따르는 행위의 진면목이 드러남으로써 그 동기에 대한 진정한 이념은 무너지고 만다. 그러나 근래에 와서는 특히 온갖 혐오스러운 불협화음이 깃든 내적인

---

[69] 여기서 헤겔은 프랑스 극작가이며 프랑스 고전 비극의 완성자로 알려져 있는 코르네이유(Corneille, 1606~1684)를 암시하는 듯하다. 이 당시 프랑스 문학은 고대 그리스 비극을 많이 모방했으나, 너무 경직성을 띠고 있었고 형식적인 데 치우쳐 있었다. 코르네이유는 주로 인간의 의지와 이성(理性)의 승리를 묘사하였으며, 주요 작품으로는 《르 시드(Le Cid)》와 《오라스(Horace)》가 있다.

E. T. A. 호프만의 자화상

분열이나 불쾌한 해학(諧謔), 기괴한 아이러니 같은 것을 들여와 표현하는 일이 유행하고 있다. 예를 들어 호프만70) 같은 작가도 그런 표

---

70) 그의 본명은 에른스트 테오도르 아마데우스 호프만(Ernst Theodor Amadeus Hoffmann, 1776~1822)이다. 독일낭만주의 문학의 거장으로 꼽히는 그는 흔히 E.T.A.Hoffmann으로 알려져 있다. 작가이자 작곡가, 화가였던 그는 특히 모차르트를 존경하여 후에 자기 이름에 모차르트의 이름인 아마데우스(Amadeus)를 첨가했다. 한동안 베를린에서 시종법관으로 근무하기도 했던 그는 나중에 성격에 이상이 생겨 지나치게 민감하고 기괴하고 환상에 빠진 행동을 보이기 시작했다. 그는 법관으로서의 직업보다는 음악에 더 심취했으나 작곡가로서는 큰 성공을 거두지 못했다. 대신 그는 특이하고 기이하고 환상적인 문학작품들을 많이 남겼다. 그의 작품들에서는 특히 의식의 분열, 제2의 자아(自我) 등이 중요한 모티프로 등장한다. 그의 주요 작품으로는 《악마의 영약(靈藥)(Die Elixiere des Teufels)》(1815년), 《수코양이 무르의 인생관(Lebensgeschichten des Katers Murr)》(1921년) 등이 있다. 특히 그는 후에 프랑스의 보들레르, 미국의 에드가 알렌 포우, 체코의 프란츠 카프카, 러시아의 도스토예프스키의 작품세계에 지대한 영향을 끼친 작가로서 연구의 대상이 된다. 이처럼 문학적인 측면에서는 호프만의 위치가 높다. 그러나 당시 그와 동시대인이었던 헤겔은 낭만주의를 반박하는 기회에 여기에서처럼 그에 대해서도 같이 혹평을 가하고 있다.

현에 심취했었다.

γ) 따라서 이상적인 행위 속에 들어 있는 참된 내용은 스스로 긍정적이고 실체적인 위력을 드러내야 한다. 그러나 이 추진력(diese treibenden Gewalten)은 물론 행동으로 실현된 것 안에서 이념의 본질적안 계기로 표현될지언정 보편성 자체로 드러나서는 안 된다. 그 위력은 독자적인 개인들(selbständige Individuen)의 모습으로 형상화되어야 한다. 만약 그렇지 않으면 그런 위력들은 보편적이고 추상적인 사상이 될 뿐 예술의 영역에는 속하지 못한다. 그 위력들은 비록 단순한 자의(恣意)적인 상상에 기인하지 않더라도, 규정되고 완성되어 그럼으로써 그 자체(an sich) 개성화된 모습으로 드러나야 한다. 그러나 이렇게 규정된 것은 외적인 현존성으로 개별화되어 나아가서도 안 되고, 그렇다고 주관적인 내면성으로 수렴되어서도 안 된다.

만일 그렇지 않을 경우 보편적인 위력들이 갖고 있는 개성도 역시 유한한 현존성 속의 온갖 분규 속으로 파고들어와 더 이상 진지한 것이 못되기 때문이다.

보편적인 위력들이 독자적인 현상으로 우세하게 드러나는 것을 가장 명확하게 보여주는 예가 바로 고대 그리스의 여러 신(神)들이다. 그들은 어떤 모습으로 등장하든지 간에 항상 지복하고 쾌활하다. 그들은 개별적이고 특정한 신의 모습으로 나타나 인간들의 전투에 휘말리기도 하지만, 이런 분규에서도 궁극적으로 그들 제각각의 성격이나 열정에 맞는 특정한 목적에 전념한다. 그러나 신들은 근본적으로 이를 쟁취하는 데 있어서는 심각하지 않다. 그 신들은 단지 여기저기 사건에 개입하면서 구체적인 경우에 특정한 일을 자신들의 관심사로 만들기도 한다. 그러다가도 그들은 그 일을 중단하고 다시 지복한 모습으로 스스럼없이 드높은 올림포스 산정(山頂)으로 되돌아가곤 한다. 호메로스의 서사시(《일리아스》— 역자 주)에서도 그렇게 신들이 등장하여 서로 투쟁하며 전쟁을 일으키는 것을 본다. 신들은 이러한 피규정성을 지니고 있지만 그럼에도 불구하고 이는 보편적이고 본질적인 피규정성으로 머문다. 예를 들면 전투가 작렬하고, 영웅들은 한 명씩 개별적으로 등장한다, 그리고 그 개별적인 영웅들은 광란과 혼란 속에서 사라져간다. 여기서는 특수한 것들이 더 이상 서로 구분되지 않고, 일반적으로 질풍 같은 충동과 정신들만이 끓어오르고 투쟁한다. 그러한 전투 속에 등장하는 것은 보편적인 위력들, 즉 신들 자신이다. 그러나 신들은 그런 혼란스러운 차이들 속에 머물다가도 늘 다시금 그들의 독자성과 평정(平靜) 속으로 되돌아간다. 그 이유는 비록 그 신들의 형상은 개성을 지니고 있어서 그들을 우연성으로 이끌어갈지 몰라도, 그들 속에 깃든 신적(神的)인 보편성이 여전히 우세하기 때문이다. 그래서 개성은 참된 내적인 주관성으로 철저하게 파고들어 가지 못하고 오히려 외적인 형태로만 머문다. 여기서 신들에게 주어지는 피규정성도 다분히 그들의 신성과 밀접한 관련이 있는 형상일 뿐이다. 그러나 신들은 이런 독자성과 근심 없는 평정(平靜)으로 인해 어떤 특정한 것에 대해서 염려나 근심이 없이 조형적인 개성을 가지게 된다. 호메로스의 서사시에 나오는 신들을 보더라도 그들은 유한하고 인간적인 사건이라는 소재와 내용이 있을 때는 뭔가를 할 수 있으므로 구체적인 현실에서 항상 변화무쌍한 행위를 보이지만 그들의 이런 행위들에는 시종 일관성이 없다.

마찬가지로 그리스 신들을 좀 더 살펴보면 그들은 제각기 자기의 보편적인 개념에 늘 일치하지만은 않는 세부적인 독특한 특성들도 지니고 있다. 예를 들면 머큐리 신(Mercury, 또는 헤르메스 신으로 불림)은 백 개의 눈을 가진 거인 아르구스(Argus)를 죽이기도 하고, 아폴로 신

주피터 신. 오른쪽은 레다에게 접근하여 구애를 하기 위해 백조로 변한 주피터 신. BC 360년경 작품

은 도마뱀을 죽이는가 하면 주피터 신은 무수한 애정행각을 벌이면서 헤라 여신을 모루에다 매다는 행위 따위가 그것이다.[71]

이런 종류의 많은 이야기들에서 여러 신들에게는 자연적인 특징들이 그냥 상징적, 알레고리(풍유, 諷喩)적으로 첨가된다. 이러한 상징이나 알레고리의 좀 더 상세한 근원에 대해서는 나중에 다루게 될 것이다.

현대의 예술에서도 역시 특정적이면서도 보편적인 위력들이 다루

---

[71] 《일리아스》xv장 18행 이하에 보면 두 개의 모루라고 되어 있다. 즉 주피터 신은 아내 헤라 여신을 올림포스 산에 매달 때 그녀의 발에 두 개의 모루를 매 달았다고 한다.

어지기는 한다. 그러나 c들 대부분은 우리가 신뢰하지 않는 증오나 시기, 질투, 대처로 미덕과 악덕, 신앙, 희망, 사랑, 신뢰 같은 것에 대한 무미건조하고 차가운 알레고리에 불과하다. 왜냐하면 우리가 예술적으로 표현할 때 깊은 관심을 갖는 대상은 오로지 구체적인 주관성일 뿐이지 위와 같은 추상성들은 아니기 때문이다.

그러므로 우리는 그런 추상성들 자체를 위해서 눈앞에 드러나게 하지 않고 다만 인간의 성격이나 특수성 또는 총체성의 한 요소로서만 드러나게 하고 싶어 한다. 예를 들면 (기독교의) 천사들은 마르스(Mars, 전쟁의 신) 신이나 비너스 여신, 아폴로 신, 오케아노스 신(바다의 신), 또는 헬리오스 신(태양신)처럼 자기 안에 보편성과 독자성을 갖고 있지는 않다. 그 천사들은 비록 우리의 상상 속에는 존재하지만 그리스의 신들이 보여주는 것 같은 독자적인 개체성으로는 구분되지 않고 단지 실체적인 신성한 존재(즉 기독교의 신 — 역자주)에게 개별적으로 봉사하는 존재로만 나타난다. 그러므로 기독교에서 볼 수 있는 것은 개별적인 신들로 표현되는 스스로 안주하는 수많은 객관적인 위력들이 아니다. 그러한 위격들의 본질적인 내용은 객관적으로 어느 하나의 신 안에 집중되거나, 아니면 인간적인 성격과 행동 속에 세부적이고 주관적인 방식으로 드러난다. 그러나 이처럼 독자성을 띠고 개별화되는 것을 근거로 해서 신들을 이상적으로 묘사할 수 있다.

b. 행동하는 개인들

방금 고찰했듯이 신들의 이상(理想) 속에서 요구되는 이상성(理想性)을 예술은 보존하는 일은 어렵지 않다. 그러나 구체적인 행위를 표현하는 데로 나아가게 되면 이를 표현하기가 특히 어려워진다. 다시 말해서 신들이 지닌 보편적인 위력들은 일반적으로 동기를 일으키고 자극하지만, 본래 현실에서는 그러한 신들에게 개인적인 행동이 부여되지 않는다. 행위는 오직 인간에게만 주어진다. 그러므로 우리는 두 가지 측면을 구분할 수 있다. 한편으로 보편적인 위력들은 스스로 안거하며 추상적인 실체성 속에 머물고, 다른 한편으로 결단을 내리고 실제 행동을 하는 것은 인간인 개인들의 일이다. 그러나 사실 영원히 지배하는 위력들은 인간 자신 속에 내재하고 있다. 그 위력들은 인간 성격의 주요한 측면을 이룬다. 그 위력들은 신적인 것이면서도 만일 개별적이고 독자적인 것으로 파악되면 곧 주체인 인간과 외적인 관계를 맺게 된다. 이때에 중대한 어려움이 생긴다. 왜냐하면 신들과 인간들 사이의 이런 관계라는 것은 직접적으로는 모순되는 것이기 때문이다. 한편으로 보면 신들 속에 깃든 내용은 인간적인 속성, 즉 인간 개인의 열정, 결심, 의지이다. 그러나 다른 한편으로 보면 신이란 절대적으로(즉자대자적으로) 존재(an und für sich seiende)로서 개인적인 주체에게 예속되지 않을뿐더러, 오히려 그를 자극하고 규정하는 위력으로 이해되고 강조된다. 그러므로 같은 규정이라도 어떤 때는 독자적이고 신적인 개성으로 묘사되는가 하면, 어떤 때는 인간의 가슴속에 고유하게 들어 있는 속성으로 묘사된다. 이는 신들의 자유로운 독자성(獨自性, Selbständigkeit)과 행동하는 개인들의 자유 양쪽을 다 위험에 빠뜨리는 것처럼 보인다. 만약에 신들에게 주로 명령이 주어지면 예술의 이상(理想)을 위해 본질적으로 요구되는 인간의 독자성은 고통 받는다. 기독교에서도 종교적으로 상상하는 데 있어 이런 관계가 문제가 된다. 그래서 예를 들면 신의 정신(精神)이 인간을 신에게로 인도한다고 말하면, 이때 인간의 내면은 신의 정신이 작용하는 수동적인 기반으로만 나타날 뿐이다. 그리고 인간의 의지가 지닌 자유는 소멸된다. 왜냐하면 그와 같은 작용에서 신이 내리는 결정은 인간에게는 곧 숙명(宿命, Fatum)이며, 거기에서 인간은 고유한 자아가 없기 때문이다.

α) 이제 행동하는 인간이 실체인 신에게 외적인 존재가 되는 이 관계가 성립되면 양자의 관계는 진부한 것(prosaisch)이 된다. 왜냐하면 그 관계에서 신은 명령하고 인간은 오직 복종하는 존재에 불과하기 때문이다. 그러나 가장 위대한 시인들조차도 신과 인간들 사이에 주어지는 이런 외면성(Äußerlichkeit)에서 벗어날 수는 없었다. 예를 들어 소포클레스의 극(劇)을 보면 필록테트는 오디세우스의 간계를 좌절시키고 난 후에 다시는 그리스인들의 진영으로 가지 않겠다고 결심한다. 그러나 이 극에서도 결국 비상수단, 즉 급할 때의 해결책(deux ex machina)72)으로 헤라클레스가 등장하여 필록테트에게 네오프톨레모스의 소원에 따르라고 명령한다.

이런 식의 표현 내용은 그 동기가 충분하고 또 그렇게 표현되도록 기대되는 것이다. 하지만 그 전환(轉換, Wendung) 자체는 언제나 낯설고 피상적이다. 소포클레스 자신도 그의 가장 뛰어난 작품들에서는 이런 식의 표현을 하지 않았다. 그런 표현은 지나치면 그 극에 등장하는 신들은 단지 죽은 기계에 지나지 않게 되고, 개인들은 그들에게 낯선 자의(恣意)의 도구로 전락해 버린다.

특히 서사시에서는 그와 비슷한 방식으로 인간의 자아(自我)를 부정하려는 신들의 영향력이 드러난다. 예를 들어 헤르메스 신은 프리아모스가 아킬레우스에게 갈 때 그를 호위하고(《일리아스》, xxiv), 아폴로

---

72) deux ex machina는 특히 그리스 연극에서 '높은 곳에 있으면서 연극을 조정하는 신'이라는 뜻으로 곤경에 처했을 때 뜻밖에 나타나 도와주는 인물을 비유적으로 일컬은 것임.

신은 파트로클로스의 어깨를 쳐서 그의 생명을 끊는다(《일리아스》, xiv). 마찬가지로 신화적인 특징들은 종종 개인들에서 외적인 존재로 나타나는 식으로 이용된다. 예를 들면 영웅 아킬레우스는 자기 어머니의 손에 들려서 스틱스 강에 몸이 담가지면서 그녀가 손으로 붙잡고 있던 그의 발목을 제외하고는 불사신이 되고 무적의 용사가 된다. 그러나 이를 냉철하게 살펴보면, 아킬레우스가 지닌 모든 용맹성은 사라지고 그의 영웅적인 본질은 정신적인 특성은 없고 단순히 신체적인 특성만 띠게 된다. 그러나 서사시에서는 그런 표현방식이 극에서보다 훨씬 폭넓게 허용된다. 왜냐하면 서사시에서는 어떤 목적을 지니고 의도하는 내면은 뒤로 밀려나고 대체로 외적인 것에 더 많은 여지가 주어지기 때문이다. 그러므로 시인은 작품 속에서 주인공들을 영웅적인 모습이 아닌 부조리한 모습으로 보여줄 우려가 있는 단순한 지적인 반성 같은 것을 표현할 때는 아주 신중해야 한다. 곧(아래의 β항에서도) 다시 살펴보겠지만 그런 표현에서도 신들과 인간들 사이의 시적(詩的)인 관계는 유지할 수 있다. 그러나 만약 그 반대로 독자적으로 설정된 위력들이 실체성을 갖지 못하고 단지 환상적인 자의(恣意)에 따라 기이하고 그릇된 독자성만 보이면 그때는 범속한 것(das Prosaische)이 득세하게 된다.

β) 참으로 이상적인 관계는 신들과 인간들이 일치할 때 생겨난다. 이러한 일치는 행동하는 인물들과 그들의 열정에 신들의 보편적인 위력(die allgemeinen Mächte)이 독자적이고 자유롭게 맞설 때에도 나타나야 한다. 다시 말해 신들에게 깃든 내용은 역시 인간 개인들의 내면으로 드러남으로써, 한편으로 지배하는 위력들이 스스로 개별화된 것으로 보이고, 다른 한편으로 인간에게 외적인 그런 위력들이 인간의 정신과 성격 속에 들어 있는 것으로 보여야 한다. 그러므로 양자의

차이를 중재하고 이들을 정교한 끈으로 이어주는 것이 바로 예술가가 할 일이다. 예술가는 인간의 내면 속에 있는 행동의 시원으로 관심을 돌리고, 그 안에 존재하는 보편적이고 본질적인 것을 개별화시켜 우리 눈앞에 펼쳐보여야 한다. 또 신들이란 인간의 내면을 자극하고 지배하는 독자적이면서도 보편적인 형태이다. 그러므로 그 신들 속에는 인간의 심성이 드러나야 한다. 그때 비로소 신들은 인간 자신의 가슴속에 존재하는 신들이 된다. 예를 들어 고대 그리스인들이 비너스 여신이나 사랑의 신 아모르(Amor)가 마음을 사로잡는다고 말할 때, 이때 비너스나 아모르 신은 우선 인간 외부에서 작용하는 힘을 뜻했다. 사랑 역시 인간의 가슴 속에 들어 있는 속성이고, 인간의 내면을 형성하는 자극제이자 열정이기도 하다. 에리니스[73)]에 대해서도 종종 같은 의미로 이야기할 수 있다. 우리는 그들을 먼저 어떤 범행을 저지르는 사람을 외부에서 계속 추적하면서 복수를 조장하는 분노의 여신들로 상상한다. 그러나 이런 식의 추적은 그 범행자의 가슴속에 도사린 사무치는 내적 분노이기도 하다. 소포클레스도 그의 작품에서 이 분노의 여신들을 인간의 내면에 고유한 속성이라는 의미로 표현하였다. 예를 들면《콜로노스의 오이디푸스》에서도 그 여신들은 오이디푸스 자신이 자기 아들들에게 침해당해 얻은 격렬한 감정이 복수심으로 드러난 것을 의미한다(1434행 이하).[74)]

---

73) Erinnys. 헤겔의《미학 강의》원문에는 Eumenides(유메니데스)라고 씌어 있다. 이는 그리스어로 호의를 지닌 여자들이라는 뜻이나 실제는 복수의 여신들(Erinnys)을 완곡하게 반대의 뜻으로 나타낸 이름이다. 'Erinnys'는 아이스킬로스의 3부작《오레스티》제3부의 제목이기도 하다.
74) 여기서 오이디푸스는 그의 두 아들인 에테오클레스와 폴리니메스에게 그들이 서로를 죽일 것이라고 저주한다.

그러므로 신들이란 일반적으로 인간 외부에만 존재하거나 또는 인간 내면에만 존재하는 위력이라고 해명하는 것은 정당하기도 하고 부당하기도 하다. 왜냐하면 사실은 양쪽 다 타당하기 때문이다. 그러므로 호메로스의 서사시에서 신들과 인간들의 행위는 줄곧 서로의 영역을 이리저리 넘나든다. 신들은 마치 인간에게 낯선 것을 이행하는 듯이 보이지만 사실은 인간의 내면의 심정 속에 들어 있는 본질적인 것을 이행할 뿐이다. 예를 들면 《일리아스》중의 전투장면에서 아킬레우스가 칼을 뽑아 아가멤논을 찌르려 할 때, 뒤에서 아테네 여신이 아킬레우스 눈에만 보이게 나타나서 그의 황금색 머리칼을 낚아챈다. 이는 아킬레우스와 아가멤논 양쪽을 다 보살피는 헤라 여신이 올림포스 산정에서 아테네 여신을 내려보내 그를 저지한 것으로, 그 여신의 등장은 아킬레우스의 심정과는 전적으로 무관하다. 그러나 다른 한편으로 보면 갑자기 나타난 아테네 여신은 그 영웅의 분노를 억제시키고자 아킬레우스 자신의 내면에서 일어난 사려(思慮)라는 것이 쉽게 상상된다. 사실, 호메로스는 그 사건보다 몇 줄 앞서서 이미 이를 암시하고 있다(《일리아스》I, 190행 이하 참조). 즉 거기에서 호메로스는 아킬레우스 마음속에 다음과 같은 충고가 일어나고 있음을 묘사하고 있다.

> 그는, 예리한 칼을 곧장 허리에서 뽑아서
> 곧장 아가멤논을 칠 것인지, 아니면 자신의 분노를 죽이고
> 마음을 가라앉힐 것인지…

즉 아킬레우스는 우선은 전적으로 분노에만 사로잡혀 있는 것처럼 보이므로, 여기에서 시인 호메로스가 이 영웅의 분노를 제어시키는 낯선 힘이 외부에서 일어나는 사건인 것처럼 묘사하고 있는 것은 전

괴테의 작품 《타우리스의 이피게니아》에서 이피게니아와 그녀의 오빠 오레스테스. 1779년에 초연된 극의 주인공들을 나타낸 삽화. 파치우스 (Facius) 作

적으로 옳다. 이와 비슷하게 《오디세이아》에서도 미네르바 여신 (Minerva: 즉 그리스 신화 속의 지혜의 여신 아테네)이 텔레마쿠스의 곁을 호위하며 따라가는 장면이 나온다. 물론 여기에서도 외적인 것과 내적인 것 사이의 관계가 무시되지는 않지만, 여신의 이 호위를 동시에 텔레마쿠스의 가슴속에서 일어나는 속성으로 파악하기는 좀 어렵다. 일반적으로 호메로스의 서사시에서 신들은 인간의 마음속에 내재하는 위력들로 나타나고, 그럼으로써 또 신들 자신도 내면에 인간성을 띠고 있음을 그대로 보여준다. 이때 신들의 독자성과 진지함은 다시 해체된다. 그러나 이것이 바로 신들의 쾌활성이며, 다른 한편으로 그 신들을 숭배하는 데 있어서 아이러니가 되기도 한다.

그러나 그처럼 단순히 외적인 신의 조종장치가 완벽하게 주체적이고 자유롭고 도적적인 미로 변형된 예를 찾는 데는 그렇게 멀리까지 거슬러 올라가 살필 필요는 없다. 괴테만 보더라도 그런 점에서 그의 서사시 《타우리스의 이피게니아》에서 참으로 경탄할 만한 미를 완성했기 때문이다. 에우리피데스의 서사시에서는 오레스테스가 이피게니아와 함께 다이아나 여신상을 훔친다. 이것은 다름 아닌 절도이다. 이때 타오스[75]가 부하들에게 그들을 쫓아가서 여신의 그림을 다시 빼앗아오라고 명령한다. 그리고 마침내 아테네 여신이 등장하여 오레스테스를 구해내 바다의 신 포세이돈에게 보내고, 그런 다음에 자신이 그를 바닷속으로 보냈으니 추적을 멈추라고 명령하는데, 그 여신의 등장은 아주 진부한 것이다. 타오스는 즉시 여신의 명령에 굴복하면서 그녀의 경고에 대해 다음과 같이 응답한다(1442행 이하).

> 아테네 여신이여, 신의 말씀을 듣고 이에 복종하지 않는 자는 분별없는 자이니. 권능 있는 신들과 다투는 일이 어찌 아름다우리요.

우리는 이런 관계에서 단지 아테네 여신이 외부에서 나타나 무미건조하게 명령을 내리고 타오스 또한 아무런 반대도 없이 단순히 복종하는 것만 보게 된다. 그러나 괴테의 작품에서는 그와 반대이다. 이피게니아 자신이 여신이 되어 인간인 자기 자신의 가슴속에 있는 진실을 믿는다. 이런 의미에서 그녀는 타오스에게 나아가 다음과 같이 말한다(제5막, 제3장).

---

[75] 타오스(Thaos)는 타우리스를 통치했던 왕의 이름이다.

오직 남자만이 전례 없는 엄청난 행동을
저지할 권리가 있단 말인가요? 오직 그의 영웅적인 억센 가슴만이
불가능한 일을 붙들 수 있단 말인가요?

에우리피데스의 작품 속에서는 아테네 여신이 타오스에게 추격을 멈추고 돌아서도록 명령하는 데 반해, 괴테의 작품에서는 이피게니아가 타오스에게 자신의 깊은 감정과 생각을 보임으로써 자기가 원하는 것을 성취하려고 하면서 실제로 그것을 자기의 행동으로 보인다.

때때로
가슴속에는 용감한 시도가 떠오르니,
그것이 비록 실패하더라도, 나는 엄청난 비난도
무거운 재난도 피하지 않을 것입니다.
오로지 당신에게 나는 무릎을 꿇습니다! 만약에
사람들이 당신을 칭송하듯이 당신이 정말로 진실한 분이라면,
당신의 도움으로 그것을 보여주고 저를 통해서
그것이 진실됨을 다시 영광스럽게 드러내소서!

그러자 타오스는 다음과 같이 대답한다.

그대는 잔인하고
야만적인 스키타이인이 진리와 인간성의
목소리에 귀를 기울이리라고 생각하는가! 그리스의
아트레우스조차도 귀 기울이지 않았던 그 목소리에?

그러나 그녀는 순수하고도 온화한 믿음에서 다시 대답한다.

그 진리의 목소리는
하늘 아래 태어나고, 생명의 근원이 가슴속에 순수하게
막히지 않고 흐르는 사람이라면 누구나 듣는 법이지요

결국 타오스의 고귀한 위엄을 믿은 이피게니아는 그를 감동시켜 그의 마음속에 온화한 관용을 불러일으킴으로써 결국 그녀의 왕국으로 돌아가도록 허락받는다. 거기에서 이피게니아에게는 단지 그 허락만 필요하므로, 그때 그녀의 곁에는 다시 여신의 모습이 나타날 필요가 없어진다. 따라서 그녀는 간계나 속임수를 쓰지 않고도 그곳을 떠나게 된다. 그 작품 속에서 괴테는,

만약에 그대가 타우리스섬 해안의
신전에 강제로 묶여 있는 여동생을
그리스로 데려오면, 저주는 끝날 것이다.

라는 신탁이 지닌 이중적인 의미를, 순결하고 성스러운 이피게니아가 그녀를 구하러 가는 오레스테스에게는 여동생이자 여신과 같은 존재이며 또 그의 가문의 수호자라는 아주 인간적이면서도 미적(美的)인 화해의 방식으로 해석한다.

나에게는 아름답고 황홀하게도
여신의 충고가 나타난다.

라고 오레스테스는 타오스와 이피게니아에게 말한다.

> 마치 비밀스럽고 성스러운 신탁이
> 도시의 운명을 바꿀 수 없게 묶어 놓은
> 성스러운 조상(彫像)처럼
> 다이아나 여신은, 그더 가문의 수호자인 그대를 데려가
> 성스러운 고요함 속에서 보호하여
> 그대 오빠와 그대 가문의 기쁨이 되게 하였노라
> 넓은 세상에서 온갖 구원이 모두
> 사라져버린 듯 했을 더 그대는 모든 것을 우리에게 되돌려 주
> 었노라.

이처럼 이피게니아는 이미 앞서 오빠 오레스테스를 위해서 순결한 마음과 도덕적인 아름다움으로 자신을 보존함으로써 가문에게 주어진 불행을 씻고 화해하는 방식을 찾은 것이다. 마음에 상처를 입고 찢긴 채 더 이상 평화에 대한 믿음을 갖고 있지 않은 오레스테스는 여동생을 알아보자 분노에 사로잡히지만, 그녀의 순수한 사랑이 결국 그를 온갖 내적인 분노의 고통으로부터 치유해 준다.

> 그대의 품안에서
> 사악함은 나를 그 발톱으로
> 최후까지 움켜잡고 무섭도록
> 나의 골수를 흔들었다, 그러고 나서 그것은
> 마치 뱀처럼 동굴 속으로 사라져버렸다. 나는 새로이
> 그대로 인해서 한낮의

드넓은 햇살을 즐기노라.

이런 점에서 뿐만 아니라 다른 점에서도 심오한 미를 지니고 있는 이 서사시는 우리의 경탄을 자아내기에 충분하다.

그러나 기독교의 소재들은 고대 신화의 소재들보다 더 조악(粗惡)하다. 기독교적인 관념에서 보면 물론 성자들의 전설 속에서 예수, 마리아, 그리고 다른 성자들의 출현 따위는 일반인들의 신앙 속에 들어 있다. 그러나 기독교적인 상상력은 그 외에도 온갖 마녀나 유령, 망령, 이런저런 환상적인 존재들도 만들어내고 있다. 이런 것들을 예술로 표현하면 그것들은 인간에게 낯선 위력으로 보이고, 인간은 불안정하게 그런 환영(幻影)들의 마술이나 속임수, 폭력에 눌리고 마는 것으로 묘사된다. 이때 모든 예술적인 표현은 우연성이 지닌 온갖 광기와 자의성에 굴복하고 만다. 그러나 예술가는 특히 인간에게 중요한 자유와 독자성이 보존되도록 표현하는 데 힘써야 한다. 이런 점에서 가장 훌륭한 모범을 보여준 예술가는 셰익스피어이다. 예를 들면 《맥베스》에 등장하는 마녀들은 맥베스에게 그의 운명을 미리 지정하는 외적인 위력들로 등장한다. 하지만 그 마녀들이 예언하는 것은 사실은 맥베스 자신의 내면 깊숙이 간직된 소원으로, 이것이 마치 외부에서 그에게 다가와 알려지는 것처럼 표현된 것일 뿐이다. 《햄릿》에서 죽은 망령이 출현하는 장면은 햄릿의 내면에 있는 예감을 객관적인 형태로 드러내 다룬 것으로서, 《맥베스》에서 마녀들의 출현보다 더 미적(美的)이고 심오하게 표현된 장면이다. 햄릿은 뭔가 끔찍한 일이 틀림없이 일어났으리라는 어두운 느낌을 갖고 무대 위에 등장한다. 그런 그에게 그의 부왕의 망령이 나타나 예전에 저질러진 온갖 파렴치한 행동에 대해서 알려준다. 여기서 우리는 망령의 이런 폭로와 경고를 들은 햄릿이 과거에 저질러진 그 파렴치한 행위들에 대해 강력하게 응징하리라고 기대하며, 또 그에게 절대적으로 복수할 권리가 있다고 생각한다. 그러나 햄릿은 주저하고 또 주저한다. 여기서 일반적으로 사람들은 셰익스피어가 주인공으로 하여금 행동하도록 이끌어가지 않는다고 그를 비난하면서, 이 극은 그 때문에 결점 투성이라고 말한다. 그러나 사실 햄릿이 신속한 행동을 취하지 못하는 것은, 그의 성격이 나약하며 스스로 내적인 조화를 띠면서 나오려고 결심하기 힘들 만큼 내성적이며 우울하고 명상적이고 병적이기 때문이다. 그래서 괴테는 셰익스피어가 사실은 곧장 행동으로 들어갈 만큼 성숙하지 못한 한 인간의 정신 속에 깃든 위대한 행위를 묘사하려 했다면서, 이런 의미에서 보면 셰익스피어의 작품《햄릿》은 사실은 완벽하게 다뤄진 것이라고 보았다. 이에 대해서 괴테는 또 말하기를, "여기 사랑스런 꽃들만을 피게 할 수 있는 한 그루의 떡갈나무가 값진 단지 속에 심어졌다. 그러나 그 뿌리가 퍼져 나가자 단지는 깨지고 만다"라고 했다.[76]

그러나 셰익스피어는 망령이 출현하는 장면을 좀 더 심오한 필치로 묘사하고 있다. 즉 그는 햄릿이 망령을 맹목적으로 믿지는 않기 때문에 전율하는 모습을 잘 보여주고 있다.

> 내가 본 망령은
> 어쩌면 악마였을지도 모른다. 악마는 사람의 마음을 잡으려고
> 변장할 수도 있으니까. 그렇다, 어쩌면
> 나의 기가 허약하고 우울해진 틈을 타서

---

76) 이에 대해서는 괴테의 작품《빌헬름 마이스터의 수업시대(Wilhelm Meisters Lehrjahre)》(1796년 작) iv 13항을 참조.

햄릿과 호레이쇼, 마르셀루스가 햄릿의 아버지의 망령이 나타난 것을 보고 있다. 헨리 퓨젤리 (Henry Fuseli, 1741~1825년) 作

 (악마는 그런 기운에는 특히 강한 힘을 휘두르니까)
 나를 파멸시키려고 속이는 것인지 모른다. 더 확실한
 증거를 꼭 잡고 말리라. 그래 연극을 벌이는 거다.
 그것으로 분명히 왕의 마음을 읽고 말겠다.77)

 여기서 망령이 출현했다고 해서 햄릿은 곧장 그것에 마냥 휘둘리지는 않는다. 햄릿은 의심하면서 행동하기 전에 먼저 망령의 말이 사실인지 확인하려고 자신이 일을 꾸민다.

 γ) 마지막으로, 스스로 독자적으로 등장할 뿐 아니라 인간의 가슴

---

77) 이는 《Hamlet》, 제2장 제2막 끝부분의 장면임.

속에도 살아 있으면서 인간의 내면 깊은 곳에 깃든 심정을 움직이는 보편적인 위력들(die allgemeinen Mächte)을 고대 그리스인들처럼 파토스(pahtos, 열정, 격정, 비애라는 뜻 ─ 역자주)라고 부를 수 있을 것이다. 그러나 이 단어는 번역하기가 어렵다. 만약 이를 '열정'(Leidenschaft)이라고 번역한다면 파토스는 사소하고 천박하다는 느낌을 준다. 왜냐하면 우리가 사람들에서 요구하는 것은 열정에 빠지지 않는 것이기 때문이다. 그러므로 여기서는 파토스를 그와 같은 비난대상이 될 만한 의미가 아니라 좀 더 고상한 보편적인 의미로 보기로 하자. 예를 들어 안티고네가 누이로서 오빠 오레스테스에게 보이는 성스러운 사랑은 그리스적인 의미에서 파토스라고 볼 수 있다. 이때 파토스는 심정에 깃든 정당한 위력이며 이성과 자유의지의 본질적인 내용이 된다. 예를 들어 오레스테스가 자기 어머니를 죽인 것은 우리가 '열정'이라고 부르는 내면의 움직임 때문이 아니라 그의 심사숙고함에서 나온 파토스 때문이었다. 이런 점에서 보면 우리는 신들이 파토스를 지녔다고 말할 수는 없다. 신들이란 단지 인간의 내면속에 있으면서 결단과 행동으로 이끌어가는 보편적인 내용일 뿐이다. 신들 자신은 평정(平靜)과 냉정함 가운데 안주하며, 설혹 신들 사이에 반목과 투쟁이 일더라도 그들은 원래 이에 대해서 심각하지 않다. 또 혹시 신들 사이에 그런 반목과 투쟁이 생기더라도 이는 일반적으로 신들 사이의 전쟁이라고 하는 보편적이고 상징적인 관계를 지닌다. 따라서 파토스란 인간행위에만 국한되고 인간 속에 존재하면서 인간의 마음을 사로잡는 이성적(理性的)인 내용으로 이해해야 한다.

αα) 그러므로 바야흐로 예술의 원래 진정한 중심 영역이 되는 것은 다름 아닌 파토스이다. 그러므로 이 파토스의 표현은 예술작품이나 관객 모두에게 주요한 영향을 미친다. 왜냐하면 파토스란 모든 인간의

햄릿의 역할을 맡은 배우 어드윈 부스(Edwin Booth)의 모습. 1870년경

공동묘지에서의 햄릿과 호레이쇼. 〈햄릿(Hamlet)〉의 한 장면. 들라크로아(Delacroix) 作

기도를 하는 클라우디우스와 뒤에서 그를 노리는 햄릿 왕자. 〈햄릿(Hamlet)〉의 한 장면. 들라크로아(Delacroix, 1844년) 作

심금을 울리는 것이며, 모든 인간은 진정한 파토스의 내용 속에 들어 있는 가치 있고 이성적인 것을 깨닫고 이를 시인할 줄 알기 때문이다.

파토스는 인간 속에 들어 있는 가장 강한 것이기 때문에 감동을 준다. 이런 점에서 외적인 것, 즉 자연환경과 무대 따위는 파토스의 효과를 지원해 주는 부차적인 것으로서만 등장한다. 그러므로 예술 속에서 자연은 본래 상징적으로만 이용되고 그 속에서 원래의 표현대상인 파토스가 반향(反響)하도록 해야 한다. 예를 들어 풍경화는 역사적인 사건을 그린 회화보다 낮은 장르이다. 그러나 독자적으로 보이는 회화일지라도 그 속에는 보편적인 느낌이 울려 퍼지고 일종의 파토스 형태가 드러나야 한다. 그 때문에 사람들은 일반적으로 예술작품은 감동을 줘야 한다고 말하는 것이다. 그런데 만일 이 원칙이 타당하다면, "예술은 본질적으로 무엇을 갖고 감동을 불러일으키는가?"라는 물음이 나온다. 감동이란 일반적으로 공감(共感, Mitbewegung)을 하는 것이다. 특히 오늘날 사람들은 쉽게 감동한다. 눈물을 쏟는 사람은 눈물의 씨앗을 뿌리므로 눈물은 또 쉽게 자라난다. 그러나 예술에서 감동을 줄 수 있는 것은 오직 진정한 파토스뿐이다.

ββ) 그러므로 희극에서든 비극에서든 파토스는 단순히 어리석은 것이거나 주관적인 변덕이어서는 안 된다. 예를 들어 셰익스피어의 극중에 나오는 타이몬[78]은 아주 극단적인 염세가이다. 왜냐하면 그의 친구들은 그의 음식을 빼앗아 먹고 그의 재산을 탕진했으면서도 막상 그 자신이 돈이 필요할 때는 그를 버렸기 때문이다. 그러자 그는 인간에 대해 격렬한 증오감을 갖는다. 이는 자연스러운 감정으로 이해할 만하지만 정당한 파토스는 아니다. 실러의 초기작품인 《염세가》[79]에서도 그와 비슷한 증오가 좀 더 근대적인 변덕으로 묘사되었다. 즉 여기서는 인간을 증오하는 주인공이 아주 사려 깊고 통찰력 있고 고상한

---

78) 이는 셰익스피어의 희곡 《아테네의 타이몬(Timon of Athens)》에 등장하는 주인공이다.
79) 원제는 《Der Menschenfeind》. 실러는 이 작품을 1791년 그가 라이프치히에서 발행하던 잡지 《탈리아(Thalia)》에 처음 발표했다.

인간이다. 그는 자기가 농노의 신분에서 해방시켜 준 농부들에게도 아주 관대하며, 또 자기의 아름답고 사랑스러운 딸에게도 매우 다정하게 대한다. 오귀스트 라퐁텐의 소설[80])에서도 그와 비슷하게 주인공 퀸크티우스 하이메란 플래밍은 인간들의 변덕 때문에 괴로워한다.

그러나 최근에 와서 시문학은 끝없는 환상적이고 허위적인 과장으로만 점철되어 있어서, 그 기괴함으로 효과를 얻을지는 몰라도 건전한 심성에는 아무런 반향도 일으키지 못한다. 왜냐하면 인간 속에 깃든 진실에 대해서 그런 헛된 식으로만 반성을 하다보면 모든 참된 내용은 물거품처럼 사라지고 말기 때문이다. 물론 참된 것을 인식하는 일이 우리의 주요한 욕구이지만, 만약에 이를 교훈이나 신념, 통찰에 근거해서 인식한다면 이는 모두 참된 예술표현을 위한 진정한 파토스는 되지 못한다. 학문적으로 인식되는 진리들이 바로 그런 것이다. 물론 특수한 교육이나 특정한 학문, 그 가치에 대한 많은 노력과 지식이 진리에 속하는 것은 사실이다. 그러나 이런 식의 연구는 일반적으로 사람들의 마음을 움직이는 힘이 되지 못되고 늘 어느 특정한 사람들 관심만 끌 뿐이다. 순수한 *종교적인* 교리를 다루는 일도 만약 그 심오한 *내용*에 맞게 전개되지 않으면 역시 같은 어려움에 부딪히게 된다. 좀 더 심오한 마음을 지닌 사람에게는 종교나 신앙 같은 보편적인 내용이 관심을 끌 수 있지만, 그와 같은 종교적인 교리를 해명하거나 그 속에 든 진리를 통찰하는 특수한 방법 따위는 예술에는 중요하지 않다.

예술 자체는 그런 식의 해명에 빠지지 않도록 주의해야 한다. 그러나 우리는 인간의 마음속에 있는 행동을 야기할 수 있는 도덕적인 힘,

---

80) 오귀스트 라퐁텐(August Lafontaine, 1758~1831). 프랑스의 소설가. 그의 작품 《퀸크티우스 하이메란 플래밍 백작의 생애》는 1795~1796년에 발표되었다.

즉 파토스를 일으키는 동기를 믿는다. 종교는 행동 자체를 불러일으키기보다는 오히려 신념을 주고 마음속에 천국을 불러일으키고, 일반적으로 위로함으로써 개인을 고양시키려고 한다. 왜냐하면 종교에서의 *행위*는 신성하고 윤리적이며 그러한 것이 지닌 특수한 위력들이기 때문이다. 그러나 이런 위력들은 원래는 순수하게 종교적이고 천상적인 것이 아니라 반대로 지상적이고 인간적인 것과 관련된다. 고대 그리스인들의 눈에는 지상적인 것이야말로 본질적으로 신성한 내용을 띤 것이었고, 따라서 완벽하게 행위로 표현될 수 있는 것이었다.

그러므로 만일 파토스가 속하는 범위에 대해 묻는다면, 의지 속에 깃들인 파토스의 본질적인 동기는 그 양이나 범위가 작다고 말할 수 있다. 특히 희생적인 파토스는 그 범위가 제한되어야 한다. 물론 우리는 탄식이나 기쁨, 사랑을 행복과 불행, 명성, 명예, 영웅심, 우정, 모성애, 자녀나 남편에 대한 사랑 같은 것에 대해서 늘 듣곤 한다.

γγ) 그러한 파토스는 이제 본질적으로 *윤색*되어 *표현*되어야 한다. 즉 그러한 파토스들은 그 풍요로운 내면성을 충만된 인간 영혼 속에 심고, 그 속에 강렬하게 집중되어 머물면서도 스스로 외부로 드러내고 완성된 형상으로 고양되어 나타나야 한다. 파토스가 내적으로 어떻게 집중되고 다시 외부에 드러나는가 하는 차이에 따라 본질적으로 서로 상이한 특수한 민족성이 형성되기도 한다. 문명화되고 반성의 능력을 지닌 민족은 그들의 열정을 표현하는 데도 더 능숙하다. 예를 들어 고대인들은 차가운 탄성이나 수다에 빠지지 않고도 개인에게 활력을 주는 파토스를 심오하고 익숙하게 표현할 수 있었다. 예를 들면 고대인들은 차가운 반성이나 수다스러움에 빠지지 않고도 개인에게 활력을 주는 파토스를 심오하고 익숙하게 표현할 수 있었다. 이런 점에서는 프랑스인들도 열정적(pathetisch)이라고 볼 수 있다. 그들은

열정을 능숙하게 표현해낸다. 이는 감정을 수다스럽게 드러내는 것은 오히려 감정을 해치는 것이라고 생각하는 우리 독일인들이 어쩌다 위축된 감정에서 파토스를 표현하려고 할 때 나오는 어설픈 말장난과는 다르다. 한때 독일의 젊은이들 가운데는 프랑스식의 수사학(修辭學) 경향에 싫증을 느껴 자연적인 것을 추구한다면서 주로 감탄사만 표현하는 것을 일삼던 문학의 시기가 있었다. 그러나 무조건 아! 오! 하거나 분노에 차 저주하고 질풍노도식으로 부딪치고 때린다고만 해서 다 되는 것은 아니다. 단순히 감탄사만 연발하는 것은 보잘 것 없는 위력이고 거친 영혼을 드러내는 데 불과하다. 파토스로 표현되는 개인 정신은 바로 스스로 펼치고 표현할 수 있는 완성된 정신이어야 한다.

이런 점에서는 괴테와 실러도 눈에 띄게 서로 대조를 이룬다. 괴테는 실러보다 덜 파토스적이면서도 오히려 집중된 표현방식을 취한다. 특히 서정시에서 괴테는 신중했다. 그의 노래들은 설명을 덧붙이지 않고도 그가 의도하는 바를 충분히 알릴 수 있었다. 그에 반해 실러는 자신의 파토스를 폭넓고 명쾌하고 비약적으로 표현하기를 좋아한다. 클라우디우스[81]도 그의 작품《반즈벡 사자(使者)들》에서 볼테르와 셰익스피어를 위와 비슷하게 대조시키면서, 한 쪽이 그렇게 *보인다면* (scheine) 다른 쪽에서는 실제로 *그러하다*(sei)는 의미로 다음과 같이 언급한다.

대가(大家) 아루에는 '나는 운다' 고 **말한다**. 그러나 셰익스피어는 실제로 *운다.*

---

81) 클라우디우스(Matthias Claudius, 1740~1815). 독일의 서정시인. 그는《반즈벡 사자들(Wandsbecker Boten)》을 출판했다.

그러나 예술에서는 실제로 자연적으로 존재하지 않고 마치 자연적으로 존재하는 것처럼 보이게 하는 것이 중요하다. 만약에 볼테르가 우는 것처럼 보이고 셰익스피어가 실제로 울었다면 셰익스피어는 서툰 작가에 불과했을 것이다. 그러므로 파토스는 이상적인 예술이 요구하듯이 구체적인 것이 되기 위해서는 풍요롭고 총체성을 띤 정신적인 파토스로 묘사되어야 한다. 이는 고려할 때 우리는 더 나아가 행위의 세 번째 측면인 *성격*에 대해서 자세하게 고찰하게 된다.

c. 성 격

우리는 행위의 *보편적*이고 실체적인 위력들에 대해서(von den *allgemeinen*, substantiellen Mächten des Handelns) 먼저 살펴보았다. 그런 위력들이 작용하고 실현되기 위해서는 인간의 개성이 필요하다. 이 개성 안에서 그 위력들은 움직이는 파토스로 나타난다. 그러나 이제 그런 보편적인 위력들은 특수한 개인들 안에서 스스로 *총체성이자 개성*으로 결합되어야 한다(zur *Totalität und Einzelheit* in sich zusammenschließen). 이 총체성이란 구체적인 정신성과 주관성을 지닌 인간의 성격으로 나타나는 총체적인 개성을 뜻한다. 즉 신들이 인간적인 파토스가 되어 구체적인 행위 속에 드러날 때 그 파토스가 바로 인간의 성격이 된다.

그리하여 그 고유한 총체성의 계기들이 성격 속에 결합될 때, 이상적인 예술표현이라는 본래의 핵심이 달성된다. 그 이유는 *이상적인 이념*이란 *주관적인 개성*이 감각적인 표상과 직관을 통해 형상화되고 활동하고 행동하면서 자신을 완성해가도록 규정되는 것이기 때문이다. 그러나 진정으로 *자유로운* 개성은 이상(理想)이 요구하듯이 단지 보편성으로만 드러나서는 안 되고 구체적인 특수성이 되어야 한다. 그리고 스스로 통일된 보편성과 구체적인 특수성 양쪽을 매개(媒介)하고 관통하도록 드러나야 한다. 그것이 바로 성격의 총체성을 이루는 것으로서 이상이 요구하는 것이다. 이상적인 성격은 바로 스스로를 한곳에 집중시키는 풍요로운 주관성의 힘 속에 존재한다.

이와 관련해 우리는 성격을 다음과 같은 세 가지 측면에서 고찰해야 한다.

첫째, 총체적인 개성이자 자기 안에 풍요로운 성격으로서.

둘째, 이 총체성은 특수성으로 드러나야 하고 성격은 더 *특정하게* 드러나야 한다.

셋째, 성격은 자신 속에 *하나의 피규정성*으로서 주관적인 대자(對自, Fürsichsein)와 결속되어 *확고한* 성격으로 드러나야 한다.

이런 추상적인 사고(思考)의 규정들을 이제 우리는 해명하고 좀 더 상세히 살펴보기로 한다.

α) 파토스는 그것이 충만한 개성 속에서 펼쳐질 때, 그렇게 규정되어 더 이상 표현의 절대적인 유일한 관심사가 아니라, 행동하는 성격의 한 측면 — 비록 그러한 성격의 주요한 측면일지라도 — 으로만 드러난다. 왜냐하면 인간은 자기 안에 파토스인 *하나의 신*(神)만을 내포하고 있는 것이 아니라 인간의 심정은 그보다 더 크고 더 넓기 때문이다. 즉 진정한 인간의 내면에는 여러 신들이 깃들여 있고 신들의 영역에 흩어져 있는 온갖 위력들이 인간의 마음 속에 숨겨져 있다. 즉 인간의 가슴 속에는 올림포스 산 전체가 들어 있다고 해도 과언이 아니다. 이런 의미에서 한 고대인은 "오 인간이여! 그대는 그대의 열정으로부터 신들을 만들어 내었도다"라고 말했다.

사실 고대 그리스인들은 문명화되면 될수록 더 많은 신들을 가졌다. 그들이 초기에 섬긴 신들은 불투명했으며 개성을 띠고 규정되거나 형상화되지도 않는 신들이었다.

그러므로 성격은 풍요로움을 보여주면서 드러나야 한다. 성격은 그런 총체성을 두드러지게 나타내 보이면서도 그 속에서 여전히 완전한 주체로 머물 때, 그런 성격은 우리의 관심을 끈다. 만약에 성격이 이러한 원만한 주관성을 갖추지 못하고 단지 추상적으로 무슨 열정에 희생된다면, 그것은 제 정신이 아니거나 미쳤거나 아니면 허약하고 무력한 성격으로 나타날 뿐이다. 개인의 성격이 유약하거나 무력하다는 것은 그 개인에게는 영원한 신적인 위력들이 그 개인들 자신의 것이 되어 나타나지 않기 때문이다.

예를 들어 호메로스의 서사시에 등장하는 영웅들은 모두가 아주 생명력이 넘치는 특징과 성격들을 갖고 있다. 아킬레우스는 가장 젊은이다운 영웅이면서도 그에게는 참된 인간에게 필요한 자질들이 빠져 있지 않다. 그의 성격이 지닌 다양한 면을 호메로스는 여러 다른 상황들 속에서 보여준다. 아킬레우스는 그의 어머니 테티스를 사랑하고, 브리세이스를 빼앗기자 운다. 또 그는 명예심에 손상을 입자 아가멤논과 일대투쟁을 벌인다. 이것이 《일리아스》 내에서 다른 모든 사건들의 시발점이 된다. 그는 또한 파트로클로스와 안틸로코스 의 가장 친한 친구이자 동시에 열흘 같은 청춘의 힘을 지닌 젊은이요 발 빠른 용사이기도 하다. 그의 발치에는 충실한 시종(侍從)인 불사조가 붙어 다닌다. 그러면서도 그는 노인에 대한 경외심을 갖고 있다. 파트로클로스의 장례식 때 그는 백발의 네스토르에게 최고의 경의를 표한다. 또 그는 자기가 따려죽인 헥토르의 시체를 마차에 매어서 끌고 트로이 성벽을 세 번이나 돌 때는 자극 받기 쉽고 복수심에 불타서 적에게 아주 혹독하고 잔인한 사나이로 나타난다. 그러다가도 늙은 프리아모스가 그의 장막으로 오자 그는 부드럽게 변한다. 그는 고향에 있는 늙은 자기 아버지 생각하면서, 흐느끼는 그 왕에게 그의 아들을 죽인 자기의 손을 내밀어 위로한다. 우리는 아킬레우스에 대해서 이렇게 말할 수 있다. 이야말로 참된 인간이다!라고. 이 한 개인에게서 고결한 인간 본성이 아주 다양하고 풍요롭게 펼쳐지고 있기 때문이다. 호메로스의 서사시에 나오는 다른 인물들 — 오디세우스, 디오메데스, 아이아스, 아가멤논, 헥토르, 안드로마케 등 — 의 성격들도 마찬가지다. 그들 각자는 온전한 인간이고, 하나의 총체적인 세계이며, 각자 충만하게 살아 있는 인간이다(jeder ist ein Ganzes, eine Welt für sich, jeder ein voller, lebendiger Mensch). 그들의 성격은 단지 어떤 개별화된 성격을 비유적으로 묘사한 추상적인 것이 아니다.

그에 반해 뿔같이 단단한 피부를 가진 게르만의 영웅 지크프리트, 트론예의 용사 하겐, 방랑의 악사(樂士)인 폴커 같은 영웅들[82]은 비록

---

82) 지크프리트(Siegfried), 하겐(der Hagen von Tronje) 그리고 폴커(Volker) 등은 모두 중세 독일의 최대 영웅서사시인 《니벨룽겐의 노래(Das Nibelungenliede)》에 나오는 인물들이다. 참고로 이 서사시의 내용을 대강 언급하면 다음과 같다.
네덜란드의 왕자 지크프리트는 용모와 무예가 뛰어난 영웅인데 그는 라인강변의 보름스 지방 부르군트족의 공주 크림힐트를 사랑한다. 그는 괴사(怪蛇)와 싸워 이를 죽이고 감춰져 있던 많은 니벨룽겐의 보물을 찾아내며 또 그 괴사의 피로 목욕을 해서 몸 전체가 불사신이 된다. 그러나 그때 우연히 보리수 나뭇잎이 떨어져 그의 오른쪽 어깨에 붙었기 때문에 그 자리만이 창검이 들어갈 수 있는 취약한 부분이 된다. 크림힐트 공주에게 구혼을 하지만 그녀의 오빠 군터왕은 그가 사랑하는 아이슬란드의 여왕 브룬힐트를 얻어 오면 여동생을 주겠다고 말한다. 지크프리트는 이 조건을 이행하여 브룬힐트 여왕과 싸워 이겨 그녀를 데려온다. 그러나 그동안 지크프리트를 사랑한 브룬힐트는 군터

와 결혼하고 나서도 그를 사랑하지 않을 뿐 아니라 지크프리트가 크림힐트와 결혼한 데 질투를 느낀다. 더욱이 그가 속임수를 써서 자기를 이긴 것을 알자 그녀는 분해 하면서 이 사실을 군터왕의 맹장 하겐에게 달한다. 하겐은 자신의 여왕인 브룬힐트의 명예를 회복하기 위해서 그녀의 명령에 따라 지크프리트와 함께 사냥을 나간 뒤에서 몰래 그에게 창을 던져 죽이고 나서 그가 지닌 니벨룽겐의 보물도 빼앗아 왕에게 바친다. 이 계략을 실행하기 전에 하겐은 크림힐트를 속여 그녀로부터 불사신인 지크프리트의 취약점이 어딘가를 알아낸다. 지크프리트가 죽고 난 후 크림힐트는 자기 남편이 죽게 된 경위를 알게 되자 자기 오빠인 군터왕, 하겐, 브룬힐트 모두에게 복수할 것을 맹세하고 훈족의 왕 아틸라에게 시집간다. 수년 후에 그녀는 남편 아틸라로 하여금 군터왕과 그 부하들을 초청하게 한다. 맹장 하겐은 크림힐트의 계략을 눈치채면서도 비겁하다는 말을 듣지 않기 위해 죽음을 각오하고 많은 용사들과 함께 길을 떠난다. 아틸라의 왕국에 도착한 그들은 크림힐트의 계략에 빠져 양 종족 간에 혈전이 벌어진다. 부르군트 족에서 살아남은 사람은 군터왕과 하겐 두 사람뿐이지만 이들마저 훈족의 용사 힐데브란트에게 잡힌다. 크림힐트 왕비는 니벨룽겐의 보물을 돌려주면 두 사람의 목숨은 살려주겠다고 말한다. 하겐은 군터왕이 생존하는 한 죽어도 보물을 내줄 수 없다고 대꾸한다. 그러자 그녀는 서슴지 않고 오빠 군터왕의 목을 베어 하겐 앞으로 가져가게 한다. 하겐은 그녀의 지나친 행위를 비난하면서 거절한다. 그러자 격노한 크림힐트는 칼을 빼어 그의 목을 베어버리고 만다. 그때까지 훈족의 용사로서 그 광경을 지켜보고 있던 힐데브란트는 "용감무쌍하다고 일컫는 영웅 하겐이 한낱 여인의 손에 이처럼 헛없이 죽다니!"하고 한탄하면서 그녀의 잔인무도한 복수에 분노하여 그녀의 목을 또 베어 버린다. 이 서사시는 중세 기독교적인 기사도 시대에 씌어졌지간 내용은 다분히 이교도적이다. 서사시의 시대적인 배경은 고대 게르만민족이 이동하던 시대이다. 특히 크림힐트 공주가 훈족의 왕에게 재가(再嫁)하는 이야기 속에는 당시 게르만민족 이동의 원인이 되었던 동방에서 온 훈족과 게르만 민족과의 접촉을 암시해 주고 있다.

역자가 여기서 이 작품을 비교적인 상세하게 설명한 것은 이 작품의 예술성을 떠나 이것이 독일민족의 민족성을 여러 가지 면에서 잘 나타내 주고 있기 때문이다. 즉 게르만족 특유의 철저성과 인내성, 충성심, 정조관념 등을 여기서 감지할 수 있다. 이 서사시는 종종 독일의 《일리아스》라고 불린다. 그러나 이것은 호머의 《일리아스》와는 대조적인 성격을 지닌다. 헤겔이 본문에서 지적

힘은 세지만 그들이 보여주는 개성은 너무나 공허하고 빛이 바래져 있을 뿐이다.

그런 다양한 성격만이 생생한 관심을 불러일으킨다. 이 다양하고 충만한 성격은 *하나의* 주체 속에 집중되어 드러나야 한다. 그것은 마치 모든 것을 닥치는 대로 손에 넣어 잠깐씩 뭔가 아무런 특징도 없는 것을 만들어 내는 아이들처럼 산만하고 허황되거나 단지 다양한 자극만을 불러일으켜서는 안 된다. 그 반대로 성격은 다양한 인간의 심정 속에 파고들어가 거기에 머물면서 자아를 채워주는 동시에, 정체하지 않고 오히려 관심사, 목적, 특성, 성격 같은 총체성 속에서 다듬어져 지속적인 주관성으로 보존되어야 한다.

그런 총체적인 성격들을 표현하는 데 가장 적합한 것이 서사시(敍事

하려는 것은 그 점이다. 《니벨룽겐》에는 첫째, 《일리아스》처럼 서사시적인 파노라마틱한 아름다움이 없다. 《일리아스》는 말하자면 서사시적으로 진행되어 각 장이 하나하나의 스토리가 되어 연속되는 구성임에 반해 《니벨룽겐》에서는 처음에 지크프리트의 암살이 원인이 되고 마지막에 크림힐트의 복수가 결과를 이루는 인과관계로서 최후의 파국에 이르기까지 하나의 유기적인 극적인 구성을 가진다. 둘째, 《니벨룽겐》에서는 아주 개성이 강한 성격들이 창조되어 있다. 여기에는 게르만 민족의 거인주의와 비극성이 나타나고 있다. 괴테 자신은 독일국민이 어느 정도 교양을 갖추기 위해서는 이 작품을 불가분 읽어야 한다고 말했다. 어느 문학사가는 "만약 독일민족이 이 지상에서 멸망해 버리는 일이 생겼다고 가정하면, 그때 그 이름을 가장 빛나게 하는 것은 《니벨룽겐의 노래》와 괴테의 《파우스트》일 것이다"라고 말했다(박찬기 著, 《독문학사》, 1972, 壯文社, 13쪽 이하 참조). 그러나 이미 앞서 살펴보았듯이 이 《미학강의》 속에서 헤겔의 서사시적인 영웅에 대한 찬양은 고대 그리스의 서사시와 독일 고전주의 서사시에 나오는 인물들에 국한된다. 위의 《니벨룽겐의 노래》는 원래 게르만 민족의 역사와 설화가 뒤섞여 형성된 전형적인 독일 서사시임에도 불구하고, 헤겔은 그 작품 속에 등장하는 성격들은 강하기만 할 뿐 성격의 '다양성'을 보이지 않는다는 이유로 거부했다.

트로이의 용사 헥토르를 죽이는 그리스의 영웅 아킬레우스. 호메로스의 서사시 《일리아스》에서 가장 극적이고 감동적인 장면이다. 네덜란드의 화가 루벤스(P. P. Rubens) 作

詩, epische Poesie)이며, 그보다 덜 적합한 것이 극시(劇詩, dramatische Poesie), 가장 덜 적합한 것은 서정시(抒情詩, lyrische Poesie)이다.

β) 그러나 예술은 총체성 *자체*에만 머물러 있을 수는 없다. 왜냐하면 우리가 관여하는 것은 규정된 이상(Ideal)이므로 여기에서는 성격의 특수성과 *개성*에 대해 더 자세히 요구되기 때문이다. 특히 갈등과

용을 죽인 영웅 지크프리트(《니벨룽겐의 노래》 중에서)

반응을 나타내는 행위는 제한하고 특정하게 정해진 형태로 드러나야 한다. 그러므로 극(劇)에 등장하는 주인공들은 대개 서사시에 등장하는 주인공들보다 더 단순하게 묘사된다. 성격은 본질적이고 특수하며 특정한 목적이나 결단, 행위로 이끄는 파토스를 통해 드러날 때 더 확고하게 규정된다. 그러나 만약에 어느 개인의 성격이 단순히 사랑이나 명예 따위의 특정한 파토스의 추상적인 형태로만 공허하게 제한된다면, 그 때문에 성격의 생동감이나 주관성은 상실되고 표현은—프랑스인들에서 그렇듯이— 종종 삭막하고 빈약해진다. 그러므로 개인

용장 하겐의 목을 베는 크림힐트(《니벨룽겐의 노래》 중에서)

아틸라(Attila) 궁정에서의 축제. 아틸라는 《니벨룽겐의 노래》에서는 부차적인 인물로 등장하지만, 실제로 역사에서는 서기 5세기에 유럽의 패자(覇者)로서 게르만족의 이동에 막강한 영향을 미쳤던 훈족의 왕이었다. 헝가리 화가인 모르 단(1828~1899)의 그림

의 특수한 성격에서 어느 한 측면이 우세하게 드러나더라도, 그렇게 규정된 개인은 충분한 생동감과 충만함을 보존하여 여러 방면에서 대처하고 어떤 상황 속에 들어가도 자신의 풍요로운 내면을 다양하게 펼칠 수 있어야 한다. 소포클레스의 비극 속에 나오는 인물들은 단순한 파토스를 지니고 있어도 이런 생동감에 차 있다. 그들은 마치 조형적으로 완성된 조각형상들에 비유할 수 있다. 왜냐하면 조각도 역시 다양한 성격을 표현하도록 규정될 수 있기 때문이다. 전력을 다해 단 *하나의* 점으로 자신을 집중시켜 발산하는 열정과는 달리, 조각은 고요함과 침묵 속에 모든 위력을 조용히 감추고 있는 강인한 중용(中庸)의 상태를 표현한다. 그러면서도 이 혼탁해지지 않은 통일성은 추상적으로 규정되는데 머물지 않고, 그 아름다움 속에서 모든 것이 직접적인 생겨날 수 있음을 예감하게 하고 아주 다양한 관계들 속으로 끌

어당긴다. 참된 조각 형상들 속에는 스스로 모든 위력을 실현시킬 능력을 가진 고요한 심오함이 깃들어 있는 것이 보인다. 그러나 조각과 달리 회화나 음악, 시문학에서는 성격의 다양성이 더 요구되어야 하고, 참된 예술가라면 이를 언제든지 성취할 수 있어야 한다. 예를 들면 셰익스피어의 《로미오와 줄리엣》에서 로미오에게는 사랑이 그의 주요한 파토스로 나타난다. 그러면서도 그는 그의 부모와 친구들, 시종들과 다양한 관계를 유지하며 티발트와 결투를 벌이고 승려에게는 경외와 신뢰를 보이며, 자신에게 독약을 판 약사와 구덩가에서 대화를 나눌 때는 엄숙하고 고귀한 감정을 드러낸다. 줄리엣의 성격도 마찬가지로 그녀의 부모, 유모, 파리스 공작, 대부와 관계할 때 성격의 총체성을 보여준다. 그러던서도 그녀는 곧 그 각각의 상황 속으로 깊이 빠져들어 간다. 그때 그녀의 성격전체는 *하나의* 감정, 즉 무한한 바다보다 더 깊고 더 넓은 사랑의 감정과 열정에 빠진다. 그래서 줄리엣은 다음과 같이 말한다.

나는 주면 줄수록 더 많이 갖지요, 그 둘 다 무한하답니다.

그러므로 단 *하나의* 파토스만 묘사되고 있더라도, 이는 풍요로운 것으로 전개되어야 한다. 이는 파토스를 구체적인 상태에서 행위로 묘사하지 않는 서정시의 경우에도 마찬가지다. 즉 파토스는 모든 환경이나 상황에서 층만한 심정을 드러내는 내적인 상태로 묘사되어야 한다. 시인의 생생한 능변술은 모든 것을 연결시키고, 각거의 것을 현재에 드러내며, 내견을 상징적으로 표현하는 데 모든 외적인 상황을 이용할 줄 알고, 심오하고 객관적인 사상을 펼치기를 꺼리지 않는다. 그때 그의 상상력은 포괄적이고 명쾌하고 위엄 있는 고귀한 정신을

가장 친한 친구 파트로클로스가 부상당하자 정성스레 치료해 주는 아킬레우스. 헥토르를 죽일 때의 그의 광포한 성격과 대조되는 또 다른 성격이 그의 내면속에 깃들어 있음을 보여준다

드러낼 줄 안다. 이처럼 자기 내면세계를 표출하는 풍요로운 성격은 서정시에서도 역시 필요하다. 물론 오성(悟性)적인 면에서 고찰할 때 하나의 주도적인 피규정성 내에 그런 다양성이 들어 있다는 것은 불합리하게 보일지 모른다. 예를 들어 우리는 근본바탕이 아름답고 젊은 힘을 가진 아킬레우스의 고귀한 영웅적 성격 속에는 아버지나 친구에 대한 부드러운 마음도 깃들어 있다. 그런데 그러한 그가 어떻게 잔인한 복수심에서 헥토르를 죽여 성벽주위로 질질 끌고 갈 수 있을까라고 물을 것이다. 셰익스피어의 극에 나오는 익살꾼들도 이와 비슷하게 거의 언제나 풍부한 정신력을 지니고 있으면서도 또 독창적인 해학을 지니고 있는 모순을 보인다. 그처럼 풍부한 정신력을 지닌 개성들이 어떻게 그처럼 익살스런 행동을 할 수 있을까라고 물을 수 있다. 그렇게 보는 오성은 성격의 한 측면만을 추상적으로 강조하여 이를 한 인간 전체의 모습으로 보려고 한다. 오성의 눈에는 그처럼 우세

한 일면성에 대항해 싸우는 것이 불합리하게 보일 뿐이다. 그러나 스스로 총체적이고 생동하는 성격에는 이러한 불합리성이야말로 바로 합리적이고 올바른 것이다. 왜냐하면 인간은 그 자신 속에 많은 모순을 내포하고 있을 뿐 아니라 이를 감내하는 가운데 자신에게 한결같이 충실하게 머무는 존재이기 때문이다.

γ) 하지만 이런 이유에서 성격의 특수성은 그 주관성과 결합되어야 한다. 성격은 하나의 규정된 형태를 띠면서 이 피규정성 속에서 스스로에게 충실한 *하나의 파토스*의 힘과 견고함을 지녀야 한다. 만약에 인간이 이런 식으로 자기 안에서 동일화되지 못하면 그가 지닌 다양한 측면들은 무의미하고 경솔한 것으로 와해되고 간다. 예술은 다름 아니라 이처럼 개인이 자신 속에서 동일성으로 지니고 있는 것을 개인의 무한성이자 신성으로 표현해낸다. 이런 점에서 볼 때 견고함과 결단성은 이상적인 성격을 묘사하는 중요한 규정이 된다. 위에서 다뤘듯이 이러한 것들은 보편적인 위력에 개인의 특수성이 주입되어 양자가 통일되고 거기에서 다시 주관성과 개성이 만들어질 때 드러난다. 그러나 이런 것을 요구하는 우리로서는 특히 근래 예술에서 드러나는 많은 현상들을 비판하지 않을 수 없다.

예를 들면, 코르네이유의 《시드(Cid)》(1636년 작)에서는 사랑과 명예의 충돌이 극중에서 훌륭한 역할을 한다. 그처럼 서로 다른 파토스들은 물론 갈등을 야기할 수 있다. 그러나 만약 그런 파토스들이 한 개인의 성격 내에서 내적인 대립을 일으키면 이는 찬란한 수사법과 효과적인 독백의 기회를 제공할지는 몰라도, 그 개인의 마음은 명예와 사랑의 추상성 사이에서 이리저리 내던져져 분열만 일으킬 뿐 건실하고 결단적인 성격은 드러내지 못한다. 라신느의 극(劇)[83]도 비슷한 예이다. 거기에서 여주인공 페드라는 유모 외노네의 감언에 넘어간다. 자기 안에서 파토스의 힘에 의해 행동하는 주요한 인물이 이처럼 자기보다 낮은 인물에 의해 좌지우지되고 설득되어 자신이 지은 죄를 남에게 전가하는 것은 개인의 결단성에 어긋난다. 참된 성격은 스스로 행동하지 다른 사람에게 자기 속을 들여다보이거나 자기 대신 결단을 내리게 하지 않는다. 그는 스스로 행동을 하고 자기 행동이 잘못 되었고 그것이 죄를 저질렀다면 스스로 그것을 떠맡고 책임을 지려고 한다.

특히 근대의 독일작품들에서는 오랫동안 독일을 지배해 온 감상주의(感傷主義, Empfindsamkeit)[84]의 영향을 받아 내적으로 유약해진 불

---

83) 라신느(Jean Racine, 1639~1699). 프랑스의 극작가. 그의 작품들에서는 사랑이 주제를 이루며 여성들이 결정적인 역할을 하면서 극의 중심을 이룬다. 여기서 헤겔이 언급하는 작품은 《페드라(프랑스 원작명은 '페드라와 이폴리트 Phèdre et Hippolyte)'》로서, 이는 라신느의 가장 유명한 작품 중 하나로 1677년에 초연되었다. 열정적인 성격의 소유자인 여주인공 페드라는 테세우스왕의 두 번째 부인이 되고 나서도 자기의 의붓아들인 이폴리트를 사랑하며 그에게 사랑을 고백한다. 그러나 이폴리트는 그녀와는 반대로 유약한 성격의 소유자인데다가 또 아테네의 공주 아리시아에게 끌리고 있어서 페드라의 사랑을 거절하므로, 결국은 페드라는 자살하고 만다.

84) Empfindsamkeit는 영어의 sentimental이라는 말을 독일어로 옮긴 것으로, 특히 1730~1800년 사이에 독일에서 유행하던 감정을 중시하던 사조를 일컫는다. 이 감상주의는 특히 근대에 들어 발전해 온 개인주의의 한 단계로서 한편으로 계몽주의적인 도덕과 미덕의 체계 속에 머물면서도 다른 한편으로 감정에 의해 좌우되고 열광적이고 (상처받기 쉬운) 감상적인 세계관에 몰입하면서 특히 주관적인 영혼의 움직임, 내면화, 열광주의를 표현하는 데 주력했다. 감상주의의 '감상(感傷)'이라는 번역 자체가 '감정의 상처'라는 뜻을 보여준다. 아래에서 헤겔이 언급하는 괴테의 《젊은 베르테르의 슬픔(Die Leiden des jungen Werthers)》(1774년)은 이런 감상주의 문학의 정점을 이루는 작품이다.

안정한 성격들이 묘사되는 것을 엿볼 수 있다. 가장 가까운 유명한 예로 《젊은 베르테르의 슬픔》에 나오는 주인공 베르테르를 들 수 있다. 매우 병적인 성격을 지닌 그는 자기의 사랑에 대한 애착을 넘어설 힘이 없다. 그 인물에서 흥미로운 것은 단지 그가 아름다운 감정과 열정을 지니고 있으며, 그의 심정이 자연과 친해지면서 부드럽게 발전된다는 점이다. 이 유약함은 후에 베르테르의 인품이 공허한 주관주의(主觀主義) 속으로 자꾸 빠져갈 때 다양한 형태로 드러난다. 또 야코비의 작품 《볼데마르》[85]에 나오는 '아름다운 영혼'이라는 것도 이러한 감상주의에 속한다. 이 소설에서는 거짓된 심정, 즉 자신의 미덕과 우수함에 대해 스스로 기만되고 현혹당한 성격이 잘 묘사되고 있다. 여기서는 원래 고귀하고 신성한 영혼이 모든 현실과 어긋난 관계를 맺고, 기존 세계의 참된 내용을 감내하고 소화할 수 없는 유약함을 고상함 뒤에 은폐시키면서 모든 것을 마치 무가치한 것처럼 거부하는 성격이 등장한다. 원래 아름다운 그 영혼은 삶의 진정한 윤리적인 관심사와 건실한 목적에 마음을 열지 않고, 주관적이고 종교적이고 도덕적인 자기 생각 속에만 갇혀 스스로 거미줄을 치고서 살고 있다. 그의 영혼은 이처럼 자신의 탁월함에 대해 터무니없이 내적으로 열광하면서 허무하게 된다. 그리고 이와 더불어 그 고독하고 아름다운 영혼은 매순간 자신이 찾아내 이해하고 감탄하는 모든 것들에 대해 끊임없이 감상(感傷) 속으로 빠져들어 간다. 그 영혼은 자기가 보는 것을 다른 사람이 보지 못하면 심하게 동요되고 무한히 상처를 입는다. 그때 그에게는 갑자기 모든 인간, 모든 우정, 모든 사랑도 다 사라지고 만다.

---

[85] 야코비(Friedrich Heinrich Jacobi, 1743~1819)가 쓴 위 소설의 원제는 《볼데마르, 박물학 중의 진기한 사물(Woldemar. Eine Seltenheit aus der Naturgeschichte)》로서 1779년에 출간되었다.

위대하고 강한 성격은 고루한 태도나 졸렬함, 사소한 환경과 부당성이 있어도 그에 상처받지 않고 지나간다. 그러나 나약하고 아름다운 영혼은 믿기 어려울 정도로 그런 것을 감내하지 못한다. 그리고 사실 그의 심정은 그런 하찮은 것들 때문에 절망에 빠진다. 그때 그는 끝없는 비참함, 근심, 고민, 불쾌함, 상심, 우울, 불행 속으로 빨려 들어간다. 그때 그의 성격에서는 자신과 타인에 대해 반성하는 고통, 발작, 그리고 온갖 비참함과 나약함만이 혹독하고 잔인하게 드러난다. 이런 괴이한 심정은 사람들의 마음을 사지 못한다. 왜냐하면 뭔가 현실적인 것을 이행하려 하고 이를 붙잡을 용기와 힘을 지닌 성격이야말로 참된 성격이기 때문이다. 비록 사람들은 심오한 내면 속에 깃든 신성함을 밖으로 드러내는 자만이 고상하고 순수한 성품을 지닌다고 생각하지만, 늘 자기 속에만 머무는 주관적인 성격에 대해서는 관심을 갖지 못한다.

또 독특하고 고상하고 훌륭한 심정이 왜곡된 방식으로 형성되거나 그것이 독자적인 위력인 것처럼 왜곡될 때도 그처럼 내실(內實)화되지 못하고, 본래의 견실성이 결핍된 성격이 드러난다. 마법적이고 최면적이고 악마적인 것, 유령 같은 투시력, 몽유병 따위가 그런 것에 속한다. 생생하게 존재하는 개인은 한편으로 자신 속에 들어 있고, 다른 한편으로 외부에 있는 그런 낯설고 어두운 힘들에 의해 지배되기도 한다. 이런 미지(未知)의 힘들에는 이해할 수 없는 섬뜩함이나 풀기 어려운 진실이 숨겨져 있다고 추정할 수 있다. 그러나 예술의 영역에서는 그런 어두운 힘들은 추방되어야 한다.

왜냐하면 예술 속에서는 어떤 것도 암울하지 않고 명확하고 투명하기 때문이다. 그렇지 않고 위와 같은 환상 속에서 헤맬 때 드러나는 것은 병적인 영혼일 뿐이다. 그때의 시문학은 호프만이나 하인리히

클라이스트와 그의 무덤

폰 클라이스트[86)]가 그의 작품 《황태자 홈부르크》에서 예로 보여주듯

---

86) 하인리히 폰 클라이스트(He nrich von Kleist, 1771~1811)는 장 파울, 횔덜린과 더불어 독일의 반(反) 고전주의 3대 시인 가운데 한 사람으로 꼽히는 극작가였다. 프러시아의 귀족가문에서 태어난 그는 일찍이 육군사관학교를 거쳐 장교가 되었으나 이상(理想)이 불타 그 직무를 포기하고 칸트철학에 몰두하였다. 그러나 그가 칸트에서 배운 것은 이성에 의한 인식의 한계일 뿐이었다. 최고의 진리를 규명하려고 했던 그의 격렬한 욕망은 자신의 격렬한 감성과 마성(魔性, das Dämonische)이 자유로이 발휘되는 공상의 세계, 즉 문학작품 속에서 위안을 얻었다. 위 극작품의 원제는 '홈부르크의 왕자 프리드리히(Prinz Friedrich von Homburg)'로서 원래 1809~1810년에 씌어졌으나 1821년에 가서야 출판되었다. 클라이스트의 최후의 작품이자 최고의 걸작으로 꼽히고 있는 그 작품의 내용은 대략 다음과 같다. 홈부르크의 황태자 프리드리히는 예비기병대의 지휘관인데 전투가 있기 전날 밤, 젊은 혈기에 공명심에 빠져 잠을 못 이루고 있다가 몽유병의 상태에 빠져 선제후의 질녀인 아름다운 나탈리에의 뒤를 쫓아가 그녀가 들고 있던 월계관을 얻으려 한다. 그러나 그녀는 도망가고 손에 잡힌 것은 그녀의 장갑뿐이었다. 그런데 그는 다음날 실제로 그녀를 보았을 때 그녀가 한쪽 손에만 장갑을 끼고 있는 사실을 발견한다. 그는 불타는 공명심뿐 아니라 그녀의 사랑을 얻으려고 마음을 설레다가 다음날

이 모호하고 망상적이고 공허한 것이 된다.

참되고 이상적인 성격은 저승이나 유령 같은 특징을 갖지 않고 현실적인 관심사에 귀기울이면서 이를 자신의 내용이자 파토스로 삼는다. 그러나 근대 시문학에서 특히 환시(幻視)는 통속적이고 천박한 것으로 되고 말았다. 그에 반해 실러의 《빌헬름 텔》을 보면 늙은 아팅하우젠이 죽는 순간에 적절한 장면에서 자기 조국의 운명에 대해서 예언한다. 단지 충돌을 야기하고 흥미를 끌기 위해서 건전한 성격을 병적인 영혼과 뒤바꾸는 것은 불행한 일이다. 따라서 정신착란증을 예술의 소재로 삼을 경우에는 아주 신중해야 한다.

통일된 견고한 성격과는 반대되는 그런 병적이고 왜곡된 성격을 다루는 경향은 오늘날 유행하는 아이러니의 원리에서 찾을 수 있다. 이 잘못된 이론으로 오도(誤導)된 작가들은 아무런 통일성도 띠지 못한 채 다양하기만 한 성격들을 만들어냄으로써 모든 성격들을 파괴하고 있다. 예를 들어 어느 개인이 처음에는 어떤 성격을 드러내다가 이어서 그와 정반대되는 특성을 드러낸다. 그럴 때 그 개인의 성격은 단지 공허한 것으로 드러날 뿐이다. 그러나 아이러니는 그런 성격을 나타내는 것이야말로 본래 숭고한 예술이라고 가정하고 있다. 그렇게 주장하는

무모한 전투를 벌인 끝에 대패하고 만다. 그 책임으로 그는 사형을 선고받는데, 마지막 장면에서 형장으로 끌려갈 때 의외로 그가 그토록 고대하던 승리의 월계관이 나탈리에의 손에 의해 그의 머리에 씌어지고 그녀의 따스한 손길이 다가와 그의 가슴을 채워 준다. 이처럼 꿈과 현실, 비참함과 열정이 교차하는 이 작품은 작가의 원숙함과 재능을 충분히 입증해 준 작품이었지만, 그 작품은 실제 모델이었던 브란덴부르크의 황태자를 비겁한 인물로 묘사했다는 일반적인 비난 때문에 공연되지 못하였다. 당대에는 이해되지 못한 시인으로 불행한 일생을 보낸 클라이스트는 34세의 젊은 나이에 스스로 목숨을 끊었다.

몽유병 증세를 보이는 멕베스 부인 (Lady Macbeth). 요한 H. 퓌슬리 (Johann Heinrich Füssli, 1741~1825년)의 작품

사람들은 관객은 긍정적인 관심사에만 사로잡힐 것이 아니라, 아이러니 자체가 모든 것을 넘어서듯이 관객도 그것을 넘어서야 한다고 생각한다. 그래서 그들은 셰익스피어의 극중에 나오는 인물들의 성격들조차도 이런 의미로 해석하려고 했다. 예를 들어 맥베스 왕의 아내는 살인할 생각을 갖고 이를 실행함에도 불구하고, 그녀는 또 한편으로 부드러운 심정을 지닌 사랑스런 아내라는 따위로 해석하는 것이 그렇다.

그러나 셰익스피어는 그의 극중에 나오는 인물들이 단지 형식적인 위대함과 견고성을 지녔을 뿐 실제로는 사악한 성격을 지닌 인물들일지라도 이를 단호하고 팽팽하게 묘사했다는 점에서 뛰어나다. 햄릿은 결단력이 없는 성격이지만 그는 무엇을 해야 할 것인지에 대해서가 아니라 그것을 어떻게 실행할 것인지에 대해서 회의(懷疑)적이다. 그런데 오늘날 아이러니의 원리를 주장하는 사람들은 그런 셰익스피어 극중의 성격들까지도 유령 같은 성격을 지니고 있다고 해석한다. 그들은 햄릿에서는 주인공이 무의미하게 흔들리고 넘어가는 어중간하고 어리석은 성격이 흥미를 끈다고 생각한다. 그러나 이상(理想)은 이념이 현실적이 되고 이 현실에 주체이면서 그로 인해 자신 속에 확고한 동일자인 인간이 속할 때 그 안에 존재한다.

예술로 표현되기에 적합한 성격을 지닌 개인에 대해서 살펴보는 것은 여기 이것으로 충분할 것이다. 중요한 것은 풍요로운 개인의 마음속에 본질적이면서도 특수한 것으로 규정되어 들어있는 파토스이다. 내적이고 개성적인 가슴속으로 침투하는 파토스는 파토스 자체로서만 표현되지 않고 그 침투한 모습으로 표현된다. 그러나 또한 인간의 가슴속에 들어있는 파토스는 파괴적이고 비본질적이며 하찮은 것으로 드러나서는 안 된다.

Ⅲ. 이상의 외적인 피규정성

이상(理想)의 피규정성과 관련해서 우리는 *첫째로*, 이상이 왜 어떤 방식으로 특수성의 형태를 띠는지에 대해서 일반적으로 고찰을 했다. *둘째로*, 우리는 이상이 운동하면서 자기 안에서 차이를 드러낼 때 그것 총체성이 행위로 표현되는 것을 살펴보았다. 그러나 *셋째로*, 이상은 행위를 통해 외부세계로 나아가므로 이 구체적인 현실성의 마지막 측면을 어떻게 예술에 적합한 형상으로 나타내야 하는가에 대한 물음이 생긴다. 왜냐하면 이상은 그 *실제성(Realität)*과 동일시되는 이념이기 때문이다. 지금까지 우리는 이 현실성이 인간의 개성과 그의 성격에 나타나는 데까지만 추적해 보았다. 그러나 인간은 구체적이고 *외적인* 현존성도 지니고 있으며, 거기에서 주체로서 자신 속에 응집되면서도 이 주관적인 통일성 안에서 외면성과 관계하며 머문다. 마치 신상(神像) 주위를 신전이 둘러싸고 있듯이 인간이라는 현실적인 존재의 주위에도 주변세계가 둘러싸고 있다. 이런 이유에서 우리는 이상을 외면성과 연결해주고 그것을 관통하는 다양한 끈에 대해서도 언급해야 한다.

여기서 우리는 통찰하기 힘들 정도로 광범하고 외적이며 상대적인 것에 관계하면서 그 속으로 뒤얽혀 들어가게 된다. 왜냐하면 첫째로 부딪히는 것이 장소나 시간, 기후 같은 외적인 자연인데, 그것들 속으로 한 걸음씩 관계하면서 내디딜 때마다 늘 새롭고 특정한 모습들이 드러나기 때문이다. 인간은 더 나아가 외적인 자연을 자신의 욕구와 목적을 위해 이용한다. 도구나 집, 무기, 의자, 마차를 고안해 내고 꾸미거나 음식을 마련해 먹거나 폭넓고 안락한 생활을 하고 호사를 누리고자 할 때 그러한 것들을 이용한다. 인간은 그 밖에도 정신적인 것과 구체적인 현실 속에서 관계한다. 이러한 정신적인 관계들도 역시 모두가 외적인 현존성을 띤다. 그러므로 인간이 존재하는 현실적인 주위세계에는 명령이나 복종, 가족, 친척, 소유, 전원생활, 도시생활, 종교의식, 전쟁수행, 시민 정치의 실상, 서로 다른 사교 방식 등 일반적으로 모든 상황과 행동에 따른 다양한 관습들이 같이 존재한다.

이런 모든 것들과 관계하면서 이상은 평범하고 외적인 실제, 일상적인 현실, 세속적이고 평범한 삶 속으로 손을 뻗친다. 그러므로 만약 오늘날 몽롱한 것을 이상인 양 상상하려고 고집한다면, 이는 마치 외적 측면은 전혀 중요하지 않고 내적인 정신에 비해 비천하고 무가치한 것이라고 단언하고, 예술은 그와 같은 세상의 상대적인 것들과 모든 관계를 끊어야 한다고 주장하는 것과 같다. 그런 식으로 볼 때 마치 예술은 우리를 모든 욕구와 궁핍, 의존에서 벗어나도록 고양시키는 것처럼 보일 수 있고, 그런 영역에서 지금까지 인간이 낭비한 오성적인 재치로부터 벗어나게 하는 정신인 양 간주될 수도 있다. 말하자면 예술은 그런 단순히 인습적이고 우연에 불과한 시간과 공간, 관습에 매인 것들을 수용해서는 안 된다는 식이다. 그러나 이러한 가상적인 이상은 한편으로 보면 오늘날 드러나는 주관성의 한 특출하고 추상적인 측면일 뿐 스스로 외형을 지닐 용기가 없는 것이다. 이는 또 다른 한편으로 만약 주체가 출생이나 신분, 상황에 매여 그런 일상성에서 벗어나지 못할 경우에 그 영역에서 벗어나기 위해 주체가 자신에게 가하는 일종의 폭력이 될 뿐이다. 그때 그 주체는 그 영역에서 벗어나기 위한 유일한 수단으로 오직 자기 감정의 내면세계로만 은닉한다. 그는 그 비현실성 속에 자신을 감춘 채 자신을 마치 대단한 지식을 갖춘 사람인 양 간주하지만, 사실 그는 하늘을 동경하면서 쳐다보고 지상의 모든 존재를 하찮은 것으로 여기고 있을 뿐이다. 그러나 참된 이상이라면 무규정적인 내면에만 머무르지 않고 자신의 총체성에서 모든 외적인 측면으로 이행해 가야 한다. 왜냐하면 인간은 이상의 온전한 중심점으로 살고 있으며, 또 본질적으로 현재 여기에 속하면서 개별적으로 무한성을 띠고 있기 때문이다(Denn der Mensch, dieser volle Mittelpunkt des Ideals, *lebt*, er ist wesentlich jetzt und hier, Gegenwart, individuelle Unendlichkeit). 따라서 인간의 삶이란 다름 아니라 그를 둘러싸고 있는 외적인 자연과 대립하기도 하고 관계하기도 하면서 그 속에서 활동하는 것이다. 이제 이 활동이 규정되어 드러나는 현상은 예술에 의해 포착됨으로써 예술의 소재(素材)가 된다.

그러나 인간 자신은 스스로 하나의 주관적인 총체성으로서 자신을 외적인 것과 구분하듯이, 그의 외부에 있는 세계도 역시 시종일관성을 갖고 스스로 완성되어 있는 하나의 전체이다. 그러나 인간과 외부세계는 이처럼 서로 배제하면서도 또 서로 본질적으로 관계하면서 그 관계 속에서 비로소 구체적인 현실을 이룬다. 이를 표현할 때 드러나는 것이 바로 이상(理想)의 내용이다. 이와 관련해서 야기되는 질문, 즉 예술은 그러한 총체성 속에 있는 외면성을 어떤 형식과 형태로 이상적으로 표현하는가에 대한 것은 이미 위에서 언급했다. 이와 관련해서 우리는 예술작품에 나타나는 다음과 같은 세 가지 측면을 구분해야 한다.

첫째로 예술에 적합한 형태를 갖추는데 필요한 공간성, 형상, 시간, 색채와 같이 전적으로 추상적인 외면성이다.

둘째로 막 설명했듯이 외면성은 구체적인 현실 속에서 나타나며, 예술작품 속에서 그런 환경 속에 놓인 인간 내면의 주관성과 조화를 이룰 것을 요구한다.

셋째로 예술작품은 직관적으로 향유하기 위한 것이다. 관객은 예술대상(對象) 속에서 자기의 참된 믿음이나 감정, 상상에 따라 자신을 되찾고 표현된 대상들과 조화를 이루기를 원한다.

1. 추상적인 외면성 자체

이상(理想)은 그것이 머물렀던 단순한 본질에서 실존성을 띠고 외면으로 드러날 때 동시에 이중적인 현실성을 얻는다. 즉 예술작품은 한편으로 이상적인 내용에 구체적이고 현실적인 형태를 부여한다. 그때 예술작품은 그 내용을 특정한 상황이나 상태, 성격, 사건, 행위를 외적으로 드러내면서 표현한다. 다른 한편으로 예술은 특정한 *감각적인 질료* 속에 총체적인 현상을 드러냄으로써 눈으로 보고 귀로 들을 수 있는 하나의 새로운 예술세계를 창조해 낸다. 이때 이 감각적 예술세계는 양쪽 측면에서 이상(理想)의 총체적인 통일성이 더 이상 외면적인 것에서 그것의 구체적인 정신성을 표출할 수 없는 극단에 이를 때까지 확장된다. 여기서 예술작품은 또 이중적인 외면성을 지닌다. 즉 외면은 외면 자체로만 머물면서 일부분의 외적 통일성만을 형태로 받아들인다. 여기서는 우리가 이미 자연미에서 고찰할 기회가 있었던 것과 같은 관계가 다시 등장한다. 그때처럼 여기 예술에서도 같은 규정들이 타당성을 지니게 된다. 다시 말해서 예술은 한편으로 규칙성, 대칭, 법칙성을 통해 외적인 것을 형상화하며, 다른 한편으로 예술작품을 위해 단순성을 단순하고 순수한 감각적인 질료로 이용하기도 한다.

a) 먼저 *규칙성과 대칭*에 관해서 보자. 이것은 생명이 없는 오성의 단순한 통일성으로, 그 외형은 결코 예술작품의 특성을 전부 다 표출하지는 못하고 다만 생명이 없는 시간이나 공간의 형태로만 드러난다. 그때 규칙성과 대칭은 절제되고 심사숙고된 것으로 외적인 대상 속에 등장한다. 그러므로 우리는 규칙성과 대칭이 예술작품 속에서 이중적인 효과를 지니는 것을 본다. 즉 그 규칙성과 대칭은 그 추상성 때문에 생동성을 파괴한다. 그러므로 이상적인 예술작품이라면 외형을 단순히 그런 규칙대로 만드는 일을 피해야 한다. 그러나 다른 한편으로 그런 경우에도 예를 들면 음악의 선율에서 보듯이 규칙성은 완전히 지양(止揚)되지는 않고 단지 근본적으로 축소되어서 나타난다. 그러나 반대로 어떤 예술에서는 질료의 절제와 규칙만이 유일하게 기본규정으로 채택된다. 그런 경우에 그 예술의 이상미를 구성하

는 것은 오직 규칙성(Regelmäßigkeit)이다. 규칙성이 주로 응용되는 분야는 건축이다. 왜냐하면 건축예술 작품은 정신에게 외적이고 비(非) 유기적인 주위환경을 예술적으로 형상화하는 것(die äußere, in sich selbst unorganische Umgebung des Geistes künstlerisch zu gestalten)이 목적이기 때문이다. 그러므로 여기에서는 직선, 직각, 원형, 기둥, 창문, 아치, 원주, 그리고 굽은 천장의 규칙성 따위가 중요하다. 즉 건축예술 작품은 그 자체가 목적이 아니라 다른 것을 위한 외적인 장식이나 거주지로 쓰인다.

건물 안에는 보통 그 안에 거주할 신의 조각상이 세워지거나 그 안에 거주할 사람들이 모여들어 생활할 것을 예상한다. 그러므로 그런 예술작품은 본질적으로 그 자체가 관심대상이어서는 안 된다. 이런 점에서 규칙성과 대칭은 외적인 형태를 결정하는 법칙으로서 합목적성을 띤다. 왜냐하면 오성은 형상에 규칙이 잘 잡혀 있는지를 일별할 뿐 그에 오래 시선을 머물지 않기 때문이다. 그 밖에도 물론 건축학적인 형태들이 정신적인 내용을 둘러싸는 상징적인 관계가 있지만, 그에 대해서는 여기에서 언급하지 않겠다.

건축학적인 형태를 현실의 자연에 응용해서 변형시킨 정원술 같은 특정한 양식도 마찬가지이다. 그러나 건물에서처럼 정원에서도 중요한 것은 인간 자신이다. 물론 어떤 정원술은 다양하고 비규칙적인 형태를 원칙으로 삼는 수도 있다. 그러나 그것보다는 규칙성을 띤 정원술이 더 낫다. 왜냐하면 복잡하게 뒤얽힌 미로와 뱀처럼 구불구불한 덤불숲, 고여서 썩어 있는 물 위에 걸쳐 있는 다리들, 놀라운 고딕풍의 성탑, 사원, 중국풍의 집,[87] 암자, 유골단지, 장작더미, 언덕들, 조

---

87) 여기에서 헤겔은 그가 살았던 당시 독일의 고전주의가 추구했던, 서양의 고

상(彫像)처럼 일일이 독자성을 가진 그것들을 바라보고 있으면 사람들은 싫증과 지루함을 느끼게 되기 때문이다. 그러나 미(美)가 이용이나 오락을 위한 것이 아니라 그 자체로 바라보고 향유할 수 있는 실제의 주변풍경인 경우는 그런 느낌이 들지 않는다. 그러나 정원이 규칙적으로 꾸며져 있더라도 그것이 사람들에게 너무 놀라운 방식으로 되어 있어서는 안 된다. 인간을 둘러싼 외적인 자연 속에서 항상 주요한 존재로 드러나는 것은 인간이어야 한다.

회화에서도 보면 모여 있는 인물들의 위치나 그들의 움직임, 옷의 주름 등 모든 것이 잘 배열되어 있고, 적재적소에 규칙성이 있고 대칭이 잡혀 있다. 그렇지만 회화에서는 건축에서보다 정신적인 생동성이 더 심오한 방식으로 외적인 현상 속으로 뚫고 들어올 수 있으므로 대칭의 추상적인 통일성이 들어설 여지는 더 적다. 그리고 우리는 예술의 초기 단계에는 주로 엄격한 상등성(相等性)과 규칙이 지배하지만, 후에 가서 예술이 발전하면 유기적인 형태에 가까운 자유로운 선(線)들이 예술의 기본 형태를 이루는 것을 보게 된다.

그에 반해 음악과 시에서는 규칙성과 대칭이 다시 한 번 중요한 규

대 그리스 문화를 중심으로 한 이상주의(理想主義)의 정점에 서서 세계의 예술 전체를 고찰한다. 우리가 헤겔의 미학사상 전체를 통해 볼 수 있는 것은 그가 동양이나 인도 페르시아의 종교 및 예술과는 대조적으로 서양, 그것도 고대 그리스의 예술을 최고이자 절대정신의 직접적인 표현으로 인식하려고 노력하면서, 반면에 중국, 인도, 이집트 같은 동양 예술작품들의 형식은 불완전한 것으로 보고 있는 점이다. 즉, 그것들이 드러내는 것이 절대적인 내용이 아니어서 그들의 형태는 조악한 형태나 신의 형상 또는 우상들에 머물렀고, 참된 미를 소유하지 못했다는 것이다. 그러나 우리는 헤겔의 동양문화와 동양종교, 철학에 대한 지식과 비판이 과연 전적으로 타당한 것인지에 대해서 헤겔의 미학 사상 전체를 간파하면서 우리의 관점에서 좀 더 냉정히 분석하고 비판해야 할 것이다.

정이 된다. 이 예술들은 음(音)들이 시간적으로 지속되는 동안에 다른 구체적인 형상방식은 갖지 못하는 단순한 외면성의 측면을 띤다. 공간 속에 나란히 놓여 있는 것은 편안하게 바라볼 수 있지만, 시간 속에서는 하나의 요소가 들어오면 앞서 있었던 다른 요소는 이내 사라진다. 이처럼 사라졌다가 되돌아오곤 하면서 시간적인 요소들은 끝없이 무절제하게 계속되어 간다. 이때 무규정적인 것은 박자라는 규칙성을 형상화해내서 음을 규정하고 규칙적으로 반복되게 함으로써 끊임없이 무절제하게 나아가지 못하도록 통제해야 한다. 음악의 박자 속에는 우리가 거의 벗어날 수 없는 마법적인 힘이 들어 있어서, 우리는 음악을 들을 때 자신도 모르게 종종 거기에 따라서 박자를 맞춘다. 즉 일정한 규칙에 따라 동일한 시간적 간격을 두고 이처럼 반복되는 것은 원래 음(音)과 그 지속성에 객관적으로 속해 있는 것은 아니다. 이렇게 규칙적인 방식으로 나눠지고 반복되는 일은 음 자체와 시간에게는 아무래도 상관없다(Dem Ton als solchem und der Zeit ist es gleichgültig, in dieser regelmäßigen Weise geteilt und wiederholt zu werden). 박자는 순수하게 주체에 의해 만들어져서 현상하므로, 우리는 그것을 들을 때 시간의 규칙성은 오로지 주관적인 것하고만 관련이 있다는 것을 직접적으로 확인하게 된다. 즉 그것은 박자가 아무리 서로 다르고 현란하며 다양하게 들릴지라도, 주체 자신이 지니고 있는 균등함과 통일성, 즉 순수한 균등성의 근간이 되는 것이다. 그로 인해서 박자는 아주 심오한 영혼으로까지 파고들어와 우선은 자신과 추상적으로 동일한 이 주관성의 측면에서 우리를 사로잡는다(Dadurch klingt der Takt bis in die tiefste Seele hinein und ergreift uns an dieser eigenen, zunächst abstrakt mit sich identischen Subjektivität). 이런 점에서 볼 때 음(音)을 통해 나오면서 우리에게 말을 거는 것은 정신적인 내용이나 감정의 구체적인 영혼이 아니다. 또한 우리의 깊은 내면 속에서 우리를 감동시키는 것은 음(音)으로서의 음이 아니라, 주체에 의해서 시간 속에 옮겨진 이 추상적인 통일성이다. 그것은 주체가 갖고 있는 동일한 통일성의 여운을 암시하며 울린다.

시의 운율이나 각운도 마찬가지의 효력을 지닌다. 여기서도 규칙성이나 대칭이 시의 정연한 규칙이 되며, 이런 외적인 측면은 전적으로 필요하다.[88] 그럼으로써 감각적인 요소는 그 감각성에서 벗어나고, 시간적으로 지속되는 음이 아무렇게나 자의적으로 드러나는 일상적인 의식표현과는 뭔가 다른 것을 표현하고 있음을 스스로 보여준다.

좀 더 나아가면 그와 비슷하면서도 그처럼 확실히 규정되지는 않은 규칙성이 원래의 생동적인 내용 속에 뒤섞인다. 예를 들어 서사시와 극에서는 특정한 장면들, 합창부분, 막(幕) 따위의 이 특수한 부분들을 대충 같은 크기로 설정하는 일이 중요하다. 회화에서 대상들을 개별적으로 그룹지어 표현할 때도 마찬가지다. 물론 이 경우에도 본질적인 내용에 어떤 것이 강요되거나 단순히 규칙적인 것만이 우세하게 드러나서는 안 된다.

규칙성과 대칭은 공간적 시간적인 외형을 띤 추상적인 통일성이 공간적이고 시간적인 것 안에서 외화(外化)된다. 이는 주로 양적(量的)인 것과 크기에서 드러난다. 따라서 본질적으로 원래 요소인 이 외면성(外面性, Äußerlichkeit)에 속하지 않는 것은 단순히 양적인 관계에서 우세하지 못하고 좀 더 심오한 관계나 그 통일성에 의해 규정된다. 그러므로 예술은 외면성 자체로부터 벗어나면 벗어날수록, 그 형상은 규칙성에 덜 예속되며 다만 한정된 범위에서만 나타난다.

---

[88] 헤겔은 여기서 고전적인 의미의 엄격한 정형시(定型詩)를 가리키고 있다.

여기서는 대칭과 마찬가지로 조화(Harmonie)에 대해서도 언급할 필요가 있다. 조화는 단순히 양(量)적인 것에만 관계하지 않고, 질(質)적인 차이들에 관계하면서 그것들이 본질적으로 서로 대립이 아닌 화합을 이루게 한다. 예를 들면 음악에서 주음(主音, 기본음 Tonika)과 중음(中音, Mediante), 속음(屬音, Dominante)의 관계는 단순히 양적인 것이 아니다. 이들은 서로 본질적으로 차이가 나는 음들이면서도, 서로 대립해서 현란하게 울리지 않고 함께 움직이면서 하나의 통일성으로 이행해 간다. 반면에 불협화음들은 협화음으로 이행(移行)해갈 필요가 있다. 색채들도 음과 마찬가지 방식으로 서로 조화를 이룬다. 그러므로 회화에서 색채들도 현란하게 마음대로 뒤섞이거나 대립되어 해체되지 않고 하나의 전체적인 통일성을 주는 조화를 이뤄야 한다.

좀 더 자세히 보면 사물의 성질상 특정한 영역에 속하면서 서로 차이지는 것들이 총체성을 이룰 때 나타나는 것이 조화이다. 예를 들어 색채에서도 특정한 색들은 이른바 기본색으로서 우연히 뒤섞인 것이 아니라 색의 기본개념에서 추출한 것이다. 예를 들어 회화에는 기본색들인 황색, 청색, 녹색, 적색들이 총체적으로 서로 조화를 이뤄야 한다. 그런 색들이 화합하여 총체성을 이룰 때 조화가 생겨난다. 고대의 화가들도 무의식적으로 이러한 완전한 조화에 주의를 기울이고 그 법칙을 따랐다. 이제 조화는 단순한 규정이라는 외형을 벗어나기 시작하면서 좀 더 광범한 정신적 내용을 수용하고 표현할 능력을 갖게 된다. 고대의 화가들은 주요 인물의 의상은 순수한 기본색으로 나타내고 그 주변인물들의 의상은 반대로 혼합된 색으로 칠했다. 예를 들어 성모 마리아는 주로 푸른 망토를 걸친 모습으로 그려졌는데, 이는 청색이 지닌 온화한 부드러움이 주인공 내면의 고요함과 부드러움에 일치하기 때문이다. 마리아가 눈에 띄는 붉은 옷을 걸치고 있는 모습으로 묘사된 경우는 드물다.

b) 이미 살펴보았듯이 예술표현에 이용되는 *감각적인 질료*는 외형을 이루는 두 번째 측면이다. 여기서는 질료가 단순하게 통일되어 있어야지 그것이 불특정하게 마구 변하거나 단순히 뒤섞여 불순한 모습을 드러내서는 안 된다. 이런 규정은 공간적인 것, 예를 들어 순수한 윤곽이나 정밀한 직선 또는 곡선, 정확한 시간 간격으로 유지되는 박자나 특정한 음, 순수한 색에만 해당된다. 예를 들면 회화에서 색채들은 불순하거나 음침해서는 안 되며, 그 자체로 명료하게 규정되어 있고 단순해야 한다. 색들의 순수한 단순성은 감각적인 측면에서 색채의 아름다움을 이루며, 그래서 가장 단순한 색들이 가장 풍부한 효과를 띤다. 예를 들면 녹색으로 변하지 않는 황색, 청색이나 노란빛을 띠지 않은 적색 따위가 그런 색들이다. 그러나 이런 매우 단순한 색들은 동시에 색의 조화를 이루기는 어렵다. 이 단순한 색들은 기본색으로서 불가피하게 다른 색들과 섞더라도 혼탁하지 않게 섞여야 하고, 그 명료하고 단순한 색상들을 여전히 드러내야 한다. 만일 그렇지 못하면 원래 명료했던 그 색들은 불순해지고 만다. 음의 울림에 있어서도 마찬가지가 요구된다. 예를 들어 금속현이나 장막현(腸膜絃, 양의 창자로 만든 현악기의 줄—역자주)은 그 현을 떨게 하면 음이 울려 나오는데, 그때 현은 일정한 길이의 팽팽함을 유지해야 한다. 만약에 적당한 길이로 팽팽함이 유지되지 않으면 음은 단순하게 울리지 못하고 다른 음들과 겹쳐서 잘못 울려나온다. 현을 순수하게 잡아당겨서 진동시키지 못하고 기계적인 마찰이나 스침 같은 소음이 음색에 섞여 나올 때도 마찬가지다. 인간의 목소리도 역시 목청과 가슴에서 순수하고 자유롭게 울려 나와야 한다. 이때 발성기관이 같이 울리거나 또

는 목소리가 쉬었을 때처럼 장애음 같은 것이 함께 울려 나와서는 안 된다. 이처럼 어떤 낯선 것과도 뒤섞이지 않고 확고하며 동요되지 않고 명쾌하고 순수하게 규정되어 나오는 음이 감각적으로 미(美)적인 음이다. 미적인 음은 소음이나 그르렁거리는 소리와는 구별된다. 언어 가운데서도 특히 모음이 이에 해당된다. 예를 들면 이탈리아어에서 아, 에, 이, 오, 우 같은 모음은 그 울림이 명확하고 순수해서 마치 노래하는 듯하다. 그에 반해 이중(二重) 모음들은 혼합된 음이다. 그런 발음들은 글로 쓸 때는 몇 안 되는 같은 기호로 노상 단순하게 반복될 뿐이지만, 말을 할 때는 그 단순성이 사라지면서 복잡해진다. 특히 남부독일어나 슈바벤어, 스위스어 같은 방언의 음들은 매우 혼탁하게 뒤섞여 있어서 글로 전혀 표현할 수 없다. 이는 그들에게 문자어가 없기 때문이 아니라 그 지방 사람들의 말이 그처럼 둔탁하고 답답하게 들리기 때문이다.

외형상 외적이고 추상적인 통일성만이 가능한 예술작품의 이러한 외면성에 대한 고찰은 이 정도에서 그치기로 하자.

그러나 더 나아가 외면성 속에서 자신을 표현하기 위해서 그 안으로 들어오는 것은 이상(理想)의 *정신적이고 구체적인 개성*(die geistige konkrete Individualität des Ideals, welche in die Äußerlichkeit hineintritt, um in derselbigen sich darzustellen)으로 규정된다. 그러므로 외형 속에는 그것을 표현할 소명을 지닌 내면성과 총체성이 스며들어야 한다. 이를 위해서는 단순한 규칙성이나 대칭, 조화 또는 감각적인 질료로 단순히 규정된 것은 충분하지 못한 것으로 드러난다. 그러므로 이제 우리는 이상(理想)의 외적인 피규정성 가운데 두 번째 측면을 살펴보는 데로 나아가기로 한다.

2. 구체적인 이상(理想)과 그것이 외적인 실재성으로 드러날 때의 조화

이와 관련해서 볼 때 인간은 세상이라는 주위환경에 친숙해지고 거기에 안주하며, 개인은 자연과 모든 외적인 상황에 익숙해짐으로써 자신을 자유로이 드러내는 것이 일반법칙이다. 그럴 때 성격이나 상황, 행위에 깃들인 주관적 내적인 총체성과 외적 존재가 이루는 객관적 총체성은 서로 무관한 것이 아니라 서로 화합(Zusammenstimmen)을 이루면서 관계한다. 그 이유는 외적인 객관성은 *이상(理想)*이 현실화된 것인 한, 그 단순히 객관적인 독자성과 비(非)유연성을 포기하고 그 외적인 현존성과 동일하다는 것을 증명해 보여야 하기 때문이다.

그런 화합에 대해서 우리는 다음과 같은 세 가지 관점을 확립해야 한다.

첫째, 양자의 통일성은 단순한 *즉자(卽自, Ansich)* 상태로 머물면서 인간을 외부 환경과 연결해 주는 비밀스러운 내적인 끈으로서만 드러난다.

둘째, 그러나 구체적인 *정신성*과 그 개성은 이상(理想)의 출발점이자 본질적인 내용이 된다. 그러므로 외적인 현존성과의 화합도 *인간의* 활동에서부터 시작되고 이에 의해서 *드러나는* 것으로 알려져야 한다.

셋째, 끝으로 인간의 정신에 의해 산출된 이 세계는 다시금 그 현존성 안에서 스스로(für sich) 객관성을 형성하는 하나의 총체성이다. 이 기반 위에서 움직이는 개인들은 그 객관성과 본질적으로 관계해야 한다.

a) 첫 번째 관점에 대해서 살펴보자. 여기에서는 아직 인간의 행위가 이상(理想)적인 환경을 드러내지 않고 일반적으로 인간에게 *외적인* 자연으로 머문다. 그러므로 여기서는 먼저 이상적인 예술작품

속에서 이상적인 환경을 표현하는 일에 대해서 언급해야 한다.

우리는 여기에서도 세 가지 측면을 강조할 수 있다.

α) 첫째, 외적인 자연은 그것이 외적 형상으로 드러날 때 일단 모든 방면으로 특정한 방식으로 형상화되어 실재한다. 만일 이를 그 권리를 살려 표현하려면 자연의 모습 그대로 묘사해야 한다. 그러나 이 경우에도 직접적인 자연과 예술 사이에 어떤 구분이 있는지는 이미 전에 고찰했다. 그러나 전체적으로 볼 때 대가(大家)들은 대체로 외적인 자연환경에 충실하고 순수하며 그에 완전히 매인다. 왜냐하면 자연이란 단지 땅이나 하늘만을 가리키는 것이 아니며, 인간도 공기 속에서만 떠다니는 것이 아니라 냇물, 강, 바다, 언덕, 산, 평지, 숲, 골짜기 같은 특정한 장소에서 느끼고 행동하기 때문이다. 예를 들어 호메로스는 비록 현대적인 의미로 자연묘사를 하고 있지는 않아도 그 나름대로 아주 충실하게 자연을 묘사하고 있다. 그러므로 그의 서사시를 읽으면 우리는 그곳에 묘사된 스카만더강이나 시모이스, 또 여러 해안이나 만(灣)에 대해 종종 멋지게 상상할 수 있으며, 또 그가 언급한 장소들이 그가 묘사한 것과 지리적으로 일치한다는 것도 발견한다. 그에 반해서 엉터리 시인들이 지어낸 비가(悲歌)에서는 성격이나 장면묘사가 모두 빈약하고 공허하고 모호하게 드러날 뿐이다. 직장가인(職匠歌人)들[89]도 옛 성서에 나오는 이야기들을 운율로 옮길 때 예루살렘이라는 장소를 묘사하지만, 자세히 보면 거기에서는 그런 장소의

---

[89] '직장가인'은 독일어로 '마이스터쟁거(Meistersänger)'라고 한다. 독일에서는 15~16세기경에 시를 짓는 것을 직업으로 삼는 사람들이 조합을 만들어 단체로 외부의 주문을 받아서 시를 짓곤 했다. 직장가인이란 그런 장인들의 우두머리를 일컫는다.

이름밖에는 발견되지 않는다. 《영웅의 서(書)(Heldenbuch)》[90]도 이와 비슷하다. 거기에 나오는 주인공 오르트니트는 인적이 없는 숲으로 가서 용과 싸우는데, 이는 특정한 장소가 아니라서 우리는 그곳이 어딘지 사실상 전혀 알 수 없다. 《니벨룽겐의 노래》(독일의 중세 영웅 서사시 - 역자주)에서도 보면 보름스나 라인강, 다뉴브강 같은 지명이나 강의 이름이 언급되기는 하지만 그런 묘사들은 모두 빈약하고 불확실하다. 반대로 분명하고 완전하게 규정되어 묘사된 것은 개성과 현실성을 띤다. 만약 그렇지 않으면 묘사된 것은 외적인 실재성의 개념에 어긋나는 추상적인 것일 뿐이다.

β) 이렇게 규정하도록 하는 요구 사항을 충실히 따르려면 직접 어느 정도 상세하게 묘사해야 한다. 그럼으로써 우리는 이 외적으로 드러난 형상을 직관할 수 있다. 물론 여러 예술들은 그것들의 표현요소에 따라 본질적으로 서로 다르다. 예를 들어 조각은 외형을 세부적으로 상세하게 묘사하는 것과는 거리가 멀다. 왜냐하면 조각상은 고요함과 보편성을 띠고 있어서 그러한 조각상에 필요한 외연성은 장소나 환경이 아니라 단지 휘장이나 머리장식, 무기, 안락의자 따위이기 때문이다. 그렇지만 고대의 많은 조각형상들은 당시의 인습적인 의상표현, 머리모양 그리고 다른 비슷한 특징들로만 더 확실하게 구별할 수 있다. 하지만 그런 인습적인 것(das Konventionelle)은 여기서 말하는 세부적인 특징에 속하지는 않는다. 왜냐하면 인습적인 것은 자연스럽지 못한 것이며, 더구나 자연적인 대상들 속에 깃든 우연성을

---

[90] 《영웅의 서(Heldenbuch)》는 중세독일(서기 약 1225년경) 이래로 전해 오는 영웅담들을 모아 필사본이나 인쇄본으로 만들어 전해 내려온 책이다.

없애고 그것들을 지속적이고 보편적인 것으로 만드는 방식이기 때문이다. 조각과는 달리 서정시는 주로 내적인 심정을 표현하며, 따라서 그것은 외적인 것을 수용하더라도 이를 아주 명확하게 직관하기 위해 상세히 묘사할 필요는 없다. 그에 반해서 서사시는 어디에 무엇이 있고, *어디에서* 행동들이 일어나며 그것들이 *어떻게* 일어나는지 말하므로, 시문학의 모든 장르들 가운데서도 외적인 장소를 가장 폭넓고 확실히 필요로 한다. 이런 점에서 회화도 역시 그 성격상 다른 모든 예술보다도 세부적인 묘사로 나아간다. 그러나 어떤 예술에서든 상세한 묘사는 실제의 자연을 천박하게 직접 모사하는 과오를 저질러서도 안 되며, 또 개인이나 사건들의 정신적인 측면을 묘사할 때도 지나치게 상세하게 해서는 안 된다. 그러한 부분들은 일반적으로 너무 지나치게 독자적으로 드러나서는 안 된다. 왜냐하면 외적인 것은 내면과 관계하는 것으로 드러나야 하기 때문이다.

γ) 그 점이 여기에서는 중요하다. 다시 말해서 이미 보았듯이 한 개인이 현실 속의 존재로 등장한다는 사실은 다음과 같은 두 가지 양상을 드러낸다. 그 하나는 주관성을 지닌 개인 자신이요, 다른 하나는 그를 둘러싼 외적인 환경이다. 그 외면성이 개인 *자신의 것으로* 나타나려면, 양자 간에 반드시 본질적인 조화가 이루어져야 한다. 이런 조화는 다소 내적일 수 있고 그 안에 우연성이 많이 개입될 수도 있다. 그렇다고 해도 동일성의 기반이 떨어져 나가서는 안 된다. 예를 들면 서사시에 나오는 영웅들이 그들의 생활방식에서 사상이나 감정, 행동을 드러낼 때, 여기에서 그들 개인과 그들을 둘러싼 것 사이에 비밀스런 화합의 음이 울려 나와야 한다. 예를 들어 아랍인들은 그들의 자연과 혼연일체를 이루고 있으므로 오직 그들의 하늘과 별, 뜨거운 사막,

천막, 말(馬)과 더불어 서로 이해할 수 있다. 아랍인들은 그런 기후나 지역성하고만 친숙해 있다. 오시안[91]의 서사시에 나오는 영웅들은 아주 주관적이고 내적이다. 그들의 음침하고 우울한 성격은 엉겅퀴들 사이로 바람이 스쳐가는 황야와 구름, 안개, 언덕, 그리고 어슴푸레한 구릉 따위의 외적인 환경과 전적으로 관련되어 있다. 그런 장소들은 그 땅 위에서 슬픔과 비통함, 고통, 투쟁을 간직한 채 불투명한 모습으로 움직이는 인물들의 내면을 정확하게 드러내준다. 왜냐하면 그 인물들은 전적으로 자기의 환경에 속해 있으며 그 환경 속에서만 안주할 수 있기 때문이다.

이런 점을 볼 때, 우리는 역사적인 소재(素材)들이 주관적인 측면과 객관적인 측면에서 조화를 이루면서 이를 직접적으로 상세하게 전개시키는 장점을 지니고 있음을 알 수 있다. 물론 이런 조화는 선험적(先驗的, à priori)인 상상으로만 얻어내기는 쉽지 않다. 그러므로 대부분의 소재에서 조화가 추상적으로 미미하게 드러나더라도 우리는 이를 늘 감지해야 한다. 물론 기존의 소재를 각색한 것보다 자유로운 상상력에서 나온 창작이 더 높이 평가되기는 한다. 그러나 상상(die Phantasie)에서 나온 조화는 현실의 실제존재 속에서 드러난 조화처럼 확고하거나 규정적이지 못하다. 현실의 조화에서 우러나오는 것이 바로 국민성이다. 이는 주관성과 외적인 자연이 단순하게 즉자적인

---

91) 고대 스코틀랜드의 설화에 등장하는 오시안(Ossian)은 기원 3세기의 전쟁 영웅으로서, 나이 들어 눈이 멀자 유랑시인이자 가인(歌人)이 되어 자기 아버지 칼레도니아왕의 업적을 찬양하는 노래를 부르며 떠돌아다녔다고 한다. 오시안의 설화에 대해서는 스코틀랜드의 작가 제임스 맥퍼슨(James Macpherson)이 1765년에 고대 켈트어에서 스코트와 켈트어로 번역한 《오시안의 작품들(The Works of Ossian)》이 유명하다.

통일성(ansichseiende Einheit)을 이루기 위한 일반적인 원리가 될 것이다.

b) *둘째로*, 단순한 즉자(Ansich) 상태에 머물지 않고 인간의 활동과 기능을 통해 명확히 드러나는 조화가 있다. 왜냐하면 인간은 외부의 사물들을 이용하여 스스로 만족을 얻음으로써 사물들과 조화를 이루기 때문이다. 이 조화는 단순히 *더 보편적인 것*과 관계하는 조화와는 달리, *개별적인 것*, 즉 특수한 욕구들 및 자연 대상들을 이용해서 욕구를 충족시킨다. 이러한 욕구와 만족의 영역은 끝없이 다양하지만, 자연 사물들은 그보다도 더 무한히 다양하다. 다만 인간이 그 안에 자기의 정신을 개입시키고 외부세계에 자기 의지를 침투시킬 때 자연사물들은 좀 더 단순성을 띠게 된다. 인간은 이처럼 자기 주위환경이 그를 만족시킬 수 있다는 것과 또 주위환경이 인간에 대항해 독자적인 위력을 갖지 못하는 것을 보여줌으로써 환경을 인간화(人間化)한다. 이런 활동을 통해 인간은 보편적인 것에만 머물지 않고 자기의 주위환경 속에서 비로소 특수한 개별자가 되면서 스스로 그 환경에 안주한다.

이러한 영역을 모두 예술로 표현하는 데는 다음과 같은 기본적인 사항들이 연관된다. 즉 인간은 그의 욕구, 소원, 목적에 깃들어 있는 개별적이고 유한한 측면에 비추어 보면 먼저 외적인 자연과 *일반적*으로 관계하고 있고, 또 더 자세히 보면 자연에 *의존하는* 관계이다. 이와 같은 상대성과 부자유는 이상(理想)에 대립된다. 그러므로 인간은 예술의 대상이 될 수 있으려면 이 힘든 노고와 궁핍에서 벗어나고 종속관계를 내던져야 한다. 좀 더 나아가면 양쪽은 *이중적인* 방식으로 평형을 이루기 시작한다. 즉 *첫째*로 자연 쪽에서는 인간의 관심사와 목적을 방해하지 않고, 인간에게 필요한 것을 친절하게 부여하며 인간에게 모든 면에서 개방적이며 호의적으로 머문다. 하지만 둘째로, 인간에게는 자연이 직접적으로 만족시켜 줄 수 없는 욕구와 소원들이 있다. 이런 경우에 인간은 자신의 활동을 통해 필요한 만족을 얻어내야 한다. 그는 자연사물을 소유하고, 이를 꾸미고 형태화하며, 인간이 지닌 숙련성을 통해 모든 장애를 없애고 외적인 것을 인간 자신의 목적을 실현시킬 수 있는 수단으로 변화시켜야 한다. 이때 만약에 인간의 정신적인 숙련성이 자연의 우호적인 측면과 결합하여 가혹하고 예속된 투쟁을 벌이지 않고 완성된 조화를 이루도록 서로 협력하면 양자의 순수한 관계가 발견된다. 예술의 이상적인 기반 위에서는 삶의 궁핍성은 제거되어야 한다(Auf dem idealen Boden der Kunst muß die Not des Lebens schon beseitigt sein).

소유와 풍요로움은 만약 그것이 빈곤과 노고를 단지 한순간 바라보기만 하는 것이 아니라 완전히 퇴치하는 상황을 보장한다면, 이야말로 아주 미학적이다. 뿐만 아니라 그것은 구체적인 현실을 고려해야 하는 표현양식 속에 인간과 그런 욕구들과의 관계를 완전히 배제시키면서 진실하지 못한 추상성만 보여주는 이상(理想)과 경쟁하게 된다.

이는 비록 유한성의 영역이지만 예술은 유한한 것을 배제할 수 없으며, 이를 조잡하게 다뤄서는 안 되고 참된 것과 결합시켜야 한다. 왜냐하면 아무리 훌륭한 행동과 의향들도 알고 보면 그 *피규정성*과 추상적인 내용에 따라 취한 것이라서 결국 제한적이고 유한한 것이기 때문이다.

내가 먹고, 마시고, 거주하고, 옷을 입고 숙소나 의자, 다른 많은 도구를 필요로 하는 것은 물론 외적으로 살기 위해서 필요한 것이다. 그러나 내적인 삶도 그런 외적인 측면들과 깊이 관여한다. 그래서 인간은 그들이 섬기는 신들에게도 옷을 입히고 무기를 쥐어 주며, 다양한 욕구를 지니고 이를 다시 충족시키는 신들의 모습을 눈앞에 그린다. 그러나 말했듯이, 이런 충족은 명료한 것으로 표현되어야 한다. 예를 들어 말을 타고 가는 기사들이 위험에 부딪혔을 때, 우연에 의해서 그런 위험이 해결된다면 이는 우연성에만 의존한 것이 된다. 이는 마치 야만인들이 직접적인 자연성에 의존하는 것과 같아서 양쪽 모두 예술로 표현하기에는 불충분하다. 왜냐하면 인간이 일반적으로 자연에 단순하게 의존하는 상태를 넘어서서 자연 속의 사물이나 수단들과 더불어 자유로이 유쾌한 유희를 벌일 수 있을 때 바로 이상(理想)이 드러나기 때문이다.

이 보편적인 규정들을 고려할 때 두 가지 사항이 좀 더 분명히 구분된다.

α) 첫째로, 인간은 자연 사물들을 순수하게 이론적으로 만족하기 위해서(zu einer rein *theoretischen* Befriedigung) 이용한다. 여기에는 인간이 자신을 치장하거나 장식하고 일반적으로 인간이 자신을 둘러싸는 모든 화려한 것들이 속한다. 그러므로 자연 속에 주어진 아무리 값지고 시선을 끄는 아름다운 것들, 금이나 보석, 진주, 상아라든지 값진 의상 같은 아주 진귀하고 찬란한 것이라도 그 자체로서 흥미롭거나 가치를 지니지는 않는다. 그것들은 *인간에게* 부착되어 있거나 그의 소유물이 되고 그의 주위에, 그가 사랑하고 숭배하는 것에, 그의 군주들, 사원(寺院)들 또는 그가 섬기는 신들에게 부착되어 드러날 때만 가치를 지닌다. 그러한 만족을 얻기 위해 인간은 주로 외적으로 아름다운 것, 즉 순수하게 빛나는 색채나 금속의 광택, 향기로운 나무, 대리석 따위를 선택한다. 시인들, 그 중에서도 동양의 시인들에게는 그런

풍부한 소재들이 가득하다. 그런 풍요로움은 서사시 《니벨룽겐의 노래》에서도 드러난다. 예술은 일반적으로 작품을 훌륭하게 묘사하는 데만 그치지 않고, 가능하면 적절한 부분에서 작품을 그런 풍부한 외적인 대상들로 치장한다. 고대 그리스인들은 아테네에 있는 아테네 여신상과 올림피아의 제우스 신상을 만드는 데 황금과 상아를 아끼지 않았다. 거의 모든 민족이 신전이나 교회, 성자들의 조상(彫像), 왕들의 궁전 따위는 호사를 다하여 찬란하게 치장했다. 예로부터 여러 민족은 자기들의 군주들이 치장한 호사로움을 보면서 그런 위대한 인물들이 자기들 가운데서 나왔다는 사실에 만족했다. 그리고 그들은 자기들이 호화롭게 모시는 신들 속에서 자신들도 풍요로움을 느꼈다.

물론 아테네 여신의 황금 망토 하나만 떼어냈더라도 가난한 아테네 백성들의 배를 얼마나 불릴 수 있었을 것이고 또 얼마나 많은 노예들의 몸값이 되어 그들을 자유롭게 해줄 수 있었을까라고 반성해볼 수도 있다. 그러나 그런 도덕적인 생각에만 빠지면 순수한 즐거움은 방해를 받는다. 우리 독일에서도 현재 수도원이나 교회의 재산을 이용하듯이, '아테네인들도 국가가 큰 어려움에 처해 있을 때 사원이 가진 부(富)를 유용한 목적에 쓴다면' 이라고 생각할 수도 있을 것이다. 더 나아가 개별적인 예술작품들에 대해서 뿐 아니라 예술 전체에 대해서도 그와 같은 우려 깊은 생각을 할 수 있을 것이다. 사실 국가에서 예술 아카데미를 세우고 옛 미술작품이나 새 작품들을 사들이거나 화랑, 극장, 박물관을 세우는 데 얼마나 많은 자금이 소요되는가. 하지만 그런 성찰이 아무리 도덕적이고 감동적이라 해도, 예술에서는 그런 궁핍이나 가난을 표상 속에만 간직함으로써 그것들을 제거할 수 있다. 그러므로 어떤 민족이든지 예술을 위해서 실제로는 엄청난 낭비가 되는 그들의 귀한 재산을 바칠 때 비로소 최고의 명성과 영예를 얻게 된다.

β) 그러나 인간은 자신과 자신이 살고 있는 주위환경을 치장해야 할 뿐 아니라, 외부의 사물들을 자기의 *실용적인(praktisch)* 욕구와 목적에 따라 *실용적*으로 이용해야 한다. 바로 여기에서 인간의 모든 수고와 번민은 시작되며 인간은 비속한 삶에 예속된다. 그러므로 여기에서는 특히 이런 영역의 삶이 과연 얼마나 예술의 요구에 맞게 표현될 수 있을까라는 물음이 나온다.

αα) 예술이 이런 온갖 세속적인 영역을 배제하려고 첫 번째로 상상해 낸 것이 이른바 *황금시대(ein Goldenes Zeitalter)*[92] 또는 목가적인 상태였다. 그런 상태에서는 한편으로 자연은 인간 속에 일어나는 모든 욕구를 어려움 없이 충족시켜 준다. 그리고 또 한편으로 인간은 순진무구한 상태에 머물면서 목초지, 숲, 가축, 정원, 오두막 같은 것이 제공해 주는 생활의 편안함을 그대로 받아들여서 이에 만족한다. 이때 여기에서 인간의 고귀한 본성에 어긋나는 명예욕이나 소유욕, 애착 같은 온갖 열정은 사라진 것처럼 보인다. 얼핏 보면 물론 이런

---

92) 황금시대란 이른바 이상적인 옛 시대를 가리키는데, 고대 인도나 그리스에서 그것에 관한 문헌을 찾을 수 있다. 고대 그리스 시인 헤시오도스나 로마 시인 베르길리우스의 작품에서도 가끔 이 시대에 대해 언급되는데, 이는 아무런 정치적인 사회적인 문제가 없는 천국과 같은 보편적인 상태와 이상화된 인간상이 지배한 시대라고 일컬어진다. 이 시대는 그리스 신화에 등장하는 크로노스(Chronos:이는 그리스어로 '시간'을 뜻하기도 한다) 신의 지배하에 있었다고 하며, 그 이후 인류가 발전함에 따라 이 상태보다 점점 더 나쁜 상태로 옮겨가게 되었다는 것이다. 또 한편으로 고대 그리스인들은 페리클레스가 다스리던 시대(그의 출생시기까지 포함해서 약 기원전 495~기원전 429년)를, 고대 로마인들은 아우구스투스 황제의 시대(기원전 27~기원전 14년)를 황금시대의 재현이라고 보았다.

목가적인 상태는 이상적인 것처럼 보여서 어떤 예술은 그런 것을 표현하는 데 만족할 수도 있다. 그러나 좀 더 깊이 들여다보면 그런 목가적인 삶은 곧 우리를 싫증나게 한다. 그래서 사람들은 게스너(Geßner) 같은 작가들이 쓴 목가적인 작품들을 더 이상 읽지 않으며, 설혹 읽더라도 그 속에만 안주하지는 못한다. 왜냐하면 그런 식의 제한된 삶의 방식은 정신적인 발전이 결핍되어 있음을 나타내기 때문이다. 충만하고 온전한 인간이라면 그보다 높은 삶을 영위하려는 충동을 갖는다. 인간은 자연이나 자연 속에서 직접 산출되는 것과 더불어 사는 것만으로는 더 이상 만족하지 못한다. 인간은 그런 목가적이고 빈약한 정신으로만 살 수는 없고, 일을 하며 살아야 하고 자기에게 일어나는 충동을 자신의 활동을 통해 충족시키려고 분투해야 한다. 이런 의미에서 볼 때 신체적인 욕구도 폭넓고 다양한 활동영역을 자극하고 인간에게 내적인 힘을 느끼게 한다. 그리하여 그런 느낌에서 더 깊은 관심과 힘이 펼쳐져 나온다. 하지만 그때도 외적인 것과 내면은 근본적으로 조화를 이뤄야 한다. 그러므로 예술에서는 신체가 겪는 어려움을 극대화해서 묘사하면 매우 역겨워진다. 따라서 단지 몇 가지 특징만을 짚고 넘어가면서 우골리노(Ugolino)가 아사(餓死)[93]하는 장면을 묘사하는 단테의 기법은 탁월한 것이다.

그에 반해 게르스텐베르크[94]는 단테가 쓴 것과 같은 비극을 《우골

---

93) 이는 단테(Dante)의 《신곡(神曲, La Divina Comedia)》가운데 지옥편에 나오는 33송의 장면이다.
94) 게르스텐베르크(Heinrich Wilhelm von Gerstenberg, 1737~1823). 독일의 시인이자 비평가. 원래는 덴마크 장교의 아들이었으나 독일의 예나에서 공부한 후 공직에 종사하면서 문학활동을 했다. 계몽주의, 감상주의, 질풍노도 사조의 영향을 받은 그의 작품은 다양한 경향을 띠고 있는데, 1768년에 출간된

리노》라는 제목으로 썼는데, 거기에서는 먼저 우골리노의 세 아들이 죽고 나중에는 으골리노 자신이 기아로 죽는 모습이 끔찍하고 세세하게 묘사되고 있다. 그러나 그런 식으로 표현되었기 때문에 예술적인 표현에서 완전히 어긋나고 있다.

ββ) 목가적인 것에 반대되는 *일반적인 교양상태*(Zustand der *allgemeinen Bildung*)⁹⁵⁾도 다른 측면에서 보면 장애가 적지 않다. 즉 교양이 갖춰진 상태에서는 욕구와 관심, 노동 등을 충족시키는 관계들이 길고 폭넓게 발달되어 있으므로 모든 개인은 자기의 독자성에서 벗어나 타인들에 대해 무한하게 예속상태에 빠져든다. 거기에서는 개인이 필요로 하는 것을 스스로 노동을 전혀 하지 않고도 얻거나 아니면 자신이 노동을 하더라도 이는 극히 소량에 그칠 뿐이다. 그런 사회에서는 모든 활동이 개별적이고 생동적으로 이루어지는 대신에 단지 일반적인 규범에 따라서 기계처럼 돌아간다. 그러한 산업 문화 속에서 사람들은 서로 이용하고 밀치면서 한편으로 가혹한 궁핍함이 드러나지만, 다른 한편으로 그런 궁핍함이 제거되면 개인들은 부유해질 수 있고 자기들의 욕구를 채우려는 노심초사에서 벗어나 좀 더 고상한 관심사에 몰두할 수 있다. 물론 그처럼 풍족해지면 끝없이 되풀이되는 예속관계는 사라지게 되고 인간은 무엇을 획득하려고 진창 속으로 발을 디디는 일을 덜할수록 생업을 위한 우연성에 내맡겨지는 데서 벗어날 수 있다. 그렇다 해도 그를 둘러싼 가장 가까운 주위환경까지도 그가 자신의 작품으로 드러낼 수 있을 정도로 친숙하지는 못하

《Ugolino》는 독일 문학의 천재시대의 특징에 맞게 음울한 분위기를 띤 비극이다.
95) 이 문맥 전체는 헤겔의 《법철학 강요》의 §187 시민사회에 관한 부분과 비교될 수 있다. 여기서 그가 말하는 '일반적인 교양의 상태'는 '시민사회'를 의미한다.

다. 왜냐하면 인간은 자신이 직접 무엇을 만들어내지 않고 주위에 이미 비축되어 있는 것에서 취할 뿐이며, 그가 취한 것도 다른 사람들이 대부분 기계적이고 형식적으로 만들어낸 것을 낯선 관계나 수고, 욕구를 통해 비로소 얻을 뿐이기 때문이다.

γγ) 따라서 목가적인 황금시대와 모든 방면으로 완전히 문명화된 시민사회의 중간 단계에 있는 *세 번째*의 상태야말로 이상적인 예술에 가장 적합한 것이 될 수 있다. 이는 우리가 이미 영웅시대, 특히 이상적인 시대라고 일컬었던 세계 상태이다. 영웅시대는 저 목가적인 정신적인 빈곤상태에 더 이상 국한되지 않고 이를 극복하여 더 심오한 열정과 목적을 향해 나아간다. 그러나 개인을 가장 가까이 둘러싸고 있는 환경, 즉 직접적인 욕구들을 충족시켜 주는 것은 여전히 개인들 자신의 활동(Tun)이다. 예를 들면 그들에게는 꿀이나 우유, 포도주 같은 단순한 것들이 양식이 되므로 이는 이상적이다. 그에 반해서 우리도 알다시피 커피나 브랜디 따위는 그런 것들을 만들어 내기까지 많은 중간단계를 거쳐야 한다. 또 영웅들은 직접 그들이 먹을 음식을 사냥하고 굽는다. 그들은 자기들이 탈 말을 직접 길들이고, 그들이 사용하는 쟁기, 방어무기, 방패, 투구, 갑옷, 검, 창 같은 도구들을 스스로 만들어내거나 아니면 그런 것을 만드는 일에 익숙해 있다. 그런 상태에서 인간은 그가 사용하는 물건이나 주위에 있는 모든 것이 그 자신의 산물이라는 느낌, 즉 자기의 외부에 있는 사물들에 대해 자기 영역 밖에 있는 낯선 대상이 아닌 자기의 소유물이라는 느낌을 갖는다. 물론 이때 재료를 구해서 형태를 만들어 내는 활동은 힘이 들거나 도중에 어떤 장애나 실패를 야기해서는 안 되며 가볍게 만족감을 주는 정도의 일로 그쳐야 한다.

그런 이상적인 상태를 우리는 예를 들면 호메로스의 서사시에서 발견할 수 있다. 즉 아가멤논이 지닌 왕홀은 그의 조상이 직접 만들어서 후손에게 대대로 전해준 지팡이이다(《일리아스》, ii). 또 오디세우스는 자신의 커다란 결혼침대를 직접 만들며(《오디세이아》, xxiii), 아킬레우스가 지닌 유명한 무기는 그가 직접 만들지는 않았어도 그의 어머니 테티스의 부탁을 받은 헤파이스토스[96]가 만든 것으로서(《일리아스》, xviii), 여기서도 중간의 복잡한 생산작업 단계를 거치지 않고 있다. 간단히 말해 그 서사시에서는 도처에 새로운 발견에 대한 기쁨, 신선한 소유의 느낌, 향유하고 정복하는 즐거움이 엿보인다. 인간은 모든 사물과 친숙하며, 모든 것 안에서 자기 팔의 힘과 능숙한 손놀림, 자신의 총명함, 용기, 용맹성에 의해 나타난 결과를 당장 직접 눈앞에 볼 수 있다. 만족을 일으키는 수단은 이런 식으로 이용되어야만 단순한 외적인 대상으로 전락하지 않는다. 그 대상들은 직접 우리 눈앞에서 생생하게 만들어지며, 인간에게 죽은 사물이나 인습적으로 되어버린 사물이 아니라 인간 자신이 만들어낸, 인간에게 가장 가깝고 가장 가치를 띤 생생한 것이 된다. 그러므로 영웅시대도 모든 것이 목가적인 상태에 머물러 있기는 하지만, 그렇다고 해서 땅이나 강, 바다, 나무, 가축이 인간에게 양식을 제공하고 인간은 그 주어진 제한된 주위환경에서 만족하는 데만 그치지는 않는다. 오히려 영웅시대에는 그런 주위환경이 지닌 원초적인 생동성 가운데서 좀 더 심원한 개인의 관심사들이 나타난다. 그때 외적인 모든 것은 더 숭고한 목적을 위한 부차적인 기반이나 수단으로 존재한다. 그와 같은 기반과 주위환경 속에서 모든 것은 인간에 의해 산출되고 이용되고 동시에 인간에 의해 마련되고 향유됨으로써만 조화와 독자성을 드러내고 이를 확산시킬 수

---

96) 그리스 신화에 나오는 헤라 여신의 아들이자 신들의 무기를 만드는 대장장이 신.

있다. 그러나 그런 식의 예술 표현방식을 그보다 후세의 문명화된 시대에서 취한 소재에다 응용하면 큰 어려움과 위험이 따른다. 이와 관련해 우리는 *괴테*의 작품 《헤르만과 도로테아》에서 아주 모범적인 모습을 볼 수 있다. 그저 몇 가지 특징만을 비교해서 언급하면 다음과 같다. *보스*[97]는 그의 유명한 작품 《루이제》에서 제한되어 있지만 고요하고 독자적인 목가적인 사회에서 생활하는 방식과 그 효과에 대해 묘사하고 있다. 여기서는 시골목사, 파이프담배, 잠옷, 등의자, 커피주전자 따위가 중요한 역할을 한다. 그러나 그런 사회에서 생산됐을 리 없는 커피나 설탕은 그것이 전혀 다른 낯선 세계에서 생산되었고, 그곳에서 복잡한 중개무역 과정이나 생산공장 등을 거쳤을 것이므로 이미 근대 산업과의 관계를 시사해 준다. 그러므로 그 전원적인 사회도 혼자서 완전히 고립되어 있는 것은 아니다. 반대로 《헤르만과 도로테아》의 미적(美的)인 장면 속에 나타나는 사회는 보스의 작품에서 보이는 그런 폐쇄된 사회가 아니다. 왜냐하면 이미 다른 곳에서 시사했듯이, 이 서사시는 전체적으로 볼 때는 목가적으로 씌어졌음에도 불구하고 그 안에서 사실은 그 시대의 커다란 관심사였던 프랑스 혁명과 조국의 방어가 가장 중요한 역할을 하기 때문이다. 보스의 작품 《루이제》에서는 시골 목사에서 볼 수 있듯이 시골에서의 가족생활이라는 좁은 사회가 확고하게 유지되어 있어 위대한 사건들이 벌어지는 세계는 잊혀지고 있다. 그러나 《헤르만과 도로테아》에서는 거대한 세계사의 움직임

---

97) 보스(Johann Heinrich Voss, 1751~1826). 독일의 작가. 그는 특히 목가적인 내면의 느낌이나 드넓은 자연의 정경, 교양 있고 계몽주의적이고 프로테스탄티즘적인 시민사회의 쾌적함 따위를 즐겨 묘사했다. 그의 작품 《루이제(Luise)》(1795년)는 일 년 뒤에 발표된 괴테의 《헤르만과 도로테아》에 영향을 준 것으로 보인다.

속에서 목가적인 성격들과 사건들이 동시에 서술된다. 그리하여 우리는 장면들이 더 풍요로운 삶이라는 폭넓은 내용으로 옮겨가는 것을 볼 수 있다. 규정되고 한정된 주위상황 속에서만 살아가는 약사(藥士)는 마음은 좋지만 소견이 좁고 고루하며 불쾌한 인간으로 묘사된다. 그러나 그런 목가적인 분위기는 등장하는 인물들의 가까운 주위환경과 일치하여 묘사되었다. 예를 들자면 그 작품 속에서 주막 주인은 고객인 목사나 약사와 함께 커피를 마시지 않고 대신 포도주를 마신다.

> 주모는 맑고 기막힌 포도주를 조심스럽게
> 윤이 나는 병 속에 넣어 볼록한 녹색의 포도주잔,
> 라인포도주를 담는
> 진짜 잔과 함께 번쩍거리는 주석 쟁반 위에 담아갖고 왔네.

그들은 추운 날씨 속에서 고향 라인(Rhein) 지역에서 만든 1783년산 포도주를 거기에 어울리는 고향에서 만든 잔에 따라서 마신다. 또 '라인강 물의 조수와 그 다정한 강둑'[98]은 그런 분위기를 상상할 수 있도록 우리를 그 주막집 뒤에 있는 포도밭으로 이끌어 간다. 그러므로 여기서는 쾌적하고 필요한 것을 자급 생산하는 고유한 생활방식의 영역을 벗어나는 것은 아무 것도 없다.

c) 지금까지 살펴본 두 가지 종류의 외적인 환경 말고도 모든 개인이 구체적으로 관계하면서 사는 *세 번째* 삶의 방식이 있다. 종교나 법, 윤리 같은 정신적인 관계 속에서 유지되는 국가, 헌법, 재판소,

---

[98] 이는 《헤르만과 드로테아》에 나오는 구절이다.

가정 같은 조직체나 공적인 삶, 개인적인 삶, 사교적인 삶 등이 그것이다. 왜냐하면 이상적인 성격은 인간의 신체적인 욕구뿐 아니라 정신적인 관심사를 만족시키는 데서도 드러나야 하기 때문이다. 이 관계 속에서 보면 실체적이고 신성한 것, 절대 필수적인 것들은 개념상으로는 동일하지만, *객관적으로는* 세부적이고 인습적인 것 또는 특정한 시대나 특정한 민족에게만 해당하는 우연성처럼 다양하고 형태도 서로 다르다. 정신적인 삶에서 일어나는 온갖 관심사들도 외적으로 이런 현실적인 형태를 띤다. 개인은 풍습이나 습관, 관례 같은 현실에 부딪힐 때, 하나의 완성된 주체로서 외부의 자연에 관계하듯이 자기에게 더 가까운 정신의 총체성과 관계한다.

이 세 번째 삶의 영역에서도 역시 전체적으로 앞서 시사한 생동적인 삶의 조화를 이루는 일은 가능하다. 그에 관한 주요한 관점들은 곧 다른 문맥에서 언급될 것이므로 여기서는 그냥 지나치기로 하겠다.

3. 이상적인 예술작품의 외면성과 관객과의 관계

예술은 다름 아닌 이상(理想)을 표현하는 것이다. 그러므로 예술은 지금까지 언급된 외부현실의 모든 관계로부터 이상을 수용하고 성격 속에 깃든 내적인 주관성을 외적인 것과 결합시켜야 한다. 그러나 현실에서 개별화된 객체인 예술작품은 그것이 아무리 조화를 이루는 완벽한 세계를 묘사하더라도 예술 *자체를 위해서가* 아니라 예술작품을 관조하고 향유하는 *우리들을 위해서*, 즉 관객을 위해서 존재한다. 예를 들어 연극공연에서 무대 위의 배우들이 서로 대화를 할 때 이는 우리 관객들과 나누는 대화이기도 하다. 그러므로 그들의 대화는 배우와 관객 양쪽이 다 알아들을 수 있어야 한다. 이처럼 모든 예술작품은 그 예술작품을 보는 모든 사람과 더불어 대화를 한다. 신들과 인간들의 보편적인 관심과 열정 속에 들어 있는 참된 이상(理想)은 누구나 이해할 수 있는 것이기는 하다. 그러나 그 이상은 윤리나 관습, 그 밖에 세세하고 특정한 외부세계 속에 존재하는 개인들의 모습을 묘사하여 드러낸 것이므로 이 외면성은 표현된 성격들뿐 아니라 관객인 *우리들*과도 조화를 이루어야 한다.

예술작품 속에 등장하는 성격들이 그 외부세계에 친숙하듯이 관객인 우리들도 예술작품 속에 나타나는 성격들이나 주위환경과 조화를 이루어야 한다. 그러나 어느 시대의 예술작품이든 그것은 늘 다른 민족이나 다른 시대와는 다른 세부적인 특성을 갖는다. 시인, 화가, 조각가, 음악가들은 그들이 사는 시대의 교양, 윤리, 관습, 법, 제식(祭式)과는 다른 과거시대에서 주로 소재를 택한다. 그처럼 과거로 거슬러 올라가면 — 앞서 (영웅시대에 관한 장에서) 언급했듯이 — 우리는 현재라는 직접성에서 벗어나 우리의 기억에 의존하여 예술에 필요한 소재를 취할 수 있다. 그러나 예술가는 자기 시대에 속하며 자기 시대의 관습과 관념 속에서 산다. 예를 들어 호메로스의 서사시는 — 그가 《일리아스》와 《오디세이아》의 작가로서 실제 생존했던 인물이든 아니든 간에 — 트로이 전쟁이 일어났던 시기로부터 4백년 뒤에 살았다. 그리스의 위대한 비극시인들은 고대 영웅들을 그들이 지은 서사시의 내용으로 삼아 시인 자신들이 살던 시대로 옮겨 놓았다. 그러나 실제로 고대영웅들이 살았던 시대와 그 시인들이 살았던 시대는 트로이 전쟁이 일어났던 시대와 시인들 자신이 살던 시대의 간격보다도 두 배 이상이나 더 떨어져 있다. 영웅 서사시 《니벨룽겐의 노래》의 실제 시대와 그것을 지은 작가가 살던 시대의 관계도 비슷하다. 그 시인은 다양한 설화들을 *하나의* 유기적인 전체로 결합시켜서 서사시의 내용으로 삼을 줄 알았다. 예술가는 인간성과 신성(神性)에게 보편적으로 주어지는 파토스와 아주 친숙하다. 그러나 예술가가 표현하려는 고대의 인물들과 그들의 행동은 다양한 조건을 지니며, 그 외형은 본질적으로 변화해 있어서 예술가에게는 낯설다. 그러나 예술가는 더 나아가 예술작품을 이해하고 그와 친숙해지려고 하는 관객과 자기 민족, 자기 시대를 위해 작품을 창조해낸다. 진정으로 불멸하는 예술작품은 모든 시대와 모든 민족이 향유할 수 있는 것이어야 한다. 하지만 그런 경우에도 다른 민족이나 다른 시대 사람들이 예술작품을 이해하려면 폭넓은 지리적, 역사적, 철학적인 기록과 지식, 인식을 갖춰야 한다.

여기서 이처럼 장소, 습관, 인습, 종교적인 정치적인 사회적인 윤리 같이 서로 다른 시대들이 충돌하면서 드러나는 외면성들을 예술작품은 과연 어떻게 형상화할 것인가라는 물음이 제기된다. 즉 그것은 예술가는 자기 시대를 잊고 단지 과거에 존재했던 것만을 염두에 두고 과거에 충실한 작품을 만들어 내야 할 것인지, 아니면 오직 자기 민족과 현시대만을 생각하고 자기 시대의 특수성과 관점만을 따라서 작품을 만들어 낼 권리와 의무가 있는 것인지라는 물음이다. 이 서로 상반되는 요구는 다음과 같다. 즉 하나는 과거의 소재가 그 내용과 그 과거 시대에 맞게 *객관적*으로 다루어져야 한다는 요구이고, 다른 하나는 현재의 관습과 교양에 맞게 *주관적*으로 다루어져야 한다는 것이다. 만약에 양쪽이 서로 상반되는 것만 고집한다면 양쪽 다 똑같이 극단적으로 잘못 나아가게 된다. 우리는 이 극단적인 것을 잠깐 언급함으로써 거기에서 참된 표현방식이 무엇인지 가려내기로 하자. 우리는 이와 관련해서 다음과 같은 세 가지 관점을 고찰해야 한다.

첫째, 자기가 사는 현시대의 교양을 주관적으로 강조하는 것.

둘째, 과거에 근순히 객관적으로 충실한 것.

셋째, 다른 시대 다른 민족의 낯선 소재를 채택하여 참된 객관성을 띠도록 표현하는 것.

a) 만약에 소재를 단순히 *주관적*으로만 포착해서 그것이 극단적인 일방성을 띠게 되면, 과거에 있었던 객관적인 형태는 완전히 사라지고 오직 현재 현상방식만이 그 자리를 대신하는 데까지 나아갈 수 있다.

α) 이런 일은 한편으로 과거에 대한 무지에서 나오거나 또는 실제 대상과 이를 주관적으로 채택하는 방식 사이에 있는 모순을 의식하지 못하는 단순함에서 나올 수 있다. 교양이 부족(不在)(Bildungslosigkeit)할 때 그런 표현방식이 나온다.

특히 한스 작스[99]같은 작가에서 그런 단순함을 잘 엿볼 수 있다. 그 작가의 이른바 신선한 직관력과 쾌활한 심정은 기독교의 하나님과 아담, 이브, 이스라엘의 족장(族長)들을 그냥 독일의 뉘른베르크 양식(樣式)으로 바꿔놓고 말았다. 그래서 예를 들면 하나님은 카인과 아벨 및 아담의 다른 자녀들을 위해서 한스 작스가 살던 당시의 학교 선생이 하던 식으로 똑같이 유치원을 연다. 하나님은 그들에게 십계명과 주기도문을 교리문답식으로 가르치는데, 아벨은 그 모든 것을 경건하게 잘 외워서 알지만 카인은 하나님을 모르는 못된 아이처럼 행동하고 대

---

99) 한스 작스(Hans Sachs, 1494~1576). 독일 뉘른베르크시의 직장가인 조합의 지도자로서 많은 가요, 시, 희곡을 지었다.

답한다. 그는 십계명을 외울 때도, 너는 도둑질할지어다, 부모를 공경하지 말지어다, 이런 식으로 모든 것을 거꾸로 외운다. 남부독일에서 유행하던 그리스도 수난에 관한 이야기도 이와 비슷한 식으로 꾸며졌는데 이는 금지됐다가 다시 부활되었다. 거기에서 (예수를 죽인) 총독 빌라도는 흉하고 거칠고 교만한 관리로 묘사되며, 우리 시대의 병사들처럼 저속하게 묘사된 로마의 병사들은 그리스도가 마지막 숨을 거둘 때 그에게 담배를 한 모금 내민다. 그리스도가 이를 거절하자 그들은 그의 코에다 코담배를 억지로 쑤셔 넣는다. 매우 경건한 믿음을 가진 관객들은 그런 장면들을 보면서 더욱 재미를 느낀다. 사실 관객이 경건하면 할수록 외적이고 직접적인 현실 속에서 그들의 내적인 종교적 상상력은 더욱 생생해진다. 물론 이런 식으로 사실 대상들을 우리 세계의 관점과 형태에 맞게 변형시킬 권리가 있기는 하다. 그리고 신에 대한 경건함을 유지하면서도 고대의 생각에 친밀감을 갖고 그 소재를 비속한 부르주아(시민계급)식으로 변형시킨 한스 작스의 과감성에도 사실 뭔가 위대한 점은 있다. 그럼에도 불구하고 어떤 대상을 그 대상에 고유한 객관성에 머물게 하지 않고 이를 그 객관성에 전혀 어긋나는 형태로 변형시키는 것은 난폭한 심정과 교양 없는 정신에서 나오는 것이다. 그럴 때 드러나는 것은 단지 우스꽝스러운 모순뿐이다.

β) 다른 한편으로, 만일 예술가가 자기 시대의 견해와 윤리, 인습만을 유일하게 가치 있는 것으로 다루면, 그와 같은 주관성은 예술가가 지닌 교만한 *교양*에서(aus dem Hochmut der *Bildung*) 나올 수 있다. 그런 경우 예술가는 자신이 가진 교양 외에 다른 내용을 향유(享有)할 능력을 갖추지 못한다. 특히 프랑스인들의 이른바 고전적인 취향에서 그런 주관성을 엿볼 수 있다. 그들은 오직 프랑스풍만을 향유

24세 때의 볼테르(Voltaire)

했고 다른 민족이나 다른 시대, 특히 중세풍의 형식을 무취미하고 야만적이라고 부르면서 경멸했다. 볼테르[100]는 프랑스인들이 고대 그리스와 로마의 작품들을 더 늦게 고쳤다고 말했는데 이는 틀린 것이다. 왜냐하면 프랑스인들은 고대 작품들을 단지 프랑스풍의 작품으로 변형시켰을 뿐이며, 그러는 가운데 자기들 궁중 사회의 교양, 규율, 인습 등을 그 작품들 속에 주입시켰고, 자기들에게 낯선 것에 대해서는 더 혐오감을 드러냈기 때문이다. 그들은 프랑스의 섬세한 교양이

---

[100] 이에 대해서는 1751년에 출간된 프랑스의 작가이자 철학자인 볼테르(Voltaire)의 저서 《루이 14세의 시대(Siècle de Louis ⅩⅣ)》 제32장을 참조할 것. 볼테르는 처음 이 저서를 쓸 당시에는 17~18세기 프랑스의 학문, 문학, 예술에 대한 인식을 묘사하려는 의도였으나 후에 가서 당시 사회상을 더 상세히 다루었다. 그는 태양왕이라 불렸던 루이 14세의 치세를 그의 치세 당시 특히 풍요로운 발전을 보였던 예술에 기준을 두어 칭찬했다. 그는 루이 14세 치세 이전의 프랑스인은 '야만인'에 불과했었다고 언급한다. 볼테르는 그로써 지배자가 아닌 국민이 역사의 중심이 되고 또 전쟁보다는 사회관습과 문화에 중점을 둔 최초의 역사책을 쓰려고 시도한 셈이었다. 그러나 여기서 헤겔은 그를 매우 비난한다. 여기에는 볼테르가 주도했던 프랑스 계몽주의에 대한 헤겔의 개인적인 반감도 상당히 작용한 것으로 보인다.

지닌 그 추상성(抽象性, Abstraktion)을 시문학의 어법에도 적용했다. 그래서 어떤 시인도 *코숑*(*cochon*, 프랑스어로 '돼지'라는 뜻)이라고 말하거나 스푼, 포크 그리고 수천 가지의 다른 물건들의 이름을 부르면 안 되었다. 그래서 예를 들면, 스푼이나 포크라고 말하는 대신에 '물기 있거나 마른 음식을 입에 가져가는 데 쓰는 도구'라고 넓게 정의를 내리고 말을 바꿔 묘사하는 따위의 짓을 했다. 그런 것들은 그들의 취향을 아주 고루한 것으로 만들고 말았다. 예술이 할 일은 그처럼 일반적인 관습 속에서 내용을 평평하고 단조롭게 만드는 것이 아니라 오히려 생동적인 개성을 띠도록 특수화하는 것이다. 그래서 프랑스인들은 셰익스피어 같은 독창적인 작가를 가장 이해하지 못했다. 그들은 그의 작품을 번안할 때도 그 작품 가운데 사실 가장 우리 마음에 드는 부분들을 잘라내 버리곤 하였다. 마찬가지의 이유로 볼테르는 "물이야말로 가장 좋은 것이다"라고 말한 핀다르[101]를 조롱하고 있다.

그러므로 프랑스인들의 작품 속에 나오는 인물들은 중국인이든, 미국인이든, 그리스 영웅이든, 로마 영웅이든 모두가 프랑스 궁정사람들처럼 말하고 행동해야 한다. 예를 들어서 《오리드의 이피게니아》[102]에 나오는 아킬레우스는 완전히 프랑스풍의 왕자로 등장해서 만약에 그 작품 속에 그의 이름이 나와 있지 않다면 그를 과연 아킬레우스로 알아볼 사람은 아무도 없을 것이다. 이 인물은 극무대 위에서 그리스풍의 의상과 투구, 갑옷을 걸치고 있으면서도 동시에 분가루를 뿌린

---

101) 이는 핀다르의 첫 번째 송가의 첫 구절이다. 이 의미는 아마도 물이 모든 액체 가운데서 가장 투명하고 생명력을 지니고 있다는 뜻인 듯하다. 그러나 볼테르는 핀다르를 말이 많고 총명하지 못한 시인으로 보았다.
102) 이 작품은 프랑스의 극작가 라신느(Racine)의 1674년 작으로 원제(原題)는 《Iphigénie en Aulide》이다.

프랑스식 가발을 쓰고 있으며, 그의 엉덩이 옆구리에는 불룩한 포켓이 달려 있고 구두에는 붉은색 리본이 붙어 있다. 또 라신느의 작품 《에스더》는 루이 14세 시대에 사람들이 많이 관람한 극이다. 왜냐하면 그 작품 속에서는 아하스베루스라는 인물이 루이 14세가 알현실에 등장할 때와 똑같은 모습으로 무대에 등장하곤 했기 때문이다. 물론 아하스베루스는 원래의 동양적인 모습을 띠고 있기는 하지만, 그러면서도 온몸에 분을 바르고 왕이 걸치는 망토를 걸치고 있다. 그의 뒤를 따르는 시종들은 온통 앙아비프랑세(*en habit français*: 프랑스 식으로) 파마머리에 분을 뿌린 가발을 쓰고 있으며, 팔에는 깃이 달린 모자를 들고 있고, 조끼나 바지에는 드라도르(*drap d'or*: 금라사(金羅紗))를 드리우고, 비단 양말에다 붉은 굽을 단 구두를 신고 있다. 즉 오직 궁정 사람들이나 특권층만이 볼 수 있는 것을 여기 무대에서 다른 신분들도 볼 수 있으니 그것은 운문으로 묘사된 왕의 앙트레(*entrée*: 등장) 장면이다. 비슷한 이유로 프랑스에서는 흔히 역사서술이 그 자체나 서술 대상을 위해서 쓰여지기보다는 당대(當代)의 관심사를 위해서, 즉 정부에게 좋은 교훈을 주거나 아니면 정부를 비난할 목적에서 쓰여지곤 하였다. 다른 많은 연극들도 마찬가지였다. 그 작품들은 내용 전체나 부분에 걸쳐 그 시대상황에 대해 암시를 하거나 또는 다른 옛 작품들 속에서 그런 식으로 시사된 장면이 나오면 이를 의도적으로 강조함으로써 사람들에서 대단한 열광을 사곤 했다.

γ) 세 번째의 주관적인 양식은 과거와 현재의 본래 참된 모든 예술 내용을 추상화하는 것이다. 그리하여 관객의 눈앞에는 다만 어떤 인물이 현재 우연한 주관성에 따라 움직이는 것만 보일 뿐이다.

그럴 때 이 주관성은 곧 세속적인 삶 속에서 엿볼 수 있는 일상적인

코체부(Kotzebue)의 죽음.
19세기 후반에 독일에서
유행하던 삽화의 전통을
잘 보여준다

의식(意識)의 방식을 뜻한다. 물론 누구나 그런 식에 친숙하다. 하지만 예술적인 요구만을 갖고 작품에 접근하는 사람은 그런 일상적인 의식에만 안주할 수 없다. 왜냐하면 바로 그러한 종류의 주관성으로부터 우리를 해방시키는 것이 예술이 할 일이기 때문이다. 예를 들면 코체부(Kotzebue)[103]는 그런 것들을 표현하여 당대에 큰 성과를 거두었다. 그는 "우리들의 비참하고 곤군한 모습, 은수저를 물고 있는 모습, 우스꽝스러운 모험", 그리고 더 나아가 "목사들, 상업고문관들, 장교들, 비서들이나 경기병(輕騎兵) 대령들"의 모습을 관객들의 눈앞

---

[103] 코체부(August von Kotzebue, 1761~1819). 독일의 극작가. 처음에는 법학을 공부하여 변호사 생활을 하다가 극작가로 전환한 뒤 200개가 넘는 극작품을 써 당대에 큰 성공을 거두었다. 그러나 그의 작품들은 대부분 피상적인 것이었다. 특히 그는 1818년에 스스로 바이마르에서 창간한 잡지《문학주간지(Literarisches Wochenblatt)》에 당시 1815년 예나에서 조직된 대학생 학우회의 자유주의적인 사상을 비난하는 글을 실었다. 이것이 원인이 되어 그는 잔트(K.L.Sand)라는 대학생에 의해 "조국의 배신자(Verräter des Vaterlandes)"라는 저주를 받으면서 살해됐는데 이것이 당시 대학생 운동탄압의 계기가 되었다.

에 보여주고 들려주었다. 그래서 관객들은 누구나 자신의 집안일이나 자기가 아는 사람과 친척들 따위의 집안일이 무대 위에 특수한 상황으로 등장하는 것을 보거나, 자신들이 개별적으로 처한 상황과 목적 속에 숨어 있는 고충을 대강 들어서 알게 되었다. 하지만 그와 같은 주관성은 일반사람들의 심정에 맞게 판에 박힌 도덕적인 상투어나 반성 쪽으로 사람들의 관심을 끌 수 있을지 몰라도, 예술작품의 진정한 내용을 구성하는 감성과 표상으로 고양되지는 못한다. 지금까지 위의 세 가지 관점을 통해 살펴보았듯이 외적 상태를 표현한다는 것은 일면적인 방식으로 주관적으로 하는 것이지 현실적이고 객관적인 형상을 공평하게 다루는 것은 결코 아니다.

b) 위의 첫 번째 방식에 반해서 두 번째 표현방식은 과거의 성격들이나 사건들을 가능하면 그 실제 있었던 장소나 당시의 특수하고 독특한 관습, 형태 그대로 재생시키려고 노력한다. 특히 우리 독일인들은 이런 면에서 특출했었다. 왜냐하면 대체로 우리 독일인들은 프랑스인들과는 달리 모든 다른 민족들의 특성들을 신중하게 기록해 놓았으며, 예술에서도 과거 시대에 맞는 장소, 관습, 의상, 무기 등을 재현하는 데 충실하려고 하기 때문이다. 또 우리 독일인들은 애써 타 민족이나 다른 시대의 사상, 세계관을 배워 그 세부적인 특성에 친숙해지려는 인내심이 많다. 그리고 우리는 여러 민족의 다양한 측면과 그들의 정신을 이해함으로써 그러한 외국의 특수성들을 예술 속에 충분히 나타내려고 하고 비본질적인 외적 사물에까지도 지나치게 정확성을 기하려고 한다. 물론 프랑스인들도 마찬가지로 다방면으로 민첩하고 활동적으로 보이지만, 그들은 아무리 교양이 높고 실용적인 인간들이라고 해도 그런 만큼 조용한 것을 찾거나 무엇을 인정하고 이해

하는 데는 인내력이 부족하다. 그들에게는 판단하는 일이 가장 우선적이다. 반대로 우리 독일인들은 특히 외국의 예술작품들 가운데서 모든 참된 그림에 대해서는 그 가치를 인정한다. 자연의 어떤 영역에 속하든 외국산 식물들, 형상들, 모든 종류와 형태의 도구들, 개와 고양이들, 심지어 역겨운 대상들까지도 우리에게는 허용된다. 이렇게 우리 독일인들은 외국의 낯선 직관방식, 희생, 성자들의 전설 또는 많은 부조리한 사건들이나 기타 비정상적인 사상에까지도 친숙하다. 또 우리는 행동하는 인물들을 표현할 때도 그 인물들 자신과 그들이 실제로 살았던 시대의 민족적인 특성대로 옷을 입고 등장하거나 말하도록 하는 일을 중요하게 여긴다.

근래에 와서, 특히 프리드리히 폰 슐레겔이 활약을 한 이후로는 예술작품의 객관성은 그런 종류의 충실함에 근거를 둬야 한다는 생각이 나타났다. 그리하여 그런 식으로 충실묘사를 하는 것이 예술의 주요 관심사가 되었다. 그리고 우리들의 주관적인 관심사도 그처럼 충실하게 묘사된 생동감을 향유하는 데 국한되어야 한다는 것이었다.

하지만 그러한 요구를 하게 되면 그때 우리는 표현된 내용과 관련해 좀 더 고상한 관심사를 가져도 안 되고 현대의 문화나 목적에 대해서도 관심을 가져서는 안 된다는 이야기가 된다. 이런 식으로 독일에서도, 헤르더[104]에 의해서 자극을 받아 사람들이 일반적으로 민요(民

---

104) 요한 고트프리트 헤르더(Johann Gottfried Herder, 1744~1803)는 독일문학에서 '질풍노도운동(Sturm und Drang)'의 선구자. 원래 리가(Riga)시에서 부목사의 지위에 있던 그는 한편으로 인간정신의 창조력을 시 속에서 발견하려는 하만(Hamann)의 문학관과 언어관의 영향을 받고 다른 한편으로 당시 널리 퍼져 있던 프랑스의 합리주의적인 사고방식과 문화적인 퇴폐주의에 염증을 느끼고 새로운 문예운동을 일으키고자 결의하였다. 그는 스스로 문학작품을 써내지는 못했으나 많은 저술과 비평서를 냈으며 독일문학에서는 빼놓

論)에 다시 관심을 갖기 시작하자 단순한 교양을 지닌 민족들과 **종족**들의 민속적인 특색을 지닌 온갖 종류의 노래들이 지어졌다. 그 중에는 (북미 인디언의 한 종족인) 이로케저의 노래, 그리스, 라플란드(유럽 북단의 지방), 터키, 타타르족, 몽고족 따위의 민속 노래들이 있었다. 그리고 사람들은 외국의 관습이나 민족사상으로 파고들어가 그대로 생각하고 시를 짓는 것을 마치 대단한 천재성이라도 되는 듯이 여겼다. 그러나 시인 자신은 아무리 그런 낯선 특성들에 완전히 숙달되고 깊은 느낌을 가져도, 정작 그것들을 향유해야 할 관중에게는 여전히 뭔가 외적인 것으로 머물 뿐이다.

대체로 이런 견해는 그것이 일방적으로 고집하게 되면 전적으로 역사적인 정확성이나 충실함을 기하는 형식적인 것에만 머문다. 왜냐하면 그 때는 내용과 그 본질적인 중요성은 물론 현재의 교양과 직관이 담긴 내용이나 현재의 심정은 무시되고 말기 때문이다. 그러나 양쪽

을 수 없는 중요한 존재이다. 그는 슈트라스부르(Straßourg) 시에 체류하던 중에 마침 그곳의 대학에서 공부하려고 와 있던 괴테와 만나 그의 문학관에 결정적인 영향을 미쳤다. 특히 헤르더는 《신 독일문학평론단편(Fragmente über die neuere deutsche Literatur)》(1767년)에서 독일민족의 독자성, 독창성을 요구하면서, 문학은 그 나라의 민족성에서 생기며 그 국민의 혈육인 모국어로서 씌어야 한다고 보고, 이런 의미에서 소포클레스나 셰익스피어의 작품들은 각기 그 민족성에서 우러난 것이며 위대한 문학이라고 예찬하였다. 또 그는 《비평의 숲(Kritische Wälder)》(1767년)에서 호메로스를 서사시인의 전형으로 꼽았다. 특히 그는 셰익스피어의 문학을 더 중요시하였는데 그 것이 독일 민족성과 더 가깝다는 이유에서였다. 그리하여 그는 자연적인 것, 예를 들어 문학에서도 고전작품이 아닌 지금껏 거의 도외시되었던 민요 (Volksgesang) 등에 관심을 가졌으며 모든 정신적인 것은 인간 본성 전체 속에서만 이해할 수 있다고 보았다. 참된 문학은 그 민족의 근원의 목소리라고 주장한 그에 의해서 진정한 의미의 독일문학이 시작되었다고 볼 수 있다.

요한 고트프리트 헤르더

다 배제되어서는 안 되고 모두 충실하게 묘사되어야 한다. 이때 여기서는 지금껏 우리가 고찰한 것과는 아주 다른 방식으로 역사적 충실성과 조화를 이루어야 한다는 세 번째의 요구가 나온다. 그와 관련해서 우리는 더 나아가 예술작품이 충족시켜야 하는 참된 객관성과 주관성의 조화를 고찰해 보자.

c) 이 점에 대해서는 일반적으로 지금까지 고찰한 측면들 가운데 어느 쪽도 다른 쪽을 희생시키거나 일방적으로 침해하여 한 쪽만 두드러지게 나타나서는 안 된다는 점을 먼저 말할 수 있다. 역사적인 지명이나 윤리, 관습, 제도 같은 외적인 것을 충실히 살리는 일은 예술작품에서 부차적인 일이다. 이는 현재의 문화적인 측면에서 볼 때 영원하고 진정한 내용에 대한 관심 자체와는 거리가 멀다. 이런 점에서 진정한 표현방식에 대립되는 비교적 불충분한 표현방식으로는 다음과 같은 것들이 있다.

α) 첫째, 비록 어느 시대의 특성을 충실하고 정확하고 생생하게 표

현해서 오늘날의 대중들은 잘 이해할 수 있지만 범속한 일상성에서 벗어나 스스로 시적(詩的)으로 되지 못하는 표현이 있다. 예를 들면 괴테의 《괴츠 본 베를리힝겐》[105] 같은 작품은 우리에게 이런 점에서 눈에 띠는 예가 된다. 그 첫 장면만 펼쳐 보아도 다음과 같이 프랑스의 시바르쩬베르크성(城)의 어느 여인숙 장면에 이른다.

> 메츨러와 지베르스(둘 다 농부로서 농민반란의 주동자들), 불가에 앉아 있는 두 명의 마부, 그리고 여인숙 주인.
> 지베르스: 핸첼, 브랜디 한잔 더 주게, 가득 부어서.
> 주인: 자넨 왜 그리 염치도 없이 걸걸거리나.
> 메츨러: (지베르스에게 나직하게) 베를리힝겐에 대한 얘기를 한 번 더 하게! 거기 탑베르그 놈들이 화가 나서 쌍퉁들이 빨개지도록 말이야.

그리고 3막에서는 다음과 같이 묘사된다.

> 게오르그가 지붕의 홈통을 갖고 등장한다.
> 게오르그: 여기 납덩이를 가져왔습니다. 이 납덩이 반만이라도 적병들한테 명중한다면, 황제폐하한테 가서, '패전했습니다' 라고 보고할 자는 한 명도 안 남을 겁니다.
> 레르제: (그 홈통을 자르며) 이건 정말 큰 덩어리로군.
> 게오르그: 빗돌이야 마음 내키는 대로 아무 길이나 찾아가라

---

105) 이 작품에 대한 설명으로는 앞의 'Ⅱ.행위' 가운데 'c.개인적인 독자성의 재건' 부분의 각주를 참조할 것.

지. 조금도 걱정할 필요 없다. 기사다운 기사처럼 비다운 비라면, 아무데서나 제 길을 찾아갈 수 있을 테니까.

레르제: (붓는다) 국자를 잡고 있게. (창가로 다가간다) 황제군의 졸병이 마음 놓고 철포를 끌고 돌아다니는데, 아마 우리가 탄환이 떨어진 줄 아는 모양이지. 프라이팬에서 갓 꺼낸 호떡처럼 뜨끈한 탄환 맛을 보여주마.(장전한다).

게오르그: (국자를 기대어 놓고) 어디 좀 보자꾸나.

레르제: (발포한다) 참새처럼 꺼꾸러졌다! (이하 생략)[106]

이 모든 장면들은 그 상황이나 기사들의 성격을 잘 이해할 수 있게 생생하면서도 아주 통속적으로 묘사되어 있다. 왜냐하면 그 장면들은 누구에게나 친숙하게 표현되었고 객관성을 내용과 형식으로 삼고 있기 때문이다. 괴테의 다른 여러 청년시절 작품들에서도 그와 비슷한 것들을 찾아볼 수 있다. 그 작품들은 특히 지금까지 규범이 되었던 모든 것에 대항하고 사물을 대단한 직관과 감성으로 이해하고 우리에게 전달함으로써 큰 효과를 얻었다. 그러나 그런 식의 접근방식은 대단했지만 내용적으로는 일부 하찮아서 그의 작품들은 통속적인 것이 되고 말았다. 이런 통속성은 주로 극작품들이 극장에서 공연될 때 제대로 알아차릴 수 있다. 왜냐하면 사람들은 극장에 들어서면 수많은 무대장치, 조명들, 화장한 사람들에 취해서 무대 위에 등장한 두 명의 농부나 기사(騎士), 한 잔 술 말고도 또 뭔가 다른 것을 보고 싶어하는 분위기에 휩싸이기 때문이다. 그래서 《괴츠》라는 작품도 읽을 때는

---

[106] 헤겔(및 호토)은 여기서 1773/74년판과 약간 다른 괴셴(Göschen)판《괴테의 저서들(Goethes Schriften)》, 2권, 1787년판과 코타(Cotta)판《괴테의 작품들(Goethes Werke)》, 전8권, 1828년판에서 인용한다.

매력적이지만 무대 위에서는 오랫동안 공연될 수 없었다.

β) 다른 면에서 보면 우리는 과거 시대에 관해 일반적인 교양을 쌓음으로써 그러한 옛 시대의 신화의 역사, 그리고 역사적으로 실재했던 국가들의 상태 및 낯선 관습 같은 것에 대해서 다양한 지식을 쌓음으로써 알고 우리의 것으로 동화시킬 수 있다. 예를 들면 고대의 예술이나 신화, 문학, 의식(儀式), 관습들에 대한 지식은 우리가 오늘날 지닌 교양의 출발점이 되었다. 사내아이들이라면 누구나 이미 학교에서 그리스의 신들, 영웅들, 역사적인 인물들에 대해 배워서 알고 있다. 그리하여 고대 그리스 세계의 인물들과 관심사들이 우리의 상상 속에서 우리 것이 되며, 우리는 이런 것들을 상상하면서 향유한다. 그러나 우리가 왜 인도나 이집트 또는 스칸디나비아의 신화들에 대해서는 그처럼 폭넓게 관심을 갖지 않는지에 대해서는 할 말이 없다. 더구나 이런 민족들의 종교적인 표상 속에도 보편자인 신은 존재하고 있는데 말이다.

그러나 그리스나 인도의 신들처럼 특정하고 특수한 것들은 오늘날의 우리에게는 더 이상 *진리*를 담고 있는 것이 못 된다. 우리는 더 이상 그런 신들을 믿지 않고 단지 상상 속에서만 호감을 느낄 뿐이다. 우리의 더 깊은 의식 속에 그러한 것들은 여전히 낯선 것으로 머물러 있다. 그래서 예를 들어 오페라들에서 "오, 그대 신들이시여!"라든가, "오, 제우스 신이시여!" 또는 "오, 이시스와 오시리스여!"[107]라고 외치면, 이런 말은 우리에게 모두 너무 차갑고 공허하게 들린다. 게다가

---

107) 이는 모차르트의 오페라 《마술피리(Zauberflöte)》(1791년)에 나오는 사라스트로의 첫 번째 아리아이다.

오페라에서는 신탁(神託)과 같은 대사가 없이 진행되는 경우가 드물지만, 그런 처량한 대사들이 첨가되면 그 공허함은 더해진다. 근래에 와서는 비극에서 그런 대목들 대신에 등장인물이 미치거나 예언하는 장면들로 바뀌고 있다.

또 관습, 법률 따위의 달리 역사적인 소재(素材)의 경우도 마찬가지이다. 이런 역사적인 것들은 비록 *있다* 해도 *지나간* 것으로서, 만일 그것이 현재의 삶과 아무 관련이 없다면 비록 우리가 그것에 대해 자세히 알더라도 우리들 자신의 것이 되지는 못한다. 우리는 지나간 것에 대해 그것이 과거에 존재했었다는 단순한 이유 때문에 관심을 갖지는 않는다. 역사적인 것은, 그것이 과거에 우리나라에 속했거나, 그 과거의 사건들이 오늘날의 모습에 영향을 끼쳤다거나 또는 그런 연속적인 사건들 속에 묘사되는 인물들의 성격이나 행위가 중요한 요소로 등장할 때만 그것을 바라보는 우리의 눈에 중요한 것이 된다. 단지 같은 토양 위에서 살고 같은 민족이라는 관련성만으로는 충분하지 못하다. 우리의 관심을 끌려면 우리 민족의 과거가 우리 민족의 현재 상황이나 삶, 현재의 모습과 밀접한 관련을 지녀야 한다.

예를 들어《니벨룽겐의 노래》를 보면 우리 독일인들은 거기에 나오는 지명에는 익숙하다. 그러나 부르군드(Burgund) 왕국[108] 사람들이

---

[108] 부르군드 왕국은 원래 동(東) 게르만족에 속하는 부르군트족이 독일 동부의 오데르 강과 비슬라강 중류에 거주하다가 남서쪽으로 이동하여 서기 413년에 라인강 중류지역의 보름스(Worms)를 중심으로 세운 왕국이다. 독일의 중세 최고 서사시로 일컬어지는《니벨룽겐의 노래》의 주요 무대로 알려져 있다. 그러나 서기 436년에 동방에서 공격해온 훈족에 의해 멸망했다. 이후 그 일파가 다시 더 서쪽으로 이동하여 지금의 스위스 제네바, 남프랑스 프로방스 지방을 중심으로 번성했으나 서기 534년에 같은 게르만 민족인 프랑크족이 융성해지면서 그들의 침입을 받아 다시 멸망했다.

나 아틸라109) 왕 등은 우리의 현재 모든 교양 상태나 조국에 대한 우리의 관심사와는 단절되어 있다. 그러므로 우리는 별로 아는 것이 없더라도 차라리 호메로스의 서사시에 훨씬 더 친근함을 느낀다. 작가 클롭슈토크110)의 경우를 보더라도, 그는 조국애의 충동으로 그리스의 신화 대신에 스칸디나비아의 신들을 자기 작품 속의 소재로 삼았지만, 보단, 발할라, 프라이아111)같은 신들은 단지 그 이름만 남아 있

---

109) 일반적으로 아틸라(Attila)라는 이름으로 알려져 있지만 중세독일어로는 에첼(Etzel)이라고 불리는 이 왕은 훈족의 왕으로서, 니벨룽겐의 서사시가 배경이 될 즈음 실제로 비엔나에서 통치하고 있었다. 그는 처음으로 12세기 중엽에 《황제 연대기(Kaiserchronik)》에 이름이 언급되었다. 그가 다스리던 나라는 코카서스 북쪽에서부터 라인 강변까지 이르는 광대한 지역이었으며, 그가 사망한 해는 서기 453년이었다. 또 그에 대한 것은 후에 북유럽의 신화인 《에다(Edda)》(9세기에서 12세기 사이에 씌어짐)에도 실려 있다.
110) 클롭슈토크(Friedrich Gottleb Klopstock, 1724~1803). 독일의 시인. 그의 문학적인 경향은 후기 바로크와 고전주의 중간 단계에 있었다. 그는 도덕적이고 합리적이며, 경건하고 신학적인 바로크풍의 시에 대항하여 시인의 비합리적인 언어와 감정세계를 중시하는 개성적인 동일성을 주장했다. 그리하여 그는 일상적인 언어와는 달리, 감상주의와 질풍노도 사조의 요소를 받아들인 시언어를 사용하였으며, 또 고전적인 신화 대신에 게르만 민족 특유의 상상세계에 관심을 두었다. 그의 가장 유명한 작품으로는 경건한 감상주의에서 나온 종교 서사시인 《메시아(Messias)》(1743~1773)가 있다. 여기서 헤겔이 언급하는 것은 1771년에 나온 그의 최초의 《송가집(頌歌集, Oden)》인데, 이 시집이 나왔을 때 독일 전역어 폭풍 같은 격찬의 소용돌이가 휩쓸었다고 한다.
111) 보단(Wodan)은 스칸디나비아에서는 'Odin'이라는 이름으로, 색슨족이나 앵글로색슨족에서는 'Woden'이라는 이름으로 알려진 신. 그는 그리스의 헤르메스 신과 비슷한 신으로 알려져 있다. 발할라(Walhalla)는 아스가르트라는 곳에 보단(오딘)신(神)이 사는 곳으로, 그는 이곳에 전투에서 사망한 용사들의 무리를 주위에 이끌고 있다고 한다. 프리이아는 'Freia' 또는 'Freyja'라고 표기하는데, 고대 스칸디나비아의 신화에서 가장 중요한 여신, 아름다운 사랑의 여신으로 등장한다.

을 뿐, 우리의 상상에는 제우스 신이나 올림포스 같은 이름보다 더 생소하며 우리의 심정에 호소하지도 못한다.

이런 점에서 예술작품은 연구와 학식을 위해 만들어지는 것이 아니다. 우리는 우리와 거리가 먼 장황한 지식들을 거치지 않고도 예술작품 자체를 통해서 직접 이해하고 향유하려는 것이라는 사실을 확실히 해두어야 한다. 왜냐하면 예술은 교양 있고 폐쇄적인 사회에 속하는 소수의 사람들을 위해서 있는 것이 아니라 일반적으로 민족 전체를 위해서 있기 때문이다. 일반적으로 예술작품 속에서 가치 있는 것은 역사적인 현실에서도 마찬가지로 가치 있는 것으로 응용될 수 있다. 우리는 우리 시대와 민족에 대한 폭넓은 학식이 없이도 그런 것들을 잘 이해하고 더불어 친숙해질 수 있다. 그러한 예술작품 앞에 섰을 때 우리는 마치 낯설고 이해할 수 없는 세계에 서 있는 듯한 느낌을 가질 필요가 없는 것이다.

γ) 이로써 우리는 과거에서 취한 소재들을 참된 방식으로 객관화하고 우리의 소유로 만드는 일에 좀 더 근접했다.

$\alpha\alpha$) 여기에서 맨 먼저 열거할 수 있는 것은 민족시(民族詩, Nationalgedichte)이다. 민족시는 예로부터 모든 민족들에게 외적이고 역사적인 면에서 이미 속해 있었으므로 그들에게는 낯선 것이 아니었다. 인도의 서사시, 호메로스의 서사시, 그리스인들의 극작품들 따위가 그러했다. 그러나 소포클레스는 그의 서사시에서 필록테트, 안티고네, 아이아스, 오레스테스, 오이디푸스, 그리고 극(劇)에 등장하는 합창단과 합창지휘자들을 그 인물들이 살았던 당시와 같은 식으로 묘사하지는 않았다. 에스파냐의 영웅 시드의 로맨스도 마찬가지다. 또 타소[112]도 그의 작품 《해방된 예루살렘》에서 가톨릭교회의 일

반적인 관심사를 노래했다.

포르투갈의 시인 카몽이스[113]는 아프리카의 희망봉을 돌아 동인도로 가는 항로를 발견한 바다의 영웅들이 보여준 주요한 행적들을 묘사하였는데, 이 행적들은 다름 아닌 그 포르투갈 민족이 남긴 것이기도 했다. 셰익스피어는 자기 나라의 비극적인 역사를 극화(劇化)했고, 볼테르도 그런 식으로 《앙리아드》[114]라는 작품을 썼다. 우리 독일인들도 결국에는 우리 민족의 진정한 관심사가 되지 못하는 먼 과거의 역사를 민족적인 서사시로 각색하려는 시도에서 벗어났다. 그러나 모든 민족이 다 반드시 호메르스나 핀다르, 소포클레스, 아나크레온 같은 대표적인 시인들을 가져야 한다는 견해는 더 이상 타당하지 않다. 그와 마찬가지로 보드머[115]가 지은 《노아히데》나 클롭슈토크가 지은

---

112) 타소(Torquato Tasso, 1544~1595). 이탈리아의 서사시인. 특히 궁정에서 교육을 받은 그는 18세 때부터 뛰어난 시적인 자질을 보였다. 그러나 정신이상의 증세를 보이기 시작하여 한때 감금되기까지 하다가 방랑생활을 했다. 그는 교황 클레멘스 2세에 의해 계관시인의 영예를 받기 직전에 사망했다. 《해방된 예루살렘》은 1581년에 발표된 그의 주요 작품이다.
113) 카몽이스(Luis de Camoes, 1525~1580). 포르투갈의 시인. 고전적인 교육을 받은 그는 리스본의 궁정에서 거하면서 종종 주문을 받아 극작품과 시를 썼다. 여기서 헤겔이 언급하는 이 시인의 작품은 1572년에 출간된 《우스 루지아다스(Os Lusiadas)》로서 이는 카몽이스의 대표작이자 포르투갈의 가장 중요한 서사시이다. 그 가운데 제10송(頌)에는 바스코 다가마(Vasco da Gama)가 인도항로를 발견해 가는 행적이 신화적인 분의기로 묘사되었다.
114) 볼테르의 서사시 《앙리아드》의 프랑스어 원제는 'La Ligue ou Henri le Grand'로 1723년에 발표되었다. 이는 그가 바스티유 감옥 안에서 구상하였고 영국에 망명하고 있던 중에 쓴 작품이다. 여기서 그는 위그노 전쟁(1562~1598)을 종식시킨 앙리 4세를 영리하고 평화를 사랑한 왕으로 칭송한다. 이 작품이 발표되자 당시 사람들은 젊은 볼테르를 근대 철학 및 국가정치 이념의 선구자라고 칭송했다.

종교서사시 《메시아》도 더 이상은 인기를 끌지 못한다. 이 작품들 속에서 구약성서, 신약성서의 이야기가 우리에게 친숙한 내용으로 들리는 것은 사실이다. 그러나 그런 이야기 속에 등장하는 역사성이나 외적인 관습 따위는 우리에게는 여전히 낯선 것이다. 그리고 사실 우리 눈앞에 펼쳐지는 것은 이미 우리가 아는 사건이나 인물성격 같은 평범한 실마리들뿐이므로, 이를 각색하여 표현한다 해도 우리는 다시금 공허한 빈말에 부딪힐 뿐이다. 그때 우리는 그런 것들이 인위적으로 표현되었다는 느낌밖에는 받지 못한다.

ββ) 그러나 예술은 단지 토착적인 소재들에만 국한될 수는 없다. 또 사실 특정한 민족들이 서로 접촉을 많이 하면 할수록 그들은 더욱 폭넓게 모든 민족이나 시대에서 그 소재를 취해왔다. 이런 일이 일어나더라도 그것을 마치 시인이 전혀 낯선 시대 속으로 파고들어가 대단한 독창성을 발휘한 것처럼 간주해서는 안 된다. 역사적인 외적 사실을 묘사하더라도 이를 마치 부수적인 것처럼 다룸으로써 그런 소재가 인간의 보편적인 관심사에 비해 그다지 중요하지 않은 것처럼 되어야 한다. 예를 들면 이미 중세에도 비록 그런 식으로 고대의 소재들을 빌려오기는 했지만 중세 시대의 내용을 그 소재 안에 삽입시켰다. 그리하여 극단적인 경우에는 고대의 인물들인 알렉산더 대왕이나 아에네아스 또는 옥타비아누스 같은 영웅들이 이름만 작품 속에 등장하

---

115) 보드머(Johann Jakob Bodmer, 1698~1783). 스위스의 문학평론가이자 작가. 그는 당시 프랑스문학이 지닌 고전주의적인 규범을 받아들인 독일시인 고트쉐드(Gottsched)에 반발하였으며 영국문학, 특히 밀턴의 영향을 받아 창조적인 상상력, 기이함, 자연모방 등을 시문학의 주요소로 삼았다. 그러나 그의 작품 가운데 별로 중요한 것은 없고 위의 《노아히데》는 《구약성서》의 노아 이야기를 각색한 것으로 1750년에 발표되었다.

고대 바빌론의 여왕 세미라미스(Semiramis)와 그녀를 위해 만들었다는 '공중(空中) 정원'. 그것은 궁성의 방들과 통로 위에 14개의 튼튼한 아치 지붕을 만들고, 그 위에 흙을 깔아 유프라테스강의 물을 끌어들여서 각종 식물을 심었다고 한다. 고대 7대 불가사의 중의 하나이다

는 경우도 있었다.

예술작품에서는 바로 직접적으로 이해할 수 있는 것이 최우선적인 것이다. 실제로 모든 민족은 예술작품에서 가치를 향유에다 두었다. 왜냐하면 그들은 예술작품 속에서 안락과 생동성, 현재성을 원했기 때문이다. 칼데론[116] 같은 에스파냐의 시인은 이런 독자적인 민족성을 띠고서 타 민족의 역사적인 소재인 제노비아[117]와 세미라미스[118]

---

116) 칼데론(Pedro Calderón de la Barca, 1600~1681). 에스파냐의 극작가. 일찍이 작가적인 재능을 보인 그는 에스파냐의 세력이 떨어지던 시기에 가톨릭의 영향을 받아 도덕적인 주제를 작품화하여 이름을 떨쳤다.
117) 제노비아(Zenobia)는 팔미라(Palmyra)의 통치자로서(267~272) 로마에 대항했던 여제이다. 오데나투스(Odaenathus)의 미망인으로 그녀의 아들을 대신하여 섭정으로 팔미라 왕국을 이끌면서 아라비아, 이집트 및 소아시아 대부분을 정복했다. 그러나 서기 272년 로마의 아우렐리아누스에게 정복되어 그의 개선행렬에 포로로 끌려갔다. 그리스의 철학자들과도 교분이 깊었던 그녀는 다방면으로 교양을 지니기도 했었다.
118) 세미라미스(Semiramis)는 전설상의 앗시리아 여왕 이름을 그리스식으로 표기한 것. 앗시리아왕 니노스의 아내인 그녀는 남편의 사후 혼자서 통치했다고 하며, 이집트까지 원정을 갔는가 하면 박트리아 지방을 지나 인도까지 쳐

를 개작하였으며, 셰익스피어는 여러 다양한 소재들에나 영국 민족의 특성을 부여할 줄 알았다. 물론 그는 더 깊이 파고들어가 예를 들면 로마인들 같은 낯선 민족들에서 역사적인 인물들의 성격을 취할 때도 그 본질적인 역사적 특성을 그대로 보존하였다.

그리스의 비극작가들조차도 자기들이 살던 시대와 그들이 속해 있는 도시의 당시 모습에 주목했다. 예를 들어 《콜로노스의 오이디푸스》에서 콜로노스라는 장소는 아테네와 가깝고, 또 오이디푸스가 그곳에서 죽어 아테네의 수호자가 된다는 의미에서 아테네와 밀접한 관련성을 띠도록 묘사되었다. 또 아이스킬로스의 작품 《에리니스》도 아에로파그(Areopag 또는 Areiopagos, 아테네 시 동북쪽에 있는 언덕으로 고대에 시의 원로원들이 모여 주요한 결정을 내렸다 - 역자주)의 결정에 의해서 아테네인들에 대해 좀 더 친밀한 관심을 갖는 것으로 묘사된다. 그에 반해 고대 그리스의 신화는 비록 예술과 학문이 다시 활성화된 이후로 매번 새롭고 다양하게 채택되곤 했지만, 근대의 여러 민족에게 결코 완전히 친근한 소재가 되지 못했다. 또 조형미술이나 시문학도 영역이 더 넓어졌음에도 불구하고 다소 그런 고대의 소재에는 냉담해졌다. 예를 들어 근래에 와서는 제우스 신이나 비너스, 아테네 여신에게 바치는 시를 쓰는 사람은 아무도 없을 것이다. 비록 조각에서는 아직도 그리스 신들의 조상(彫像)을 만들지 않고는 해낼 수 없다. 그래서 그런 신들의 모습을 표현하는 일도 대개는 전문가들, 학자들

들어가기도 했으나 성공을 거두지 못했다. 그녀는 자기 아들 니니아스를 죽이려 하다가 실패하여 퇴임했다. 사후 그녀는 여신으로 추앙되었다. 특히 바빌론에서는 그녀를 위해 많은 건축물이 세워졌는데 그 대표적인 것이 유명한 '계단식 가공(架空) 정원'이다. 칼데론은 1653년에, 프랑스의 볼테르는 1748년에 이 소재를 극화했다.

그리고 소수의 고양을 지닌 사람들만 전념하고 이해하는 일로 변했다. 이와 비슷한 의미로 괴테도 고대의 인물인 필로스트라토스(Philostratos)의 모습[119]을 당시 화가들이 좀 더 잘 이해하고 모사(模寫)할 수 있도록 표현하려고 애썼지만 별로 성과가 없었다. 고대의 시대와 당시의 현실에 매어 있는 그런 고대의 대상(對象)들은 현대의 관객이나 화가들에게도 역시 늘 어딘지 낯선 것으로 머문다. 그에 반해 괴테는 말년에 더 자유로운 내면성을 획득하게 되자 그의 《서동시집》[120]에서 동양을 우리의 오늘날의 시문학 속의 소재로 삼아서 표현했다. 그때의 괴테는 훨씬 더 심오한 정신에 도달해 있었다. 그는 이처럼 이국적인 것을 자기 것으로 동화시키면서도 자신이 유럽인이자 독일인임을 잘 알고 있었다. 그래서 상황이나 관계를 묘사할 때 대체로 동방적인 특색을 살리면서도 자기의 개성과 오늘날 우리들의 의식도 충분히 고려했다. 이런 식으로 예술가에게는 먼 지방이나 과거의 시대, 낯선 민족에서 소재를 취하거나 신화, 관습, 제도 따위를 그 역사성을 보존하면서 독자적으로 묘사하는 것이 허용된다. 그러나 그는 그런 것들을 형상화하더라도 자신이 그리는 것의 범위 안에서만 이용

---

[119] 이에 대해서는 괴테의 에세이 《필로스트라토스의 초상화(Philostrats Gemälde)》(1818년)를 참조할 것.
[120] 《서동시집(West-östlicher Divan)》은 1819년에 출간되었다. 괴테는 말년에 이르러 특히 동방에 대해서 관심을 갖게 되어 아라비아, 페르시아에 대해 연구했으며, 심지어 인도, 중국 등지의 문화와 예술까지도 동경하게 되었다. 그는 이런 동양취미로 해서 14세기 페르시아의 서정시인 하피스(Hafis)의 시집 《디반(Divan)》을 접하였는데, 거기서 이국적인 정서와 시, 지역을 초월한 인간미에 대해 매력과 공감을 느끼게 되어 자기의 시집어 그와 비슷한 제목을 붙였다. 이 시집에서는 여성에 대한 괴테의 새로운 열정도 보이지만 그 외에 그의 인생관과 사상도 엿볼 수 있다.

해야 한다. 그에 반해 내적인 것은 예술가 자신이 속해 있는 현재의 심오하고 본질적인 의식에 맞게 표현해야 한다. 그런 요소들이 가장 잘 조화를 이루어 경탄할 만한 작품이 된 것으로 지금까지도 손꼽을 수 있는 것은 괴테의 《타우리스의 이피게니아》이다.

개별적인 예술들이 그런 식으로 소재를 변형하면서 지니는 위상은 각기 다르다. 예를 들어 사랑을 노래하는 서정시의 경우는 감정이나 심정의 움직임이 중요한 반면에, 외적이고 역사적인 자세한 환경묘사는 별로 필요하지 않다. 예를 들어 페트라르카[121)]의 소네트에 등장하는 여주인공 로라(Laura)에 대해서조차 우리가 아는 것은 겨우 이름뿐이다. 그 이름은 물론 달리 불릴 수도 있는 것이다. 또 그 시에서 언급되는 장소라고는 겨우 바우클루즈(Vaucluse)의 샘 정도이다.

그에 반해 서사시에서는 대개 상세한 것이 요구되므로, 역사적인 사건들이 명확하고 이해하기 쉽게 묘사되어 있을 때 그 서사시는 우리의 마음을 끈다. 그러나 극예술에서는 오히려 이런 외부적인 사항들이 위험한 장애가 될 수 있다. 특히 극장에서 공연할 때가 그런데, 거기에서는 모든 것이 우리의 감각적인 눈앞에서 직접 생생하게 펼쳐지므로, 우리들 역시 직접 그 안에서 다 알고 친숙해지고 싶어지기 때

---

121) 페트라르카(Francesco Petrarca, 1304~1374). 이탈리아의 인문주의자이자 시인. 한때 법학을 공부했던 그는 수도생활로 들어갔다가 1333년에 파리, 플란더즈, 라인지방으로 여행하여 여러 수도원 도서관에서 고대 자료들을 수집한 후 1337년부터는 아비뇽의 바우클루즈에서 은둔생활로 들어갔다. 로라는 그가 만난 여성인데 그의 시의 소재가 되었다. 이탈리아어로 씌어진 그의 작품들은 주로 서정시와 알레고리(풍유 諷喩)적인 시들이다. 서정시에는 주로 프로방스지방의 중세 전통적인 민네장의 양식과 그의 개인적인 체험이 많이 가미되었다. 위에 언급한 로라에 관한 소네트는 1470년에 나온 《가요집(Il canzoniere)》에 실렸다.

문이다. 그러므로 여기서는 역사적인 외적 현실은 대부분 부차적으로 머물고 한정된 범위에서만 표현되어야 한다. 연애시에서 표현되는 애인의 이름이 우리 자신의 애인의 이름과 달라도 우리가 그 애인에게 표현된 감정을 공감할 수 있듯이, 극에서도 그런 정도의 관계만 유지되어야 한다. 즉 거기서는 관습이나 교양수준에 대한 해박한 지식이나 정확한 느낌 따위는 전혀 중요하지 않다. 예를 들어 셰익스피어의 사극(史劇)들 가운데는 우리에게 낯설고 별 흥미를 끌지 못하는 요소들이 많이 있다. 그의 작품들을 책으로 읽을 때는 우리는 비록 그런 것들에 대충 만족할 수 있지만 이를 연극으로 볼 때는 그렇지 않다. 물론 비평가들과 전문가들은 역사적인 가치가 있는 것들도 무대 위에서 표현되어야 하고 만약 관객이 그런 것을 지루하게 생각하면 이는 그들의 취향이 나쁘기 때문이라고 비난한다. 그러나 예술작품은 전문가나 학자들을 위해서 있지 않고 관객이 향유(享有)하기 위해서 있는 것이다. 그러므로 비평가들은 우쭐할 필요가 없다. 왜냐하면 비평가들도 관객에 속하며 그들 역시 개별적인 역사적인 사실들에 별로 흥미를 느끼지 않을 수도 있기 때문이다. 이런 의미에서 예를 들면 영국인들은 셰익스피어의 작품들 가운데서도 절대적으로(an und für sich) 탁월하고 이해하기 쉬운 장면들만을 뽑아 무대 위에서 연출한다. 왜냐하면 그들은 관객들에게 그들이 관심을 갖지 않는 낯선 것들까지도 다 보여줘야 한다고 주장하는 미학이론가들(Ästhetiker)처럼 고루한 생각은 갖고 있지 않기 때문이다. 외국의 극작품들은 무대 위에서 상연될 때 관객들을 위해서 각색될 필요가 있다. 가장 뛰어난 작품이라도 이런 점을 고려할 때 각색이 *필요하다*. 비록 원래 탁월한 것은 어느 시대에나 탁월한 것으로 머물러 있어야 한다고 말할 수 있지만, 예술작품도 유한하고 일시적인 측면을 지니고 있으므로(aber das

Kunstwerk hat auch eine zeitliche, sterbliche Seite) 변화를 꾀해야 한다. 왜냐하면 미(美)라는 것은 결국 다른 사람들을 위해 현상(das Schöne erscheint für andere)하므로, 그들은 자기들에게 외적으로 나타난 미(美)에 대해 친근감을 느낄 수 있어야 하기 때문이다.

이런 식으로 예술가들이 동화(同化)하여 예술작품을 만들어내다보면 그 모든 것은 그 나름대로 이유와 변명이 있는데, 이를 예술에서는 마치 *시대착오(Anachronismen)*라고 부르면서 보통 예술가들이 무슨 큰 잘못이라도 저지른 듯이 비난하곤 한다. 그러나 사람들이 우려하는 그런 시대착오는 주로 외면성에서만 일어난다. 예를 들어 팔슈타프가 피스톨에 대해서 이야기하는 것도 큰 문제가 안 된다.122) 그러나 고대 그리스 신화에 나오는 서정시인 오르페우스가 손에 바이올린을 들고 무대 위에 선다면 여기에서 시대착오는 훨씬 더 심각하다.123) 왜냐하면 고대의 초기에는 바이올린이 없었다는 것은 누구나 알고 있는 사실이어서, 이런 경우 신화시대의 악기와 근대의 악기 사이에 모순이 너무나 눈에 띠기 때문이다. 그러므로 연극을 공연할 때도 감독은 그런 사물들에 대해 신중하게 주의를 기울이고 의상이나 장치를 역사적인 사실에 충실하게 갖춰야 한다. 예를 들어《오를레앙의 처녀》124) 에서 나오는 행군 장면도 이런 점을 고려해서 정확성을 기하려고 많은 노력을 기울였다. 그러나 이런 경우 대개는 상대적이고 별로 중요

---

122) 이는 셰익스피어의《헨리 4세》가운데 제5막 제3장의 장면.
123) 여기서 헤겔은 1762년에 상연된 독일 작곡가 글루크(Christoph W. Gluck, 1714~1787)의 오페라《오르페오(Orfeo)》를 시사하는 듯하다.
124) 이는 실러의 1802년 작품으로 원제는 'Jungfrau von Orleans'이다. 이는 프랑스의 여자 영웅이었던 잔다르크 이야기를 소재로 한 극으로 그의 대표적인 이상주의 작품 가운데 하나이다.

하지 않은 쪽에 신경을 쓰다 보면 노력을 낭비한다. 예술작품이 저지를 수 있는 가장 큰 시대착오는 의상이나 그 밖에 비슷한 외형을 잘못 표현하는 데 있는 것이 아니라, 인물들을 실제로 그들이 살았던 시대의 교양수준이나 종교, 세계관과 전혀 다르게 행동하도록 표현하는데 있다. 즉 작품 속 등장인물들의 성격이 그들이 실제 살았던 시대에 말하고 행동했던 것처럼 묘사되지 않으면 자연스럽지 못하다고 사람들은 말한다. 그러나 사람들이 말하는 자연성도 만약에 너무나 일방적으로만 고집하면 왜곡될 수 있다. 왜냐하면 예술가는 인간이 심적인 자극을 받고 열정을 드러내는 것을 묘사할 때 이를 일상생활에서 평범하게 드러나는 모습으로 묘사해서는 안 되고, 그 개성에 맞게 모든 파토스를 드러내는 모습으로 묘사해야 하기 때문이다. 그러므로 여기에서도 참된 것을 알고 있고 그 참된 모습을 우리가 직관하고 느낄 수 있도록 해주는 사람만이 진정한 예술가이다. 예술가는 그렇게 표현하기 위해서 자기가 사는 시대와 언어, 교양 등 모든 측면을 고려해야 한다. 트로이 전쟁이 실제로 일어났던 시기에 사람들이 생활하고 생각을 표현하던 방식은 사실 우리가 서사시《일리아스》에서 발견하는 그런 문명화된 상태와는 완전히 달랐을 것이다. 마찬가지로 고대 그리스의 실제 민중이나 왕가의 탁월한 인물들도 우리가 아이스킬로스나 소포클레스의 아주 미적인 작품 속에 묘사된 것처럼 그렇게 교양 있고 경탄할 만하게 느끼고 표현하는 인물들은 아니었을 것이다. 그러므로 예술작품이 그런 식으로 원래의 소재에 들어 있던 자연성을 침해하더라도 그러한 *시대착오*는 예술작품에게는 *필요불가결*하다. 즉 표현된 것의 내적 본질은 여전히 같더라도, 발전된 문화 속에서는 변화되어 표현되고 형상화되는 것은 어쩔 수 없는 일이다. 물론 후세에 종교의식과 윤리의식이 발전되었을 때 그와 *모순되는* 견해나 세계관을 지닌 한 시대나 민족에게로 옮겨져 표현될 때는 상황이 전혀 다르다. 말하자면 기독교인들이 발전시킨 윤리는 고대 그리스인들에게는 전혀 낯선 것이었다. 즉 좋고 나쁜 것을 결정하는 데 양심의 내적인 반성이 따르거나 양심의 가책, 참회를 느끼는 것 등은 근대에 와서 도덕의식이 발전된 때문이었다. 그에 반해 고대 영웅들의 성격은 앞뒤가 어긋나는 마음의 참회 따위에 대해서는 알지 못했다. 영웅이 하는 행위는 일단 행하고 나면 그것으로 끝이었다(was er getan hat, das hat er getan). 오레스테스는 자기 어머니를 살해하고도 끝까지 후회하지 않는다.125) 그는 행동을 부추기는 분노의 여신들에 의해서 쫓기고 있지만, 이 여신들도 사실은 보편적인 위력들로서 묘사되지 오레스테스의 주관적인 내면 속에 도사리고 있는 간사한 뱀 같은 것으로 묘사되지는 않는다. 시인은 이처럼 어느 시대와 어느 민족의 이런 참된 본질에 대해서 알아야 한다. 만약 그가 그런 것을 모른 채 심오한 내면의 핵심에 대립되거나 모순되는 것을 작품 속에 주입시키면 그는 큰 시대착오를 범하게 된다. 그러므로 이런 점에서 예술가는 작품의 표현을 위해 지나간 시대나 낯선 민족들의 정신 속으로 파고 들어갈 필요가 있다. 본질적인 것은 만일 그것이 참된 것이라면 어느 시대에나 명확히 드러난다. 그 본질을 캐내지 않고 단지 고대의 케케묵은 외적인 현상이 가진 개별적인 피규정성만을 꼬치꼬치 캐내서 모방하려고 신경을 쓴다면, 이는 외적인 목적만 추구하는 유치한 학식에 불과하다. 물론 외적인 측면을 묘사할 때도 일반적으로 정확성을 기해야 하는 것은 사실이다. 그렇더라도 시(詩)와 진실 사이를 마음껏 맴돌 수 있는 예술의 권리(das Recht, zwischen Dichtung und

---

125) 여기서는 다시 아이스킬로스의 삼부작 《오레스테이아(Oresteia)》가 언급된다.

아버지를 살해한 어머니에게 복수하기 위해 그녀를 죽인 아들 오레스테스를 계속 쫓아다니는 분노의 여신들인 에리니스(Er nnys). 프랑스 상징주의 화가 구스타프 모로의 그림이다

Wahrheit zu schweben)는 빼앗겨서는 안 된다.[126]

γγ) 지금까지 우리는 어느 시대에 속했던 이국적이고 외적인 것을 후세에 참되게 소유하는 방식과 예술작품의 *참된 객관성*에 대해 깊이 살펴보았다. 예술작품은 정신과 의지가 갖는 좀 더 숭고한 관심사, 즉 마음 속에 깃들인 인간적이고 위력적인 참된 심오함을 우리에게 열어 보여야 한다. 그리고 모든 외형을 통해 그 내용을 드러내고 온갖 부산

---

[126] 헤겔은 여기서 1811년에 나온 괴테의 자서전적인 작품《시와 진실(Dichtung und Wahrheit)》을 은유적으로 시사하는 듯하다.

한 삶 속에서도 그 내용에 깃들인 기본 음조를 울려 퍼지게 하는 일이 중요하다. 참된 객관성은 어느 상황에서 실제 내용을 이루는 파토스와 충만하고 강력한 개성, 본질적인 정신이 생동하는 실제 외형에 드러나는 모습을 우리에게 보여준다. 그때 그 내용은 일반적으로 적절하게 이해되도록 한정된 현실성을 부여하도록 요구된다. 그런 내용을 발견하여 거기에 이상의 원칙을 전개시켜 예술작품으로 만들면 그 작품은 외적인 세부사항들이 역사적으로 맞든 틀리든 간에 절대적으로 (an und für sich) 객관성을 띤다. 그때 그 예술작품은 우리의 참된 주관성에 호소하면서 우리의 것이 된다. 그 예술작품은 과거의 시대에서 외적인 형태를 취했어도 그 안에는 근본적인 인간의 정신이 들어 있기 때문이다. *이러한* 객관성은 우리의 내면적인 삶의 내용이 되고 이를 성취시키므로 일반적으로 참된 위력을 지닌다. 그에 반해 단순히 역사적인 외형은 지나가버리기 쉬운 측면이므로, 우리는 우리 시대에서 멀리 떨어진 시대의 예술작품들을 다룰 때는 그런 외적인 측면을 잘 조정하도록 힘써야 한다. 심지어 우리들 자신이 살고 있는 시대의 예술작품들을 대할 경우에도 그런 외적인 측면을 무시할 줄 알아야 한다. 그런 면에서 볼 때 전능하고 선하면서도 분노하는 신에 대해 영광된 찬양을 보내고 예언자의 고통을 묘사한 다윗의《시편》(구약성서에 나옴—역자주)에 등장하는 도시 바빌론과 시온은 우리가 오늘날 사는 곳과 시간적인 공간적으로 차이가 있음에도 불구하고 오늘날의 우리에게도 적합한 현실성을 띤다. 또 오페라《마술피리》에서 사라스트로가 도덕적인 심정에서 부르는 곡조도 그 속에 내면성과 정신이 깃들어 있기 때문에 우리 시대에서 멀리 떨어진 이집트인뿐 아니라 모든 사람들의 마음을 감동시킨다.

    그러므로 예술작품의 객관성 앞에서 주체는 자기의 주관적인 개별

사항들과 특징들을 내세우려고 그릇되게 요구하는 것을 포기해야 한다. 실러의 《빌헬름 텔》이 (독일의) 바이마르에서 초연되었을 때, 그 연극에 만족하는 스위스인은 아무도 없었다. 비슷한 방식으로 많은 사람들은 아주 아름다운 연가(戀歌)를 들으면서 그 속에서 자신의 느낌을 찾으려고 애쓰다가, 안 되면 그 시적인 묘사가 잘못되었다고 말하기도 한다. 소설을 통해서만 사랑이 무엇인지를 아는 사람들 중에는 현실 속에서도 자기들이 소설에서 본 것과 똑같은 느낌이나 상황을 재발견하기 전까지는 그들 자신이 사랑에 빠졌다는 것을 알아차리지 못하는 사람들도 많다.

C. 예술가

우리는 이 《미학강의(美學講義)》 제1부에서 먼저 미(美)의 보편적인 이념에 대해서 고찰했고, 그 다음에는 자연의 미(美) 속에 들어 있는 미 이념의 불충분한 현존성에 대해서 고찰했으며, 세 번째로 미(美)에 적합한 현실성인 *이상* 속으로 파고 들어갔다. 그 이상(理想)을 우리는 *첫째로* 다시 그 *보편적인 개념*에 따라 전개했다. 그러나 이는 둘째로 그것이 *특정하게 표현되는 방식*으로 우리를 인도했다. 그러나 예술작품은 정신에서 산출되는 것이므로 그것을 산출하는 주관적인 행위가 필요하다. 그런 행위의 산물인 예술작품은 다른 사람, 즉 관객의 직관과 느낌을 위해 존재하게 된다. 이런 활동이 예술가의 상상력 (Phantasie)이다. 그러므로 우리는 이상의 마지막 *세 번째로*, 예술작품은 어떻게 해서 주관적인 내면에 속하는가라는 점에 대해 이야기해야 한다. 예술작품은 내면의 산물이지만 아직은 현실화되지 않은 채,

먼저 *창조적인 주관성* 안에서, 즉 예술가의 천재성과 재능 속에서 형상화된다. 그러나 우리가 이런 측면에 대해 언급하려는 이유는 그것이 철학적인 고찰에서는 제외되기 때문이다. 그리고 또 예술가는 작품을 구상하고 만들어내는 재능과 능력을 어디서 얻고 또 어떻게 예술작품을 만들어내는가에 대해 종종 묻곤 하면서도 정작 그에 대한 일반적인 규정들은 제시해주지 않는다는 점을 언급하기 위해서이다. 말하자면 사람들은 그와 비슷한 것을 산출해내기 위해서 무엇을 어떻게 해야 하고, 자신을 어떤 상황과 상태 속으로 옮겨 놓아야 하는지에 대해 처방이나 지시를 받고 싶어 할 것이다. 그래서 데스테 추기경도 그런 식으로 루도비코 아리오스토[127]가 만든 작품 《광포한 오르랑도》를 보고는 "대가(大家) 루도비코여, 그대는 그 빌어먹을 소재를 어디서 구했는가?"라고 물었다. 화가 라파엘도 자기의 작품에 대해 그와 비슷한 질문을 받자 그의 유명한 편지[128]에서 대답하기를, 자기는 뭔가 '아이디어'를 찾느라고 애쓸 뿐이라고 말했다.

  이 예술가의 능력과 산출작품에 대해서 우리는 다음과 같은 세 가지 관점에 따라 좀 더 자세히 고찰할 수 있다.

  첫째, 예술적인 *천재*와 영감의 개념을 확립하고,

---

127) 루도비코 아리오스토(Ludovico Ariosto, 1474~1533). 이탈리아의 시인. 에스테의 추기경 밑에서 일한 그는 이 시기에 시와 희곡들을 썼는데, 《광포한 오르랑도(Orlando furioso)》는 그의 1516년 작품이다. 데스테(Ippolito (I) d'Este, 1479~1520)는 로마 가톨릭교회의 추기경이자 당시 이탈리아에서 영향력이 컸던 에스테 가문의 일원으로, 막강한 경제력의 힘으로 당시에 예술의 후원자로 역할도 했다. 그의 후원을 받은 이들 가운데는 위에서 언급한 시인 루도비코 아리오스토와 건축가 비아조 로세티(Rossetti)도 있었다.
128) 이는 라파엘이 발타자르 카스틸리오네에게 보낸 편지이다. 그는 라파엘에게 그가 그린 그림 갈라테아의 아름다운 모델을 어디서 발견했느냐고 질문했었다.

둘째, 이 창조적인 활동의 *객관성*에 대해서 이야기하고
셋째, 참된 독창성의 특성에 대해서 알아본다.

1. 상상력, 천재, 영감

천재(天才, Genie)란 무엇인가라고 물어보게 되면, 그에 대한 좀 더 상세한 규정을 살펴보는 일이 중요하다. 왜냐하면 '천재' 라는 말은 예술가에 대해서뿐만 아니라 위대한 장수들과 제왕들, 그리고 학문의 영웅들에 대해서도 사용되기 때문이다. 우리는 여기에서 천재를 다시 세 가지 측면에서 더 명확하게 구분할 수 있다.

a. 창조적인 상상력[129]

첫째로 예술적인 산출을 위한 일반적인 능력에 대해서 살펴보면 상상력이야말로 가장 뛰어난 예술적인 능력이라고 말할 수 있다. 하지만 그때 창조적인 상상력(Phantasie)을 단순히 수동적인 상상력(Einbildungskraft, 또는 구상력)과 혼동하지 않게 조심해야 한다. 왜냐하면 상상력(Phantasie)은 창조적인 것이기 때문이다.

α) 이 창조적인 활동을 위해서는 먼저 현실을 포착하고 이를 형상화하는 재능과 감각이 있어야 한다. 이는 주의 깊게 듣고 봄으로써 현존하는 다양한 형상들에 대한 인상을 정신 속에 주입해야 한다. 물론

---

129) 역자는 여기에서 원문의 Phantasie를 '창조적인 상상력'으로 번역했다.

이 다양한 형태의 형상들이 드러내는 형형색색의 세계를 보존하는 *기억력*도 필요하다. 그러므로 이런 점에서 예술가는 스스로 만들어낸 단순한 상상들에 의존하지 않고 단조로운 이상적(理想的)인 상태에서 벗어나 현실에 더 접근해야 한다. 예술과 시문학에서 이상적으로 시작한다는 것은 늘 매우 의심쩍은 일이다. 이유인즉 예술가는 충만한 삶 속에서 뭔가를 창조해내야지 추상적인 보편성으로 넘치는 데서 창조해내서는 안 되기 때문이다. 철학에서 사유하는 것과는 달리 예술에서는 사실적이고 외적으로 형상화하는 것이 창조의 요소이기 때문이다. 그러므로 예술가는 그러한 요소 안에 머물면서 이에 친숙해져야 한다. 대체로 개성이 있는 위대한 인물들이 거의 언제나 뛰어난 기억력을 지니고 있듯이, 예술가도 많은 것을 보고, 듣고, 마음속에 간직해야 한다. 왜냐하면 인간은 자기의 관심을 끄는 것을 기억해 두고 심오한 정신은 그의 관심 영역을 무수한 대상들로 확대하기 때문이다. 문호 괴테도 그런 식으로 그의 일생을 통해 그의 직관의 영역을 확대시켜 나갔다. 그러므로 가장 먼저 필요한 것은 현실의 실제 모습에 관심을 갖고 특정하게 이해하는 재능과 관심, 관점을 포착하는 일이다. 또 외부의 형상에 대해 자세히 알고나면, 인간의 *내*면에 대해서도 친숙해지고 열정적인 심정과 인간의 가슴속에 들어 있는 갖가지 목적에도 익숙해져야 한다. 이 양쪽을 다 알기 위해서는 정신의 *내*면이 현실 속에서 어떻게 표현되고 외면성을 통해 어떻게 드러나는지에 대해서도 알아야 한다.

β) 그러나 둘째로, 창조적인 상상력은 이런 외적, 내적인 현실성을 단순히 수용하는 데만 그치지 않는다. 이상적인 예술작품은 내적인 정신이 외적인 형상들을 지닌 실제성으로 드러내야 할 뿐더러, 절대

적(즉자대자적)으로 존재하는 진리와 현실의 합리성(合理性, Vernünftigkeit)도 외적으로 현상하도록 해야 하기 때문이다. 예술가가 선택한 특정한 대상에 깃든 이 *합리성*은 예술가의 의식 속에 현재(現在)하면서 그를 움직여야 하고, 예술가는 본질적이고 참된 것을 그 깊이에 따라 골똘히 생각해야 한다. 왜냐하면 인간은 깊이 생각하지 않고는 자신 속에 있는 것을 의식하지 못하기 때문이다(ohne Nachdenken bringt der Mensch sich das, was in ihm ist, nicht zum Bewußtsein). 또한 사람들은 모든 위대한 예술작품을 보면 예술가가 그 소재를 모든 측면에서 오랫동안 심사숙고하여 다룬 것임을 알아차린다. 경박한 상상력만으로는 결코 충실한 작품을 만들어 내지 못한다. 그렇다고 해서 예술가가 종교나 철학처럼 예술에서 모든 사물의 보편적인 근간이 되는 참된 것(das Wahrhaftige)을 철학적인 사유 형식으로 파악해야 한다는 뜻은 아니다. 철학은 예술가에게 꼭 필요한 것은 아니다. 만일 예술가가 철학적으로 생각한다면 그는 지식의 형식에 몰두하므로 예술에 어긋나는 일을 하게 된다. 창조적인 상상력의 임무는 저 내적인 이성 속에서 보편적인 원칙과 표상의 형식이 아닌 구체적인 형상과 개별적인 현실성을 의식하는 데 있다. 그러므로 예술가는 자기 안에 생동하며 끓어오르는 것을 이미지와 형상으로 수용해 형태로 현상시켜 표현해야 한다. 그때 그는 이러한 것들이 스스로 진실을 수용하면서 완전하게 표현되도록 목적에 맞게 그것들을 다룰 줄 안다. 예술가는 이성적인 내용과 그 실제 형상을 이렇게 뒤섞으며 작업할 때 한편으로 신중하고 각성된 오성의 도움을 받아야 하고, 또 한편으로 심오한 심정과 고무된 감정의 도움을 받아야 한다. 따라서 만약에 호메로스의 서사시 같은 작품이 그 시인이 잠들어 있을 때 그냥 떠오른 것이라고 말한다면 이는 무취미한 짓이다. 예술가는 신중함, 식별력, 구분할 능력이 없이는 형상화할 어떤 내용도 자유자재로 다루지 못한다. 그러므로 만약에 진실한 예술가는 자기가 하는 일을 모르는 법이다라고 믿는다면 이는 어리석다. 예술가도 역시 마음을 집중시켜야 한다.

γ) 다시 말해서 예술가는 모든 것을 꿰뚫고 모든 것에 활력을 주는 감정(Empfindung)을 통해 어떤 소재와 그것의 형상을 주체인 예술가 자신의 가장 깊은 내면에 소유한다. 형상을 단순히 바라보면 그 모든 내용은 일단은 낯설게 보인다. 감정이 개입될 때 비로소 그 내용은 내적인 자아 속에서 주관적으로 일치된다. 그 때문에 예술가는 세상에서 많은 것을 돌아보고 그 외적 내적 현상들에 대해 알아야 한다. 뿐만 아니라 예술가의 가슴 속에는 많은 위대한 것들이 관통하면서 그의 마음을 깊이 사로잡고 움직여야 한다. 그는 삶의 진정한 깊이를 구체적인 모습으로 그려내기 이전에 많은 것을 스스로 행하고 체험해야 한다. 그러므로 예를 들어 괴테나 실러의 경우를 보더라도 그들은 젊은 시절에는 천재성이 끓어올랐지만 사실은 장년이나 만년에 이르러서 비로소 진정으로 성숙한 예술작품을 완성해 낼 수 있었다.

b. 재능과 천재성

예술가가 창조적인 상상력에 의해 창조적인 행위를 하고 절대적으로 이성적인 것(das an und für sich Vernünftige)을 자신의 작품으로 실제 형상으로 만들어낼 때, 이를 천재성(Genie)또는 재능(Talent)이라고 부른다.

α) 그러므로 어떤 면들이 천재성에 속하는 지를 우리는 이미 고찰하였다. 천재성이란 예술작품을 진정으로 창조해 내기 위한 일반적인 능력이고 또 이를 완성하고 가동시키는 에너지이다. 그러나 이 능력과 에너지는 또 *주관적인* 것이다. 그 이유는 정신적인 창조는 자의식(自意識)적인 주체가 그런 창조를 스스로 목적으로 삼을 때만 가능하기 때문이다. 그러나 더 자세히 보면 *천재성*과 *재능*은 구별된다. 그리고 실제로 양자의 일치는 비록 완전한 예술창조를 위해서는 꼭 필요하지만, 그렇다고 해서 양자가 곧바로 동일하지는 않다. 즉 예술은 대체로 그 창조물이 개성을 그고 실제 현상으로 드러나는 것이므로 이것이 특수한 것이 되려면 이에 맞는 다른 특수한 능력이 필요하다. 그것을 재능이라고 부를 수 있다. 예를 들면 어떤 사람은 바이올린을 완벽하게 연주하는 재능을 갖고 있고, 어떤 사람은 노래를 잘 부르는 재능을 갖고 있는 것처럼 말이다. 그러나 단순한 재능은 개별적인 예술의 어느 한 측면에서만 뭔가 숙달된 것을 해낼 수 있다. 스스로 완전한 것이 되기 위해서는 오직 천재만이 가질 수 있는 보편적인 예술재능과 영활성(Beseelung)이 필요하다. 천재성이 결여된 재능은 외적인 숙련성밖에는 되지 못한다.

β) 더 나아가 일반적으로 사람들은 재능과 천재성은 사람이 *타고나는 것*이라고 말한다. 이 말은 옳기도 하지만 또 한편 틀리기도 하다. 왜냐하면 인간은 그런 재능뿐만 아니라 종교나 사유, 학문적인 것을 위해서도 태어나기 때문이다. 즉 인간은 *인간으로 신*(神)을 의식하고 사유하는 인식 능력을 갖추고 있다. 이를 위해 인간은 대체로 태어나 교육받고 교양을 쌓고 노력하기만 하면 된다. 그러나 예술은 그와 다르다. 예술은 자연적인 요소도 본질적으로 작용해 들어오게 하는

특별한 소양이 필요하다. 미(美)는 이념이 감각적인 현실 속에서 실현된 것이고, 예술작품은 정신적인 것을 눈으로 보고 귀로 들을 수 있도록 직접 현존재로 만들어져 나온 것이다. 그러므로 예술가는 사유의 정신형태 속이 아닌 직관과 감정 속에서, 그것도 감각적인 질료의 요소 안에서 형상화해내야 한다. 예술이 대체로 그렇듯이, 예술적인 창조는 그 안에 직접성과 자연성을 내포한다. 이 직접성과 자연성은 주체(主體, Subjekt)가 스스로 산출해 내는 것이 아니고 그 안에 직접적으로 주어진 것으로 발견되어야 한다. 이런 의미에서만 천재성과 재능은 타고나야 하는 것이라고 말할 수 있다.

이처럼 각기 다른 다양한 예술들은 한 민족의 자연적인 특성과 연관되면서 다소 민족적(nationell)인 특성을 나타낸다. 예를 들어 이탈리아인들은 선천적으로 노래와 선율에 대한 감각을 지니고 있다. 반면에 북유럽의 여러 민족들은 음악과 오페라 문화를 일으키려고 아무리 노력해도 그것은 남부유럽에 피는 오렌지나무처럼 그들에게 완전히 친숙한 것이 되지는 못한다. 그리스인들은 아름다운 서사시와 조각을 완성시키는 특성을 지녔으나, 원래 고유한 예술을 갖지 못한 로마인들은 그리스 예술을 자기 나라에 이식(移植)하여 모방했다. 일반적으로 시문학은 어디에나 가장 널리 퍼져 있다. 왜냐하면 시문학에서는 감각적인 질료를 직접 형태화시키는 일이 가장 덜 요구되기 때문이다. 또 시문학 가운데서도 민요(Volkslied)는 가장 민속적이며 자연적이다. 민요는 정신문화가 별로 발달하지 못했던 시대에 생겨난 것으로 솔직한 자연성을 가장 많이 띠고 있다. 괴테는 모든 시문학의 형식과 장르에 걸쳐 예술작품들을 창조해냈지만, 그 중에서도 가장 내적이면서 가장 덜 의도적인 작품들은 그가 초기에 지은 노래들이었다. 그런 노래들에는 문화의 흔적이 가장 덜 엿보인다. 예를 들면 근대의 그리스인들은 지금도 여전히 시를 짓고 노래하기를 좋아하는 민족이다. 현재 일어나는 일, 또는 어제 일어났던 용감한 행적, 죽음, 특수한 죽음의 상황들, 장례식, 온갖 모험, 터키인들에서 받은 세세한 압박까지도 곧 노래로 변하게 한다. 그리스인들은 전투가 있던 당일에도 승리한 전투에 대해서 노래를 부르곤 하였다. 포리엘[130]이 편찬한 근대 그리스 가요집의 일부는 여자들, 유모, 하녀들의 입을 통해서 전해진 것들이었다. 그가 그리스인들의 노래에 탄복하자 그들은 오히려 몹시 놀라워했다. 이처럼 어떤 종류의 예술창조는 특정한 민족의 민족성과 관련된다. 특히 이탈리아인들은 즉흥적인 연주에 뛰어난 재능을 갖고 있다. 이탈리아인은 오늘날에도 5막짜리 연극을 거뜬히 즉흥적으로 지어낸다. 그때 그들의 대사는 암기해서 되풀이되지 않고 즉흥적으로 인간적인 열정과 상황에서 심오하게 우러나온다. 어느 시인은 오랫동안 즉흥적으로 시를 짓고 나서는 마침내 주위에 서 있던 사람들에게서 돈을 거두려고 허름한 모자를 들고 돌아다니는 동안에도 여전히 열정에 사로잡혀 낭송을 멈추지 않고 팔과 손을 내젓는 바람에 나중에는 그가 모은 돈이 모두 쏟아져버린 적도 있었다.

γ) *셋째*로 천재성 안에는 이러한 자연성의 측면도 들어 있다. 그래서 특정 예술들의 내면에서 산출되어 외적으로 쉽게 드러나는 기술적인 숙련성도 이런 천재성에 속한다. 이런 점에서 예를 들면 사람들은 어떤 시인에 대해서는 운율에만 집착한다고 말하거나, 어떤 화가에

---

[130] 포리엘(Claude Charles Fauriel, 1772~1844). 프랑스 어문학자. 1827년에 헤겔은 파리의 한 만찬에서 그를 만나 알게 되었다. 위에 언급한 그의 가요집의 제목은 《근대 그리스 통속 가요집(Chants populaires des Grèce moderne)》(1824~1825년 출간)이다.

대해서는 그의 스케치, 색채인식, 음영, 빛이 독창적으로 고안해서 완성하는 데 여러모로 어렵게 하고 있다는 말을 하곤 한다. 물론 모든 예술에는 폭넓은 연구와 지속적인 노력, 다방면의 숙련성이 필요하다. 물론 재능과 천재성이 위대하고 풍부할수록 창조하는 데 필요한 숙련성을 얻는 노고는 줄어든다. 왜냐하면 진실한 예술가는 느끼고 표상하는 모든 것을 곧바로 형상화하려는 *자연적인* 충동과 직접적인 욕구를 지니기 때문이다. 이렇게 형상화해내는 것은 *그가 느끼고 직관하는 방식*이며, 이것을 천재적인 예술가는 자신 속에서 원래 자기에게 적합한 감각기관으로 어렵지 않게 발견한다. 예를 들면 어느 음악가는 자기 가슴속에서 자극하면서 움직이는 심오한 것을 오직 선율로만 표현할 수 있다. 이때 그가 느끼는 것은 곧바로 그에게는 선율이 된다. 마찬가지로 화가에게는 그런 심오한 것이 형태와 색채로 되고, 시인에게는 말로 치장된 상상적인 시가 되어 낭랑하게 울려나온다. 예술가는 이처럼 형상화하는 재능을 이론적으로나 단순한 상상으로 소유하지 않고, 실제로 느끼고 실제로 직접 완성해낸다. 진정한 예술가는 양쪽을 다 지니고 있다. 그의 창조적인 상상력 속에서 생동하는 것은 곧 그의 손가락 끝으로 전달되어 온다. 이는 우리가 생각하는 것이 곧 우리 입가로 전달되어 오고, 우리의 생각이나 표상, 감정이 곧 우리의 자세나 동작이 되어 나타나는 것과 같다. 예로부터 천재는 외적으로 기술을 쉽사리 습득하고 겉으로 아주 보잘 것 없고 쓸모 없는 재료라도 훌륭하게 다뤄 그 안에 자신의 창조적인 상상력에서 나오는 것을 내적으로 표현했다. 이처럼 예술가는 자기 속에 내재(內在)하는 것이 완벽한 기술이 될 때까지 가꾸어야 한다. 하지만 이를 직접 완성해 내는 능력은 역시 예술가 자신 속에 천부적인 재능으로 들어 있어야 한다. 그렇지 않으면 단지 배워서 습득한 숙련성은 결코 생동적인 예술작품을 만들어내지 못한다. 내면으로 창조해낸 것은 예술의 개념에 맞게 조화를 이루면서 실제의 모습으로 드러나야 한다.

c. 영감

창조적인 상상력과 이를 기술적으로 완성해 내는 행위는 예술가 안에 자각적(自覺的)으로 들어 있는 것이라고 볼 때, 천재가 갖고 있는 *세 번째*의 특성은 바로 영감(靈感, Begeisterung)이다.

α) 영감이란 과연 어떻게 *생겨나는가*에 대해 묻는다면, 이에 대해서는 다음과 같은 여러 가지 서로 다른 견해가 있다.

αα) 사람들은 천재성이란 일반적으로 정신적인 것 그리고 자연적인 것과 밀접한 관계를 갖고 있으므로, 영감도 주로 *감각적인* 자극에 의해 생겨날 수 있을 거라고 믿어 왔다. 그러나 영감은 뜨거운 피에서만 솟아나는 것은 아니다. 샴페인만으로는 아직 시가 만들어지지 않는다. 예를 들면 5천 개가 넘는 샴페인 병이 가득 차 있는 어느 창고 안에 들어가 있었건만 시상(詩想)은 전혀 머리에 떠오르지 않았다고 마몽텔[131]이 말했듯이, 옆에 샴페인 병이 있다고 해서 누구에게나 다 시상이 떠오르는 것은 아니다. 마찬가지로 최고의 천재라 해도 종종 아침저녁으로 서늘한 바람이 불 때 푸른 잔디에 누워 하늘을 쳐다보고 있어도 한줌의 영감도 떠오르지 않을 때가 있다.

ββ) 반대로 영감은 또 단순히 *정신적인 의도*만 있다고 해서 무엇을 창조해내지는 못한다. 만일 어떤 사람이 가슴속에 생생한 자극을 주

---

[131] 장–프랑수아 마몽텔(Jean-François Marmontel, 1723~1799). 프랑스의 작가.

는 내용을 담지 않은 채 단순히 시를 짓고 그림을 그리거나 선율을 지어내기 위해 영감을 얻으려고 여기저기 소재를 찾아 떠돌아다닌다면, 그는 아무리 재능이 있더라도 멋진 구상을 떠올리거나 알찬 예술작품을 산출해 낼 수 없다.[132] 오직 감각적이기만 한 자극이나 단순한 의지나 결심은 참된 영감을 불러일으키지 못한다. 또 그런 수단을 쓰더라도 이는 예술가 자신의 심정과 상상력이 아직 진정한 관심사를 포착하지 못했다는 것을 증명해 줄 뿐이다. 그에 반해 만일 예술가 안에서 올바른 예술충동이 일어난다면, 이는 이미 그 전에 어떤 특정한 대상과 내용에 대해 관심을 갖고 이를 포착했다는 뜻이 된다.

γγ) 그러므로 어떤 특정한 내용을 발견했을 때 비로소 영감에 진정으로 불이 붙게 되고 그 내용을 예술적으로 표현하기 위해 창조적 상상력이 발동한다. 또 영감은 또 예술가가 자기의 주관적인 구상을 적극 형태화시켜 객관적인 작품으로 완성해 가는 '상태'이기도 하다. 왜냐하면 이러한 이중 활동을 위해서 영감은 꼭 필요하기 때문이다. 이때 과연 그러한 소재가 어떻게 해서 예술가에게 와 닿을까하고 물을 수 있다. 이 점에 대해서도 여러 가지 견해가 있다. 예술가는 자기 작품의 소재를 오직 자신 속에서 발견해야 한다는 말을 우리는 얼마나 자주 들었던가. 물론 이는 시인이 만약 '나뭇가지 속에 사는 새처럼 노래한다면' 가능할 것이다. 그때는 시인 자신이 지닌 쾌활성(Heiterkeit)이 그의 내면에서 솟아 나오는 소재로서 표현의 동기가 될 수 있다. 왜냐하면 그것은 예술가 자신의 쾌활함을 예술적으로 향유하도록 충동질하기 때문이다. 그때 그의 '목청에서 울려 나오는 노래

---

132) 즉 예술창조에서 아무리 기교와 형식이 있어도 참된 내용이 없는 영감은 아무 소용이 없다는 헤겔의 이 주장이야말로 그의 미학 사상의 핵심을 이룬다.

는 충분한 보답'[133])이 될 수 있다. 그러나 또 한 편으로 가장 위대한 예술작품들 가운데는 종종 아주 외적인 동기에 의해서 창조된 것들도 있다. 예를 들어 핀다르(Pindar)의 찬미시들은 종종 외부에서 주문을 받아 지은 것이고, 마찬가지로 집 짓는 목수나 그림 그리는 화가들도 외부적인 요소에서 영감을 얻어 만들어진 것들이 많다. 사실 우리는 종종 예술가들에서 그들이 다룰 소재가 부족하다는 한탄의 소리를 듣기도 한다. 그런 외면성과 그것이 창조해내도록 충동질하는 것이 바로 재능의 개념이다. 그래서 영감이 생겨날 때는 자연성과 직접적인 요소가 두각을 나타낸다. 이런 점에서 예술가는 *자연적인* 재능을 가진 사람이 *기존의 발견된* 소재와 관계를 맺는 위치에 서게 된다. 왜냐하면 예술가는 어떤 외적인 동기나 어떤 사건에 의해, 혹은 예를 들어 셰익스피어처럼 어떤 설화, 과거의 발라드(Balladen), 소설, 연대기들의 소재를 형상화해서 일반적으로 자신을 나타내고 싶은 욕구를 자신 속에서 발견하기 때문이다. 그러므로 창조해내려는 동기는 전적으로 외부에서 올 수 있다. 다만 여기서 중요한 것은 예술가가 본질적인 관심사를 포착했을 때 이를 자신 속에서 다시 생생한 것으로 변형시켜야 한다는 점이다. 그때 저절로 떠오르는 것이 천재적인 영감이다. 진실한 예술가라면 보통 다른 사람들은 부딪혀도 아무 자극도 안 받고 지나치는 것들로부터 수천 가지의 영감을 얻고 이를 바로 생생한 창조행위로 연출할 수 있어야 한다.

β) 더 나아가 예술적인 영감은 어디에 *존재*하는가라고 물을 수 있

---

133) 이 구절은 괴테의 발라드 시(詩)인 《악사(Der Sänger)》(1782년 작)에서 발췌한 것이다. 발라드란 중세 말기부터 유럽에서 유행한 자유로운 형식의 짧은 서사시로 담시(譚詩)라고도 한다.

다. 영감이란 다름 아니라 어떤 사상(事象)으로 가득 차 있고 그 사상 속에 있으면서 그것이 예술로 형상화되어 마무리될 때까지 쉬지 않고 움직이는 것을 뜻한다.

γ) 그러나 예술가가 이런 식으로 대상을 완전히 자기 것으로 만들 수 있다면, 거꾸로 그는 자기의 주관적인 특성이 지닌 세부적인 우연성도 잊을 줄 알아야 한다. 또 예술가는 완전히 소재 속에 몰입함으로써 그를 사로잡은 내용을 형태화하는 형식적인 주체로만 머물러야 한다.

만일 영감을 받은 주체가 사상(事象, die Sache)이 생생하게 활동하게 하는 도구로만 머물지 않고 주체인 자신이 으쓱대면서 영향을 미치려고 하면 이때 그것은 조잡한 영감에 지나지 않는다. 이와 관련해 우리는 다음에서 예술적 창조의 객관성을 살펴보기로 하자.

2. 표현의 객관성

a) 객관성(客觀性, die Objektivität)이라는 말은 통상적으로 예술작품 속에서 어떤 내용이든 평상시 기존의 현실을 받아들여 그 알려진 외형대로 우리와 마주하게 된다는 뜻으로 이해된다. 그러나 만일 우리가 그런 식의 객관성에만 만족한다면 코체부 같은 사람도 객관적인 시인이라 일컬을 수 있을 것이다. 왜냐하면 그의 작품에서는 일반적으로 평범한 현실을 다시 발견할 수 있기 때문이다. 그러나 예술의 목적은 다름아니라, 일상적인 내용뿐만 아니라 그 현상방식까지도 다 지워버리고 오직 절대적으로(즉자대자적으로, an und für sich) 이성적인 것(Vernüfgtige)을 정신 활동을 통해 내면에서 끌어내어 그 참된

외형을 완성시키는 데 있다. 그러므로 예술가는 실체적인 내용은 빠져 있는 데도 단순히 외적으로 객관적인 형태를 만들어 내려고 해서는 안 된다. 이미 앞서 괴테의 청년기 작품 몇 편에서 살펴보았듯이 이미 기존의 것을 포착해서 표현하면 그것이 지닌 흡인력은 상당한 매력을 끌지 몰라도, 만일 거기에 진정한 내용이 빠져 있다면 참된 예술미는 되지 못하기 때문이다.

b) 그러므로 둘째로, 외적인 것 자체는 목적이 될 수 없다. 예술가는 자신이 표현하려는 대상을 깊은 내면의 심정에서 포착해야 한다. 그러나 그런 경우에 내면은 고립되고 집중되어 있어서 자신이 포착한 대상을 명확하게 의식하거나 진실하게 전개할 수 없다. 물론 능숙한 파토스도 외적인 현상들과 조화를 이루어 암시하고 예감하는 데만 한정되지 파토스 자체에 포함된 내용의 본질을 충분히 결칠 힘과 세련됨을 갖고 있지는 않다. 예를 들어 민요(民謠)가 그런 식으로 표현된다. 민요는 외적으로 단순하기 때문에 그 밑바닥에 뭔가 심오한 것이 있음을 예감하게 하면서도 이를 명확하게 표현하지는 못한다. 왜냐하면 민요 예술은 그 내용을 뚜렷하게 투시할 만큼 세련되지 못하기 때문이다. 그러므로 민요에서는 심정이 외형에서 내용을 추측해내는 정도로 만족해야 한다. 이때에 억눌린 심정은 외적으로 유한한 상황이나 현상들을 통해서만 자신을 반영시킬 수 있으므로 그런 외적인 것들이 심정이나 느낌에 닿아 작은 반향을 일으키면서 곧 표현된다. 괴테도 그런 식으로 매우 뛰어난 민요들을 많이 남겼다. 예를 들어 《목자의 탄식》도 이런 민요시로서 매우 아름다운 것이다. 이 시에서는 고통과 동경(憧憬)으로 무너진 심정이 침묵과 폐쇄된 외적인 모습으로 드러난다. 그럼에도 불구하고 집중된 깊은 감정은 직접 표현되지

않은 채 시 전체에 울려 퍼지고 있다. 괴테가 지은 민요 《마왕(Erlkönig)》과 그 밖의 다른 많은 시들에서도 이러한 음조가 지배적이다. 하지만 이러한 음조는 뭉뚝한 야만성을 띠는 데까지 이르고 있어서, 사상(事象, die Sache)과 상황의 본질을 의식하지 못한 채 때로는 거칠고 때로는 무취미한 외형만을 드러낸다. 그 예로 민요집《소년의 마적(魔笛)》가운데 나오는 북 치는 소년의 노래를 들 수 있다.[134] 여기서는 "오 교수대여, 그대 고귀한 안식처여!"라든가, "안녕, 하사관이여"라는 식의 소년의 무취미한 탄조가 울려 퍼지고 있는데, 사람들은 이를 마치 아주 감동적인 것처럼 찬탄했다. 그에 반해 괴테는 《꽃에게 보내는 인사(Blumengruss)》[135]에서 다음과 같이 노래한다.

> 내가 딴 화환이여,
> 수천 번 그대에게 인사했노라!
> 나는 허리를 굽혔도다,
> 아, 수천 번씩이나,
> 그 화환을 내 가슴에 꼭 눌렀도다!
> 수천 번씩이나!―

---

134) 이는 독일의 시인 아킴 폰 아님(Achim von Arnim, 1781~1831)과 클레멘스 브렌타노(Clemens Brentano, 1778~1842)가 1805~1808년 사이에 독일민요들을 수집하여 출간한 것으로, 세 권에 걸쳐 옛 민요로부터 동요, 찬미가 등에 이르기까지 약 600편을 수록했다. 이는 독일에서 나온 첫 번째 민요집이며, 그림 형제의 동화집과 더불어 독일 낭만파의 문학가들이 남긴 귀중한 유산이다. 위에 인용한 구절은 고수(鼓手)가 사형선고를 받고 감옥에서 처형장으로 끌려가기 전에 자기 동료였던 하사관들에게 말을 거는 대목이다.
135) 이는 괴테의 1810년에 발표된 시이다.

이 시에서는 이처럼 시인의 내면이 아주 다른 방식으로 암시되어 있다. 여기에서는 통속적이거나 역겨운 것을 전혀 우리 눈앞에 드러나지 않는다. 그러나 일반적으로 이런 종류의 객관성에는 현실적이고 명확한 감정과 열정이 덜 표현되어 있다. 참된 예술에서는 감정이 폐쇄된 채 외면에 나직이 울리며 지나치기만 해서는 안 된다. 거기에서는 감정이 온전히 표현되고 아주 명확하게 외형으로 두루 드러나야 한다. 예를 들면 시인 실러는 온 영혼을 쏟아 자신의 파토스에 열중했다. 그것은 사상(事象)의 본질 속으로 파고 들어가 익숙해지고 동시에 그 심오함을 자유롭고 훌륭하게 풍요로운 화음으로 가득 표현할 줄 아는 위대한 영혼이었다.

c) 이런 점에서 이상의 개념과 이의 주관적인 표현을 고찰할 때, 참된 객관성이란 다음과 같은 것 안에 있다. 즉 예술가에게 영감을 주는 진실한 내용은 주관적인 내면 속에 은닉하지 않고 전부 완전히 펼쳐져야 한다. 모든 것이 완전하게 드러나야 한다. 언급된 대상의 보편적인 영혼과 실체가 드러나야 할 뿐더러 그 개성적인 형태도 스스로 완성되어 영혼과 실체를 관통하여 전체적으로 표현되어 드러나야 한다. 가장 고귀하고 뛰어난 것은 '말로 표현될 수 없는 것(das Unaussprechbare)'이 아니라 그 반대이기 때문이다. 즉 시인은 작품에 드러난 것보다 더 위대한 깊이를 자기 안에 갖고 있는 것이 아니다. 오히려 예술가의 작품이야말로 그가 만들어낸 최고의 업적이고 참된 것이다.[136] 외적으로 존재하는 것은 예술가 자신이지만, 예술가의 내면어 머물러 있는

---

[136] 헤겔은 여기서 낭만주의 학자 프리드리히 폰 슐레겔이 그의 저서 《청년 산문집(Prosaische Jugendschriften)》에 언급한 것을 인용하면서 다시 슐레겔을 은연중에 공박하고 있다.

것은 예술가 자신이 *아니다.*

3. 매너리즘, 양식(樣式) 그리고 독창성

비록 위에 언급한 대로 비록 예술가에게는 객관성이 요구되지만, 그러나 작품은 *그의* 영감에서 우러나와 표현되어야 한다. 왜냐하면 예술가는 주체로서 대상과 완전히 결합된 다음에 *그의* 심정과 *그의* 창조적인 상상력에 깃든 내적인 생동성으로부터 예술을 구현해내기 때문이다. 그러므로 우리는 여기에서 예술가의 주관성과 참된 객관성이 일치하여 표현되는 것을 세 번째의 중요한 요소로서 잠시 고찰하고자 한다. 그 양자가 일치할 때 지금까지 천재와 객관성으로 분리됐던 것이 결합되어 나타난다. 우리는 이 통일성을 진정한 독창성(echte Originalität)이라는 개념으로 부를 수 있다.

그러나 우리는 이 개념 속에 내포되어 있는 것이 무엇인지를 확인하기 전에 먼저 두 가지 사항을 더 눈여겨봐야 한다. 그 두 가지 사항은 각기 일면성을 지니고 있는데 이는 진정한 독창성이 드러날 경우에 사라진다. 그것은 바로 주관적인 매너리즘(Manier)[137]과 양식(樣式, 스타일, Stil)[138]이다.

---

[137] 매너리즘이라는 말은 '작풍', '수법' 따위의 우리말로 번역되기보다는 '고정된 부자연스러운 기교'라는 나쁜 의미에서 영어 원어 그대로 사용되는 경우가 많다.
[138] Stil은 영어의 style로 우리말로는 예술장르에 따라 '양식(樣式)', '스타일', '표현양식', '문체' 등 여러 가지 의미로 해석될 수 있다.

a. 주관적인 매너리즘

단순한 매너리즘은 본질적으로 독창성과는 구별되어야 한다. 왜냐하면 매너리즘이란 우세하게 나타나는 예술가의 *개별적이고 우연적인 특성*들하고만 관련되기 때문이다. 만약 이런 주관적인 매너리즘이 예술작품 속에 드러나면 *사상*(事象, *die Sache*)을 이상적으로 표현하는 일은 소홀히 된다.

α) 이런 의미에서 볼 때 매너리즘은 예를 들면 풍경화가가 역사화가와는 다르게 대상들을 포착해야 하고 서사시인이 서정시인이나 극시의 작가와는 다르게 대상들을 포착해야 하는 것처럼 일반적인 예술들이 서로 절대로 다른 표현방식을 쓰는 것과는 무관하다. 즉 그것은 각기 다른 예술장르가 자기에게 맞는 다른 표현방식을 요구한다는 의미에서 어느 장르에 특유한 '양식'이 아니다. 여기서 매너리즘이란 단지 작품을 만드는 주체가 지닌 구상(Konzeption)과 그것을 실행하는 우연한 특성을 의미한다. 이는 심지어 이상의 참된 개념과 *직접 대립*하는 상황까지 갈 수도 있다. 이런 면에서 볼 때, 매너리즘이란 예술가가 몰입하기 쉬운 가장 나쁜 요소이다. 매너리즘이란 예술가가 자기의 한정된 주관성 안에서만 움직인다는 뜻하기 때문이다. 그러나 예술가는 일반적으로 내용뿐만 아니라 외적 현상에 깃들인 단순한 우연성, 그리고 예술가 자신의 우연적이고 개별적인 특성도 지양해야 한다.

β) 둘째로 매너리즘은 참된 예술적 표현에 직접 대립된다기보다는, 오히려 예술작품의 *외적인* 측면에만 국한되어 드러난다고 볼 수 있다. 이는 대상을 포착하고 표현할 때 외적인 측면을 가장 중시하는

회화나 음악에서 많이 볼 수 있다. 즉 여기서는 특정한 예술가와 그의 후계자들과 제자들이 자주 반복하면서 습관적으로까지 익숙해지는 독특한 표현방식이 매너리즘이 된다. 이는 다시 다음과 같은 두 가지의 측면에서 고찰할 수 있다.

$\alpha\alpha$) 첫째 매너리즘은 대상을 포착하는 방식이다. 예를 들어 공기의 색조, 잎의 모양, 빛과 그림자의 분배 등이 그것이다. 일반적으로 회화에서 모든 색조는 무한한 다양성을 허용한다. 그러므로 여러 화가들 간의 차이는 특히 그들이 색조와 음영의 성질에서 대상을 포착하는 독특한 방식에서 발견할 수 있다. 이는 자연 속에 있는데도 우리가 보통 거기에 주의를 기울이지 않아 감지하지 못하는 색조일 수도 있다. 그런데 어떤 예술가는 그것을 발견하자 곧 이를 자기 것으로 만들어 이제 모든 대상을 자기가 발견한 그 색채나 음영 속에서 보고 묘사하는 데 익숙해진다. 그러한 습관은 색조뿐 아니라 대상들을 한데 모아 그 위치를 설정하고 그 움직임을 표현할 때도 마찬가지로 적용될 수 있다. 이러한 매너리즘은 주로 네덜란드의 화가들에게서 자주 표현된 것을 볼 수 있다. 예를 들어 반 데르 네에르(van der Neer, 1603~1677년)가 그린 밤의 풍경들에서 달빛을 표현한 기법이라든지, 반 데르 고옌(van der Goyen, 1596~1656년)의 풍경화들 가운데 모래 언덕의 표현, 또는 다른 대가들이 그린 많은 그림들 속에 종종 보이는 공단이나 비단의 감촉이나 색조를 표현한 기법 따위도 그들이 갖고 있는 매너리즘에 속한다.

$\beta\beta$) 이어서 예술가가 작품을 완성해 나가는 동안 그의 손끝에서 나오는 붓놀림이나 색칠, 색이 화면에 녹아들게 하는 기법까지를 확대해서 매너리즘에 포함시킬 수 있다.

$\gamma\gamma$) 그러나 이와 같이 예술가가 대상을 특수하게 포착하고 표현하

는 일을 매번 반복하면서 그어 습관이 되면 이는 예술가에게는 또 하나의 천성이 된다. 하지만 매너리즘은 특수해지면 특수해질수록 영혼이 덜 깃들게 되고, 그럼으로써 그것은 무미건조한 반복이나 대량생산기법으로 퇴보할 위험이 있다. 그때 예술가는 더 이상 충만한 감성과 완전한 영감으로 작품어 임할 수 없게 되고, 예술은 단지 손의 능숙한 기법이나 숙련성 정도로 가치가 떨어지고 만다. 매너리즘 그 자체는 비난대상이 아니지만 그것이 습관화되어 정신성이 결여되면 메마르고 생기 없는 것이 되고 만다.

γ) 그러므로 예술가는 좀 더 보편적인 방식으로 사물의 본성에 접근하면서 그렇게 다루는 방식을 그 *개념*에 따라 자신의 것으로 만드는 법을 이해해야 한다. 그리하여 참된 매너리즘이 이런 특수성을 지양하고 그 특별한 취급 방식이 단순히 습관적인 일로 퇴보하지 않도록 해나가야 한다. 예를 들어 괴테는 단지 사교적인 친목을 위한 시(詩)든 진지한 시든 간에 그 시가 너무 진지해지지 않도록 하기 위해 시 속에 깃들인 심각성을 제거하여 시를 쾌활하게 반전시켜 마무리할 줄 알았다. 이러한 능숙함이 바로 진정한 매너리즘이다. 고대의 이탈리아 시인 호라티으스도 역시 그가 쓴 서한에서 참된 매너리즘을 지켜 대화를 바꾸고 사교적으로 쾌활하게 전환시킴으로써 주제 속으로 너무 깊이 파고들어 가지 않도록 가끔 멈추고 끊으면서 심오한 것을 다시 쾌활한 것으로 능숙하게 옮겨가게 했다. 이런 방식도 역시 매너리즘으로서 주관적인 취급방식어 속하지만, 이러한 주관성은 보편적인 성질을 띠고 있으므로 표현할 때 꼭 필요한 것이다. 이제 매너리즘에 대한 마지막 고찰을 마치고 표현양식(스타일, Stil)에 대해 살펴보기로 한다.

b. 양식(樣式)

 "스타일은 사람 그 자체이다(Le style c'est l'homme même)[139]"라는 유명한 프랑스어 구절이 있다.

 여기서 말하는 스타일(양식)이란 일반적으로 주체가 표현법이나 그의 말투 따위에서 완벽하게 인식할 수 있는 독특한 특성을 의미한다. 그에 반해 루모르 씨는 그의 《이탈리아 연구》에서 양식(樣式)이란 "소재가 내적으로 요구하는 대로 주체가 적응하는 데 습관된 것이다. 조각가는 그 양식대로 실제 형상을 조각해 내고, 화가는 그 양식대로 형상을 우리 눈앞에 그려낸다"라고 설명하고 있다. 그는 이와 관련해서 예를 들어 조각에서는 어떤 질료가 어떤 특정한 방식으로 표현하도록 허용하는가 하면 어떤 표현방식은 거부한다고 아주 중요한 언급을 했다. 그러나 양식이라는 말을 꼭 이처럼 감각적인 요소의 측면에 한정지을 필요는 없다. 이는 대상을 완성해 내는 어떤 예술장르의 성질이 가진 예술 표현상의 규정이나 법칙으로까지 확대해서 해석할 수 있다. 즉 이런 식으로 음악에서는 교회양식과 오페라양식을 구별할 수 있고, 회화에서는 역사화(歷史畵)의 양식과 장르화의 양식을 구별한다. 다시 말해서 양식이란 일반적으로 질료의 조건에 따르고 특정한 예술장르와 사상(事象, die Sache)의 개념이 요구하는 법칙대로 표현하는 방식을 일컫는다. 그보다 더 넓은 의미로 양식이 결여되어 있다

---

[139] 이 말은 프랑스의 자연탐구가인 조르쥬 루이 L. 뷔퐁(Georges Louis L.Buffon) 백작(1707~1788)이 쓴 《스타일에 관한 변론(Discours sur le Style)》에 나오는 말이다. 이 변론은 원래 1753년에 그가 프랑스 아카데미에서 연설한 뒤 그 해에 발표되었다. 이 말은 당대와 그 이후에 많은 관심과 논란 대상이 되기도 하였다.

독일 화가 알브레히트 뒤러 (Albrecht Dürer, 1471~1528)가 그린 판화 중 가장 유명한 〈아포칼립스(Apokalypse)〉 시리즈 중 '묵시록의 네 기사'

고 말할 때, 이는 예술가가 꼭 필요한 표현방식을 자기 것으로 만들지 못할 정도로 무능력하거나 트는 법칙을 무시하고 자기 마음대로 나쁜 매너리즘에 빠져서 주관적으로 표현하는 것을 뜻한다. 그러므로 이미 루모르 씨가 언급했듯이 어느 예술장르의 표현 양식을 다른 예술장르로 옮겨가 이용하는 것은 적당하지 못하다. 예를 들어 멩스140) 같은 화가는 알바니 별장에다 고대 그리스의 신들을 그릴 때 이처럼 다른 예술장르에서 쓰는 수법을 잘못 사용했다. 그리하여 그는 "아폴로 신

---

140) 멩스(Anton Raphael Mengs, 1728~1779). 독일의 화가이자 미술저술가. 로마에서 미술수학을 한 그는 라파엘 양식의 영향을 받아 독일 고전주의 회화양식의 대표자가 되었다.

을 색채로 그리는 데 마치 조각을 하는 원리에 따라 이해하고 그려" 냈다.[141] 중세 독일의 화가 뒤러[142]도 그와 비슷한 방식으로 여러 그림들을 그렸다. 목판화 표현기법에 아주 뛰어난 그는 채색화를 그릴 때도 목판화식으로 주름을 그려 넣곤 하였다.

c. 독창성

끝으로 살펴볼 독창성(獨創性, Originalität)은 단지 양식의 법칙에만 속하지 않고 주관적인 영감 속에도 존재하는 것이다. 영감은 단순히 매너리즘에만 몰두하지 않고 절대적으로 이성적인 소재를 포착하여 이를 특정한 예술장르의 본질과 개념에 맞게 그리고 또 보편적인 이상(理想)의 개념에 맞게 예술가의 내적인 주관성으로부터 밖으로 형상화해낸다.

α) 그러므로 독창성은 진정한 객관성과 동일하다. 독창성은 주관적인 것과 사실적인 면을 결합시켜 양자가 서로 낯설게 대립하지 않도록 표현한다. 그러므로 어떤 점에서는 독창성은 예술가의 가장 고유한 내면성이 되기도 하고 다른 점에서는 대상의 본성이 되기도 한

---

141) 아폴로 신은 태양신이자 예술의 신들인 뮤즈(Muses)를 통솔하는 신이기도 하다. 여기서 언급되는 그림은 멩스가 1760~1761년 사이에 로마의 알바니 별장에다 그린 《파르나스산》이라는 천정화를 말한다. 파르나스(Parnaß)는 그리스에 있는 산으로 그 그림은 이 산정에서 뮤즈 여신들에 둘러싸여 앉아 있는 아폴로 신의 모습을 나타내고 있다.
142) 뒤러(Albrecht Dürer, 1471~1528). 중세 독일의 최대 화가이자 판화가이며 미술작가이다. 그의 목판화 중 특히 유명한 것으로는 《신약성서》의 〈요한계시록(아포칼립스, Aokalypse)〉을 비유하여 만든 15개의 묵시록 목판화가 있다.

다. 이때 창조적인 주관성에서 사상(事象, die Sache)이 나오듯이 그 사상의 특성은 사상(事象) 자체로부터 나온다.

β) 그러므로 독창성은 무엇보다도 단순한 착상들의 자의성(恣意性)과는 구별된다. 왜냐하면 보통 사람들은 독창성 하면 다만 어느 주체가 가진 진기한 것이고, 이는 마치 그 주체 외에 다른 주체에게는 떠오르지 않는 독특한 것인 양 이해한다. 그러나 그런 식으로 볼 때 드러나는 것은 단지 조잡한 진기함뿐이다. 만약 그런 의미로 독창성을 이해한다면 영국인들만큼 독창적인 사람은 없을 것이다. 즉 영국인들은 누구나 분별 있는 사람이면 아무도 모방하지 않을 특이하게 어리석은 짓들을 저지르곤 한다. 영국인들은 자기들의 그런 어리석은 짓을 독창적인 것이라고 부른다.

오늘날 잘 알려진 기지(機智, Witz)나 해학(諧謔, Humor)도 이런 식으로 보면 독창적이라고 할 수 있을 것이다. 기지나 해학을 쓸 때 예술가는 자기의 고유한 주관성에서 시작해서 매번 다시 자기의 주관성으로 되돌아간다. 그러므로 원래 표현하고자 한 대상은 주관적인 기분에서 나온 기지나 농담, 착상, 과장 따위를 조장하는 외적인 동기가 될 뿐이다. 그때에는 대상과 주관성이 서로 일치하지 못하고 각기 떨어져 나가고, 소재는 예술가의 진기한 특성을 돋보이려는 자의적인 것으로만 취급된다. 그와 같은 해학은 어떤 때는 풍부한 정신과 심오한 감정을 나타낼 수도 있고, 어떤 때는 아주 인상적일 수도 있다.

그러나 해학은 전체적으로 볼 때 보통 사람들이 생각하는 것보다 가벼운 것이다. 왜냐하면 해학에서처럼 사상(事象) 속에 깃들인 이성적인 흐름을 줄곧 차단시켜 자의적으로 이를 지속시키거나 끝내고 기

독일 낭만주의 시대 최고의 풍자가로 꼽히는 이론가이자 산문작가였던 장 파울의 초상화

지와 감정들을 뒤섞어 환상적인 풍자화를 그려내는 일은 참된 이상을 건전하고 온전하게 전개하고 완성하는 일보다 쉽기 때문이다.

 그러나 오늘날의 해학은 잘못 길들여진 재능의 역겨운 면을 드러내기 좋아한다. 그것은 진정한 해학이 되지 못하고 진부한 헛소리로 넘어가곤 한다. 사실 진정한 해학이란 드물다. 오늘날에는 아주 맥빠지고 통속적인 것도 겉으로는 해학과 같은 색깔과 모양을 지니고 있고, 마치 풍부한 정신을 띤 것처럼 간주된다. 그에 반해 셰익스피어는 진정으로 위대하고 심오한 해학을 지닌 작가였다. 그렇지만 그에게서도 진부함이 전혀 발견되지 않는 것은 아니다. 장 파울[143]의 해학도 종

---

[143] 장 파울(Jean Paul, 1763~1825). 본명은 요한 P.F.리히터(Johann P.F. Richter)로 독일의 낭만주의 산문작가다. 섬세한 감수성과 풍자, 해학이 섞인 작품을 많이 써서 당대에 특히 부녀자들에서 많은 독자층을 얻었다. 그에 의해서 비로소 '소설(Roman)'이라는 장르가 독일문학에서 중요한 위치를 차지하기 시작했다. 독일문학에서 괴테와 실러가 중심을 이뤘던 고전주의에 반대하여 나온 이른바 '반(反)고전주의 3대(三大) 시인'인 장 파울, 횔덜린, 클라이스

종 심오한 기지와 미적인 감정을 띠어 우리를 놀라게 만들지만, 그는 너무 자주 대상들을 바로크식처럼 서로 연관성도 없이 짜 맞추고 늘어놓아 해학을 만들기 때문에 이를 거의 해독해 낼 수가 없을 지경이다. 아무리 뛰어난 해학의 작가라 해도 대상을 머릿속에서 늘 적절하게 결합시킬 수 있는 것은 아니다.

장 파울의 경우에도, 종종 그는 자신의 천재성으로 대상들을 결합시키지 않고 단지 외적으로만 그것들을 결합시켰다. 그는 늘 새로운 자료를 얻으려고 식물학, 법학, 여행기, 철학서 등 온갖 종류의 책을 있는 대로 독파했고, 주의를 끄는 것이 있거나 순간적인 착상이 떠오르면 이를 메모하기도 했다. 그는 또 자신의 착상이 중요하다고 생각되면 외적으로 아무리 서로 대립되는 대상들일지라도 — 즉 브라질의 식물과 옛 독일제국의 대법원까지도 — 서로 서슴없이 결합시켰다. 사람들은 그런 시도를 일컬어 아주 독창적이라고 찬사를 보내거나 모든 것을 허용하는 해학이라는 뜻으로 해석하곤 했다. 그러나 그런 자의성(恣意性)은 진정한 독창성에 속하지 못한다.

이 기회에 우리는 다시 아이러니에 대해서 생각해볼 수 있다. 아이러니는 어떤 내용도 진지하게 여기지 않고 단지 재미를 위해서 재미를 추구할 때 그것이 마치 최고의 독창성인 양 내세우기 좋아한다. 다른 면에서 보면 아이러니에서는 외적으로 세세한 것만 많이 드러난다. 그 가장 내면적인 의미는 작가 자신 속에만 간직된 채 표현되어 나오지 않는다. 그때 사람들은 그런 식의 표현이야말로 우리의 상상을 확대시키며, 바로 그 속에 시 중의 시(Poesie der Poesie) 또는 가장

트 가운데 한 사람이다. 그는 미학에 관한 이론도 저술했는데 그 중 뛰어난 것으로 《미학입문》이 있다. 물론 위의 본문에서 헤겔은 그를 신랄하게 비판하고 있다.

심오하고 특출한 것이 숨겨져 있지만 바로 그 심오함 때문에 표현될 수 없다고 말하곤 한다. 그래서 프리드리히 폰 슐레겔 같은 사람은 '언표될 수 없는 것'이야말로 최상의 것이라고 해명하면서, 마치 자신이야말로 진정한 시인인 것처럼 착각했다. 그러나 이른바 이런 소위 '시 중의 시'야말로 가장 진부하고 단조로운 것에 불과하다.

γ) 진정한 예술작품이라면 이런 식의 왜곡된 독창성에서 벗어나야 한다. 왜냐하면 참된 독창성은 외부에서 주워 와 짜 맞춘 것이 아니라, 오로지 전체와의 엄격한 관계 속에서 단숨에 *하나의* 흐름으로 솟아나온 사상(事象) 같아야 하기 때문이다. 마치 하나의 정신이 하나의 음조에서 스스로 산출되어 나오게 만들어낸 하나의 고유한 창조물로 드러나야 하는 것이다. 만약 그와는 반대로 어떤 장면이나 동기가 스스로 우러나오지 않고 외부에서 들어와 합쳐진다면, 그 속에는 내적인 필연적인 통일성이 존재하지 않는다. 이때에는 그것이 마치 낯선 제3자의 주관성에 의해 결합된 것처럼 보인다.

우리는 괴테의 《괴츠 폰 베를리힝겐》을 위대하고 독창적인 작품이라고 경탄한다. 사실 이미 앞서 언급했듯이 괴테는 이 작품 속에서 당시의 미학이론이 확립한 모든 예술법칙을 과감하게 거부하고 나섰다. 그럼에도 불구하고 이 극작품에는 진정한 독창성은 깃들어 있지 않다. 왜냐하면 그의 이 청년기 작품에는 아직도 그의 독창적인 소재가 빈곤하고 작품 속의 여러 특징이나 전체적인 장면들이 훌륭한 내용 자체에서 우러나온 것이 아니라 당시 그가 작품을 쓰던 시기에 여기저기 산재해 있던 관심사들을 끌어모아 발췌해서 외적으로 삽입한 것이 엿보이기 때문이다. 그 예로 괴츠가 마르틴 루터(독일의 성직자이자 종교개혁가 - 역자주)의 모습과 비슷한 수도사 마르틴과 함께 있는 장면을 들 수 있다. 여기서 괴테는 당시 독일에서 일반적으로 사람들이 궁핍한 상황에 처해 있는 수도사들에 대해 연민을 가졌던 그대로 수도사에 대해 묘사하고 있음을 알 수 있다. 다시 말해서 수도사들은 술을 마셔도 안 되고, 배고픈 것은 잠으로 잊어야 했다. 그래서 그들은 수많은 욕망에 빠지곤 했다. 또 그들은 일반적으로 참기 어려운 가난과 순결과 복종의 세 가지 선약을 해야만 했다. 그런 궁핍한 처지에서만 생활해 온 수도사 마르틴은 괴츠가 적들에서 빼앗은 많은 노획물을 말에 싣고 돌아왔던 때를 회상하면서 그 괴츠의 기사도(騎士道) 생활에 대해 열렬히 감동한다.[144]

마르틴은 괴츠가 노획물을 가득 싣고 돌아와서 "그놈이 찌르기 전에 내가 먼저 말이 탄 놈을 찔러 말과 함께 쓰러뜨렸지"라고 말하고는 성으로 들어가 자기 부인을 찾았다고 말한다. 마르틴 수도사는 말을 마친 다음에 엘리자베스 부인을 위해서 건배하고는 눈가의 눈물을 닦는다. 그러나 실제의 마르틴 수사는 이런 세속적인 생각으로 그의 수도생활을 시작한 것과는 달리, 경건하게 성자(聖者) 아우구스티누스에게서 심오한 종교적인 직관과 확신을 얻어 시작한 것이었다. 또 괴테는 그 작품의 다음 장면에서 당시 특히 바세도프[145]가 주도한 교육사상에 대해 묘사하고 있다. 즉 그 당시 아이들은 자기들 스스로가 이해하지 못하는 것을 많이 배웠는데, 아이들은 자기들의 직관과 경

---

144) 이는 《괴츠 폰 베를리힝겐》의 제1막 2장의 장면이다.
145) 바세도프(Johann Bernhard Basedow, 1723~1790). 독일의 퐁속 철학자이자 교육학자. 박애주의 교육(Philanthropismus)의 창시자이자 계몽주의적인 교육의 초기 대표자이다. 그는 존 로크, 루소 등에서 강한 영향을 받았으며, 당시 교육이 미비한 상황을 탄식하면서 합리적이고 세계지향적인 실천적인 교육을 주창했다.

험을 통해 실제로 배워야만 진정한 교육이라고 시사하는 장면이 나온다. 즉 어린 카알은 괴테 자신이 유년시절에 늘 그랬듯이 그의 아버지 괴츠에게 암기로 배운 것을 다음과 같이 말한다. "야크스트하우젠은 야크스트에 있는 마을과 성이래요. 그 마을과 성은 이백 년 전부터 쭉 상속하여 얻은 베를리힝겐 영주의 토지래요." 그러자 괴츠는 아들에게 "너 베를리힝겐 영주를 아느냐?"라고 묻는다. 그러나 아들은 그를 응시할 뿐이다. 아들은 제대로 배우지 않아서 바로 자기 아버지가 그 베를리힝겐 영주라는 것을 알아보지 못한 것이다. 괴츠는 자기는 그 곳의 강이나 마을, 성의 이름을 알기 이전에 벌써 모든 샛길, 도로, 여울 등을 돌아다녀서 알고 있었다고 말해 준다. 그러나 이런 묘사들은 이 작품의 소재 그 자체와는 무관한 외적인 부속물들일 뿐이다. 만약에 당시에 괴테가 진정으로 심오한 정신에서 이 작품을 창조했더라면, 예를 들어 괴츠와 바이슬링겐 사이의 대화에서도 중요한 것만 골라서 묘사했을 것이다. 그러나 그 반대로 실제 두 인물의 대화에서 우리는 당시의 차갑고 범속한 반성적인 내용만 듣게 된다.

이처럼 참된 내용에서 우러나오지 않고 단지 개별적으로 세세한 특징들만 모아 놓은 것을 우리는 괴테의 작품 《친화력(親和力)》에서도 발견한다.[146] 즉 이 작품 속에서 우리는 공원의 경치나 활인화(活人

---

[146] 《친화력(親和力), Wahlverwandtschaften)》은 괴테의 1809년 작품이다. 친화력이라는 것은 원래 화학 용어로서 AB 양원소의 결합물 속에 C와 D의 원소가 들어갈 경우 각각의 원소 가운데 서로 더 많이 이끌리는, 다시 말해 친화원소 쪽으로 가서 붙기 위하여 AB의 화합물은 분리되고 새로이 AC와 BD의 화합물이 성립되는 경향이 있다. 괴테는 그 경향을 인간의 성적인 관계에 적용시켜서 미묘한 사각관계를 묘사하였다. 즉, 이 작품 속에서는 에두아르트, 샤롯테, 에두아르트의 친구인 대위, 샤롯테의 조카인 옷틸리에라는 처녀가 등장하여 이들 사이에 친화력이 작용하여 화학법칙대로 사각관계가 생겨

畵), 진자운동, 금속의 감촉, 두통 등 화학과 관련되는 용어나 묘사들을 종종 발견한다. 이런 것은 물론 통속적인 시대를 다룬 소설에서는 허용될 수 있다. 특히 괴테처럼 그런 것을 능숙하고 으아하게 다룬 작가에게는 더욱 그렇다. 게다가 예술작품은 그 시대의 교양에서 완전히 벗어날 수는 없는 것이다. 그럼에도 불구하고 이런 교양 자체를 반영하는 일과, 표현하려는 본래 내용과는 무관한 외적인 요소들만 모아서 묘사하는 일은 서로 별개의 것이다. 예술가와 예술작품의 참된 독창성은 오직 참된 내용에 깃든 합리성(合理性, Vernünftigkeit)이 생생하게 표현될 때만 드러난다. 예술가는 이 객관적인 이성(理性)을 자기 내면이나 외면의 낯설고 세부적인 것들과 혼탁하게 섞지 않고 온전히 자기 것으로 만들 때 비로소 그 형태화된 대상 속에서 예술가의 진정한 주관성을 드러내게 된다. 완성된 예술작품을 만들기 위해 거쳐야 하는 생생한 통과점이 바로 그러한 주관성이다. 모든 참된 시(詩作)와 사상(思想), 행위 속에 깃든 진정한 자유는 주관적인 사유와 의지의 힘으로 본질적인 것을 드러냄으로써 양자가 완전히 화해하여 그 사이에 어떤 분열도 남지 않게 한다. 그러므로 예술의 진정한 독창성은 예술가가 모든 우연한 특수성들을 이용해도 자기 멋대로 공허한 자의에 끌려가지 않게 특수성들을 잘 짜 맞출 때 나온다. 그때 예술가는 자기의 대상에서 우러나온 천재적인 영감에 이끌려 사상(事象, die

난다. 이 작품은 발표되었을 당시에 많은 사람들에 의해 신성한 부부관계를 파멸시키는 책이라 해서 비난을 받았다. 그러나 사람들은 차츰 그것이 오히려 부부생활의 중요성을 암시하려는 괴테의 의도라는 것을 깨달았다. 즉, 괴테는 결혼생활에서 약간의 무리가 따르는 것은 인정하지만 일단 결합된 부부관계는 어디까지나 존중되고 지켜져야 하며, 만약 이를 경시하여 파탄이 생길 때는 관계자들의 비참한 결과는 물론이요, 사회전체 질서에도 혼란이 야기된다고 보았다. 이상 내용은 박찬기 저, 《독문학사》에서 참조했음.

Sache)을 참되게 완성하고 그 속에 참된 자아를 드러낸다. 그러므로 사실 예로부터 아무런 매너리즘을 갖지 않는 표현법이야말로 진정 유일한 위대한 작풍이었다.

이런 의미에서 오직 호메로스, 소포클레스, 라파엘, 셰익스피어만이 독창적이었다고 불릴 수 있다(in diesem Sinne allein sind Homer, Sophokles, Raffael, Shakespeare originell zu nennen).

- 제1부 끝 -

찾아보기

【ㄱ】

가상(假象, der Schein) 11, 32, 39, 42, 49, 82, 94, 103
감각(感覺, der Sinn) 26, 33, 39, 87, 89, 90
감상주의(感傷主義, die Empfindsamkeit) 426, 427, 454, 477
감성(感性), 감정(感情)(die Empfindung, die Sinnlichkeit) 49
감수성(感受性, die Empfindlichkeit) 260, 516
감정(感情, 느낌 das Gefühl) 203
개념(槪念, der Begriff) 35, 49, 67, 69~73, 123
개별성(die Einzelheit) 37, 95, 134, 165, 192, 206, 223, 255~257
개별자(das Einzelne) 37, 262, 449
개성(個性, die Individualität) 59, 125, 141, 165, 171, 211, 269
개인(個人, das Individuum) 93, 134, 145, 198, 263, 314, 390, 413, 422, 444
개체(個體, das einzelne Individuum) 92, 141, 176, 227, 246, 261, 316
객관성(客觀性, die Objektivität) 96, 126, 167, 188, 198, 202, 255, 444, 489, 504
건축(建築, die Architektur) 5, 13, 16, 78, 108, 169~178, 437
게스너(Salomon Geßner) 334, 454
고대 그리스(Griechenland) 7, 14~17, 43, 152, 277, 283, 290, 303, 323, 360, 390, 482
고대 로마(Rom) 301
고대 이집트(Ägypten) 17, 350, 351
고요함(die Ruhe) 239, 276, 302, 350, 441
고전적 예술형식(die klassische Kunstform) 160
공감(共感, die Mitbewegung) 409, 485
공동체(die Gemeinde) 169~172, 199
과거(過去, die Vergangenheit) 15, 44, 331, 423, 461, 475, 490
관념적(ideel) 97, 223, 288
관통(die Durchdringung) 83, 98, 188, 214, 221, 289, 315, 414, 433, 496, 507
괴츠 본 베를리힝겐(Götz von Berlichingen) 342~344, 473, 518~520
괴테(Goethe) 9, 58, 62, 66, 77, 133, 235, 251, 334, 342, 355, 400, 405, 412, 458, 473, 483, 498, 506, 518
교양(敎養, die Bildung) 52, 86, 121, 135, 232, 294, 313, 365, 370, 455, 461, 471, 521
구상력(構想力, die Einbildungskraft) 상상력(想像力) 33, 34, 493
구상성(具象性, die Bildlichkeit) 100, 150
구약성서(Altes Testament) 363, 480
구현(具現)된 것(die konkrete Materiatur) 8, 158
국가(國家, der Staat) 14, 112, 134, 191, 260,

317~321, 365
군도(群盜, Die Räuber) 77, 340
규칙성(die Regelmäßigkeit) 36, 230, 242~251, 436~440
그리스도(Christus) 274, 300, 302, 309, 312, 350, 464
극시(劇詩, die dramatische Poesie) 419, 509
급할 때의 해결책(deux ex machina) 395
기만(欺瞞, die Täuschung) 32, 39, 40, 42, 71, 102, 110, 111, 142, 427
기본색(die Kardinalfarben) 253, 441
기지(機智, Witz) 121, 233, 515, 516

【ㄴ】
날조된 이야기들(die Erdichtungen) 108
낭만적 예술형식(die romantische Kunstform) 178
내면(內面, das Innere) 78, 85, 92, 110, 153, 163, 172, 198, 225, 241, 275, 294, 397, 407, 434, 494, 505
내용(內容, der Inhalt, das Gehalt) 28, 42, 57, 59, 62, 64, 75, 140, 187, 257, 272, 288, 490, 502
네덜란드 회화(die niederländische Malerei) 278, 284, 286, 296, 297
노발리스(Novalis) 281
니벨룽겐(Nibelungen) 138, 416, 446, 452, 461, 476

【ㄷ】
대립(對立, das Gegenteil) 39, 48, 50, 120~126, 182~194, 201~210, 251, 371
대상(對象, der Gegenstand) 47, 70~76, 94~98, 125~130, 158, 169, 185, 211~215, 286~289, 504~517
대상성(對象性, die Gegenständlichkeit) 159, 195, 196, 236
대자적(對自的), 자각적(自覺的), 독자적(獨自的)(für sich) 29, 36~38, 85~87, 111, 176~178, 183, 217~219, 240, 308, 326~328, 501
대자(對自)존재, 자각존재(自覺存在, das Fürsichsein) 87, 219, 221, 258
대칭(對稱, die Symmetrie) 242~248, 250, 251, 436~438, 440, 441, 443
데너(Denner) 290
독일인(Deutsche) 412, 469, 470, 476, 479
독자성(獨自性, die Selbständigkeit) 38, 171, 314~316, 323, 333, 336, 339, 368~370, 404, 457
독자적인 개인들(selbständige Individuen) 390
독창성(獨創性, die Originalität) 142, 144, 480, 493, 508, 509, 514, 515, 517, 518, 521
돈 키호테(Don Quijote) 345
동경(憧憬, die Sehnsüchtigkeit) 143, 144, 190, 198, 280, 282, 434, 505
동양(東洋, der Orient) 159, 451, 467, 483
동일성(同一性, die Identität) 172, 201, 205, 209, 219~222, 230~232, 243, 315, 425, 447

【ㄹ】
라신느(Racine) 425, 467
라파엘(Raphael) 273, 299, 492, 522
레싱(Lessing) 25
렘브란트(Rembrandt) 296

루모르(Rumohr) 202~204, 283, 294, 300~302, 512, 513
루이(Louis) 14세 465, 467
리어왕(King Lear) 388

【ㅁ】
마리아 막달레나(Maria Magdalena) 118
마이어(Meyer) 58, 60, 61, 64
마탄의 사수(Freischütz) 279
만족(滿足, die Befriedigung) 44, 47, 87~89, 93~95, 184, 188~192 299, 449~457
매개(媒介, die Vermittlung) 69, 122, 135, 149, 157, 195, 204, 207, 221, 332, 414
매너리즘(die Manierus) 508~511, 513, 514
맥베스(Macbeth) 364, 365, 404, 431
메시아(Messia) 480
모방(模倣, die Nachahmung) 102, 104~109, 273, 498, 515
목가적(牧歌的, idyllisch) 333, 334, 453~459
목적(目的, das Ziel) 31~33, 38, 102, 109, 112, 115~123, 126~131, 145, 212, 214, 228, 260~264, 338, 339, 437
무규정성(無規定性, die Unbestimmtheit) 89, 158, 160, 349
무법성(無法性, die Rechtlosigkeit) 121
무한성(無限性, die Unendlichkeit) 125, 132, 147, 184, 206, 267, 272, 331 434
무해성(無害性, die Harmlosigkeit) 350 355
무행위(無行爲)의(tatlos) 310
뮤릴로(Murillo) 298, 299
미(美, die Schönheit, das Schöne) 25~32, 36, 37, 58~73, 89, 90, 105~108, 127~135, 166~169, 178, 181, 182, 201~204, 209~216, 227~229, 254~257, 301~304, 491
덕성(德性, die Tugend) 119
미덕(aretê), 고대 그리스인들의 319, 322, 323
미덕(virtus), 고대 로마인들의 319, 322, 323
미적인 상상력(die schöne Phantasie) 178
미학(美學, die Ästhetik) 26~28, 124, 181
미학이론가(der Ästhetiker) 485
민족시(民族詩, Nationalgedicht) 478

【ㅂ】
바움가르텐(Baumgarten) 25
바커스(Bacchus) 354
반 다이크(van Dyck) 296, 340
반성(反省, Reflexion) 33, 43, 45~47, 56, 67, 89, 90, 99, 114, 116, 126, 234, 411
반성구조형성(反省構造形成, die Reflexionsbildung) 45, 123
발렌슈타인(Wallenstein) 277, 340~342
밤의 찬가(Hymnen an die Nacht) 281
밤의 파수꾼(네덜란드 경: De Nachtwacht) 296
범속한(prosaisch) 79, 116, 150 263, 264, 345, 396, 473, 520
법(률)(das Gesetz, das Recht) 190~192, 313, 317~325, 369, 370
법철학 강요(Grundlinien der Philosophie des Rechts) 120, 139, 146, 317, 455
법칙성(die Gesetzmäßigkeit) 36, 109, 242, 248~251
베버(Weber) 279
벨베데레의 아폴로(Belvedere Apollo) 352

보편성(普遍性, die Allgemeinheit) 55, 67~69, 94~96, 131, 205~208, 255, 314,~317, 347~349
보편자(das Allgemeine) 113, 120, 127, 131, 151, 206, 255, 475
보편적인 위력(die allgemeinen Mächte) 346, 347, 382, 390~394, 407, 413, 425, 488
복수(復讐, die Rache) 320, 321, 335, 340, 341, 397
본질(本質, das Wesen) 31~33, 39, 59, 67, 89, 115~117, 194~196, 207, 247~257, 346~352, 488
볼테르(Voltaire) 412, 413, 465, 466, 479
부버만(Wouwerman) 296
부정(否定, die Negation) 88, 183, 189, 206, 224, 395
부정성(否定性, die Negativität) 143, 147, 175, 183, 206, 276, 282
블루멘바하(Blumenbach) 259
비극(悲劇, die Tragödie) 277, 333, 360, 370, 388, 422, 476
비너스(Venus)여신 302, 354, 393, 397, 482
빙켈만(Winkelmann) 61, 136, 137, 283, 301

【ㅅ】

사상(思想, der Gedanke) 33, 43, 51, 112, 234
사상(事象, die Sache) 62, 88, 89, 140, 187, 292, 504, 506, 509, 512, 515, 521
사유(思惟, Denken) 35, 47~50, 125, 131~133, 152, 181~185, 190, 200, 234, 315
사튠(Satyrn) 354
산문(散文, die Prosa) 79, 99, 177, 284, 379

상등성(相等性, die Gleichheit) 130, 243, 249, 251, 438
상상력(想像力, die Einbildungskraft) 33~36, 48, 58, 404, 464
상상력(想像力, die Phantasie) 34, 99, 100, 110, 178, 491, 493~496, 500~502, 508
상징적 예술형식(die symbolische Kunstform) 158, 160, 166, 169
상황(狀況, die Situation) 312, 332~341, 345, 348~359, 376~380
상황부재(狀況不在, die Situationslosigkeit) 349~351
생동성(生動性, Lebendigkeit) 46, 48, 129, 220~229, 258~261, 304, 317, 508
생명(生命, das Leben) 82, 216, 220~223, 225~231, 258~261, 436
생명의 팽창(turgor vitae) 259
샤나메(王의 書, Schah-nameh) 325, 363
샤른호르스트Gerhard Johann David von Scharnhorst 291
서사시(敍事詩, die epische Poesie) 80, 293, 325, 384, 395~400, 415~420, 445~448, 476~480, 487
선(善, das Gute) 31, 67, 83, 118, 183, 184, 190, 255, 330
성격(性格, der Charakter) 52, 144~148, 332, 377, 413~432, 459~461, 488
세계상태(der Weltzustand) 312~316, 337, 345~349, 376, 378
세계성(世界性, Weltlichkeit) 186
세르반테스(Cervantes) 345
세미라미스(Semiramis) 481
셰익스피어(Shakespeare) 332, 364, 405, 409, 413, 431, 485, 516, 522

셸링(Schelling) 135, 139, 413
소외(疏外, die Entfremdung) 49, 50, 205
소포클레스(Sophokles) 360, 383, 395, 397, 422, 478, 479, 487
숙명(宿命, das Fatum) 395
순수성(純粹性, die Reinheit) 252, 254, 296
숭고한 영혼(die höhere Seele) 297
슐레겔(Schlegel) 137~140, 143, 470, 518
시문학(詩文學, die Poesie) 65, 77~79, 108, 175~178, 195, 196, 348, 379~381, 498
시예술(詩藝術, die Dichtkunst) 133, 177, 292, 293
신(神, der Gott) 83, 84, 150, 152, 156, 163, 164, 169, 170~172, 194, 199, 303, 308~312, 350~355, 390~400, 407, 414, 415
신적(神的)인 신성한(göttlich) 38, 83, 84, 142, 143, 153, 163, 164, 168, 308, 384, 391, 411, 460
신약성서(Neues Testament) 118, 285, 312, 480, 514
신화(神話, der Mythos) 138, 328, 377, 399, 475, 477, 482, 486
실러(Schiller) 77, 132~135, 275~277, 340~342, 409, 412, 491, 507
실재성(實在性, die Realität) 42, 72, 126, 129, 206, 208, 209, 224, 225, 241, 288
실존(實存, die Existenz) 95, 111, 193, 194, 220, 292, 316
심정(心情, das Gemüt) 31, 57, 111, 165, 166, 377, 380, 407, 427, 428, 505

【ㅇ】
아가멤논(Agamemnon) 325, 326, 374, 379, 398, 415, 416, 457
아레스(Ares) 신 310
아리스토텔레스(Aristoteles) 53, 370
아이러니(die Ironie) 10, 138~140, 143, 280, 282, 389, 399, 430~432, 517
아이아스(Aias) 372, 416, 478
아킬레우스(Achilleus) 292, 305, 325, 381, 395, 398, 415, 424, 457, 466
아테네(Athene) 여신 398~401, 452, 482
아테네의 타이몬(Timon of Athens) 409
아폴로(Apollo) 신 310, 352, 391, 393, 395, 513
악(惡, das Böse) 31, 335, 388
안거(安居, Beruhen, die Ruhe) 142, 277, 278, 308, 310, 314, 394
알레고리(Allegorie, 둥유[諷喩]) 386, 392, 393
양식(樣式, der Stil) 192, 350, 437, 456, 463, 508, 509, 512, 513
언어(言語, die Sprache) 114, 253, 381, 382, 443, 487
언표(言表, aussprechen) 55, 125, 127, 132, 135, 150, 269, 518
에우리피데스(Euripides) 360, 400, 401
엘시드(El Cid) 278, 326
역사극(historische Dramen) 333
열정(熱情, die Leidenschaft) 44, 57, 79, 109, 115, 212, 293, 309, 377, 407
영감(靈感, die Begeisterung) 76, 79, 109, 136, 492, 493, 501~504, 514
영웅시대(die Heroenzeit) 314, 321, 322, 330, 343, 456, 457
영혼(靈魂, die Seele) 63, 70, 83, 144, 203, 218, 221, 222, 231, 297

예술 범신론(汎神論, der Kunstpantheismus) 159
예술가(藝術家, der Künstler) 46, 78, 91, 98, 141, 260, 269, 301, 388, 462
예술미(藝術美, das Schöne der Kunst, die Kunstschönheit) 27, 28, 69, 124, 130, 154, 200, 254, 269
예술작품(藝術作品, das Kunstwerk) 26, 34, 46, 60, 67, 73, 74, 87, 269, 285
예술철학(Philosophie der Kunst) 6, 9, 27, 60, 67, 185, 200
예술학(藝術學, die Wissenschaft der Kunst) 51
예술형상(die Kunstgestalt) 31, 144, 198, 270, 331, 347, 376
오디세우스(Odysseus) 395, 416, 457
오레스테스(Orestes) 320, 370, 374, 385, 400, 403, 407, 478, 488
오르페우스(Orpheus) 486
오성(悟性, der Verstand) 38, 121~123, 126, 130, 169, 204, 210, 243, 317, 424
오셀로(Othello) 370
오시안(Ossian) 448
오이디푸스(Oedipus) 328, 363, 364, 372, 384, 397, 478, 482
외부세계(die äußerliche Welt) 40, 60, 93, 170, 247, 289, 356, 432, 449, 461
외적인 실재성(實在性, die äußerliche Realität) 85, 120, 241, 444, 446
외화(外化, die Entäußerung) 49, 50, 114, 182, 212, 246, 272, 351, 440
욕구(慾求, das Bedürfnis) 16, 43, 45, 84, 93, 112, 127, 351, 449, 453
웃음(das Lachen) 279, 345

원탁의 기사들(die Helden der Tafelrunde) 326
유기적인 전체성(ein organisches Ganzes) 261
유기체(有機體, der Organismus) 96, 127, 129, 221~230, 240, 258, 263
유대인(der Jude) 150, 308, 365, 368
음(音, der Ton) 98, 114, 175, 176, 439, 440
음악(die Musik) 5, 78, 107, 175, 176, 280, 423, 438, 441, 510
의미(意味, die Bedeutung) 62, 115, 141, 154~160, 195, 235, 301, 309, 431
의식(意識, das Bewußtsein) 43, 85, 115, 121, 164, 198, 220, 235, 374, 468
의지(意志, der Wille) 94, 119, 184, 191, 211, 260, 313, 489
이념(理念, die Idee) 10, 34, 43, 73, 154~163, 182, 201~215, 255
이념적인 통일성(die ideelle Einheit) 205~208, 215~219, 222, 246, 252, 254
이데아(Idea) 255
이상(理想, das Ideal) 10, 62, 83, 155, 157, 200, 254, 269, 273, 432
이상성(理想性, die Idealität) 173, 183, 208, 219, 223, 231, 234, 250, 285, 306
이상의 생동성(die Lebendigkeit des Ideals) 304
이성(理性, die Vernunft) 8, 10, 32, 94, 112, 125, 318, 365, 382, 521
이피게니아(Iphigenie) 370, 374, 379, 385, 400~403, 466, 484
인간(人間, der Mensch) 38, 63, 74~76, 101, 161, 256, 290, 360, 394, 408
인도(Indien) 17, 138, 369, 475, 478

인륜(人倫), 인륜성(Sittlichkiet) 119, 141, 143, 190
일리아스(Ilias) 14, 381, 391, 395, 396, 398, 457, 487
일반적인 세계상태(allgemeiner Weltzustand) 312, 314, 315, 346, 348, 349, 376, 378

【ㅈ】

자기규정(die Selbstbestimmung) 206
자아(自我, das Ich) 113, 140, 164, 205, 209, 395
자아에 안거(安居, das Beruhen auf sich) 277
자연미(自然美, die Naturschönheit) 23~30, 216, 227, 237, 239, 254
자연성(die Natürlichkeit) 108, 109, 264, 284, 315, 362, 370, 487, 498
자연의 현존성(das Naturdasein) 221, 294
자유(自由, die Freiheit) 28, 33, 39, 65, 121, 135, 189, 191~194, 267, 310
자유로운 미(die freie Schönheit) 359
자유로운 사유(das freie Denken) 199
자의(恣意, die Willkür) 41, 191, 262, 317, 336, 390, 395, 396
자의식(自意識, das Selbstbewußtsein) 29, 76, 100, 124, 163, 272, 347, 348, 497
자족(自足, das Sichselbstgenügen) 143, 192, 314
자체목적(der Selbstzweck) 214, 226
장 파울(Jean Paul) 516, 517
재능(才能, das Talent) 75~78, 92, 146, 283, 366, 492, 496~493, 503, 516
전환(轉換, die Wendung) 295, 511
절대적(즉자대자적, an und für sich) 71, 89, 116, 120, 154, 318, 371, 394, 495, 504

절대적으로 존재하는 것(das Anundfürsich seiende, 즉자대자적으로 존재하는 것) 40
절대적인 이념(die absolute Idee) 182, 183, 383
절대정신(der absolute Geist) 16, 168, 182~186, 195, 197, 199
젊은 베르테르의 슬픔(Die Leiden des jungen Werthers) 77, 356, 427
정신(精神, der Geist) 8, 33, 43, 48~51, 70, 92, 133, 165, 182, 394
정신성(精神性, die Geistigkeit) 28, 116, 135, 161, 165, 172, 302, 413, 444
정신의 윤회(輪廻, die Seelenwanderung) 161
정화(淨化, die Reinigung) 115, 118, 123, 200, 273, 310
제우스(Jeus) 신, 주피터(Jupiter) 신 302, 310, 326, 392, 452, 478, 482
조각(彫刻, die Skulptur) 108, 170~178, 293, 304, 309, 348, 351, 358, 422
조화(調和, die Harmonie) 57, 129, 160, 193, 208, 232, 242, 250~254, 441~450
졸거(Solger) 146~149
종교(宗敎, die Religion) 38, 169, 181, 198, 313, 369, 410, 459
즉자(卽自, An sich, 자체적인 것) 240, 256, 271, 282, 444, 448
즉자성(卽自性, An sich sein) 163, 209
지복(至福), 열락(die Seligkeit) 171, 184, 194, 276, 299, 311, 314, 350, 390
지성(知性, die Intelligenz) 95, 124, 134, 211
직관(直觀, die Anschauung) 33, 75, 85, 95, 96, 113, 126, 195, 234, 413
직접성(die Unmittelbarkeit, 무매개성) 40,

98, 164, 210, 257, 261, 316, 498
진(眞, das Wahre, 참된 것) 67
진리(眞理, die Wahrheit) 13, 39, 43, 122, 123, 155, 168, 193, 197
진보적 보편시(die progressive Universalpoesie) 281
질료(質料, das Material) 97, 153, 164, 166, 173, 177, 236, 241, 442, 512

【ㅊ】

차이(差異, die Differenz) 157, 166, 167, 174, 204, 217, 243, 306, 315, 347
참된 것(das Wahrhafte) 57, 67, 110, 182, 209, 256, 272, 374, 495, 507
천재(天才, das Genie) 9, 14, 65, 77, 492, 493, 500, 501
천재성(die Genialität) 76, 78, 101, 492, 496~501
천재시대(die Genieperiode) 76
철학(哲學, die Philosophie) 16, 72, 124, 190, 199, 223, 495
체계(體系, das System) 6, 73, 217, 258, 262
총체성(總體性, die Totalität) 69, 72, 133, 156, 194, 217, 248, 331, 413
추상, 추상성(抽象性, die Abstraktion) 35, 114, 243, 304, 308, 466
추상적(抽象的, abstrakt) 52, 89, 113, 125, 128, 150, 207, 218, 241, 304, 435
충돌(衝突, die Kollision) 343, 344, 346, 349, 358~368, 384
취미(趣味, der Geschmack) 37, 56, 57, 65, 90, 106, 107

【ㅋ】【ㅌ】

카를 대제(Karl der Große, 샤를마뉴 Charlesmagne) 326
칸트(Kant) 7, 105, 124~128, 204
쾌감(快感, die Lust) 110, 111, 127, 128, 131
쾌활성(die Heiterkeit) 44, 276~278, 296, 297, 300, 399, 502
클라이스트(Kleist) 429
클롭슈토크(Klopstock) 477, 479
타자(他者, das Andere) 49, 168, 170, 183, 184, 206, 240, 268
통일성(統一性, die Einheit) 112, 130, 171~173, 194, 205, 207, 217, 218, 307
트로이 전쟁(der Trojanische Krieg) 374, 461, 487
특수성(特殊性, die Beonderheit) 50, 67, 69, 75, 120, 140, 206, 306, 414, 419
특수자(das Besondere) 127, 131
티크(Tieck) 146, 148

【ㅍ】

파토스(das Pathos, 열정, 격정, 비애) 407~414, 420, 487, 490, 505
페르도우시(Firdusi, Ferdausi) 325
페트라르카(Petrarca) 484
평정(平靜, die Ruhe) 171, 172, 276, 309, 310, 311, 351, 352, 391, 407
포도를 짚는 아이들(Les Enfants à la Grappe) 298
포온(Faune) 354
표상(表象, die Vorstellung) 29, 42, 46, 110, 149, 202, 386
표현(表現, der Ausdruck) 29, 59, 155,

160, 187, 299, 446, 504
프랑스 비극(die französische Tragödie) 388
프랑스인들(die Franzosen) 411, 420, 464, 469
플라톤(Platon) 67, 197, 255
피규정성(被規定性, die Bestimmtheit) 68, 140, 156, 214, 233, 244, 306, 432
피디아스(Phidias) 304
피히테(Fichte) 8, 139, 140
핀다르(Pindar) 355, 466, 479, 503
필연성(必然性, Notwendigkeit) 30, 36, 255, 262

【ㅎ】
하르트만 폰 아우에(Hartmann von Aue) 384, 385
합목적성(合目的性, die Zweckmäßigkeit) 59, 126, 129, 229, 258
합리성(合理性, Vernünftigkeit) 87, 124, 184, 248, 495
해소(解消, auflösen) 122, 124, 190, 283
해학(諧謔, der Humor) 389, 424, 515, 516
햄릿(Hamlet) 374, 404, 432
행동(行動, das Tun, die Tat) 119, 261, 270, 374, 382, 401
행위(行爲, die Handlung) 59, 173, 306, 311, 322, 360, 378, 420
헤라(Hera) 여신 302, 310, 392, 398
헤라클레스(Heracles) 310, 323, 324, 361, 395
헤르더(Herder) 470
헤르만과 도로테아(Hermann und Dorothea) 334, 458

헤르메스(Hermes) 신 354, 355, 395
현상(現象, die Erscheinung) 11, 39, 40, 42, 142, 224, 486
현존재(現存在), 현실존재, 현존성(現存性) (das Dasein) 40, 42, 82, 84, 93, 120, 164, 221, 224, 347
형상(形象, die Gestalt) 12, 34, 86, 95, 98, 161, 244, 300, 315, 435
형상화(形象化, die Gestaltung) 33, 48, 99, 101, 123, 155, 158, 171, 283, 493
형식(形式, die Form) 10, 13, 16, 17, 18
형태(形態, die Form) 39, 48, 50, 88, 125, 132
호가르트(Hogarth) 250
호감(好感, das Wohlgefallen) 115, 117, 127, 203, 238, 253, 284
호라티우스(Horatius) 54, 56, 116, 511
호메로스(호머, Homer) 80, 197, 279, 391, 398, 415, 477, 495
혼을 불어넣음(die Beseelung, 영활성) 83, 210
환상(幻想, die Phantasie) 48, 165, 428
활동(活動, die Tätigkeit, das Tun) 50, 57, 74, 85, 99, 165, 207, 226, 310, 449
황금시대(黃金時代, die goldene Zeit) 45, 453, 456
회귀(回歸, in sich zurückgehen, die Rückkehr) 72, 168, 134, 198, 247, 271, 272, 275
회화(繪畵, die Malerei) 82, 102, 107, 108, 174, 176, 198, 284, 286, 377
히르트(Hirt) 58, 59, 60, 61, 64

헤겔의 미학강의 1

1판 1쇄 발행 2010년 6월 25일
1판 11쇄 발행 2024년 9월 25일

지은이 · 게오르그 빌헬름 프리드리히 헤겔
옮긴이 · 두행숙
펴낸이 · 주연선

(주)은행나무
04035 서울특별시 마포구 양화로11길 54
전화 · 02)3143-0651~3 ┃ 팩스 · 02)3143-0654
신고번호 · 제 1997-000168호(1997. 12. 12)
www.ehbook.co.kr
ehbook@ehbook.co.kr

ISBN 978-89-5660-350-6 93100
ISBN 978-89-5660-349-0 (세트)

• 이 책의 판권은 지은이와 은행나무에 있습니다. 이 책 내용의 일부 또는 전부를
재사용하려면 반드시 양측의 서면 동의를 받아야 합니다.

• 잘못된 책은 구입처에서 바꿔드립니다.